에듀윌과 함께 시작하면,
당신도 합격할 수 있습니다!

자소서와 면접, NCS와 직무적성검사의 차이점이 궁금한
취준을 처음 접하는 취린이

대학 졸업을 앞두고 취업을 위해 바쁜 시간을 쪼개며
채용시험을 준비하는 취준생

내가 하고 싶은 일을 다시 찾기 위해
회사생활과 병행하며 재취업을 준비하는 이직러

누구나 합격할 수 있습니다.
이루겠다는 '목표' 하나면 충분합니다.

마지막 페이지를 덮으면,

에듀윌과 함께
취업 합격이 시작됩니다.

취업 대세 에듀윌!
Why 에듀윌 취업 교재

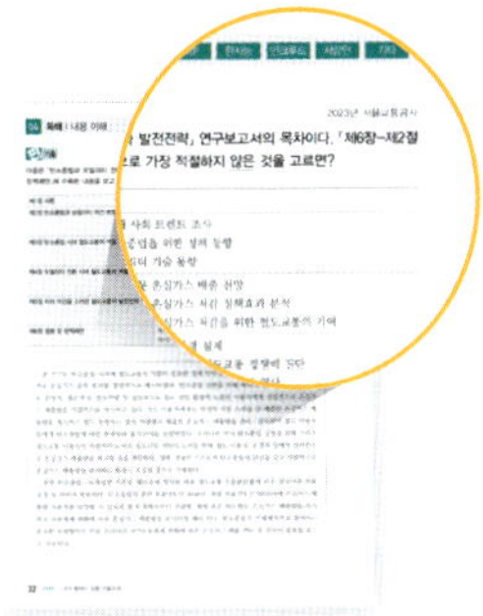

기출맛집 에듀윌!
100% 찐기출복원 수록

주요 공·대기업 기출복원 문제 수록
과목별 최신 기출부터 기출변형 문제 연습으로 단기 취업 성공!

공·대기업 온라인모의고사
+ 성적분석 서비스

실제 온라인 시험과 동일한 환경 구성
대기업 교재 기준 전 회차 온라인 시험 제공으로 실전 완벽 대비

합격을 위한
부가 자료

교재 연계 무료 특강
+ 교재 맞춤형 부가학습자료 특별 제공!

eduwill

취업 교육 1위
에듀윌 취업 무료 혜택

교재 연계 강의

- GSAT 대표유형 무료특강(10강)
- 반도체 취업 무료특강(23강)
- 삼성그룹 자소서 무료특강(5강)

※ 2025년 2월 10일에 오픈될 예정이며, 강의명과 강의 오픈 일자는 변경될 수 있습니다.
※ 무료 특강 이벤트는 예고 없이 변동 또는 종료될 수 있습니다.

교재 연계 강의 바로가기

교재 연계 부가학습자료

다운로드 방법

STEP 1 에듀윌 도서몰 (book.eduwill.net) 로그인 ▸ STEP 2 도서자료실 → 부가학습자료 클릭 ▸ STEP 3 [2025 최신판 GSAT 실전모의고사] 검색

- 삼성 최신 이슈 키워드 모음집(PDF)
- GSAT 수리 · 추리 핵심개념 자료집(PDF)

온라인모의고사 & 성적분석 서비스

온라인 응시 서비스 응시코드

응시방법

PC 접속 https://eduwill.kr/1tVe

모바일 접속 하기 QR 코드 연결

※ 온라인모의고사 응시 및 성적분석 서비스는 2026년 2월 28일까지 유효합니다.
※ 본 응시코드는 1인 1회만 사용 가능하며, 중복 사용은 불가합니다.

온라인 모의고사 신청

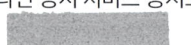

1:1 학습관리 교재 연계 온라인스터디

참여 방법

STEP 1 신청서 작성 ▸ STEP 2 스터디 교재 구매 후 인증(선택) ▸ STEP 3 오픈채팅방 입장 및 스터디 학습 시작

※ 온라인스터디 진행 혜택은 교재 및 시기에 따라 다를 수 있습니다.
※ 오른쪽 QR 코드를 통해 신청하면 스터디 모집 시기에 안내 메시지를 받을 수 있습니다.

온라인스터디 신청

• 2023, 2022, 2021 대한민국 브랜드만족도 취업 교육 1위 (한경비즈니스)/2020, 2019 한국브랜드만족지수 취업 교육 1위 (주간동아, G밸리뉴스)

처음에는 당신이 원하는 곳으로
갈 수는 없겠지만,
당신이 지금 있는 곳에서
출발할 수는 있을 것이다.

– 작자 미상

최신판

GSAT
삼성직무적성검사
실전모의고사

eduwill

GLOBAL SAMSUNG APTITUDE TEST

실전 GSAT에 필요한 모든 것을 제공합니다!

GSAT 개요 P. 6

GSAT는 삼성에서 시행하는 직무적성검사로 크게 수리논리, 추리 2개 영역이 출제되며, 과락과 감점이 존재합니다. 또한 출제 유형이 고정되어 있으며 난도는 크게 높지 않습니다.

GSAT 유형 맛보기

P. 8

수리논리는 크게 응용수리, 자료해석 2개 유형으로 나뉘며, 추리는 명제, 조건추리, 도형추리, 도식추리, 문단배열, 독해추론의 6개 유형으로 나뉩니다. 각각의 예제는 해당 페이지에서 참고하실 수 있습니다.

GSAT 개요

01 GSAT란?

GSAT는 Global Samsung Aptitude Test의 약자로 다른 말로는 삼성직무적성검사라고 합니다. 단편적인 지식보다는 주어진 상황을 유연하게 대처하고 해결할 수 있는 종합적인 능력을 평가하는 검사입니다.

02 시험구성

2019년 하반기까지는 4개의 영역(언어논리, 수리논리, 추리, 시각적사고)을 오프라인으로 시행하였으나 2020년 상반기부터 온라인으로 시행하면서 영역을 수리논리, 추리의 2개 영역으로 축소하였습니다.

1 시험 영역

영역	2020년 상반기~2024년 하반기	
	문항 수	시간
수리논리	20문항	30분
추리	30문항	30분

2 영역별 문항 비중(2024년 기준)

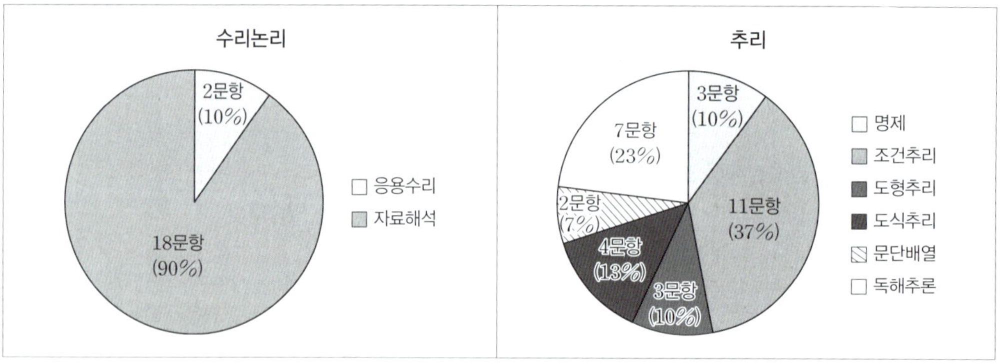

03 시험 특징

1 시험 난이도

- 매번 세부적인 난이도는 다르나 평균적으로 시험 난이도는 평이한 수준입니다.
- 수리논리는 문제가 복잡하지 않고 계산도 깔끔하게 출제되어 난이도가 높지 않은 수준이고, 추리는 조건추리가 다소 까다롭게 출제되지만 전반적인 난이도는 평이한 수준입니다.

2 영역별 과락 존재

2개 영역 중 1개의 영역이라도 일정 점수 이하이면 불합격 처리되며 정확한 과락 점수는 공개되지 않았습니다.

3 감점 존재

오답에 대한 감점이 존재하며 정확한 감점 메커니즘은 공개되지 않았습니다.

4 온라인 시험 특이사항

- 개인별 안내를 통해 검사 진행을 위한 필요 절차를 실시하고, 응시자 매뉴얼 확인 후 스마트폰 거치대와 문제풀이 용지를 준비해야 합니다.
- 온라인 예비소집에 참석해야 하며, 참석하지 않은 응시자는 검사 당일 응시가 제한될 수 있습니다.
- 스마트폰 및 스마트폰 거치대를 이용하여 본인의 얼굴과 양손, 시험을 치르는 PC 화면이 보이도록 응시하는 본인 모습을 촬영해야 하며, 책상 위에는 PC, 문제풀이 용지, 필기구, 스마트폰 거치대를 제외한 물건은 올려놓을 수 없습니다.
- 부정행위로 간주되는 행위에는 문제를 메모 또는 촬영하거나 외부로 유출하는 행위 등이 있습니다.

5 기타

- 계열사별로 이틀에 걸쳐 각각 오전, 오후 총 4번 진행되며, 부정행위를 방지하기 위해 4번의 시험 모두 다른 문제가 출제됩니다.
- 타사의 인적성 시험과 비교했을 때 난이도가 높진 않습니다. 그러나 감점이 존재하므로 풀 수 있는 문제를 먼저 빠르게 푼 뒤 헷갈리는 문제를 나중에 풀어서 제한 시간 안에 최대한 많은 문제를 푸는 것이 중요합니다.

04 2024년 하반기 GSAT 총평

1 수리논리

- 문항 유형 및 비중이 꾸준히 유지되는 추세입니다.
- 전반적인 난이도는 평이하였지만, 복잡한 계산이 필요한 선택지도 일부 있었습니다.
- 다양한 형태의 도표가 제시되었으며, 비율, 증감률 등을 나타내는 형태가 많이 출제되었습니다.

최신 기출 복원 키워드

- 6명을 2명씩 3조로 나누는 경우의 수 문제
- 증감률 주어진 후, 2년 전 대비 얼마나 감소했는지 비교하는 문제
- 조건 대입해서 a, b값을 구하는 문제
- 2030년까지의 판매량을 구하는 수열 문제

2 추리

- 전반적으로 어렵지는 않았으나, 일부 조건추리 문항이 까다롭게 출제되었습니다.
- 순서 · 배열 · 매칭 등의 조건추리 문항이 많이 출제되었습니다.

최신 기출 복원 키워드

- 영양제 A~E 중 3가지를 구매하는 조건추리 문제
- 4자리 비밀번호를 맞추는 조건추리 문제
- 공통되는 음영을 찾는 도형추리 문제
- 이차전지 재활용, DRAM, 스마트 링 등에 관한 독해추론 문제

GSAT 유형 맛보기

01 수리논리 (20문항)

1 응용수리 예제 (2문항)

재무팀 160명 중 16명이 회계팀으로 이동했는데 회계팀의 인원이 20% 증가하였다. 이후 재무팀에서 회계팀으로 10명이 더 이동했을 때, 이동 후의 재무팀과 회계팀의 인원 차이를 고르면?

① 20명 ② 22명 ③ 24명
④ 26명 ⑤ 28명

이렇게 출제됩니다!

✓ 예전에는 거리/속력/시간, 소금물의 농도, 일률 등의 유형이 주로 출제 됐지만, 최근에는 방정식의 활용(일차연립방정식), 확률, 경우의 수와 같은 유형이 주로 출제되고 있습니다.

2 자료해석 예제 (18문항)

다음은 2016~2020년 A지역 초등학교의 정보를 조사한 자료이다. 주어진 자료에 대한 설명 중 옳은 것을 고르면?

[표] A지역 초등학교의 정보

구분	학교 수(개)	학급 수(개)	학생 수(명)		교원 수(명)	
			남	여	남	여
2016년	18	263	2,863	2,756	119	294
2017년	18	322	3,527	3,435	122	350
2018년	17	343	4,051	3,974	111	398
2019년	17	384	4,760	4,561	116	455
2020년	18	429	5,230	5,004	132	511

① 2018년 전체 교원 수는 519명이다.
② 2019년 남학생 수는 여학생 수보다 209명 더 많다.
③ 2017년 여학생 수는 전년 대비 20% 이상 증가하였다.
④ 2020년 학교 1개당 학급 수는 3년 전 대비 감소하였다.
⑤ 2017년부터 2020년까지 남자와 여자 교원 수는 매년 증가한다.

이렇게 출제됩니다!

✓ 표나 그래프를 주고 자료를 해석하거나 자료를 이용해서 계산을 하는 문제입니다. 증감량, 증감률, 비중, 차이, 순위, 추이 등을 구해야 하는 선택지가 주로 구성됩니다.

02 추리 (30문항)

1 명제 예제 (3문항)

다음 전제를 보고 항상 참인 결론을 고르면?

전제1	반도체 생산공정은 화학적 처리가 포함되는 과정이다.
전제2	화학적 처리가 포함되는 모든 과정은 직원 안전교육을 해야 한다.
결론	

① 반도체 생산공정은 직원 안전교육을 해야 한다.
② 반도체 생산공정은 직원 안전교육을 하지 않아야 한다.
③ 직원 안전교육을 해야 하는 모든 과정은 반도체 생산공정이다.
④ 직원 안전교육을 해야 하는 모든 과정은 반도체 생산공정이 아니다.
⑤ 반도체 생산공정이 아닌 모든 과정은 직원 안전교육을 하지 않아야 한다.

이렇게 출제됩니다!

✓ 전제를 보고 항상 참인 결론을 고르거나, 전제와 결론을 보고 반드시 참이 되게 하는 전제를 고르는 문제가 주로 출제됩니다.

2 조건추리 예제 (11문항)

다음은 K국에 거주하는 갑의 차량 번호판 구성에 대한 정보이다. 갑의 차량 번호판이 다음 [조건]을 따른다고 할 때, 항상 옳은 것을 고르면?

조건

- 차량 번호판은 ○○가□□□□와 같은 형식이며, '가'를 기준으로 앞의 두 자리와 뒤의 네 자리는 각각 2개와 4개의 알파벳으로 구성된다.
- A부터 F까지의 알파벳이 모두 한 번씩 사용됐다.
- C보다 왼쪽에 사용된 알파벳은 3개이며, A는 C와 연이어 사용됐다.
- B와 E 사이에는 3개의 알파벳이 사용됐다.
- D는 가장 먼저 사용됐다.

① D와 F는 연이어 사용됐다.
② F는 C와 연이어 사용됐다.
③ B는 마지막에 사용될 수 없다.
④ E는 A와 연이어 사용될 수 없다.
⑤ 가능한 차량 번호판의 조합은 총 3가지이다.

이렇게 출제됩니다!

✓ 주어진 조건을 바탕으로 여러 가지 경우의 수를 줄여서 문제에서 요구하는 답을 찾는 문제입니다.

3 도형추리 예제 (3문항)

다음에 주어진 도형을 보고 적용된 규칙을 찾아 '?'에 해당하는 적절한 도형을 고르면?

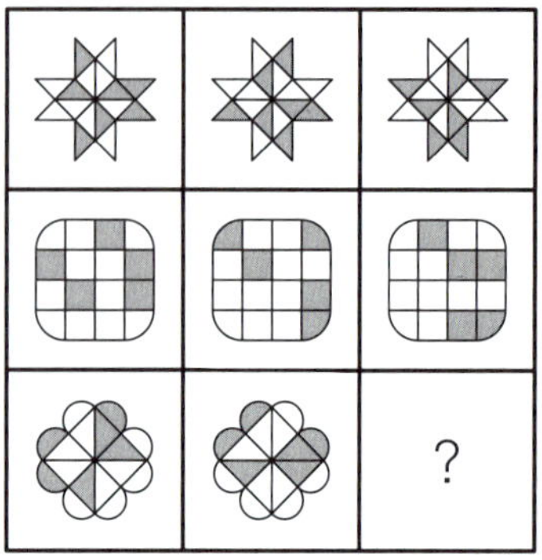

①

②
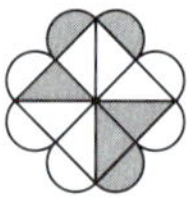

③

④

⑤

이렇게 출제됩니다!

✓ 3×3 칸에 제시된 도형을 보고 규칙을 추론하여 '?'에 들어갈 도형을 찾는 문제입니다.

4 도식추리 예제 (4문항)

기호들이 하나의 규칙을 가지고 아래와 같이 문자나 숫자를 변화시킨다고 한다. 이때 다음 (?)에 들어갈 알맞은 것을 고르시오. (단, 가로와 세로 중 한 방향으로만 이동하며, Z 다음은 A, 9 다음은 0이다.)

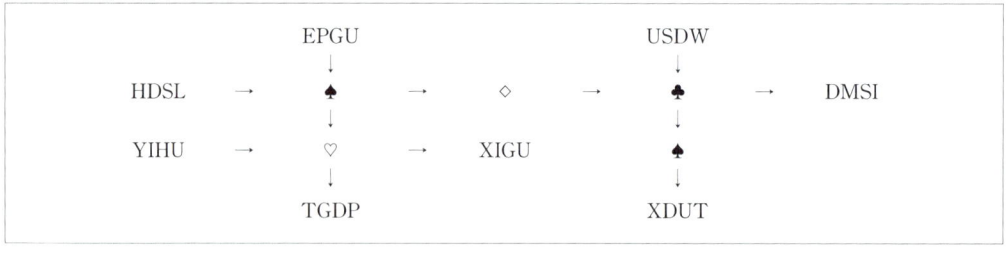

		EPGU				USDW		
		↓				↓		
HDSL	→	♠	→	◇	→	♣	→	DMSI
		↓				↓		
YIHU	→	♡	→	XIGU		♠		
		↓				↓		
		TGDP				XDUT		

FALW → ♣ → ♠ → (?)

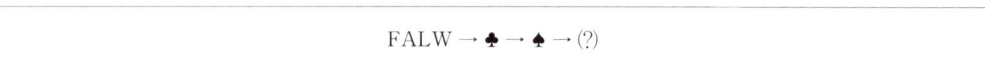

① WMGA ② XLBF ③ WMBF
④ WMAG ⑤ XLFB

이렇게 출제됩니다!

✓ 문자 또는 숫자로 이루어진 도식들 사이의 규칙을 파악하여 '?'에 들어갈 수 · 문자를 찾는 문제입니다.

5 문단배열 예제 (2문항)

다음 문장을 흐름에 맞게 배열한 것을 고르면?

> [가] 공급된 통화의 일부가 예금은행으로 환류되면 예금은행은 지급 준비를 위해 중앙은행에 예치하거나 시재금으로 보유하고 이 과정이 반복되면 신용과 예금을 창출한다.
> [나] 따라서 본원통화는 모든 통화 공급의 기초가 되며, 통화관리 정책 수행에 중요한 지표로 사용된다.
> [다] 본원통화량은 화폐 발행액과 예금은행이 중앙은행에 예치한 지급 준비 예치금의 합계로 측정하며 중앙은행의 예금은행에 대한 대출 시, 외환 매입 시, 중앙은행에 보유하고 있는 정부 예금 인출 시에는 본원통화가 공급된다.
> [라] 중앙은행이 화폐 발행의 독점적 권한을 통해 공급한 지폐, 동전 등을 본원통화라고 한다.

① [가]－[나]－[다]－[라]
② [가]－[나]－[라]－[다]
③ [다]－[라]－[가]－[나]
④ [라]－[가]－[나]－[다]
⑤ [라]－[다]－[가]－[나]

이렇게 출제됩니다!

✓ 주어진 문단의 순서를 논리적 흐름에 맞게 나열하는 문제입니다.

6 독해추론 예제 (7문항)

다음 글에 대한 반론으로 가장 적절한 것을 고르면?

> 헝거 마케팅이란 제품의 희소성을 높인 뒤 소비자들을 배고픈 상태로 만들어 구매 욕구를 높이고, 입소문을 통해 잠재 고객을 확산시키는 마케팅 전략을 말한다. 이는 제품에 대한 관심 및 판매증대와 더불어 제품의 생산과 재고관리에 있어 효율성이 매우 높다는 장점이 있다. 한정된 시간과 공간에서 한정된 재화로 이루어지는 헝거 마케팅은 '밴드왜건 효과'를 동반하며, 소비자의 구매심리를 자극한다. 대중문화 산업의 신비주의나 유통업의 한정판매도 같은 맥락이라고 할 수 있다. 헝거 마케팅을 활용하면 재고관리와 판매증대를 모두 도모할 수 있다.

① 사람들은 한정된 조건 속에서 더욱 큰 욕구가 생긴다.
② 기업은 합리적이고 경쟁력 있는 품질과 가격을 기본으로 해야 한다.
③ 대중들은 방송 출연을 적게 하는 연예인을 더 보고 싶어 하는 심리가 있다.
④ 소비자 입장에서는 즉시 구매가 이루어지지 않는 것에 대해 불편함을 느낄 수 있다.
⑤ 기업의 입장에서는 매출목표와 소비자의 한계점 사이의 간격을 예의주시해야 성공적인 마케팅에 이를 수 있다.

이렇게 출제됩니다!

✓ 단문 또는 장문의 지문을 읽고 반론, 결론인 선택지를 고르거나 반드시 참/거짓인 진술을 고르는 문제입니다.

영역 소개 & 유형별 특징

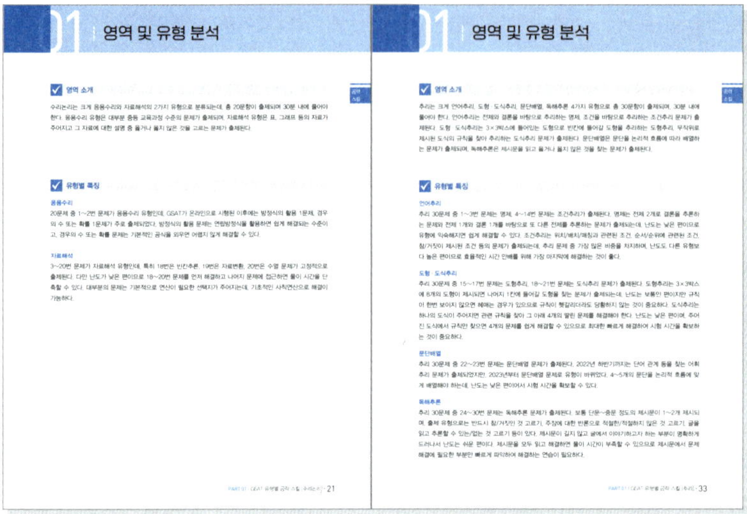

GSAT에서 출제되는 수리논리, 추리 영역의 출제 경향, 난이도, 유형별 문항 수, 응시 시간 등의 특징을 분석하여 정리하였다.

세부 유형별 공략 스킬

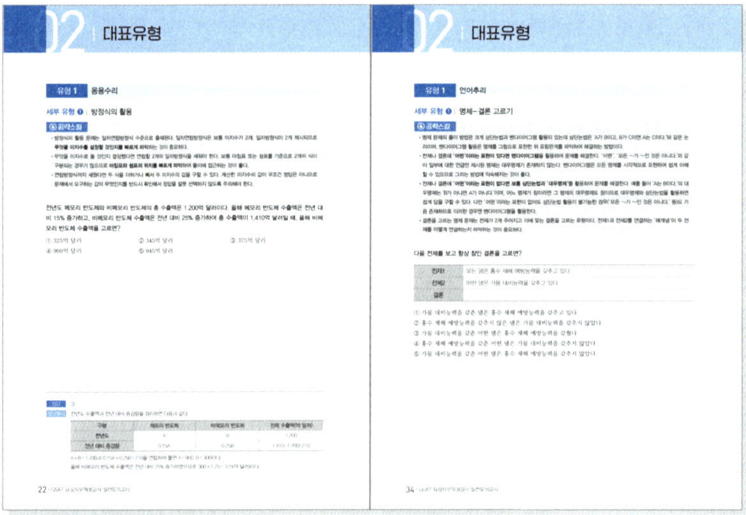

영역별 출제 유형을 세분화하여 각 세부 유형에 대한 효과적인 풀이 및 학습 방법인 공략 스킬을 압축하여 수록하였으며, 예제를 통해 이를 적용 및 연습할 수 있도록 구성하였다.

실전모의고사 8+2회

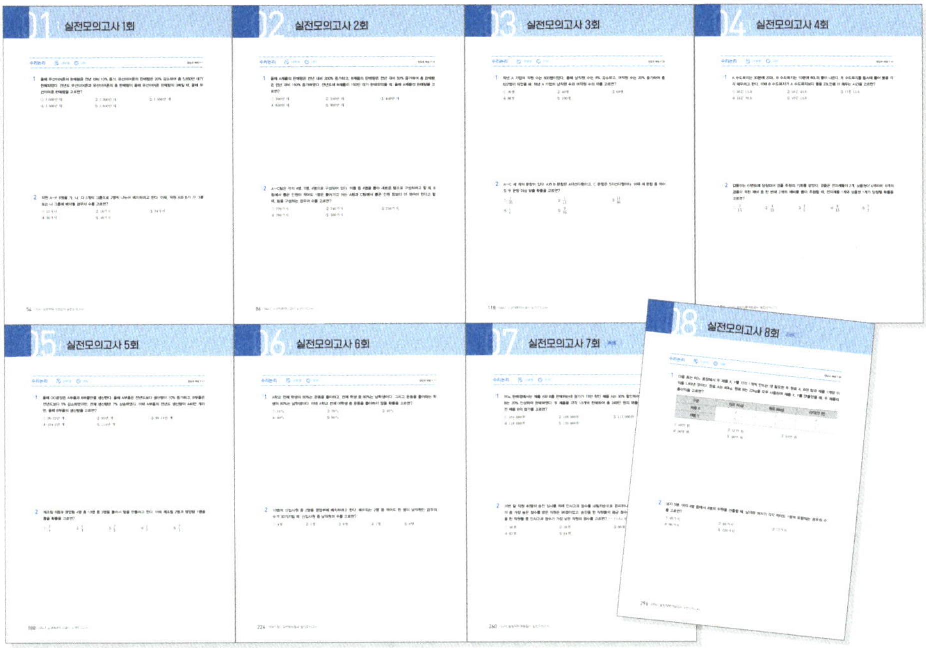

최신 GSAT 출제 경향을 반영한 문항으로 구성된 교재 내 수록 실전모의고사 8회와 온라인 전용 모의고사 2회를 제공하여 총 10회의 모의고사를 통해 충분한 연습이 가능하도록 하였다. 또한 실제 GSAT에서 제공한 문제풀이 용지를 구현 및 수록하여 실전과 동일한 환경에서 연습할 수 있도록 하였다.

정답과 해설

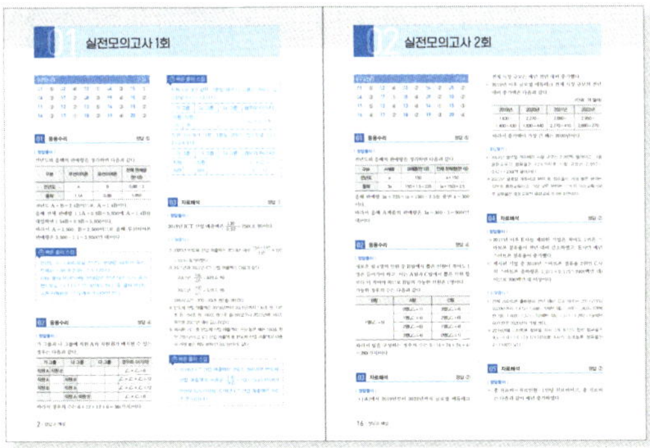

누구나 쉽게 이해할 수 있도록 자세하고 친절하게 제시된 정답풀이와 실제 시험에서 적용했을 때 문제를 더욱 빠르게 해결할 수 있는 방법인 빠른 풀이 스킬을 수록하여 유형별 기본적인 풀이방법과 풀이 시간을 단축할 수 있는 스킬을 쉽게 학습할 수 있도록 하였다. 마지막으로 '알아두면 좋은 Tip'을 수록하여 고득점에 반드시 필요한 알짜 Tip을 학습할 수 있도록 하였다.

차례

부록

문제풀이 용지

별책

정답과 해설

에듀윌이
너를
지지할게

ENERGY

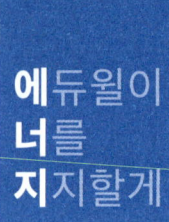

사람이 먼 곳을 향하는 생각이 없다면
큰 일을 이루기 어렵다.

– 안중근

PART 01

GSAT 유형별 공략 스킬

SAMSUNG
Global Samsung Aptitude Test

CHAPTER 01

수리논리

01 | 영역 및 유형 분석

영역 소개

수리논리는 크게 응용수리와 자료해석의 2가지 유형으로 분류되는데, 총 20문항이 출제되며 30분 내에 풀어야 한다. 응용수리 유형은 대부분 중등 교육과정 수준의 문제가 출제되며, 자료해석 유형은 표, 그래프 등의 자료가 주어지고 그 자료에 대한 설명 중 옳거나 옳지 않은 것을 고르는 문제가 출제된다.

유형별 특징

응용수리

20문제 중 1~2번 문제가 응용수리 유형인데, GSAT가 온라인으로 시행된 이후에는 방정식의 활용 1문제, 경우의 수 또는 확률 1문제가 주로 출제되었다. 방정식의 활용 문제는 연립방정식을 활용하면 쉽게 해결되는 수준이고, 경우의 수 또는 확률 문제는 기본적인 공식을 외우면 어렵지 않게 해결할 수 있다.

자료해석

3~20번 문제가 자료해석 유형인데, 특히 18번은 빈칸추론, 19번은 자료변환, 20번은 수열 문제가 고정적으로 출제된다. 다만 난도가 낮은 편이므로 18~20번 문제를 먼저 해결하고 나머지 문제에 접근하면 풀이 시간을 단축할 수 있다. 대부분의 문제는 기본적으로 연산이 필요한 선택지가 주어지는데, 기초적인 사칙연산으로 해결이 가능하다.

02 | 대표유형

유형 1 응용수리

세부 유형 ❶ | 방정식의 활용

공략스킬

- 방정식의 활용 문제는 일차연립방정식 수준으로 출제된다. 일차연립방정식은 보통 미지수가 2개, 일차방정식이 2개 제시되므로 **무엇을 미지수를 설정할 것인지를 빠르게 파악**하는 것이 중요하다.
- 무엇을 미지수로 둘 것인지 결정했다면 연립할 2개의 일차방정식을 세워야 한다. 보통 마침표 또는 쉼표를 기준으로 2개의 식이 구분되는 경우가 많으므로 **마침표와 쉼표의 위치를 빠르게 파악**하여 풀이에 접근하는 것이 좋다.
- 연립방정식까지 세웠다면 두 식을 더하거나 빼서 두 미지수의 값을 구할 수 있다. 계산한 미지수의 값이 무조건 정답은 아니므로 문제에서 요구하는 값이 무엇인지를 반드시 확인해서 정답을 잘못 선택하지 않도록 주의해야 한다.

전년도 메모리 반도체와 비메모리 반도체의 총 수출액은 1,200억 달러이다. 올해 메모리 반도체 수출액은 전년 대비 15% 증가하고, 비메모리 반도체 수출액은 전년 대비 25% 증가하여 총 수출액이 1,410억 달러일 때, 올해 비메모리 반도체 수출액을 고르면?

① 325억 달러 ② 345억 달러 ③ 375억 달러
④ 900억 달러 ⑤ 945억 달러

정답 ③

정답풀이 전년도 수출액과 전년 대비 증감량을 정리하면 다음과 같다.

구분	메모리 반도체	비메모리 반도체	전체 수출액(억 달러)
전년도	A	B	1,200
전년 대비 증감량	0.15A	0.25B	1,410−1,200=210

$A+B=1,200$과 $0.15A+0.25B=210$을 연립하여 풀면 $A=900$, $B=300$이다.

올해 비메모리 반도체 수출액은 전년 대비 25% 증가하였으므로 $300\times1.25=375$(억 달러)이다.

세부 유형 ❷ | 경우의 수

공략스킬

- **경우의 수는 순열, 조합을 활용한 문제가 주로 출제된다.** 보통 순열 공식은 순서가 정해진 상황에서 활용하며, 조합 공식은 순서가 정해지지 않고 뽑기만 하는 상황에서 활용한다.
- 가장 중요한 것은 **어떤 공식과 방법을 활용해야 하는 문제인지 파악하는 것이다.** 예를 들어 4명 중 2명을 뽑는 상황이 제시되어 있다고 가정하자. 이때 뽑는 상황을 인지하고 단순히 $_4C_2$로 조합 공식을 사용한다면 문제를 틀릴 수 있다. 반장 2명을 뽑는 경우라면 조합 공식을 사용해서 구할 수 있지만 반장 1명, 부반장 1명을 뽑는 경우라면 순열 공식을 사용해야 하기 때문이다. 이처럼 단순히 순열, 조합 공식을 대입하려는 것보다 문제 상황을 정확하게 이해하는 것이 중요하다.
- **'적어도', '~이상'**과 같은 표현이 문제에 등장하는 경우가 있다. 이때는 전체 경우의 수에서 '적어도', '~이상'과 관련된 경우와 반대되는 경우의 수를 빼면 더욱 빠르게 계산할 수 있다.

부장 1명, 차장 1명, 과장 1명, 대리 3명 총 6명이 일렬로 줄을 서려고 한다. 이때, 직급이 같은 사람끼리는 이웃하지 않게 줄을 서는 경우의 수를 고르면?

① 72가지 ② 96가지 ③ 120가지
④ 144가지 ⑤ 196가지

정답 ④

정답풀이 직급이 같은 사람은 대리 3명뿐이므로 대리끼리만 이웃하지 않는 경우의 수를 구해야 한다. 대리를 ○, 그 외 직급을 ●라고 하면 다음과 같이 줄을 서는 4가지 경우만 대리끼리 이웃하지 않는다.

●○●○●○, ○●●○●○, ○●○●●○, ○●○●○●

따라서 각 경우에 줄을 서는 경우의 수는 $3!\times3!=36$(가지)이므로 직급이 같은 사람끼리는 이웃하지 않게 줄을 서는 경우의 수는 $36\times4=144$(가지)이다.

세부 유형 ❸ | 확률

공략스킬

- **확률 문제는 경우의 수를 이용하는 경우가 많다.** 보통 구하고자 하는 경우의 수를 전체 경우의 수로 나누면 확률을 구할 수 있으므로 이를 기본적으로 인지하고 문제에 접근하는 것이 좋다. 다만 경우의 수를 이용하지 않고 확률의 곱셈만 이용하여 더 빠르게 해결할 수 있는 경우도 존재하므로 확률 문제에 익숙해지는 것이 중요하다.
- **확률을 구하는 계산 과정에서 곱셈은 마지막에 계산하는 것이 좋다.** 확률은 보통 분수로 계산하는데 계산 과정에서 분자와 분모를 정확하게 계산하지 않고 약분한 뒤에 계산하면 풀이 시간을 단축할 수 있다.

부품 A~H 8개 중 5개를 선택하여 로봇을 조립하려고 한다. 이때, 부품 A~D 4개 중 적어도 2개 이상 선택하여 로봇을 조립할 확률을 고르면?

① $\frac{2}{7}$ ② $\frac{9}{14}$ ③ $\frac{5}{7}$ ④ $\frac{13}{14}$ ⑤ $\frac{55}{56}$

정답 ④

정답풀이 먼저 부품 8개 중 5개를 선택하여 조립하는 경우의 수는 ${}_8C_5={}_8C_3=\frac{8\times7\times6}{3\times2\times1}=56$(가지)이다. 다음으로 A~D 중 2개 이상 선택하여 조립하는 경우의 수는 다음과 같다.

A	B	C	D	E	F	G	H	경우의 수
${}_4C_2$				${}_4C_3$				${}_4C_2\times{}_4C_3=24$
${}_4C_3$				${}_4C_2$				${}_4C_3\times{}_4C_2=24$
${}_4C_4$				${}_4C_1$				${}_4C_4\times{}_4C_1=4$

따라서 확률은 $\frac{24+24+4}{56}=\frac{52}{56}=\frac{13}{14}$이다.

빠른 풀이 스킬

부품 A~D 중 적어도 2개 선택해야 하므로 부품 A~D 중 1개만 선택하여 조립하는 확률을 구하여 전체 확률 1에서 빼주면 된다.

부품 A~D 중 1개만 선택하여 조립하는 경우의 수는 ${}_4C_1\times{}_4C_4=4$(가지)이므로 확률은 $\frac{4}{56}$이다.

따라서 여사건을 이용해 확률을 구하면 $1-\frac{4}{56}=\frac{52}{56}=\frac{13}{14}$이다.

유형 2 자료해석

세부 유형 ❶ | 자료이해

공략스킬

- 자료이해 문제는 표 또는 그래프가 1개 또는 2개 주어지고 자료에 대한 설명으로 옳거나 옳지 않은 것을 고르는 문제로 출제된다.
- GSAT 자료해석 문제는 대부분 수치가 깔끔하게 제시되어 계산이 어렵진 않으나 주어진 시간이 짧으므로 여러 가지 스킬을 이용하여 빠르게 풀어야 한다.
- **자료이해 문제에서는 선택지를 먼저 확인하는 것이 좋다.** 선택지는 보통 계산이 필요한 선택지와 계산이 필요하지 않은 선택지가 제시되는데 계산이 필요하지 않은 선택지는 빠른 확인이 가능하므로 이를 먼저 확인한 뒤에 계산이 필요한 선택지를 확인하면 풀이 시간을 단축할 수 있다.
- **되도록 정확하게 계산하지 않고 풀어야 풀이 시간을 단축할 수 있다.** 선택지에서 특정 값을 묻는다면 정확한 계산이 필요하지만 '~이상이다.', '~미만이다.'와 같이 범위 포함 여부를 묻는 선택지라면 대략적인 값을 구해서 해결하도록 한다.
- **분수의 대소비교 관련 공식을 암기하는 것이 중요하다.** 자료이해 문제에서 계산이 가장 오래 걸리는 선택지는 보통 증가율, 비중 등 분수 계산이 필요한 선택지이다. 기본서와 해당 교재의 해설에 수록된 분수의 대소비교 관련 공식을 암기한다면 관련 문제의 풀이 시간을 확실히 단축할 수 있다.

다음은 2021년 어느 국가의 도시별 특별교통수단 운행 현황을 조사한 자료이다. 주어진 자료에 대한 설명 중 옳지 않은 것을 고르면?

[표] 도시별 특별교통수단 운행 현황 (단위: 명, 대)

구분	장애인 수	법정 기준 대수	운행 대수
A 도시	407,000	450	387
B 도시	170,000	190	95
C 도시	117,000	130	78
D 도시	133,000	140	119
E 도시	69,000	75	54
F 도시	72,000	80	36
G 도시	49,000	50	26

※ (도입률)(%)$=\frac{(\text{운행 대수})}{(\text{법정 기준 대수})}\times 100$

① 운행 대수는 C 도시가 F 도시의 2배 이상이다.
② 장애인 수가 3번째로 많은 도시의 도입률은 85%이다.
③ A 도시의 법정 기준 대수는 운행 대수보다 53대 더 많다.
④ 법정 기준 대수가 가장 적은 도시는 운행 대수도 가장 적다.
⑤ B 도시의 장애인 수는 E, F, G 도시의 장애인 수의 합보다 작다.

공략 스킬

정답 ③

정답풀이 A 도시의 법정 기준 대수는 운행 대수보다 450－387＝63(대) 더 많으므로 옳지 않다.

오답풀이 ① F 도시 운행 대수의 2배는 36×2＝72(대)이고, C 도시의 운행 대수는 78대이므로 운행 대수는 C 도시가 F 도시의 2배 이상이다.

② 장애인 수가 3번째로 많은 도시는 133,000명의 D 도시이므로 도입률은 $\frac{119}{140}\times100=85(\%)$이다.

④ 법정 기준 대수가 가장 적은 도시는 50대인 G 도시이고, G 도시의 운행 대수가 26대로 가장 적다.

⑤ E, F, G 도시의 장애인 수의 합은 69,000＋72,000＋49,000＝190,000(명)이고 B 도시의 장애인 수는 170,000명이므로 B 도시의 장애인 수는 E, F, G 도시의 장애인 수의 합보다 작다.

다른풀이

⑤ E, F, G 도시의 장애인 수의 합을 구할 때 천의 자리 수를 보면 9+2+9인데 가운데 2를 양쪽의 9에 1씩 나눠준다고 생각하면 세 수의 합이 20임을 쉽게 구할 수 있다. 이처럼 덧셈 또는 뺄셈에서 계산이 복잡한 경우에는 10의 단위로 만들어서 계산하면 쉽게 구할 수 있다.

세부 유형 ❷ | 자료계산 – 빈칸추론

공략스킬

공략 스킬

- 자료계산–빈칸추론 문제는 1문제씩 꾸준히 출제되는 유형으로, 자료의 빈칸에 들어갈 값을 제시된 보조자료(공식, 조건 등)를 이용하여 계산하는 유형이다. 보통 수리논리 뒷부분에서 출제되는 경우가 많은데 난도가 쉬운 편이니 먼저 해결하는 것이 좋다.
- **우선 자료에서 빈칸 없이 모든 수치가 제시된 항목을 확인한다.** 빈칸추론 문제의 문제 풀이 알고리즘은 보통 **'공식에 수치 대입 → 대입한 식을 연립하여 미지수 구하기 → 완성된 공식으로 빈칸의 값 구하기'** 순이므로 처음에 공식에 대입할 수치를 찾는 것이 가장 중요하다.

다음은 공정 과정 중 발생하는 생산율과 불량률 관계에 대한 월별 자료이다. 주어진 자료를 바탕으로 빈칸에 해당하는 값을 예측했을 때, 가장 적절한 값을 고르면?

[표] 생산율과 불량률 관계

구분	생산율(%)	불량률(%)
1월	78	2.7
2월	82	3.3
3월	(㉠)	4.05
4월	90	(㉡)

※ 불량률=(a×생산율)−b^2 (단, b≥0)

	㉠	㉡
①	87	4.5
②	87	4.6
③	88	4.7
④	89	4.8
⑤	89	4.9

정답 ①

정답풀이 1월과 2월의 생산율과 불량률의 관계를 이용하면

0.027=(a×0.78)−b^2과 0.033=(a×0.82)−b^2이므로 a=0.15, b=0.30이다.

(생산율과 불량률은 모두 백분율이므로 원래 값은 100을 나눈 수를 적용한다.)

- 3월: 0.0405=(0.15×㉠)−0.3^2, ㉠=0.870이므로 ㉠=0.87×100=87(%)
- 4월: ㉡=(0.15×0.9)−0.3^2, ㉡=0.045이므로, ㉡=0.045×100=4.5(%)

따라서 ㉠=87, ㉡=4.50이다.

세부 유형 ❸ | 자료변환

공략스킬

- 자료변환 문제는 1문제씩 꾸준히 출제되는 유형으로, 주어진 자료를 활용하여 그래프, 표 등으로 나타내었을 때 옳거나 옳지 않은 것을 고르는 유형이다. 보통 수리논리 뒷부분에서 출제되는 경우가 많으며, 난도는 적당한 편이다.
- **선택지를 먼저 확인한 뒤에 주어진 자료와 비교하는 것이 중요하다.** 자료변환 문제는 크게 2가지 유형으로 나뉘는데 하나는 5개의 선택지에 모두 같은 형태의 그래프가 제시되고 옳은 그래프를 찾는 유형이고, 다른 하나는 5개의 선택지에 모두 다른 형태의 그래프가 제시되고 옳거나 옳지 않은 그래프를 찾는 유형이다. 어떤 유형이든 선택지를 먼저 확인한 뒤에 그래프의 수치가 맞는지 확인하여 **선택지를 하나씩 제거**하는 것이 풀이 시간 단축에 유리하다.

다음 [표]는 2022년 S사에서 판매하는 메모리 제품의 분기별 매출액이다. 주어진 자료를 바탕으로 NAND 메모리 매출액이 전체 메모리 매출액에서 차지하는 비율을 그래프로 나타내었을 때, 적절한 것을 고르면?

[표] 2022년 분기별 메모리 매출액 (단위: 십억 원)

구분	1분기	2분기	3분기	4분기
NAND	1,890	1,740	1,550	2,160
DRAM	3,510	4,260	4,650	5,040

① 2022년 분기별 NAND 메모리 매출액 비중

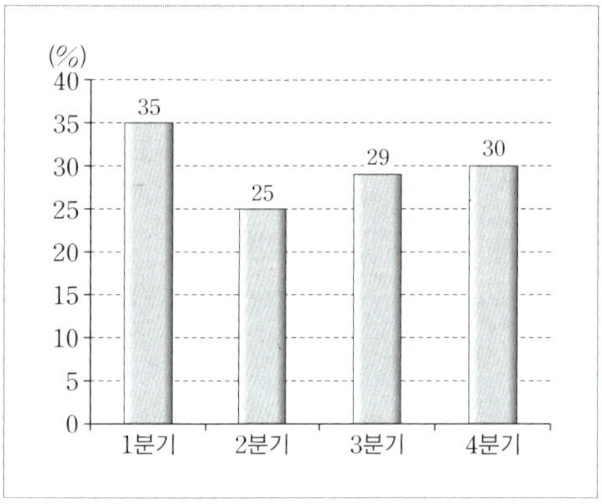

② 2022년 분기별 NAND 메모리 매출액 비중

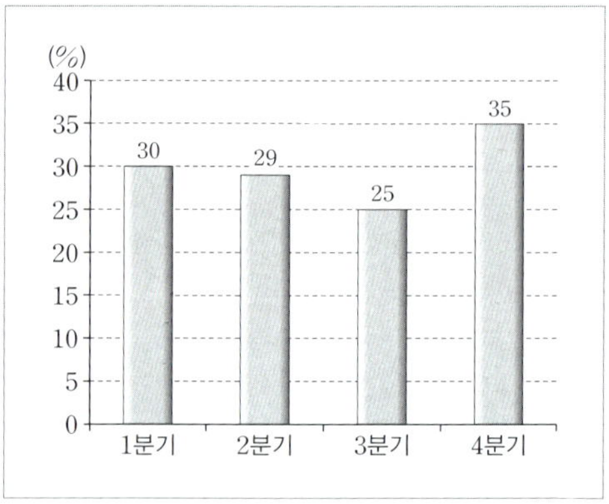

③ 2022년 분기별 NAND 메모리 매출액 비중

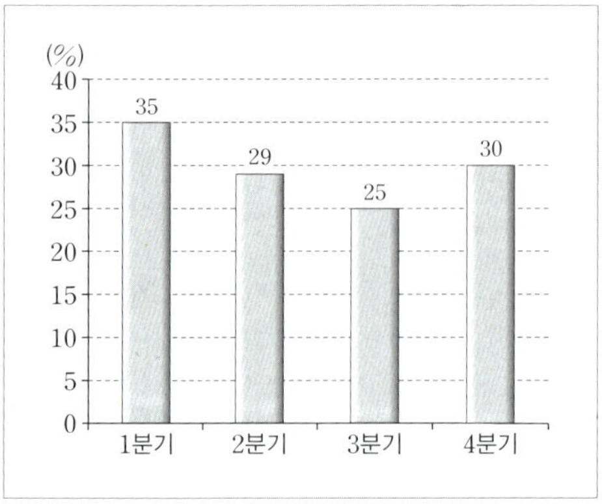

④ 2022년 분기별 NAND 메모리 매출액 비중

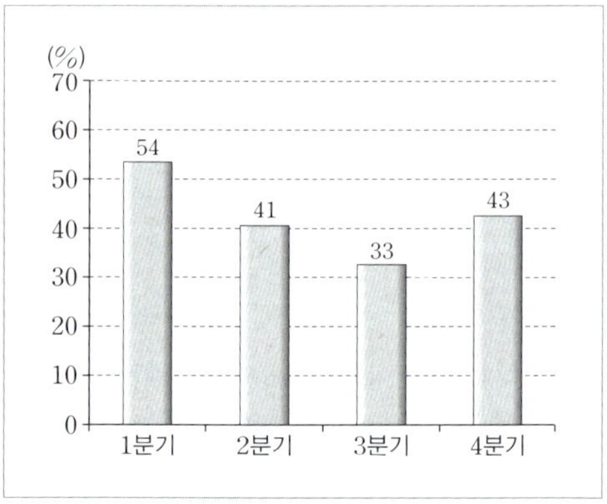

⑤ 2022년 분기별 NAND 메모리 매출액 비중

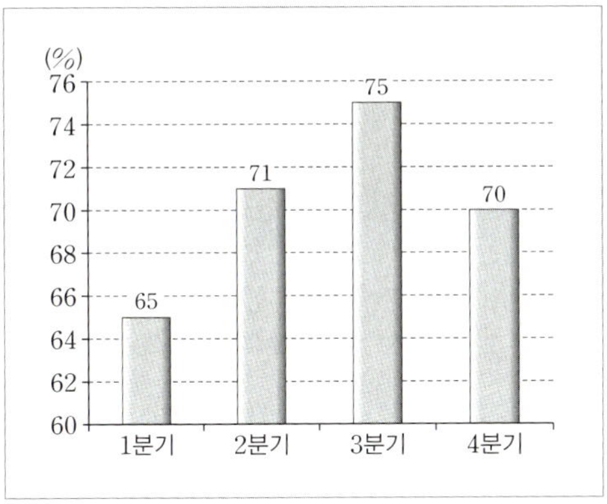

정답 ③

정답풀이 NAND 메모리 매출액 비중(%)$=\frac{\text{NAND 메모리 매출액}}{\text{NAND 메모리 매출액}+\text{DRAM 메모리 매출액}}\times 100$ 이므로

NAND 메모리 매출액과 DRAM 메모리 매출액에 대한 합계와 비중을 계산하면 다음과 같다.

(단위: 십억 원)

구분	1분기	2분기	3분기	4분기
매출액 합계	5,400	6,000	6,200	7,200
NAND 메모리 매출액 비중	35%	29%	25%	30%
DRAM 메모리 매출액 비중	65%	71%	75%	70%

따라서 가장 적절한 그래프는 ③이다.

세부 유형 ❹ | 자료계산 – 수열

공략스킬

- 자료계산–수열 문제는 1문제씩 꾸준히 출제되는 유형으로, 규칙적인 자료가 주어지면 그 규칙을 추론하여 특정 시기의 값을 구하는 유형이다. 보통 수리논리 뒷부분에서 출제되는 경우가 많은데 난도가 쉬운 편이니 먼저 해결하는 것이 좋다.
- **항목별 증감량을 나열하여 규칙을 찾는다.** 수열 문제는 일정한 규칙에 따라 변화하는 자료가 주어지기 때문에 규칙을 파악하는 것이 중요한데 눈대중으로 규칙을 찾기는 쉽지 않을 수 있다. 항목별 증감량을 나열하면 규칙이 한눈에 보이는 경우가 많으므로 증감량을 빠르게 확인하는 것이 중요하다.
- **규칙(수열)의 종류를 미리 숙지하는 것이 중요하다.** 자주 출제되는 수열은 등차수열, 등비수열, 계차수열, 피보나치 수열이므로 이 4가지 수열을 염두에 두고 규칙을 파악하는 것이 좋다. 또한 수열 관련 공식을 모르더라도 단순 연산으로 빠르게 해결되는 경우가 많으므로 공식을 외우는 것에 부담을 갖지 않도록 하자.

다음은 S 카페의 연령대별 방문자 수를 조사한 자료이다. 방문자 수가 매월 일정한 규칙으로 변할 때, 40대 미만 방문자 수가 40대 이상 방문자 수보다 처음으로 많아지는 시기를 고르면?

[표] S 카페의 연령대별 방문자 수 (단위: 명)

구분	40대 미만	40대 이상
1월	8	34
2월	9	35
3월	11	37
4월	15	40
5월	23	44

① 6월　② 7월　③ 8월　④ 9월　⑤ 10월

정답 ②

정답풀이 전월 대비 증가한 40대 미만 방문자 수는 2월부터 5월까지 1명, 2명, 4명, 8명이므로 전월 대비 증가한 방문자 수는 매월 2배씩 증가함을 알 수 있다.

전월 대비 증가한 40대 이상 방문자 수는 2월부터 5월까지 1명, 2명, 3명, 4명이므로 전월 대비 증가한 방문자 수는 매월 1명씩 증가함을 알 수 있다.

이에 따라 6월 이후 연령대별 방문자 수를 구하면 다음과 같다.

[표] S 카페의 연령대별 방문자 수 (단위: 명)

구분	40대 미만		40대 이상	
	방문자 수	전월 대비 증가한 방문자 수	방문자 수	전월 대비 증가한 방문자 수
6월	39	16	49	5
7월	71	32	55	6

따라서 40대 미만 방문자 수가 40대 이상 방문자 수보다 처음으로 많아지는 시기는 7월이다.

CHAPTER 02

추리

01 영역 및 유형 분석

02 대표유형

01 | 영역 및 유형 분석

영역 소개

추리는 크게 언어추리, 도형·도식추리, 문단배열, 독해추론 4가지 유형으로 총 30문항이 출제되며, 30분 내에 풀어야 한다. 언어추리는 전제와 결론을 바탕으로 추리하는 명제, 조건을 바탕으로 추리하는 조건추리 문제가 출제된다. 도형·도식추리는 3×3박스에 들어있는 도형으로 빈칸에 들어갈 도형을 추리하는 도형추리, 무작위로 제시된 도식의 규칙을 찾아 추리하는 도식추리 문제가 출제된다. 문단배열은 문단을 논리적 흐름에 따라 배열하는 문제가 출제되며, 독해추론은 제시문을 읽고 옳거나 옳지 않은 것을 찾는 문제가 출제된다.

유형별 특징

언어추리

추리 30문제 중 1~3번 문제는 명제, 4~14번 문제는 조건추리가 출제된다. 명제는 전제 2개로 결론을 추론하는 문제와 전제 1개와 결론 1개를 바탕으로 또 다른 전제를 추론하는 문제가 출제되는데, 난도는 낮은 편이므로 유형에 익숙해지면 쉽게 해결할 수 있다. 조건추리는 위치/배치/매칭과 관련된 조건, 순서/순위에 관련된 조건, 참/거짓이 제시된 조건 등의 문제가 출제되는데, 추리 문제 중 가장 많은 비중을 차지하며, 난도도 다른 유형보다 높은 편이므로 효율적인 시간 안배를 위해 가장 마지막에 해결하는 것이 좋다.

도형·도식추리

추리 30문제 중 15~17번 문제는 도형추리, 18~21번 문제는 도식추리 문제가 출제된다. 도형추리는 3×3박스에 8개의 도형이 제시되면 나머지 1칸에 들어갈 도형을 찾는 문제가 출제되는데, 난도는 보통인 편이지만 규칙이 한번 보이지 않으면 헤매는 경우가 있으므로 규칙이 헷갈리더라도 당황하지 않는 것이 중요하다. 도식추리는 하나의 도식이 주어지면 관련 규칙을 찾아 그 아래 4개의 딸린 문제를 해결해야 한다. 난도는 낮은 편이며, 주어진 도식에서 규칙만 찾으면 4개의 문제를 쉽게 해결할 수 있으므로 최대한 빠르게 해결하여 시험 시간을 확보하는 것이 중요하다.

문단배열

추리 30문제 중 22~23번 문제는 문단배열 문제가 출제된다. 2022년 하반기까지는 단어 관계 등을 찾는 어휘추리 문제가 출제되었지만, 2023년부터 문단배열 문제로 유형이 바뀌었다. 4~5개의 문단을 논리적 흐름에 맞게 배열해야 하는데, 난도는 낮은 편이어서 시험 시간을 확보할 수 있다.

독해추론

추리 30문제 중 24~30번 문제는 독해추론 문제가 출제된다. 보통 단문~중문 정도의 제시문이 1~2개 제시되며, 출제 유형으로는 반드시 참/거짓인 것 고르기, 주장에 대한 반론으로 적절한/적절하지 않은 것 고르기, 글을 읽고 추론할 수 있는/없는 것 고르기 등이 있다. 제시문이 길지 않고 글에서 이야기하고자 하는 부분이 명확하게 드러나서 난도는 쉬운 편이다. 제시문을 모두 읽고 해결하면 풀이 시간이 부족할 수 있으므로 제시문에서 문제 해결에 필요한 부분만 빠르게 파악하여 해결하는 연습이 필요하다.

02 | 대표유형

유형 1 언어추리

세부 유형 ❶ | 명제-결론 고르기

공략스킬

- 명제 문제의 풀이 방법은 크게 삼단논법과 벤다이어그램 활용이 있는데 삼단논법은 'A가 B이고, B가 C이면 A는 C이다.'와 같은 논리이며, 벤다이어그램 활용은 명제를 그림으로 표현한 뒤 포함관계를 파악하여 해결하는 방법이다.
- 전제나 결론에 **'어떤'이라는 표현이 있다면 벤다이어그램**을 활용하여 문제를 해결한다. '어떤', '모든 ~가 ~인 것은 아니다.'와 같이 일부에 대한 언급만 제시된 명제는 대우명제가 존재하지 않는다. 벤다이어그램은 모든 명제를 시각적으로 표현하여 쉽게 이해할 수 있으므로 그리는 방법에 익숙해지는 것이 좋다.
- 전제나 결론에 **'어떤'이라는 표현이 없다면 보통 삼단논법과 '대우명제'**를 활용하여 문제를 해결한다. 예를 들어 'A는 B이다.'의 대우명제는 'B가 아니면 A가 아니다.'이며, 어느 명제가 참이라면 그 명제의 대우명제도 참이므로 대우명제와 삼단논법을 활용하면 쉽게 답을 구할 수 있다. 다만 '어떤'이라는 표현이 없어도 삼단논법 활용이 불가능한 경우('모든 ~가 ~인 것은 아니다.' 등)도 가끔 존재하므로 이러한 경우엔 벤다이어그램을 활용한다.
- 결론을 고르는 명제 문제는 전제가 2개 주어지고 이에 맞는 결론을 고르는 유형이다. 전제1과 전제2를 연결하는 '매개념'이 두 전제를 어떻게 연결하는지 파악하는 것이 중요하다.

다음 전제를 보고 항상 참인 결론을 고르면?

전제1	모든 댐은 홍수 재해 예방능력을 갖추고 있다.
전제2	어떤 댐은 가뭄 대비능력을 갖추고 있다.
결론	

① 가뭄 대비능력을 갖춘 댐은 홍수 재해 예방능력을 갖추고 있다.
② 홍수 재해 예방능력을 갖추지 않은 댐은 가뭄 대비능력을 갖추지 않았다.
③ 가뭄 대비능력을 갖춘 어떤 댐은 홍수 재해 예방능력을 갖췄다.
④ 홍수 재해 예방능력을 갖춘 어떤 댐은 가뭄 대비능력을 갖추지 않았다.
⑤ 가뭄 대비능력을 갖춘 어떤 댐은 홍수 재해 예방능력을 갖추지 않았다.

정답 ③

정답풀이 두 개의 명제를 기본적인 형태의 벤다이어그램으로 표현하면 다음과 같다.

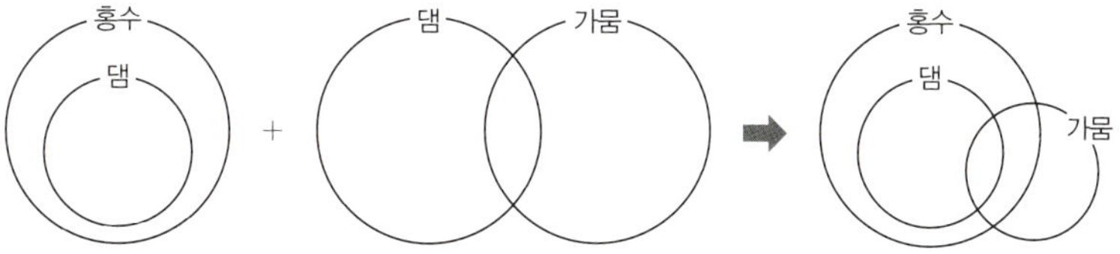

이때, ③의 결론만이 합리적으로 도출된다.

다른풀이

전제2에 "어떤 ~는 ~이다."라는 some 개념이 있으므로 벤다이어그램을 활용한다.

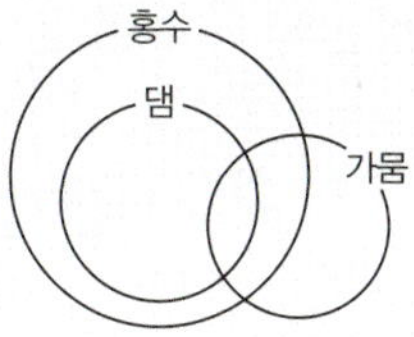

위의 벤다이어그램을 보면 ①과 ②가 옳지 않음을 알 수 있다. 또한 색칠된 부분에 해당하는 범위를 늘리거나 줄였을 때 아래와 같은 벤다이어그램을 그릴 수 있다.

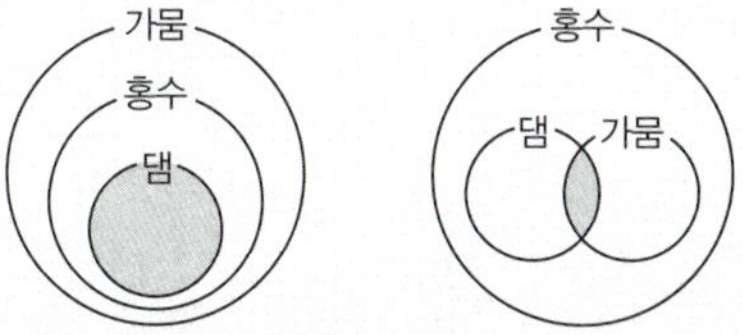

왼쪽 벤다이어그램의 경우 ④가 옳지 않고, 오른쪽 벤다이어그램의 경우 ⑤가 옳지 않다. 따라서 항상 참인 결론을 고르면 ③이 정답이다.

세부 유형 ❷ | 명제-전제 고르기

공략스킬

- 전제를 고르는 명제 문제는 전제와 결론이 1개씩 주어졌을 때, 주어진 결론이 참이 되게 하는 다른 전제 1개를 고르는 유형이다. 주어진 전제와 결론을 도식화한 뒤에 삼단논법과 대우명제로 해결하거나 '어떤'과 같은 표현이 있다면 벤다이어그램을 활용하여 해결한다.

다음 결론이 반드시 참이 되게 하는 전제를 고르면?

전제1	커피를 좋아하는 모든 사람은 국밥을 좋아하지 않는다.
전제2	
결론	국밥을 좋아하는 모든 사람은 디저트를 좋아하지 않는다.

① 커피를 좋아하는 모든 사람은 디저트를 좋아한다.
② 디저트를 좋아하는 모든 사람은 커피를 좋아한다.
③ 디저트를 좋아하는 어떤 사람은 커피를 좋아한다.
④ 커피를 좋아하지 않는 어떤 사람은 디저트를 좋아한다.
⑤ 커피를 좋아하는 모든 사람은 디저트를 좋아하지 않는다.

정답 ②

정답풀이 전제1과 결론의 대우명제의 벤다이어그램은 [그림1], [그림2]와 같다.

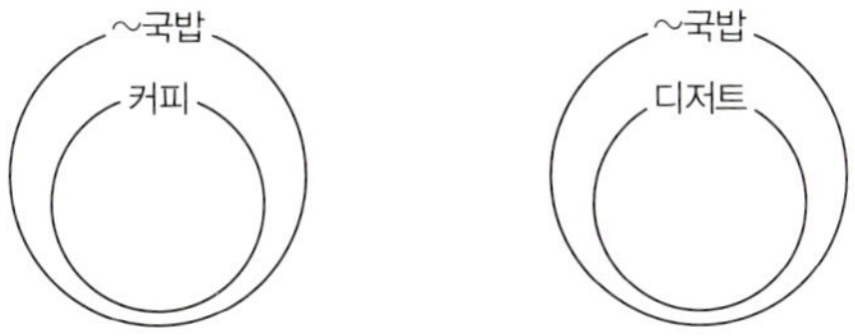

[그림1] [그림2]

[그림1]의 상태에서 '커피'가 '디저트'를 포함하고 있다면 자연스럽게 [그림2]처럼 '디저트'가 '~국밥' 안에 포함될 것임을 알 수 있다. 즉, 전제2는 '커피'가 '디저트'를 포함하는 명제인 '디저트 → 커피'가 되어야 하므로 ②가 정답이다.

빠른 풀이 스킬

전제1과 결론 모두 some 개념이 등장하지 않으므로 삼단논법을 사용하여 문제를 풀 수 있다. 커피를 좋아하는 사람을 '커', 국밥을 좋아하는 사람을 '국', 디저트를 좋아하는 사람을 '디'라고 표시하고 전제1과 결론을 다시 써보면 다음과 같다.

· 전제1: 커 → ~국
· 결론: 국 → ~디

결론이 '국'으로 시작하여 '~디'로 끝나고, 전제1의 대우명제가 '국'으로 시작하므로 전제2는 '~디'로 끝나야 할 것이다. 즉, 전제2를 '~커 → ~디'로 두면 전제1의 대우명제와 결합하여 '국 → ~디'라는 결론을 얻을 수 있다. 따라서 '~커 → ~디'의 대우명제에 해당하는 ②가 정답이다.

세부 유형 ❸ | 조건추리–위치/배치/매칭

공략스킬

- 조건추리 문제는 주어진 조건을 바탕으로 옳거나 옳지 않은 것을 고르는 유형이며, 위치/배치/매칭 문제는 **표, 그림, 기호 등으로 주어진 조건을 도식화**하여 빠르게 해결하는 것이 중요하다.
- **확정적인 조건을 우선 나열한 뒤에 다른 조건을 고려한다.** 조건추리 문제를 접하면 보통 어느 조건을 먼저 활용해야 할지 고민하는 경우가 많다. 이때, 예를 들어 'A는 B이다.'와 같이 확정적인 조건을 먼저 생각하고, 이후 'B는 3명이다.'와 같이 확정적이지 않은 조건을 고려하면 순차적으로 문제를 해결하기 쉽다.
- **항상 옳거나 옳지 않은 선택지를 고를 때 주의해야 한다.** 이러한 문제의 선택지 중 옳을 수도 있고 옳지 않을 수도 있는 선택지는 정답이 아님을 명심해야 한다.
- 위치/배치/매칭 문제는 주어진 조건이 위치, 자리, 소속, 의상, 선호하는 음식, 직급 등과 관련이 있으며, **'마주 보고', '이웃한다.' 등의 조건과 특정 방향을 기준으로 왼쪽, 오른쪽과 같은 조건이 주어진다.** 특히 건물, 사무실 위치, 원탁, 물건 배치 등 그림을 그려야 이해가 쉬운 상황이 자주 등장하므로 머릿속으로 상황을 그려보는 연습을 꾸준히 하는 것이 중요하다.
- **확정적인 조건이 없다면 임의의 기준을 세워 풀이한다.** 특히 원탁 문제의 경우엔 어느 자리에 누가 앉았는지 기준을 세우지 않으면 풀기 어려운 상황이 생길 수 있다. 임의로 특정 인물(또는 물건)을 특정 자리에 배치하여 기준을 세우고, 그것을 바탕으로 다른 조건을 고려하는 것이 좋다.

소모임 회원 A~F 6명은 원탁에 둘러앉아 보드게임을 하려고 한다. 주어진 [조건]을 바탕으로 항상 옳지 않은 것을 고르면?

조건

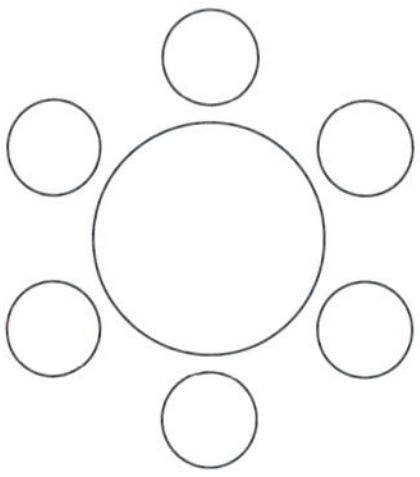

- 보드게임은 추리게임과 순발력게임 2종류가 있고, 한 종류당 좋아하는 사람은 3명이다.
- C와 이웃하여 앉은 사람은 A와 F이다.
- B와 D는 모두 순발력게임을 좋아하고, 서로 이웃하여 앉아 있다.
- E는 A와 마주 보고 앉아 있고, 추리게임을 좋아한다.
- F는 마주 보고 앉아 있는 사람과 다른 종류의 게임을 좋아하고, 오른쪽에 이웃하여 앉은 사람과도 다른 종류의 게임을 좋아한다.

① 가능한 경우의 수는 2가지이다.
② E의 왼쪽에 이웃하여 앉은 사람은 B이다.
③ D와 마주 보고 앉아 있는 사람은 순발력게임을 좋아한다.
④ A와 이웃하여 앉은 사람 중 추리게임을 좋아하는 사람이 존재한다.
⑤ C와 마주 보고 앉아 있는 사람은 D이다.

정답 ④

정답풀이 보드게임은 추리게임과 순발력게임 2종류가 있고, 한 종류당 좋아하는 사람은 3명이다. C와 이웃하여 앉은 사람은 A와 F이고, E는 A와 마주 보고 앉아 있으며 추리게임을 좋아하므로 가능한 경우는 다음과 같다.

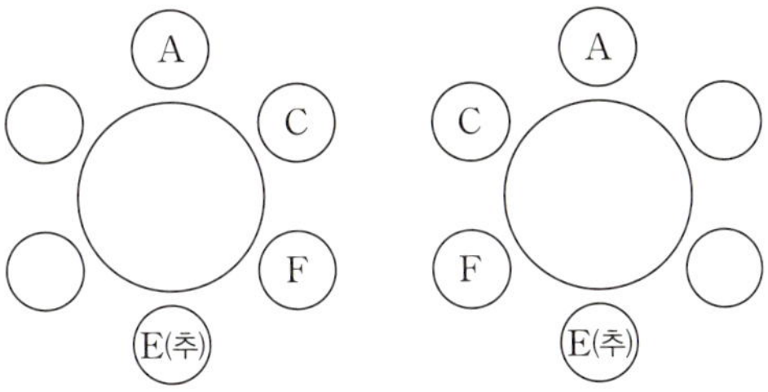

이때, B와 D는 모두 순발력게임을 좋아하고 서로 이웃하여 앉아 있으므로 둘 중 한 명은 F와 마주 보고 앉아 있는데 F는 마주 보고 앉아 있는 사람과 다른 종류의 게임을 좋아하므로 추리게임을 좋아하고, F는 오른쪽에 이웃하여 앉은 사람과도 다른 종류의 게임을 좋아하므로 F의 오른쪽에 앉은 사람은 순발력게임을 좋아하는 사람이다. 즉, F의 오른쪽에 이웃하여 앉은 사람은 E가 아닌 C이다.

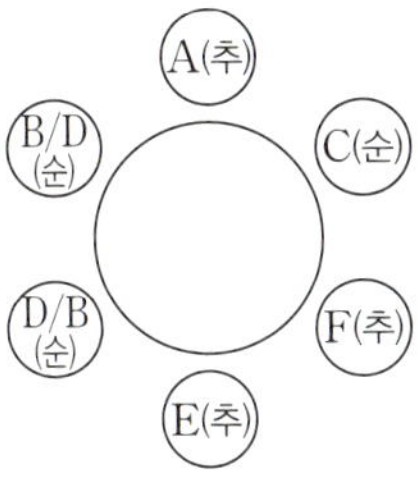

따라서 A와 이웃하여 앉은 사람 중에 추리게임을 좋아하는 사람은 없다.

오답풀이 ② E의 왼쪽에 이웃하여 앉은 사람이 B인 경우가 있다.
③ D와 마주 보고 앉아 있는 사람이 순발력게임을 좋아하는 경우가 있다.
⑤ C와 마주 보고 앉아 있는 사람이 D인 경우가 있다.

공략 스킬

세부 유형 ❹ | 조건추리-순서/순위

공략스킬

- 순서/순위 문제는 주어진 조건이 줄 서는 순서, 경기 순위, 출장 가는 순서, 여행 가는 순서 등과 관련이 있으며, **'~보다 먼저', '~바로 다음으로', '~보다 높다/낮다.' 등의 조건이 주어진다.** 특히 달력, 등수, 시간표 등 시간, 순서를 생각해야 하는 상황이 자주 주어지므로 표를 그려서 해결하는 것이 좋다.

영은, 지연, 솔비, 미진, 가영 5명은 카페에서 음료를 각자 1잔씩 주문하기 위해 키오스크 앞에 줄을 섰다. 주어진 [조건]을 바탕으로 항상 옳지 않은 것을 고르면?

조건

키오스크	1	2	3	4	5

- 음료는 아메리카노, 라테, 에이드, 주스, 콜라가 있고, 이 중 아무도 주문하지 않은 음료는 없다.
- 솔비가 줄을 선 순서보다 늦은 순서로 줄을 선 사람은 영은이와 가영이뿐이다.
- 1번에 줄을 선 사람이 주문한 음료는 에이드이다.
- 지연이는 콜라를 주문하였다.
- 아메리카노를 주문한 사람의 바로 다음에 음료를 주문한 사람은 주스를 주문하였다.

① 가능한 경우의 수는 4가지이다.
② 라테를 주문한 사람의 바로 앞에 음료를 주문한 사람은 지연이다.
③ 미진이가 주문한 음료는 에이드이다.
④ 영은이가 주스를 주문했다면 솔비는 라테를 주문하였다.
⑤ 4번에 줄을 선 사람이 주문한 음료는 라테이다.

정답 ⑤

정답풀이 음료는 총 5종류가 있고, 이 중 아무도 주문하지 않은 음료는 없으므로 5명은 서로 다른 음료를 주문하였다. 솔비가 줄을 선 순서보다 늦은 순서로 줄을 선 사람은 영은이과 가영이뿐이므로 3번에 줄을 선 사람은 솔비이다. 이에 따라 4번, 5번에 줄을 선 사람은 영은이 또는 가영이이고, 1번, 2번에 줄을 선 사람은 지연이 또는 미진이이다. 이때 1번에 줄을 선 사람이 주문한 음료는 에이드이고, 지연이는 콜라를 주문하였으므로 지연이는 2번에 줄을 섰고, 미진이는 1번에 줄을 섰다.

키오스크	1	2	3	4	5
주문자	미진	지연	솔비	영은 또는 가영	가영 또는 영은
음료	에이드	콜라			

여기서 아메리카노를 주문한 사람의 바로 다음에 주문한 사람은 주스를 주문하였으므로 3번과 4번 또는 4번과 5번에 줄을 선 사람이 아메리카노와 주스를 주문하였다.

키오스크	1	2	3	4	5
주문자	미진	지연	솔비	영은 또는 가영	가영 또는 영은
음료	에이드	콜라	아메리카노	주스	라테
			라테	아메리카노	주스

따라서 4번에 줄을 선 사람이 주문한 음료는 주스 또는 아메리카노이다.

오답풀이 ② 라테를 주문한 사람이 3번에 줄을 선 솔비라면 솔비의 바로 앞에 음료를 주문한 사람은 지연이다.

④ 영은이가 5번에 줄을 서서 주스를 주문했다면 솔비는 라테를 주문하였다.

세부 유형 ❺ | 조건추리-참/거짓

공략스킬

- 참/거짓 문제는 문제에 제시된 조건 중 거짓인 것이 있거나, 등장인물 중 항상 거짓을 말하는 인물이 존재하는 유형이다. **'N명 중 M명은 반드시 거짓을 말하고' 등의 조건이 주어진다.**
- **상반되는 두 조건(또는 의견)을 찾아 해결한다.** 만약 '1명이 반드시 거짓을 말한다.'라는 조건이 있을 때, A와 B의 의견이 서로 반대라면 둘 중 한 명은 거짓을 말하는 것이고, 나머지 인물들의 의견은 항상 참이다. 이를 활용하면 참/거짓 문제는 쉽게 해결할 수 있다.
- **문제에 특별한 조건이 없다면 거짓을 말한다는 것은 제시된 조건(또는 의견)이 모두 거짓이라는 의미이다.** 예를 들어 'A는 ~이고, B는 ~이다.'라는 조건이 주어졌을 때 해당 조건이 거짓이라면 'A는 ~가 아니고, B도 ~가 아니다.'라는 것이다.
- **참/거짓 여부가 연결되는 조건을 찾아 해결한다.** 예를 들어 'A는 B를 좋아한다.'와 'A는 진실만 말한다.'의 두 조건이 제시됐을 때, A가 B를 좋아하면 'A는 진실만 말한다.'는 동시에 참이 되고, A가 B를 좋아하지 않는다면 'A는 진실만 말한다.'는 동시에 거짓이 된다. 이처럼 참/거짓 여부가 서로 연결되는 조건을 이용하면 풀이 시간을 단축할 수 있다.

영업팀, 재무팀, 총무팀, 개발팀, 인사팀 중 서로 다른 팀에서 근무하는 A, B, C, D, E가 있다. 이 중 4명은 진실을 말하고, 1명은 거짓을 말할 때, 주어진 [대화]를 바탕으로 인사팀에서 근무하는 사람을 고르면?

조건

- A: 나는 개발팀에서 근무하고 있어.
- B: 난 인사팀에서 근무하지 않아.
- C: 난 영업팀에서 근무하고 있어.
- D: A는 총무팀에서 근무하고 있어.
- E: D는 개발팀에서 근무하고 있어.

① A　② B　③ C　④ D　⑤ E

정답 ⑤

정답풀이 A는 자신이 개발팀에서 근무하고 있다고 말했고, D는 A가 총무팀에서 근무한다고 말했으므로 둘 중 한 명의 말은 진실이고, 나머지 한 명의 말은 거짓이다. 즉 B, C, E의 말은 모두 진실이므로 C는 영업팀에서 근무하고, D는 개발팀에서 근무한다.

A	B	C	D	E
		영업팀	개발팀	

이때 A는 자신이 개발팀에서 근무한다고 말했는데 개발팀에서 근무하는 사람은 D이므로 A의 말이 거짓이고 D의 말이 진실이다. 이에 따라 A는 총무팀에서 근무하고 있고, 나머지 B와 E는 인사팀 또는 재무팀에서 근무하고 있는데 B는 자신이 인사팀에서 근무하지 않는다고 말했으므로 B는 재무팀, E는 인사팀에서 근무하고 있다.

A	B	C	D	E
총무팀	재무팀	영업팀	개발팀	인사팀

따라서 인사팀에서 근무하는 사람은 E이다.

유형 2 도형 · 도식추리

세부 유형 ❶ | 도형추리

공략스킬

- 도형추리는 3×3박스에 제시된 8개의 도형을 바탕으로 나머지 1칸에 들어갈 도형을 추리하는 유형이다. 규칙은 보통 가로 또는 세로 줄로 적용되며, **시계/반시계방향 회전, 상하/좌우 반전, 색 반전, 색 결합, 색 이동** 등의 규칙이 주로 출제된다. 난도가 높다면 2가지 규칙이 동시에 적용되는 경우도 있다.
- **같은 모양의 도형끼리 비교하여 규칙을 찾는다.** 도형추리의 규칙은 보통 가로 또는 세로로 적용되는데 만약 문제에서 가로 또는 세로로 3개씩 같은 도형이 제시된다면 같은 도형끼리 비교하여 규칙을 찾는다. 이때 찾은 규칙은 다른 줄에서도 적용되는지 확인하여 해당 규칙이 맞는지 체크해야 한다.
- **도형 내의 특이한 모양이나 일부 구역을 기준으로 규칙을 찾는다.** 3×3박스에 제시된 8개의 도형이 모두 같은 모양일 경우에는 규칙을 찾기 쉽지 않은데 ㄱ, ㄴ, ㄷ, ㄹ, ㅁ 등의 특이한 모양이나 도형을 분할하여 해당 모양 또는 분할한 부분 기준으로 회전했는지, 색 반전이 됐는지 등을 비교하면 규칙을 빠르게 찾을 수 있다.

다음에 주어진 도형을 보고 적용된 규칙을 찾아 '?'에 해당하는 적절한 도형을 고르면?

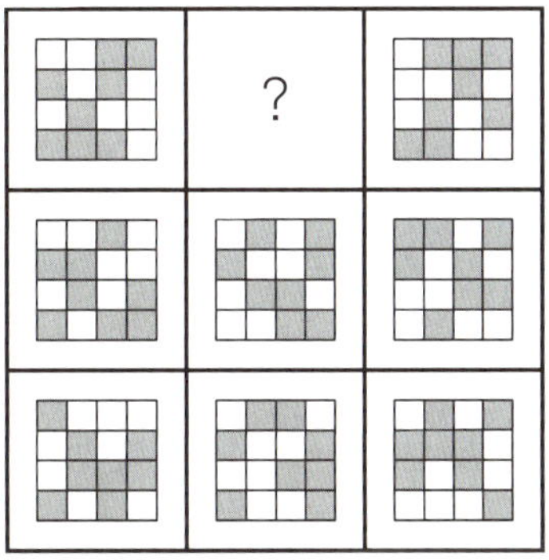

① 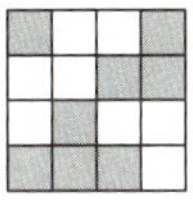

② 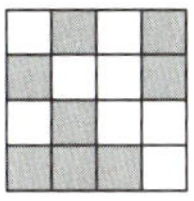

③ 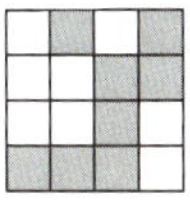

④ 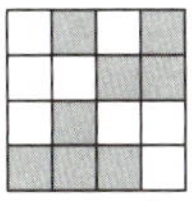

⑤ 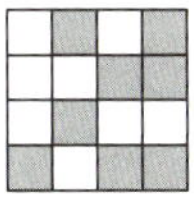

정답 ④

정답풀이 오른쪽 열로 이동할 때, 도형 전체가 시계 방향으로 90° 회전하고, 도형 전체가 색 반전한다.

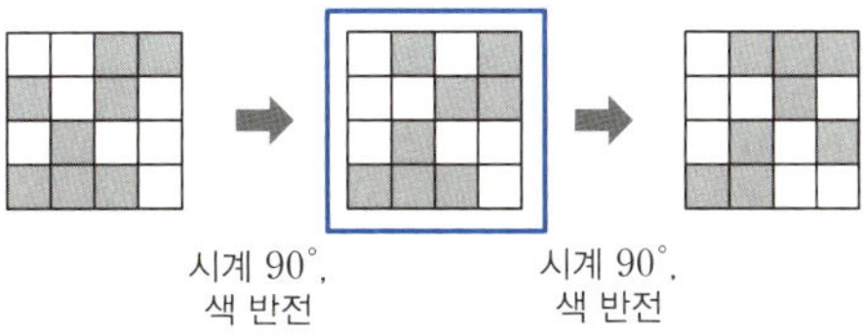

세부 유형 ❷ | 도식추리

공략스킬

- 도식추리는 하나의 도식이 주어졌을 때 적용된 규칙을 찾아 그 아래 딸린 문제를 해결하는 유형이다. 규칙은 보통 순서 바꾸기 또는 숫자연산이 적용된다.
- **문자표를 외워서 알파벳에 해당하는 숫자를 암기한다.** 여기서 말하는 문자표는 아래와 같이 알파벳의 순서에 따라 숫자를 매긴 표를 뜻한다.

1	2	3	4	5	6	7	8	9	10	11	12	13
A	B	C	D	E	F	G	H	I	J	K	L	M
14	15	16	17	18	19	20	21	22	23	24	25	26
N	O	P	Q	R	S	T	U	V	W	X	Y	Z

문자표를 외우면 알파벳에 숫자연산 규칙을 쉽게 적용할 수 있다.

- **홀로 규칙이 적용된 기호를 찾은 뒤 순차적으로 전체 기호의 규칙을 찾는다.** 도식에서 '(문자 또는 숫자) → (기호) → (문자 또는 숫자)'의 형태로 제시된 기호가 있다면 해당 기호의 규칙은 쉽게 알 수 있으므로 먼저 구한 뒤에 이를 이용하면 다른 기호의 규칙도 순차적으로 찾을 수 있다.

기호들이 하나의 규칙을 가지고 아래와 같이 문자나 숫자를 변화시킨다고 한다. 이때 다음 (?)에 들어갈 알맞은 것을 고르시오. (단, 가로와 세로 중 한 방향으로만 이동하며, Z 다음은 A, 9 다음은 0이다.)

JMTN
↓
GAME → ☆ → □ → HDPJ
↓
K76B → △ → ♧ → 76BK
↓
AB47 → ♧ → 4A7B
↓
OUPK

JYPZ → ♧ → ☆ → (?)

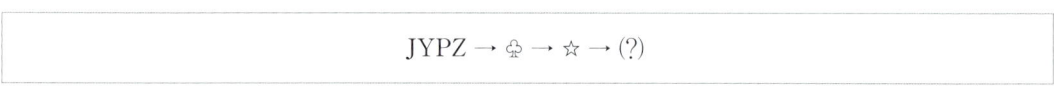

① BBPK ② AAKB ③ KABA
④ KBAA ⑤ PKBB

(?) → □ → △ → 6IK5

① 53HI ② 5IH3 ③ H53I
④ HI53 ⑤ I5H3

정답 ⑤

정답풀이 주어진 기호의 규칙은 다음과 같다.

기호	♧	△	□	☆
규칙	ABCD → CADB	ABCD → CABD	(+1, +2, +1, +2)	(0, +1, +2, +3)

JYPZ → ♧ → PJZY → ☆ → (PKBB)

다른풀이

다음과 같이 문자표를 일단 적어놓는다.

A	B	C	D	E	F	G	H	I	J	K	L	M
N	O	P	Q	R	S	T	U	V	W	X	Y	Z

주어진 도식을 보면 ♧ → △ → □ → ☆ 순으로 규칙을 파악해야 한다.

- ♧ : AB47 → 4A7B로 추론할 수 있다. 명백한 순서 바꾸기 규칙으로, ABCD → CADB이다.
- △ : 76RK에 ♧를 역으로 적용하면 6K7B이다. 따라서 △는 K76B → 6K7B로 추론할 수 있다. 명백한 순서 바꾸기 규칙으로, ABCD → CABD이다.
- □ : OUPK에 ♧를 역으로 적용하면 UKOP이다. UKOP에 △를 역으로 적용하면 KOUP이다. 따라서 □는 JMTN → KOUP로 추론할 수 있다. 명백한 숫자연산 규칙으로, (+1, +2, +1, +2)이다.
- ☆ : HDPJ에 □를 역으로 적용하면 GBOH이다. 따라서 ☆은 GAME → GBOH로 추론할 수 있다. 명백한 숫자연산 규칙으로, (0, +1, +2, +3)이다.

따라서 JYPZ → ♧ → PJZY → ☆ → PKBB이므로 정답은 ⑤이다.

정답 ④

정답풀이 (HI53) → □ → IK65 → △ → 6IK5

유형 3 문단배열

공략스킬

- 문단배열은 4~5개의 문단을 논리적 흐름에 맞게 배열하는 유형이다. 문단의 흐름을 파악하는 데 큰 어려움은 없는 편이다.
- 제시되는 문단에 **논리적인 흐름이 접속사, 시간 등으로 제시**되어 있으므로 한 번에 정확하게 판단해야 시간을 단축할 수 있다.
- 2019년까지는 [보기]에 첫 문단이 주어지고 이후 문단들을 배열하는 문제가 출제되었다. 마찬가지로 주어진 문단을 바탕으로 하여 논리적 흐름에 맞게 배열하면 된다.

다음 문단을 논리적 순서대로 알맞게 배열한 것을 고르면?

[가] 샹그릴라 신드롬은 중장년층을 중심으로 노화를 최대한 늦추고 젊게 살고 싶은 욕구가 확산되는 현상을 일컫는 말이다.

[나] 이처럼 노화를 그저 순응해야 할 자연현상이 아니라 잘만 관리하면 극복할 수 있는 대상으로 여기는 샹그릴라 신드롬이 확산되면서 날로 증가하는 현상들이 있다.

[다] 이를테면 시간적·경제적 여유가 있는 40~50대를 중심으로 한 건강과 외모의 유지를 위한 의료 기술에의 의존 현상 또는 옷차림과 화장에 신경을 쓴다거나 또는 운동과 자기 개발에 힘쓴다거나 하는 현상 등이 이에 해당한다.

[라] 이 말은 1933년 출판된 제임스 힐턴(James Hilton)의 소설『잃어버린 지평선』에 등장하는 샹그릴라(Shangri-La)가 평생 늙지 않고 영원한 젊음을 누릴 수 있는 가상의 지상낙원으로 묘사되는 것으로부터 유래했다.

① [가]-[나]-[다]-[라]
② [가]-[다]-[라]-[나]
③ [가]-[라]-[나]-[다]
④ [나]-[다]-[라]-[가]
⑤ [다]-[라]-[가]-[나]

정답 ③

정답풀이 [라]에서 '이 말은'으로 시작하는 것으로 보아 이 앞에서 무엇이 나오고, 그것의 기원을 설명하는 문장임을 알 수 있다. 그리고 [라] 앞에 놓이기에 가장 자연스럽고 타당한 문장은 [가]이므로 순서는 [가]-[라]가 되고, [다]의 '이를테면'으로부터 앞서 나온 문장에 대한 예시문임을 알 수 있다. [다] 앞에 놓일 수 있는 문장으로 적합한 것은 [나]이므로 전체 순서를 나열해 보면, [가]-[라]-[나]-[다]가 된다.

유형 4 독해추론

세부 유형 ❶ | 참/거짓인 것 고르기

공략스킬

- 독해추론은 기본적으로 제시문이 주어지며, 이를 바탕으로 주어진 문제를 해결하는 유형이다. 반도체 또는 최신 이슈와 관련한 내용이 자주 출제되며, 제시문 길이는 적당하고 가독성은 좋은 편이라 난도는 상대적으로 낮은 유형이다.
- 참/거짓인 것 고르기는 주로 거짓인 것을 고르는 유형으로 출제되며, 제시문은 보통 1개가 주어진다.
- **제시문보다 선택지를 먼저 읽는다.** 세부 내용을 묻는 유형이므로 제시문을 먼저 읽으면 풀이 시간이 오래 걸릴 수 있다. 선택지의 내용을 먼저 파악한 뒤에 그와 관련된 내용을 제시문에서 찾으면 풀이에 필요 없는 부분을 읽지 않고 빠르게 문제를 해결할 수 있다.

다음 글의 내용이 참일 경우, 반드시 거짓인 진술을 고르면?

> 레이저 프린터는 정전기 현상의 원리를 이용하여 인쇄를 하는 비충격식 프린터로 복사기와 원리가 거의 같다. 카트리지에 있는 가루 상태의 잉크를 레이저 광선으로 원통 위에 주사한 뒤, 가열된 롤러를 사용하여 종이 위에 고착시키는 방식으로 인쇄한다. 레이저 프린터는 일시적인 접착제 역할을 하는 것으로 정전기 현상을 이용하며, 프린터의 핵심요소는 전선으로 전기를 띠게 할 수도 있고 빛으로 전기를 제거할 수 있는 드럼 형태의 광수용체(photoreceptor)라고 할 수 있다.

① 프린터는 충격식과 비충격식으로 나누어진다.
② 레이저 프린터의 부품 중에 롤러가 있다.
③ 레이저 프린터의 광수용체는 2개 이상의 기능을 한다.
④ 레이저 광선으로 잉크를 주사하면 레이저 프린터에서의 인쇄는 완료된다.
⑤ 레이저 프린터라는 명칭은 레이저 광선을 사용한다는 점에서 생겨났다.

정답 ④

정답풀이 카트리지에 있는 가루 상태의 잉크를 레이저 광선으로 원통 위에 주사한 뒤, 가열된 롤러를 사용하여 종이 위에 고착시키는 방식으로 인쇄한다고 하였다.

오답풀이
① 레이저 프린터가 비충격식 프린터이기는 하지만 프린터가 충격식과 비충격식으로 나누어지는지에 대해서는 주어진 글만으로는 알 수 없다.
② 가열된 롤러를 사용하여 가루 상태의 잉크를 종이 위에 고착시키는 방식으로 인쇄한다고 했으므로 레이저 프린터의 부품 중에 롤러가 있음을 알 수 있다.
③ 광수용체는 전선으로 전기를 띠게 할 수도 있고 빛으로 전기를 제거할 수도 있다고 하였다.
⑤ 레이저 프린터에서 레이저 광선을 사용하기는 하지만 레이저 프린터라는 명칭이 레이저 광선을 사용한다는 점에서 생겨났는지는 주어진 글만으로는 알 수 없다.

세부 유형 ❷ | 주장에 대한 반론으로 적절한/적절하지 않은 것 고르기

공략스킬

- 주장에 대한 반론으로 적절하거나 적절하지 않은 것 고르기 문제는 제시문이 주장하는 내용에 대해 반론으로 적절하거나 적절하지 않은 것을 고르는 유형이다.
- **제시문의 처음과 끝에 주목하자.** 주장에 대한 반론 고르기 문제는 글이 주장하는 바를 빠르게 찾는 것이 중요한데 주장은 제시문의 처음과 끝에 제시되는 경우가 많다. 주장하는 바를 빠르게 파악한다면 선택지와 비교하여 반론으로 적절하거나 적절하지 않은 것을 쉽게 찾을 수 있다.

다음 글에 대한 반론으로 적절하지 않은 것을 고르면?

> 바이오에너지란 바이오매스를 이용하여 만드는 지속가능한 에너지를 가리킨다. 여기서 바이오매스는 나무, 식물, 축분, 폐기물 등과 같은 생물로부터 생산되는 유기물의 총량을 말한다. 바이오에너지의 종류에는 바이오가스, 매립지가스(LFG), 바이오에탄올, 바이오디젤 등이 있으며, 차량·난방용 연료, 발전 부문 등에 이용된다. 바이오에너지는 재생가능하고 저장성이 있으며, 탄소 중립적이어서 환경 친화적이고 생성에너지의 형태가 다양하다는 장점이 있다. 바이오매스를 과도하게 이용할 경우 환경파괴의 가능성을 일부 내포하고 있긴 하나, 바이오에너지의 활용은 환경을 위해 필수 불가결한 사항이다.

① 바이오매스를 생산하기 위한 경작지 확대로 산림 훼손이 나타난다.
② 높은 생물다양성을 보유한 습지를 경작하여 바이오매스를 생산하기도 한다.
③ 바이오매스를 생산하기 위해 개간된 지역에서 곡물이 자라는 동안 이산화탄소를 흡수한다.
④ 삼림으로 이용하던 지역을 연료용 곡물생산을 위해 이용하면 이산화탄소 흡수감소가 나타난다.
⑤ 바이오매스를 얻기 위해 개간하면 이산화탄소를 보유하던 토양의 생물유기체의 손실을 가져올 수 있다.

정답 ③

정답풀이 주어진 글은 환경을 위해 바이오에너지를 활용해야 한다는 내용이다. 이에 대한 반론으로는 바이오에너지를 생산하기 위해 산림을 파괴하거나 기존 생태계를 파괴하며 연료용 곡물을 생산하는 것은 오히려 환경에 해롭다고 진술하는 것이다. 반면 '바이오매스를 생산하기 위해 개간된 지역에서 곡물이 자라는 동안 이산화탄소를 흡수한다.'는 내용은 온실가스를 감축하는 사례이므로 반론으로 적절하지 않다.

오답풀이
① 바이오매스를 생산하기 위한 경작지 확대로 인한 산림 훼손이 나타난다면 바이오에너지 생산을 위해 환경을 파괴하는 결과가 나타난 것이다.
② 높은 생물다양성을 보유한 습지는 그 자체로 환경을 보호하는 생태계이다. 이를 경작하는 것은 환경을 위한 행동이 아니다.
④ 삼림으로 이용하던 지역을 연료용 곡물생산을 위해 이용하면 이산화탄소 흡수감소가 나타난다. 기존의 삼림지역을 개간하게 되면 온실가스 감축기능이 떨어지게 되고 그 결과 대기 중 온실가스를 더욱 증가시키게 된다.
⑤ 바이오매스를 얻기 위해 개간하면 이산화탄소를 보유하던 토양의 생물유기체의 손실을 가져올 수 있다. 이 또한 대기 중의 온실가스량을 증가시키는 사례이다.

세부 유형 ❸ | 글을 읽고 추론할 수 있는/없는 것 고르기

공략스킬

- 글을 읽고 추론할 수 있거나 없는 것 고르기 문제는 보통 두 제시문을 읽고 할 수 있는 추론을 고르는 유형으로 출제된다.
- **제시문보다 선택지를 먼저 읽는다.** 참/거짓인 것 고르기 유형과 마찬가지로 세부 내용을 묻는 유형이므로 선택지의 내용을 먼저 파악한 뒤에 그와 관련된 내용을 제시문에서 찾으면 풀이에 필요 없는 부분을 읽지 않고 빠르게 문제를 해결할 수 있다.
- **제시문이 짧다면 선택지보다 제시문을 먼저 읽는다.** 제시문이 짧다면 읽는 데 시간이 오래 걸리지 않으면서 글의 전체적인 내용을 빠르게 파악할 수 있으므로 선택지를 먼저 읽는 방법보다 빠르게 해결할 수 있다.

공략 스킬

다음 글과 [보기]를 읽고 한 추론 중 가장 적절하지 않은 것을 고르면?

> 매슬로의 욕구 계층설을 보면 1단계의 '생리적 욕구'는 의식주, 수면 등과 같이 인간의 생명을 유지·보존하기 위한 가장 기본적 욕구이다. 2단계의 '안전에 대한 욕구'는 신체적·감정적 위험으로부터 보호되고 안전해지기를 바라는 욕구이다. 3단계의 '소속과 애정에 대한 욕구'는 집단에 소속되고 싶다거나 동료들로부터 받아들여지고 싶은 사회적 욕구이다. 4단계의 '자기 존중에 대한 욕구'는 3단계의 욕구를 어느 정도 만족하면 그 집단의 단순한 구성원 이상이 되기를 원하는 것으로, 이는 내적으로 자존을 성취하려는 욕구 및 타인으로부터 인정을 받고 지위를 확보하려는 욕구이다. 마지막으로 최정상에 자리한 '자아실현의 욕구'는 인간이 바라는 최종적인 욕망으로, 자신이 지닌 잠재적 능력을 최대로 발휘하여 성취감을 충족시키고자 하는 욕구이다.

보기

> 희재는 길을 가다가 목이 말라 편의점에 들렀다. 음료수 진열장에서 평소에 즐겨 마시던 A사의 생수를 집으려다가 진열장 문에 붙은 광고를 보게 되었다.
>
> "목마를 땐 저와 함께 □□생수를 마셔요!!"
>
> 희재가 좋아하는 가수 △△이 방긋 웃으며 B사의 생수를 흔들어 보이고 있었다. 희재는 A사의 생수를 제자리에 놓고 B사의 생수를 집었다. 계산대에 가 보니 그 생수는 A사의 생수보다 2배 정도 비쌌다. 잠깐 망설이긴 했지만 희재는 기꺼이 B사의 생수를 사서 시원하게 마셨다.

① 희재가 느낀 욕구에는 생리적 욕구와 사회적 욕구가 뒤섞여있다.
② 목이 마른 상태에서 물을 마시고자 한 것은 생리적 욕구 때문이다.
③ 희재는 B사의 생수를 마시는 행위를 통해 생리적 욕구와 사회적 욕구를 모두 충족했다.
④ 계산대에서 잠깐 망설인 것은 생리적 욕구와 사회적 욕구가 잠시 갈등을 일으켰기 때문이다.
⑤ B사의 생수를 집어 든 것은 가수 △△과 동질감을 갖고자 한 사회적 욕구 때문이라 할 수 있다.

정답 ④

정답풀이 희재가 계산대에서 망설인 이유는 생리적 욕구와 사회적 욕구의 갈등 때문이 아니라 A사의 생수보다 2배나 비싼 B사의 생수 가격 때문이다. 생리적 욕구나 사회적 욕구와는 관련이 없다.

오답풀이 ①, ③ 희재가 B사의 생수를 구매한 행동은 물을 마시고자 한 생리적 욕구와 좋아하는 가수와 동질감을 느끼고자 한 사회적 욕구가 뒤섞여 나타난 결과이다. 따라서 B사의 생수를 마시는 행위는 두 가지 욕구를 모두 충족하는 것이다.
② 목이 마른 것은 신체가 물을 필요로 하는 것이므로 생리적 욕구에 해당한다.
⑤ 자신이 좋아하는 가수의 광고를 보고 B사의 생수를 선택한 것은 그 가수와 동질감을 느끼고자 하는 사회적 욕구라고 볼 수 있다.

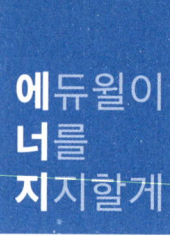

내가 목표에 달성한 비밀을 말해줄게.
나의 강점은 바로 끈기야.

– 루이스 파스퇴르(Louis Pasteur)

1074

PART 02

실전모의고사

온라인 응시 서비스

- PC 접속: https://eduwill.kr/1tVe
- 모바일 접속:

① 두 가지 방법 중 하나로 접속 후 교재 내 앞 광고에서 은박을 긁어낸다.
② 해당 교재의 온라인모의고사에 쿠폰번호를 입력한다.

SAMSUNG

Global Samsung Aptitude Test

01 | 실전모의고사 1회

수리논리 | 20문항 30분 정답과 해설 P.2

01 올해 무선이어폰의 판매량은 전년 대비 10% 증가, 유선이어폰의 판매량은 20% 감소하여 총 5,850만 대가 판매되었다. 전년도 무선이어폰과 유선이어폰의 총 판매량이 올해 유선이어폰 판매량의 3배일 때, 올해 무선이어폰 판매량을 고르면?

① 2,000만 대 ② 2,200만 대 ③ 2,500만 대
④ 3,500만 대 ⑤ 3,850만 대

02 직원 A~F 6명을 가, 나, 다 3개의 그룹으로 2명씩 나누어 배치하려고 한다. 이때, 직원 A와 B가 가 그룹 또는 나 그룹에 배치될 경우의 수를 고르면?

① 12가지 ② 18가지 ③ 24가지
④ 36가지 ⑤ 48가지

03 다음은 P국의 반도체 산업 매출액 및 ICT 산업 매출액 중 반도체 산업 매출액의 비중을 조사한 자료이다. 주어진 자료에 대한 설명 중 옳지 않은 것을 고르면?

[표] P국의 반도체 산업 매출액 (단위: 조 원)

구분	2018년	2019년	2020년	2021년	2022년
매출액	130	140	154	180	160

[그래프] P국의 ICT 산업 매출액 중 반도체 산업 매출액의 비중 (단위: %)

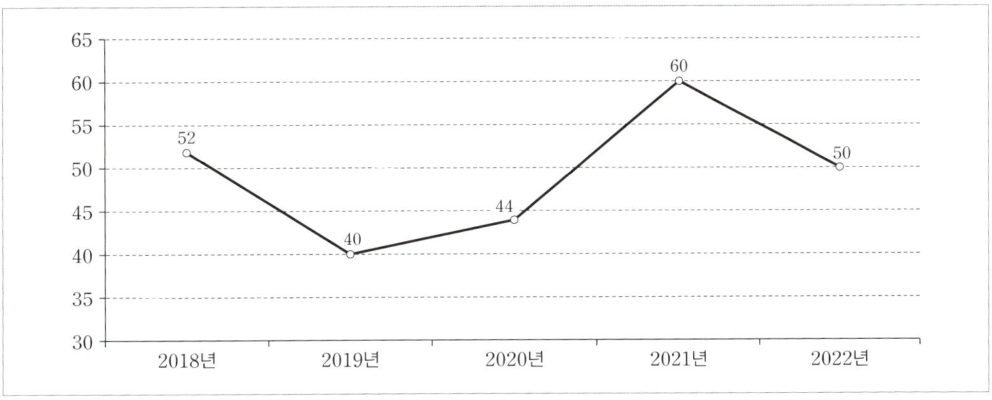

① 2018년 ICT 산업 매출액은 260조 원이다.

② 2020년 반도체 산업 매출액은 전년 대비 10% 증가하였다.

③ 2022년 ICT 산업 매출액은 전년 대비 20조 원 증가하였다.

④ 반도체 산업 매출액은 2018년부터 2021년까지 매년 증가하였지만, 2022년에는 전년 대비 감소하였다.

⑤ 제시된 기간 중 반도체 산업 매출액과 ICT 산업 매출액 중 반도체 산업 매출액의 비중은 모두 2021년에 가장 높다.

04 다음은 T국의 직전 분기 대비 가계대출 관련 잔액 증가액을 조사한 자료이다. 주어진 자료에 대한 [보기]의 설명 중 옳은 것을 모두 고르면?

[표] T국의 직전 분기 대비 가계대출 관련 잔액 증가액 (단위: 조 원)

구분	2021년			2022년			
	2분기	3분기	4분기	1분기	2분기	3분기	3분기 말 잔액
가계대출	24	30	40	50	12	10	1,810
주택담보대출	18	24	28	40	6	10	1,270
기타대출	6	6	12	10	6	0	540

보기

㉠ 2022년 2분기 말 가계대출 잔액은 전년 동기 대비 50% 수준으로 감소하였다.
㉡ 2022년 2분기 말 가계대출 잔액에서 주택담보대출 잔액이 차지하는 비중은 70%이다.
㉢ 주택담보대출 잔액 증가액은 2021년 2분기부터 2022년 1분기까지 계속해서 증가하였다.
㉣ 2021년 4분기 가계대출 잔액 증가액에서 기타대출 잔액 증가액이 차지하는 비중은 같은 해 3분기보다 작다.

① ㉠, ㉡ ② ㉠, ㉣ ③ ㉡, ㉢
④ ㉠, ㉢, ㉣ ⑤ ㉡, ㉢, ㉣

05 다음은 전자제품 회사 A의 종업원 수와 매출액, 매출액 구성비를 조사한 자료이다. 주어진 자료에 대한 설명 중 옳지 않은 것을 고르면?

[표] 전자제품 회사 A의 종업원 수와 매출액 (단위: 명, 억 원)

구분	2019년	2020년	2021년	2022년
종업원 수	500	530	550	600
매출액	15,500	20,670	22,000	21,000

[그래프] 2022년 전자제품 회사 A의 매출액 구성비 (단위: %)

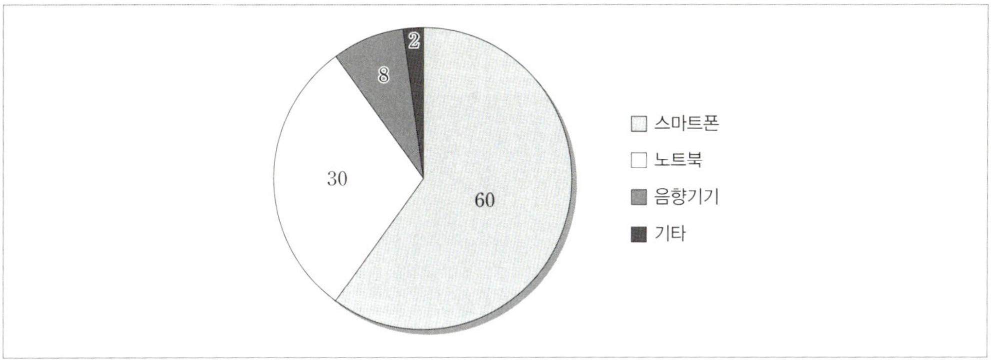

① 종업원 1명당 매출액은 2022년에 가장 낮다.
② 2022년 회사 A의 음향기기 매출액은 1,680억 원이다.
③ 전년 대비 종업원 수의 증가율은 2021년이 2020년보다 낮다.
④ 2022년 회사 A의 스마트폰 매출액은 노트북 매출액의 2배이다.
⑤ 2020년 이후 매출액이 전년 대비 줄어든 해에 종업원 수는 증가하였다.

1회

06 다음은 2020~2023년 A, B, C기업의 누적 매출액을 나타낸 자료이다. 주어진 자료에 대한 설명 중 옳지 않은 것을 고르면?

[그래프] 2020~2023년 기업별 누적 매출액 (단위: 억 원)

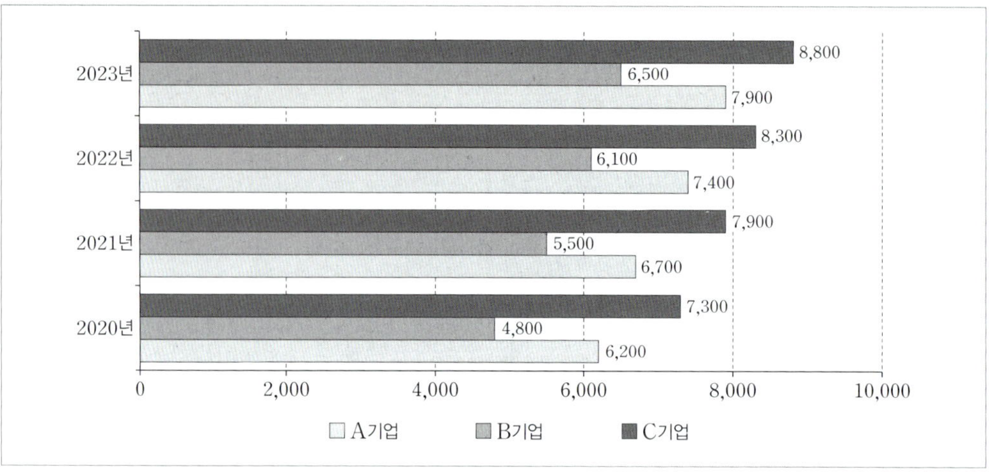

① A기업의 2021년 매출액은 B기업의 2022년 매출액보다 더 작다.
② C기업의 2022년 매출액은 A기업의 2023년 매출액보다 더 작다.
③ B기업의 2021년 매출액은 A기업의 2022년 매출액보다 더 작다.
④ A기업의 2022년 매출액은 C기업의 2023년 매출액보다 더 크다.
⑤ B기업의 2023년 매출액은 C기업의 2021년 매출액보다 더 작다.

07 다음은 2020년, 2021년 가구당 경제 상황을 조사한 자료이다. 주어진 자료에 대한 [보기]의 설명 중 옳은 것을 모두 고르면?

[표] 2020년, 2021년 가구당 경제 상황 (단위: 만 원)

구분	2020년	2021년
순자산	30,000	33,600
자산	40,000	( )
부채	10,000	12,400
처분가능소득	5,000	5,250
소득	5,200	6,240
비소비지출	200	990

※ (순자산)=(자산)−(부채)

보기

㉠ 2021년 가구당 자산은 4억 6천만 원이다.
㉡ 2020년 가구당 자산 대비 부채의 비율은 20%이다.
㉢ 2021년 가구당 순자산은 전년 대비 13% 증가하였다.
㉣ 2020년 소득에서 처분가능소득이 차지하는 비율은 90% 이상이다.

① ㉠, ㉡ ② ㉠, ㉣ ③ ㉢, ㉣
④ ㉠, ㉡, ㉢ ⑤ ㉡, ㉢, ㉣

08 다음은 2020~2023년 학령 인구수와 학령별 비중을 나타낸 자료이다. 주어진 자료에 대한 설명 중 옳지 않은 것을 고르면?

[표1] 연도별 학령 인구수 (단위: 만 명)

구분	2020년	2021년	2022년	2023년
학령 인구수	600	580	560	550

[표2] 학령별 비중 (단위: %)

구분	2020년	2021년	2022년	2023년
유치원	8	10	10	8
초등학교	38	40	45	38
중학교	28	30	25	28
고등학교	26	20	20	26

① 2020~2022년 동안 초등학교 학생 수는 지속적으로 증가하였다.
② 2020~2023년 학령별 비중에 대한 순위는 동일하다.
③ 2023년 중학교 학생 수의 전년 대비 증감률은 11% 이상이다.
④ 유치원생 수가 가장 적은 해는 2023년이다.
⑤ 고등학교 학생 수가 가장 적은 해에 유치원생 수와 초등학교 학생 수는 280만 명 이상이다.

09 다음은 2019~2023년 S사가 전기차 부품 시장에서 차지하고 있는 점유율의 전년 대비 증감률을 나타낸 자료이다. 주어진 자료에 대한 설명 중 옳은 것을 고르면?

[그래프] S사 점유율의 전년 대비 증감률

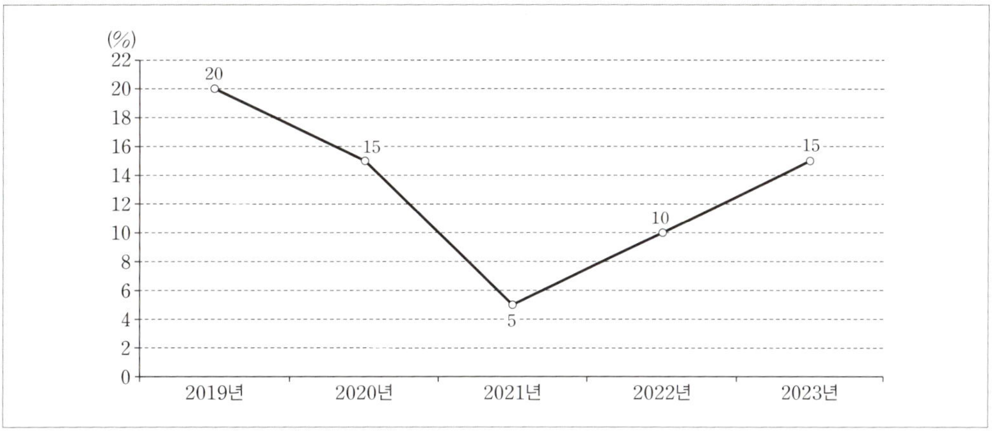

① 2022년부터 S사는 전기차 부품 시장에서 차지하는 점유율이 증가하기 시작했다.

② 2020년보다 2023년에 S사의 점유율이 더 낮았던 것으로 보인다.

③ 2021년 S사가 전기차 부품 시장에서 차지하는 점유율은 2019년 대비 20% 증가했다.

④ 2023년 S사 점유율의 전년 대비 증가량은 2022년의 그것보다 50% 이상 증가했다.

⑤ 2020년 S사가 전기차 부품 시장에서 40%를 차지하고 있었다면, 2022년에는 48% 이상 차지했을 것이다.

[10~11] 다음은 A~C마트의 점포 수와 점포당 평균 매출액을 조사한 자료이다. 주어진 자료를 바탕으로 이어지는 질문에 답하시오.

[표] A~C마트의 점포 수 (단위: 개)

구분	2019년	2020년	2021년	2022년
A마트	120	150	180	210
B마트	500	600	700	800
C마트	1,000	1,100	1,320	1,500

[표] A~C마트의 점포당 평균 매출액 (단위: 억 원)

구분	2019년	2020년	2021년	2022년
A마트	500	400	500	450
B마트	200	200	300	300
C마트	100	110	130	150

10 다음 설명 중 옳지 않은 것을 고르면?

① 점포당 평균 매출액은 매년 C마트가 가장 낮다.
② 2020년 B마트 전체 점포의 매출액은 1.2조 원이다.
③ 2022년 B마트의 점포 수는 3년 전 대비 60% 증가하였다.
④ 2019년부터 2022년까지 A~C마트 모두 점포 수는 매년 증가하였다.
⑤ 2019년 A마트의 점포당 평균 매출액은 C마트의 5배였고 2022년에는 3배였다.

11 주어진 자료에 대한 [보기]의 설명 중 옳은 것을 모두 고르면?

보기

㉠ A마트 전체 점포의 매출액은 매년 증가하였다.
㉡ 2022년 B마트 전체 점포의 매출액은 3년 전 대비 240% 증가하였다.
㉢ 2020년 대비 2021년 점포 수의 증가율은 A마트와 C마트가 동일하다.
㉣ 2020년 점포당 평균 매출액의 전년 대비 증가율이 가장 높은 마트가 같은 해 전체 점포 매출액의 전년 대비 증가율도 가장 높다.

① ㉠, ㉡ ② ㉠, ㉢ ③ ㉢, ㉣
④ ㉠, ㉡, ㉣ ⑤ ㉡, ㉢, ㉣

[12~13] 다음은 A시에 방문한 관광객 수와 관광 매출을 조사한 자료이다. 주어진 자료를 바탕으로 이어지는 질문에 답하시오.

[표] A시에 방문한 관광객 수 (단위: 명)

구분	2020년	2021년	2022년
내국인 관광객	200,000	500,000	750,000
외국인 관광객	20,000	28,000	130,000

[그래프] A시의 관광 매출 (단위: 억 원)

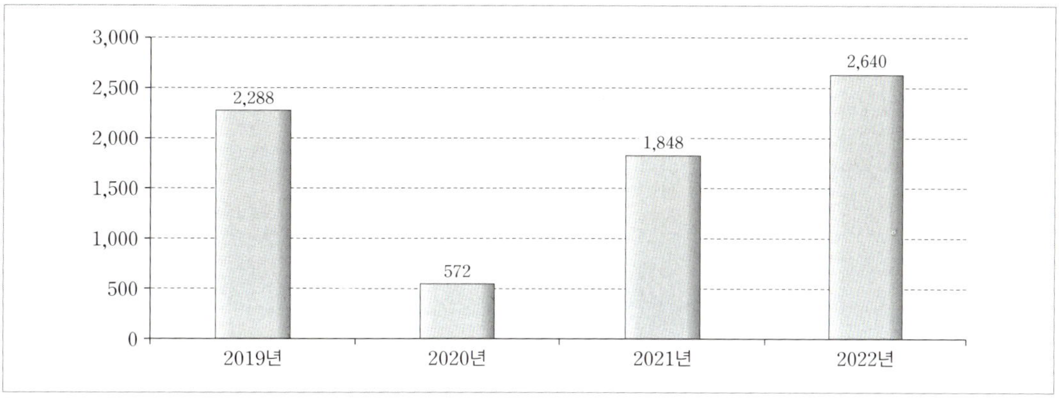

12 주어진 자료에 대한 설명 중 옳지 않은 것을 고르면?

① 2022년 관광객 수는 88만 명이다.
② 2020년 관광객 1인당 관광 매출은 28만 원이다.
③ 2021년 외국인 관광객 수는 전년 대비 40% 증가하였다.
④ 2020년과 2021년 내국인 관광객 수를 합해도 2022년 내국인 관광객 수보다 적다.
⑤ A시의 관광 매출은 2020년에 전년 대비 감소한 후 2022년에는 2019년보다 높아졌다.

13 주어진 자료에 대한 [보기]의 설명 중 옳은 것을 모두 고르면?

보기

㉠ 2021년 관광객 수는 전년보다 40% 증가하였다.
㉡ 2020년 관광 매출은 전년 대비 75% 감소하였다.
㉢ 2021년 관광 매출은 2년 전 대비 440억 원 감소하였다.
㉣ 2021년 외국인 관광객 1인당 관광 매출이 160만 원이라면, 내국인 관광객 1인당 관광 매출은 28만 원이다.

① ㉠, ㉢　② ㉠, ㉣　③ ㉡, ㉢
④ ㉠, ㉡, ㉣　⑤ ㉡, ㉢, ㉣

[14~15] 다음은 어느 국가의 연령대별 1인 가구 수 및 2022년 가구 비율을 조사한 자료이다. 주어진 자료를 바탕으로 이어지는 질문에 답하시오.

[표] 연령대별 1인 가구 수 (단위: 천 가구)

구분	2020년	2021년	2022년
20세 미만	60	70	70
20대	1,000	1,100	1,210
30대	1,100	1,200	1,320
40대	900	1,000	1,000
50대	1,000	1,100	1,200
60세 이상	2,000	2,100	2,400
합계	6,060	6,570	7,200

[그래프] 2022년 가구 비율 (단위: %)

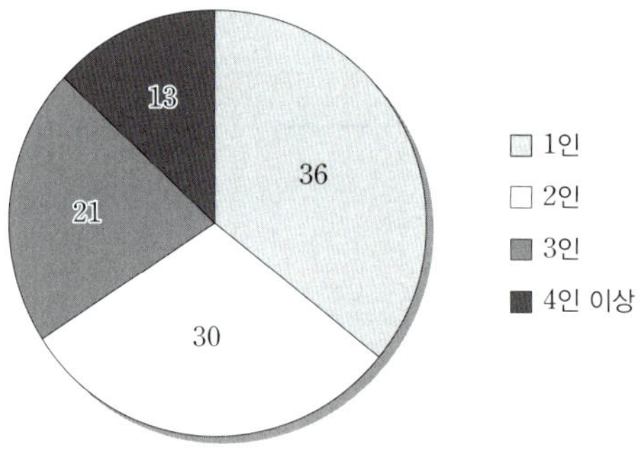

14 다음 설명 중 옳지 않은 것을 고르면?

① 2022년 전체 가구 수는 2천만 가구이다.
② 2022년 가구 비율은 3인이 4인 이상보다 8%p 더 높다.
③ 2020년 대비 2021년 1인 가구 수의 증가율은 30대가 40대보다 높다.
④ 2020년부터 2022년까지 20대 1인 가구 수는 매년 10%씩 증가하였다.
⑤ 20세 미만 1인 가구가 전체 1인 가구에서 차지하는 비율은 2022년이 2021년보다 낮다.

15 주어진 자료에 대한 [보기]의 설명 중 옳은 것을 모두 고르면?

보기

㉠ 제시된 기간에 매년 1인 가구 수가 두 번째로 많은 연령대는 30대이다.
㉡ 2022년 50세 이상 1인 가구 수의 전년 대비 증가율은 20% 이상이다.
㉢ 2021년 1인 가구 수는 모든 연령대에서 전년 대비 10만 가구씩 증가하였다.
㉣ 2022년 2인 가구에 사는 사람 수보다 3인 가구에 사는 사람의 수가 더 많다.

① ㉠, ㉡　② ㉠, ㉣　③ ㉢, ㉣
④ ㉠, ㉡, ㉣　⑤ ㉡, ㉢, ㉣

[16~17] 다음은 국내 뷰티서비스 산업 사업체 수와 종사자 수를 조사한 자료이다. 주어진 자료를 바탕으로 이어지는 질문에 답하시오.

[표] 국내 뷰티서비스 산업 사업체 수 (단위: 개소)

구분	2018년	2019년	2020년	2021년
이용업	7,200	5,500	5,000	4,600
두발미용업	69,000	76,000	80,000	82,000
피부미용업	5,400	7,300	10,100	12,000
기타미용업	5,600	8,300	11,300	13,000

[표] 국내 뷰티서비스 산업 종사자 수 (단위: 명)

구분	2018년	2019년	2020년	2021년
이용업	20,300	18,000	17,000	16,800
두발미용업	140,000	150,000	158,000	160,000
피부미용업	25,400	28,300	29,700	31,900
기타미용업	13,100	16,300	20,000	20,700

16 다음 설명 중 옳지 않은 것을 고르면?

① 두발미용업의 사업체 수와 종사자 수는 매년 증가했다.
② 2021년 기타미용업 종사자 수는 전년 대비 700명 증가했다.
③ 두발미용업의 사업체 1개소당 종사자 수는 항상 2명 이하이다.
④ 2021년 피부미용업의 사업체 수는 3년 전 대비 2배 이상으로 증가했다.
⑤ 제시된 뷰티서비스 산업 중 이용업만 사업체 수와 종사자 수가 매년 감소했다.

17 주어진 자료에 대한 [보기]의 설명 중 옳은 것을 모두 고르면?

보기

㉠ 2020년 사업체 수가 가장 적은 산업이 종사자 수도 가장 적다.
㉡ 제시된 기간에 기타미용업의 연평균 사업체 수는 9,550개소이다.
㉢ 2021년 두발미용업 종사자 수는 2018년 대비 15% 이상 증가했다.
㉣ 2019년 사업체 1개소당 종사자 수는 피부미용업이 이용업보다 적다.

① ㉠, ㉡ ② ㉠, ㉢ ③ ㉡, ㉢
④ ㉡, ㉣ ⑤ ㉢, ㉣

18 다음은 도시의 범죄 신고율과 검거율에 대한 상관관계를 연도별로 나타낸 자료이다. 주어진 자료를 바탕으로 빈칸에 해당하는 값을 예측했을 때, 가장 적절한 값을 고르면?

[표] 범죄 신고율과 검거율에 대한 상관관계 (단위: %)

구분	신고율	검거율
2018년	45	18
2019년	(㉠)	16
2020년	50	19
2021년	65	(㉡)

※ 검거율(%)=$\frac{\text{신고율}}{a}$+b

	㉠	㉡
①	25	20
②	35	22
③	35	24
④	40	22
⑤	40	24

1회

19 다음은 2019~2023년 자동차 전장사업 매출액과 영업이익을 나타낸 자료이다. 주어진 자료를 바탕으로 연도별 전년 대비 증감률을 그래프로 나타내었을 때, 옳은 것을 고르면?

[표] 2019~2023년 자동차 전장사업 매출액과 영업이익 (단위: 억 원)

구분	2019년	2020년	2021년	2022년	2023년
매출액	5,000	5,400	6,750	7,560	9,450
영업이익	−250	−400	−500	−200	−150

① 2020~2023년 전년 대비 증감률

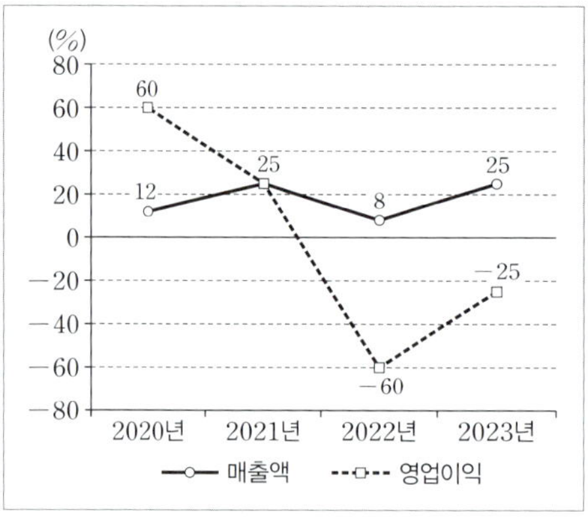

② 2020~2023년 전년 대비 증감률

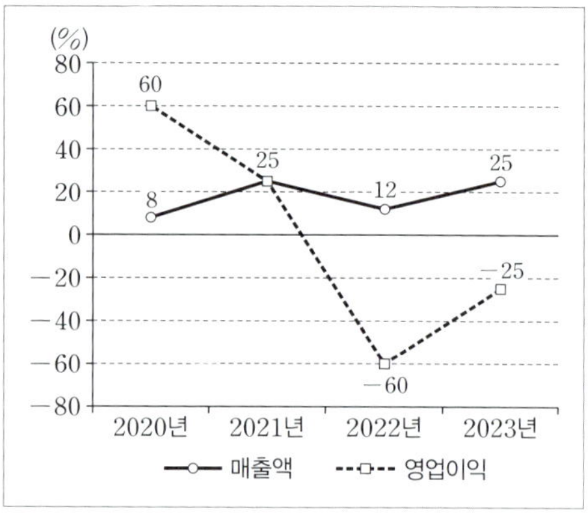

③ 2020~2023년 전년 대비 증감률

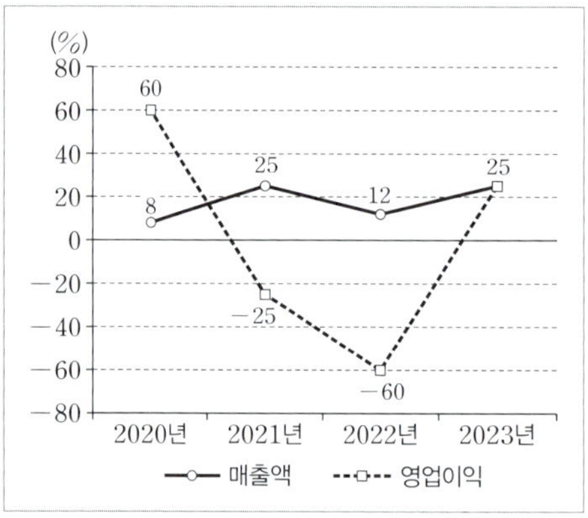

④ 2020~2023년 전년 대비 증감률

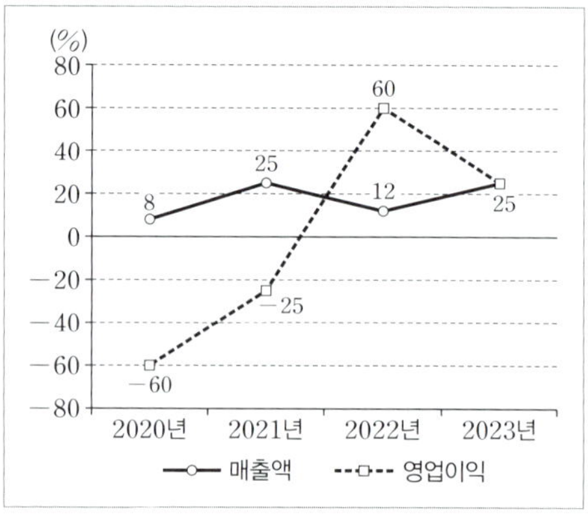

⑤ 2020~2023년 전년 대비 증감률

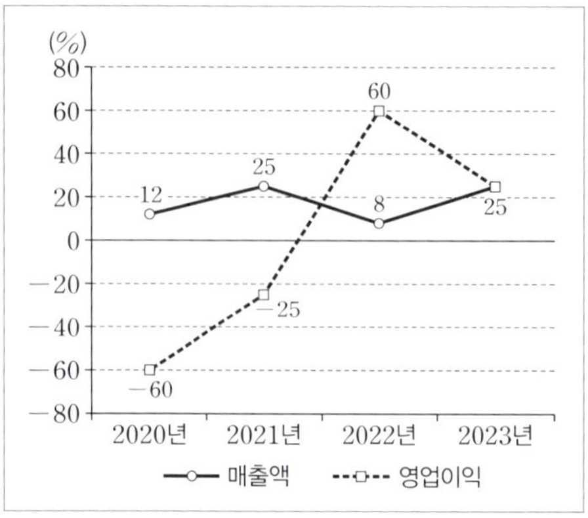

20 다음은 연도별 에어컨과 선풍기 판매량을 조사한 자료이다. 주어진 자료를 바탕으로 2029년 에어컨과 선풍기의 총 판매량을 예측했을 때, 가장 적절한 값을 고르면?

[표] 연도별 에어컨과 선풍기 판매량 (단위: 만 대)

구분	2014년	2016년	2018년	2020년	2022년
에어컨	105	110	120	135	155
선풍기	400	440	480	520	560

① 945만 대 ② 955만 대 ③ 965만 대
④ 985만 대 ⑤ 1,005만 대

01 다음 전제를 보고 항상 참인 결론을 고르면?

전제1	과일을 좋아하지 않는 모든 사람은 고기를 좋아한다.
전제2	채소를 좋아하는 모든 사람은 고기를 좋아하지 않는다.
결론	

① 과일을 좋아하지 않는 모든 사람은 채소를 좋아하지 않는다.
② 채소를 좋아하지 않는 모든 사람은 과일을 좋아한다.
③ 채소를 좋아하는 모든 사람은 과일을 좋아하지 않는다.
④ 과일을 좋아하지 않는 모든 사람은 채소를 좋아한다.
⑤ 과일을 좋아하는 모든 사람은 채소를 좋아한다.

02 다음 전제를 보고 항상 참인 결론을 고르면?

전제1	모든 타박상은 자연치유된다.
전제2	타박상이 아닌 것은 모두 약물치료가 필요하다.
결론	

① 약물치료가 필요한 것은 모두 자연치유된다.
② 자연치유되는 것은 모두 약물치료가 필요하지 않다.
③ 약물치료가 필요하지 않은 것은 모두 자연치유된다.
④ 자연치유되지 않는 것은 모두 약물치료가 필요하지 않다.
⑤ 약물치료가 필요하지 않은 것은 모두 자연치유되지 않는다.

03 다음 결론이 반드시 참이 되게 하는 전제를 고르면?

전제1	아침을 좋아하는 어떤 사람은 달리기를 좋아한다.
전제2	
결론	아침을 좋아하는 어떤 사람은 저녁을 좋아하지 않는다.

① 달리기를 좋아하지 않는 모든 사람은 저녁을 좋아하지 않는다.
② 저녁을 좋아하는 모든 사람은 달리기를 좋아하지 않는다.
③ 저녁을 좋아하는 어떤 사람은 달리기를 좋아하지 않는다.
④ 달리기를 좋아하는 모든 사람은 저녁을 좋아한다.
⑤ 달리기를 좋아하는 어떤 사람은 저녁을 좋아한다.

04 어느 직장인 K는 월요일부터 일요일 중 3일을 골라 운동을 하려고 한다. 주어진 [조건]을 바탕으로 항상 옳은 것을 고르면?

조건
- 화요일에 운동을 하면 수요일에는 운동을 하지 않는다.
- 수요일에 운동을 하면 화요일과 목요일에 운동을 하지 않는다.
- 토요일과 일요일에는 운동을 하지 않고 월요일에는 운동을 한다.

① 가능한 경우의 수는 6가지이다.
② 수요일과 금요일에 운동을 한다.
③ 금요일에 운동을 하면 화요일과 수요일 중 하루는 운동을 한다.
④ 이틀 연속으로 운동을 했다면 수요일에는 운동을 하지 않았다.
⑤ 금요일에 운동을 하지 않았다면 수요일에는 운동을 했다.

05 어느 식당에서 디저트 요리를 요일별로 1개씩 제공하려고 한다. 주어진 [조건]을 바탕으로 항상 옳지 않은 것을 고르면?

조건

- 디저트 요리는 과일, 아이스크림, 커피 중 하나이다.
- 같은 디저트 요리를 연속된 요일에 제공하지 않는다.
- 과일을 제공한 날의 다음 날에는 커피를 제공한다.
- 모든 디저트 요리는 적어도 하루는 제공한다.
- 수요일에는 과일을 제공하지 않는다.
- 금요일에는 커피를 제공한다.

① 가능한 경우의 수는 9가지이다.
② 화요일에 아이스크림을 제공하면 수요일에는 커피를 제공한다.
③ 수요일에 아이스크림을 제공하면 목요일에는 과일을 제공한다.
④ 화요일과 목요일에 같은 디저트 요리를 제공하면 그 디저트 요리는 과일이다.
⑤ 월요일과 수요일에 같은 디저트 요리를 제공하는 경우는 3가지이다.

06 영업사원 A~E 중에서 1명이 다른 곳으로 전근을 가게 되었다. 5명 중 1명은 거짓을 말하고 나머지 4명은 모두 참을 말할 때, 다음 [대화]를 바탕으로 전근을 가는 영업사원을 고르면?

대화

- A: 전근을 가는 사람은 C야.
- B: C는 전근을 가지 않아.
- C: D는 전근을 가지 않아.
- D: 전근을 가는 사람은 A이거나 C야.
- E: 전근을 가는 사람은 A이거나 B야.

① A ② B ③ C ④ D ⑤ E

07 어느 회사 영업팀의 김 대리, 이 대리, 박 대리, 최 대리, 정 대리가 1명씩 순서대로 출장을 간다. 주어진 [조건]을 바탕으로 항상 옳지 않은 것을 고르면?

조건

- 박 대리는 정 대리보다 먼저 출장을 간다.
- 최 대리는 김 대리보다 늦게 출장을 간다.
- 박 대리는 이 대리보다 먼저 출장을 간다.
- 이 대리는 김 대리 바로 다음에 출장을 간다.

① 박 대리는 가장 먼저 출장을 간다.
② 정 대리는 세 번째로 출장을 간다.
③ 정 대리는 마지막으로 출장을 간다.
④ 이 대리는 네 번째로 출장을 가지 않는다.
⑤ 김 대리는 박 대리 바로 다음에 출장을 간다.

1회

08 서로 친구인 A~D는 각자 모자와 팔찌를 1개씩 착용했다. 주어진 [조건]을 바탕으로 항상 옳은 것을 고르면?

조건

- 모자와 팔찌 모두 빨강, 파랑, 검정, 노랑 4가지 색깔이 있다.
- A~D는 각자 다른 색깔의 모자, 다른 색깔의 팔찌를 착용했다.
- 한 사람이 같은 색깔의 모자와 팔찌를 착용하지 않았다.
- A는 파랑 모자를 착용했다.
- B는 노랑 팔찌를 착용했다.
- D는 A가 착용한 모자와 같은 색깔의 팔찌를, C가 착용한 팔찌와 같은 색깔의 모자를 착용했다.

① C는 검정 팔찌를 착용했다.
② B가 검정 모자를 착용한 경우의 수는 2가지이다.
③ C는 B가 착용한 모자와 같은 색깔의 팔찌를 착용했다.
④ A가 빨강 팔찌를 착용했으면 D는 검정 모자를 착용했다.
⑤ D가 빨강 모자를 착용했으면 C는 검정 팔찌를 착용했다.

09 개발팀 직원 A~H는 워크샵을 위해 6개의 방을 예약하였다. 주어진 [조건]을 바탕으로 항상 옳지 않은 것을 고르면?

조건

- 방 6개의 형태는 다음과 같다.

301호	302호	303호
201호	202호	203호

- A과장, B과장, C대리, D대리는 여자이고, E과장, F대리, G대리, H사원은 남자이다.
- 각 방에는 반드시 1명 또는 2명이 배정되었으며, 2명이 배정될 경우 같은 성별끼리 배정되었다.
- 대리는 모두 같은 층에 배정되었다.
- A과장과 같은 방에 배정된 직원이 있다.
- B과장은 201호에 혼자 배정되었다.
- 사원이 배정된 방의 바로 윗방에는 남자 직원이 배정되었다.
- 여자 대리는 서로 다른 방에 배정되었고, 이 중에서 1명은 302호에 배정되었다.

① E의 옆방에 대리가 배정된다.
② F의 옆방에 과장이 배정된다.
③ B의 바로 윗방에 A가 배정된다.
④ C가 301호에 배정되는 경우의 수는 2가지이다.
⑤ D가 302호에 배정되면, D의 바로 아랫방에는 E가 배정된다.

10 어느 회사의 인사팀 사무실은 비밀번호를 입력해야 입장할 수 있다. 주어진 [조건]을 바탕으로 비밀번호로 옳은 것을 고르면? (단, AB는 십의 자리 숫자가 A, 일의 자리 숫자가 B인 수를 뜻한다.)

조건

- 비밀번호는 ABCDEF의 4자리로 구성되어 있다.
- A, B, C, D, E, F는 모두 다른 수이며, 가능한 수는 0부터 9까지이다.
- F는 9이다.
- D는 짝수이다.
- B−C는 5이다.
- A+C는 4이다.
- D+E는 6이다.
- A~F 중 가장 작은 수는 E이다.

① 183209　② 183609　③ 186309
④ 450239　⑤ 451609

11 체육시간에 7명의 친구 A~G가 달리기 시합을 하였다. 주어진 [조건]을 바탕으로 항상 옳은 것을 고르면? (단, 동시에 골인한 사람은 없다.)

조건
- A와 E 사이에 골인한 사람이 1명 있다.
- A와 G 사이에 골인한 사람이 1명 있다.
- D는 E보다 먼저 골인하였다.
- F는 C보다 먼저 골인하였다.
- B는 다섯 번째로 골인하였다.

① F는 세 번째로 골인하였다.
② G는 F보다 먼저 골인하였다.
③ E가 두 번째로 골인하는 경우의 수는 2가지이다.
④ B가 E보다 먼저 골인하였다면 D는 첫 번째로 골인하였다.
⑤ D가 세 번째로 골인하였다면 E는 여섯 번째로 골인하였다.

12 연구원 A~F가 일정한 간격으로 원탁을 중심으로 둘러 앉아 회의를 하고 있다. 주어진 [조건]을 바탕으로 차장의 맞은편에 앉은 사람을 고르면?

조건
- A는 사원, B와 C는 대리, D는 과장, E는 차장, F는 부장이다.
- 과장의 양옆에는 대리가 앉는다.
- 사원의 맞은편에는 대리가 앉지 않는다.
- B대리의 바로 오른쪽 자리에는 부장이 앉는다.

① A　② B　③ C　④ D　⑤ F

1회

13 **K사는 조직개편을 통해 부서별 자리를 새롭게 정하려고 한다. 주어진 [조건]을 바탕으로 항상 옳지 않은 것을 고르면?** (단, 이웃하는 두 자리는 왼쪽 또는 오른쪽에 이웃한 두 자리를 의미한다.)

조건

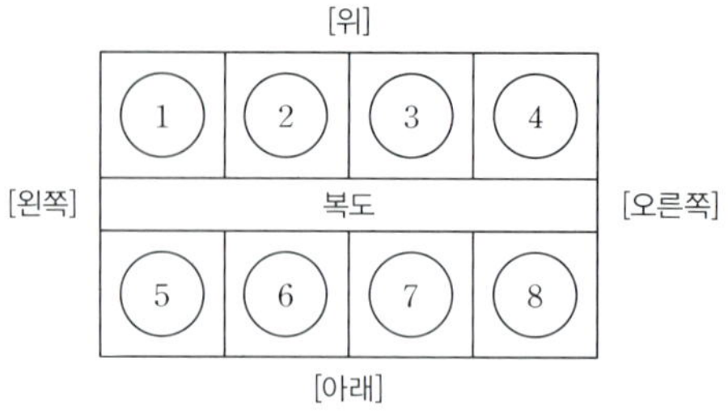

- 1번부터 8번 자리까지 자리당 1개의 부서를 배치한다.
- 배치할 수 있는 부서는 인사팀, 총무팀, 회계팀, 개발팀, 기획팀, 영업팀, 마케팅팀, 교육팀 총 8개이다.
- 인사팀과 총무팀의 자리는 위아래로 마주 보고 있다.
- 개발팀과 기획팀의 자리는 이웃한다.
- 마케팅팀의 자리는 3번이다.
- 인사팀 자리의 왼쪽 자리에 영업팀이 있다.
- 회계팀의 자리 양옆에 이웃한 팀이 존재한다.

① 가능한 경우의 수는 4가지이다.
② 교육팀과 회계팀의 자리는 이웃한다.
③ 마케팅팀과 위아래로 마주 보고 있는 팀은 영업팀이다.
④ 1번 자리가 기획팀이면 6번 자리는 회계팀이다.
⑤ 총무팀 자리의 오른쪽 자리에 존재하는 팀이 있다.

14 **정규 출근 시각이 9시인 회사에 근무 중인 직원 A~E가 자신의 출근 시각을 이야기하였다. 5명의 직원이 8시 40분부터 9시 20분까지 10분 간격으로 출근하였고, 지각하지 않은 사람은 참을, 지각한 사람은 모두 거짓을 말하였을 때, 다음 [대화]를 바탕으로 두 번째로 출근한 사람을 고르면?** (단, 거짓을 말하는 사람의 모든 진술은 거짓이다.)

대화

- A: 나는 B보다 일찍 출근했고, 지각하지 않았어.
- B: 나는 C보다 늦게 도착했어.
- C: E는 지각했고, 나는 E보다 10분 일찍 출근했어.
- D: 나는 가장 일찍 도착했고, C는 나보다 40분 늦게 왔어.
- E: 나는 9시 정각에 도착했고, B보다 일찍 출근했어.

① A ② B ③ C ④ D ⑤ E

15 **다음에 주어진 도형을 보고 적용된 규칙을 찾아 '?'에 해당하는 적절한 도형을 고르면?**

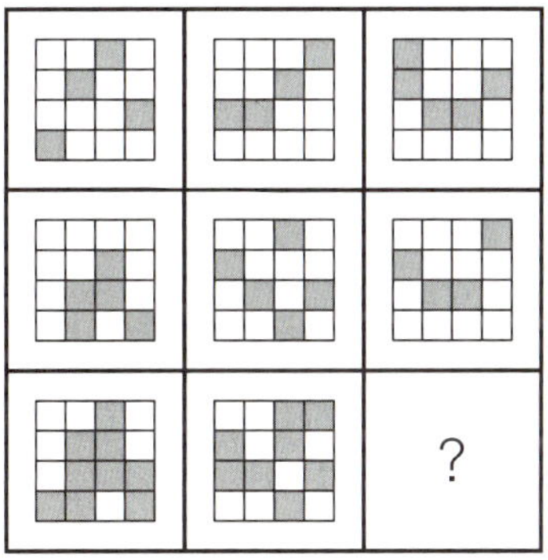

①
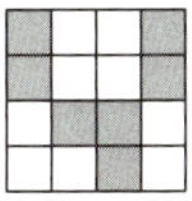

②
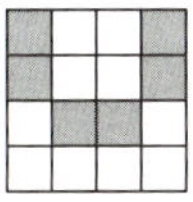

③
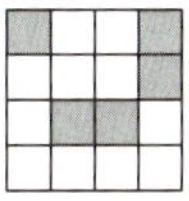

④
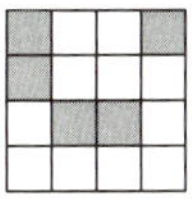

⑤
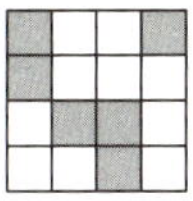

16 다음에 주어진 도형을 보고 적용된 규칙을 찾아 '?'에 해당하는 적절한 도형을 고르면?

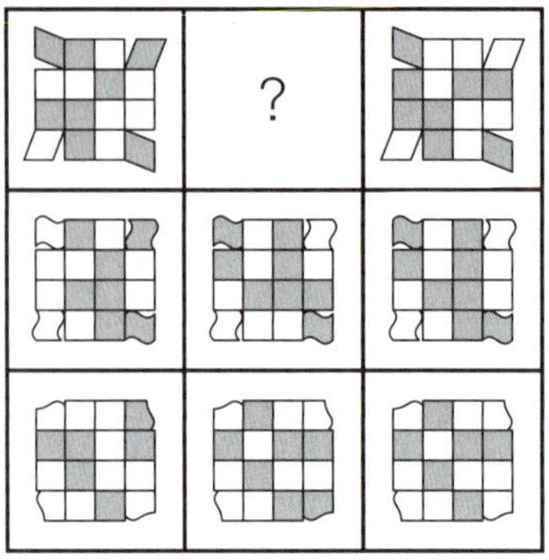

①
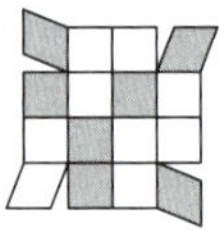

②

③

④
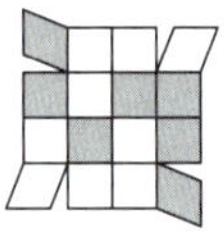

⑤

17 다음에 주어진 도형을 보고 적용된 규칙을 찾아 '?'에 해당하는 적절한 도형을 고르면?

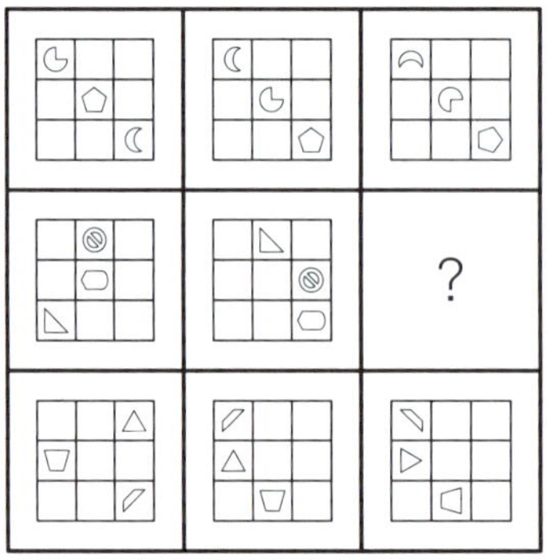

①
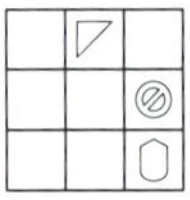

②
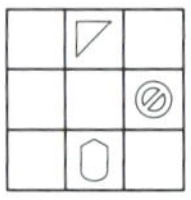

③
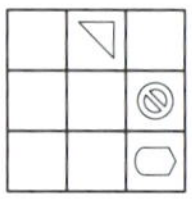

④
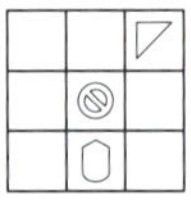

⑤
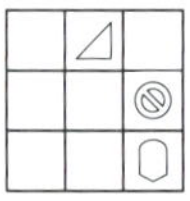

[18~21] 기호들이 하나의 규칙을 가지고 아래와 같이 문자나 숫자를 변화시킨다고 한다. 이때 다음 (?)에 들어갈 알맞은 것을 고르시오. (단, 가로와 세로 중 한 방향으로만 이동하며, Z 다음은 A, 9 다음은 0이다.)

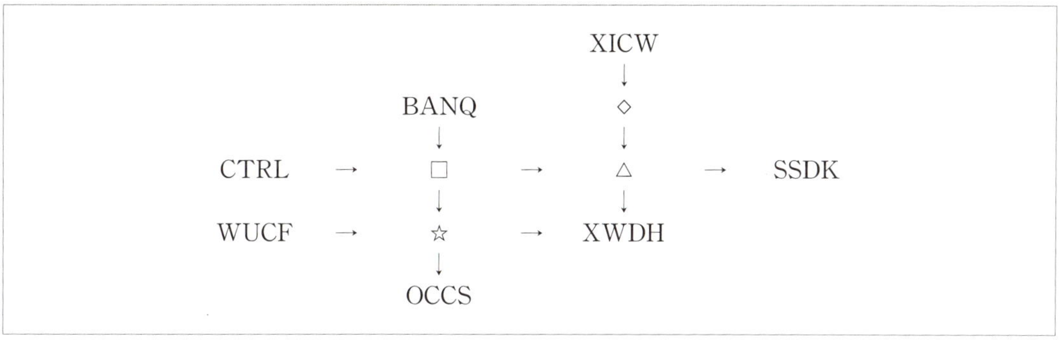

18

PJYI → ☆ → ◇ → (?)

① KQZL ② ZLKQ ③ KZQL
④ ZQKL ⑤ KQLZ

19

WDMC → □ → ☆ → △ → (?)

① MEWD ② OEYD ③ OGYF
④ MGWF ⑤ OGWD

20

(?) → △ → ◇ → BSTE

① RDSA ② TDUA ③ TFUC
④ RFUA ⑤ RFSC

21

(?) → ◇ → □ → ☆ → SKIP

① INHR ② NHRI ③ RIHN
④ INRH ⑤ HIRN

22 다음 문단을 논리적 순서대로 알맞게 배열한 것을 고르면?

[가] 하지만 어떤 사람들은 비행 청소년들이 보통 아이들에 비해 집에 잘 있지 않고 밖으로 돌아다녀서 인스턴트 음식을 더 많이 먹는 경향이 있다고 주장한다.

[나] 이 연구 결과는 인스턴트 음식을 많이 섭취해서 탈선하는 것이라기보다는 비행 청소년이 된 것이 먼저이고 그 뒤에 인스턴트 음식을 많이 먹게 된 것으로 해석할 수 있을 것이다.

[다] 연구진은 비행 청소년이 두 배가량 더 많이 섭취하고 있는 인스턴트 음식에 첨가된 각종 인공물질 때문에 주의력이 흩어지고, 욕구 불만이 쌓여 폭력 행동으로 나타날 가능성이 있다고 주장한다.

[라] 한 연구에 따르면 라면, 햄버거, 피자, 탄산음료 등 인스턴트 음식의 섭취량에서 일반 청소년과 비행 청소년 사이에 상당한 차이가 있는 것으로 드러났다.

① [다]−[가]−[나]−[라]
② [다]−[가]−[라]−[나]
③ [다]−[나]−[가]−[라]
④ [라]−[가]−[다]−[나]
⑤ [라]−[다]−[가]−[나]

23 다음 문단을 논리적 순서대로 알맞게 배열한 것을 고르면?

[가] 건식 제련은 결국 만들어진 메탈 혼합물의 습식 제련을 통해 희유금속을 회수하는 과정이 필요하지만, 대량의 재활용이 가능한 장점을 보유하고 있어 대다수의 업체가 본 공정을 채택하고 있다.

[나] 폐배터리 재활용(Re−Cycling)은 수명이 다한 배터리에서, 양극재에 포함된 희유금속인 니켈 · 코발트 · 망간 등과 알루미늄 · 구리 · 플라스틱 등의 배터리 원재료를 회수하는 기술을 의미한다.

[다] 하지만 높은 온도의 열을 가해 줘야 하는 공정상의 이유로 이산화탄소 배출이 불가피하며, 용융로 등의 설비가 필요해 초기에 많은 자본적 지출이 요구된다.

[라] 배터리 건식 제련은 먼저 폐배터리를 용융로를 통해 고온의 열처리로 메탈 혼합물(니켈, 코발트, 구리 함유) 및 슬래그(리튬, 알루미늄, 망간 등 함유)로 만들고, 이렇게 만들어진 메탈 혼합물에서 습식 제련을 통해 니켈, 코발트를 회수한다.

① [가]−[나]−[다]−[라]
② [가]−[다]−[라]−[나]
③ [나]−[가]−[다]−[라]
④ [나]−[라]−[가]−[다]
⑤ [라]−[가]−[다]−[나]

24 다음 글의 내용이 참일 경우, 반드시 거짓인 진술을 고르면?

표적세포란 호르몬에 대하여 표적이 되는 세포라는 의미로서 그 호르몬에 대한 수용체를 가지고 세포이다. 예를 들어 인슐린은 인슐린 수용체를 가진 표적세포로 하여 이 세포에만 작용한다. 이러한 표적세포의 특징을 이용한 것이 표적치료제이다.

기존의 항암제는 세포독성 약물로서, 세포 내에 일반적으로 존재하는 DNA나 미세소관을 표적으로 하기 때문에 암세포에 대해서는 치료 효과를 나타내지만 정상세포에는 악영향을 끼치는 부작용을 초래한다. 하지만 표적치료는 암이 발생하는 데 핵심적인 역할을 하는 것으로 알려진 특정 유전자나 단백질, 신호전달경로를 표적으로 하여 약물을 전달함으로써 암세포를 제거한다. 이러한 치료법은 약물이 암 조직에 효과적으로 도달하게 하여 암세포를 선택적으로 제거하고 정상세포에는 최소한의 피해를 주는 장점이 있다. 그러나 이들 약물은 표적이 되는 특정 유전자나 단백질을 가지고 있는 환자에게만 효과적이며, 정상세포에서의 예기치 못한 교차반응으로 인하여 부작용이 동반될 수 있고, 선천적 혹은 후천적 약물 내성의 출현으로 인해 효과가 감소할 수 있다.

① 인슐린은 인슐린 수용체를 가지지 않은 세포에게는 작용하지 않는다.
② 기존의 항암제는 정상세포도 표적으로 하여 여러 부작용을 초래한다.
③ 표적치료는 특정 유전자나 단백질 등을 가진 암세포만을 제거할 수 있다.
④ 표적치료는 대부분의 암환자들에게 효과가 있으며 부작용이 생길 위험이 없다.
⑤ 선천적 혹은 후천적인 이유로 약물 내성이 생긴다면 표적치료를 해도 효과가 없을 수 있다.

25 다음 글의 내용이 참일 경우, 반드시 거짓인 진술을 고르면?

국제 경유 가격이 오르면서 휘발유보다 경유가 비싼 이례적인 현상이 계속되고 있다. 이렇게 경우가 오르는 데는 여러 이유가 있다. 우선 일반적으로 겨울이 되면 경유 가격의 상승세가 휘발유보다 더 가파른데 이는 겨울의 난방유인 경유의 수요가 자동차 운전용인 휘발유보다 많아지기 때문이다. 그런데 최근 경유 가격 상승세의 주된 원인은 전 세계 경유를 계속 수입하는 유럽에서 찾을 수 있다. 프랑스의 가뭄으로 강물이 줄어들면서 원전의 뜨거워진 냉각수를 대량으로 배출하기 어려워진 탓에 원전 가동률이 떨어졌고, 아울러 내년부터 러시아산 석유 제품의 수입 금지가 시행될 예정이기에 유럽이 경유를 사들이고 있기 때문이다. 이 밖에도 미국에서 유럽으로 나가는 천연가스 물량의 상당 부분을 차지하는 텍사스주 프리포트 천연가스 수출 터미널의 화재로 인한 천연가스 공급난의 여파까지 겹쳤다.

① 최근 휘발유 가격은 경유 가격보다 싸다.
② 경유는 일반적으로 여름보다 겨울에 더 비싸다.
③ 경유 가격이 계속 오르는 이유는 유럽이 경유 수입을 많이 하기 때문이다.
④ 프랑스의 가뭄과 러시아산 석유 제품 수입 금지 등의 요인이 경유의 가격을 올리고 있다.
⑤ 미국 텍사스의 천연가스 수출 터미널 화재로 인한 미국의 경유 수입 증가 역시 경유 가격 상승의 원인이다.

26 다음 글의 내용이 참일 경우, 반드시 거짓인 진술을 고르면?

레그테크란 "빅데이터, AI 등 다양한 기술을 활용해 금융 관련 규제를 관리·준수하는 업무의 효율성을 높이는 서비스"라고 할 수 있다. 여기서 "규제에 대한 관리·준수하는 업무"는 단순히 금융 법규 준수를 넘어 조직의 전반적인 거버넌스와 위험 관리 및 선제적 대응 체계 활동을 포함한다. 레그테크와 연관된 용어로 섭테크(SubTech)와 컴프테크(CompTech)가 있다. 섭테크는 금융감독기관이 다양한 기술을 활용해 규제를 효율적으로 감독하는 기술이고 컴프테크는 금융기관이 다양한 기술을 활용해 규제를 효율적으로 준수하는 기술이다. 섭테크와 컴프테크를 나누는 기준은 규제를 "감독하는가? vs 준수하는가?"에 따라 나눠지게 된다. 레그테크는 넓게는 섭테크와 컴프테크를 모두 포함하는 상위개념으로도 쓰이기도 하지만, 좁게는 레그테크를 컴프테크에 한정 지어 표현하기도 한다.

① 레그테크란 다양한 기술을 통해 금융 관련 규제를 하는 것이다.
② 레그테크는 금융 법규를 준수하기보단 선제적 대응에 초점을 둔다.
③ 섭테크는 금융감독기관이 규제를 효율적으로 감독하는 것이다.
④ 컴프테크는 금융감독기관이 규제를 효율적으로 준수하는 것이다.
⑤ 레그테크는 섭테크와 검프테크를 모두 포함하기도 하고 컴프테크에 한정 짓기도 한다.

27 다음 글의 내용이 참일 경우, 반드시 거짓인 진술을 고르면?

추수감사절을 맞아 미국 소방서가 냉동 칠면조 폭발 예방 캠페인에 나섰다. 미국의 추수감사절을 상징하는 칠면조가 무시무시한 폭탄으로 변하는 일이 빈번하기 때문이다. 미국인들은 전통적으로 매년 추수감사절에 닭보다 훨씬 큰 칠면조를 통째로 오븐에 굽거나 기름에 튀겨 만찬을 즐긴다. 이때 칠면조 구이나 튀김은 주로 냉동 칠면조를 사용하는데, 냉동 칠면조는 오븐이라면 문제가 없지만 튀길 때는 충분한 해동이 필수다. 해동이 덜 됐거나 냉동고에서 막 꺼낸 칠면조는 끓는 기름과 만나면 격렬한 폭발을 일으키기 때문이다. 냉동 칠면조는 거대한 얼음덩이와 같은데, 끓는점이 물보다 훨씬 높은 기름과 만나면 즉시 기화하면서 폭발한다. 특히 이 상태에서 당황해 물을 뿌리면 슬롭 오버(slop over) 현상이 벌어지는데 슬롭 오버란 유류탱크에 화재가 났을 때 물을 뿌리면 급격히 액체가 기체로 변하면서 불붙은 기름과 함께 날아서 흩어지는 현상이다.

① 미국 추수감사절에는 칠면조로 인해 화재가 빈번하다.
② 냉동 칠면조를 오븐에 익힐 때는 반드시 해동을 시켜야 화재가 일어나지 않는다.
③ 냉동고에서 막 꺼냈거나 해동이 덜 된 칠면조는 끓는 기름과 만나면 즉시 기화한다.
④ 해동이 안 된 칠면조가 기름과 만나 화재가 일어났을 때 물을 뿌리면 슬롭 오버 현상이 일어난다.
⑤ 유류 탱크에 화재가 났을 때 물을 뿌리면 액체가 기체로 변하며 불붙은 기름이 마구 흩어져 더 큰 화재가 발생할 수 있다.

28 다음 글의 반론으로 적절하지 않은 것을 고르면?

> 삼성이 전 세계 반도체 매출 1위 자리를 대만 TSMC에게 내줬다. TSMC는 대만 정부가 육성하고 보호하는 국민기업으로, 종합반도체기업(IDM)인 삼성전자는 메모리반도체, 파운드리, 팹리스 등 여러 분야에 나눠 43조 원을 투자했지만 TSMC는 50조 원을 오직 파운드리 사업에만 쓰는 등 한 우물만 파는 특성이 있다. 한편 내년부터 업계의 왕좌를 결정하는 것은 3나노미터 제품이 될 것으로 예상된다. TSMC는 내년부터 3나노 양산에 들어가는데 높은 기술이 적용되는 반도체 제품일수록 수익성이 높기 때문이다. TSMC는 여기서 더 욕심을 내 3나노 다음 세대 버전의 양산 시점도 당초 계획했던 것보다 2~3개월 앞당겨 추진할 것으로 밝혔다. 앞으로 TSMC는 파운드리 시장의 주도권을 놓치지 않을 것으로 보인다.

① 차세대 트랜지스터 구조인 GAA 기술을 적용한 3나노 공정은 삼성전자가 유일하므로 TSMC보다 경쟁력이 더 강하다.

② 3나노 반도체 생산은 TSMC보다 삼성전자가 먼저 시작했으므로 파운드리 시장의 주도권은 삼성이 다시 가져올 수 있다.

③ TSMC는 미국의 대중국 반도체 수출 규제, 중국－대만 간 갈등 이슈에서 자유로울 수 없기 때문에 변수가 다수 존재한다.

④ 5나노 공정에서 TSMC보다 삼성전자의 불량률이 높은 점을 본다면 3나노의 공정에서도 TSMC가 삼성전자보다 기술적으로 진보되어 있을 것이다.

⑤ 중국의 대만 침공 가능성에 대비하여 TSMC가 해외 생산 기지를 검토 중인데 초기 비용이 많이 들기 때문에 파운드리 사업에 대한 투자가 약해질 것이다.

1회

29 다음 글과 [보기]를 읽고 추론한 것 중 적절하지 않은 것을 고르면?

RAM은 휘발성 메모리이다. 즉, 모듈에 한시적으로 저장된 정보는 컴퓨터를 재시작하거나 종료할 때 삭제된다는 의미이다. 정보는 전류가 없을 때 트랜지스터에 전기적으로 저장되므로 데이터는 사라진다. 파일이나 정보는 요청될 때마다 컴퓨터의 스토리지 디스크 또는 인터넷으로부터 검색된다. 따라서 하나의 프로그램이나 페이지가 다른 프로그램이나 페이지로 이동할 때마다 기존 정보가 즉석 제공된다. 컴퓨터가 종료되었을 때 메모리는 프로세스가 다시 시작될 때까지 빈 상태가 된다. 휘발성 메모리는 사용자가 손쉽게 변경, 업그레이드 및 확장할 수 있다.

보기

ROM은 비휘발성 메모리로, 정보가 칩에 영구 저장된다는 의미이다. 메모리의 경우 데이터 저장에 전류에 의존하지 않고, 바이너리 코드를 사용해 개별 셀에 쓰이기 때문이다. 비휘발성 메모리는 소프트웨어의 초기 부팅 관련 부분, 프린터 작동에 관여하는 펌웨어 명령 등 변하지 않는 컴퓨터 부품에 사용된다. 컴퓨터 전원을 끈다 해도 ROM에는 영향을 주지 않는다. 비휘발성 메모리는 사용자가 변경할 수 없다.

① RAM은 내용을 자유롭게 읽고, 쓰고 지울 수 있다.
② ROM은 변경해서는 안 되는 소프트웨어를 쓸 때 유용하다.
③ 냉장고나 에어컨 같은 가전기기에 주로 RAM을 사용할 것이다.
④ 컴퓨터를 종료하고 다시 전원을 공급하면 RAM은 아무것도 없는 빈 상태가 된다.
⑤ ROM은 한 번 저장한 데이터를 빠른 속도로 읽어낼 수 있지만 다시 기록할 수 없다.

30 다음 글과 [보기]를 읽고 추론한 것 중 적절하지 않은 것을 고르면?

최근 웨어러블 기기에 대한 관심이 높아짐에 따라 관련 업계에서는 다양한 제품을 출시하고 있다. 무선이어폰에서 스마트워치로 대세의 배턴 터치가 이루어졌다면 다음 주자로 주목받고 있는 것이 바로 스마트 링이다. 스마트 링이란 손가락에 착용하는 웨어러블 반지로, 사용자의 건강 정보를 종합적으로 모니터링할 수 있는 기능을 제공한다. 손목에 부담이 될 수 있는 스마트 밴드나 무거운 스마트워치에 비해 간편하게 손가락에 착용하는 형식을 채택해 최근 관심 기기로 떠오르고 있다.

보기

스마트 링의 기능은 계속 진화 중이다. 헬스케어 외에도 NFC 기능을 통해 비접촉 결제를 지원하는 스마트 링도 개발되었다. 영국의 스타트업 맥리어가 반지형 결제 솔루션이 링페이를 개발한 것이 대표적이다. 국내기업인 삼성전자도 갤럭시 링을 선보였다. 이 제품은 헬스케어 · 웰니스 기기로 손가락을 감싸 건강 데이터를 측정한다. 심박수 센서, 수면 추적, 혈압 측정, 여성 건강 모니터링 기능 등을 탑재했으며 특히 수면 패턴 모니터링 기능은 수면 중 심박, 호흡, 뒤척임, 입면까지 소요되는 시간 등 4가지를 측정해 갤럭시워치 등 기존 웨어러블 기기보다 고도화되었다고 할 수 있다.

① 스마트 링은 비접촉식으로 스마트워치와는 차별점이 있다.
② 스마트 링의 헬스케어 외에도 다양한 기능을 탑재하여 발전하고 있다.
③ 스마트 링으로 상품 대금을 결제하고, 지하철을 이용할 수 있게 될 것이다.
④ 스마트 링은 만성적인 질병으로 인해 건강관리를 해야 하는 사람들에게 수요가 있을 것이다.
⑤ 기존의 갤럭시워치는 수면 중 심박, 호흡, 뒤척임, 입면까지 소요되는 시간을 측정할 수 없다.

1회

02 | 실전모의고사 2회

수리논리 | 20문항 30분

정답과 해설 P.16

01 올해 A제품의 판매량은 전년 대비 200% 증가하고, B제품의 판매량은 전년 대비 50% 증가하여 총 판매량은 전년 대비 150% 증가하였다. 전년도에 B제품이 150만 대가 판매되었을 때, 올해 A제품의 판매량을 고르면?

① 300만 대 ② 350만 대 ③ 400만 대
④ 850만 대 ⑤ 900만 대

02 A~C팀은 각각 4명, 5명, 4명으로 구성되어 있다. 이들 중 4명을 뽑아 새로운 팀으로 구성하려고 할 때, B팀에서 뽑은 인원이 적어도 1명은 들어가고 이는 A팀과 C팀에서 뽑은 인원 합보다 더 적어야 한다고 할 때, 팀을 구성하는 경우의 수를 고르면?

① 220가지 ② 240가지 ③ 250가지
④ 280가지 ⑤ 300가지

03 다음은 2018~2022년 글로벌 에듀테크 전체 시장 규모와 2022년 글로벌 에듀테크 분야별 점유율을 조사한 자료이다. 주어진 자료에 대한 [보기]의 설명 중 옳은 것을 모두 고르면?

[표] 연도별 글로벌 에듀테크 전체 시장 규모 (단위: 억 달러)

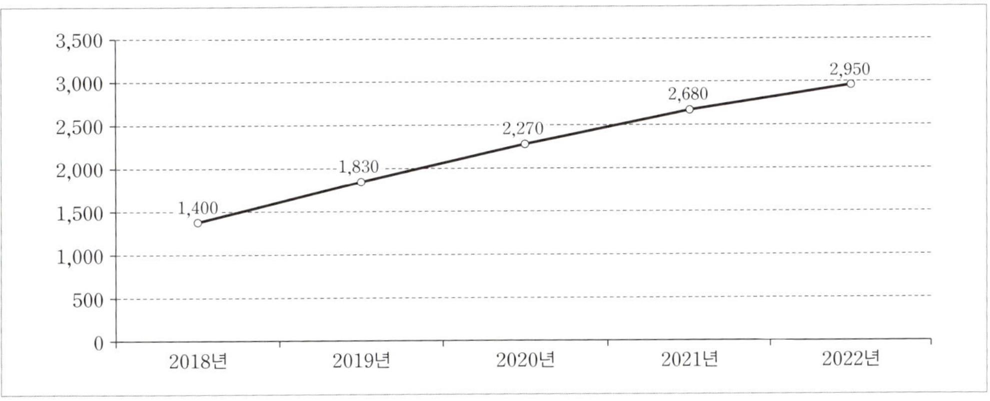

[그래프] 2022년 글로벌 에듀테크 분야별 점유율 (단위: %)

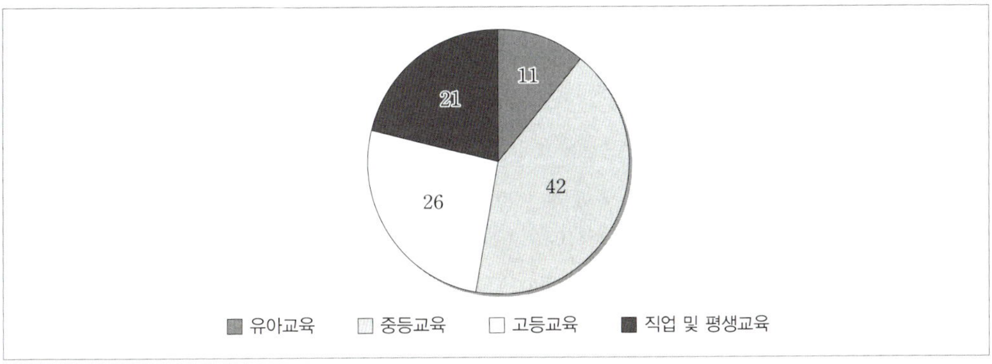

보기

㉠ 2019년 이후 글로벌 에듀테크 전체 시장 규모는 매년 전년 대비 증가했다.
㉡ 2022년 중등교육의 글로벌 에듀테크 시장 규모는 1,500억 달러 이상이다.
㉢ 글로벌 에듀테크 전체 시장 규모의 전년 대비 증가액이 가장 큰 해는 2020년이다.
㉣ 2022년 글로벌 에듀테크 분야 중 점유율이 가장 높은 분야의 점유율은 가장 낮은 분야의 점유율의 4배 이상이다.

① ㉠, ㉡ ② ㉠, ㉢ ③ ㉡, ㉢
④ ㉡, ㉣ ⑤ ㉢, ㉣

04 다음은 2016~2020년 전체 스마트폰 출하량과 5대 기업의 스마트폰 점유율을 조사한 자료이다. 주어진 자료에 대한 [보기]의 설명 중 옳은 것을 모두 고르면?

[그래프] 2016~2020년 전체 스마트폰 출하량 (단위: 백만 대)

[표] 2016~2020년 5대 기업 스마트폰 점유율 (단위: %)

구분	2016년	2017년	2018년	2019년	2020년
A사	21.1	21.7	20.8	21.6	20.6
B사	14.6	14.7	14.9	13.9	15.9
C사	9.5	10.5	14.7	17.5	14.6
D사	6.0	7.6	8.1	7.8	8.2
E사	3.6	6.3	8.7	9.2	11.4

보기

㉠ 2017년 이후 스마트폰 점유율이 매년 증가한 기업은 E사가 유일하다.
㉡ 2017년 이후 전체 스마트폰 출하량의 전년 대비 감소 대수는 2018년이 가장 크다.
㉢ 제시된 기업 중 2019년 스마트폰 점유율 2위인 기업의 스마트폰 출하량은 200백만 대 이상이다.
㉣ 제시된 기간에 제시된 기업 중 스마트폰 점유율 하위 3개 회사의 합산 점유율은 매년 A사의 스마트폰 점유율보다 높다.

① ㉠, ㉡ ② ㉠, ㉢ ③ ㉡, ㉢
④ ㉡, ㉣ ⑤ ㉢, ㉣

05 다음 [그래프]는 연도별 진료인원, [표]는 연도별 1인당 진료비에 대해 나타낸 자료이다. 주어진 자료에 대한 [보기]의 설명 중 옳은 것을 모두 고르면?

[그래프] 연도별 진료인원 (단위: 만 명)

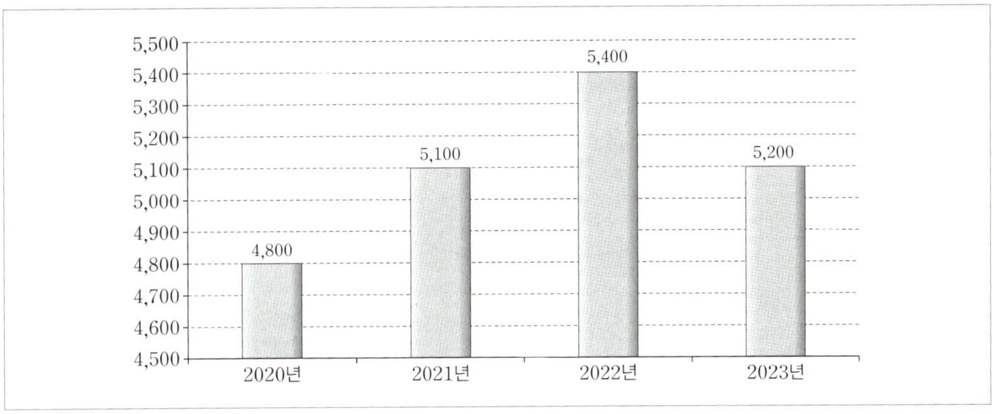

[표] 연도별 1인당 진료비 (단위: 천 원)

구분	2020년	2021년	2022년	2023년
1인당 진료비	1,800	2,000	1,900	2,100

※ 총 진료비=진료인원×1인당 진료비

보기

㉠ 진료인원이 많을수록 1인당 진료비는 더 적다.

㉡ 2022년 1인당 진료비가 200만 원이라면, 총 진료비가 가장 크다.

㉢ 2020~2023년 동안 총 진료비는 매년 증가하였다.

① ㉡　② ㉢　③ ㉠, ㉡

④ ㉡, ㉢　⑤ ㉠, ㉡, ㉢

06 다음은 K국의 전년 대비 물가상승률을 조사한 자료이다. 주어진 자료에 대한 [보기]의 설명 중 옳은 것을 모두 고르면?

[그래프] K국의 전년 대비 물가상승률 (단위: %)

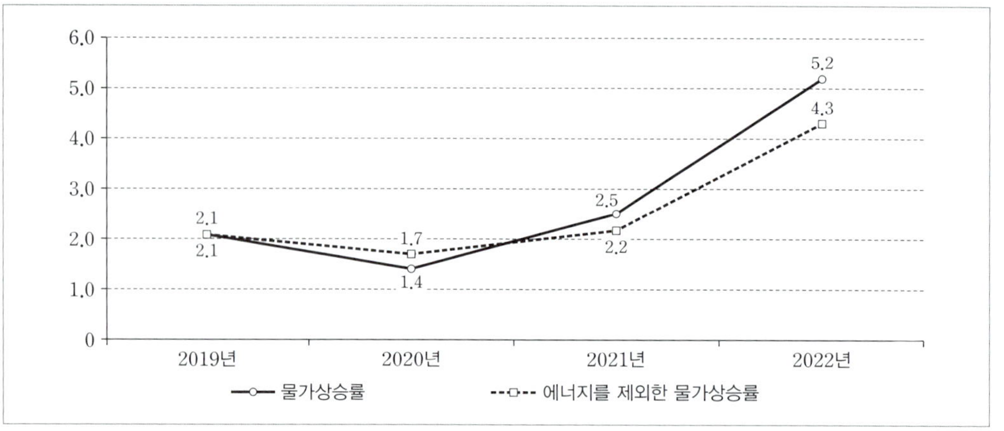

※ 물가상승률은 전체 품목에 대한 물가상승률이며, 에너지를 제외한 물가상승률은 전체 품목에서 에너지와 관련된 품목을 제외하고 측정한 물가상승률임

보기

㉠ 2020년 전체 품목의 물가는 전년보다 낮아졌다.
㉡ 2019년 에너지와 관련된 품목의 물가상승률은 2.1%이다.
㉢ 2021년 에너지를 제외한 물가상승률은 전년보다 0.5% 높아졌다.
㉣ 2022년에는 에너지와 관련된 품목의 물가상승률이 에너지를 제외한 물가상승률보다 높다.

① ㉠, ㉢ ② ㉠, ㉣ ③ ㉡, ㉣
④ ㉠, ㉡, ㉢ ⑤ ㉡, ㉢, ㉣

07 **다음은 성별에 따른 S상품 사용자 만족도를 조사한 자료이다. 주어진 자료에 대한 설명 중 옳지 않은 것을 고르면?**

[그래프] 성별에 따른 S상품 사용자 만족도 조사 결과 (단위: 명)

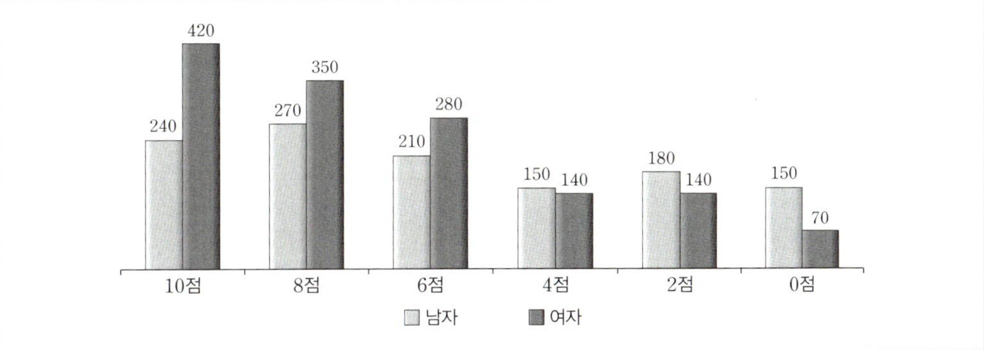

① 8점 이상의 점수에 응답한 여자 인원은 전체 응답자의 30% 이상을 차지한다.

② 만족도 조사에 응답한 남자 인원보다 여자 인원이 더 많다.

③ 모든 점수대에서 여자 응답자 인원이 남자 응답자 인원보다 더 많은 것은 아니다.

④ 6점 이하에 응답한 점수의 총합은 남자보다 여자가 더 높다.

⑤ 가장 많은 인원이 응답한 점수대는 10점이다.

2회

08 다음은 국가별 콘텐츠 및 게임 시장 규모와 국내 게임 시장점유율을 조사한 자료이다. 주어진 자료에 대한 [보기]의 설명 중 옳은 것을 모두 고르면?

[표] 국가별 콘텐츠 및 게임 시장 규모 (단위: 억 달러)

구분	콘텐츠	게임
미국	8,700	360
중국	3,560	350
일본	1,910	220
한국	1,080	110
기타	7,280	620
합계	22,530	1,660

※ 게임 시장은 콘텐츠 시장에 포함됨

[그래프] 국내 게임 시장점유율 (단위: %)

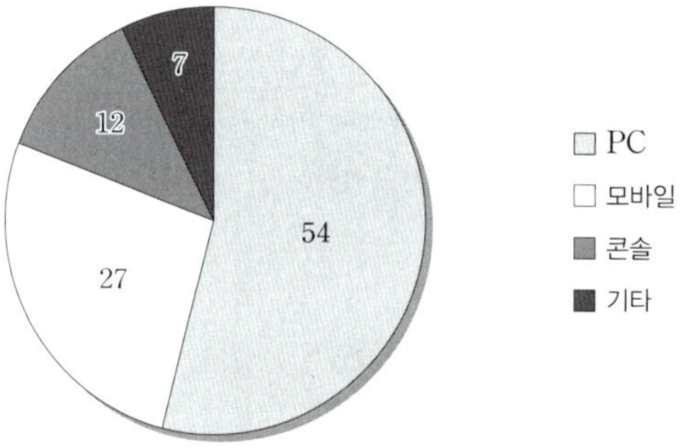

보기

㉠ 전체 게임 시장 규모는 콘텐츠 시장 규모의 10% 이상이다.
㉡ 국내 게임 시장점유율은 PC, 모바일, 콘솔 순으로 높다.
㉢ 국내 게임 중 콘솔의 시장 규모는 13억 달러 미만이다.
㉣ 기타를 제외하고 콘텐츠 시장 규모가 두 번째로 큰 국가의 콘텐츠 시장 규모는 전체 콘텐츠 시장 규모의 15% 이상이다.

① ㉠, ㉡　　② ㉠, ㉢　　③ ㉡, ㉢
④ ㉡, ㉣　　⑤ ㉢, ㉣

09 다음은 퇴직적립금 규모 및 유형별 퇴직적립금 비중을 조사한 자료이다. 주어진 자료에 대한 [보기]의 설명 중 옳은 것을 모두 고르면?

[그래프] 2016~2020년 전체 퇴직적립금 규모 (단위: 조 원)

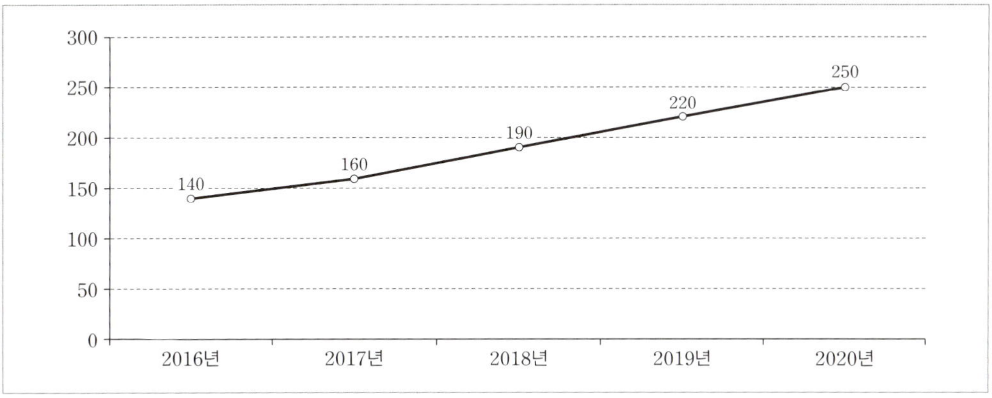

[그래프] 2016~2020년 유형별 퇴직적립금 비중 (단위: %)

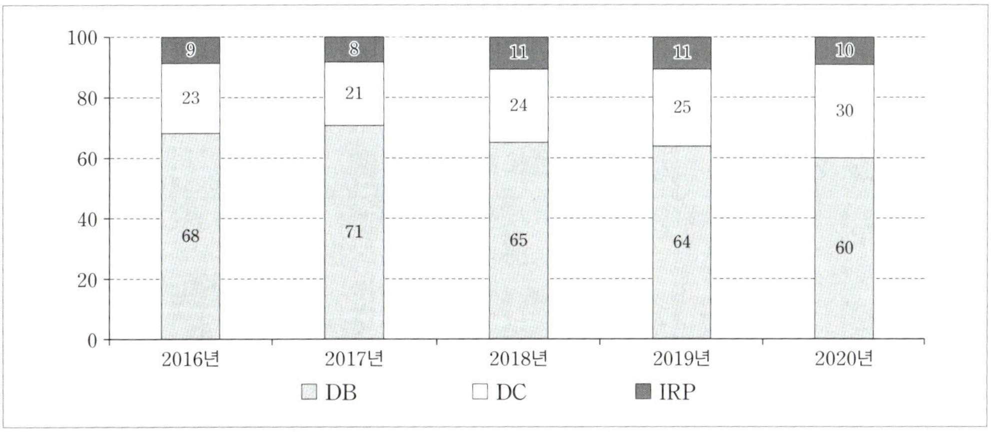

보기

㉠ 2017년 DC형 퇴직적립금은 전년 대비 증가했다.
㉡ 제시된 기간에 DB형 퇴직적립금은 매년 100조 원 이상이다.
㉢ 제시된 기간에 전체 퇴직적립금 규모는 매년 30조 원씩 증가했다.
㉣ 2020년 전체 퇴직적립금 규모는 4년 전 대비 70% 이상 증가했다.

① ㉠, ㉡ ② ㉠, ㉣ ③ ㉡, ㉢
④ ㉡, ㉣ ⑤ ㉢, ㉣

2회

[10~11] 다음은 S그룹에서 실시하는 공개채용 결과를 나타낸 자료이다. 주어진 자료를 바탕으로 이어지는 질문에 답하시오.

[그래프] 계열사별 지원자 수 (단위: 명)

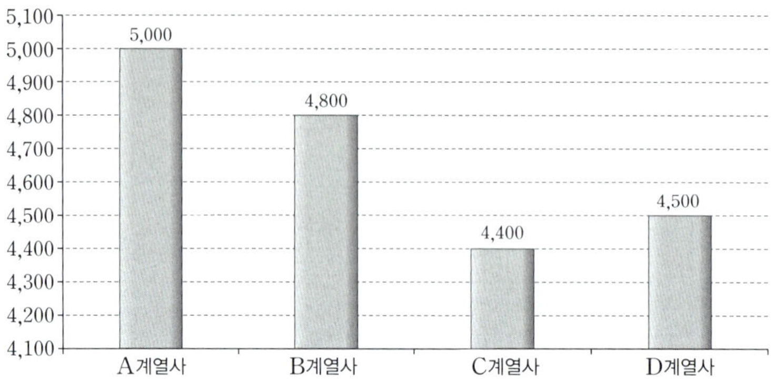

[표] 전형별 합격자 수 (단위: 명)

구분	A계열사	B계열사	C계열사	D계열사
서류	3,500	2,400	3,300	3,600
필기	420	720	495	540
면접	140	240	165	180

※ 각 전형은 서류－필기－면접 순으로 진행되고, 면접 전형 합격자가 모집 인원을 의미함

10 다음 설명 중 옳은 것을 고르면?

① 모집 인원이 가장 많은 계열사가 서류 전형 합격자 역시 가장 많다.
② 서류 전형 합격자 중 필기 전형 합격률이 가장 높은 계열사가 면접 전형 합격자가 가장 많다.
③ 서류 전형 합격자가 가장 많은 계열사가 필기 전형 합격자 또한 가장 많다.
④ 필기 전형 합격자 중 면접 전형 합격률이 가장 높은 계열사가 모집 인원이 가장 많다.
⑤ 계열사별 모집 인원이 많을수록 지원자 수가 많다.

2회

11 주어진 자료에 대한 [보기]의 설명 중 옳지 않은 것을 모두 고르면?

보기

㉠ 불합격자가 가장 적은 곳은 C계열사이다.
㉡ 전체 경쟁률이 가장 낮은 곳은 C계열사이다.
㉢ 전체 지원자 수 대비 최종 불합격자 비율이 가장 높은 곳은 A계열사이다.

① ㉠ ② ㉡ ③ ㉢
④ ㉠, ㉡ ⑤ ㉠, ㉢

[12~13] 다음은 연도별 의료인력 현황과 2021년, 2022년의 의사 구성비를 조사한 자료이다. 주어진 자료를 바탕으로 이어지는 질문에 답하시오.

[표] 연도별 의료인력 현황 (단위: 명)

구분	2018년	2019년	2020년	2021년	2022년
의사	80,000	82,000	85,000	90,000	100,000
치과의사	20,000	21,000	21,000	21,000	21,000
약사	30,000	31,000	32,000	30,000	33,000
간호사	120,000	125,000	150,000	159,000	146,000

[그래프] 2021년, 2022년 의사 구성비 (단위: %)

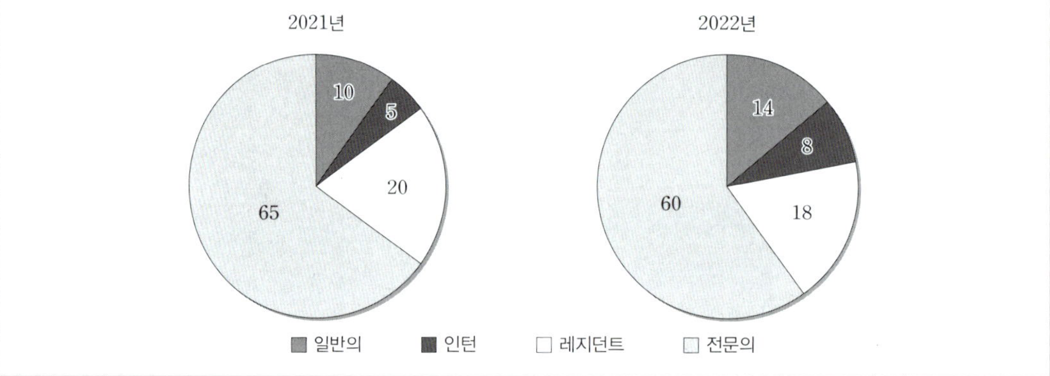

12 다음 설명 중 옳은 것을 고르면?

① 2021년 레지던트의 수는 2만 명이다.
② 모든 의료인력은 각각 매년 증가하였다.
③ 의료인력 전체 인원은 매년 증가하였다.
④ 2022년 약사의 수는 4년 전 대비 10% 증가하였다.
⑤ 2021년 간호사가 전체 의료인력에서 차지하는 비중은 51%이다.

13 주어진 자료에 대한 [보기]의 설명 중 옳은 것을 모두 고르면?

보기

㉠ 2021년 전문의 수는 인턴의 13배이다.
㉡ 2022년 일반의 수는 전년보다 4,000명 증가하였다.
㉢ 2018년 의사가 전체 의료인력에서 차지하는 비중은 32%이다.
㉣ 2022년 약사가 전체 의료인력에서 차지하는 비중은 전년보다 증가하였다.

① ㉠, ㉡　② ㉠, ㉢　③ ㉡, ㉣
④ ㉠, ㉢, ㉣　⑤ ㉡, ㉢, ㉣

[14~15] 다음은 2022년 글로벌 전기차 판매량 상위 5개사의 동향과 글로벌 전기차 판매량을 조사한 자료이다. 주어진 자료를 바탕으로 이어지는 질문에 답하시오.

[표] 2022년 글로벌 전기차 판매량 상위 5개사 동향 (단위: 만 대, %)

회사명	2021년 판매량	2022년 판매량	
			점유율
A사	100	230	23
B사	110	220	22
C사	40	60	6
D사	20	50	5
E사	10	( )	3

[그래프] 연도별 글로벌 전체 전기차 판매량 (단위: 만 대)

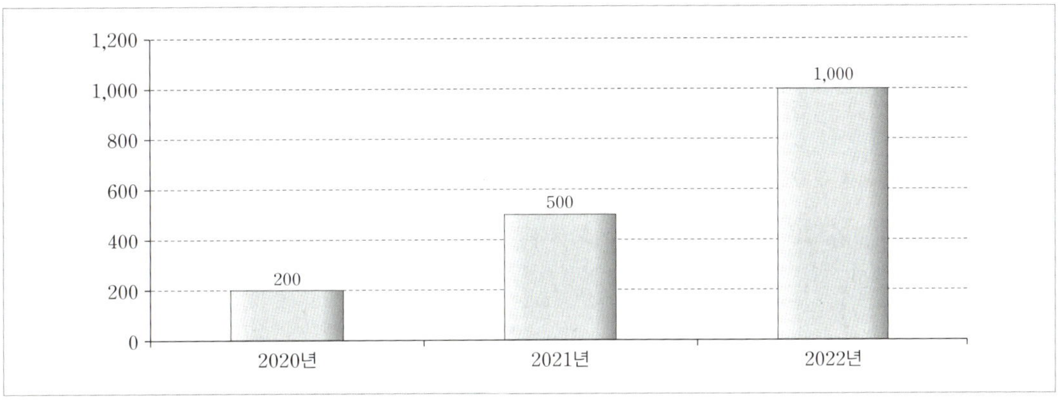

14 주어진 자료에 대한 [보기]의 설명 중 옳은 것을 모두 고르면?

보기

㉠ 2022년 D사의 판매량 기준 점유율은 전년 대비 증가하였다.
㉡ E사의 2022년 전기차 판매량은 전년 대비 200% 증가하였다.
㉢ 2021년 이후 전체 전기차 판매량은 매년 전년 대비 2배로 성장하였다.
㉣ 2022년 판매량 1~2위 회사의 판매량 합계는 전체 전기차 판매량의 과반수를 차지한다.

① ㉠, ㉡ ② ㉠, ㉣ ③ ㉡, ㉢
④ ㉠, ㉡, ㉣ ⑤ ㉡, ㉢, ㉣

15 다음 설명 중 옳지 않은 것을 고르면?

① 2021년 B사의 판매량 기준 점유율은 22%이다.
② 제시된 5개사 중 2021년 판매량 2위 회사는 3위 회사보다 전기차를 60만 대 더 판매했다.
③ 2022년 판매량 상위 5개사를 제외한 회사들의 전기차 판매량은 420만 대이다.
④ A~E사 중 2021년 대비 2022년 전기차 판매량 증가율이 가장 낮은 곳은 C사이다.
⑤ 2022년 판매량 1위 회사가 2022년에 판매한 전기차는 2020년 글로벌 전체 전기차 판매량보다 많다.

2회

[16~17] 다음은 국내의 부문별 간편결제 하루 이용액과 2020년 업체별 간편결제 시장점유율을 조사한 자료이다. 주어진 자료를 바탕으로 이어지는 질문에 답하시오. (단, 시장점유율은 연도별로 매일 동일한 것으로 가정한다.)

[그래프] 부문별 간편결제 하루 이용액 (단위: 억 원)

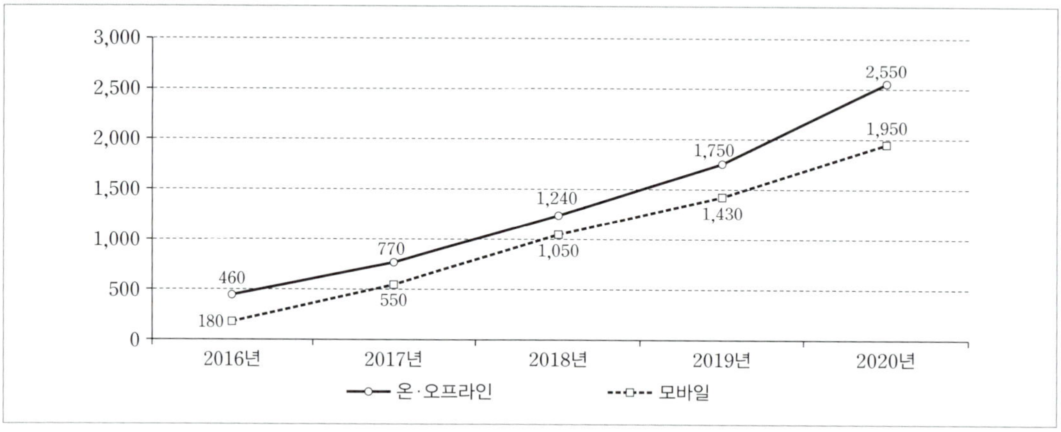

[그래프] 2020년 업체별 간편결제 시장점유율 (단위: %)

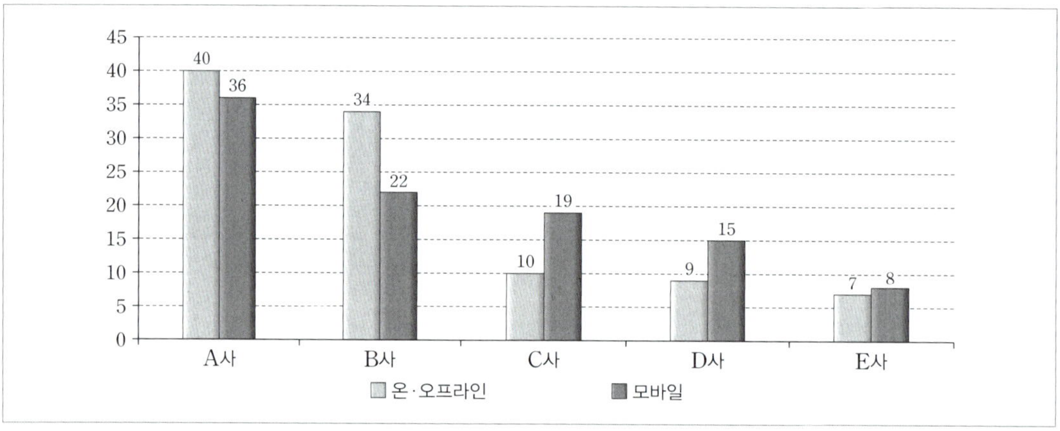

16 다음 설명 중 옳지 않은 것을 고르면?

① 간편결제 하루 이용액은 모든 부문에서 매년 증가했다.
② 간편결제 시장점유율은 모든 부문에서 A사가 가장 높다.
③ 간편결제 하루 이용액 합은 2018년부터 2,000억 원 이상이다.
④ 2019년 간편결제 하루 이용액 합은 전년 대비 40% 이상 증가했다.
⑤ 모바일 부문의 간편결제 시장점유율 하위 3개 업체의 시장점유율 합은 40% 이상이다.

17 주어진 자료에 대한 [보기]의 설명 중 옳은 것을 모두 고르면?

보기

㉠ 2020년 C사의 간편결제 하루 이용액은 모바일이 온 · 오프라인보다 많다.
㉡ 2020년 B사의 온 · 오프라인 간편결제 하루 이용액은 1,000억 원 이상이다.
㉢ 2018년 모바일 간편결제 하루 이용액은 2년 전 대비 900억 원 이상 증가했다.
㉣ 간편결제 시장점유율에서 온 · 오프라인보다 모바일 시장점유율이 높은 회사는 3개이다.

① ㉠, ㉡ ② ㉠, ㉣ ③ ㉡, ㉢
④ ㉡, ㉣ ⑤ ㉢, ㉣

18 다음은 경제성장률과 실업률 변화에 대한 관계를 연도별로 정리한 자료이다. 주어진 자료를 바탕으로 빈칸에 해당하는 값을 예측했을 때, 가장 적절한 값을 고르면?

[표] 경제성장률과 실업률 변화에 대한 관계

구분	경제성장률(%)	장기경제성장률(%)	실업률(%)
2016년	−3	4.5	8.2
2017년	6	3	10.2
2018년	(㉠)	4	13.2
2019년	−4	2	15.2
2020년	−2	1	(㉡)

※ 경제성장률=(a×장기경제성장률)−(b×전년 대비 실업률 증감량)

	㉠	㉡
①	4	1
②	4	16.2
③	4	2
④	5	1
⑤	5	16.2

19 다음은 최근 6년간의 사업자 창업·폐업에 관해 정리한 자료이다. 주어진 자료를 바탕으로 창업자 수와 폐업자 수 차이를 비교하기 위해 그래프로 나타내었을 때, 적절한 것을 고르면?

[표] 최근 6년간 창업자 수와 폐업자 수 (단위: 만 명)

구분	2018년	2019년	2020년	2021년	2022년	2023년
창업자 수	125	142	117	128	136	147
폐업자 수	102	121	98	121	114	129

① 창업자 수와 폐업자 수 차이 (단위: 만 명)

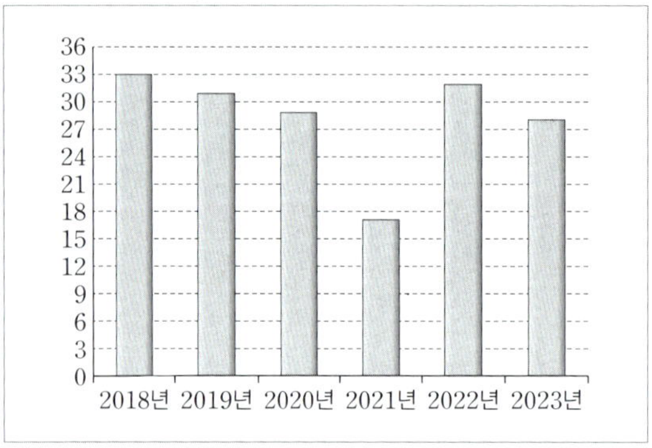

② 창업자 수와 폐업자 수 차이 (단위: 만 명)

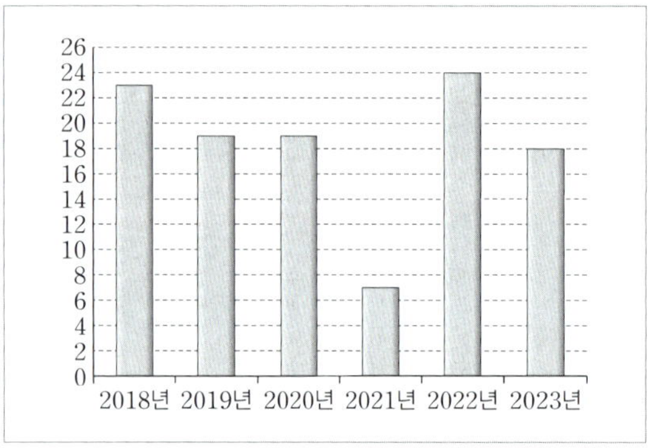

③ 창업자 수와 폐업자 수 차이 (단위: 만 명)

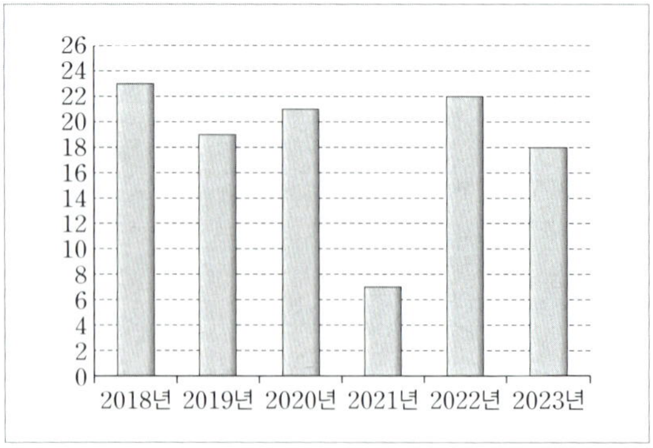

④ 창업자 수와 폐업자 수 차이 (단위: 만 명)

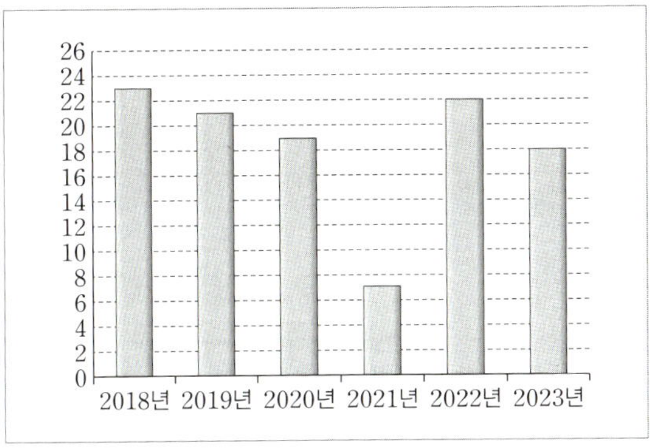

⑤ 창업자 수와 폐업자 수 차이 (단위: 만 명)

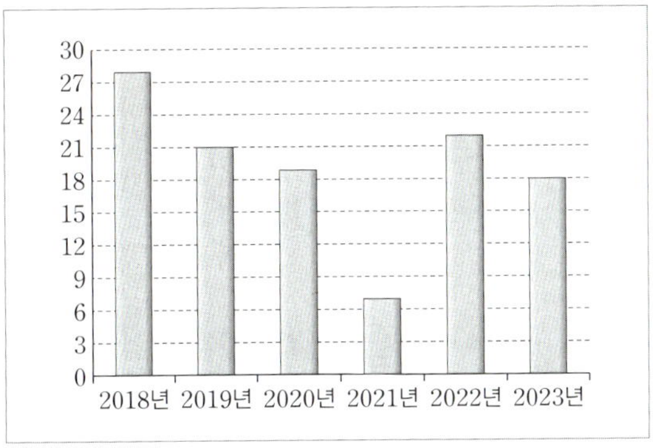

20 다음은 어느 회사의 공장별 제품 생산량 추이를 조사한 자료이다. 생산량은 설비가동 후 일정한 규칙으로 증가한다고 할 때, A~C공장의 월 합산 제품 생산량이 처음으로 1,000개 이상이 되는 시기를 고르면?

[표] 공장별 제품 생산량 추이 (단위: 개)

구분	1월	2월	3월	4월	5월	6월
A공장	–	40	80	120	160	200
B공장	30	40	50	60	70	80
C공장	–	–	60	120	180	240

※ A공장은 2월, B공장은 1월, C공장은 3월부터 공장을 가동함

① 8월 ② 9월 ③ 10월 ④ 11월 ⑤ 12월

01 다음 전제를 보고 항상 참인 결론을 고르면?

전제1	모든 크루즈 여행은 저렴하지 않다.
전제2	국내 여행은 모두 저렴하다.
결론	

① 모든 크루즈 여행은 국내 여행이다.
② 모든 국내 여행은 크루즈 여행이다.
③ 모든 크루즈 여행은 국내 여행이 아니다.
④ 국내 여행이 아니면 모두 크루즈 여행이다.
⑤ 국내 여행이 아니면 모두 크루즈 여행이 아니다.

02 다음 전제를 보고 항상 참인 결론을 고르면?

전제1	어떤 선생님은 영어를 가르친다.
전제2	모든 선생님은 학생들을 사랑한다.
결론	

① 영어를 가르치는 모든 선생님은 학생들을 사랑한다.
② 영어를 가르치는 어떤 선생님은 학생들을 사랑한다.
③ 영어를 가르치지 않는 모든 선생님은 학생들을 사랑한다.
④ 영어를 가르치지 않는 어떤 선생님은 학생들을 사랑한다.
⑤ 영어를 가르치지 않는 모든 선생님은 학생들을 사랑하지 않는다.

03 다음 결론이 반드시 참이 되게 하는 전제를 고르면?

전제1	모든 생물은 호흡을 한다.
전제2	
결론	모든 생물은 유기체이다.

① 모든 유기체는 호흡을 한다.
② 유기체가 아닌 것은 모두 호흡을 한다.
③ 호흡을 하는 것은 모두 유기체가 아니다.
④ 호흡을 하지 않는 것은 모두 유기체가 아니다.
⑤ 유기체가 아닌 것은 모두 호흡을 하지 않는다.

2회

04 회사원 A~F 6명은 각자 겨울용 양말을 1개씩 샀다. 주어진 [조건]을 바탕으로 항상 옳은 것을 고르면?

조건

- 양말의 색은 검은색, 흰색, 회색 중 하나이다.
- D는 검은색 양말을 사지 않았다.
- B와 E는 같은 색 양말을 샀다.
- A는 검은색 양말을 샀다.
- 흰색 양말을 산 사람은 2명이다.
- C와 F는 다른 색 양말을 샀다.

① 가능한 경우의 수는 12가지이다.
② D가 회색 양말을 샀다면 C는 검은색 양말을 샀다.
③ E가 검은색 양말을 샀다면 F는 흰색 양말을 샀다.
④ F가 흰색 양말을 샀다면 C는 검은색 양말을 샀다.
⑤ B가 흰색 양말을 샀다면 E와 F는 다른 색 양말을 샀다.

05 어느 백화점의 손님 수는 요일별로 다르다. 주어진 [조건]을 바탕으로 항상 옳은 것을 고르면?

조건

- 백화점은 월요일부터 일요일까지 영업한다.
- 월요일부터 목요일까지는 평일, 금요일부터 일요일까지는 주말이다.
- 화요일은 수요일보다 손님 수가 적다.
- 목요일은 월요일보다 손님 수가 적다.
- 모든 요일 중 손님 수가 두 번째로 많은 요일은 금요일이다.
- 손님 수가 가장 많은 상위 3개 요일은 모두 주말이다.

① 가능한 경우의 수는 12가지이다.
② 목요일 손님 수가 일곱 번째로 많은 경우의 수는 3가지이다.
③ 화요일에 손님 수가 여섯 번째로 많으면 수요일은 다섯 번째로 많다.
④ 수요일에 손님 수가 네 번째로 많으면 월요일은 다섯 번째로 많다.
⑤ 화요일의 손님 수가 목요일보다 많은 경우의 수는 4가지이다.

06 5명의 직원 A~E 중 1명이 결근을 하였다. 1명만이 참을 말하고 나머지 4명은 모두 거짓을 말할 때, 주어진 [대화]를 바탕으로 참을 말한 사람과 결근을 한 사람이 올바르게 짝지어진 것을 고르면?

조건

- A: 결근을 한 사람은 D야.
- B: 결근을 한 사람은 나야.
- C: 나는 결근을 하지 않았어.
- D: 결근을 한 사람은 E야.
- E: D는 거짓을 말하고 있어.

	참	결근
①	A	D
②	B	C
③	C	A
④	D	E
⑤	E	C

07 어느 식당을 방문한 A~E 5명은 각자 다른 날짜에 방문했다. 네 번째로 방문한 사람만 거짓을 말할 때, 주어진 [대화]를 바탕으로 세 번째로 방문한 사람을 고르면?

대화

- A: C는 D보다 늦게 방문했습니다.
- B: E는 짝수 번째로 방문했습니다.
- C: B는 A보다 늦게, C보다는 빠르게 방문했습니다.
- D: 저는 두 번째로 방문했습니다.
- E: 두 번째로 방문한 사람은 A입니다.

① A ② B ③ C ④ D ⑤ E

2회

08 신입사원인 A~F 6명은 수습 기간에 반드시 2개의 강의를 수강해야 한다. 주어진 [조건]을 바탕으로 강의를 수강할 때, 항상 옳지 <u>않은</u> 것을 고르면?

조건

- 과목별 최대 수강인원은 2명이며, 과목은 리더십, 보안, 엑셀, 파워포인트, 사내윤리, 성희롱 예방의 총 6개이다.
- A는 C와 함께 한 과목을 수강하였고, E와 함께 한 과목을 수강하였다.
- D는 리더십 교육과 보안 교육을 수강하였다.
- F는 B와 강의를 함께 듣지 않았다.
- E는 엑셀 교육을 수강하였으나, 파워포인트 교육은 수강하지 않았다.
- B는 사내윤리 교육을 수강하였다.
- A는 파워포인트 교육과 성희롱 예방 교육을 수강하였고, F는 엑셀 교육을 수강하였다.

① 가능한 경우는 2가지이다.
② B와 D는 보안 교육을 수강하였다.
③ D와 F는 리더십 교육을 수강하였다.
④ B와 E는 사내윤리 교육을 수강하였다.
⑤ A와 E는 성희롱 예방 교육을 수강하였다.

09 1층부터 5층까지 서로 다른 층수로 지어진 건물 5채가 일렬로 길가에 있고, A~E의 5명이 각각의 건물에서 한 명씩 자영업을 하고 있다. 주어진 [조건]을 바탕으로 항상 옳지 않은 것을 고르면?

조건

- A는 1층짜리 건물 바로 옆에서 3층에 치과를 개업하였다.
- B는 4층짜리 건물의 4층에서 사무실을 운영 중이다.
- C가 운영 중인 가게의 왼쪽에는 3층짜리 건물이 있고, 오른쪽에는 4층짜리 건물이 있다.
- D는 5채의 건물 중 가장 높은 건물의 1층에서 휴대전화를 판매하고 있으며, 바로 옆에 2층짜리 건물이 있다.
- E는 5채의 건물 중 가장 오른쪽에 있는 건물의 2층에서 식당을 운영 중이다.

① 가능한 경우의 수는 1가지이다.
② C가 운영 중인 가게는 2층에 있다.
③ E는 2층짜리 건물에서 식당을 운영하고 있다.
④ A가 치과를 개업한 건물은 3층짜리 건물이다.
⑤ B의 바로 오른쪽에서 자영업을 하는 사람은 D이다.

10 여름휴가로 A~D의 4명은 각각 서로 다른 관광지를 다녀왔다. 주어진 [조건] 중 1개의 조건만 거짓이고, 나머지 조건은 모두 참일 때, 항상 옳은 것을 고르면?

조건

- A는 남산타워나 월미도에 다녀왔다.
- B는 월미도나 해운대에 다녀오지 않았다.
- C는 불국사나 남산타워에 다녀왔다.
- D는 불국사에 다녀왔다.

① A는 월미도에 다녀왔다.
② D는 불국사에 다녀왔다.
③ B는 남산타워에 다녀왔다.
④ C는 남산타워에 다녀왔다.
⑤ 가능한 경우는 2가지이다.

11 같은 부서에서 근무하는 A~E 5명은 동료 평가에서 점수를 받았다. 주어진 [조건]을 바탕으로 항상 옳은 것을 고르면?

조건

- 동료 평가 점수는 개인별로 100점 만점이며, 0점인 사람은 없다.
- 모든 점수는 5의 배수이다.
- 점수가 높은 순서는 C, A, E, B, D 순이다.
- D의 점수는 15의 배수이다.
- E의 점수는 20의 배수이다.
- C의 점수는 B보다 15점 더 높다.

① 가능한 경우의 수는 10가지이다.

② B의 점수가 25의 배수일 확률은 $\frac{4}{9}$이다.

③ A와 C의 점수의 합이 150점 미만일 확률은 $\frac{1}{2}$이다.

④ D의 점수가 30점일 확률은 $\frac{3}{10}$이다.

⑤ E의 점수가 30의 배수일 확률은 $\frac{3}{8}$이다.

2회

12 중간고사 시험 결과 6명의 학생 A~F는 각각 전교에서 1~6등을 하였다. 6명 중 2명은 참을 말했고, 4명은 거짓을 말했을 때, 주어진 [대화]를 바탕으로 6등인 학생을 고르면?

대화

- 학생 A: 학생 F가 이번 중간고사에서 1등을 했어.
- 학생 B: 학생 C는 4등을 하지 않았어.
- 학생 C: 나보다 시험을 못 본 사람은 두 명이야.
- 학생 D: 학생 F보다 시험을 잘 본 사람이 있어.
- 학생 E: 나는 6등을 하지 않았어.
- 학생 F: 학생 B는 5등을 하지 않았어.

① 학생 A ② 학생 B ③ 학생 C
④ 학생 D ⑤ 학생 E

13 P사는 9월부터 12월까지 월별로 탕비실을 관리하는 팀을 정하려고 한다. 주어진 [조건]을 바탕으로 항상 옳은 것을 고르면?

조건

- 월별로 탕비실을 관리하는 팀은 1개이다.
- 팀은 인사팀, 총무팀, 영업팀, 개발팀, 교육팀 총 5개이다.
- 같은 팀이 연속된 달에 탕비실을 관리하지 않는다.
- 교육팀이 탕비실을 관리한 달의 다음 달에 개발팀이 관리한다.
- 12월에 탕비실을 관리하는 팀은 인사팀 또는 총무팀이다.
- 영업팀은 11월에 탕비실을 관리하지 않는다.
- 9월에 탕비실을 관리하는 팀은 개발팀이다.

① 가능한 경우의 수는 10가지이다.
② 11월에 총무팀이 관리하는 경우의 수는 2가지이다.
③ 영업팀이 탕비실을 한 달이라도 관리하는 경우의 수는 2가지이다.
④ 교육팀이 탕비실을 한 달도 관리하지 않는 경우의 수는 8가지이다.
⑤ 개발팀이 탕비실을 관리한 달의 다음 달에 총무팀이 관리하는 경우는 4가지이다.

14 갑은 책장에 꽂혀있는 6권의 책 A~F를 정리하고 있다. 갑이 가지고 있는 책은 문학도서, 자기계발서, 과학도서인데, 책장에 책이 꽂힌 순서는 문학도서, 자기계발서, 과학도서 순이고, 종류가 같은 책은 알파벳 순(A → Z)으로 꽂혀있다. 갑이 가지고 있는 책이 주어진 [조건]과 같을 때, 책 F가 꽂힌 순서를 고르면?

조건

- 문학도서, 자기계발서, 과학도서를 2권씩 갖고 있다.
- A는 자기계발서이다.
- B와 C 사이에 꽂힌 책은 2권이다.
- D는 문학도서이다.
- 과학도서 중 한 권은 E이다.

① 두 번째　② 세 번째　③ 네 번째
④ 다섯 번째　⑤ 여섯 번째

15 다음에 주어진 도형을 보고 적용된 규칙을 찾아 '?'에 해당하는 적절한 도형을 고르면?

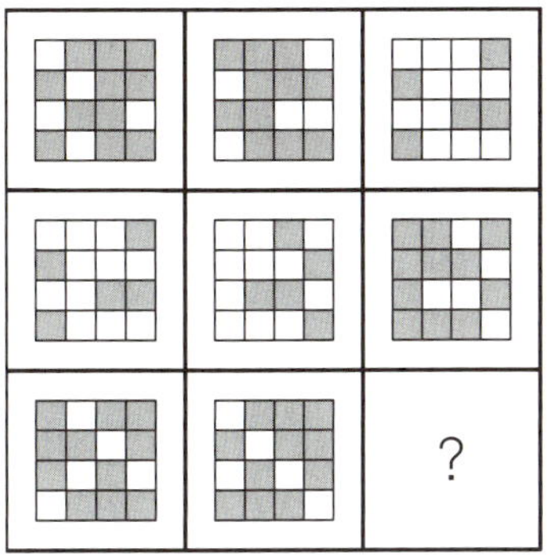

①
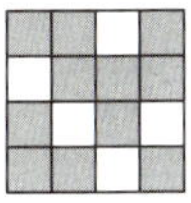
②
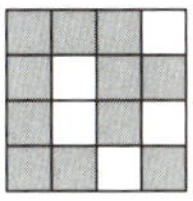
③
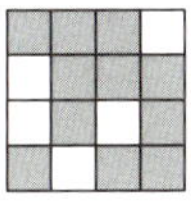
④
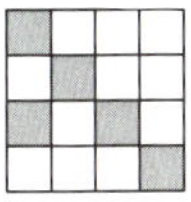
⑤
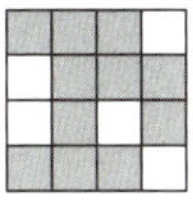

16 다음에 주어진 도형을 보고 적용된 규칙을 찾아 '?'에 해당하는 적절한 도형을 고르면?

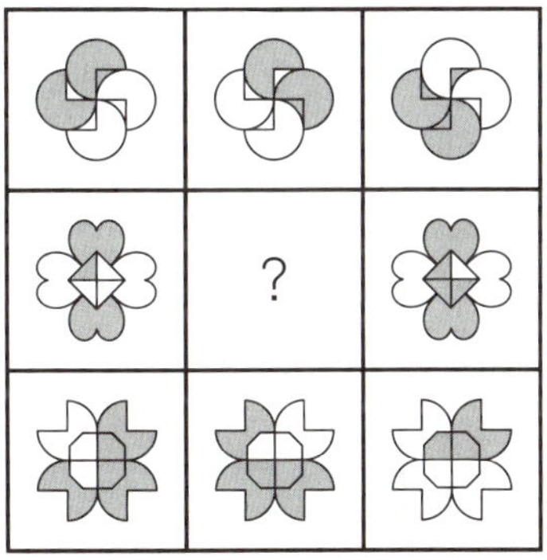

①

②

③

④

⑤

17 다음에 주어진 도형을 보고 적용된 규칙을 찾아 '?'에 해당하는 적절한 도형을 고르면?

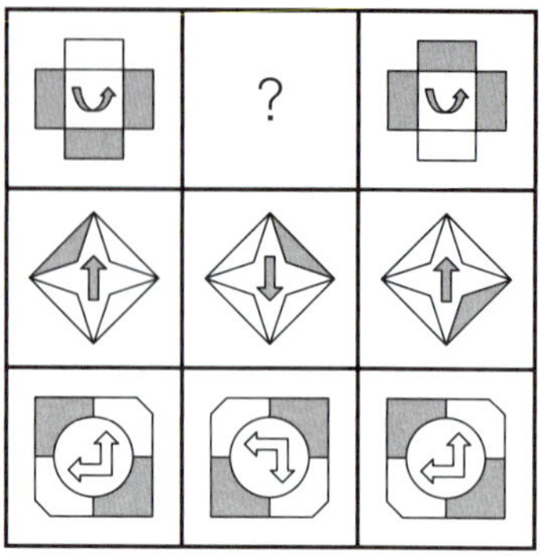

① 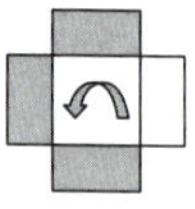

② 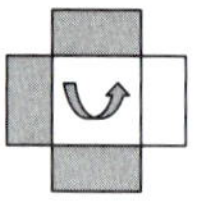

③ 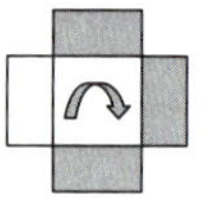

④ 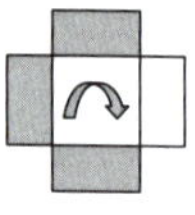

⑤ 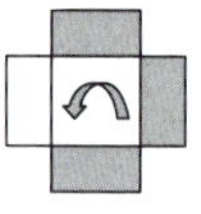

[18~21] 기호들이 하나의 규칙을 가지고 아래와 같이 문자나 숫자를 변화시킨다고 한다. 이때 다음 (?)에 들어갈 알맞은 것을 고르시오. (단, 가로와 세로 중 한 방향으로만 이동하며, Z 다음은 A, 9 다음은 0이다.)

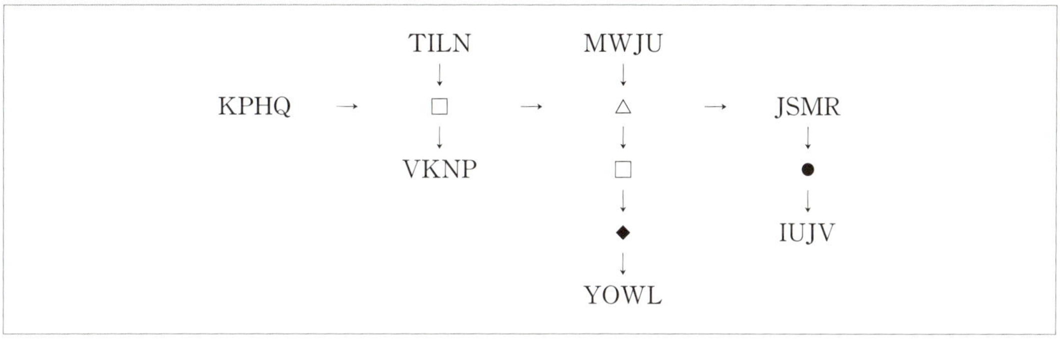

2회

18

KDCP → □ → ◆ → (?)

① REGM ② REFM ③ RFGM
④ RFEM ⑤ RGFM

19

SAMG → △ → ● → ◆ → (?)

① LDIE ② LIDE ③ EPIL
④ EILD ⑤ EIDL

20

(?) → ● → □ → JYPS

① QNHW ② QHWN ③ QWNH
④ IUQM ⑤ QWHN

21

(?) → △ → □ → ◆ → SMYG

① KQEW ② KQWE ③ KWEQ
④ KWQE ⑤ KEQW

22 다음 문단을 논리적 순서대로 알맞게 배열한 것을 고르면?

[가] 발효의 생화학적 연구로 유명한 독일의 생화학자 에두아르트 부흐너는 1896년에 발효는 효모 세포의 생리작용에 의한 것이 아니라 효모 내에 있는 효소의 작용에 의한 것이라는 사실을 밝혀 1907년 노벨 화학상을 수상했다.

[나] 그런데 1926년에 미국의 생화학자 제임스 섬너는 남미 식물인 작두콩에서 '우레아제'라는 효소를 추출해 결정으로 만드는 데 성공했다.

[다] 하지만 이러한 연구에도 불구하고 효소는 여전히 수수께끼에 쌓여 있었다. 극히 적은 양으로 존재할뿐더러 구조가 매우 복잡한 물질이었기 때문이다. 게다가 순수한 형태로 분리할 수 있는 물질인지조차 밝혀지지 않은 상황이었다.

[라] 이 발견으로 효소가 단백질로 이루어졌다는 사실이 처음으로 입증되었다. 그가 우레아제를 결정으로 만들기 전까지만 해도 단백질은 분자량이 너무 커서 결정을 만들 수 없다고 알려져 있었다.

① [가]－[나]－[다]－[라]
② [가]－[다]－[나]－[라]
③ [가]－[라]－[다]－[나]
④ [라]－[가]－[나]－[다]
⑤ [라]－[다]－[가]－[나]

23 다음 문단을 논리적 순서대로 알맞게 배열한 것을 고르면?

[가] 물고기들이 떼를 짓는 이유는 포식자에게 발견될 경우 떼로 있을 때는 사방팔방으로 산개(散開)하므로 먹힐 확률이 낮아지는 것이다.

[나] 물고기 중 약 절반의 종류는 떼를 지어 하나의 생물인 것처럼 행동한다고 한다. 연구에 의하면, 세 마리 이상의 물고기 떼는 서로 일정한 거리를 유지하고 행동하며, 그들 사이에는 상하 관계가 없다고 한다.

[다] 떼를 짓지 않는 경우도 있다. 떼로 있으면 먹이를 발견했을 때 독점할 수 없기 때문에 떼를 짓지 않기도 하고, 먹이를 찾는 데 고생을 안 하거나 다른 개체에게 습격당할 위험성이 적은 물고기는 떼를 짓지 않는다.

[라] 또 물고기의 떼에는 암수가 섞여 있어 생식 가능한 시기가 되었을 때, '번식' 상대를 찾으러 다니지 않고 바로 무리 중에서 상대를 찾을 수도 있는 이점도 있다.

[마] 물고기의 떼는 각 개체가 그때그때의 상황에 따라서 자신이 살아남기 위해서 어떻게 하면 득인가를 판단한 결과로 형성되는 것이다.

① [나]－[가]－[라]－[다]－[마]
② [나]－[가]－[마]－[다]－[라]
③ [나]－[다]－[라]－[가]－[마]
④ [마]－[가]－[나]－[다]－[라]
⑤ [마]－[나]－[다]－[라]－[가]

2회

24 다음 글의 내용이 참일 경우, 반드시 거짓인 진술을 고르면?

차세대 디스플레이와 조명 등의 광원으로 주목받는 고분자 유기발광소자의 발광효율과 안정성을 높일 수 있는 공정이 개발됐다. 고분자 유기발광소자는 고분자를 발광체로 활용해 전기에너지를 빛에너지로 변환하는 소자이다. 형태·무게 등에 제약이 적고 용액 공정이 가능해 높은 생산성을 기대할 수 있지만 낮은 발광효율과 불안정성이 단점으로 지적됐다. 새로 개발된 유기발광다이오드는 고분자의 낮은 발광효율을 극복하고자 처리 온도에 따라 자발적으로 형성되는 물결 모양의 나노 구조 산화아연(ZnO−R)을 사용해 효율을 높였다. 이 소자는 발광효율이 17.8%로 과거 이론적으로 보고된 수치인 5%보다 3배나 높다. 이번에 유기발광소자를 개발함으로써 향후 유기태양전지·유기트랜지스터·유기다이오드 레이저 등을 상용화하는 데 큰 도움이 될 것으로 기대된다. 다만, 이를 실용화하려면 소자의 안정성을 한 단계 더 높일 필요가 있다고 전문가들은 전망했다.

① 나노 구조 산화아연을 사용한 소자를 통해 발광효율을 3배 정도 높일 수 있다.
② 고분자 유기발광소자의 안정성과 발광효율을 높일 수 있는 공정이 가능해졌다.
③ 유기태양전지 등을 상용화하기 위해서는 현재 개발된 유기발광소자의 안정성을 높여야 한다.
④ 고분자를 발광체로 활용해 전기에너지를 빛에너지로 변환하는 소자는 생산성과 안정성이 높다.
⑤ 차세대 디스플레이 등의 광원으로 주목받는 고분자 유기발광소자는 형태나 무게 등의 제약이 적다.

25 다음 글의 내용이 참일 경우, 반드시 참인 진술을 고르면?

동적 랜덤 액세스 메모리(DRAM)는 중앙 처리 유닛(CPU)으로 전송하고 사용자에게 출력을 제공하기 위해 애플리케이션으로 돌아가는 정보를 일시적으로 저장하는 데 사용되는 일종의 기본 메모리이다. 컴퓨터 메모리는 데스크탑과 모바일 디바이스에서 중요한 구성 요소이지만, DRAM의 유형과 속도는 컴퓨터의 성능을 결정한다. DRAM은 컴퓨터가 켜져 있는 동안 정보를 저장하는 휘발성 스토리지의 한 형태이다. DRAM은 계산에 사용할 애플리케이션 또는 CPU의 데이터를 저장하는 일련의 회로이다. 드라이브와 DRAM의 차이점은 DRAM은 정전 후 지속되지 않는 기본 스토리지이고, 스토리지 드라이브는 전원이 꺼진 후에도 지속되는 보조 스토리지이다.

① DRAM은 정보를 CPU로 전송하는 기본 메모리이다.
② DRAM은 정보를 영구적으로 저장한다.
③ DRAM은 컴퓨터의 성능과는 관계가 없다.
④ DRAM은 컴퓨터가 꺼져도 정보를 잃지 않는다.
⑤ DRAM과 드라이브의 가장 큰 차이점은 속도이다.

26 다음 글의 내용이 참일 경우, 반드시 거짓인 진술을 고르면?

식품은 신선한 상태로 또는 가공이나 조리한 직후에 먹는 것이 가장 좋다. 하지만 불가피할 경우 수분의 증발, 온도변화, 광선, 산소의 접촉, 미생물의 번식, 충해 등의 영향으로 열화(劣化)와 변패(變敗)가 수반된다. 이들 요인을 제거하는 것이 식품의 보존법이다.

건조는 식품저장법 중 가장 오래된 방법이다. 건조의 장점은 유통과 보관에 유리하고 맛과 향의 보존, 특히 미생물의 번식을 억제하여 부패를 방지하는 데 있다. 동시에 수분을 제거하여 생체 생리 반응을 멈추게 하고, 세포 내 효소의 불필요한 반응을 막아 식품의 변질을 막는다. 반드시 그런 것은 아니지만 식품을 건조하면 물성변화, 풍미, 소화율, 색깔 등 질적인 품위가 다소 떨어지는 경향이 있다.

염장(鹽藏)은 식품에 소금을 가함으로써 부패를 방지하는 동시에 맛을 돋우는 것을 목적으로 한다. 소금은 방부제의 역할을 하는 것이 아니라 삼투압 현상을 이용해 식품 내의 수분을 빠져나오게 하는 역할을 한다. 세균과 미생물이 이용할 수 있는 식품 내 수분을 외부로 빠져나오게 하며 삼투압에 의하여 원형질 분리가 일어나 미생물의 세포가 파괴되게 함으로써 저장성을 높인다.

① 식품을 보존하기 위해서는 미생물의 번식을 막아야 한다.
② 건조는 유통과 보관에 유리하고 부패를 방지하는 장점이 있다.
③ 건조를 한다면 식품의 물성이나 풍미가 변할 수 있다.
④ 염장에서 소금은 삼투압 현상을 이용해 수분을 제거하는 역할을 한다.
⑤ 염장은 낮은 온도로 인해 미생물의 활동성을 떨어뜨려 저장성을 높인다.

27 다음 글의 내용이 참일 경우, 반드시 거짓인 진술을 고르면?

> 모든 첨단 기술의 기반이 되는 반도체는 더욱 고성능화가 요구되어 나노미터 단위, 즉 1미터의 10억 분의 1의 세계에서 현재도 계속해서 진화하고 있다. 예를 들어, PC나 스마트폰 등의 데이터를 저장하는 NAND 플래시 메모리는 보다 대용량의 데이터를 처리할 수 있도록 데이터 기록 단위인 메모리 셀을 더 많이 쌓아 올리는 '적층화' 기술의 혁신이 진행되고 있다. 2023년에는 200단을 돌파하였으며, 앞으로 더욱 심화될 대용량화 요구에 대응하기 위해 향후 1,000단을 넘는 로드맵을 그리고 있다. AI, 데이터 센터, 양자 컴퓨터 등 사회 발전을 이루는 신기술 개발에는 반도체의 진화가 필수적이다. 반도체의 대용량화, 고속화, 고신뢰성뿐만 아니라 환경 부하 저감을 위한 저소비 전력화도 동시에 실현해 가야 한다. 강력하고 유연하게 지속 가능한 사회를 실현하는 인프라로서 반도체에 대한 기대는 점점 더 커지고 있다.

① NAND 플래시 메모리는 PC나 스마트폰 등의 데이터를 저장한다.
② NAND 플래시 메모리는 높이 쌓으면 쌓을수록 대용량의 데이터를 처리한다.
③ NAND 플래시 메모리의 적층화의 한계치는 1,000단이다.
④ 반도체의 발전은 성능의 향상뿐만 아니라 전력의 소비를 줄이는 데에도 초점이 맞춰진다.
⑤ 반도체는 사회의 발전과 지속 가능한 사회 실현에 인프라로 작용한다.

2회

28 다음 글에 대한 반박으로 적절하지 않은 것을 고르면?

> 식각공정은 식각 반응을 일으키는 물질의 상태에 따라 습식(Wet)과 건식(Dry)으로 나뉘며 건식 식각은 플라즈마(Plasma) 식각이라고도 한다. 건식 식각은 반응성 기체(Gas), 이온 등을 이용해 특정 부위를 제거하는 방법이다. 즉 기판을 넣은 진공 챔버에 식각용 가스를 주입 후 전기 에너지를 공급해 플라즈마 상태를 만들면, 이온화된 가스에서 높은 운동 에너지를 가지게 된 이온들이 기판의 전극에 의해 가속화되어 회로 물질의 원자들 간 결합을 끊어 식각을 하는 원리이다.
>
> 습식 식각은 건식 식각에 비해 상대적으로 정확성이 낮고, 식각에 사용한 화학 물질로 인해 오염 문제가 발생할 수 있다. 하지만 건식 식각은 원하는 부분만 식각하기 수월해 미세 회로 구현에 유리하여 최근에는 고해상도 디스플레이 성능에 필요한 미세 회로패턴을 구현할 수 있다. 이러한 이유로 식각에서 습식 식각보다 건식 식각을 많이 활용해야 한다.

① 습식 식각은 건식 식각에 비해 비용이 저렴하다.
② 습식 식각은 건식 식각에 비해 공정이 단순하다.
③ 습식 식각은 건식 식각에 비해 식각 속도가 빠르다.
④ 건식 식각은 원하는 패턴을 제대로 구현하기 어렵다.
⑤ 건식 식각은 플라즈마를 이용하기 때문에 소자가 손상될 수 있다.

29 다음 글과 [보기]를 읽고 추론한 것 중 적절하지 않은 것을 고르면?

> 음악 마케팅은 소비자들의 감성적 소비 성향을 이용하는데, 공감각 중에서 청각을 이용한 마케팅 수단이다. 고객과의 상호작용에 중점을 두면서 청각이나 소리, 음악을 활용하여 고객의 감성 요소를 자극하는 마케팅전략으로, 시간대별, 장소별, 업소별 등으로 음악을 달리해 고객의 구매심리를 자극한다. 최근에는 제품개발, 광고캠페인, 기업 이미지 제고 등에도 활용되고 있다.

보기

> 청각은 구매행동에 직접적인 영향을 미친다. 예를 들어 와인 매장에서 프랑스 음악이 연주되는 날에는 소비자들이 대부분 프랑스 와인을 구입하고, 독일 음악이 연주되면 독일 와인을 구입할 확률이 높다. 또한 음악의 템포나 음량을 조절해서 구매행동에 직접적인 영향을 줄 수 있는데, 음료수 캔을 개봉할 때 소리 등을 통해 소비자들의 청각을 자극함으로써 해당 상품을 구매하도록 하는 경우를 들 수 있다. 이뿐만 아니라 사회적 행동에도 영향을 미친다. 감정이나 행동에 문제가 있는 아이들이 마음을 안정시키는 배경음악을 틀어주면 수학을 더 빨리 배우는 경우이다.

① 음악 마케팅은 청각을 자극하여 상품을 구매하도록 한다.
② 음악의 다양한 요소에 따라 사회적 행동에 미치는 영향이 달라질 수 있다.
③ 공감각 중에서 청각을 이용하면 소비자들의 구매심리를 불러일으킬 수 있다.
④ 음악의 종류와는 달리 템포나 음량은 구매행동에 직접적인 영향을 주기 어렵다.
⑤ 음악은 마케팅뿐만 아니라 광고캠페인에도 활용되어 소비자들의 감성을 자극할 수 있다.

30 다음 글과 [보기]를 읽고 추론한 것 중 적절하지 <u>않은</u> 것을 고르면?

> GAN은 두 개의 인공신경망, 즉 생성자(Generator)와 판별자(Discriminator)로 구성된다. 생성자는 실제와 유사한 데이터를 생성하는 역할을 하며, 판별자는 주어진 데이터가 실제인지 가짜인지 구별하는 역할을 한다. 생성자는 판별자를 속이기 위해 노력하고, 판별자는 생성자가 만든 가짜 이미지를 식별하기 위해 노력한다. 이 적대적인 관계는 두 모델이 동시에 발전하도록 자극하며, 결과적으로 더 정교하고 현실적인 데이터를 생성할 수 있게 만든다. 이러한 적대적 학습 방식은 GAN의 독창성과 성능의 핵심이다.

보기

> GAN의 학습 과정은 다음과 같이 이루어진다. 우선 학습 생성자에게 랜덤한 노이즈 벡터를 입력한다. 생성자는 이 노이즈 벡터를 바탕으로 가짜 이미지를 생성한다. 그러면 실제 이미지와 가짜 이미지를 적절히 섞어 판별자에게 입력한다. 판별자는 실제 이미지를 1로, 가짜 이미지를 0으로 구별하도록 학습한다. 생성자는 판별자를 속이기 위해 가짜 이미지를 더욱 정교하게 생성하도록 학습한다. GAN의 작동 원리를 이해하기 위해 위조지폐와 경찰관의 비유를 사용할 수 있다.

① GAN에서 생성자와 판별자는 서로의 전략을 끊임없이 개선하며 균형 상태를 찾는다.

② GAN 균형 상태에서는 판별자가 쉽게 생성자가 만든 이미지의 진위 여부를 파악할 수 있게 된다.

③ GAN 생성자는 위조지폐를 만드는 위조지폐범이고, 판별자는 위조지폐를 가려내는 경찰관으로 볼 수 있다.

④ GAN의 생성자인 위조지폐범은 판별자인 경찰관을 속이기 위해 더 정교한 위조지폐를 만들고, 경찰관은 위조지폐를 더 잘 가려내기 위해 학습할 것이다.

⑤ GAN에서 생성자가 만든 완벽히 속일 수 있는 데이터는 세상에 존재할 법한 정말 그럴듯한 데이터를 만들어 내었음을 의미한다.

03 | 실전모의고사 3회

수리논리 | 20문항 30분

정답과 해설 P.30

01 작년 A 기업의 직원 수는 600명이었다. 올해 남직원 수는 8% 감소하고, 여직원 수는 20% 증가하여 총 622명이 되었을 때, 작년 A 기업의 남직원 수와 여직원 수의 차를 고르면?

① 20명 ② 40명 ③ 60명
④ 80명 ⑤ 100명

02 A~C 세 개의 문항이 있다. A와 B 문항은 4지선다형이고, C 문항은 5지선다형이다. 이때 세 문항 중 적어도 두 문항 이상 맞출 확률을 고르면?

① $\frac{1}{20}$ ② $\frac{1}{15}$ ③ $\frac{11}{80}$
④ $\frac{1}{4}$ ⑤ $\frac{9}{20}$

03 다음은 연도별 커피 전문점 매장과 서점 수를 조사한 자료이다. 주어진 자료에 대한 설명 중 옳은 것을 고르면?

[그래프] 연도별 커피 전문점 매장과 서점 수 (단위: 개)

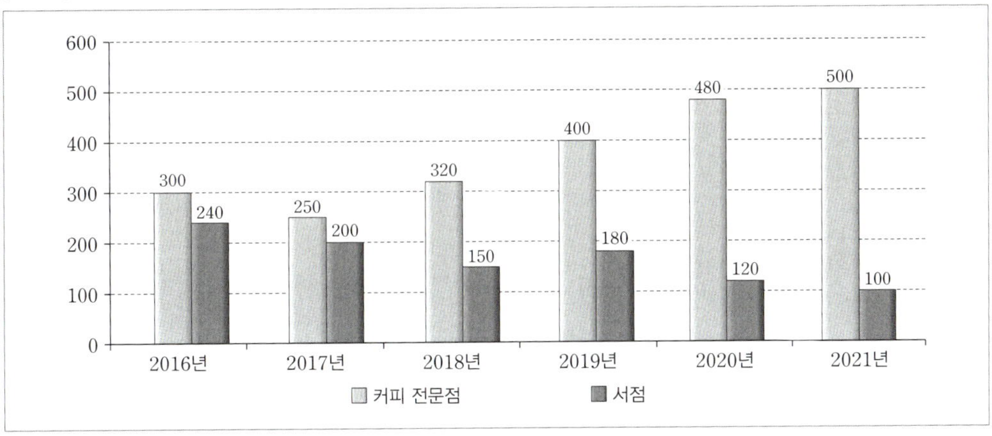

① 2020년 서점 수는 3년 전 대비 절반으로 감소하였다.
② 2017년 이후 커피 전문점 매장 수는 전년 대비 매년 증가하고 있다.
③ 2021년 커피 전문점 매장 수는 2년 전 대비 20% 증가하였다.
④ 2017년 이후 커피 전문점 매장 수와 서점 수의 전년 대비 증감은 매년 반대로 나타났다.
⑤ 2017년 이후 서점 수의 전년 대비 변화량이 가장 적은 해는 2021년이다.

04 다음은 국가별 인공위성 수와 궤도별 인공위성 비율을 조사한 자료이다. 주어진 자료에 대한 [보기]의 설명 중 옳은 것을 모두 고르면?

[그래프] 국가별 인공위성 수

(단위: 대)

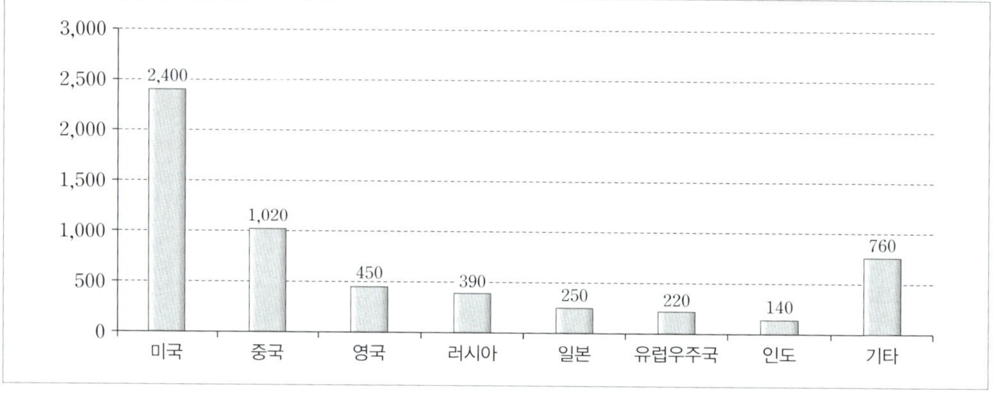

[그래프] 궤도별 인공위성 비율

(단위: %)

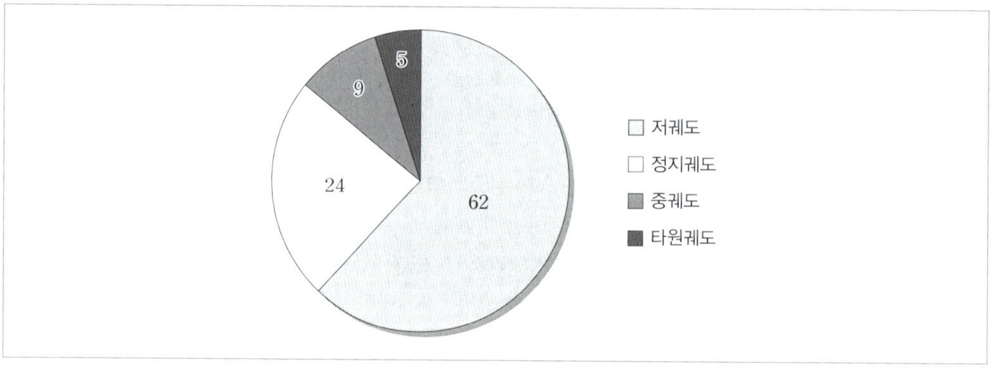

보기

㉠ 전체 인공위성 수는 5,500대 이상이다.
㉡ 전체 인공위성 중 정지궤도 위성은 1,300대 이하이다.
㉢ 전체 인공위성 수에서 미국의 국가별 인공위성 점유율은 40% 이상이다.
㉣ 기타를 제외하고 인공위성 수가 세 번째로 많은 국가의 인공위성 수는 다섯 번째로 많은 국가의 인공위성 수의 2배 이상이다.

① ㉠, ㉡　② ㉠, ㉢　③ ㉡, ㉢
④ ㉡, ㉣　⑤ ㉢, ㉣

05 다음은 스마트 농업 분야 관련 국내 시장 규모 및 전망과 연도별 스마트 팜 보급 누계 실적에 관한 자료이다. 주어진 자료에 대한 [보기]의 설명 중 옳은 것을 모두 고르면?

[그래프1] 스마트 농업 분야 관련 국내 시장 규모 및 전망 (단위: 억 원)

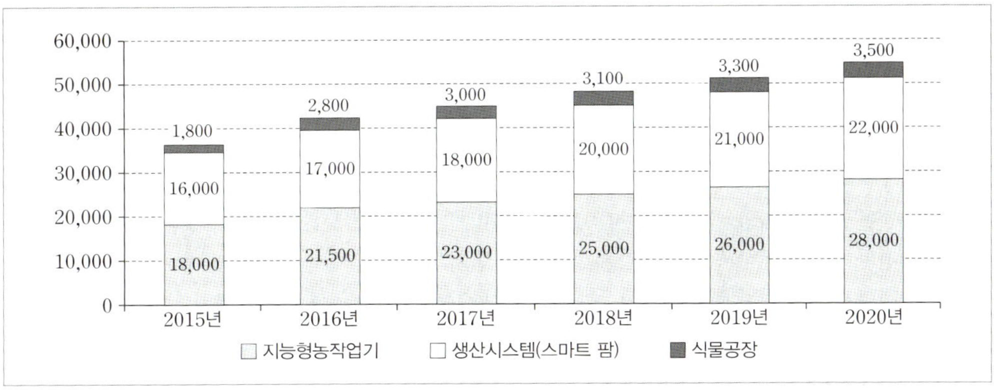

[그래프2] 연도별 스마트 팜 보급 누계 실적 (단위: ha, 호)

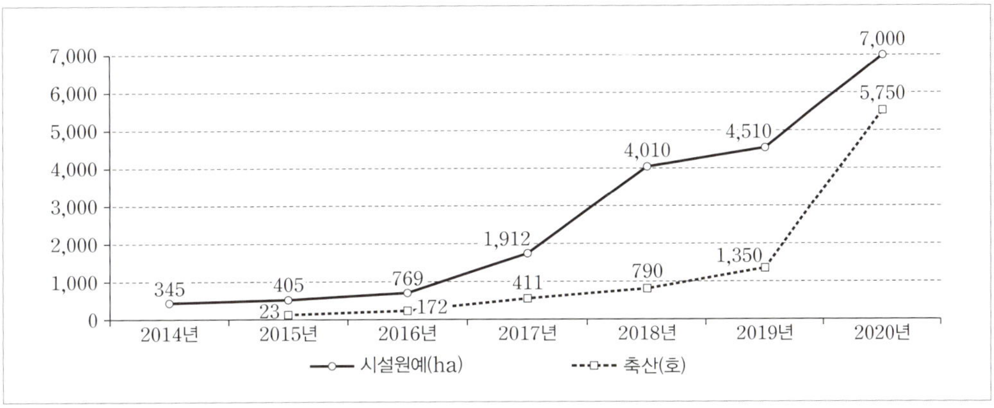

보기

㉠ 스마트 팜 보급으로 시설원예 면적이 2017년보다 2019년에 더 많이 증가하였다.
㉡ 2015년 이후 생산시스템 국내 시장 규모의 전년 대비 증가율은 지속적으로 감소하였다.
㉢ 스마트 팜 보급으로 인해 2020년 축산 호수는 5,750호까지 증가하였다.
㉣ 지능형농작업기 국내 시장 규모가 전년 대비 가장 많이 증가한 해의 증가율은 20% 이하이다.

① ㉠, ㉢ ② ㉠, ㉣ ③ ㉡, ㉢
④ ㉡, ㉣ ⑤ ㉢, ㉣

06 다음 [표]는 2020~2023년 웨이퍼 생산량의 전년 동반기 대비 증감률에 대한 자료이다. 이에 대한 설명으로 옳지 않은 것을 고르면?

[표] 전년 동반기 대비 증감률 (단위: %)

구분	2020년		2021년		2022년		2023년	
	상반기	하반기	상반기	하반기	상반기	하반기	상반기	하반기
증감률	−20	20	−20	−20	20	20	−20	20

① 전년 동반기 대비 생산 증감량은 2022년 하반기가 2021년 하반기보다 더 적다.
② 전년 동반기 대비 생산 증감량은 2023년 하반기가 2021년 하반기보다 더 적다.
③ 전년 동반기 대비 생산 증감량은 2021년 상반기가 2020년 상반기보다 더 적다.
④ 전년 동반기 대비 생산 증감량은 2023년 상반기가 2022년 상반기보다 더 적다.
⑤ 전년 동반기 대비 생산 증감량은 2022년 상반기가 2021년 상반기보다 더 작다.

07 다음은 2022년 1분기의 소득 5분위별 소득 및 소비지출과 전년 동기 대비 증가율을 조사한 자료이다. 주어진 자료에 대한 설명 중 옳지 않은 것을 고르면?

[그래프] 2022년 1분기 소득 5분위별 소득 및 소비지출 (단위: 만 원)

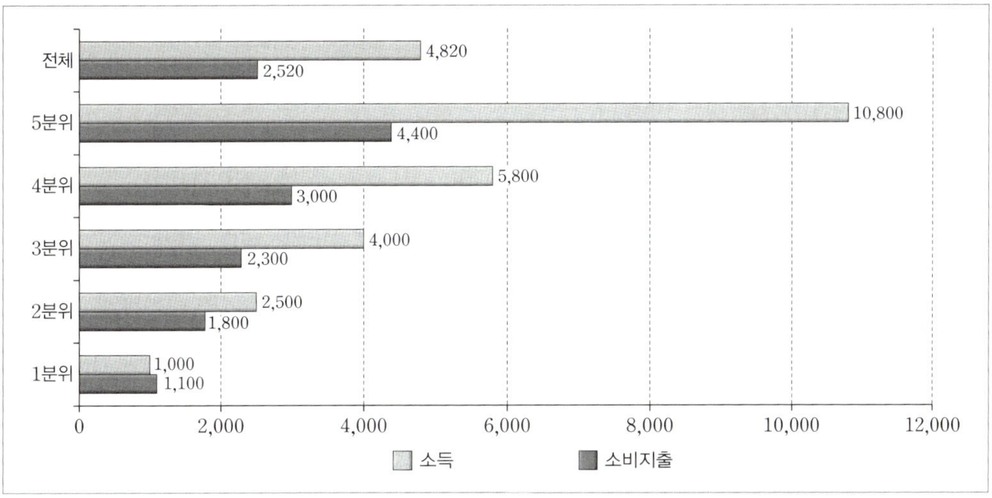

[표] 2022년 1분기 소득 5분위별 소득 및 소비지출의 전년 동기 대비 증가율 (단위: %)

구분	전체	1분위	2분위	3분위	4분위	5분위
소득 증가율	10.1	14.6	10.4	9.2	7.1	11.5
소비지출 증가율	4.7	3.2	11.2	4.4	6.2	1.7

① 2022년 1분기 소득 1분위의 소득은 소비지출보다 적다.
② 2021년 1분기 소득 4분위의 소득은 5,500만 원 미만이다.
③ 2022년 1분기 소득 5분위의 소득은 소득 1분위 소득의 10배 이상이다.
④ 2022년 1분기 소득과 소비지출의 차이가 가장 큰 소득 분위는 소득 5분위이다.
⑤ 2022년 1분기 소비지출의 전년 동기 대비 증가율이 가장 낮은 소득 분위가 소득의 전년 동기 대비 증가율은 반대로 가장 높다.

3회

08 다음은 AI 반도체 시장을 선점하기 위해 수집한 자료의 일부이다. 주어진 자료에 대한 설명 중 옳지 않은 것을 고르면?

[그래프1] AI 반도체 시장 전망 (단위: 억 달러)

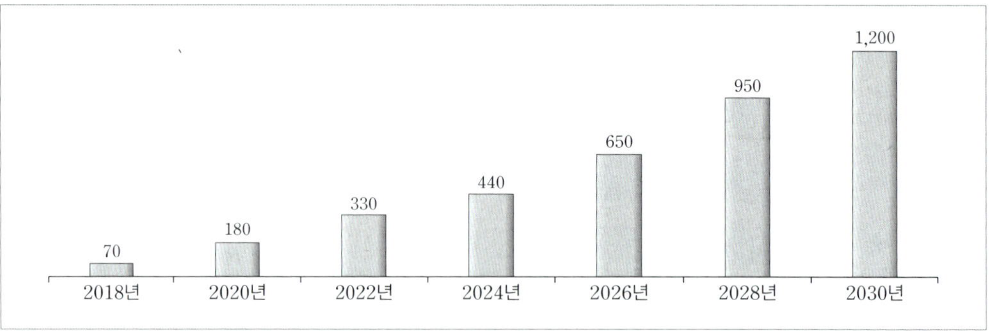

[그래프2] 시스템 반도체 시장 중 AI 반도체 비중 (단위: %)

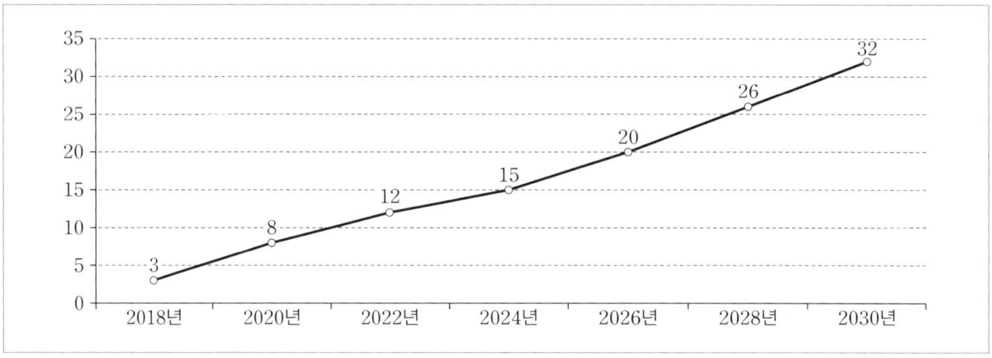

① 2022년 AI 반도체 시장 규모는 2년 전 대비 130억 달러 이상 증가하였다.
② 시스템 반도체 시장 규모는 2030년까지 증가할 것으로 예상된다.
③ 2020년 시스템 반도체 시장 규모는 2,250억 달러이다.
④ 2028년 AI 반도체 시장 규모는 10년 전보다 1,200% 이상 증가할 것으로 예측된다.
⑤ AI 반도체 시장 규모는 2018~2024년 동안 지속적으로 증가하였다.

09 다음은 연도별 여행객 수와 2017년과 2020년 해외여행지 비율을 조사한 자료이다. 주어진 자료에 대한 설명 중 옳지 않은 것을 고르면?

[그래프1] 연도별 여행객 수 (단위: 만 명)

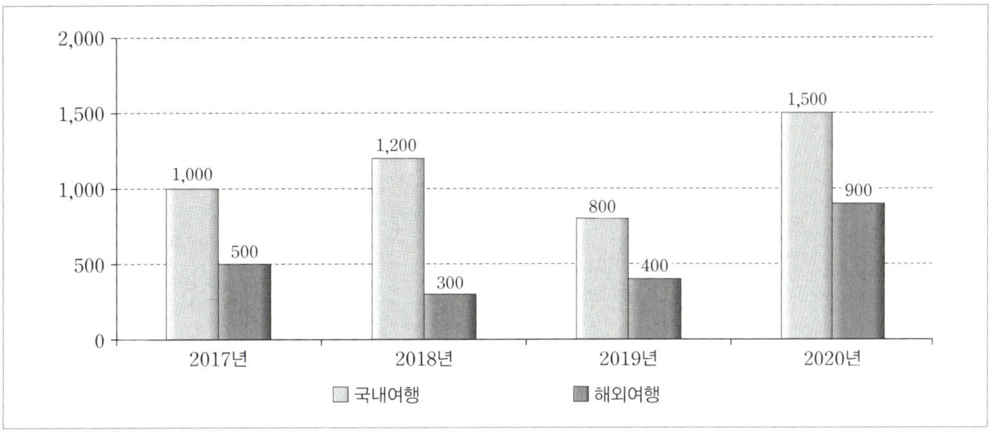

[그래프2] 2017년 해외여행지 비율 (단위: %)

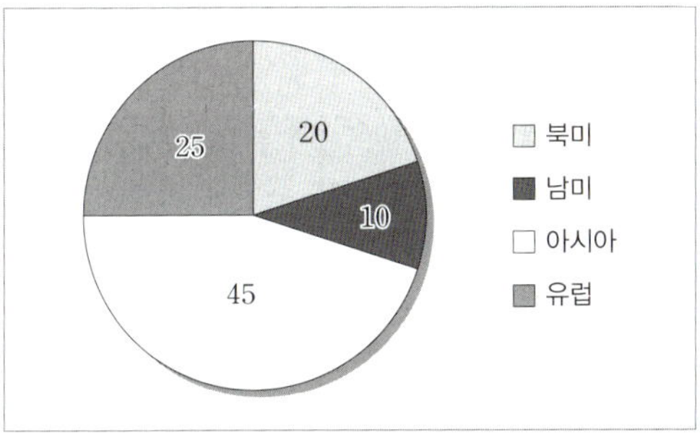

[그래프3] 2020년 해외여행지 비율 (단위: %)

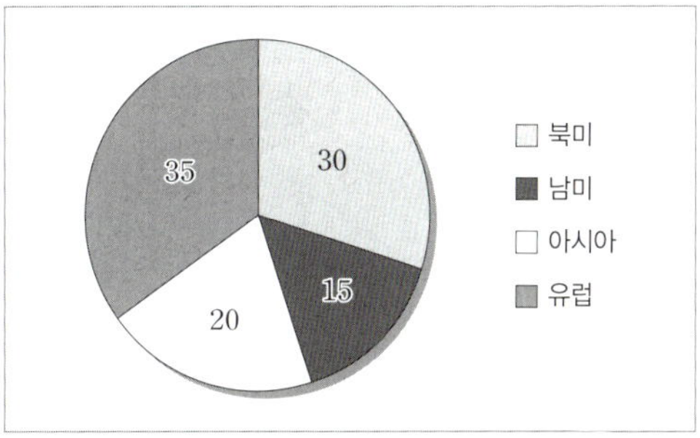

① 2019년 여행객 수는 전년 대비 20% 감소하였다.
② 2020년 북미 여행객 수는 국내외 여행객 전체의 15% 미만이다.
③ 2020년 아시아 여행객 수는 3년 전 대비 35만 명 감소하였다.
④ 2018년 여행객 수는 국내여행이 해외여행보다 900만 명 더 많다.
⑤ 2017년 해외여행지 비율은 유럽이 아시아보다 20%p 더 낮다.

3회

[10~11] 다음 [그래프]는 2023년 상반기 세계 TV 시장과 OLED TV 시장 점유율을 나타낸 것이다. 이를 바탕으로 이어지는 질문에 답하시오.

[그래프1] 2023년 상반기 세계 TV 시장 점유율

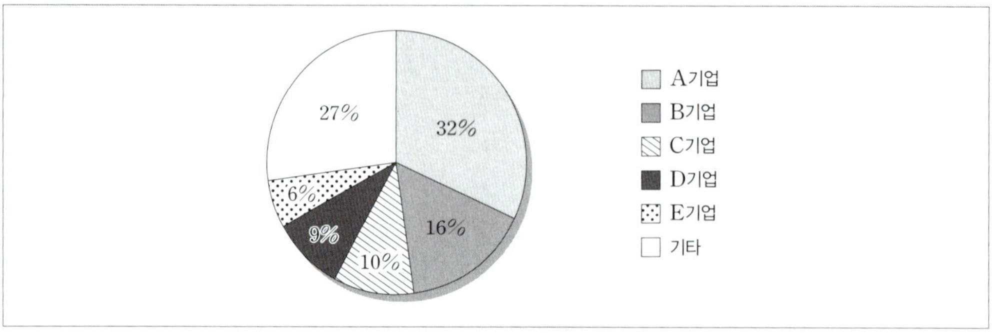

※ 2023년 상반기 세계 TV 전체 시장 규모는 총 500억 달러임

[그래프2] 2023년 상반기 OLED TV 시장 점유율

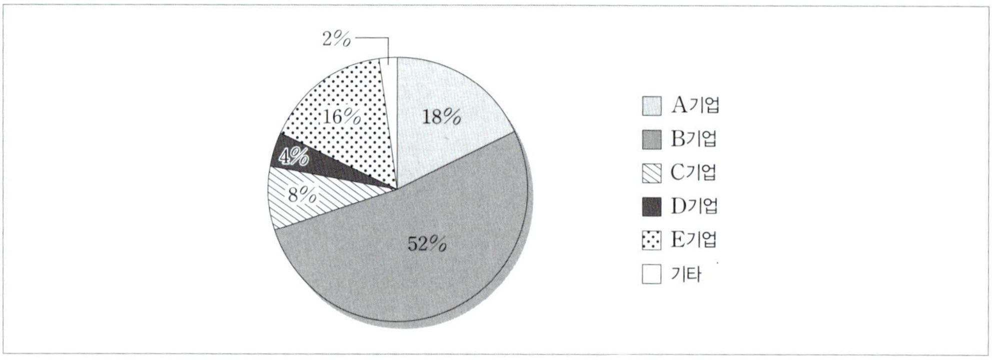

※ 2023년 상반기 OLED TV 전체 시장 규모는 총 40억 달러임

10 다음 설명 중 옳은 것을 고르면?

① 세계 TV 시장 점유율이 가장 높은 기업이 OLED TV시장에서도 점유율이 가장 높다.
② 세계 TV 시장 점유율 상위 3개 기업은 전체 시장의 60% 이상을 차지한다.
③ 세계 TV 시장에서 B기업의 시장 규모는 D기업의 2배 이상이다.
④ 세계 TV 시장과 OLED TV 시장에서 상위 2개 기업을 제외하고는 점유율 순위가 동일하다.
⑤ 세계 TV 시장에서 점유율이 높은 상위 5개 기업의 시장 규모는 365억 달러이다.

11 주어진 자료에 대한 설명 중 옳은 것을 [보기]에서 모두 고르면?

보기

㉠ 세계 TV 시장에서 B기업의 시장 규모 중 OLED TV가 차지하는 비중은 26%이다.
㉡ OLED TV 시장에서 점유율 상위 5개 기업 중 1순위 업체가 차지하는 비중은 52% 이상이다.
㉢ 세계 TV 시장에서 A기업 규모는 전체 OLED TV 시장 규모의 4배 이상이다.

① ㉠ ② ㉠, ㉡ ③ ㉠, ㉢
④ ㉡, ㉢ ⑤ ㉠, ㉡, ㉢

[12~13] 다음은 글로벌 반도체 시장 매출액과 주요 국가 반도체 시장 매출액 비중을 조사한 자료이다. 주어진 자료를 바탕으로 질문에 답하시오. (단, 글로벌 반도체 시장 매출액은 제시된 항목으로만 구성된다고 가정한다.)

[표] 항목별 글로벌 반도체 시장 매출액 (단위: 억 달러)

구분	2020년	2021년	2022년
반도체 재료	200	280	560
광전자소자	360	480	520
센서	180	260	440
집적회로	360	460	560
아날로그	540	720	800
마이크로	700	790	830
논리회로	1,200	1,500	1,720
메모리	1,240	1,580	1,860

[그래프] 연도별 주요 국가 반도체 시장 매출액 비중 (단위: %)

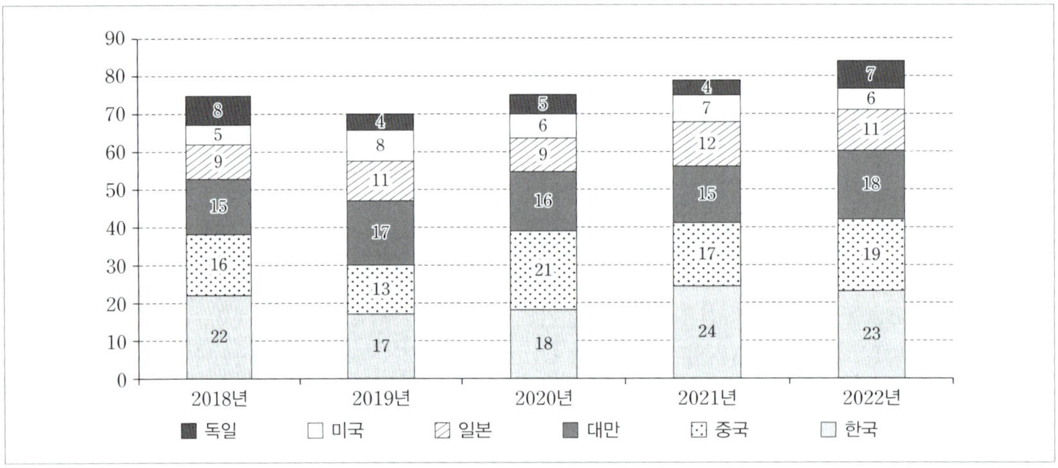

12 다음 설명 중 옳지 않은 것을 고르면?

① 2021년 이후 글로벌 반도체 시장 매출액의 총합은 매년 증가했다.
② 제시된 기간 중 주요 국가의 반도체 매출액 비중 합은 2019년에 가장 낮다.
③ 제시된 기간에 글로벌 반도체 시장 매출액 중 메모리가 매년 가장 많다.
④ 2018년 반도체 시장 매출액 비중은 한국이 중국보다 6%p 더 크다.
⑤ 제시된 국가 중 2019년 반도체 시장 매출액 비중이 두 번째로 낮은 국가는 독일이다.

3회

13 주어진 자료에 대한 [보기]의 설명 중 옳은 것을 모두 고르면?

보기

㉠ 2022년 글로벌 반도체 매출액이 2년 전 대비 가장 적게 증가한 항목은 마이크로이다.
㉡ 2021년 이후 메모리 항목의 글로벌 반도체 시장 매출액은 매년 300억 달러 이상 증가했다.
㉢ 제시된 기간 중 주요 국가 반도체 시장 매출액 비중의 순위가 2022년과 동일한 해는 1개이다.
㉣ 제시된 기간 중 중국의 반도체 시장 매출액 비중이 가장 큰 해에 네 번째로 시장 매출액이 많은 항목은 집적회로이다.

① ㉠, ㉡ ② ㉠, ㉢ ③ ㉡, ㉢
④ ㉡, ㉣ ⑤ ㉢, ㉣

[14~15] 다음은 탄소배출권 거래대금 및 거래량과 거래대금 비중을 조사한 자료이다. 주어진 자료를 바탕으로 질문에 답하시오.

[그래프] 연도별 탄소배출권 거래대금 및 거래량 (단위: 억 원, 억 t)

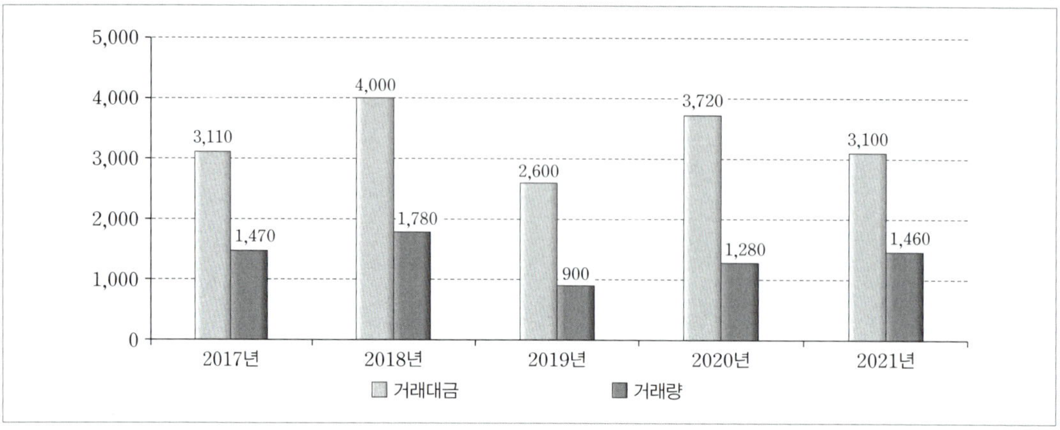

[표] 유형별 탄소배출권 거래대금 비중 (단위: %)

구분	2020년	2021년
토지이용	29	35
재생에너지	36	32
에너지효율	7	5
농업	2	1
폐기물처리	6	8
수송	4	8
화학공정	10	7
기타	6	4

14 다음 설명 중 옳지 않은 것을 고르면?

① 2017년 탄소배출권 1억 t당 거래대금은 2억 원 미만이다.
② 2021년 탄소배출권 유형 중 수송의 거래대금은 200억 원 이상이다.
③ 제시된 기간 중 탄소배출권 거래대금과 거래량이 모두 가장 많은 해는 2018년이다.
④ 2020년 탄소배출권 유형 중 거래대금 비중이 네 번째로 높은 유형은 에너지효율이다.
⑤ 2021년 탄소배출권 거래대금 비중이 전년 대비 가장 많이 증가한 유형은 토지이용이다.

15 주어진 자료에 대한 [보기]의 설명 중 옳은 것을 모두 고르면?

보기

㉠ 2020년 탄소배출권 유형 중 화학공정의 거래대금은 350억 원 이상이다.
㉡ 2018년 이후 탄소배출권 거래대금과 거래량의 전년 대비 증가율은 모두 2018년이 가장 높다.
㉢ 2019년 탄소배출권 거래량은 2년 전 대비 600억 t 미만으로 감소하였다.
㉣ 2021년 탄소배출권 거래대금 비중이 두 번째로 높은 유형과 세 번째로 높은 유형의 비중 차이는 20%p 미만이다.

① ㉠, ㉡　② ㉠, ㉢　③ ㉡, ㉢
④ ㉡, ㉣　⑤ ㉢, ㉣

[16~17] 다음은 유형별 사이버 범죄 발생 현황과 연도별 사이버 범죄 발생 건수 및 검거 건수를 조사한 자료이다. 주어진 자료를 바탕으로 이어지는 질문에 답하시오.

[표] 유형별 사이버 범죄 발생 건수 (단위: 건)

연도	망 침해	망 이용	불법콘텐츠
2017년	3,100	107,000	21,000
2018년	2,800	123,000	23,000
2019년	3,600	151,000	25,000
2020년	4,300	200,000	30,000

[표] 연도별 사이버 범죄 발생 건수 및 검거 건수 (단위: 건)

구분	2017년	2018년	2019년	2020년
발생 건수	131,100	148,800	179,600	234,300
검거 건수	107,000	112,000	146,000	157,000

※ $(\text{검거율})(\%)=\frac{(\text{검거 건수})}{(\text{발생 건수})}\times 100$

16 다음 설명 중 옳지 않은 것을 고르면?

① 2018년 이후 망 이용 및 불법콘텐츠 사이버 범죄 발생 건수는 매년 전년 대비 증가했다.
② 2020년 사이버 범죄 발생 건수의 3년 전 대비 증가율이 가장 높은 유형은 망 이용이다.
③ 2017년 사이버 범죄 검거율은 80% 미만이다.
④ 2019년 사이버 범죄 발생 건수 중 검거하지 못한 건수는 33,600건이다.
⑤ 2020년 사이버 범죄 발생 건수에서 불법콘텐츠 사이버 범죄 발생 건수가 차지하는 비중은 10% 이상이다.

17 주어진 자료에 대한 [보기]의 설명 중 옳은 것을 모두 고르면?

보기

㉠ 2020년 사이버 범죄 검거율은 전년 대비 감소했다.
㉡ 2018년 사이버 범죄 검거 건수는 전년 대비 7,000건 증가했다.
㉢ 2019년 사이버 범죄 발생 건수는 망 이용이 망 침해의 50배 미만이다.
㉣ 제시된 기간 중 사이버 범죄 발생 건수가 가장 많은 해에 망 이용 사이버 범죄 발생 건수가 차지하는 비중은 90% 이상이다.

① ㉠, ㉡ ② ㉠, ㉢ ③ ㉡, ㉢
④ ㉡, ㉣ ⑤ ㉢, ㉣

18 다음은 작년 A상품의 구매 개수에 따른 할인율을 분기별로 정리한 자료이다. 주어진 자료를 바탕으로 빈칸에 해당하는 값을 예측했을 때, 가장 적절한 값을 고르면?

[표] 분기별 구매개수와 할인율

구분	1분기	2분기	3분기	4분기
구매개수(백 개)	100	110	(㉠)	150
할인율(%)	1.1	1.31	1.54	(㉡)

※ 할인율(%)×100$=\left(a\times\frac{\text{구매개수}}{100}\right)^2+b$(단, a≥0)

	㉠	㉡
①	120	2.35
②	120	2.45
③	130	2.35
④	130	2.45
⑤	140	2.55

3회

19 **다음은 세대원 수에 따른 가구 수를 나타낸 자료이다. 주어진 자료를 바탕으로 연도별 비중 그래프로 나타내었을 때, 적절한 것을 고르면?.** (단, 소수점 첫째 자리에서 반올림하여 계산한다.)

[표] 세대원 수에 따른 가구 수

(단위: 만 가구)

구분	1인 가구	2인 가구	3인 가구	4인 가구 이상
2010년	520	480	400	600
2015년	720	600	420	660
2020년	900	600	480	520

① 2010년 세대원 수별 가구 수 비중

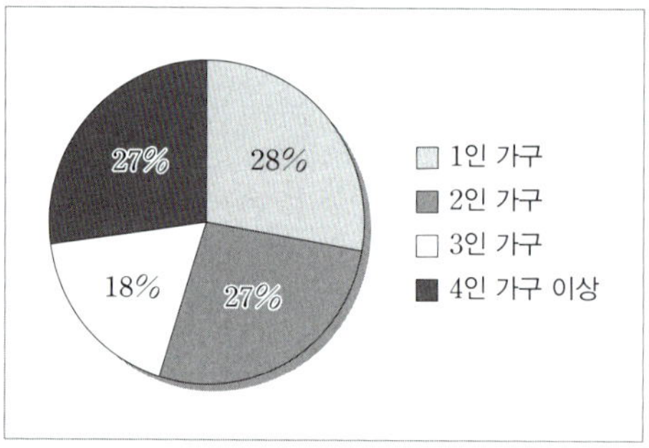

② 2015년 세대원 수별 가구 수 비중

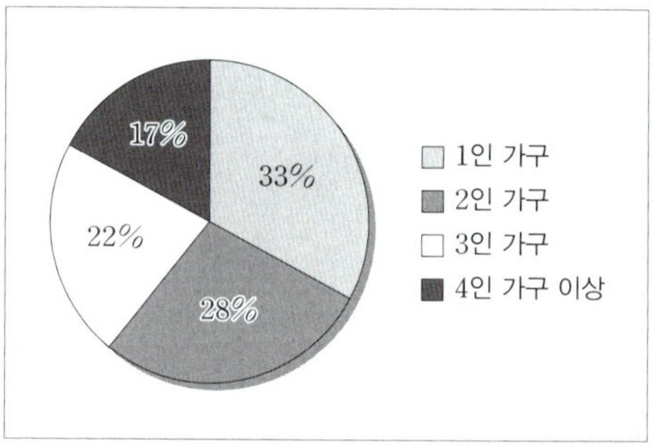

③ 2020년 세대원 수별 가구 수 비중

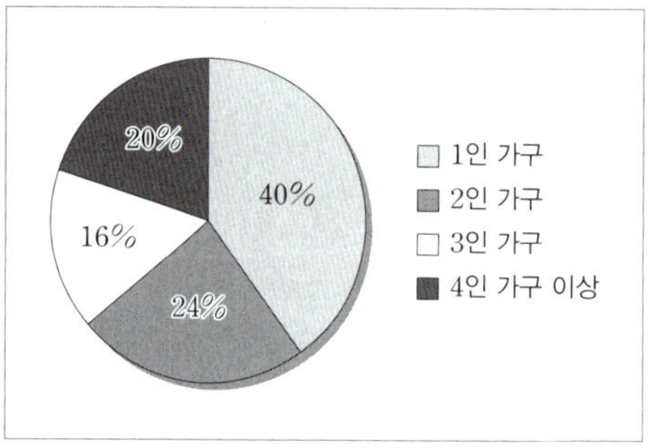

④ 2015년 세대원 수별 가구 수 비중

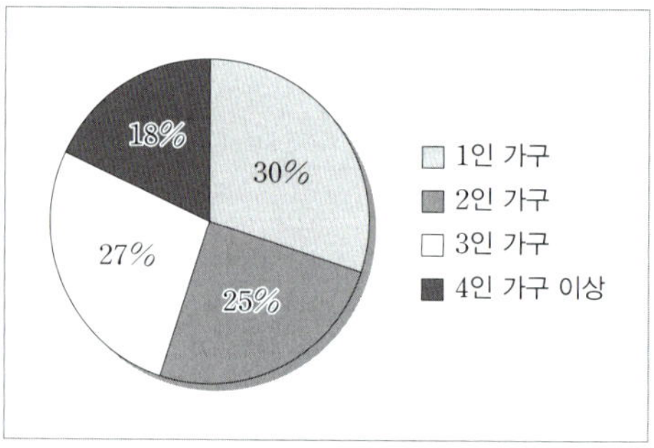

⑤ 2020년 세대원 수별 가구 수 비중

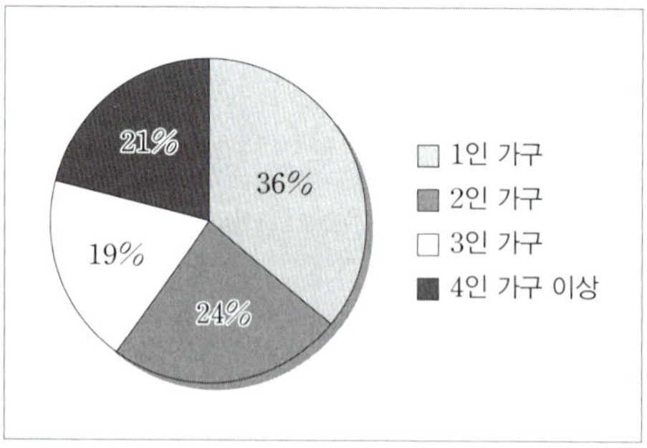

20 다음은 어느 지역의 연도별 인구동향을 나타낸 자료이다. 시간에 따른 인구동향이 아래와 자료와 같이 일정하게 변한다고 할 때, 처음으로 총 인구수가 300만 명이 되는 시기를 고르면?

[표] 연도별 인구동향

(단위: 만 명)

구분	2010년	2011년	2012년	2013년	2014년
남자	250	234	218	202	186
여자	114	115	118	123	130

① 2015년
② 2016년
③ 2017년
④ 2018년
⑤ 2019년

3회

01 다음 전제를 보고 항상 참인 결론을 고르면?

전제1	수학을 좋아하지 않는 학생은 창의력이 부족하다.
전제2	수학을 좋아하는 학생은 똑똑하다.
결론	

① 창의력이 많은 어떤 학생은 똑똑하다.
② 똑똑한 모든 학생은 창의력이 많다.
③ 창의력이 많은 어떤 학생은 똑똑하지 않다.
④ 창의력이 부족한 모든 학생은 똑똑하다.
⑤ 똑똑한 어떤 학생은 창의력이 부족하다.

02 다음 전제를 보고 항상 참인 결론을 고르면?

전제1	모든 중학생은 초등학교를 졸업했다.
전제2	중학생 중에 고등학교를 가는 사람이 있다.
결론	

① 초등학교를 졸업한 모든 사람은 고등학교를 간다.
② 초등학교를 졸업한 어떤 사람은 고등학교를 가지 않는다.
③ 고등학교를 가는 모든 사람은 초등학교를 졸업했다.
④ 초등학교를 졸업한 어떤 사람은 고등학교를 간다.
⑤ 고등학교를 가는 사람 중에 초등학교를 졸업하지 않는 사람이 있다.

03 다음 결론이 반드시 참이 되게 하는 전제를 고르면?

전제1	모든 전자장치는 자석에 취약하다.
전제2	
결론	자석에 취약하지 않은 것은 모두 태양폭풍에 취약하지 않다.

① 모든 전자장치는 태양폭풍에 취약하다.
② 태양폭풍에 취약한 것은 모두 전자장치이다.
③ 전자장치가 아닌 것은 모두 태양폭풍에 취약하다.
④ 태양폭풍에 취약한 것은 모두 전자장치가 아니다.
⑤ 태양폭풍에 취약하지 않은 것은 모두 전자장치가 아니다.

3회

04 운동을 좋아하는 A~D 4명은 각자 축구, 농구, 야구, 수영 중 두 종류의 운동을 취미로 한다. 다음에 주어진 [조건]을 바탕으로 항상 옳지 않은 것을 고르면?

조건
- 축구와 야구를 모두 하는 사람은 없다.
- C는 농구와 야구 중 한 종류만 하고, 다른 한 종류는 하지 않는다.
- A는 축구를 하고, C는 축구를 하지 않는다.
- B와 D가 하는 두 종류의 운동 중 한 종류는 야구이고, 다른 한 종류의 운동은 서로 다르다.

① 가능한 경우의 수는 8가지이다.
② 축구, 농구, 야구, 수영 중 아무도 하지 않는 운동은 없다.
③ D가 수영을 하면 B는 농구를 한다.
④ 축구를 하는 사람은 2명이다.
⑤ C가 야구를 하면 야구를 하는 사람은 3명이다.

05 은영, 정은, 상현, 민준, 재현이는 카페에서 각자 서로 다른 음료를 한 잔씩 시켰다. 주어진 [조건]을 바탕으로 항상 옳은 것을 고르면?

조건

- 5명이 시킨 음료는 에스프레소, 헤이즐넛 커피, 아이스 라테, 레몬티, 아이스 아메리카노이다.
- 상현이는 아이스 라테 또는 아이스 아메리카노를 시켰다.
- 민준이는 헤이즐넛 커피를 시키지 않았다.
- 은영이는 레몬티 또는 헤이즐넛 커피를 시켰다.
- 정은이는 에스프레소 또는 아이스 아메리카노를 시켰다.
- 재현이는 아이스 라테 또는 에스프레소를 시켰다.

① 은영이는 레몬티를 시켰다.
② 재현이는 에스프레소를 시켰다.
③ 민준이는 아이스 라테를 시켰다.
④ 가능한 모든 경우의 수는 4가지이다.
⑤ 상현이가 아이스 아메리카노를 시켰다면 정은이가 에스프레소를 시켰다.

06 A~F가 승진 시험 결과에 대해 이야기를 나누었다. 6명 중 3명 이상이 승진 시험을 통과했는데 승진 시험을 통과한 사람은 항상 참을 말하고, 통과하지 못한 사람은 항상 거짓을 말할 때, 주어진 [대화]를 바탕으로 승진 시험을 통과하지 못한 사람을 모두 고르면?

대화

- A: 나는 승진 시험을 통과했어.
- B: E는 승진 시험을 통과했어.
- C: D는 거짓을 말하고 있어.
- D: F는 승진 시험을 통과하지 못했어.
- E: 승진 시험을 통과한 사람은 총 4명이야.
- F: 승진 시험을 통과하지 못한 사람은 1명밖에 없어.

① A, C　　② C, F　　③ D, E
④ A, C, F　　⑤ B, D, E

07 길동이는 제주도행 비행기 표 6장을 가지고 A~E 5명과 함께 여행을 가고자 한다. 주어진 [대화]를 바탕으로 항상 옳은 것을 고르면? (단, 비행기 표 6장을 반드시 다 사용할 필요는 없다.)

대화

- A: 나는 E가 간다면 갈게.
- B: D가 가지 않는다면 나도 갈 수 없어.
- C: 나는 전체 인원이 나 포함해서 짝수로 맞춰진다면 갈게.
- D: 나는 C가 가지 않으면 갈게.
- E: 다른 일 때문에 아직 확정할 수 없어. 결정되면 알려줄게.

① D가 여행을 가면 인원은 적어도 4명 이상이다.
② C가 여행을 가면 길동이는 C와 단둘이 여행을 가게 된다.
③ B가 여행을 가면 C는 여행을 가지 않으며 전체 여행 인원은 짝수이다.
④ A와 D가 모두 여행을 가면 여행 인원은 4명 또는 5명이다.
⑤ C와 E는 함께 여행을 갈 수 없다.

08 어느 회사의 A~E 5명은 회의실 좌석에 앉아 영업 전략 회의를 하려고 한다. 다음에 주어진 [조건]을 바탕으로 항상 옳지 않은 것을 고르면?

조건

	1열	2열	3열	4열
1행				
2행				

- 1행 4열 좌석에는 아무도 앉지 않는다.
- A와 B는 같은 열에 앉는다.
- C와 B는 같은 행에 이웃하여 앉는다.
- D는 E와 같은 행에 앉는다.
- E와 C는 3열에 앉는다.

① D는 4열에 앉는다.
② 가능한 경우의 수는 3가지이다.
③ A는 두 명과 같은 행에 이웃하여 앉는다.
④ 4열에 앉는 사람이 있으면 C는 2행에 앉는다.
⑤ 1행 1열에 앉는 사람이 없으면 B는 1행에 앉는다.

3회

09 5명의 직원 A~E 중 1명이 지각을 하였다. 1명만이 거짓을 말하고 나머지 4명은 모두 참을 말할 때, 주어진 [대화]를 바탕으로 거짓을 말한 사람과 지각을 한 사람이 올바르게 짝지어진 것을 고르면?

대화

- A: 지각을 한 사람은 C야.
- B: 나는 지각을 하지 않았어.
- C: D는 지각을 하지 않았어.
- D: 지각을 한 사람은 A야.
- E: A는 지각을 하지 않았어.

	거짓	지각
①	A	A
②	A	C
③	D	A
④	D	C
⑤	E	A

10 어느 회사의 기숙사에 12명의 직원이 거주하고 있다. 기숙사에 거주하는 직원들의 성(姓)은 김, 이, 박, 최, 정, 윤이고, 성(姓)별로 2명씩 거주한다. 주어진 [조건]을 바탕으로 203호에 거주하는 직원을 고르면?

조건

- 기숙사는 2층이다. 1층은 101~104호, 2층은 201~204호까지 있다.
- 층별로 6명씩 거주하고, 같은 방에는 같은 직급의 직원들끼리 최대 2명까지 거주한다.
- 기숙사에는 과장 2명, 대리 6명, 주임 4명이 거주한다.
- 과장의 성은 이와 정이며, 대리의 성은 모두 다르다.
- 정 씨와 이 씨는 모두 혼자 거주하고, 과장의 아래층에 대리가 거주한다.
- 같은 라인과 같은 층에 사는 직원들의 성은 모두 다르다.
- 윤 주임은 101호에 거주하고, 박 주임은 103호에 거주한다.
- 김 대리는 201호에 거주하고, 정 대리는 102호에 거주한다.

① 이 과장 ② 정 과장 ③ 최 주임, 김 주임
④ 박 대리, 최 대리 ⑤ 윤 대리, 최 대리

11 규한, 연희, 성우, 예빈, 진호는 서로 키가 다르다. 주어진 [조건]을 바탕으로 항상 옳지 않은 것을 고르면?

조건

- 연희는 성우보다 작고 진호보다 크다.
- 규한이는 진호보다 크고 연희보다 작다.
- 예빈이는 규한이보다 크고 성우보다 작다.

① 진호는 예빈이보다 작다.
② 연희는 규한이보다 크다.
③ 예빈이는 연희보다 크다.
④ 가능한 경우의 수는 2가지이다.
⑤ 연희가 예빈이보다 크다면 규한이는 세 번째로 크다.

12 A~E 5명은 S 기업의 신입사원이다. 이들 5명은 물리학, 경영학, 수학, 화학공학, 국문학 중 하나씩을 전공하였다. 그리고 이들은 모두 총무팀 또는 인사팀에 배정되었다. 주어진 [조건]을 바탕으로 항상 옳지 않은 것을 고르면?

조건

- A는 수학을 전공하였고, D와 다른 팀에 배정되었다.
- B는 경영학을 전공하지 않았고, A와 다른 팀에 배정되었다.
- C는 E와 같은 팀에 배정되었고, 물리학을 전공하지 않았다.
- D는 화학공학을 전공하지 않았고, 총무팀에 배정되었다.
- E는 국문학을 전공하였고, B와 다른 팀에 배정되었다.

① B가 물리학을 전공했다면 A는 인사팀에 배정되었다.
② D가 경영학을 전공했다면 C는 화학공학을 전공하였다.
③ B가 총무팀에 배정되었다면 D는 물리학을 전공하였다.
④ C가 경영학을 전공했다면 가능한 경우의 수는 4가지이다.
⑤ E가 인사팀에 배정되었다면 가능한 경우의 수는 2가지이다.

13 A~E는 공기총 사격을 하였다. 주어진 [조건]을 바탕으로 항상 옳지 않은 것을 고르면?

조건

- 5명은 최소 6점부터 최대 10점까지 맞혔다.
- A와 B의 점수 합계는 C와 D의 점수 합계보다 1점 낮다.
- 10점을 맞힌 사람은 2명이고, 6점을 맞힌 사람은 1명이다.
- A~D의 평균 점수는 8.25점이고 A~E의 평균 점수는 8.6점이다.

① A의 점수는 6점이다.
② B의 점수는 10점이다.
③ A, B, C의 점수 합계는 24점 미만이다.
④ C의 점수가 8점이라면 A의 점수보다 낮다.
⑤ C, D, E의 평균 점수는 9점 이상이다.

14 택배기사가 1층부터 5층까지 서로 다른 층에 근무 중인 강 부장, 조 과장, 심 과장, 김 대리, 오 대리에게 택배 A, B, C, D, E를 전달하였을 때, 주어진 [조건]을 바탕으로 항상 옳은 것을 고르면?

조건

- 택배 B는 조 과장에게 전달되었다.
- 과장들끼리는 바로 위아래 층에 근무한다.
- 택배 C는 택배 A보다 낮은 층에 전달되었다.
- 택배 A는 택배 B보다 3층 높은 층에 전달되었다.
- 직급이 가장 높은 사람의 택배는 가장 높은 층에 전달되었다.
- 택배 D는 택배 E 바로 아래층에 전달되었고, 두 택배 주인의 직급은 서로 같다.

① 김 대리는 택배 E를 전달받았다.
② 오 대리는 택배 D를 전달받았다.
③ 심 과장은 조 과장보다 아래층에 근무한다.
④ 가능한 경우의 수는 4가지이다.
⑤ 택배 A는 4층에 있는 직원에게 전달되었다.

15 다음에 주어진 도형을 보고 적용된 규칙을 찾아 '?'에 해당하는 적절한 도형을 고르면?

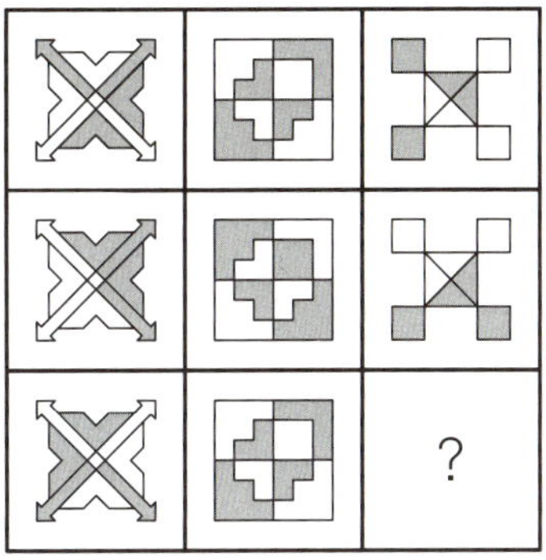

① 

② 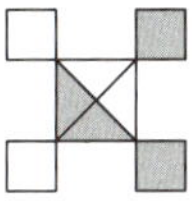

③ 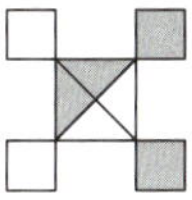

④ 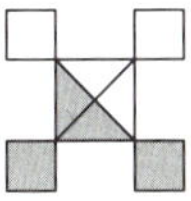

⑤ 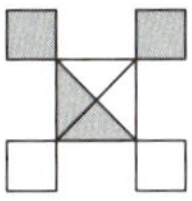

16 다음에 주어진 도형을 보고 적용된 규칙을 찾아 '?'에 해당하는 적절한 도형을 고르면?

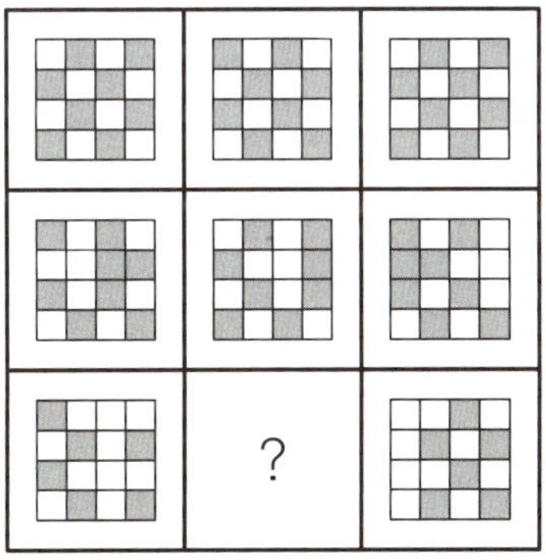

① 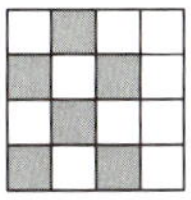

② 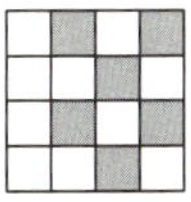

③ 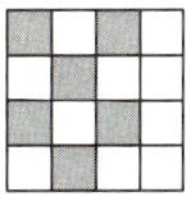

④ 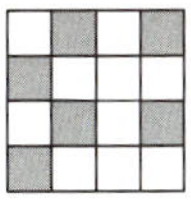

⑤ 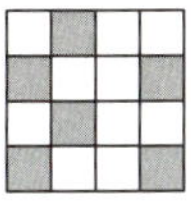

17 다음에 주어진 도형을 보고 적용된 규칙을 찾아 '?'에 해당하는 적절한 도형을 고르면?

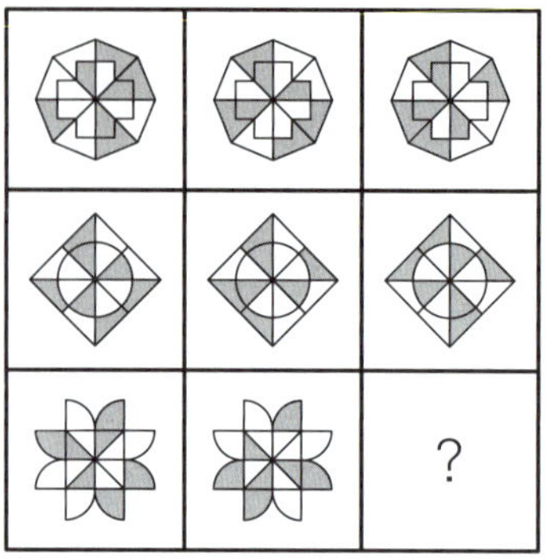

①

②

③

④

⑤

[18~21] 기호들이 하나의 규칙을 가지고 아래와 같이 문자나 숫자를 변화시킨다고 한다. 이때 다음 (?)에 들어갈 알맞은 것을 고르시오. (단, 가로와 세로 중 한 방향으로만 이동하며, Z 다음은 A, 9 다음은 0이다.)

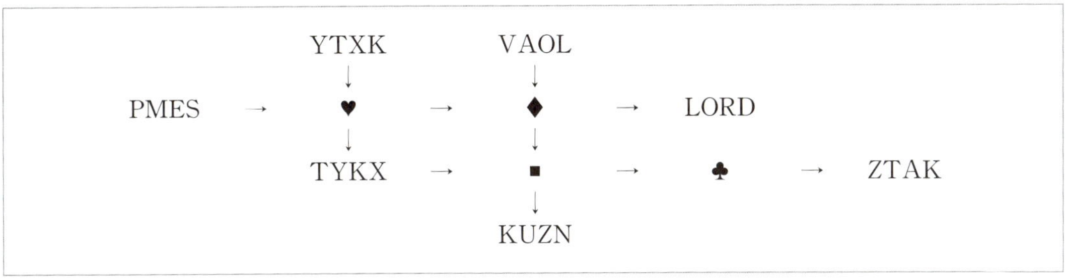

18

YONJ → ♣ → ■ → (?)

① JOAP ② JAPO ③ JAOP
④ AJPO ⑤ AJOP

19

KOCU → ♦ → ♥ → ♣ → (?)

① PJDT ② PJVB ③ PLVD
④ PLDV ⑤ PJBV

20

(?) → ♥ → ■ → HMKA

① MKAH ② MKHA ③ KHMA
④ KMHA ⑤ KMAH

21

(?) → ■ → ♦ → ♥ → PLUS

① MQTV ② VMQT ③ QTVM
④ ORTK ⑤ KORT

22 다음 문단을 논리적 순서대로 알맞게 배열한 것을 고르면?

[가] 경화된 스크린을 세척하면 감광제가 제거된 부분만 열려 있게 되는데 이 부분에 잉크가 통과한다. 이 스크린을 인쇄할 매체의 위에 고정하고 주걱을 사용하여 스크린 위에 잉크를 올리고 주걱을 사용해 잉크가 스크린의 열려 있는 부분을 통해 매체에 전달되도록 하는 것이다.

[나] 인쇄가 끝난 후, 잉크를 말려서 고정하고 이 과정은 열풍기나 자연 건조를 통해 이루어진다. 여러 색상을 사용하려면 각 색상마다 스크린을 새롭게 제작하고 인쇄 과정을 반복해야 한다. 각 색상 스크린은 정확한 정렬을 유지하여야 생생하고 선명한 이미지를 인쇄할 수 있다.

[다] 실크 스크린이란 판화의 인쇄 기법 중 하나로 판 재료에 실크가 사용되기 때문에 이러한 이름이 붙었다. 이때 실크 또는 나일론 메쉬로 만들어진 스크린을 사용하며 이 메쉬는 미세한 구멍으로 구성되어 있다.

[라] 실크 스크린은 잉크가 통과하는 부분과 통과하지 않는 부분이 구분되는 점을 활용하여 디자인을 만들기 위해 스크린에 감광제를 바르고 원하는 이미지를 필름 형태로 준비한다. 이 필름을 스크린 위에 놓고 UV 빛에 노출시키면, 노출된 부분만 빛을 흡수해 경화된다.

① [가]－[다]－[나]－[라]
② [다]－[가]－[라]－[나]
③ [다]－[라]－[가]－[나]
④ [라]－[가]－[나]－[다]
⑤ [라]－[다]－[가]－[나]

23 다음 문단을 논리적 순서대로 알맞게 배열한 것을 고르면?

[가] "인력이 필요해서 노동력을 불렀더니 사람이 왔더라."라는 말이 있다. 인간을 경제적 요소로만 단순하게 생각했으나, 이에 따른 인권 문제, 복지 문제, 내국인과 이민자와의 갈등 등이 수반된다는 말이다. 프랑스처럼 우선 급하다고 이민자를 선별하지 않고 받으면 인종 갈등과 이민자의 빈곤화 등 많은 사회 비용이 발생한다.

[나] 이제 다문화 정책의 패러다임을 전환해야 한다. 한국에 들어온 다문화 가족을 적극적으로 지원해야 한다. 다문화 가족과 더불어 살면서 다양성과 개방성을 바탕으로 상생의 발전을 도모해야 한다. 그리고 결혼 이민자만 다문화 가족으로 볼 것이 아니라 외국인 근로자와 유학생, 북한 이탈 주민까지 큰 틀에서 함께 보는 것도 필요하다.

[다] 다문화 정책의 핵심은 두 가지이다. 첫째, 새로운 사회에 적응하려는 의지가 강해서 언어 배우기, 일자리, 문화 이해에 매우 적극적인 태도를 지닌 좋은 인력을 선별해서 입국하도록 하는 것이다. 둘째, 이민자가 새로운 사회에 잘 정착할 수 있도록 사회 통합에 주력해야 하는 것이다. 해외 인구 유입 초기부터 사회 비용을 절약할 수 있는 사람들을 들어오게 하는 것이 중요하기 때문이다.

[라] 이미 들어온 이민자에게는 적극적인 지원을 해야 한다. 언어와 문화, 환경이 모두 낯선 이민자에게는 이민 초기에 세심한 배려가 필요하다. 특히 중요한 것은 다문화 가족이 그들이 가지고 있는 강점을 활용하여 취약 계층이 아닌 주류층으로 설 수 있도록 지원해야 한다. 그뿐만 아니라 이민자에 대한 지원 시기를 놓치거나 차별과 편견으로 내국인에게 증오감을 갖게 해서는 안 된다.

① [다]－[가]－[라]－[나]
② [다]－[나]－[가]－[라]
③ [다]－[라]－[나]－[가]
④ [라]－[가]－[나]－[다]
⑤ [라]－[다]－[나]－[가]

3회

24 다음 글의 내용이 참일 경우, 반드시 거짓인 진술을 고르면?

S전자의 2022년 3분기 영업이익이 10조 8,000억 원으로 전년 동기 대비 31.7% 급감한 것으로 잠정 집계됐다. 증권가 기대치(11조 8,600억여 원)를 크게 밑돈 '어닝 쇼크' 수준이다. 3분기 매출액은 76조 원으로 2021년 3분기 대비 2.7% 늘었지만, 2022년 2분기 대비 1.5% 줄었다. 디스플레이 부문이 호조를 보이고 스마트폰·가전은 선방했지만, 반도체가 부진한 탓이다. 글로벌 경기 침체에 따른 정보기술(IT) 제품 수요 위축과 재고 급증으로 D램 값이 급락한 게 직격탄이 됐다.

S전자의 실적 악화는 우리 경제의 또 다른 위기 신호다. 수출의 20%를 차지하는 버팀목 반도체의 불황은 무역·경상수지 적자도 키우고 있다. 반도체 수출이 지난 8~9월 두 달 연속 줄면서 무역수지는 6개월째 적자가 이어져 올해 누적적자가 300억 달러에 육박했다. 8월 경상수지는 넉 달 만에 30억 5,000만 달러 적자로 돌아섰다.

① S전자의 디스플레이 부문은 선방했다.
② 버팀목 반도체는 수출의 20%도 차지하지 못한다.
③ S전자의 무역수지는 적자가 된지 6개월이 지났다.
④ S전자의 2022년 3분기 매출액은 전년 동기 대비 늘었다.
⑤ S전자의 영업이익이 급감한 가장 큰 이유는 글로벌 경기 침체로 인한 이유이다.

25 다음 글의 내용이 참일 경우, 반드시 거짓인 진술을 고르면?

레이저 커팅 기술은 정밀도와 효율성을 갖춘 현대 제조업의 핵심 요소이다. 레이저 커팅은 복잡한 형태와 섬세한 디자인을 실현할 수 있어 항공 우주, 자동차, 전자 제품 등 다양한 산업 분야에서 널리 사용된다. Fiber 레이저 커팅은 높은 에너지 효율과 빠른 절단 속도를 제공한다. 이 기술은 특히 알루미늄, 스테인리스 스틸, 갈바 스틸, 철판 등 다양한 종류의 금속을 정밀하게 절단할 수 있다. Fiber 레이저는 작동 비용이 상대적으로 낮고, 유지 보수가 적으며, CO2 레이저에 비해 더 작은 힘으로도 더 두꺼운 금속을 절단할 수 있는 능력을 갖추고 있다. 이러한 특징 덕분에 Fiber 레이저는 금속 가공 산업에서 가장 선호되는 레이저 가공이다. CO2 레이저 커팅은 M.D.F, 원목, 종이, 아크릴, 실리콘패드 등 다양한 소재를 절단할 수 있는 능력을 지니고 있다. CO2 레이저는 높은 정밀도와 부드러운 절단면을 제공하며, 특히 복잡한 디자인과 세밀한 작업에 적합하다. 비금속 자재에 대한 뛰어난 적용 능력으로 인해, CO2 레이저는 광고, 장식, 패션 및 예술 분야에서도 널리 사용된다.

① 레이저 커팅은 생산 효율을 향상시키는 데 기여한다.
② CO2 레이저 커팅은 세밀한 작업에 적합하며 금속을 절단할 수 없다.
③ 알루미늄, 스테인리스 스틸, 갈바 스틸, 철판을 자를 때는 Fiber 레이저 커팅이 적합하다.
④ 레이저 커팅은 각기 다른 소재의 특성에 맞추어 최적화된 기술을 사용한다.
⑤ 금속뿐만 아니라 원목, 종이, 아크릴, 실리콘패드를 절단할 때에도 레이저 커팅을 사용한다.

26 다음 글의 내용이 참일 경우, 반드시 거짓인 진술을 고르면?

반도체 패키지 기판은 반도체와 메인 기판 간 전기적 신호를 전달하는 부품이다. 또 반도체를 외부의 충격에서 보호하는 역할도 담당한다. 반도체 칩을 두뇌에 비유한다면 반도체 패키지 기판은 뇌를 보호하는 뼈와 뇌에서 전달하는 정보를 각 기관에 연결하는 신경이라고 할 수 있다. 반도체 칩은 메인 기판과 서로 연결해야 사용할 수 있다. 그런데 메인 기판의 회로는 반도체만큼 미세하게 만들기 힘들다. 반도체 칩의 단자 사이 간격은 A4 용지 두께 수준인 100㎛(마이크로미터 · 100만분의 1m)인 반면 메인 기판의 간격은 350㎛이다. 한편 반도체 패키지 기판은 반도체 칩과 메인 기판 사이의 다리 역할도 담당한다.

S전기는 2002년에 FC−BGA를 처음으로 양산했다. 또 이듬해에는 세계에서 가장 얇은 130㎛ 두께의 FC−BGA를 개발하기도 했다. S전기는 30년 반도체 패키지 양산 경험을 앞세워 플래그십(최상위 제품) 스마트폰에 들어가는 모바일 애플리케이션 프로세서(AP)용 FC−CSP에서 세계 1위 점유율을 기록 중이다.

① 반도체 칩의 단자 사이 간격은 100㎛이다.
② 메인 기판은 반도체 칩만큼 미세하지 못하다.
③ S전기는 2002년 당시 세계에서 가장 얇은 FC−BGA를 개발하였다.
④ 반도체 칩을 두뇌라고 하면 반도체 패키지 기판은 신경이라고 할 수 있다.
⑤ S전기는 최상위 제품 스마트폰에 들어가는 모바일 AP용 FC−CSP에서 점유율이 가장 높다.

27 다음 글의 내용이 참일 경우, 반드시 거짓인 진술을 고르면?

> 인간의 신경 조직을 수학적으로 모델링하여 컴퓨터가 인간처럼 기억, 학습, 판단할 수 있도록 구현한 것이 인공 신경망 기술이다. 신경 조직의 기본 단위는 뉴런인데, 인공 신경망에서는 뉴런의 기능을 수학적으로 모델링한 퍼셉트론을 기본 단위로 사용한다.
>
> 퍼셉트론은 입력값들을 받아들이는 여러 개의 입력 단자와 이 값을 처리하는 부분, 처리된 값을 내보내는 한 개의 출력 단자로 구성되어 있다. 퍼셉트론은 각각의 입력 단자에 할당된 가중치를 입력값에 곱한 값들을 모두 합하여 가중합을 구한 후, 고정된 임계치보다 가중합이 작으면 0, 그렇지 않으면 1과 같은 방식으로 출력값을 내보낸다. 이러한 퍼셉트론은 출력값에 따라 두 가지로만 구분하여 입력값들을 판정할 수 있을 뿐이다. 이에 비해 복잡한 판정을 할 수 있는 인공 신경망은 다수의 퍼셉트론을 여러 계층으로 배열하여 한 계층에서 출력된 신호가 다음 계층에 있는 모든 퍼셉트론의 입력 단자에 입력값으로 입력되는 구조로 이루어진다. 이러한 인공 신경망에서 가장 처음에 입력값을 받아들이는 퍼셉트론들을 입력층, 가장 마지막에 있는 퍼셉트론들을 출력층이라고 한다.

① 입력층과 출력층이라고 불리는 퍼셉트론들이 존재한다.
② 인공 신경망에서 인간의 뉴런 역할을 하는 것은 퍼셉트론이다.
③ 인공 신경망은 하나의 퍼셉트론을 통해 복잡한 판정을 할 수 있도록 설계되어 있다.
④ 퍼셉트론은 여러 개의 입력값을 받아도, 그 입력값을 두 가지로만 구분하여 판정한다.
⑤ 퍼셉트론은 가중합이 고정된 임계치보다 작으면 0, 크거나 같으면 1과 같은 방식으로 출력값을 내보낸다.

28 다음 글에 대한 반론으로 가장 적절한 것을 고르면?

> 네트워크 토폴로지 혹은 네트워크 구성은 네트워크 성능을 결정하는 핵심 요소이다. 네트워크 토폴로지는 네트워크상의 다양한 노드, 장치, 그리고 접속부가 어떻게 물리적으로 또는 논리적으로 배치되어 서로 연결되는지를 나타낸다. 네트워크를 하나의 도시라고 생각하면 토폴로지는 도로를 표시한 지도이다. 스타 토폴로지는 네트워크 안의 모든 노드가 동축 케이블이나 연선 또는 광케이블을 통해 직접 하나의 중앙 허브에 연결되는 최고의 네트워크 구성이다. 중앙 노드는 서버로서 작동하여 전체 네트워크 및 데이터의 흐름을 관리한다. 즉, 네트워크 안의 각각의 노드에서 보낸 정보가 목적지에 닿기 위해서는 반드시 중앙 노드를 지나야 한다. 또한, 중앙 노드는 신호를 수신하여 재전송시키는 리피터처럼 기능하여 데이터 손실을 막아준다. 그뿐만 아니라 스타 토폴로지의 구조는 물리적 측면에서 네트워크 전부를 연결하는 데 상대적으로 적은 케이블을 사용하기 때문에 시간이 지남에 따라 네트워크를 확장하거나 줄여나갈 때 설정과 관리가 모두 간단하다. 네트워크 디자인이 단순하기 때문에 장애가 발생하거나 성능에 이상이 생긴 경우 쉽게 찾아낼 수 있어 관리자 역시 힘들이지 않고 관리할 수 있다.

① 스타 토폴로지는 한 장소에서 전체 네트워크를 편리하게 관리할 수 있다.
② 스타 토폴로지에서 중앙 허브에 장애가 생기면 네트워크가 모두 멈추게 된다.
③ 계층 구조의 복잡성과 네트워크 배치 구조 때문에 노드를 추가할 때 설치비용이 많이 든다.
④ 스타 토폴로지는 각각의 노드가 중앙 허브와 독립적으로 연결되어 있어서 안정적인 배치이다.
⑤ 노드 하나에서 장애가 발생하더라도 나머지 네트워크는 영향을 받지 않고 기능한다.

3회

29 다음 글과 [보기]를 읽고 한 추론 중 가장 적절하지 않은 것을 고르면?

딥페이크(Deepfake)는 인공지능 기술을 이용하여 진위 여부를 구별하기 어려운 가짜 이미지나 영상물을 뜻한다. 딥페이크 영상은 인공지능이 질병을 학습하고 정확히 진단할 수 있도록 딥러닝하는 데 사용된다. 환자의 사생활 침해에 대한 우려와, 의료용 3D 이미지 합성에 필요한 비용 때문에 의료영상을 분석할 데이터가 충분치 않았는데, 딥페이크 기술로 이를 해결한 것이다. 또한 딥페이크는 과거를 재현하거나 더 이상 실존하지 않는 인물을 그리고자 할 때 유용하게 활용되고 있다. 딥페이크 기술은 AR · VR 콘텐츠 제작에도 활용되고 있다.

보기

유명인사의 얼굴을 합성한 딥페이크 뉴스가 난무함에 따라 정치적 · 사회적 불안감이 가중되고 있다. 2019년 9월, 이탈리아에서 Matteo Renzi 전 총리가 다른 정치인들을 모욕하는 딥페이크 영상이 한 프로그램에서 방영된 후, SNS를 통해 급속히 확산되었다. 해당 영상은 배우의 몸에 총리의 얼굴을 합성한 조작 영상이었지만, 영상의 내용을 실제처럼 인식한 일부 SNS 이용자가 총리를 향해 거센 비판을 제기하는 해프닝이 일어나기도 했다.

① 기술은 하나의 도구일 뿐 기술 자체는 윤리가 없다.
② 영상에 딥페이크 기술을 활용하는 것은 금지할 필요가 있다.
③ 딥페이크 기술 확산으로 진실과 거짓의 구분이 어려워지고 있다.
④ 의료계에서는 비판받는 딥페이크 기술을 바탕으로 연구를 진행하고 있다.
⑤ 영상 제작 업계에서는 딥페이크 기술로 특수효과를 만들어 내고 있다.

30 다음 글과 [보기]를 읽고 한 추론 중 가장 적절한 것을 고르면?

액체 내의 분자들은 분자 간의 힘에 의해 모든 방향에서 당겨진다. 그러나 표면에 있는 분자들은 다른 분자들에 의해 옆과 아래쪽으로 당겨지지만, 표면 위쪽으로는 당겨지지 않는다. 이러한 분자 간 인력은 표면의 분자들을 액체 속으로 끌어당기고, 이 힘으로 인해 물 표면은 탄성이 있는 막처럼 팽팽해진다. 표면 장력은 액체 표면에 존재하는 장력으로, 액체가 표면적을 작게 하려고 만드는 힘이라고 할 수 있다. 액체마다 분자 간 인력이 모두 다르므로 액체의 종류에 따라 표면 장력도 모두 상이하다. 물은 대표적으로 분자 간 인력이 큰 액체로 표면 장력이 크다. 액체의 부피가 같을 때 표면적이 최소가 되는 기하학적 구조는 구이므로 물의 표면 장력은 물방울의 모양을 구에 가깝게 만든다.

보기

연잎의 표면은 작은 돌기들로 빼곡하게 채워져 있어서 물방울은 돌기 끝부분과만 접촉하고 돌기와 돌기 사이에 위치한 물방울은 공중에 떠 있는 형태가 된다. 이 때문에 연잎 표면과 물방울이 접촉하는 면적이 매우 작아진다. 표면적이 작을수록 서로 끌어당기는 분자의 수는 적어진다. 이처럼 작은 돌기가 많은 거친 표면이 물방울과의 접촉 면적을 최소화하면서 강한 소수성을 띠기 때문에 물이 연잎에 스며들거나 퍼지지 않고, 둥근 물방울 형태를 유지하면서 잘 흘러내릴 수 있다.

① 연잎에 물보다 표면 장력이 더 작은 액체를 흘리면 이 액체는 물보다 둥근 형태를 더 잘 유지한다.
② 연잎의 돌기는 대상과 접촉하는 면적을 넓히면서 연잎 위의 물방울을 퍼지지 않게 한다.
③ 연잎과 달리 돌기가 없는 식물의 잎은 친수성으로 인해 물방울이 더 잘 흘러내린다.
④ 연잎의 돌기와 물 사이에는 분자끼리 결합하지 않으려는 힘이 작용한다.
⑤ 분자 간 인력이 작은 액체는 표면 장력이 크므로 강한 소수성을 띤다.

04 | 실전모의고사 4회

수리논리 | 20문항 30분

정답과 해설 P.44

01 A 수도꼭지는 30분에 200L, B 수도꼭지는 10분에 80L의 물이 나온다. 두 수도꼭지를 동시에 틀어 물을 각각 채우려고 한다. 이때 B 수도꼭지가 A 수도꼭지보다 물을 23L만큼 더 채우는 시간을 고르면?

① 16분 15초 ② 16분 45초 ③ 17분 15초 ④ 18분 20초 ⑤ 19분 15초

02 갑돌이는 이벤트에 당첨되어 경품 추첨의 기회를 얻었다. 경품은 전자제품이 2개, 상품권이 4개이며, 6개의 경품이 적힌 제비 중 한 번에 2개의 제비를 뽑아 추첨할 때, 전자제품 1개와 상품권 1개가 당첨될 확률을 고르면?

① $\frac{2}{15}$ ② $\frac{4}{15}$ ③ $\frac{2}{5}$ ④ $\frac{8}{15}$ ⑤ $\frac{2}{3}$

03 다음은 연도별 분야별 로봇 매출 변화와 2022년 분야별 매출을 정리한 자료이다. 주어진 자료에 대한 [보기]의 설명 중 옳지 않은 것을 모두 고르면?

[그래프1] 분야별 로봇 매출 변화 (단위: 억 원)

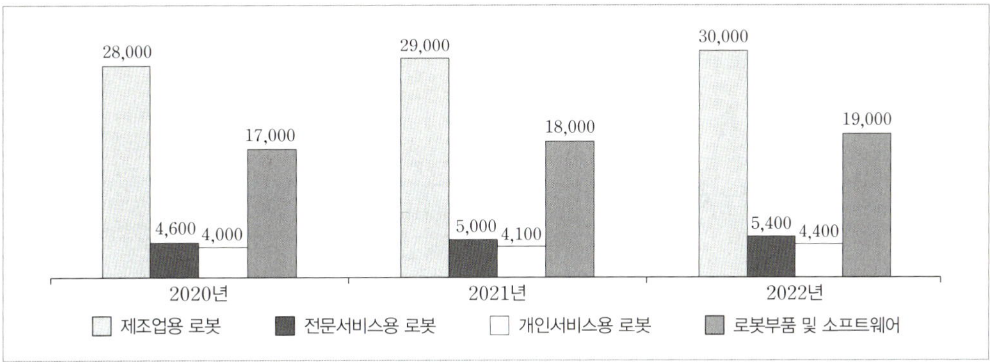

[그래프2] 2022년 분야별 매출 현황

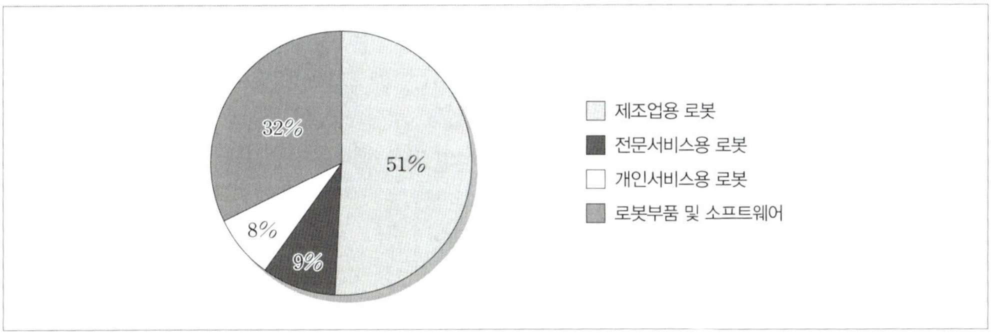

보기

㉠ 2020년 제조업용 로봇 매출이 전체 매출의 50% 이상을 차지한다.
㉡ 2020~2022년 동안 주어진 4개 분야 모두 로봇 매출은 지속적으로 증가하였다.
㉢ 2022년 제조업용 로봇을 제외한 분야에서 개인서비스용 로봇 매출은 20% 이상을 차지한다.
㉣ 2021년 분야별 로봇 매출의 전년 대비 증가율이 가장 큰 분야는 제조업용 로봇이다.

① ㉠, ㉡
② ㉠, ㉢
③ ㉡, ㉢
④ ㉡, ㉣
⑤ ㉢, ㉣

04 다음 [그래프]는 2018년 서울교통공사 통행거리별 승차 실적에 대한 자료이다. 주어진 자료에 대한 설명 중 옳지 않은 것을 고르면?

[그래프] 2018년 서울교통공사 통행거리별 승차 실적

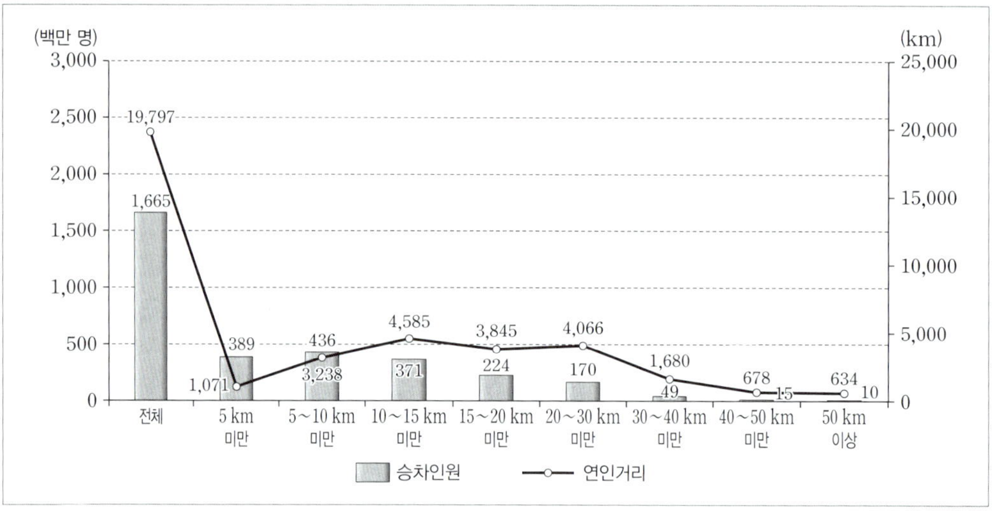

※ 연인거리: 통행거리별 승차인원의 총 이동거리

① 통행거리가 5km 미만인 승차인원 백만 명당 평균 통행거리는 약 2.5km이다.

② 제시된 통행거리 중 5~10km 미만의 승차인원이 가장 많다.

③ 제시된 통행거리 중 연인거리가 가장 긴 통행거리는 10~15km 미만이다.

④ 통행거리가 20~50km 미만인 승차인원은 234백만 명이다.

⑤ 전체 승차인원 백만 명당 평균 통행거리는 12km 이하이다.

05 다음은 △△ 연구소에서 A~D 기업에 대한 브랜드 평판에 대하여 긍정적 평가와 부정적 평가로 구분하여 조사한 자료이다. 각 기업에 대하여 평가를 해준 응답자의 수는 A~D 기업 순으로 1,200명, 800명, 500명, 1,000명이었을 때, 주어진 자료에 대한 설명 중 옳지 않은 것을 고르면?

[그래프] 기업별 브랜드 평판 현황 (단위: %)

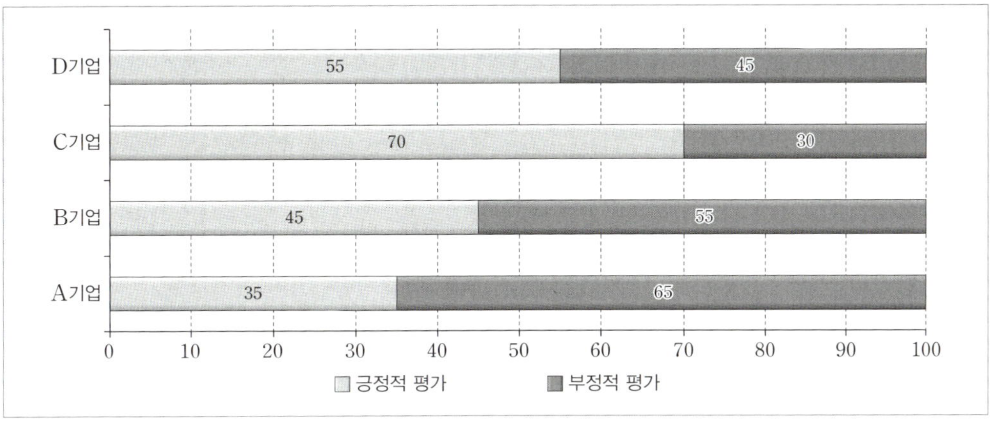

① 긍정적 평가 비율은 C 기업이 D 기업보다 10%p 더 높다.
② 긍정적 평가보다 부정적 평가를 더 많이 받은 기업은 2개이다.
③ 부정적 평가를 한 사람 수는 A 기업이 B 기업보다 340명 더 많다.
④ 부정적 평가 비율이 가장 낮은 기업에 긍정적 평가를 한 사람 수는 350명이다.
⑤ D 기업에 대해 긍정적 평가를 한 사람은 부정적 평가를 한 사람보다 100명 더 많다.

4회

06 다음은 S 회사의 어느 계열사 직원들의 근무 기간 및 대학 졸업 계열을 조사한 자료이다. 주어진 자료에 대한 설명 중 옳지 않은 것을 고르면?

[표] 계열사의 근무 기간별 인원 (단위: 명)

근무 기간	인원
1개월 미만	2
1개월 이상 ~ 3개월 미만	8
3개월 이상 ~ 6개월 미만	19
6개월 이상 ~ 1년 미만	50
1년 이상 ~ 1년 6개월 미만	30
1년 6개월 이상 ~ 2년 미만	21
2년 이상 ~ 3년 미만	22
3년 이상 ~ 4년 미만	14
4년 이상	5
전체	171

[표] 계열사의 졸업 계열별 인원 (단위: 명)

구분	문과	이과	기타	전체
인원	84	50	37	171

① 계열사 직원 중 근무 기간이 1년 미만인 직원의 비율은 전체의 50% 이하이다.
② 근무 기간이 6개월 이상인 직원 중에는 문과 계열 졸업생이 가장 많다.
③ 기타 계열 졸업자는 전체의 20%를 초과한다.
④ 근무 기간이 3년 미만인 직원 중에는 기타 계열을 졸업한 직원이 반드시 있다.
⑤ 근무 기간이 1년 6개월 미만인 직원 중 적어도 24명 이상이 문과 계열 졸업생이다.

07 다음은 연도별 증권시장 상장회사 수를 조사한 자료이다. 주어진 자료에 대한 [보기]의 설명 중 옳은 것을 모두 고르면?

[그래프] 증권시장 상장회사 수 (단위: 개)

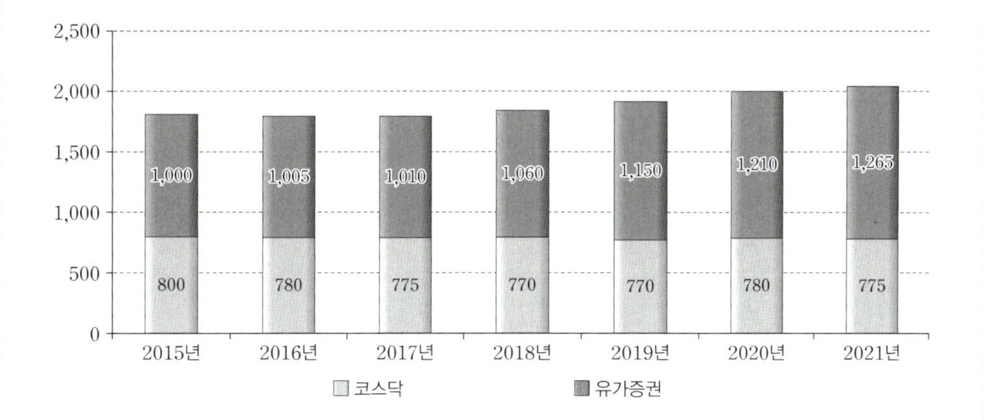

※ 증권시장은 코스닥과 유가증권으로 구분됨

보기

㉠ 코스닥 상장회사 수는 해마다 전년 대비 꾸준히 감소했다.
㉡ 증권시장 상장회사 수는 2018년 이후부터 전년 대비 꾸준히 증가했다.
㉢ 2016년 유가증권 상장회사 수는 전년 대비 0.5% 증가했다.
㉣ 2020년 증권시장 상장회사 수는 5년 전 대비 200개 이상 증가했다.

① ㉠, ㉡ ② ㉠, ㉣ ③ ㉡, ㉢
④ ㉡, ㉣ ⑤ ㉢, ㉣

[08~09] 다음은 국내산 김 연간 수출액에 대한 자료이다. 이를 바탕으로 이어지는 질문에 답하시오.

[그래프1] 국내산 김 연간 수출액 (단위: 만 달러)

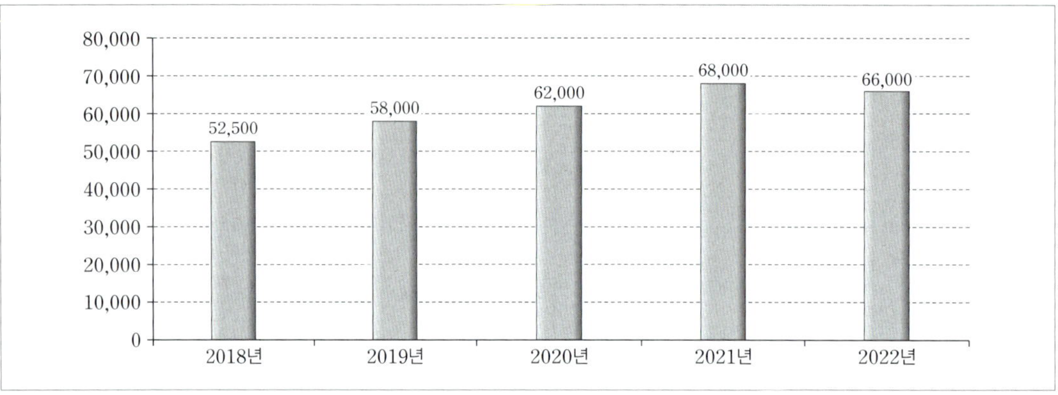

[그래프2] 2022년 국내산 김 연간 수출액 상위 5개국 (단위: 달러)

국가	수출액	비중
미국	1억 4,800만	22.4%
일본	1억 1,600만	17.6%
중국	9,600만	14.5%
태국	4,600만	7.0%
러시아	4,050만	6.1%

08 다음 설명 중 옳지 않은 것을 고르면?

① 2019년 국내산 김 연간 수출액의 전년 대비 증가량은 2020년의 그것보다 더 많다.
② 2022년 국내산 김 러시아 연간 수출액은 태국 연간 수출액보다 10% 이상 적다.
③ 2018~2021년 동안 국내산 김 연간 수출액은 매년 증가하였다.
④ 2022년 국내산 김 연간 수출액 상위 5개국 내에서 미국과 중국이 절반 이상을 차지한다.
⑤ 국내산 김 연간 수출액이 전년 대비 감소한 해의 감소율은 3% 이상이다.

09 주어진 자료에 대한 [보기]의 설명 중 옳은 것을 모두 고르면?

보기

㉠ 2022년 김 연간 수출액 상위 5개국 내에서 미국 수출액이 차지하는 비중은 30% 이상이다.
㉡ 2022년 김 연간 수출액 상위 5개국의 수출액은 45,650만 달러이다.
㉢ 2020년과 2022년 태국의 김 연간 수출액 비중이 동일하다면, 2020년 태국의 김 연간 수출액은 4,440만 달러이다.
㉣ 2021년과 2022년 상위 5개국 김 연간 수출액이 동일하다면, 2021년 상위 5개국을 제외한 연간 수출액은 23,350만 달러이다.

① ㉠, ㉡　② ㉠, ㉢　③ ㉠, ㉣
④ ㉡, ㉢　⑤ ㉢, ㉣

4회

[10~11] 다음은 가계대출 금액 증가율 및 신용대출 금액 비중 추이를 나타낸 자료이다. 이를 바탕으로 이어지는 질문에 답하시오.

[그래프1] 이전 분기 대비 가계대출 금액 증가율 추이 (단위: %)

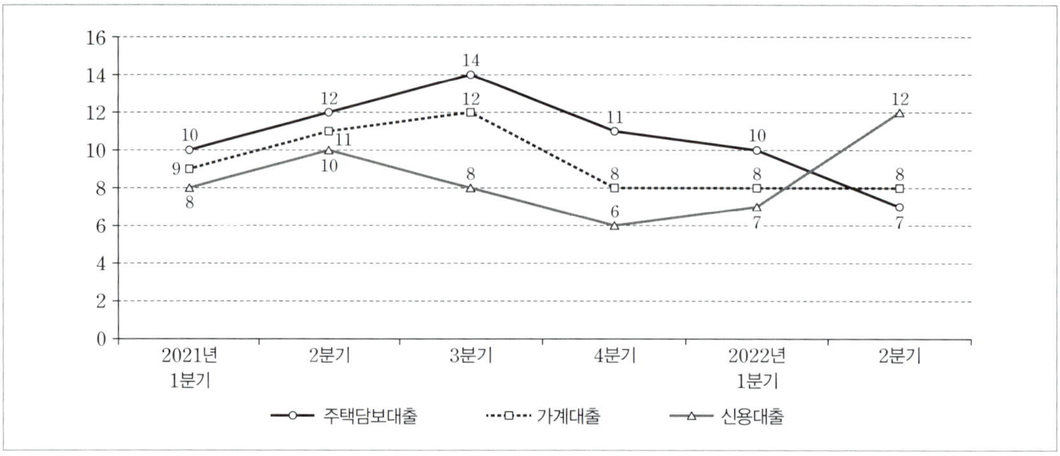

[그래프2] 분기별 신용대출 금액 비중 추이 (단위: %)

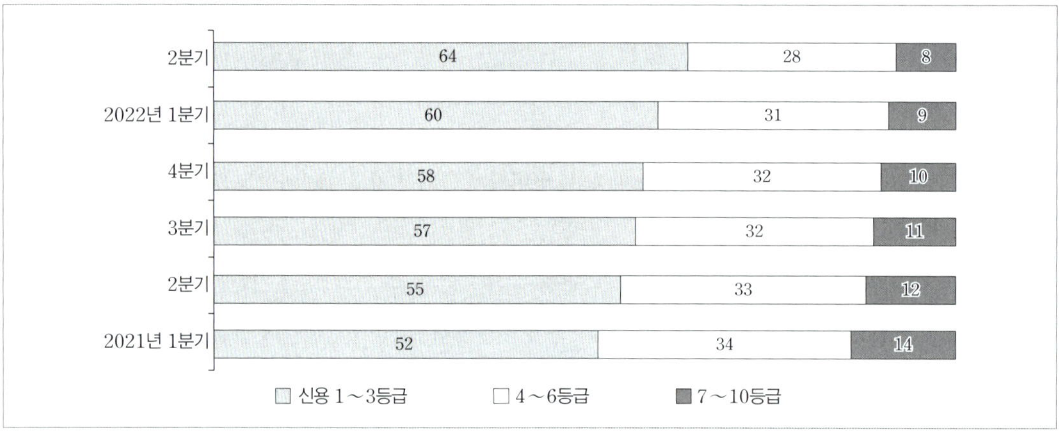

10 다음 설명 중 옳은 것을 고르면?

① 제시된 기간 중 주택담보대출 금액과 신용대출 금액의 증감 추이는 같다.
② 4~6등급이 받은 신용대출 금액은 2021년 3분기와 4분기가 같다.
③ 2022년 1분기와 2분기의 가계대출 금액은 동일하게 유지되었다.
④ 제시된 기간 중 가계대출 금액이 가장 큰 시기는 2021년 3분기이다.
⑤ 2021년 3분기 이후 주택담보대출 금액은 지속적으로 감소했다.

4회

11 주어진 자료에 대한 [보기]의 설명 중 옳은 것을 모두 고르면?

보기

㉠ 제시된 기간 중 신용 1~3등급은 신용대출 금액에서 분기마다 가장 큰 비중을 차지한다.
㉡ 2022년 1분기부터 4~10등급이 받은 신용대출 금액은 전체 신용대출 금액의 40%를 넘는다.
㉢ 제시된 기간 중 신용 1~3등급이 받은 신용대출 금액은 분기마다 계속 증가했다.
㉣ 2021년 2분기 신용 1~3등급이 받은 신용대출 금액의 전년 대비 증가율은 대략 6%이다.

① ㉠, ㉡　② ㉠, ㉢　③ ㉠, ㉣
④ ㉡, ㉢　⑤ ㉡, ㉣

[12~13] 다음은 어느 지역에서 발생한 9인승 이상 차량의 연도별 교통사고 발생 현황과 피해 현황을 조사한 자료이다. 주어진 자료를 바탕으로 이어지는 질문에 답하시오.

[표] 연도별 교통사고 발생 현황 (단위: 건, 대)

구분		2017년	2018년	2019년	2020년	2021년
사고 건수	일반 도로	770	720	680	860	850
	고속도로	720	680	630	870	830
사고 차량	일반 도로	1,110	1,080	960	1,160	1,200
	고속도로	960	930	860	1,220	1,120

[표] 연도별 교통사고 피해 현황 (단위: 명, 천만 원)

구분		2017년	2018년	2019년	2020년	2021년
인명피해	일반 도로	7,770	6,480	8,640	5,800	8,400
	고속도로	8,640	6,510	6,880	7,320	8,960
재산피해	일반 도로	9,990	12,960	10,560	9,280	10,800
	고속도로	11,520	10,230	10,320	10,980	12,320

12 다음 설명 중 옳은 것을 고르면?

① 2021년 일반 도로 교통사고 건수는 전년 대비 증가했다.
② 2018년 고속도로 교통사고 차량은 전년 대비 5% 미만으로 감소했다.
③ 2020년 일반 도로 교통사고 건수당 인명피해는 8명/건 이상이다.
④ 2018년 이후 교통사고 인명피해의 전년 대비 증감 추이는 일반 도로와 고속도로가 서로 같다.
⑤ 제시된 기간 중 고속도로 교통사고 차량이 가장 적었던 해에 고속도로 교통사고 재산피해도 가장 적었다.

13 주어진 자료에 대한 [보기]의 설명 중 옳지 <u>않은</u> 것을 모두 고르면?

보기

㉠ 2017년 교통사고 재산피해는 고속도로가 일반 도로보다 153억 원 더 많다.
㉡ 제시된 기간 중 일반 도로 교통사고 인명피해가 가장 많았던 해에 일반 도로 사고 차량도 가장 많다.
㉢ 2021년 일반 도로 교통사고 차량 1대당 재산피해는 1억 원 이상이다.
㉣ 제시된 기간 중 일반 도로 교통사고 건수가 전년 대비 감소한 해에는 고속도로 교통사고 건수도 전년 대비 감소하였다.

① ㉠, ㉡　　② ㉠, ㉣　　③ ㉡, ㉢
④ ㉠, ㉢, ㉣　　⑤ ㉡, ㉢, ㉣

[14~15] 다음은 스마트폰 과의존 위험군 현황에 대해 정리한 자료이다. 이를 바탕으로 이어지는 질문에 답하시오.

[그래프1] 스마트폰 과의존 위험군 현황 (단위: %)

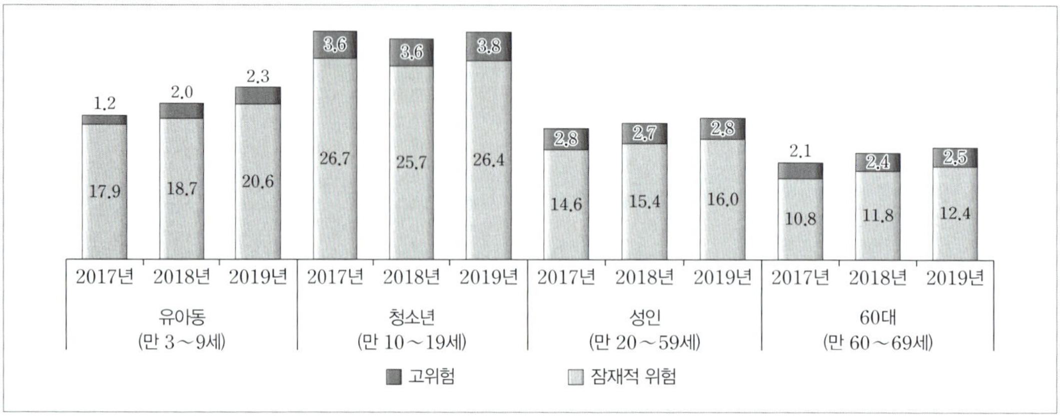

※ 2017~2019년 동안 연령대별 조사 인원은 동일하나 서로 다른 연령대는 동일하지 않음

[그래프2] 연도별 스마트폰 과의존 위험군 현황 (단위: %)

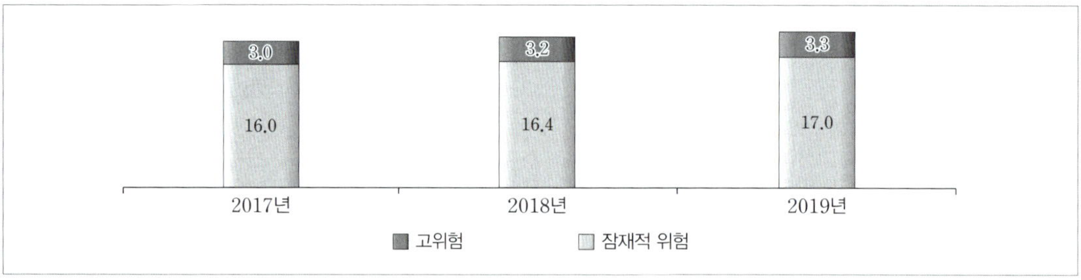

14 다음 설명 중 옳지 않은 것을 고르면?

① 제시된 기간 중 스마트폰 과의존 잠재적 위험군에 해당하는 성인 인원수는 2019년에 가장 많다.
② 제시된 기간 중 스마트폰 과의존 위험군 현황에 따른 인원수는 시간이 지날수록 증가하는 추이를 보인다.
③ 제시된 기간 중 스마트폰 과의존 위험군에 해당하는 청소년 인원수는 2019년에 가장 많다.
④ 2019년 유아동 스마트폰 과의존 고위험군의 전년 대비 증가 인원은 잠재적 위험군의 그것보다 더 적다.
⑤ 3개년도 모두 모든 연령대에서 잠재적 위험군 인원이 고위험군 인원보다 더 많다.

15 주어진 자료에 대한 [보기]의 설명 중 옳은 것을 모두 고르면?

보기

㉠ 2019년 스마트폰 과의존 잠재적 위험군 인원수는 유아동이 성인보다 더 많다.
㉡ 2019년 스마트폰 과의존 잠재적 고위험군 인원수의 전년 대비 증가율은 2018년의 그것보다 더 높다.
㉢ 2017년 스마트폰 과의존 고위험군 인원수는 청소년기에 가장 많고 나이가 들수록 점차적으로 감소한다.
㉣ 2017~2019년 동안 60대 스마트폰 과의존 고위험군 인원수는 지속적으로 증가했다.

① ㉠, ㉡ ② ㉠, ㉢ ③ ㉡, ㉢
④ ㉡, ㉣ ⑤ ㉡, ㉢, ㉣

4회

[16~17] 다음은 국가 A의 연도별 공공복지 예산 및 분야별 공공복지 예산 비율과 연도별 GDP 대비 공공복지 예산 비율을 조사한 자료이다. 주어진 자료를 바탕으로 이어지는 질문에 답하시오.

[표] 국가 A의 연도별 공공복지 예산 및 분야별 공공복지 예산 비율 (단위: 십억 원, %)

연도	공공복지 예산	분야별 공공복지 예산 비율				
		노인	보건	가족	실업	기타
2018년	80,000	20	30	10	15	25
2019년	90,000	15	25	15	20	25
2020년	105,000	25	20	15	10	30
2021년	100,000	20	20	20	20	20
2022년	125,000	30	15	15	15	25

[표] 연도별 GDP 대비 공공복지 예산 비율 (단위: %)

구분	2018년	2019년	2020년	2021년	2022년
국가 A	10	15	15	20	25
국가 B	15	10	10	5	10
국가 C	20	25	10	15	20
국가 D	30	35	25	30	35

16 주어진 자료에 대한 [보기]의 설명 중 옳지 않은 것을 모두 고르면?

보기
ㄱ 국가 A의 2018년 GDP는 800조 원이다.
ㄴ 국가 A의 2020년 GDP는 전년 대비 20% 증가하였다.
ㄷ 네 국가 중 공공복지 예산 비율이 매년 가장 높은 국가는 D이다.
ㄹ 국가 A는 네 국가 중 유일하게 공공복지 예산을 해마다 꾸준히 증가시키고 있다.

① ㄱ, ㄴ ② ㄱ, ㄹ ③ ㄴ, ㄷ
④ ㄴ, ㄹ ⑤ ㄷ, ㄹ

17 국가 A에 대한 다음 설명 중 옳은 것을 고르면?

① 2019년 기타 분야 공공복지 예산은 25조 원 이상이다.
② 가족 분야의 공공복지 예산은 해마다 꾸준히 증가하고 있다.
③ 2020년 노인과 가족 분야 공공복지 예산은 GDP의 5%에 해당한다.
④ 2021년 실업 분야 공공복지 예산은 2018년 대비 6조 원 증가하였다.
⑤ 2022년 분야별 공공복지 예산 비율이 높은 순서대로 분야를 나열하면 그 순서는 2년 전과 다르다.

18 다음은 건강협회에서 고혈압유병률과 당뇨유병률에 따른 비만율의 상관관계를 연도별로 정리한 자료이다. 주어진 자료를 바탕으로 빈칸에 해당하는 값을 예측했을 때, 가장 적절한 값을 고르면?

[표] 고혈압유병률과 당뇨유병률에 따른 비만율 (단위: %)

구분	고혈압유병률	당뇨유병률	비만율
2018년	28	8	35
2019년	32	(㉠)	32.5
2020년	38	9	41
2021년	36	6	(㉢)
2022년	(㉡)	10	45

※ 비만율(%)=(고혈압유병률+당뇨유병률×a)÷b

	㉠	㉡	㉢
①	5	30	30
②	6	35	30
③	6	35	35
④	7	40	30
⑤	7	40	35

4회

19 다음은 미국과 한국의 금리를 분기별로 정리한 자료이다. 주어진 자료를 바탕으로 미국과 한국의 전분기 대비 금리 추이를 한눈에 비교하기 위해 그래프로 나타내었을 때, 적절한 것을 고르면?

[표] 미국과 한국의 금리 추이 (단위: %)

구분	22년 1분기	22년 2분기	22년 3분기	22년 4분기	23년 1분기	23년 2분기
미국	0.25	1.75	3.25	4.5	5	5.25
한국	1.25	1.75	2.5	3.25	3.5	3.5

① 전분기 대비 변화량 (단위: %p)

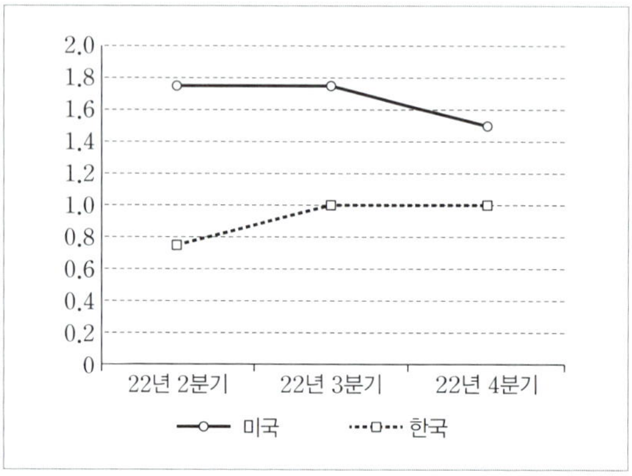

② 전분기 대비 변화량 (단위: %p)

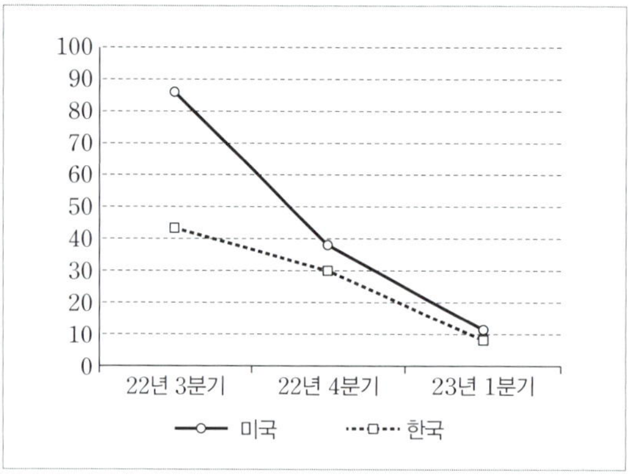

③ 전분기 대비 변화량 (단위: %p)

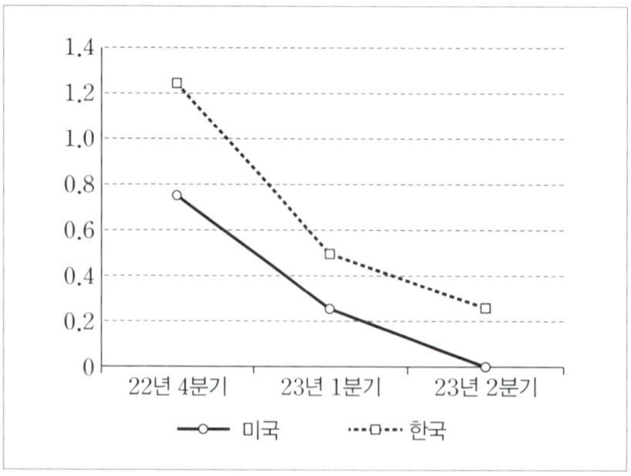

④ 전분기 대비 변화율 (단위: %)

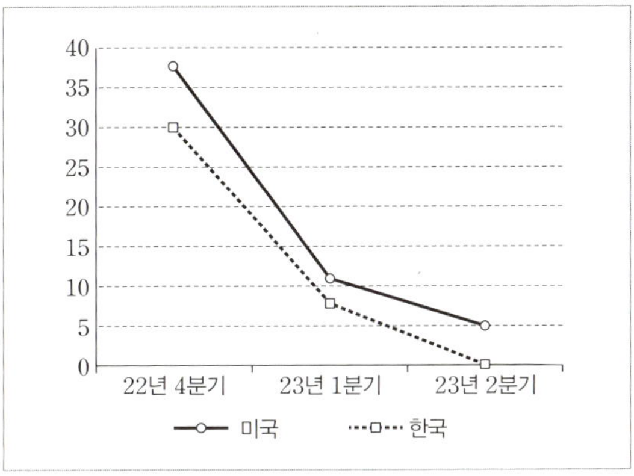

⑤ 전분기 대비 변화율 (단위: %)

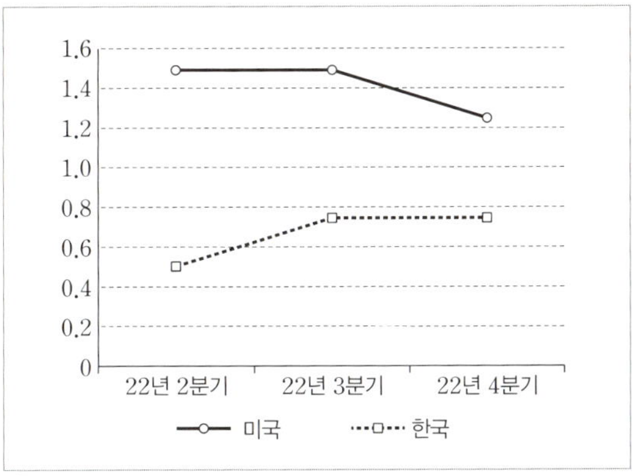

20 다음은 OO그룹 내의 계열사 A사와 B사의 매출액을 분기별로 나타낸 자료이다. 두 회사의 매출액이 매분기 일정하게 변한다고 할 때, 두 회사의 분기별 평균 매출액이 1조 원 이상이 되는 시기를 고르면?

[표] A사와 B사의 분기별 매출액 (단위: 억 원)

구분	2019년 1분기	2분기	3분기	4분기	2020년 1분기	2분기
A사	8,000	8,100	8,300	8,600	9,000	9,500
B사	6,000	6,100	6,100	6,200	6,200	6,300

① 2020년 3분기 ② 2020년 4분기 ③ 2021년 1분기
④ 2021년 2분기 ⑤ 2021년 3분기

01 다음 전제를 보고 항상 참인 결론을 고르면?

전제1	모든 운동선수는 체중관리를 한다.
전제2	어떤 운동선수는 폭식을 한다.
결론	

① 체중관리를 하는 어떤 사람은 폭식을 한다.
② 체중관리를 하는 모든 사람은 폭식을 한다.
③ 폭식을 하는 모든 사람은 체중관리를 한다.
④ 체중관리를 하는 어떤 사람은 폭식을 하지 않는다.
⑤ 폭식을 하는 어떤 사람은 체중관리를 하지 않는다.

02 다음 전제를 보고 항상 참인 결론을 고르면?

전제1	채소를 먹는 사람은 모두 건강이 좋다.
전제2	탄산음료를 먹는 사람은 모두 건강이 좋지 않다.
결론	

① 채소를 먹는 사람은 모두 탄산음료를 먹는다.
② 탄산음료를 먹는 사람은 모두 채소를 먹는다.
③ 탄산음료를 먹지 않는 사람은 모두 채소를 먹는다.
④ 채소를 먹는 사람은 모두 탄산음료를 먹지 않는다.
⑤ 채소를 먹지 않는 사람은 모두 탄산음료를 먹는다.

03 다음 결론이 반드시 참이 되게 하는 전제를 고르면?

전제1	어떤 보험은 환급을 받을 수 있다.
전제2	
결론	어떤 보험은 혈액암을 보장한다.

① 혈액암을 보장하는 보험은 모두 환급을 받을 수 있다.
② 환급을 받을 수 있는 어떤 보험은 혈액암을 보장한다.
③ 환급을 받을 수 있는 보험은 모두 혈액암을 보장한다.
④ 환급을 받을 수 없는 어떤 보험은 혈액암을 보장한다.
⑤ 혈액암을 보장하지 않는 어떤 보험은 환급을 받을 수 있다.

4회

04 3층으로 된 기숙사에 A~I의 총 9명이 거주할 때, 주어진 [조건]을 바탕으로 항상 옳은 것을 고르면? (단, '라인'은 호수의 일의 자리 숫자가 같은 세로 호수들을 의미한다.)

조건

301호	302호	303호	304호
201호	202호	203호	204호
101호	102호	103호	104호

- 각 층에는 3명씩 거주하며, 각 호수에는 최대 1명이 거주하고 있다.
- 1~4호 라인 중 3호 라인만 모든 호수에 거주자가 있다.
- C, F, G와 I, A, E는 각각 제시된 순서대로 같은 층에 연달아 거주하고 있다.
- C의 바로 아래층 호수에는 거주자가 없으며, 그 바로 아래층 호수에는 A가 거주하고 있다.
- D는 I와 같은 라인에 거주하고 있다.
- H의 바로 위층과 바로 아래층 중 한 곳에만 거주자가 있다.

① B와 E는 같은 라인에 거주하지 않는다.
② D의 바로 위층 호수에는 거주자가 있다.
③ 가능한 전체 경우의 수는 2가지이다.
④ D와 H는 연이은 호수에 거주하지 않는다.
⑤ F와 A는 같은 라인에 거주하고 있다.

05 P회사는 이번에 채용한 인턴 A, B, C, D 4명을 각자 다른 팀에 배치하려고 한다. 주어진 [조건]을 바탕으로 항상 옳은 것을 고르면?

조건

- 배치하려는 팀은 기획 1팀, 2팀, 3팀, 4팀 중 하나이다.
- 인턴 중 3명은 상경 계열 대학을 졸업했고, 1명은 자연 계열 대학을 졸업했다.
- 기획 2팀에 배치되는 인턴은 여자이다.
- D는 남자이고, 기획 3팀에 배치되지 않았다.
- 기획 1팀에 배치된 인턴은 자연 계열 대학을 졸업했다.
- C는 여자이며, 기획 4팀에 배치되었다.

① 가능한 경우의 수는 2가지이다.
② 기획 3팀에 배치된 인턴이 여자이면 기획 2팀에 배치된 인턴은 B이다.
③ 기획 1팀에 배치된 인턴은 여자이다.
④ A는 여자이다.
⑤ 기획 3팀에 배치된 인턴이 여자이면 C와 성별이 같은 인턴은 3명이다.

06 A, B, C, D의 4명은 이번 인사 평가에서 상위 4등 안에 속한 직원들이다. 이번 인사 평가 결과에 대하여 이들 4명이 중 1명이 거짓말을 하였다. 주어진 [대화]를 바탕으로 이들의 순위를 바르게 나열한 것을 고르면?

대화

- A: B는 C보다 등수가 높다.
- B: A는 두 번째로 등수가 높고, D는 가장 낮다.
- C: 나는 A 바로 앞 등수이다.
- D: C의 등수가 가장 높거나 A는 세 번째이다.

	1등	2등	3등	4등
①	A	B	C	D
②	B	A	C	D
③	B	D	C	A
④	C	A	B	D
⑤	D	B	C	A

07 둥근 원형 테이블에 A, B, C, D, E, F 6명이 앉아 있을 때, 주어진 [조건]을 바탕으로 항상 옳은 것을 고르면?

조건
- F의 양옆에는 B와 D가 앉아 있다.
- B는 E의 맞은편에 앉았다.

① C의 맞은편에는 D가 앉아 있다.
② A의 한쪽 옆에는 C가 앉아 있다.
③ B와 C는 연이은 옆자리에 앉아 있다.
④ D와 E는 연이은 옆자리에 앉아 있지 않다.
⑤ A로부터 한 칸 건넌 자리에는 F가 앉아 있다.

08 A~E 5명은 사과, 배, 복숭아, 수박, 참외 중 각각 서로 다른 어느 한 가지 과일을 좋아한다. 주어진 [조건]을 바탕으로 항상 옳은 것을 고르면?

조건
- A는 사과, 배, 수박을 좋아하지 않는다.
- B는 참외, 사과를 좋아하지 않는다.
- C는 배를 좋아하지 않는다.
- D는 복숭아를 좋아한다.
- E는 수박을 좋아하지 않는다.

① E가 사과를 좋아하면 C는 배를 좋아한다.
② B가 수박을 좋아하면 E는 배를 좋아한다.
③ C가 수박을 좋아하면 B는 사과를 좋아한다.
④ B가 수박을 좋아하면 E는 사과를 좋아한다.
⑤ B가 배를 좋아하면 C가 좋아하는 과일로 가능한 것은 2가지이다.

4회

09 7명의 직원 A, B, C, D, E, F, G가 단체로 영화를 보러 가서 일렬로 나란히 앉았을 때, 주어진 [조건]을 바탕으로 가장 오른쪽에 앉아서 영화를 본 직원을 고르면?

조건

- E는 양쪽 끝자리에 앉지 않았다.
- D는 오른쪽에서 세 번째 자리에 앉았다.
- B의 오른쪽에는 3명 이상이 앉았다.
- F는 왼쪽에서 두 번째 자리에 앉았다.
- A는 C 바로 옆자리에 앉았다.
- B는 가장 왼쪽에 앉지 않았다.

① A 또는 C　② B 또는 D　③ C 또는 D
④ F　⑤ G

10 다음에 주어진 [조건] 중 하나는 거짓, 나머지 2개는 참일 때, 항상 옳지 <u>않은</u> 것을 고르면?

조건

- 영희는 사과를 좋아하거나 호빵을 좋아한다.
- 영희는 호빵을 좋아하거나 코코넛을 좋아한다.
- 영희는 사과를 좋아하지 않거나 코코넛을 좋아하지 않는다.

① 영희는 사과를 좋아한다.
② 영희는 호빵을 좋아한다.
③ 영희는 코코넛을 좋아한다.
④ 영희가 사과를 좋아하면 코코넛을 좋아하지 않는다.
⑤ 영희가 코코넛을 좋아하지 않으면 호빵을 좋아한다.

11 S 회사에서는 신입사원 채용을 위해 지원자 18명의 면접을 진행하고자 한다. 면접관은 A 부장, B 부장, C 차장, D 과장으로 2명씩 두 팀으로 나뉘어 면접에 들어가고, 지원자는 최소 3명부터 최대 7명으로 이루어진 네 개의 조로 나뉘어 면접을 진행한다. 주어진 [조건]을 바탕으로 D 과장이 두 번째로 면접을 보게 될 조의 지원자 수를 고르면?

조건

- 면접은 1층의 101호와 102호, 2층의 201호와 202호에서 진행되고, 네 개의 조는 모두 서로 다른 곳에서 면접을 본다. 이때 면접은 1호, 2호 순으로 진행된다.
- 모든 조의 지원자 수는 서로 다르다.
- A 부장과 D 과장은 같은 팀이 아니다.
- C 차장은 201호에서 지원자 4명의 면접을 진행한다.
- 부장끼리는 같은 팀이 될 수 없고, 각 팀은 한 층씩 담당하여 면접에 들어간다.
- 1층과 2층 모두 1호에서 면접을 보는 지원자 수는 2호에서 면접을 보는 지원자 수보다 많다.

① 3명 ② 4명 ③ 5명 ④ 6명 ⑤ 7명

4회

12 A, B, C, D, E 5명은 첫째 주부터 다섯째 주까지의 어느 한 주에 각각 1명씩 행사에 참여한다. 주어진 [조건]을 바탕으로 첫째 주부터 다섯째 주까지 이들의 행사 참여 순서로 옳은 것을 고르면? (단, 선택지는 왼쪽부터 첫째 주이다.)

조건

- A는 첫째 주 또는 셋째 주에 참여한다.
- B는 셋째 주와 다섯째 주를 제외한 주에 참여한다.
- D와 E는 연이은 주에 각각 참여한다.
- D는 B의 바로 앞 주에 참여한다.

① A – D – B – E – C
② A – E – D – B – C
③ B – C – E – A – D
④ C – B – A – E – D
⑤ C – D – A – B – E

13 **A~D의 4명 중 1명만 거짓을 말하고 나머지는 모두 참을 말했을 때, 주어진 [대화]를 바탕으로 항상 옳은 것을 고르면?** (단, 4명은 1층부터 4층까지 모두 다른 층에 살고 있다.)

대화

- A: 난 2층에 살지 않아.
- B: 난 3층에 살지 않아.
- C: 난 1층과 3층에 살지 않아.
- D: 난 2층과 4층에 살지 않아.

① B의 말이 거짓일 경우, B가 사는 층만 알 수 있다.
② A의 말이 거짓일 경우, 2명이 사는 층만 알 수 있다.
③ D의 말이 거짓일 경우, 2명이 사는 층만 알 수 있다.
④ C의 말이 거짓일 경우, 4명이 모두 몇 층에 사는지 알 수 있다.
⑤ B의 말이 거짓일 경우, D가 사는 층으로 가능한 경우의 수는 2가지이다.

14 **갑, 을, 병, 정 4명이 각자 시계, 팔찌, 목걸이 중 장신구 1개와 구두, 운동화 중 신발 한 켤레를 구매하였을 때, 주어진 [조건]을 바탕으로 항상 옳은 것을 고르면?**

조건

- 모든 종류의 장신구와 신발은 한 가지 이상 구매되었다.
- 을은 목걸이를 구매하였다.
- 팔찌를 구매한 사람만 운동화를 구매하였다.
- 시계를 구매한 2명 중 1명은 정이다.

① 가능한 경우의 수는 4가지이다.
② 병이 팔찌를 구매하였으면 갑은 운동화를 구매하였다.
③ 을이 구매한 신발과 정이 구매한 신발은 다르다.
④ 병이 구매한 장신구와 갑이 구매한 장신구는 같다.
⑤ 정이 구매한 장신구와 병이 구매한 장신구는 다르다.

15 다음에 주어진 도형을 보고 적용된 규칙을 찾아 '?'에 해당하는 적절한 도형을 고르면?

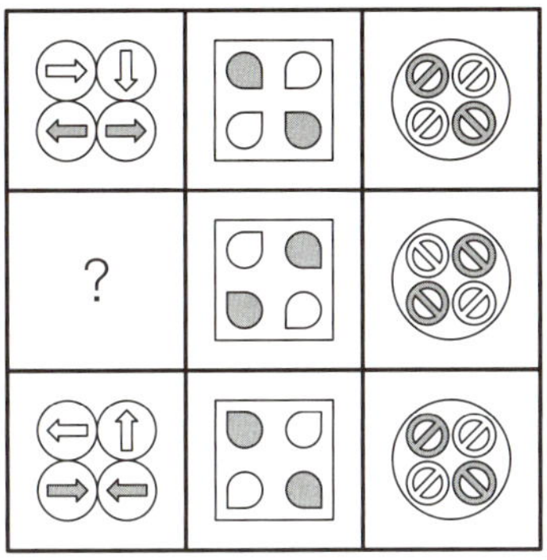

① 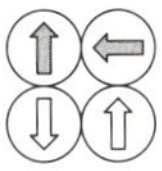

② 

③ 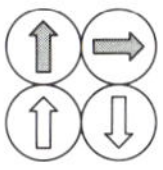

④ 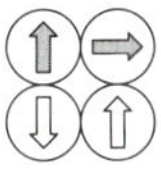

⑤ 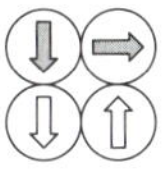

16 다음에 주어진 도형을 보고 적용된 규칙을 찾아 '?'에 해당하는 적절한 도형을 고르면?

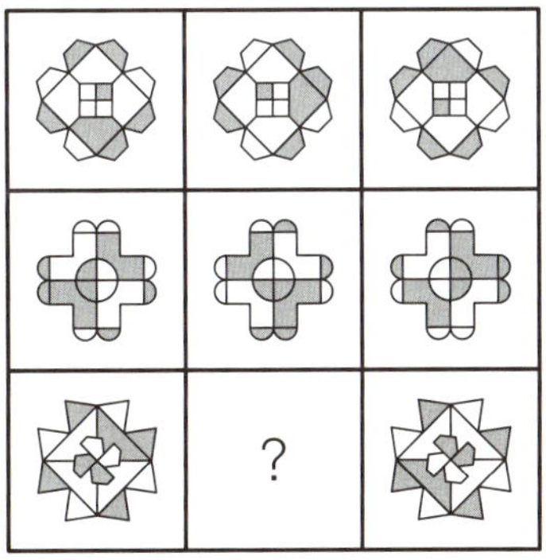

① 

② 

③ 

④ 

⑤ 

17 다음에 주어진 도형을 보고 적용된 규칙을 찾아 '?'에 해당하는 적절한 도형을 고르면?

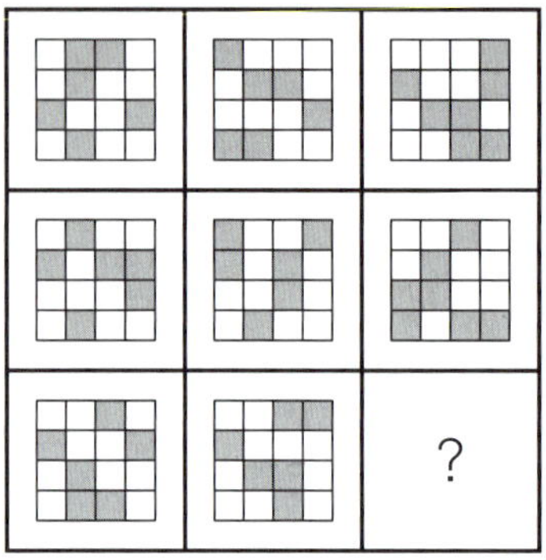

① 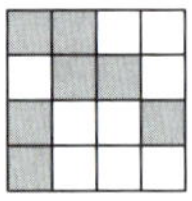

② 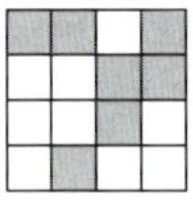

③ 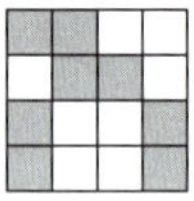

④ 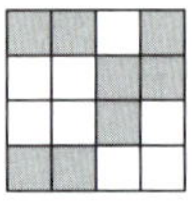

⑤ 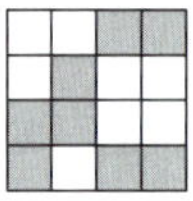

[18~21] 기호들이 하나의 규칙을 가지고 아래와 같이 문자나 숫자를 변화시킨다고 한다. 이때 다음 (?)에 들어갈 알맞은 것을 고르시오. (단, 가로와 세로 중 한 방향으로만 이동하며, Z 다음은 A, 9 다음은 0이다.)

		7N1P		QE32		
		↓		↓		
X4Z6	→	■	→	◇	→	86YW
		↓		↓		↓
C9U8	→	★	→	○	→	◇
		↓		↓		↓
		OM39		S2G1		08XV

18

QETU → ★ → ■ → (?)

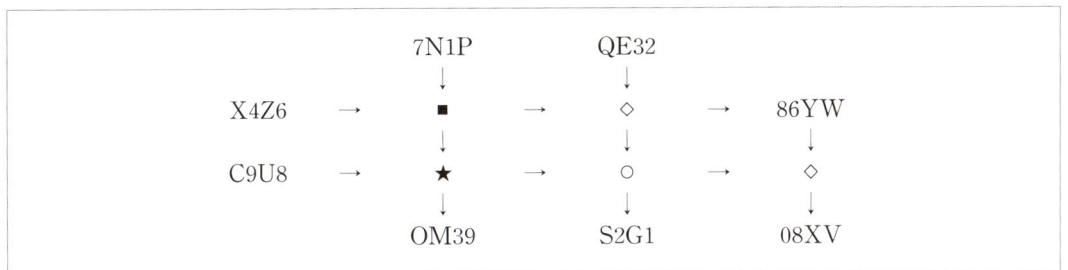

① WDPV ② WPDV ③ WPVD
④ WVDP ⑤ WDVP

19

B1A4 → ★ → ○ → ◇ → (?)

① DE95 ② DF95 ③ CE59
④ CE95 ⑤ C9E5

20

(?) → ◇ → ★ → 6935

① 5284 ② 5824 ③ 9022
④ 5842 ⑤ 9202

21

(?) → ■ → ○ → ◇ → 3TR2

① 3ST1 ② 3RS1 ③ 3SR1
④ 4ST2 ⑤ 4TS2

22 **다음 문단을 논리적 순서대로 알맞게 배열한 것을 고르면?**

[가] 우선 골목에 위치한 상점을 운영하는 사람들은 영세한 소상공인인 경우가 많은데, 이들이 최소한의 경제적 이익을 확보하도록 돕는 것이 함께 상생하는 방법이 될 수 있다.
[나] 일부 시민들은 대형 쇼핑몰에서 충분히 필요한 물건을 구입할 수 있는데 골목 경제를 살리는 것이 필요하냐고 말할 수 있다.
[다] 다음으로는 골목이 위치한 지역의 공동체 기능을 살리는 데 도움이 된다.
[라] 그럼에도 불구하고 우리가 골목 경제를 활성화해야 하는 이유는 골목 경제가 지닌 가치 때문이다.
[마] 상인과 소비자 대부분이 해당 지역에 거주하고 있는 거주민인 경우가 많아서 특색 있는 그 골목만의 문화를 만들어 낼 수 있다.

① [나]－[라]－[가]－[다]－[마]
② [나]－[라]－[마]－[가]－[다]
③ [마]－[가]－[나]－[라]－[다]
④ [마]－[다]－[나]－[라]－[가]
⑤ [마]－[라]－[가]－[다]－[나]

23 다음 문단을 논리적 순서대로 알맞게 배열한 것을 고르면?

[가] 실제 그의 실내 풍속화는 그 시대를 반영하는 군인, 학자, 화가 그리고 집안일을 돌보는 여인의 모습을 담고 있다. 또한 당대 시민들이 소유하고 있던 다양한 생활 모티프 즉 악기, 테피스트리, 파이앙스, 그리고 벽에 걸린 그림, 지도 등이 중산층의 취향을 반영하고 있다.

[나] 17세기 네덜란드는 종교적으로는 칼뱅주의가 중심을 이루면서 여타 종교에 대해 관용적이었고, 정치적으로는 스페인으로부터의 독립 후 평화주의를 지향하였다. 또한 경제적으로는 '황금의 시대'로 알려진 네덜란드 사상 유래 없던 경제적 부흥기를 맞이하였다.

[다] 이들 세속화 중에 17세기 시민 사회의 모습을 가장 잘 반영한 회화 장르는 풍속화였으며, 일상을 재현하는 풍속화의 대가 베르메르는 '황금의 세기' 경제적 번영의 중심지인 홀란트주 델프트 시에서 활동하였고, 그의 작품은 주로 도시 중산층의 삶을 묘사하였다.

[라] 독립을 위한 오랜 동안의 전쟁과 원격지 부역, 그리고 남부 벨기에 지역으로부터의 이민자의 수용은 다양한 문화적 근원을 배태한 도시 중심의 자율적인 시민 사회를 발전시켰다. 이러한 네덜란드 시민 사회는 1579년 위트레흐트 조약을 통해 칼뱅교를 국교로 공인하였고, 칼뱅주의는 성상 사용을 배격하면서 세속적 미술의 발전에 영향을 미치게 되었다.

① [나]－[가]－[라]－[다]
② [나]－[다]－[가]－[라]
③ [나]－[라]－[다]－[가]
④ [라]－[나]－[다]－[가]
⑤ [라]－[다]－[가]－[나]

4회

24 다음 글의 내용이 참일 경우, 반드시 거짓인 진술을 고르면?

플로팅게이트란 플래시메모리 셀을 구성하는 기본 구조물 가운데 하나다. D램의 경우, 커패시터라는 곳에 전하를 채우는 방식으로 데이터를 기록하지만, 플래시메모리는 커패시터가 없고 오로지 트랜지스터만 있다. 플래시메모리의 트랜지스터는 플로팅게이트와 컨트롤게이트로 구성된다. 이 플로팅게이트에 전하가 차 있으면 1, 전하가 없으면 0 으로 기록하게 된다. 플로팅게이트는 절연체인 산화막으로 둘러싸여 있어 기본적으로 닫힌 상태다. 그러나 컨트롤게이트에서 높은 (+)전압을 걸어주면 (−)전자가 산화막을 통과해 플로팅게이트로 들어간다. 이것이 바로 낸드플래시 메모리의 '쓰기' 작업이다. 이렇게 산화막을 통과해 플로팅게이트에 저장된 전자는 갇힌 상태가 되며, 전원이 공급되지 않더라도 그대로 유지된다. 전원을 끊어도 데이터가 삭제되지 않는 '비휘발성' 특성은 바로 이러한 원리로 만들어진다. '지우기' 과정은 반대다. 산화막에 갇힌 전자를 빼내기 위해 기판 쪽에서 높은 (+)전압을 걸어주면 전자가 빠져나온다. 플로팅게이트는 비워지며, 이를 터널 릴리즈라고 한다. 낸드플래시는 덮어쓰기가 안 되므로 해당 영역에 데이터를 새로 쓰려면 지우기 과정을 반드시 거쳐야 한다.

① 플래시메모리와 D램은 구조가 다르다.
② 플래시메모리는 '비휘발성' 특성을 가지고 있다.
③ 컨트롤게이트에서 낮은 전압을 걸어주면 산화막 안에 있는 전자를 이동시킬 수 있다.
④ 낸드플래시의 셀은 플로팅게이트에 전자를 채우고 비우는 방식으로 0과 1을 인식한다.
⑤ 데이터가 저장된 플래시메모리에 데이터를 새로 쓰기 위해서는 터널 릴리즈 작업이 선행되어야 한다.

25 다음 글의 내용이 참일 경우, 반드시 거짓인 진술을 고르면?

> 차세대 에너지원으로 주목받고 있는 것 중의 하나가 바로 연료 전지이다. 연료 전지란 수소와 산소가 결합하여 물이 될 때 발생하는 화학 에너지를 전기 에너지로 바꾸는 장치로써, 물이 수소와 산소로 전기 분해되는 원리를 역으로 이용한 것이다. 이러한 원리의 연료 전지는 미래의 석유 고갈과 환경 문제에 대비할 수 있는 효과적인 에너지 장치로 떠오르고 있다.
>
> 연료 전지를 이용하여 전기 에너지를 생산할 경우, 화석 연료에 비해 이산화탄소의 발생량도 적고, 인체에 해로운 질소 화합물이나 황산화물 등은 전혀 배출되지 않는다. 이렇듯 연료 전지는 중간 과정 없이 화학 에너지가 바로 전기 에너지로 전환되므로 에너지 효율이 매우 높고, 발생하는 생성물이 물밖에 없는 무공해 에너지이다.
>
> 이러한 연료 전지가 이용될 수 있는 분야는 매우 많다. 그중에서도 대표적인 것이 자동차이다. 연료 전지 자동차는 지금의 가솔린 자동차와 같은 연소 과정이 없으므로 배기가스 등의 오염 물질을 배출하지 않고, 고효율도 겸비하고 있기 때문에 미래의 자동차로서 최적 후보로 꼽힌다. 자동차의 동력원 외에도 큰 빌딩의 에너지원이나 가정용으로도 연료 전지가 이용될 전망이다.

① 물을 전기 분해하면 수소와 산소로 분리된다.
② 연료 전지는 화석 연료에 비해 이산화탄소 발생량이 적다.
③ 연료 전지는 효율이 높아 여러 분야에서 유용하게 쓰일 수 있다.
④ 가솔린을 연료로 하는 자동차는 연소 과정을 통해 오염 물질을 배출한다.
⑤ 연료 전지는 질소 화합물 등 발생하는 것이 전혀 없는 무공해 에너지이다.

26 다음 글의 내용이 참일 경우, 반드시 거짓인 진술을 고르면?

> 반도체 집적회로는 다양한 기능을 처리하고 저장하기 위해 많은 소자를 하나의 칩 안에 집적한 전자부품을 말한다. 반도체 집적회로는 웨이퍼라는 얇은 기판 위에 다수의 동일 회로를 만들어 탄생되는데, 웨이퍼는 실리콘, 갈륨 아세나이드 등을 성장시켜 만든 단결정 기둥을 적당한 두께로 얇게 썬 원판을 의미한다. 대부분의 웨이퍼는 모래에서 추출한 규소, 즉 실리콘으로 만들고 다음과 같이 구성된다. 우선 둥근 웨이퍼 위에 작은 사각형들이 밀집된 것으로 전자 회로가 직접된 IC칩인 다이가 있다. 다음으로는 다이와 다이가 일정한 간격을 두고 서로 떨어져 있을 수 있도록 한 스크라이브 라인이 있고, 웨이퍼의 구조를 구별하기 위해 만든 영역인 플랫존으로 구성된다. 플랫존은 노치로 대신하기도 하는데, 노치는 플랫존보다 더 많은 다이를 만들 수 있어 효율이 높다는 특징이 있다.

① 스크라이브 라인은 웨이퍼 안에서 다이와 다이의 간격을 두기 위한 것이다.
② 웨이퍼는 단결정 기둥을 적당한 두께로 얇게 썬 것으로, 대부분 실리콘으로 만든다.
③ 웨이퍼의 구조를 플랫존으로 구별하는 경우 노치보다 더 많은 다이를 만들 수 있다.
④ 웨이퍼라는 얇은 기판 위에 다수의 동일 회로를 만들어 반도체 집적회로를 만들 수 있다.
⑤ 반도체 집적회로는 다양한 기능을 처리하고 저장하기 위해 많은 소자를 집적한 전자부품을 의미한다.

27 다음 글의 내용이 참일 경우, 반드시 거짓인 진술을 고르면?

> 가상현실 및 증강현실의 개념이 공존하는 4차 산업혁명시대가 도래하면서 사람과 기계 또는 전자제품 사이의 휴먼-머신 인터페이스 기술의 중요성이 강조되고 있다. 신개념 기술 구현을 위해 인체의 움직임을 감지하는 모션센서가 핵심기술로 부상하고 있다. 또한 모션센서는 관절의 가동범위를 분석함으로써 운동선수의 운동능력을 향상시키거나 사람의 걸음걸이를 분석하여 각종 질병 예방 및 재활치료에 응용이 가능할 것으로 예상된다. 기존 모션센서들은 주로 기계적인 변형에 따른 저항이나 전기용량 변화를 감지하는 방식으로 감도가 낮고 소자 구조가 복잡하며, 외부 전원공급 장치를 필요로 해 소형화에 한계가 있었다. K사는 반도체 나노구조에서 발생하는 '압전 현상'으로 이러한 문제점을 개선하고자 했다. 압전 현상은 기계적 압력을 가하면 전압이 발생하고, 전압을 가하면 기계적인 변형이 발생하는 현상을 말한다. K사는 이 현상을 이용하여 추가적인 전원 공급장치를 대체함으로써 공정을 단순화했고, 소자의 소형화까지 이뤄낸 자가구동 모션센서 기술을 개발했다.

① 4차 산업혁명시대에는 가상현실 및 증강현실의 개념이 공존한다.
② 자가구동 모션센서는 의료 분야에서도 활용할 수 있는 핵심기술이다.
③ 기존의 모션센서들은 감도가 낮고 소형화를 할 수 없다는 문제점이 있었다.
④ 반도체 나노구조에서 기계적 압력을 가하면 전압이 발생하는 현상이 나타났다.
⑤ K사는 반도체 나노구조의 공정을 단순화하여 자가구동 모션센서 기술을 개발했다.

28 다음 글에 대한 반론으로 적절하지 않은 것을 고르면?

> NFT 예술품은 크게 2가지 종류로 나뉜다. 실물이 있는 작품을 NFT로 여러 개 발행하는 것과 처음부터 NFT로 만들어 거래하는 것이다. 첫 번째의 경우, 최근 국내외 유명 미술관에서 많이 진행하며 NFT의 가치를 높이기 위해 실제 작품을 없애기도 한다. 실제 작품이 사라지는 순간, 그 가치는 NFT로 옮겨가기 때문이다. 이러한 이유로 NFT의 가치를 끌어올리려고 실제 작품을 불태우는 일이 최근 제법 많이 일어났다. 한 블록체인 기업에서 영국의 가명 그래피티 아티스트인 뱅크시의 「Morons」를 불태운 사례도 있었고, 미술가 데미안 허스트가 자신의 작품을 직접 불태우기도 했다. 당시 허스트는 약 159억 원에 달하는 작품을 난로에 태웠다. 이들 모두 "원본 작품의 가치를 NFT로 넘기기 위한 것이었다."고 이야기했다.

① 미술시장에서는 예술품의 본질을 지니지 않은 NFT를 예술작품으로 인정하지 않는다.
② 미술관에서 내놓는 미술품 NFT는 수백 개씩 발행되기에 실제 예술작품의 가치보다 낮다.
③ 원본 작품은 시간이 지나면 손상될 가능성이 있으므로 미술품 NFT의 가치는 점차 높아질 것이다.
④ 시장에서 암호화폐 시장이 점점 사그라들고 있는 실정에서 미술품 NFT는 더 이상 주목받지 못한다.
⑤ 미술사에서 오래도록 지켜온 아우라 때문에 미술품 NFT는 절대 실물 작품의 가치를 넘겨받을 수 없다.

29 다음 글과 [보기]를 읽고 추론한 것 중 적절하지 않은 것을 고르면?

디지털 노마드는 정보통신 기술을 이용하여 업무를 처리하고, 좀 더 일반적으로는 유목민적인 방식으로 삶을 살아가는 개개인을 일컫는다. 이들은 대체적으로 원격으로 일을 하는데, 일반적인 업무 공간에서 수행되던 과제와 목표를 자신의 집이나 다른 나라, 커피숍, 도서관, 코워킹 스페이스, 레크레이션용 차량 등에서 원격으로 수행한다.

보기

디지털 노마드, 리모트 워커, 프리랜서 등의 단어는 그냥 단어이다. 그냥 상황에 따라 그때그때 달리 사용되는 단어이다. 회사에 소속되어 원격으로 다른 장소, 다른 도시에서 일을 하면 리모트 워커, 자유롭게 자신의 일을 하면서 때로는 계약의 형태로 일을 하는 프리랜서로 부른다. 이처럼 디지털 노마드는 때로는 리모트 워커와 프리랜서의 삶을 병행할 때도 있고, 조금 더 스스로 재미있는 삶을 살기 위해 스스로의 계획에 따라 거주지를 바꾸면서 살아가기도 한다.

① 리모트 워커나 프리랜서는 디지털 노마드의 종류 중 하나로 볼 수 있다.
② 같은 디지털 노마드라고 해도 생활 방식에 따라 라이프 스타일은 서로 다르다.
③ 디지털 노마드는 주어진 상황에 얽매이지 않고 원하는 장소에서 일을 수행한다.
④ 디지털 노마드는 한 곳에 정착하지 않고 여행을 다니면서 온라인에서 업무를 본다.
⑤ 디지털 노마드는 계획성 없이 즉흥적으로 자신이 원할 때 원하는 방식대로 일하는 개개인을 뜻한다.

30 다음 글과 [보기]를 읽고 추론한 것 중 적절하지 않은 것을 고르면?

상온에서 기체인 냉매는 에어컨 실외기의 압축기에서 압축되어 고온고압의 기체가 된다. 이후 냉매는 응축기로 이동하여 액체로 응축되고 주변에 열을 방출한다. 열을 빼앗겨 저온 상태인 냉매는 고압의 액체가 되어 팽창밸브로 이동하며, 이때 고압의 액체였던 냉매는 저압으로 변하며 온도가 떨어진다. 저온저압의 액체가 된 냉매는 증발기로 이동하여 주변의 열을 빼앗으며 기체로 증발한다. 이 증발을 통해 에어컨에서 시원한 바람이 나온다. 그리고 외부의 열을 흡수하여 온도가 높아진 냉매는 다시 압축기로 이동하고 이전의 사이클을 반복한다.

보기

냉각식 제습기는 공기 중의 수증기를 물로 응축시켜 습기를 조절한다. 수증기를 응축시키기 위해서는 이슬점 이하로 공기의 온도를 내려야 하기 때문에 냉각식 제습기는 냉매를 이용한다. 습한 공기를 팬을 이용해 빨아들인 뒤 냉매를 이용한 냉각장치(증발기)로 통과시키고, 냉각장치를 통과하면 공기의 온도가 낮아짐과 동시에 실내에 열을 방출한다. 여기서 공기가 이슬점에 도달해 공기 중의 수증기가 물로 변하면 냉각관에 맺혀 물통에 떨어져 모이게 된다.

① 에어컨은 기체 상태인 냉매를 액체로 응축한다.
② 에어컨은 열을 방출하는 실외기가 필요할 것이다.
③ 냉각식 제습기는 냉각관에 맺힌 물을 비워야 한다.
④ 에어컨과 냉각식 제습기는 가동하면 모두 실내가 시원해진다.
⑤ 냉각식 제습기는 외부 공기를 빨아들여 공기의 온도를 낮춘다.

4회

05 | 실전모의고사 5회

수리논리 | 20문항 30분

정답과 해설 P.57

01 올해 OO공장은 A부품과 B부품만을 생산한다. 올해 A부품은 전년도보다 생산량이 10% 증가하고, B부품은 전년도보다 5% 감소하였지만, 전체 생산량은 7% 상승하였다. 이때 A부품의 전년도 생산량이 440만 개라면, 올해 B부품의 생산량을 고르면?

① 90.25만 개 ② 95만 개 ③ 99.75만 개
④ 104.5만 개 ⑤ 114만 개

02 제조팀 6명과 영업팀 4명 총 10명 중 3명을 뽑아서 팀을 만들려고 한다. 이때 제조팀 2명과 영업팀 1명을 뽑을 확률을 고르면?

① $\frac{1}{4}$ ② $\frac{1}{3}$ ③ $\frac{2}{5}$ ④ $\frac{1}{2}$ ⑤ $\frac{2}{3}$

03 다음은 국내 로봇청소기 시장에서 가장 많이 점유하고 있는 A사에 관한 자료이다. 주어진 자료에 대한 설명 중 옳지 않은 것을 고르면?

[표] 국내 로봇청소기 전체 시장 규모 및 A사의 점유율 (단위: 억 원, %)

구분	2020년	2021년	2022년	2023년
전체 시장 규모	1,800	2,100	3,000	4,800
A사	25	35	36	40

[그래프] 국내 로봇청소기 A사 실적 추이 (단위: 억 원, %)

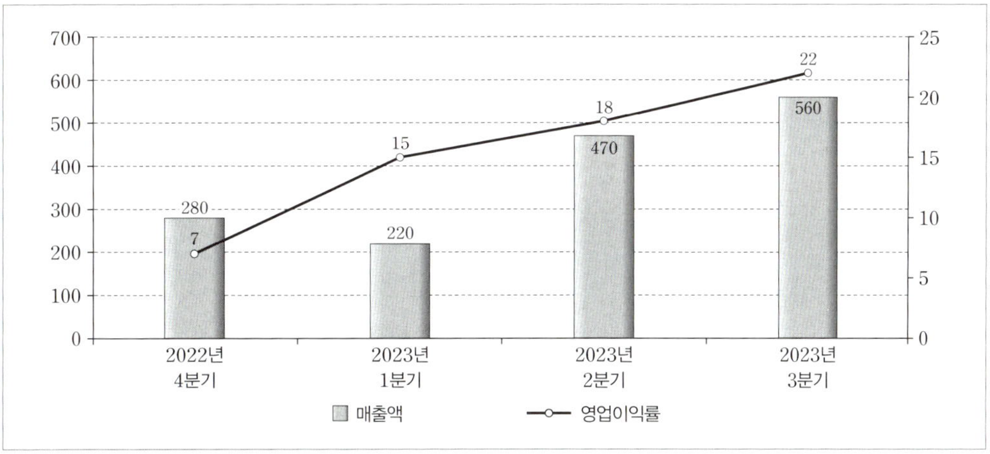

※ 영업이익률(%)=$\frac{\text{영업이익}}{\text{매출액}}$×100

① 2020~2023년 동안 국내 로봇청소기 전체 시장 규모는 감소하지 않았다.
② 2023년 1~3분기 동안 국내 로봇청소기 A사의 매출액이 전 분기 대비 감소한 적은 없다.
③ 2020~2023년 동안 국내 로봇청소기 A사의 시장 규모가 증가하지 않은 적은 없다.
④ 국내 로봇청소기 A사의 2023년 4분기 매출액은 680억 원에 미치지 못한다.
⑤ 국내 로봇청소기 A사의 영업이익은 2022년 4분기보다 2023년 1분기가 더 크다.

04 다음은 P지역의 2022년 경제활동인구와 경제활동참가율을 조사한 자료이다. 주어진 자료에 대한 설명 중 옳은 것을 고르면?

[그래프1] 2022년 경제활동인구 (단위: 명)

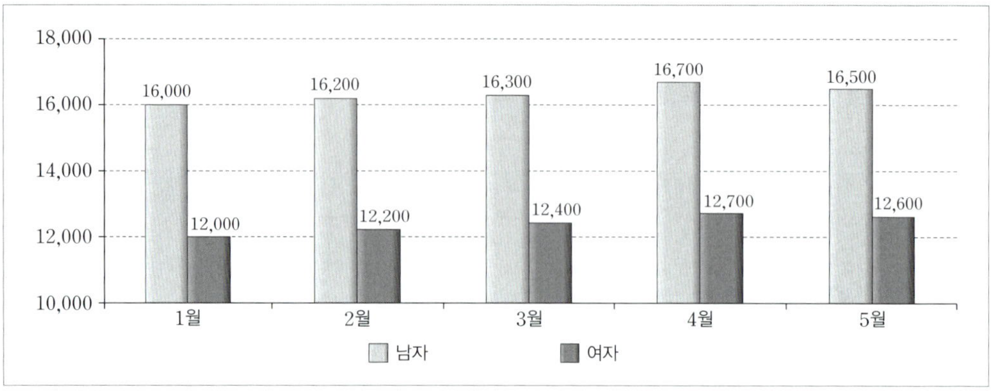

※ 경제활동인구: 15세 이상 인구 중 (취업자+실업자) 수

[그래프2] 2022년 경제활동참가율 (단위: %)

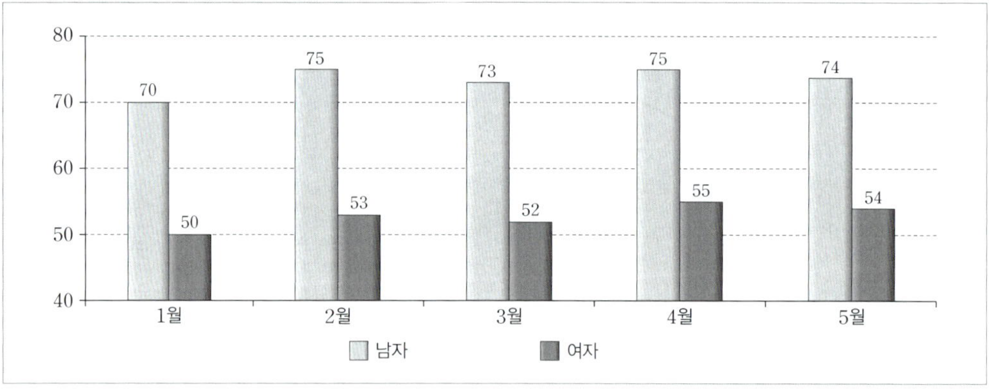

※ 경제활동참가율: 15세 이상 인구 중 경제활동인구가 차지하는 비율

① 3월 경제활동인구는 28,600명이다.
② 15세 이상 여자 인구는 1월 대비 5월에 증가하였다.
③ 1월 대비 4월 여자의 경제활동참가율은 5% 증가하였다.
④ 2월 15세 이상 남자 인구는 21,000명 이상이다.
⑤ 2월부터 5월까지 남자와 여자의 전월 대비 경제활동인구 증감 추이는 서로 다르다.

05 다음은 전 세계와 아프리카 스마트폰 점유율 추이를 나타낸 자료이다. 주어진 자료에 대한 [보기]의 설명 중 옳은 것을 모두 고르면?

[그래프1] 전 세계 스마트폰 점유율 추이

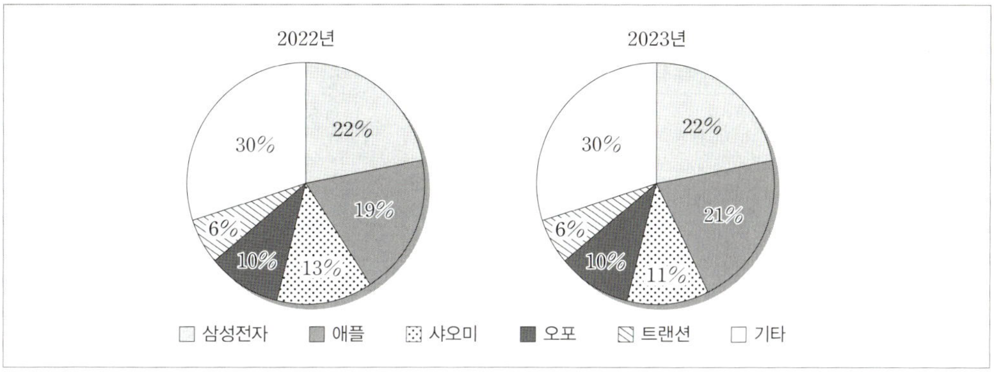

[그래프2] 아프리카 스마트폰 점유율 추이

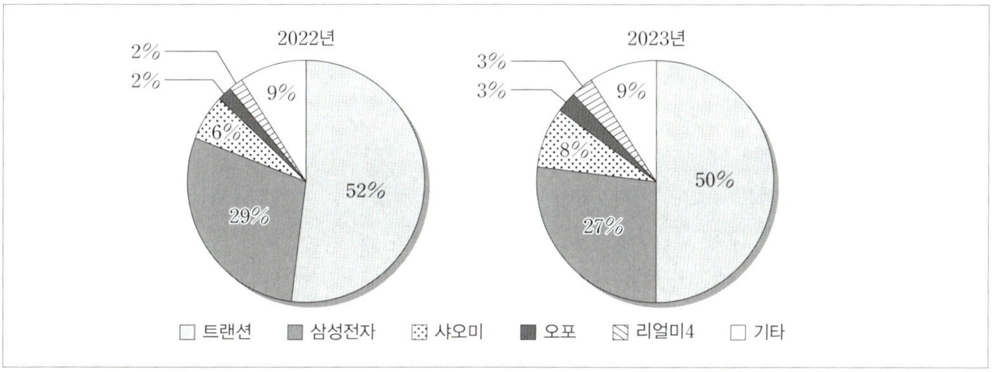

보기

㉠ 2023년 전 세계 스마트폰 점유율 순위는 전년과 동일하다.

㉡ 기타를 제외하고, 2022년 아프리카 스마트폰 점유율 순위는 전 세계 점유율 순위와 동일하다.

㉢ 2023년 전 세계 스마트폰 시장이 전년 대비 10% 감소했다면, 애플의 시장 규모는 증가하였다.

㉣ 아프리카 스마트폰 시장이 전 세계 시장의 30%를 차지한다면, 2023년 삼성전자 스마트폰의 35% 이상이 아프리카에서 판매된다.

① ㉠, ㉢　　② ㉠, ㉣　　③ ㉡, ㉢

④ ㉠, ㉢, ㉣　　⑤ ㉡, ㉢, ㉣

06 다음은 연도별 A 회사 매출액과 매출액의 전년 대비 증가율을 조사한 자료이다. 주어진 자료에 대한 설명 중 옳지 않은 것을 고르면?

[표] 연도별 A 회사 매출액 (단위: 백만 원)

구분	2012년	2013년	2014년	2015년	2016년
매출액	5,000	7,500	8,000	6,000	10,000

[그래프] 연도별 A 회사 매출액의 전년 대비 증가율 (단위: %)

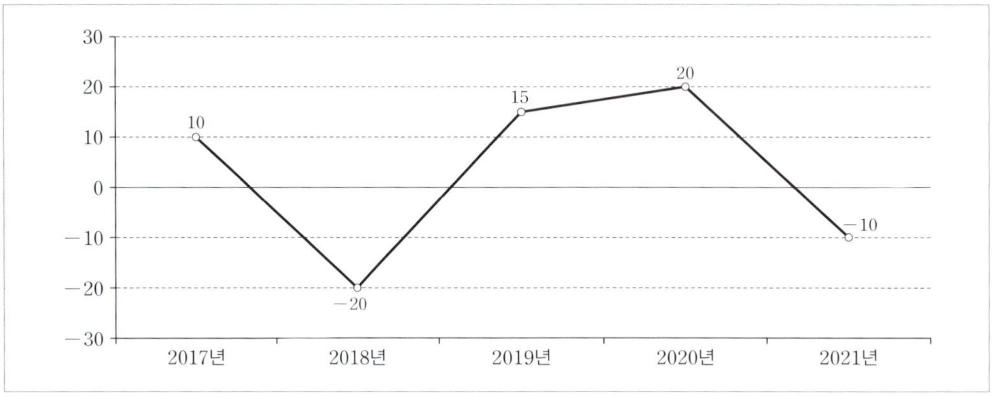

① 2021년 매출액은 2016년 대비 감소했다.
② 2017년 매출액은 2012년 대비 100% 이상 증가하였다.
③ 제시된 기간 중 매출액이 가장 많은 해는 2020년이다.
④ 2013년부터 2016년까지 매출액이 전년 대비 감소한 해는 1개이다.
⑤ 2018년 이후 매출액의 전년 대비 증가율이 전년 대비 증가한 해는 2개이다.

07 다음은 T업체에서 생산하는 제품별 연간 유지비와 가격 대비 연간 유지비 비율을 조사한 자료이다. 주어진 자료에 대한 설명 중 옳은 것을 고르면?

[그래프] 제품별 연간 유지비 (단위: 만 원)

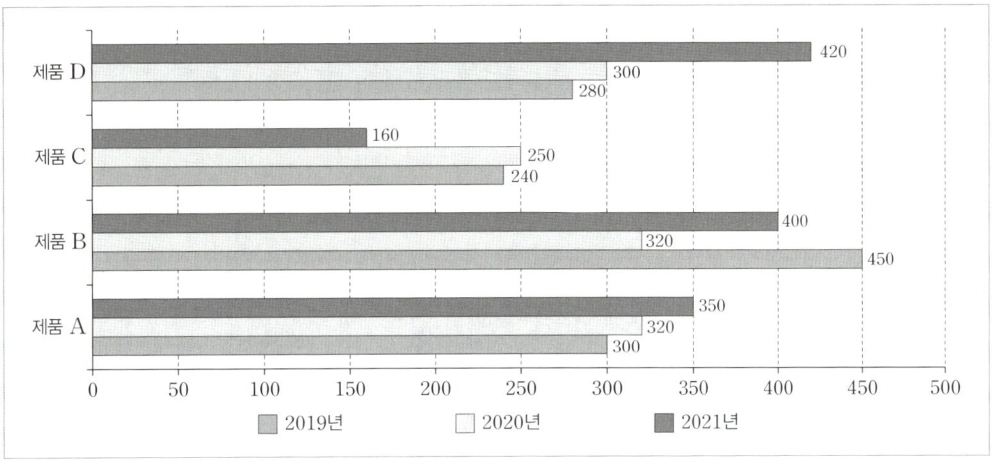

[표] 가격 대비 연간 유지비 비율 (단위: %)

구분	제품 A	제품 B	제품 C	제품 D
2019년	6.0	5.0	8.0	4.0
2020년	5.0	4.0	5.0	6.0
2021년	5.0	5.0	4.0	7.0

※ (가격 대비 연간 유지비 비율)(%) $=\frac{\text{(연간 유지비)}}{\text{(해당 제품 가격)}}\times 100$

① 제품 B의 가격은 2021년에 가장 높다.
② 2021년 가격이 가장 높은 제품은 D이다.
③ 2020년 대비 2021년 제품 C의 가격은 20% 감소하였다.
④ 제시된 기간에 제품 A의 가격은 꾸준히 상승하지 않았다.
⑤ 2019년 가격 대비 연간 유지비 비율이 가장 높은 제품이 연간 유지비도 가장 높다.

5회

[08~09] 다음은 국내외 패션 · 스포츠웨어 시장 규모에 대한 자료이다. 이를 바탕으로 이어지는 질문에 답하시오.

[표] 국내 패션 · 스포츠웨어 시장 규모 (단위: 조 원)

구분	2019년	2020년	2021년	2022년	2023년
패션	42	40	44	46	50
스포츠웨어	6	5	5.5	7.2	8

[그래프] 글로벌 스포츠웨어 시장 규모 (단위: 십억 달러)

08 다음 설명 중 옳지 않은 것을 고르면?

① 2019~2023년 동안 매년 국내 패션 시장 규모는 스포츠웨어 시장 규모의 6배 이상을 유지했다.
② 제시된 기간 동안 글로벌 스포츠웨어 시장 규모는 지속적으로 증가하였다.
③ 2019~2023년 동안 국내 패션 시장과 스포츠웨어 시장 규모의 증감 추이는 동일하다.
④ 2020년 이후 국내 스포츠웨어 시장 규모는 매년 10% 이상 증가했다.
⑤ 2020~2023년 동안 글로벌 스포츠웨어 시장에서 옷 시장 규모가 전년 대비 가장 많이 증가한 해는 2022년이다.

09 주어진 자료에 대한 [보기]의 설명 중 옳지 않은 것을 모두 고르면?

보기

㉠ 글로벌 스포츠웨어 시장 규모는 2022년이 2023년보다 10억 달러 더 적었다.
㉡ 2020년과 2022년의 국내 패션 시장 규모의 전년 대비 증감량은 동일하다.
㉢ 2023년 글로벌 스포츠웨어 시장에서 국내 스포츠웨어 시장이 차지하는 비중은 4%이다.
㉣ 2020~2023년 동안 글로벌 스포츠웨어 시장 중 신발 시장의 전년 대비 증가율이 가장 높은 해는 2021년이다.

① ㉠ ② ㉠, ㉡ ③ ㉠, ㉡, ㉢
④ ㉠, ㉡, ㉣ ⑤ ㉠, ㉡, ㉢, ㉣

[10~11] 다음은 상담소비자원에서 디지털 콘텐츠 종류별 비율과 불만 · 피해 접수된 유형별 건수에 대해 정리한 자료이다. 이를 바탕으로 이어지는 질문에 답하시오.

[그래프] 디지털 콘텐츠 종류별 비율

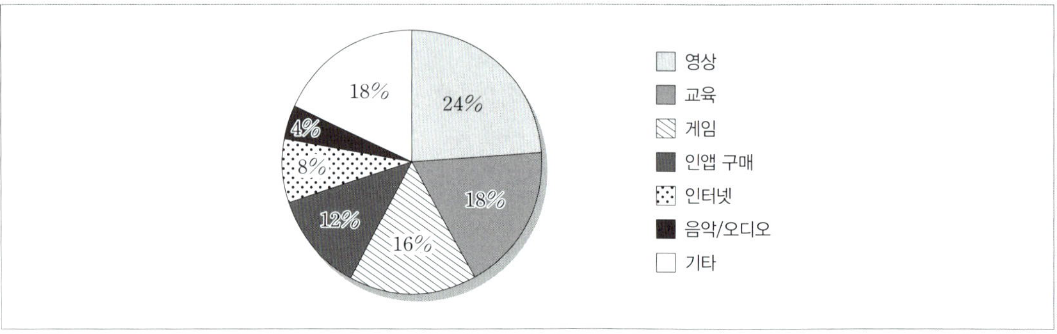

[표] 불만 · 피해 접수된 유형별 건수 (단위: 건)

유형	건수
계약해제, 해지 · 위약금 관련	220
청약철회제한	90
계약불이행	70
부당행위	60
가격 · 요금/이자 · 수수료	35
품질/AS미흡	32
약관/표시 · 광고/거래관행	28
무능력자계약	5
기타(단순문의 등)	60

10 다음 설명 중 옳지 않은 것을 고르면?

① 디지털 콘텐츠 종류 상위 세 항목의 비율은 전체 콘텐츠의 절반 이상을 차지한다.
② 불만 · 피해 접수된 유형 중 청약철회제한 유형은 품질/AS미흡 유형보다 48건 이상 많다.
③ 디지털 콘텐츠 종류 중 게임의 비율은 인터넷보다 2배 더 많다.
④ 불만 · 피해 접수된 건수는 총 500건 이상이다.
⑤ 디지털 콘텐츠 종류 중 인앱 구매가 차지하는 비중은 교육보다 6% 더 낮다.

5회

11 주어진 자료에 대한 [보기]의 설명 중 옳은 것을 모두 고르면?

보기

㉠ 음악/오디오 디지털 콘텐츠 수가 총 300개이면, 전체 디지털 콘텐츠 수는 7,500개이다.
㉡ 계약해제, 해지 · 위약금 관련 유형은 전체 불만 · 피해 접수 건수의 36% 이상이다.
㉢ 인터넷과 게임의 디지털 콘텐츠 수의 차이가 480개이면, 인앱 구매 콘텐츠 수는 750개 이상이다.
㉣ 가격 · 요금/이자 · 수수료 유형의 불만 · 피해 접수 건수는 무능력자계약 유형의 불만 · 피해 접수 건수의 700%이다.

① ㉠, ㉡　② ㉠, ㉢　③ ㉠, ㉣
④ ㉡, ㉢　⑤ ㉢, ㉣

[12~13] 다음은 국내 골프연습장 수 및 증감률과 창·폐업 비교를 나타낸 자료이다. 주어진 자료를 바탕으로 이어지는 질문에 답하시오.

[그래프] 국내 골프연습장 수 및 전년 대비 증감률 (단위: 개, %)

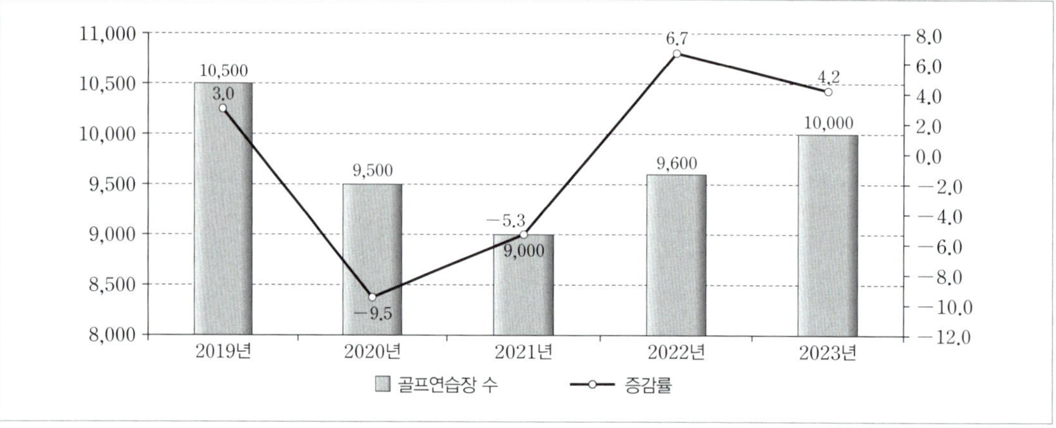

[표] 국내 골프연습장 창·폐업 비교 (단위: 개)

구분	2019년	2020년	2021년	2022년	2023년
창업 매장 수	800	150	500	800	700
폐업 매장 수	500	1,150	1,000	200	300

12 다음 설명 중 옳은 것을 고르면?

① 국내 골프연습장 수는 2021년부터 증가하기 시작했다.
② 2021년부터 국내 골프연습장 창업 매장 수는 지속적으로 증가하였다.
③ 주어진 기간 동안 국내 골프연습장 폐업 매장 수가 창업 매장 수보다 많았던 해는 3번이다.
④ 2019년 이후 국내 골프연습장 폐업 매장 수는 매년 감소하였다.
⑤ 2018년 국내 골프연습장 수는 10,000개 이상이다.

5회

13 주어진 자료에 대한 [보기]의 설명 중 옳은 것을 모두 고르면?

보기

㉠ 국내 골프연습장 창업 매장 수는 2018년보다 2019년에 더 많았다.
㉡ 2021년 창업과 폐업 매장 수가 동일했다면, 2022년의 전년 대비 증가율은 2%가 되지 않는다.
㉢ 2019~2023년 동안 국내 골프연습장 창업 매장 수가 폐업 매장 수보다 더 많다.
㉣ 2024년 창업 매장 수 950개, 폐업 매장 수 250개이면, 국내 골프연습장 수는 2019년보다 더 많다.

① ㉠, ㉡ ② ㉠, ㉢ ③ ㉠, ㉣
④ ㉡, ㉢ ⑤ ㉡, ㉣

[14~15] 다음 [그래프]는 합계출산율과 주요 연령대별 출산율에 대한 자료이다. 주어진 자료를 보고 이어지는 질문에 답하시오.

[그래프1] 합계출산율 (단위: 명/가임 여성 1명)

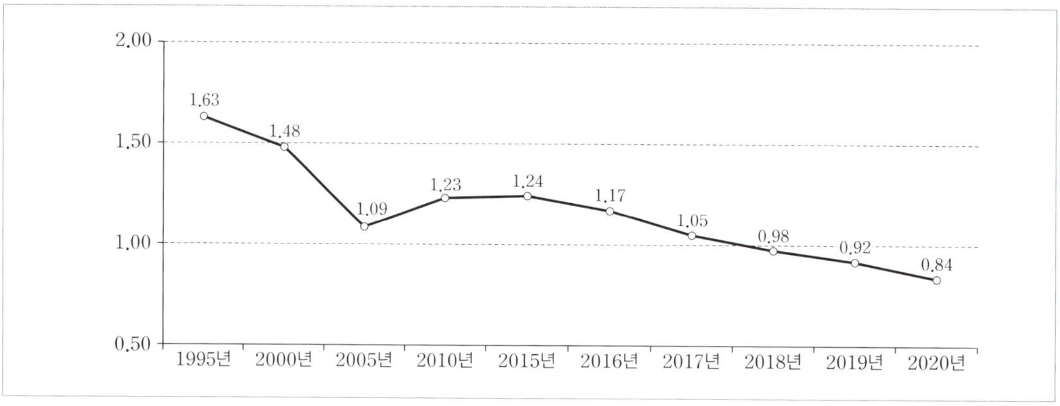

[그래프2] 주요 연령대별 출산율 (단위: 명/해당 연령대 여성 1,000명)

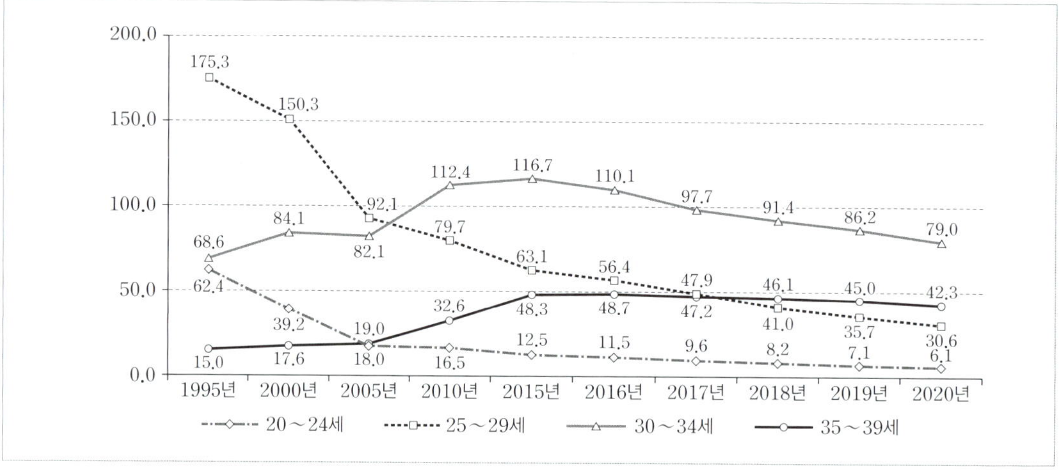

14 다음 설명 중 옳지 않은 것을 고르면?

① 2020년 합계출산율은 전년 대비 0.08명 감소하였다.
② 2020년 연령대별 여성 천 명당 출산율은 30~34세, 35~39세, 25~29세 순으로 높게 나타났다.
③ 2010년 이후 20~39세의 연령대에서 여성 천 명당 출산율은 20~24세가 가장 저조하다.
④ 2015년 이후 20~39세의 연령대에서 여성 천 명당 출산율은 30~34세가 가장 높게 나타났다.
⑤ 제시된 기간 중 합계출산율이 가장 높았던 해에 30대의 여성 천 명당 출산율도 가장 높다.

5회

15 2016년 이후 합계출산율이 전년 대비 가장 많이 감소한 해에 20~39세 중 출산율이 전년 대비 가장 많이 감소한 연령대의 감소한 출산율을 고르면?

① 1.5명 ② 1.9명 ③ 8.5명
④ 12.4명 ⑤ 13.4명

[16~17] 다음은 P 기업의 분기별 손익계산서를 조사한 자료이다. 주어진 자료를 바탕으로 이어지는 질문에 답하시오.

[표] P 기업의 분기별 손익계산서 (단위: 천만 원)

구분	2021년 3분기	2021년 4분기	2022년 1분기	2022년 2분기	2022년 3분기
매출액	12,000	15,000	18,000	10,000	8,000
매출원가	1,500	3,500	2,000	3,000	1,500
판매관리비	2,000	1,500	5,000	2,500	2,000
금융손익	−5,000	2,000	−1,000	3,000	−500
영업외손익	500	−2,500	−3,000	2,000	1,500
법인세비용	3,000	1,000	1,500	2,000	2,500

16 주어진 자료에 대한 [보기]의 설명 중 옳은 것을 모두 고르면?

보기

㉠ 2022년 1분기 이후 법인세비용은 매분기 증가했다.
㉡ 2021년 4분기 매출원가는 판매관리비의 3배 이상이다.
㉢ 제시된 기간 중 금융손익이 최대인 기간은 2022년 4분기이다.
㉣ 2022년 3분기 매출액은 전년 동기 대비 4,000천만 원 감소했다.

① ㉠, ㉡ ② ㉠, ㉢ ③ ㉠, ㉣
④ ㉡, ㉣ ⑤ ㉢, ㉣

17 다음 설명 중 옳지 않은 것을 고르면?

① 제시된 기간 중 영업외손익이 적자인 시기는 2개이다.
② 2021년 3분기 금융손익과 영업외손익의 합은 −450억 원이다.
③ 2022년 2분기 법인세비용은 직전 분기 대비 30% 이상 증가했다.
④ 2021년 4분기 이후 금융손익의 전년 대비 증감 추이와 동일한 항목은 없다.
⑤ 제시된 기간 중 매출액과 매출원가의 차이가 가장 큰 시기에 판매관리비는 최대이다.

18 다음은 A 고속도로에서 차량의 평균 주행속도와 차량 사고건수에 대해 최근 2년 동안 정리한 자료이다. 주어진 자료를 바탕으로 빈칸에 해당하는 값을 예측했을 때, 가장 적절한 값을 고르면?

[표] 평균 주행속도와 차량 사고건수

구분	평균 주행속도(km/h)	사고건수(건)
2022년 상반기	(㉠)	151
2022년 하반기	110	201
2023년 상반기	120	(㉡)
2023년 하반기	140	291

※ 사고건수 $= \left(\frac{\text{평균 주행속도}}{a} + b\right)^2 - \frac{\text{평균 주행속도}}{2}$

	㉠	㉡
①	90	219
②	95	219
③	95	229
④	90	229
⑤	90	239

5회

19 다음은 전 세계 반도체 매출액의 변화율을 나타낸 자료이다. 주어진 자료를 바탕으로 연도별 반도체 매출액 그래프로 나타내었을 때, 적절한 것을 고르면?

[그래프] 전 세계 반도체 매출액 전년 대비 변화율 (단위: %)

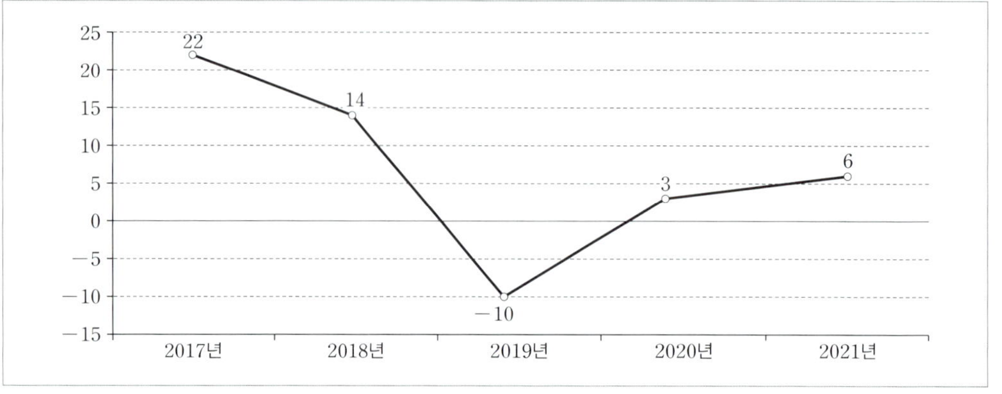

① 2016~2018년 전 세계 반도체 매출액

(단위: 십억 달러)

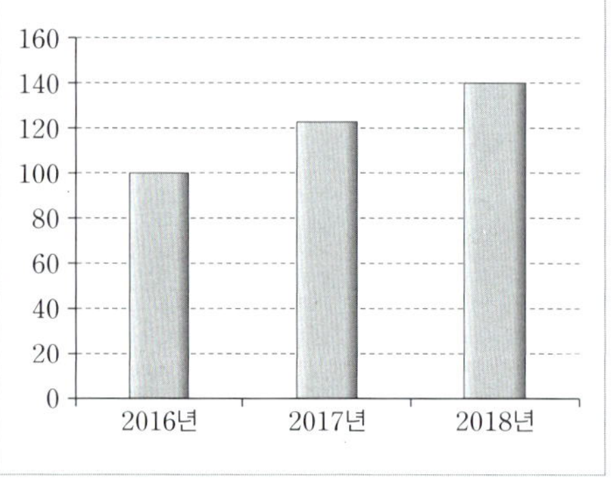

② 2016~2018년 전 세계 반도체 매출액

(단위: 십억 달러)

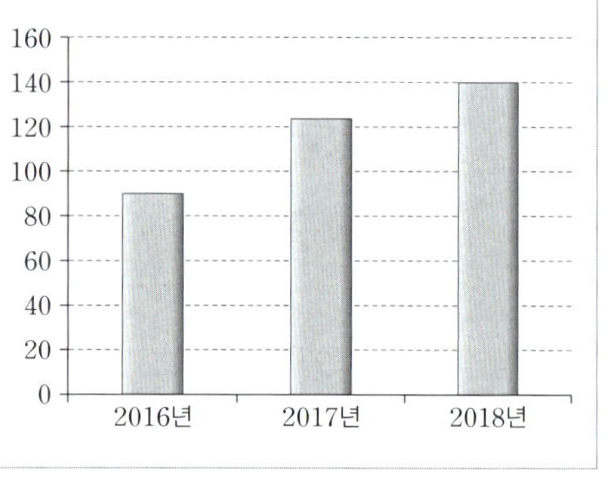

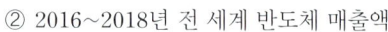

③ 2018~2020년 전 세계 반도체 매출액

(단위: 십억 달러)

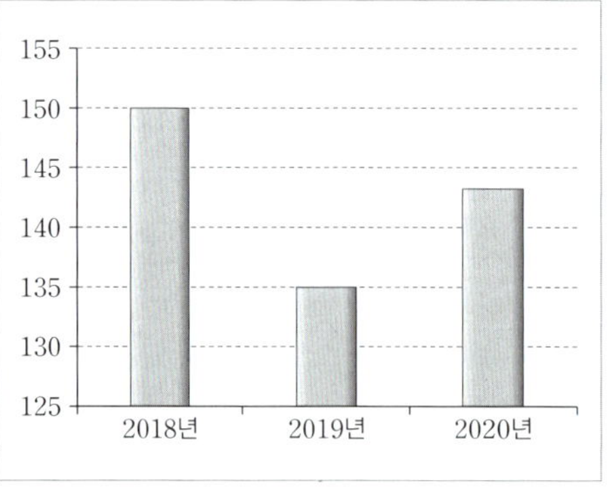

④ 2018~2020년 전 세계 반도체 매출액

(단위: 십억 달러)

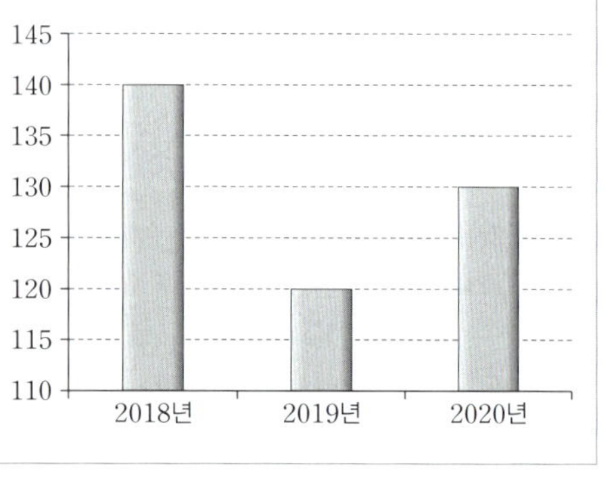

⑤ 2019~2021년 전 세계 반도체 매출액

(단위: 십억 달러)

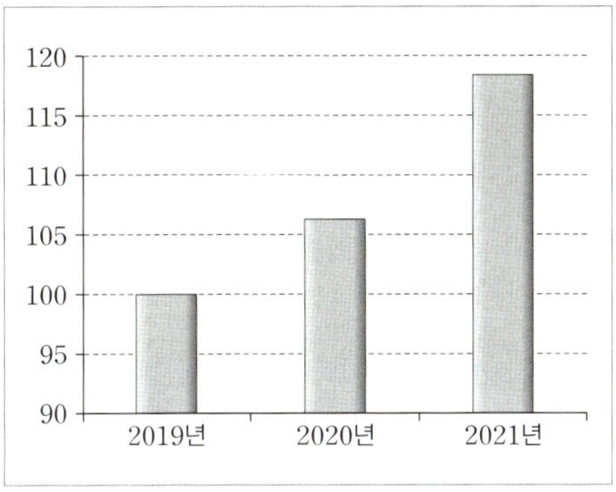

5회

20 다음은 세포 A와 세포 B를 배양했을 때, 시간에 따른 변화량에 관한 자료이다. 각 세포의 변화량이 시간에 따라 아래와 같이 일정하게 변화할 때, 세포 A는 982개, 세포 B는 1개를 배양하여 처음으로 총 세포 수가 1,300개 이상이 되는 것은 며칠 후인지 고르면?

[표] 각 세포의 시간에 따른 변화량 (단위: 개)

구분	1일 후	3일 후	4일 후	5일 후
세포 A	991	1,009	1,018	1,027
세포 B	2	8	16	32

① 6일 후 ② 7일 후 ③ 8일 후
④ 9일 후 ⑤ 10일 후

01 다음 전제를 보고 항상 참인 결론을 고르면?

전제1	비가 내리는 어떤 날은 무릎이 아픈 날이다.
전제2	비가 내리는 모든 날은 춥다.
결론	

① 무릎이 아픈 어떤 날도 추운 날이 아니다.
② 추운 날 중에 무릎이 아픈 날이 있다.
③ 추운 모든 날은 무릎이 아픈 날이다.
④ 무릎이 아픈 어떤 날은 춥지 않은 날이다.
⑤ 춥지 않은 모든 날은 무릎이 아프지 않은 날이다.

02 다음 전제를 보고 항상 참인 결론을 고르면?

전제1	식물을 소중히 하는 사람은 동물을 소중히 한다.
전제2	식물을 소중히 하는 어떤 사람은 쓰레기를 함부로 버린다.
결론	

① 쓰레기를 함부로 버리는 모든 사람은 동물을 소중히 한다.
② 쓰레기를 함부로 버리는 어떤 사람은 동물을 소중히 하지 않는다.
③ 동물을 소중히 하는 모든 사람은 쓰레기를 함부로 버리지 않는다.
④ 동물을 소중히 하는 어떤 사람은 쓰레기를 함부로 버리지 않는다.
⑤ 동물을 소중히 하는 어떤 사람은 쓰레기를 함부로 버린다.

03 다음 결론이 반드시 참이 되게 하는 전제를 고르면?

전제1	독서를 좋아하지 않는 모든 사람은 영화를 좋아하지 않는다.
전제2	
결론	영화를 좋아하는 모든 사람은 음악을 좋아한다.

① 음악을 좋아하지 않는 어떤 사람은 독서를 좋아한다.
② 음악을 좋아하는 모든 사람은 독서를 좋아하지 않는다.
③ 독서를 좋아하는 어떤 사람은 음악을 좋아한다.
④ 음악을 좋아하는 모든 사람은 독서를 좋아한다.
⑤ 독서를 좋아하는 모든 사람은 음악을 좋아한다.

5회

04 A, B, C, D, E 5명은 월요일부터 일요일까지 7일 중 각자 어느 하루에 당직 근무를 하려고 한다. 다음 [조건]을 따른다고 할 때, 항상 옳지 않은 것을 고르면?

조건

- 당직 근무는 하루에 1명이 한다.
- 화요일은 당직 근무가 없는 날이다.
- C의 당직 근무일은 월요일이다.
- B와 D의 당직 근무일은 연속한다.
- A와 E의 당직 근무일 사이에는 이틀이 있다.

① D의 당직 근무일은 수요일이다.
② 일요일은 당직 근무가 없는 날이다.
③ A는 B보다 먼저 당직 근무를 실시한다.
④ A의 당직 근무일이 목요일이면, B의 당직 근무일은 토요일 또는 일요일이다.
⑤ 수요일에 당직 근무자가 있다면, 5명의 당직 근무 일정으로 가능한 경우의 수는 총 4가지이다.

05 영업팀, 자재팀, 법무팀, 인사팀, 홍보팀 5개의 팀이 각각 1~5층에 위치하고 있다. 주어진 [조건]을 바탕으로 항상 옳지 않은 것을 고르면?

조건

- 한 층에는 하나의 팀만 위치한다.
- 영업팀과 자재팀의 층수 차이는 자재팀과 인사팀의 층수 차이와 같다.
- 법무팀은 홍보팀보다 위층에 위치한다.
- 영업팀은 5층에 위치한다.

① 법무팀은 3층에 위치한다.
② 가능한 모든 경우의 수는 2가지이다.
③ 자재팀이 4층이면, 법무팀은 2층이다.
④ 인사팀이 1층이면, 홍보팀은 2층이다.
⑤ 자재팀은 홍보팀보다 위층에 위치한다.

06 회사 창립기념 행사에 참가한 A~G 7명의 직원은 직급이 높은 사람부터 좌측에서 우측으로 줄지어 앉아 있다. 앉아 있는 순서가 다음 [조건]을 따른다고 할 때, 항상 옳지 않은 것을 고르면?

조건

- 서로의 직급은 모두 다르다.
- C와 G의 사이에는 3명이 앉아 있다.
- E와 F의 사이에는 3명이 앉아 있다.
- 7명 중 G보다 직급이 낮은 직원은 2명이다.
- D는 7명 중 직급이 가장 낮다.

① B와 G는 이웃하여 앉아 있다.
② B보다 직급이 낮은 직원은 적어도 3명이다.
③ A의 옆자리에 앉을 수 있는 직원은 4명이다.
④ A와 B 중 어느 한 직원은 C와 이웃하여 앉아 있다.
⑤ A와 E가 이웃하여 앉아 있다면, G는 F보다 직급이 높다.

07 A, B, C, D는 각각 색깔이 다른 옷과 다른 종류의 신발을 착용하고 있다. 각자 착용한 옷과 신발이 다음 [조건]을 따른다고 할 때, 항상 옳은 것을 고르면?

조건
- 옷의 색은 빨간색, 노란색, 초록색, 파란색이 있으며, 신발의 종류는 운동화, 구두, 샌들, 장화가 있다.
- A는 운동화를 신었다.
- B는 노란색 옷을 입었고 구두를 신지 않았다.
- C는 빨간색 옷과 초록색 옷을 입지 않았다.
- 초록색 옷을 입은 사람은 장화를 신었다.

① C는 구두를 신었다.
② A는 파란색 옷을 입었다.
③ 장화를 신은 사람은 B이다.
④ 빨간색 옷을 입은 사람은 D이다.
⑤ 4명이 색깔이 다른 옷과 다른 종류의 신발을 착용할 수 있는 경우의 수는 2가지이다.

5회

08 갑, 을, 병, 정, 무 5명은 사내 이벤트에 참여하기 위해 한 줄로 섰다. 홀수 번째로 줄을 선 사람은 진실, 짝수 번째로 줄을 선 사람은 거짓을 말했을 때, 주어진 [대화]를 바탕으로 네 번째로 줄을 선 사람을 고르면?

대화
- 갑: 무는 첫 번째로 줄을 섰어.
- 을: 정은 거짓을 말하고 있어.
- 병: 난 네 번째로 줄을 섰어.
- 정: 난 세 번째로 줄을 섰어.
- 무: 을보다 뒤에 선 사람은 없어.

① 갑 ② 을 ③ 병 ④ 정 ⑤ 무

09 어느 대회의실은 9시부터 18시까지 1시간 단위로 예약할 수 있다. 주어진 [조건]을 바탕으로 항상 옳지 않은 것을 고르면?

조건

- 5개 팀 A~E가 각각 다른 시간에 대회의실을 예약했다.
- 12~14시는 점심시간으로, 대회의실을 예약한 팀이 없다.
- A, B, C팀은 각각 1시간을 예약했다.
- D, E팀은 각각 2시간을 연속하여 예약했다.
- D팀은 점심시간 이전에 예약했다.
- B팀은 C팀의 예약이 끝난 바로 다음 시간에 예약했다.

① 10~11시에는 D팀이 예약했다.
② A팀은 C팀보다 먼저 예약했다.
③ C팀이 E팀보다 나중에 예약하는 경우의 수는 1가지이다.
④ A팀이 D팀보다 먼저 예약하는 경우의 수는 2가지이다.
⑤ B팀이 E팀보다 먼저 예약했다면, 가장 마지막에 예약한 팀은 E팀이다.

10 6개의 팀 A~F가 토너먼트 경기를 펼친다. 주어진 [조건]을 바탕으로 항상 옳지 않은 것을 고르면?

조건

- 6개의 팀 A~F는 각자 1~6이 적힌 제비 중 서로 다른 하나를 뽑은 후, 뽑은 번호에 해당하는 위치에서 토너먼트를 시작하며, 토너먼트 대진표는 다음과 같다.

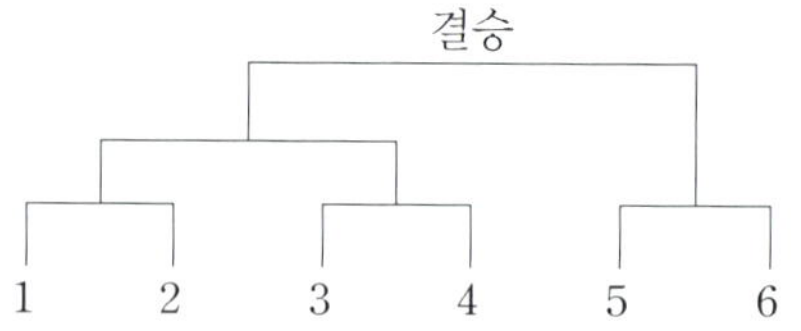

- A팀은 한 번만 승리하고 결승에 올랐다.
- C팀은 D팀에게 패배했다.
- F팀은 홀수가 적힌 제비를 뽑았다.
- 결승에서 이기고 우승한 팀은 B팀이다.
- B팀은 2가 적힌 제비를 뽑았다.

① E팀은 승리한 적이 없다.
② D팀은 B팀에게 패배했다.
③ F팀이 1을 뽑는 경우의 수는 2가지이다.
④ A팀이 홀수가 적힌 제비를 뽑았다면, F팀은 B팀에게 패배했다.
⑤ E팀이 짝수가 적힌 제비를 뽑았다면, A팀은 홀수가 적힌 제비를 뽑았다.

11 경민, 도영, 희준, 현석, 재우 5명은 같은 날 신체검사를 해서 서로의 키를 비교하였다. 주어진 [대화]를 바탕으로 키가 네 번째로 큰 사람을 고르면?

대화

- 경민: 희준이보다 키가 작은 사람은 175cm 미만이야.
- 도영: 5명의 키는 모두 달라.
- 희준: 나보다 키가 큰 사람은 2명이야.
- 현석: 경민이는 도영이보다 크고 재우보다 작아.
- 재우: 현석이와 도영이 중 한 명만 키가 180cm 이상이야.

① 경민 ② 도영 ③ 희준 ④ 현석 ⑤ 재우

12 A~F 6명은 기차로 여행 중이다. 주어진 [조건]을 바탕으로 항상 옳지 <u>않은</u> 것을 고르면?

조건

- A는 복도 쪽의 G행에 앉아 있고, B는 창 측의 H행에 앉아 있다.
- C는 복도 쪽에 앉아 있고, F의 바로 앞자리이다.
- D는 창 측에 앉아 있고, E의 바로 뒷자리이다.
- E의 자리는 4G이고, F는 D와 같은 행에 앉아 있다.

앞쪽

	1열	2열		3열	4열	
창 측	1G	2G	복도	3G	4G	창 측
	1H	2H		3H	4H	

뒤쪽

① A의 자리는 2G이다.
② 가능한 경우의 수는 2가지이다.
③ G행과 H행에 각각 3명씩 앉아 있다.
④ F가 3H에 앉으면 A는 3G에 앉는다.
⑤ 6명 중 2H에는 아무도 앉지 않는다.

13 동욱이가 키우는 반려동물은 A~G 7마리인데 모두 태어난 연도가 다르다. 주어진 [조건]을 바탕으로 먼저 태어난 순서대로 알맞게 나열한 것을 고르면?

조건

- C보다 먼저 태어난 반려동물은 2마리이다.
- A는 C보다 늦게 태어났고, G는 B보다 늦게 태어났다.
- B와 A가 태어난 연도 사이에 1마리가 태어났다.
- D보다 늦게 태어난 반려동물은 없다.
- E보다 먼저 태어난 반려동물은 늦게 태어난 반려동물보다 2마리 더 많다.

① D – A – C – B – E – G – F
② F – B – C – A – G – E – D
③ F – B – E – A – C – G – D
④ D – A – E – B – C – G – F
⑤ F – B – C – A – E – G – D

14 갑, 을, 병, 정, 무는 색이 빨간색, 노란색, 초록색, 파란색 중 하나인 배낭을 메고 등반 대회에 참여했다. 각자 메고 온 배낭의 색이 다음 [조건]을 따른다고 할 때, 항상 옳은 것을 고르면?

조건

- 배낭이 빨간색인 사람은 2명이고, 나머지 3명의 배낭은 모두 다른 색이다.
- 을의 배낭은 빨간색이 아니다.
- 병의 배낭은 빨간색과 파란색이 아니다.
- 무의 배낭은 파란색과 노란색이 아니다.
- 갑의 배낭은 빨간색이며, 무의 배낭과 색이 다르다.

① 병의 배낭은 초록색이다.
② 무의 배낭은 빨간색이다.
③ 갑과 병의 배낭은 서로 색이 같다.
④ 정과 무의 배낭은 모두 빨간색이다.
⑤ 을의 배낭은 노란색과 초록색이 아니다.

15 다음에 주어진 도형을 보고 적용된 규칙을 찾아 '?'에 해당하는 적절한 도형을 고르면?

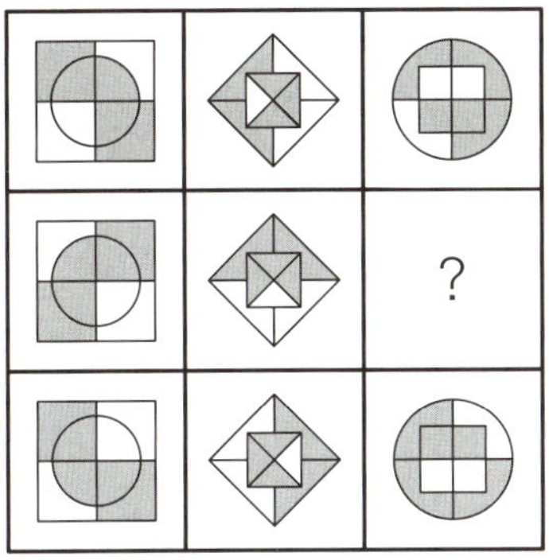

①
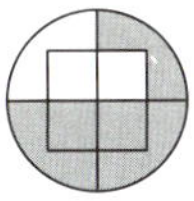

②
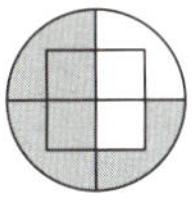

③
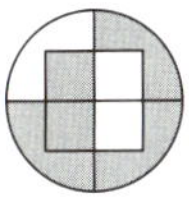

④
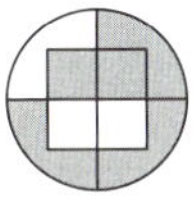

⑤
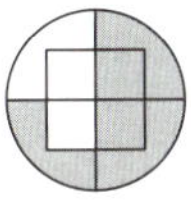

16 다음에 주어진 도형을 보고 적용된 규칙을 찾아 '?'에 해당하는 적절한 도형을 고르면?

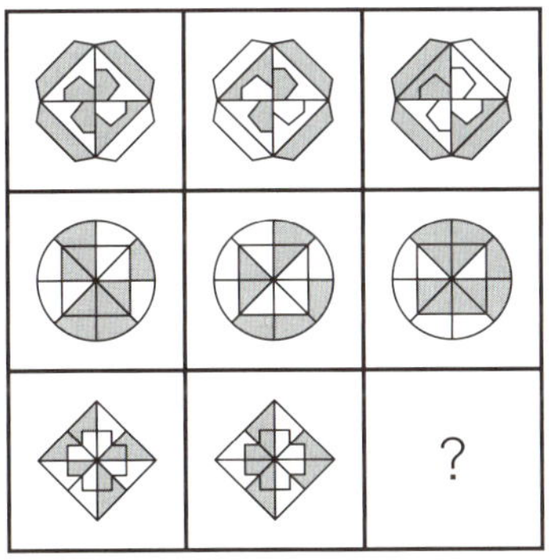

①
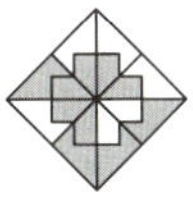

②
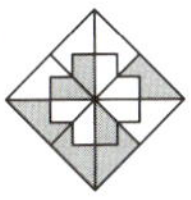

③

④

⑤
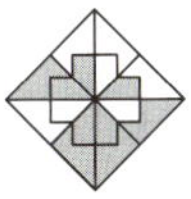

17 다음에 주어진 도형을 보고 적용된 규칙을 찾아 '?'에 해당하는 적절한 도형을 고르면?

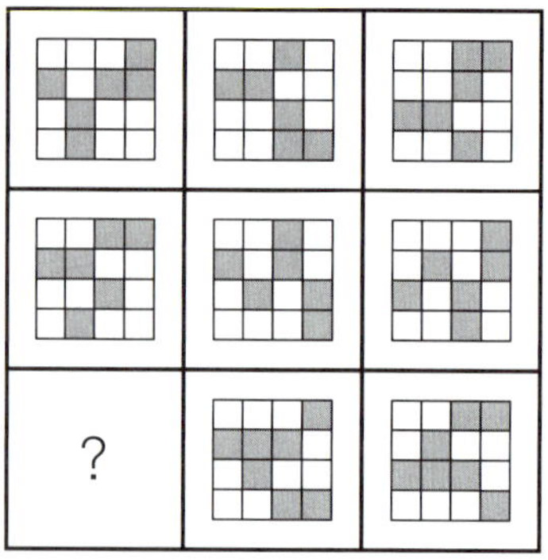

① 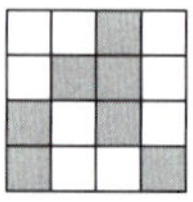

② 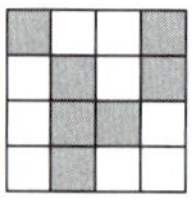

③ 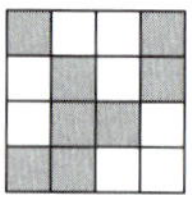

④ 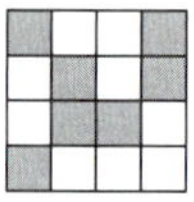

⑤ 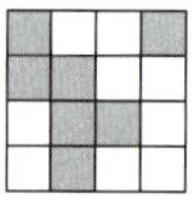

[18~21] 기호들이 하나의 규칙을 가지고 아래와 같이 문자나 숫자를 변화시킨다고 한다. 이때 다음 (?)에 들어갈 알맞은 것을 고르시오. (단, 가로와 세로 중 한 방향으로만 이동하며, Z 다음은 A, 9 다음은 0이다.)

		A7K3		3C3R		1H4M		
		↓		↓		↓		
RGUE	→	■	→	○	→	■	→	ZIYK
		↓		↓		↓		
		E0M4		◆		☆		
				↓		↓		
				1P1A		N5K6		

18

1368 → ◆ → ○ → (?)

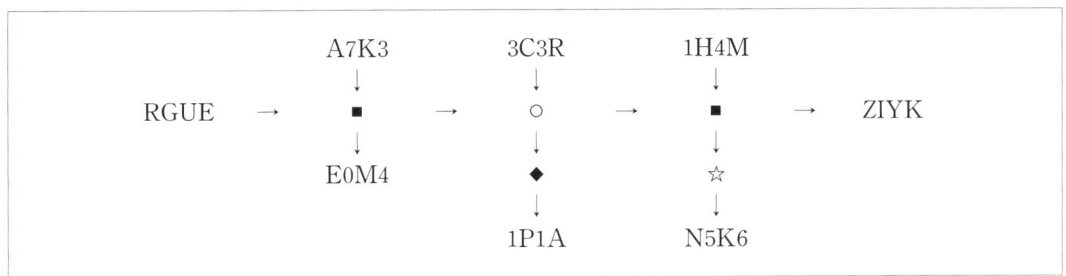

① 9641　② 9461　③ 9146
④ 9164　⑤ 9614

19

G3W1 → ☆ → ■ → ○ → (?)

① 5J7X　② 5A7K　③ 5X5J
④ 5J5X　⑤ 5K7A

20

(?) → ■ → ◆ → SOUP

① QUNQ　② QNUQ　③ QQUN
④ QNQU　⑤ QUQN

21

(?) → ☆ → ◆ → ○ → 5H7R

① J7T9　② 7T9J　③ 7J9T
④ T7J9　⑤ T9J7

5회

22 다음 문단을 논리적 순서대로 알맞게 배열한 것을 고르면?

[가] 그뿐 아니라 자신을 알아주는 이, 즉 지기자(知己者)를 위해서라면 기꺼이 자신의 전부를 버릴 수 있어야 하며, 더불어 은혜는 은혜대로, 원수는 원수대로 자신이 받은 만큼 되갚기 위해 진력하여야 한다.

[나] 무공이 높다고 하여 반드시 협객으로 인정되지 않는 이유는 바로 이런 원칙에 위배되는 경우가 심심치 않게 발생하기 때문이다. 요컨대 협이란 사생취의(捨生取義)의 정신에 입각하여 살신성명(殺身成名)의 의지를 실천하는 것, 또는 그러한 실천을 기꺼이 감수할 준비가 되어 있는 상태를 뜻한다고 할 수 있다.

[다] 협으로 인정받기 위해서는 무엇보다도 절개와 의리를 숭상하여야 하며, 개인의 존엄을 중시하고 간악함을 제거하기 위해 노력해야만 한다. 신의(信義)를 목숨보다도 중히 여길 것도 강조되는데, 여기서의 신의란 상대방을 향한 것인 동시에 스스로에게 해당되는 것이기도 하다.

[라] 무와 더불어 보다 신중하게 다루어야 할 것이 '협'의 개념이다. 무협 소설에서 문제가 되는 협이란 무덕(武德), 즉 무인으로서의 덕망이나 인격과 관계가 되는 것으로, 이는 곧 무공 사용의 전제가 되는 기준 내지는 원칙이라고 할 수 있다.

① [나]－[다]－[가]－[라]
② [나]－[다]－[라]－[가]
③ [라]－[가]－[다]－[나]
④ [라]－[다]－[가]－[나]
⑤ [라]－[다]－[나]－[가]

23 다음 중 [보기]에 이어서 문단을 논리적 순서대로 알맞게 배열한 것을 고르면?

보기

욕은 공격성의 표현이자, 말로 하는 폭력이다. 아이가 욕을 배워 친구 앞에서 욕을 하는 것은 어른 세계에 대한 반항이자 거기서 벗어나고 싶다는 표현이다.

[가] 그들이 집회에서 내뱉는 폭언은 자신들과 기성세대의 차이를 분명하게 구분 짓는 행동 양식이었다. 기성세대와는 다른 그들만의 독자성을 가진 집단을 만들어내기 위한 방법이었다.

[나] 그러나 욕은 특수 용어가 아니다. 특수 용어는 개념을 더 정확하게 나타내고 미묘한 뉘앙스 차이를 분명하게 한다. 언어 그 자체를 약화시키는 것이 아니라 오히려 이해에 도움을 주는 것이다. 하지만 욕과 같은 추한 말은 언어를 저하시키고 못쓰게 만든다.

[다] 1968년 이탈리아에서 학생 운동이 시작되었을 당시, 학생들이 귀에 담기에 힘든 폭언을 내뱉은 것도 같은 이유에서였다. 자신들은 규범을 깨뜨릴 것이며 이제 기성세대에, 국가 권력에 따르지 않겠다는 성명이었다. 학생 집회에 참가했던 사람들은 놀라서 그 자리에 못이 박히고 말았다. 입만 열면 욕설이 난무하는 집단 속에서는 말을 할 수가 없었다. 바보나 멍청이로밖에 보이지 않을 것이기 때문이다. 그렇다고 해서 학생들 흉내를 내며 학생들 편에 설 수도 없었다.

[라] 어떤 집단이나 직업에도 특수한 말이 있다. 의사, 변호사, 공증인 등이 외부 사람들이 알아듣기 어려운 전문 용어를 쓰는 것은 동료 간의 의사소통에 편리할 뿐만 아니라 타 분야와 확실히 구별을 짓고 싶기 때문이다. 그래서 화자가 특수 용어를 쓰지 않고 일반적인 용어를 사용하면 그 분야 사람들은 화를 낸다. 배신당한 기분이 들기 때문이다.

① [다]－[가]－[나]－[라]
② [다]－[가]－[라]－[나]
③ [다]－[나]－[가]－[라]
④ [라]－[나]－[가]－[다]
⑤ [라]－[나]－[다]－[가]

5회

24 다음 글의 내용이 참일 경우, 반드시 거짓인 진술을 고르면?

> 반도체는 문자 그대로 "절반만 전기가 통하는 물질"이라는 의미를 갖는다. 하지만 오늘날 반도체는 우리 정부에 관련 산업 전담 부서가 있을 정도로 국가 경제에 지대한 영향을 미치는 첨단산업을 대표하는 말이기도 하다. 지난 세기에는 철강이 산업의 쌀이었다면 현대 산업에서는 반도체가 그 자리를 차지하고 있다. 한반도 최고의 전쟁 억제력은 경기도에 위치한 수많은 반도체 공장이라는 농담이 있을 정도이다. 한반도의 전쟁으로 반도체 공장들이 파괴되면 글로벌 공급망으로 촘촘히 연결된 전 세계의 정보통신 산업이 멈추기 때문에 세계 어느 나라도 견딜 수 없다는 것이 그 이유다. 우리나라의 반도체는 1983년에 삼성반도체가 64K DRAM을 국산화한 이래로 대학교 학부에서는 '반도체 물리학'을 강의하고 실험실에서는 새로운 유기 반도체 물질에 대한 연구를 하는 등 다양한 방법으로 반도체 산업 발전에 힘을 쏟고 있다.

① 삼성반도체는 20세기에 DRAM을 국산화하였다.
② 반도체는 우리나라 국가 경제에 큰 영향을 미친다.
③ 우리 정부에는 반도체 관련 산업 전담 부서가 있다.
④ 지난 세기에는 철강보다 반도체 산업이 더 중요했다.
⑤ 우리나라의 반도체는 전 세계 정보통신 산업의 주춧돌이 되고 있다.

25 다음 글의 내용이 참일 경우, 반드시 거짓인 진술을 고르면?

탄소는 우리의 일상과 아주 밀접하다. 우리 몸을 구성하는 중요한 원소 중의 하나이고, 식물이 광합성으로 태양 에너지를 저장하여 우리에게 전달하는 과정에서도 아주 중요한 성분이다. 음식을 먹으면 탄소가 우리 몸속에 들어와 산소와 결합하면서 생명에 필요한 에너지를 공급한다. 옛날 생물들의 유해인 석유와 석탄의 주된 성분이며 우리가 입는 옷과 사용하는 플라스틱 등의 주된 성분이기도 하다. 이렇게 중요한 탄소이지만 아이러니하게도 산소와 결합하여 생기는 이산화탄소는 지구 온난화의 주범으로 지목되어 퇴출 대상이기도 하다. 탄소가 이렇게 다양한 역할을 해낼 수 있는 것은 탄소 원자가 가장 바깥쪽의 전자 껍질에 4개의 전자를 가지고 있고 전자 껍질의 안쪽에는 s궤도 함수만 있기 때문이다. 원자의 가장 바깥쪽 전자 껍질에 있는 전자를 최외각 전자라 부르며, 이 전자들은 화학 결합과 전기적 성질에 중요한 역할을 담당한다. 탄소는 최외각 전자 4개를 가지고 주위의 다른 원자 1개 또는 2개 또는 3개 또는 4개와 화학 결합을 할 수 있어서 무수히 많은 구조의 분자와 고체를 만들 수 있다.

① 석유와 석탄의 주성분은 탄소이다.
② 탄소는 우리 삶에서 필수적인 성분이다.
③ 탄소의 최외각 전자에는 s궤도 함수만 있다.
④ 탄소는 무수히 많은 구조의 분자와 고체를 만들 수 있다.
⑤ 탄소가 산소와 결합하면 지구 온난화의 주범인 이산화탄소가 된다.

5회

26 다음 글의 내용이 참일 경우, 반드시 거짓인 진술을 고르면?

> ‘엠제코(MZ+Eco)’가 뜨고 있다. 엠제코란 기후위기와 환경을 삶의 주요한 가치관으로 삼는 MZ세대를 일컫는다. 플로깅, 용기(容器) 내 챌린지, 제로웨이스트 등 MZ세대는 각종 환경 캠페인을 주도하고 있다. 캠페인만이 아니다. 기업과 정부에 대책을 요구하고 집회나 청원 등도 마다하지 않는다. 기존 세대의 치열한 자기반성이 없다면, 일자리나 부동산처럼 환경 문제 역시 세대갈등으로 비화될 공산이 크다. 엠제코 세대가 사회에 요구하는 건 지원이나 격려가 아니다. 환경 문제의 주범인 기존 세대의 책임 있는 반성과 대책이다. 한편 미국심리학회는 지난 2017년에 기후위기로 만성적 두려움을 느끼는 증상을 ‘기후 우울증’으로 진단했다. 이들 연구는 기후 우울증이 특히 MZ세대에 집중되고 있다는 점에 주목한다. 이들은 빙하 유실, 기후변화, 온난화, 생태계 파괴, 미세먼지, 코로나 사태까지 거대한 재앙을 어린 시절부터 직접 겪어온 세대이다. 유년시절 전쟁을 겪은 전후세대가 평생 그 정신적 충격에 시달리듯 MZ세대는 유년기부터 기후위기를 삶의 위기로 체감하고 있다.

① MZ세대는 기후위기에 대한 행동에 사회의 격려를 원한다.
② MZ세대는 기후위기나 환경 문제가 기존 세대의 책임이라고 생각한다.
③ MZ세대는 기후위기와 환경을 삶의 주요한 가치관으로 삼고 행동으로 보여 준다.
④ 미국심리학회는 기후위기로 만성적 두려움을 느끼는 것을 기후 우울증으로 진단했다.
⑤ 기후 우울증이 MZ세대에 집중되고 있는 이유는 기후위기를 이 세대가 직접 경험했기 때문이다.

27 다음 글의 내용이 참일 경우, 반드시 거짓인 진술을 고르면?

> 디스플레이 패널이 작동하는 데 DDI(Display Driver IC)라는 작은 반도체 칩이 사용된다. DDI는 TFT에 신호를 전달해 픽셀을 제어하는 역할을 하며, 스마트폰과 같은 제품의 AP와 패널 사이의 신호 통로 역할을 한다. COG, COF, COP는 이런 DDI를 디스플레이 또는 인쇄회로 기판에 연결하는 형태나 방식을 말하는 용어이다. 디스플레이 패널에 사용되는 기판에 드라이버 IC를 부착할 때는 기판의 종류나 부착 방법에 따라 다른 기술이 적용된다. COG(Chip On Glass)는 디스플레이 유리 기판 위에 직접 드라이버 IC를 탑재하는 방식이다. COF(Chip On Film)는 드라이버 IC가 실장된 박막인쇄회로가 형성된 필름을 말하는 것으로, 이 필름을 디스플레이 기판과 FPCB에 연결한다. 얇은 필름 타입 위에 부착하기 때문에 필름을 말거나 접을 수 있어 패널이 탑재되는 제품의 두께나 크기를 줄이는 유연한 설계가 가능하다. COP(Chip On Plastic)는 디스플레이 기판으로 사용되는 유연한 PI(폴리이미드)에 드라이버 IC를 직접 부착하는 방식이다.

① COF는 얇은 제품을 제작할 때 사용이 가능하다.
② COG는 유리 기판 위에 직접 드라이버 IC를 장착한다.
③ COP는 드라이버 IC를 딱딱한 PI에 부착하는 방식이다.
④ DDI는 디스플레이 패널이 사용되는 전자기기의 필수품이다.
⑤ 디스플레이 패널의 종류나 부착 방법에 따라 COG, COF, COP가 다르게 사용된다.

5회

28 다음 글의 반론으로 적절하지 않은 것을 고르면?

> 디지털 치매는 두려워할 것이 아니다. 인류의 진화 과정과 역사를 돌아볼 때 상실하는 능력이 있으면 동시에 얻게 되는 능력도 있다. 예를 들어 인류는 직립 원인으로 진화하는 과정에서 손을 사용하게 되면서 먹이나 물건을 물던 입의 기능이 퇴화하였다. 대신 입은 말하는 기능을 획득하게 되었다. 또 문자와 인쇄술의 발명으로 호메로스의 서사시를 암송할 수준의 기억력은 상실했지만, 기억의 압박에서 해방되어 좀 더 창조적인 일에 능력을 활용할 수 있게 되었다.이처럼 오늘날 휴먼 인터페이스는 기억력 · 계산력 등의 약화를 가속화하지만, 단순 기억이나 계산의 부담에서 벗어나 정보를 통제하고 관리하며 지식을 창조하는 능력을 향상시킨다는 것이다. 즉 인류는 기술 진보와 함께 진화해 왔고, 지금의 디지털 치매 현상도 진화 과정일 뿐이다.

① 기술 낙관주의를 견지하는 것은 문제가 있다.
② 디지털 치매는 기기에 너무 의존해서 생긴 일시적인 현상이다.
③ 디지털 치매는 비판적 사고 같은 인간의 핵심 기능 상실을 유발하는 것이다.
④ 어디까지가 잃어도 되는 능력이고, 어디까지가 얻을 수 있는 새로운 능력인지 분명하지 않다.
⑤ 인공 지능과 인간형 로봇 기술이 발전하고 있는 현실에서 인간이 가지고 있는 고유의 능력을 지켜야 한다.

29 다음 글과 [보기]를 읽고 한 추론 중 적절하지 않은 것을 고르면?

> 재래시장 활성화를 위해 현재 시행되고 있는 대표적인 방안은 시설 현대화 사업과 상품권 사업이다. 시설 현대화 사업은 시장의 지붕을 만드는 공사가 중심이었으나, 단순하고 획일적인 사업으로 효과를 내지 못하고 있다. 상품권 사업도 명절 때마다 재래시장 살리기를 호소하는 차원에서 이루어지기 때문에 사업이 정착되기까지는 많은 시간이 필요한 실정이다.

보기

> 기존의 재래시장은 장년층과 노년층이 주 고객이었다. 재래시장의 가치를 높이기 위해서는 젊은이들이 찾는 시장이어야 하며, 그러기 위해서는 대형 유통 업체와의 차별화가 중요하다. 또한 상인들은 젊은이들의 기호에 맞추려고 노력해야 한다. 다시 말해 주변 환경만 탓하지 말고 스스로 생존하는 힘을 길러야 한다. 이런 조건들이 갖추어졌을 때 대형 유통 업체와 경쟁할 수 있는 힘을 가지게 된다. 여기에 정부나 지방 자치 단체의 행정적·재정적인 지원이 더해진다면 우리의 신명 나는 전통이 묻어나는 재래시장이 다시 살아날 것이다.

① 재래시장 내부적인 변화만으로는 활성화가 잘되지 않을 것이다.
② 재래시장의 가치를 높이기 위해서는 대형 유통 업체와의 차별화가 필요하다.
③ 재래시장에 상품권 사업을 도입하여 편리하게 거래가 활성화되도록 해야 한다.
④ 요즘의 재래시장은 상품권 및 시설 현대화 사업으로 젊은 사람들에게 인기가 높다.
⑤ 재래시장을 살리는 행정 및 재정적인 지원의 예로 상품권 사업 또는 시설 현대화 사업이 있다.

30 다음 글과 [보기]를 읽고 한 추론 중 적절하지 <u>않은</u> 것을 고르면?

> 사계절이 뚜렷한 곳에서 자라는 나무는 매해 하나씩 나이테를 만들기 때문에 나이테를 세어보면 나무의 나이를 알 수 있다. 나이테는 위치에 따라 크게 심재, 변재로 구분된다. 심재는 나무의 성장 초기에 형성된 안쪽 부분으로 생장이 거의 멈추면서 진액이 내부에 갇혀 색깔이 어둡게 변한 부분이다. 이와 다르게 변새는 심재의 끝부터 껍질인 수피 전까지의 바깥 부분으로 물과 영양분을 공급하는 생장 세포가 활성화되어 있기에 밝은 색상을 띠는 부분이다. 나무의 나이는 이 심재와 변재의 나이테 수를 합하여 세야 한다.

보기

> 나무의 나이테 너비를 살펴보면 매해 그 너비가 일정하지 않다. 나무가 생장하기 위해서는 물, 빛, 온도, 이산화탄소 등의 다양한 환경 요소가 필요한데 환경 요소들은 해마다 다르기에 나이테의 너비도 변하게 된다. 그렇다고 모든 환경 요소가 나이테의 너비 변화에 영향을 주는 것은 아니다. 여러 환경 요소 중에서 가장 부족한 요소가 나이테의 너비 변화에 가장 큰 영향을 준다고 알려져 있다. 이에 나무는 가장 부족한 요소에 모든 생물학적 활동을 맞춘다.

① 나무의 나이테는 위치에 따라 심재와 변재로 나뉜다.
② 나무의 나이는 심재와 변재의 나이테 수를 합하여 센다.
③ 나무의 나이테 너비 변화는 심재보다 변재에 더 크게 나타난다.
④ 나무의 나이테 너비 변화에 영향을 주지 않는 환경 요소도 있다.
⑤ 나무의 나이테 너비는 물보다 이산화탄소에 더 큰 영향을 받는다.

06 | 실전모의고사 6회

수리논리 | 20문항 30분

정답과 해설 P.71

01 A학교 전체 학생의 80%는 운동을 좋아하고, 전체 학생 중 80%는 남학생이다. 그리고 운동을 좋아하는 학생의 80%는 남학생이다. 이때 A학교 전체 여학생 중 운동을 좋아하지 않을 확률을 고르면?

① 16%　② 20%　③ 40%
④ 50%　⑤ 80%

02 10명의 신입사원 중 2명을 영업부에 배치하려고 한다. 배치되는 2명 중 적어도 한 명이 남직원인 경우의 수가 30가지일 때, 신입사원 중 남직원의 수를 고르면?

① 4명　② 5명　③ 6명　④ 7명　⑤ 8명

03 **다음 [그래프]는 주택 소유 변화 및 주택 소유자의 소유물 건수 변화에 대한 자료이다. 주어진 자료에 대한 설명 중 옳은 것을 고르면?** (단, 조사 대상은 2019년과 2020년이 동일하다.)

[그래프1] 주택 소유 변화 (단위: %)

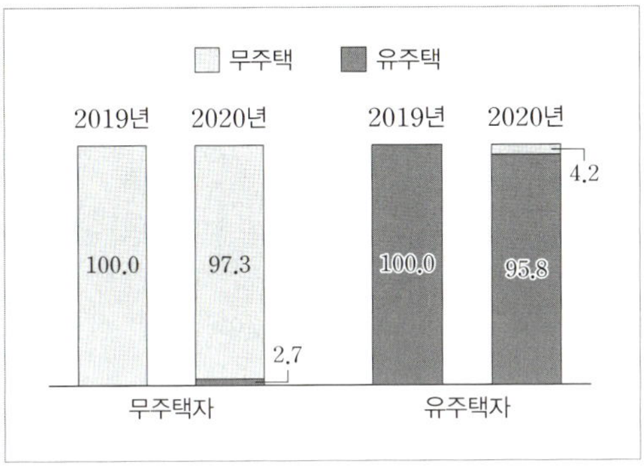

[그래프2] 주택 소유자의 소유물 건수 변화 (단위: %)

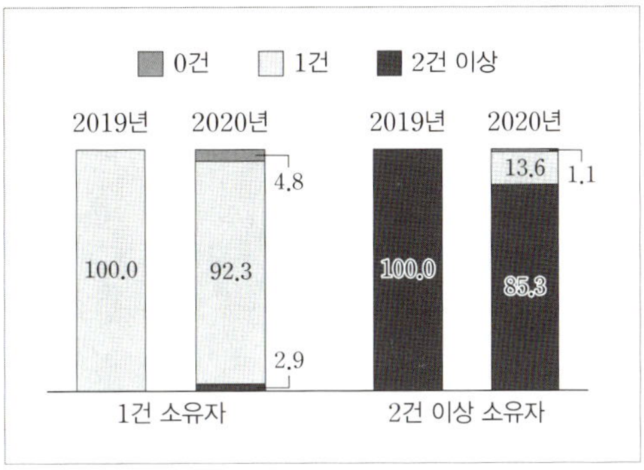

① 2019년 무주택자의 3.7%는 2020년 유주택자가 됐다.
② 2020년 유주택자는 전년 유주택자의 4.2%이다.
③ 2019년 주택 1건 소유자의 95.2%는 2020년 주택 1건 이상 소유자이다.
④ 2020년 주택 0건 소유자는 2019년 주택 1건 소유자의 4.8%이다.
⑤ 2019년 주택 2건 이상 소유자의 85.3%는 2020년 주택 1건 이상 소유자이다.

6회

04 다음은 2017~2021년 국내 밀 수입량 및 수입액과 2021년 국내에 밀을 수출하는 수출국별 밀 수출액 비중을 조사한 자료이다. 주어진 자료에 대한 [보기]의 설명 중 옳은 것을 모두 고르면?

[표] 2017~2021년 국내 밀 수입량 및 수입액 (단위: kt, 백만 달러)

구분	2017년	2018년	2019년	2020년	2021년
수입량	2,000	2,250	2,400	2,500	2,650
수입액	200	254	270	281	300

[그래프] 2021년 국내에 밀을 수출하는 수출국별 밀 수출액 비중 (단위: %)

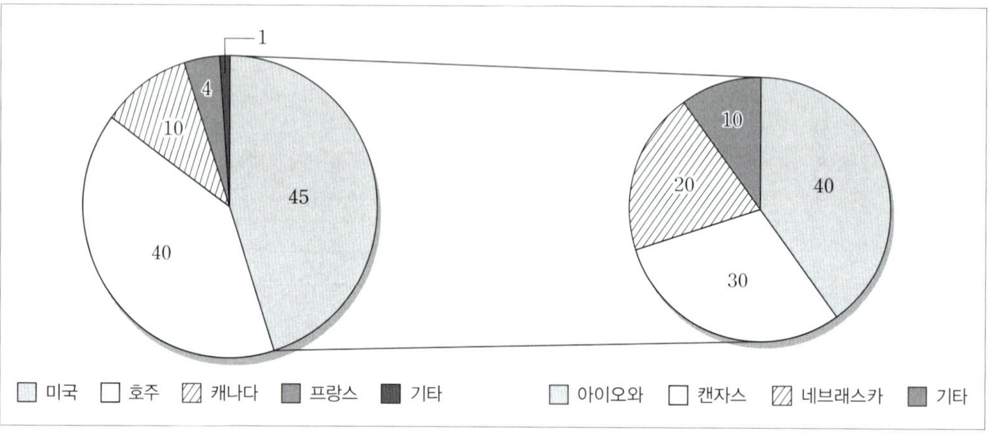

※ 아이오와, 캔자스, 네브래스카는 미국에 속한 주(州)임

보기
㉠ 국내의 kt당 밀 수입액이 가장 적은 해는 2021년이다.
㉡ 2021년 국내 밀 수입량은 전년 대비 6% 증가하였다.
㉢ 2021년 호주에서 수입한 밀 수입액은 1억 2천만 달러이다.
㉣ 2021년 캔자스 주에서 수입한 밀 수입액은 캐나다에서 수입한 밀 수입액보다 많다.

① ㉠, ㉢ ② ㉠, ㉣ ③ ㉡, ㉢
④ ㉡, ㉣ ⑤ ㉡, ㉢, ㉣

05 다음은 2016년부터 2020년까지 임신과 출산에 관한 항목별 진료 건수와 진료비를 조사한 자료이다. 주어진 자료에 대한 [보기]의 설명 중 옳은 것을 모두 고르면?

[표1] 연도별 임신과 출산 관련 진료 건수 (단위: 천 건)

항목 \ 연도	2016년	2017년	2018년	2019년	2020년
분만	600	520	510	480	450
검사	2,500	3,300	3,200	3,800	4,000
임신 장애	800	750	700	680	690
불임	250	300	370	420	470
기타	350	130	220	120	390
전체	4,500	5,000	5,000	5,500	6,000

[표2] 연도별 임신과 출산 관련 진료비 (단위: 억 원)

항목 \ 연도	2016년	2017년	2018년	2019년	2020년
분만	3,000	2,700	2,900	2,700	2,900
검사	400	520	600	650	900
임신 장애	640	600	600	610	620
불임	70	80	100	130	150
기타	90	100	100	110	130
전체	4,200	4,000	4,300	4,200	4,700

보기

㉠ 2020년 분만 항목의 진료 건당 진료비는 60만 원 이상이다.
㉡ 매년 전체 진료비에서 두 번째로 큰 비중을 차지하는 항목은 임신 장애이다.
㉢ 2016년 대비 2020년에 진료 건수와 진료비 모두 가장 높은 증가율을 보인 항목은 검사이다.
㉣ 2019년 전체 진료 건수에서 검사 항목이 차지하는 비중은 같은 해 전체 진료비에서 분만 항목이 차지하는 비중보다 크다.

① ㉠, ㉡　② ㉠, ㉣　③ ㉡, ㉢　④ ㉡, ㉣　⑤ ㉢, ㉣

6회

06 다음 [그래프]는 1970~2019년 특정 연령에서 80세까지의 생존확률 남녀 추이에 대한 자료이다. 주어진 자료에 대한 [보기]의 설명 중 옳은 것을 모두 고르면?

[그래프] 1970~2019년 특정 연령에서 80세까지의 생존확률 남녀 추이

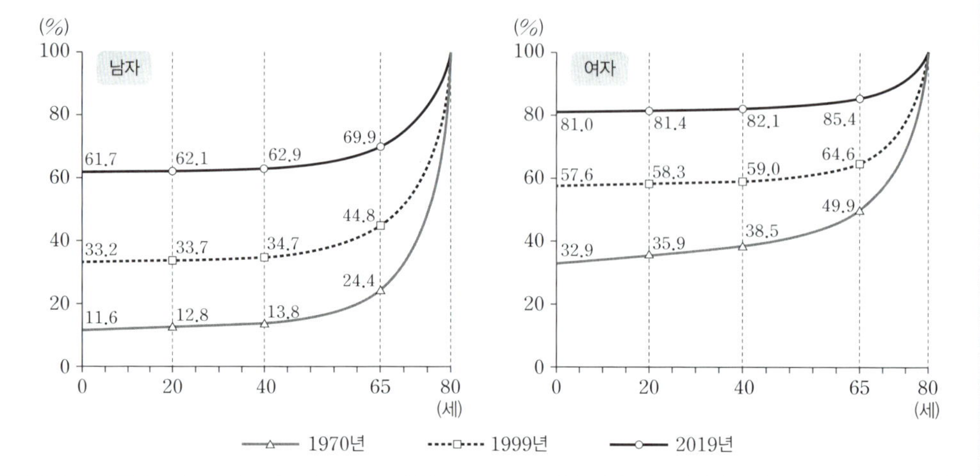

보기

㉠ 2019년 20세의 생존자가 80세까지 생존할 확률은 여자가 남자보다 19.3%p 더 높다.

㉡ 2019년 40세의 남자가 80세까지 생존할 확률은 1970년 대비 4배 이상으로 증가하였다.

㉢ 1999년 0세의 여자가 80세까지 생존할 확률은 40세의 여자가 80세까지 생존할 확률보다 1.6%p 더 낮다.

㉣ 성별과 상관없이 1970년 대비 2019년 0세, 20세, 40세, 65세 모두 80세까지 생존할 확률이 높아졌다.

① ㉠, ㉢
② ㉢, ㉣
③ ㉠, ㉡, ㉣
④ ㉡, ㉢, ㉣
⑤ ㉠, ㉡, ㉢, ㉣

07 다음 [그래프]와 [표]는 2018~2020년 건설업체 수와 건설 공사액 및 건설 계약액에 대한 자료이다. 주어진 자료에 대한 설명 중 옳지 않은 것을 고르면?

[그래프] 연도별 건설업체 수, 건설 공사액 및 건설 계약액

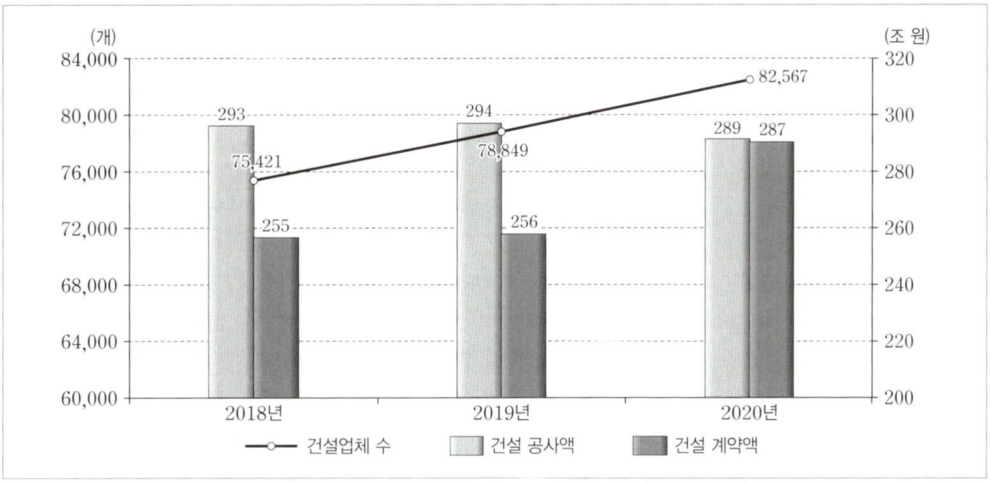

[표] 건설 공사액 및 건설 계약액 (단위: 조 원)

구분		2018년	2019년	2020년
건설 공사액	국내건설	259	265	265
	해외건설	34	29	24
건설 계약액	국내건설	230	239	258
	해외건설	25	17	29

① 2020년 건설업체 수는 전년 대비 3,718개 증가했다.
② 2020년 건설 공사액은 전년 대비 5조 원 감소했다.
③ 2018년 해외건설 공사액은 2019년 해외건설 공사액보다 5조 원 더 많다.
④ 2019년 국내건설 계약액은 2020년 국내건설 계약액보다 17조 원 적다.
⑤ 2020년 국내건설 공사액은 국내건설 계약액보다 7조 원 더 많다.

[08~09] 다음은 코로나19 이전과 이후 예측을 바탕으로 전 세계 교육훈련과 에듀테크 지출에 대한 자료이다. 이를 바탕으로 이어지는 질문에 답하시오.

[그래프1] 전 세계 교육훈련 지출 (단위: 조 달러)

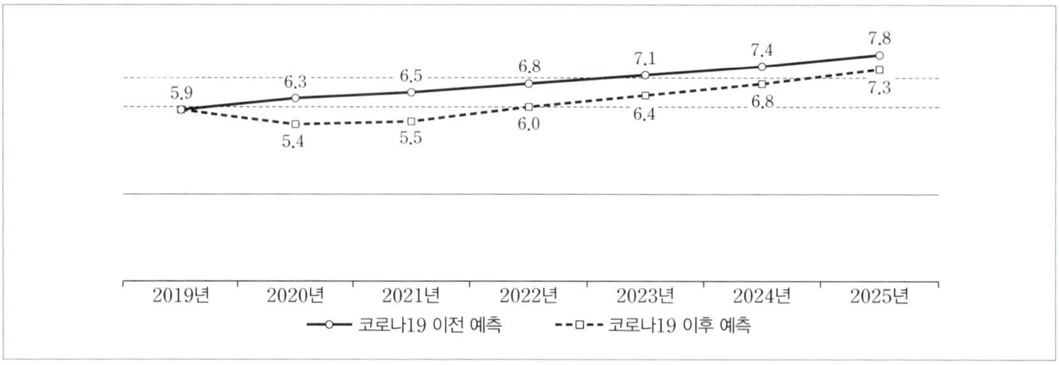

[그래프2] 전 세계 에듀테크 지출 (단위: 십억 달러)

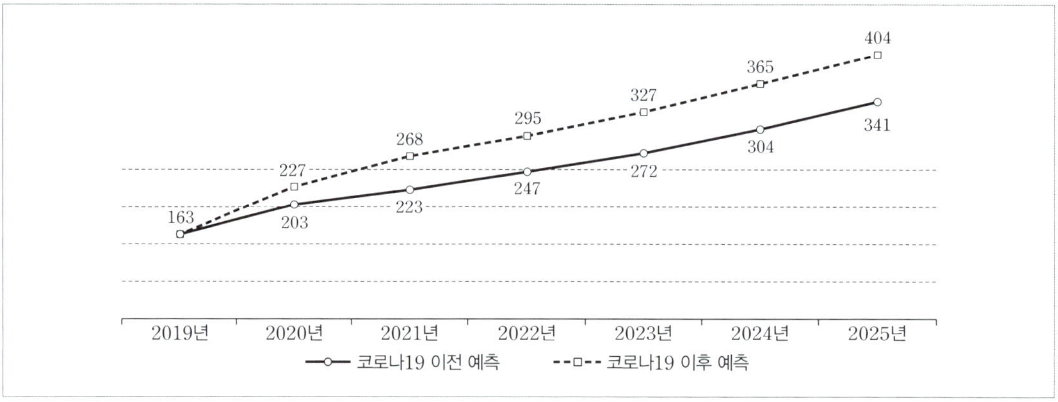

08 다음 설명 중 옳지 않은 것을 고르면?

① 2020~2022년 동안 전 세계 에듀테크 지출은 코로나19 이전과 이후 예측의 차이가 점점 늘어난다.
② 2019년을 제외하고 전 세계 교육훈련 지출은 코로나19 이전 예측이 이후 예측보다 매년 더 크다.
③ 2019년 이후 전 세계 에듀테크 지출은 코로나19 이전과 이후 예측 모두 지속적으로 증가한다.
④ 2020~2023년 동안 전 세계 교육훈련 지출은 코로나19 이전과 이후 예측의 차이가 점점 줄어든다.
⑤ 2020년부터 전 세계 에듀테크 지출은 코로나19 이전 예측이 이후 예측보다 매년 더 적다.

6회

09 주어진 자료에 대한 [보기]의 설명 중 옳은 것을 모두 고르면?

보기

㉠ 2019년 이후 전 세계 교육훈련 지출이 코로나19 이전과 이후 예측 차이가 가장 적은 해의 평균은 7,550억 달러이다.
㉡ 2019년 전 세계 에듀테크 지출은 전 세계 교육훈련 지출의 3%를 넘는다.
㉢ 전 세계 교육훈련과 에듀테크 지출의 코로나19 이전과 이후 예측 차이가 가장 큰 해는 각각 다르다.
㉣ 2023~2025년 동안 코로나19 이후 예측의 전 세계 교육훈련 지출은 매해 전년 대비 5% 이상 증가했다.

① ㉠, ㉡
② ㉠, ㉢
③ ㉡, ㉢
④ ㉡, ㉣
⑤ ㉢, ㉣

[10~11] 다음은 남성 화장품 시장 규모 추이 및 구매금액 구성비에 대한 자료이다. 이를 바탕으로 이어지는 질문에 답하시오.

[그래프1] 남성 화장품 시장 규모 추이 (단위: 억 원)

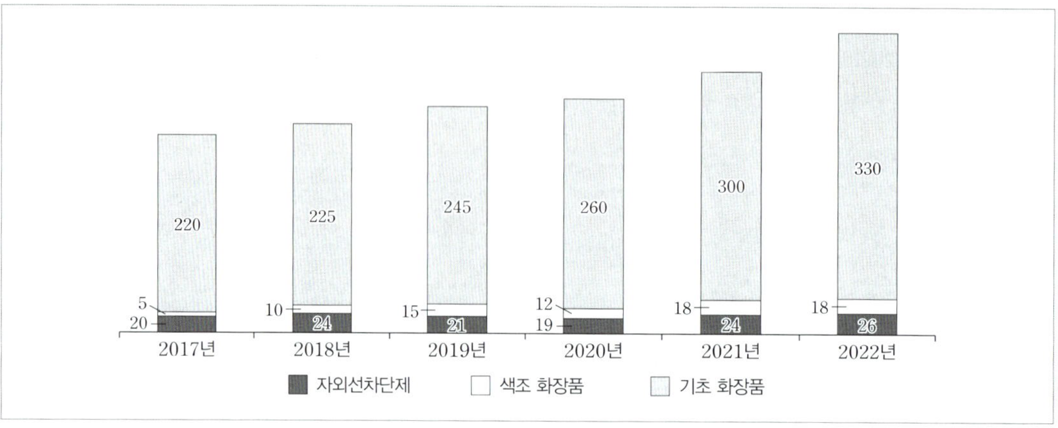

[그래프2] 2022년 연령대별 남성 기초 화장품 구매금액 구성비 (단위: %)

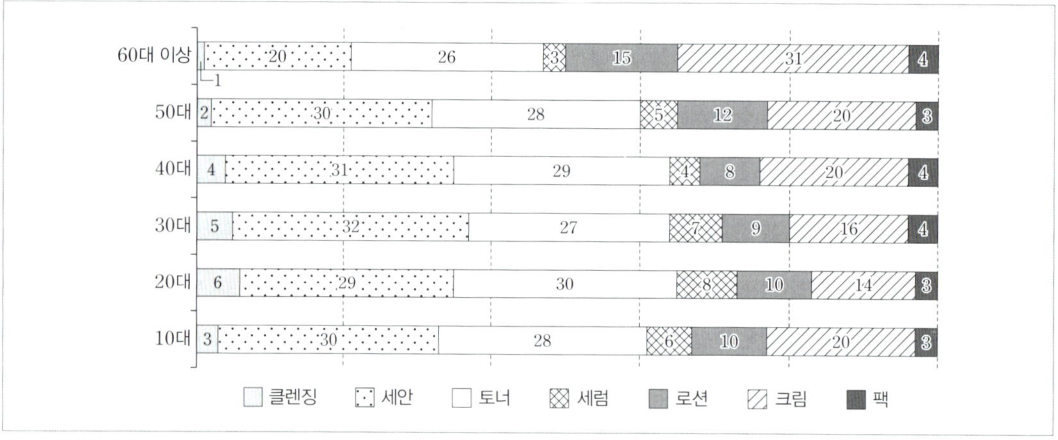

10 다음 설명 중 옳지 않은 것을 고르면?

① 남성 화장품 중 2017~2022년 동안 자외선차단제와 색조 화장품 시장 규모의 증감 추이는 동일하다.
② 2022년 남성 기초 화장품 중 구매금액이 가장 낮은 화장품은 20대와 30대가 동일하다.
③ 제시된 기간 동안 남성 기초 화장품 시장 규모는 지속적으로 증가했다.
④ 2022년 남성 기초 화장품 중 50대가 가장 많이 구매한 화장품은 세안이다.
⑤ 2017~2022년 동안 남성 화장품 전체 시장 규모는 매년 증가하였다.

6회

11 주어진 자료에 대한 [보기]의 설명 중 옳은 것을 모두 고르면?

보기

㉠ 2022년 50대 남성 기초 화장품 구매금액 중 세안과 크림의 구매금액이 절반 이상을 차지한다.
㉡ 2022년 40대 남성의 세안 구매금액은 60대 이상 남성의 크림 구매금액과 같다.
㉢ 2022년 10대 남성의 토너 구매금액은 크림 구매금액보다 40% 더 크다.
㉣ 2022년 20대 남성의 구매금액이 가장 큰 화장품의 구매금액은 30대 남성의 그것보다 구매금액이 더 적다.

① ㉠, ㉡　② ㉠, ㉢　③ ㉠, ㉣
④ ㉡, ㉣　⑤ ㉢, ㉣

[12~13] 다음은 2019~2021년 금속별 국내 수입금액 및 수입량과 2022년 금속별 예상 수입금액 및 예상 수입량의 전년 대비 증가율을 조사한 자료이다. 주어진 자료를 바탕으로 이어지는 질문에 답하시오.

[표1] 2019~2021년 금속별 국내 수입금액 및 수입량 (단위: 백만 달러, t)

구분		2019년	2020년	2021년
백금	수입금액	70	120	250
	수입량	3	4	8
니켈	수입금액	690	820	730
	수입량	39,300	46,900	39,900
코발트	수입금액	150	85	80
	수입량	2,600	4,200	6,800
텅스텐	수입금액	90	120	90
	수입량	1,050	1,000	1,200
합계	수입금액	1,000	1,100	1,150
	수입량	42,900	52,100	47,900

[표2] 2022년 금속별 예상 수입금액 및 예상 수입량의 전년 대비 증가율 (단위: %)

구분	백금	니켈	코발트	텅스텐
예상 수입금액 증가율	50	−40	25	5
예상 수입량 증가율	150	1	30	0

12 주어진 자료에 대한 [보기]의 설명 중 옳은 것을 모두 고르면?

보기

㉠ 2021년 t당 수입금액이 가장 낮은 금속은 니켈이다.
㉡ 2021년 텅스텐의 수입금액은 전년 대비 25% 감소하였다.
㉢ 제시된 기간에 백금과 코발트의 수입량 증감 추이는 동일하다.
㉣ 제시된 기간에 전체 수입금액 중 차지하는 비중이 가장 높은 금속은 니켈이었지만, 2022년에는 백금이 가장 높을 것이다.

① ㉠, ㉣
② ㉡, ㉢
③ ㉡, ㉣
④ ㉢, ㉣
⑤ ㉡, ㉢, ㉣

13 다음 설명 중 옳지 않은 것을 고르면?

① 2022년 백금의 예상 수입량은 12t이다.
② 2022년 니켈의 예상 수입량은 40,000t 이상이다.
③ 2022년 코발트의 예상 수입금액은 1억 달러 이하이다.
④ 2022년 텅스텐의 예상 t당 수입가격은 전년 대비 증가하였다.
⑤ 2022년 4개 금속의 예상 수입금액 합계는 전년 대비 감소하였다.

[14~15] 다음은 글로벌 이미지센서 시장 규모와 점유율을 나타낸 자료이다. 이를 바탕으로 이어지는 질문에 답하시오.

[그래프] 글로벌 이미지센서 시장 규모 비교 (단위: %)

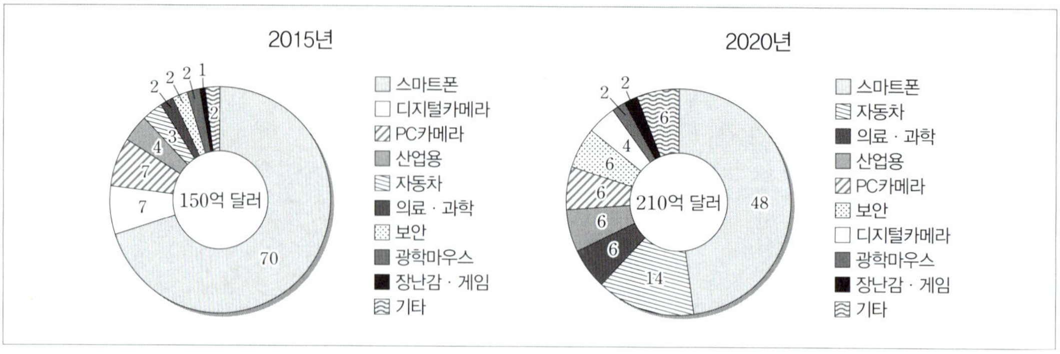

[표] 2020년 글로벌 이미지센서 시장 점유율 상위 7개 기업 (단위: %)

순위	제조사(국가)	점유율
1	소니(일본)	45
2	삼성전자(한국)	20
3	옴니비전(중국)	12
4	온 세미컨덕터(미국)	4.5
5	Goodix(중국)	4
6	갤럭시코어(중국)	3.5
7	SK하이닉스(한국)	3

14 다음 설명 중 옳은 것을 고르면?

① 2020년 글로벌 이미지센서 시장에서 스마트폰 시장 규모는 5년 전 대비 증가했다.
② 2020년 글로벌 이미지센서 시장 점유율 상위 5개 기업이 전체 시장에서 85% 이상을 차지한다.
③ 2020년 글로벌 이미지센서 시장에서 의료 · 과학 시장 규모는 2015년 대비 3배 이상 증가했다.
④ 2020년 글로벌 이미지 센서 시장에서 일본 기업이 시장 점유율의 절반 이상을 차지한다.
⑤ 글로벌 이미지 센서 시장에서 PC카메라 시장 규모는 2020년이 2015년보다 더 적었다.

6회

15 주어진 자료에 대한 [보기]의 설명 중 옳은 것을 모두 고르면?

보기

㉠ 2020년 글로벌 이미지센서 시장에서 7순위 내 한국 기업의 시장 규모는 48억 달러 이상이다.
㉡ 기타를 제외하고 2020년 글로벌 이미지센서 시장 규모에서 차지하는 비율이 5년 전과 비교해서 증가한 항목은 5개이다.
㉢ 2020년 글로벌 이미지센서 시장에서 8순위 기업의 시장 규모는 6억 달러를 넘을 수 없다.
㉣ 2020년 글로벌 이미지센서 시장에서 자동차 시장 규모는 5년 전 대비 7배 이상 증가했다.

① ㉠, ㉡　② ㉠, ㉢　③ ㉡, ㉢
④ ㉡, ㉣　⑤ ㉢, ㉣

[16~17] 다음은 연도별, 지역별 노인주거시설 및 노인의료시설 현황을 조사한 자료이다. 주어진 자료를 바탕으로 이어지는 질문에 답하시오.

[표] 연도별 노인주거시설 및 노인의료시설 현황 (단위: 개)

종류	항목	2016년	2017년	2018년	2019년	2020년
노인주거시설	양로시설	260	250	230	220	200
	노인공동생활가정	150	130	120	100	90
	노인복지주택	30	30	40	50	70
노인의료시설	노인요양시설	3,100	3,260	3,300	3,600	3,840
	노인요양공동생활가정	2,020	2,000	1,900	1,930	1,880

[그래프] 2020년 지역별 노인주거시설 및 노인의료시설 현황 (단위: 개)

16 다음 설명 중 옳지 않은 것을 고르면?

① 2017년 이후 양로시설은 매년 감소했다.
② 제시된 지역 중 노인주거시설과 노인의료시설은 모두 서울이 가장 많다.
③ 2019년 노인복지주택은 전년 대비 25% 증가했다.
④ 노인주거시설과 노인의료시설 수의 합은 대전이 울산의 2배 이상이다.
⑤ 2018년 노인요양시설이 노인요양공동생활가정보다 1,500개 더 많다.

6회

17 주어진 자료에 대한 [보기]의 설명 중 옳은 것을 모두 고르면?

보기

㉠ 2017년 이후 노인의료시설의 모든 항목은 매년 증가한다.
㉡ 대구의 노인주거시설 수는 노인의료시설 수보다 210개 더 적다.
㉢ 노인주거시설 중 양로시설이 차지하는 비중은 매년 50% 이상이다.
㉣ 제시된 지역 중 노인주거시설 수가 네 번째로 많은 지역과 노인의료시설 수가 네 번째로 많은 지역은 서로 다르다.

① ㉠, ㉡ ② ㉠, ㉢ ③ ㉡, ㉢
④ ㉡, ㉣ ⑤ ㉢, ㉣

18 다음은 OO공장에서 생산한 상품의 생산량과 판매율에 대해 연도별로 정리한 자료이다. 주어진 자료를 바탕으로 빈칸에 해당하는 값을 예측했을 때, 가장 적절한 값을 고르면?

[표] OO공장에서 생산한 상품의 생산량과 판매율

구분	2018년	2019년	2020년	2021년
생산량(천 개)	223	(㉠)	203	228
판매율(%)	(㉡)	86	82	92

※ $1 = \frac{(\text{생산량} \div 1{,}000) + b}{\text{판매율} \times a} \times 100$

	㉠	㉡
①	210	90
②	213	90
③	213	91
④	218	90
⑤	218	91

19 다음은 A사 전장산업 매출액과 영업이익을 정리한 자료이다. 주어진 자료를 바탕으로 한눈에 볼 수 있게 그래프로 나타내었을 때, 적절한 것을 고르면?

[표] A사 전장산업 매출액과 영업이익 (단위: 억 원)

구분	2019년	2020년	2021년	2022년
매출액	55,100	59,050	68,003	72,032
영업이익	−1,980	−3,935	−9,987	−2,012

① A사 전장산업 매출액과 영업이익 (단위: 조 원)

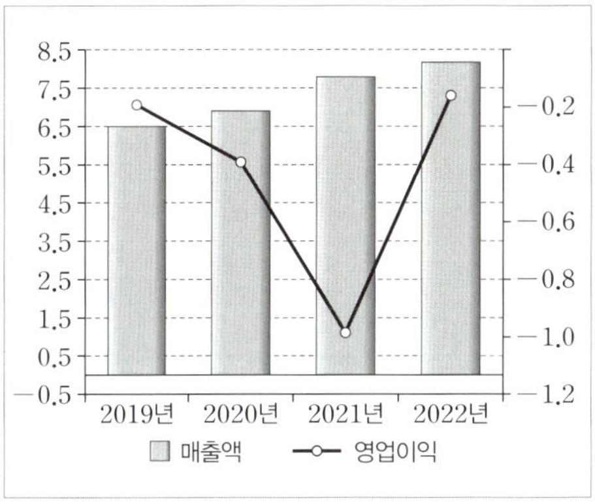

② A사 전장산업 매출액과 영업이익 (단위: 조 원)

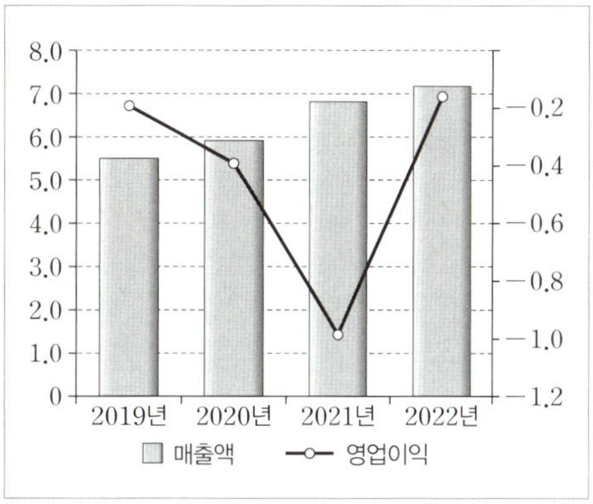

③ A사 전장산업 매출액과 영업이익 (단위: 조 원)

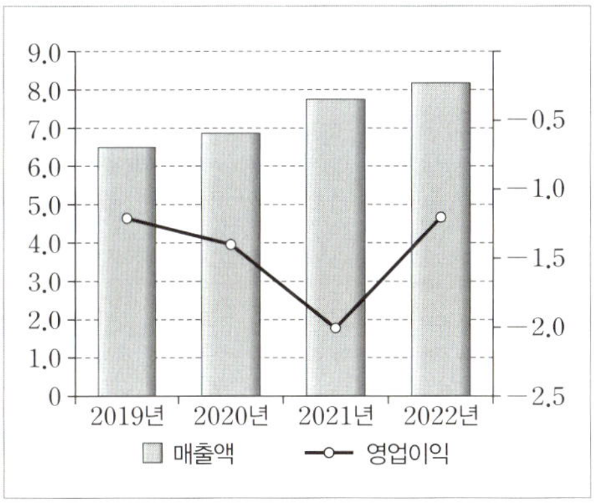

④ A사 전장산업 매출액과 영업이익 (단위: 조 원)

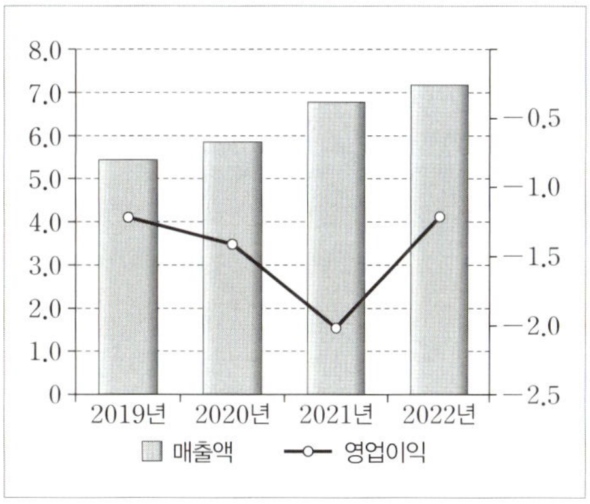

⑤ A사 전장산업 매출액과 영업이익 (단위: 조 원)

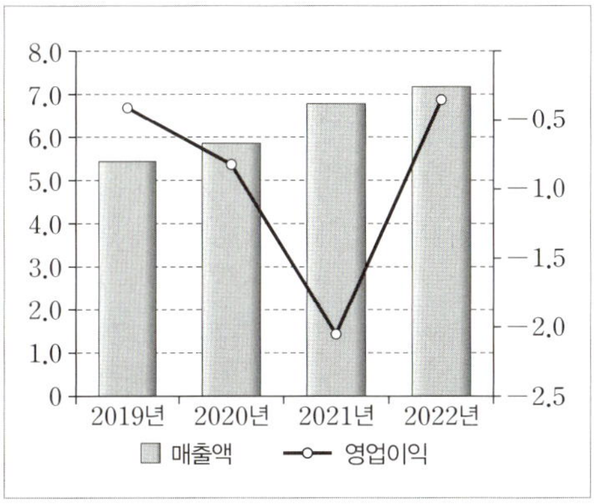

20 다음은 2021년 어느 도시의 월별 가로등 설치 대수를 정리한 자료이다. 가로등을 일정하게 꾸준히 설치한다고 할 때, B지역 가로등 설치 대수가 A지역보다 5대 이상 많아지는 시기를 고르면?

[표] 2021년 월별 가로등 설치 대수 (단위: 대)

구분	2월	3월	4월	5월	6월	7월
A지역	25	29	33	37	41	5
B지역	12	18	24	30	36	−7

① 2021년 9월　② 2021년 10월　③ 2021년 11월
④ 2021년 12월　⑤ 2022년 1월

01 다음 전제를 보고 항상 참인 결론을 고르면?

전제1	어떤 스마트폰은 접힌다.
전제2	모든 스마트폰은 무료로 이용할 수 없다.
결론	

① 무료로 이용할 수 있는 어떤 스마트폰은 접힌다.
② 무료로 이용할 수 없는 어떤 스마트폰은 접힌다.
③ 무료로 이용할 수 없는 모든 스마트폰은 접힌다.
④ 무료로 이용할 수 없는 어떤 스마트폰은 접히지 않는다.
⑤ 무료로 이용할 수 있는 모든 스마트폰은 접히지 않는다.

02 다음 전제를 보고 항상 참인 결론을 고르면?

전제1	수학을 잘하는 모든 사람은 과학을 잘한다.
전제2	영어를 잘하지 못하는 모든 사람은 과학을 잘하지 못한다.
결론	

① 수학을 잘하는 모든 사람은 영어를 잘하지 못한다.
② 영어를 잘하면서 수학을 잘하는 사람이 있다.
③ 수학을 잘하는 사람 중에 영어를 잘하지 못하는 사람이 있다.
④ 영어를 잘하지 못하는 어떤 사람은 수학을 잘한다.
⑤ 수학을 잘하는 모든 사람은 영어를 잘한다.

03 다음 결론이 반드시 참이 되게 하는 전제를 고르면?

전제1	어떤 음식은 뜨겁다.
전제2	
결론	어떤 음식은 맵다.

① 매운 것은 뜨겁다.
② 매운 것은 뜨겁지 않다.
③ 뜨거운 것은 맵다.
④ 뜨거운 어떤 것은 맵다.
⑤ 뜨거운 어떤 것은 맵지 않다.

04 A~E의 5명 중 2명은 기획팀이고, 3명은 영업팀이다. 기획팀은 항상 거짓을, 영업팀은 항상 참을 말한다고 할 때, 주어진 [대화]를 바탕으로 기획팀 직원을 고르면?

대화

- A: D와 E는 영업팀 직원이다.
- B: C와 E는 기획팀 직원이 아니다.
- C: B는 영업팀 직원이다.
- D: C 또는 E가 기획팀 직원이다.
- E: C는 영업팀 직원이다.

① A, C　② A, D　③ B, C
④ B, E　⑤ D, E

05 가희와 소희가 매주 일요일마다 등산을 가기로 하였다. 등산할 산은 설악산, 무등산, 북한산, 도봉산, 관악산이다. 주어진 [조건]을 바탕으로 등산을 하려고 할 때, 항상 옳은 것을 고르면?

조건

- 설악산은 무등산과 북한산보다 빨리 등산한다.
- 관악산 또는 북한산은 가장 마지막으로 등산하지 않는다.
- 관악산 또는 도봉산을 가장 먼저 등산한다.
- 북한산과 도봉산을 연달아 등산하지 않는다.

① 설악산은 관악산보다 늦게 등산한다.
② 북한산은 무등산보다 먼저 등산한다.
③ 도봉산은 북한산보다 먼저 등산한다.
④ 설악산과 도봉산은 연달아 등산한다.
⑤ 무등산과 관악산은 연달아 등산하지 않는다.

6회

06 7명의 직원 A~G가 월요일부터 일요일까지 하루에 한 명씩 돌아가며 당직을 선다. 다음 [조건]에 따라 당직을 설 때, D가 당직을 서는 요일을 고르면?

조건

- 각자 당직을 서는 요일은 매주 동일하며, 일요일 다음 날은 월요일이다.
- A가 당직을 서고 이틀 후에 C가 당직을 선다.
- B가 당직을 서고 바로 다음 날 D가 당직을 선다.
- F가 당직을 서고 3일 후에 G가 당직을 선다.
- A는 목요일에 당직을 선다.
- E가 당직을 서고 바로 다음날 G가 당직을 선다.

① 월요일　② 화요일　③ 수요일
④ 금요일　⑤ 토요일

07 A~E가 다음 대진표에 따라 토너먼트 경기를 하고 있다. 다음 [조건]에 따라 경기했다고 할 때, 항상 옳지 않은 것을 고르면?

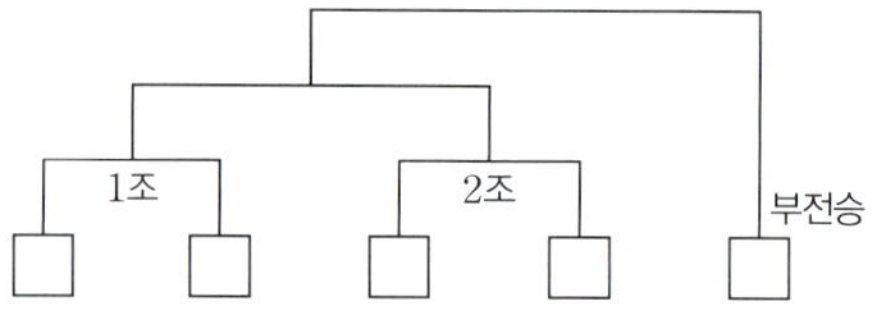

조건

- A는 경기를 총 세 번 하였다.
- B는 C와 경기를 하지 않았다.
- C는 결승까지 올라가지 못했다.
- D는 경기를 한 번 하였다.
- E는 A와 경기를 하였다.
- E는 2조이다.

① 대진표로 가능한 경우의 수는 5가지이다.
② A는 1조이다.
③ D는 부전승이다.
④ B는 경기를 총 두 번 하였다.
⑤ C는 1승을 하였다.

08 다음은 K 사원이 내일 해야 하는 업무에 관한 정보이다. 주어진 [조건]을 바탕으로 업무 순서가 명확히 결정되는 것의 개수를 고르면?

조건

- K 사원은 내일 업무로 '회의 준비, 탕비실 정리, 제작팀에 발주서 전달, 회의 자료 복사, 거래처에 메일 발송'을 해야 한다.
- 회의 자료 복사는 회의 준비 전에 해야 한다.
- 제작팀에 발주서 전달은 탕비실 정리 전에 해야 하고 거래처에 메일을 발송한 다음에 해야 한다.
- 회의 준비는 탕비실 정리 전에 해야 한다.

① 1개 ② 2개 ③ 3개 ④ 4개 ⑤ 5개

09 어느 회사의 영업팀 직원 A~E는 각자 출장을 위해 버스, 기차, 비행기 중 한 가지 교통수단을 선택하여 목적지로 이동하였다. 주어진 [조건]을 바탕으로 항상 옳지 않은 것을 고르면?

조건
- 아무도 선택하지 않은 교통수단은 없다.
- 목적지에 도착하는 순서는 비행기, 기차, 버스 순이다.
- B와 D는 다른 교통수단을 선택하였다.
- A는 E보다 목적지에 늦게 도착하였다.
- E와 D는 같은 교통수단을 선택하였다.
- C는 비행기를 선택하였다.

① 가능한 경우의 수는 6가지이다.
② C와 B는 서로 다른 교통수단을 선택하였다.
③ A는 B보다 목적지에 먼저 도착하였다.
④ E와 목적지에 동시에 도착한 사람은 E를 포함하여 2명이다.
⑤ D는 비행기를 선택하였다.

6회

10 소연이는 운동을 시작하기 전 스트레칭을 하고 있다. 스트레칭 동작은 총 여덟 가지이고, 팔(A, B), 다리(C, D, E), 허리(F, G), 목(H) 스트레칭이다. 주어진 [조건]에 따라 순서대로 스트레칭을 한다고 할 때, 항상 옳은 것을 고르면?

조건
- 같은 부위의 스트레칭은 연속적으로 수행한다.
- A 바로 다음으로 E를 수행한다.
- 목 스트레칭은 가장 첫 번째로 수행하지 않는다.
- F를 일곱 번째로 수행한다.

① 허리 스트레칭을 가장 마지막으로 수행한다.
② 목 스트레칭을 다리 스트레칭보다 먼저 수행한다.
③ B를 가장 먼저 수행한다.
④ 다리 스트레칭 중 D를 가장 마지막으로 수행한다.
⑤ 허리 스트레칭 중 G를 먼저 수행한다.

11 갑은 창고의 비밀번호를 다섯 자리로 설정하려고 한다. 주어진 [조건]을 바탕으로 항상 옳지 않은 것을 고르면?

> 조건
> • 비밀번호의 각 자리 숫자는 8 이하의 자연수이며 서로 같은 숫자는 없다.
> • 세 번째 자리 숫자는 3이다.
> • 네 번째 자리 숫자는 짝수이다.
> • 두 번째 자리 숫자와 다섯 번째 자리 숫자의 곱은 첫 번째 자리 숫자이다.

① 첫 번째 자리 숫자는 짝수이다.
② 각 자리 숫자 중 첫 번째 자리 숫자가 가장 크다.
③ 다섯 번째 자리 숫자는 세 번째 자리 숫자보다 크다.
④ 두 번째 자리 숫자가 세 번째 자리 숫자보다 크면, 다섯 번째 자리 숫자도 세 번째 자리 숫자보다 크다.
⑤ 네 번째 자리 숫자와 다섯 번째 자리 숫자의 합이 10 이상이면 첫 번째 자리 숫자와 두 번째 자리 숫자의 합도 10 이상이다.

12 영업팀에서는 직원 A~G의 영업실적에 따라 순위를 매겨 상위 2명에게 성과급을 지급하였다. 영업실적 순위가 다음 [조건]과 같을 때, 항상 옳은 것을 고르면?

> 조건
> • A는 C보다 순위가 1위 높다.
> • E는 영업실적 순위가 F보다 낮다.
> • G는 성과급을 받았다.
> • B는 C보다 영업실적 순위가 높다.
> • D는 영업실적 순위가 6위이다.

① B는 성과급을 받았다.
② C는 F보다 영업실적 순위가 높다.
③ A는 영업실적 순위가 B보다 높다.
④ G는 F보다 영업실적 순위가 낮다.
⑤ E는 영업실적 순위가 가장 낮다.

13 입사 동기인 A~E의 5명 중 1명이 이번 인사 발령에서 승진하였다. 이번 승진에 관하여 이들 5명 중 2명이 참말을 하였고, 나머지 3명은 거짓말을 하였을 때, 주어진 [대화]를 바탕으로 항상 옳은 것을 고르면?

대화

- A: E가 승진하였다.
- B: E는 승진하지 않았다.
- C: B 또는 E가 승진하였다.
- D: A가 승진하였다.
- E: B의 발언은 참이다.

① A가 거짓말을 한다면 C가 승진하였다.
② B가 거짓말을 한다면 D가 승진하였다.
③ C가 거짓말을 한다면 D가 승진하였다.
④ D가 거짓말을 한다면 B가 승진하였다.
⑤ E가 거짓말을 한다면 E가 승진하였다.

6회

14 같은 동아리에 속한 A~F 6명은 회장을 정하기 위해 투표를 했다. 주어진 [조건]을 바탕으로 항상 옳은 것을 고르면?

조건

- 투표는 1인당 1장만 가능하며, 자기 자신에게는 투표할 수 없다.
- E는 3표를 받았고, E를 투표한 사람은 1표씩 받았다.
- C는 E에게 투표하지 않았고, D는 A와 E에게 투표하지 않았다.
- A가 투표한 사람은 A를 투표하지 않았다.

① D가 투표한 사람은 B이다.
② E가 투표한 사람은 E를 투표했다.
③ 가능한 경우의 수는 4가지이다.
④ 1표를 받은 사람은 A, B, D이다.
⑤ C가 투표한 사람은 E를 투표하지 않았다.

15 다음에 주어진 도형을 보고 적용된 규칙을 찾아 '?'에 해당하는 적절한 도형을 고르면?

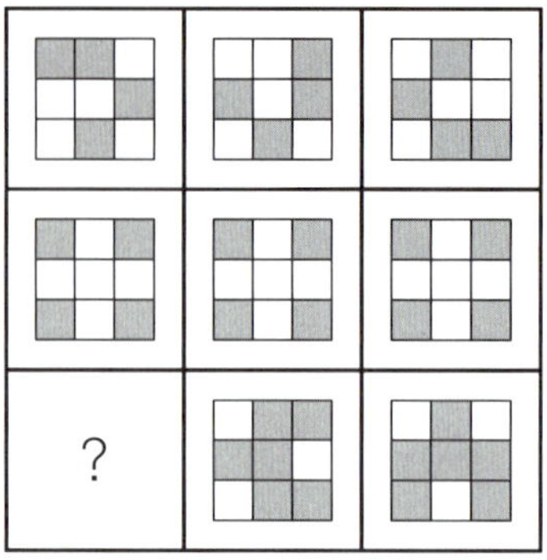

① ② ③

④ ⑤

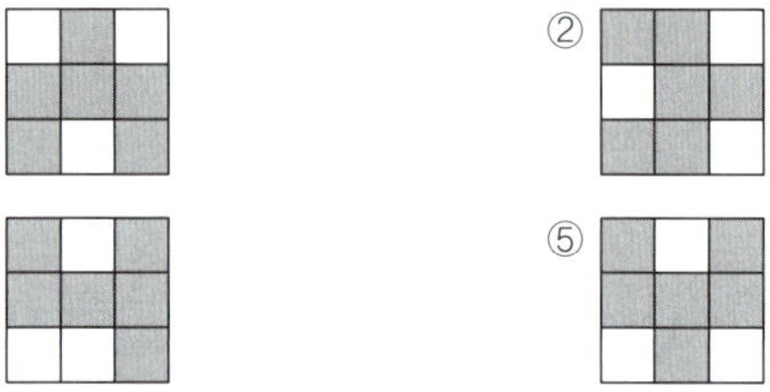

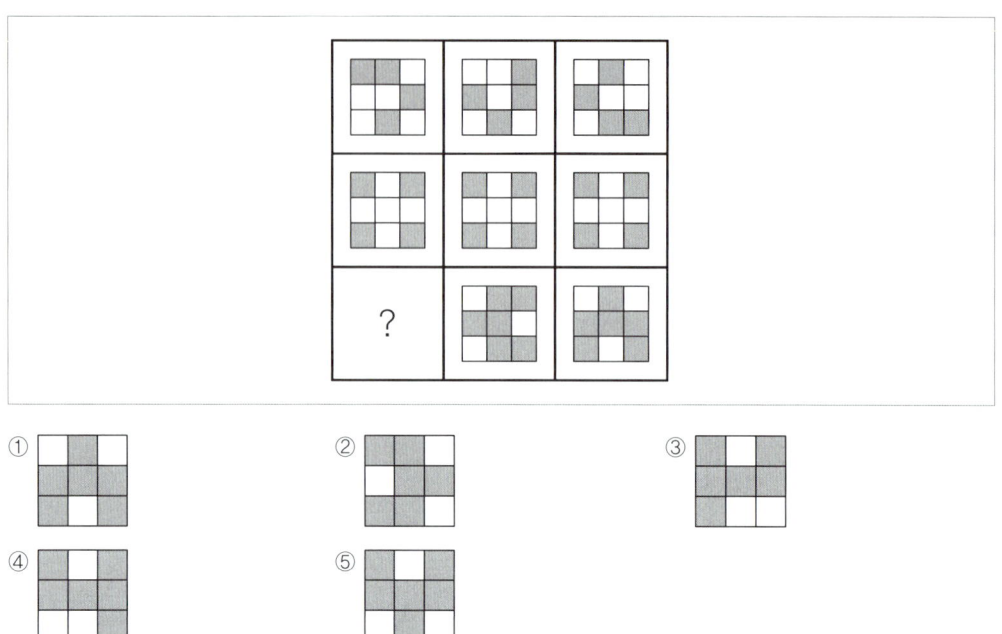

16 다음에 주어진 도형을 보고 적용된 규칙을 찾아 '?'에 해당하는 적절한 도형을 고르면?

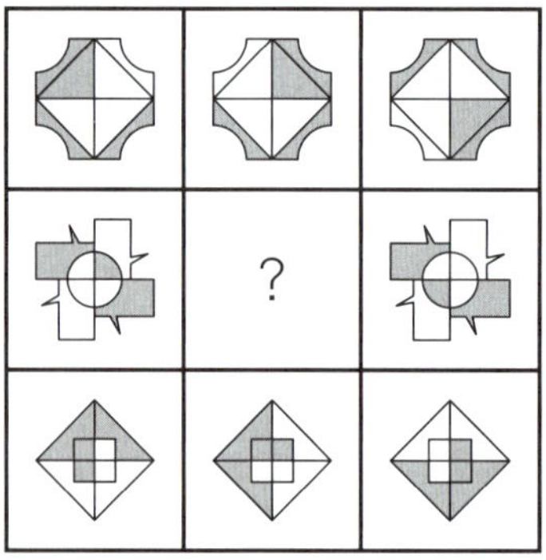

① ② ③

④ ⑤

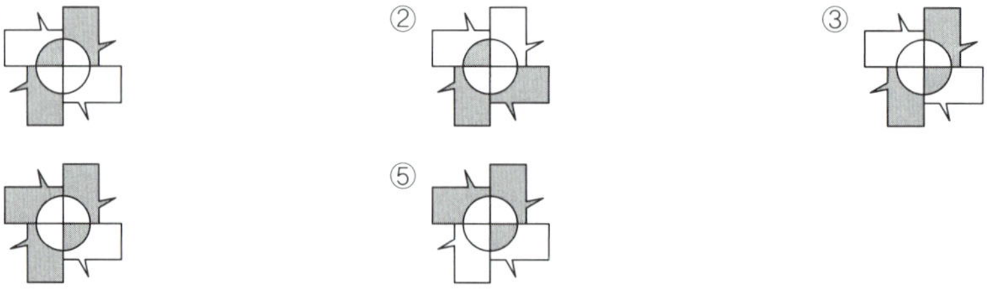

17 다음에 주어진 도형을 보고 적용된 규칙을 찾아 '?'에 해당하는 적절한 도형을 고르면?

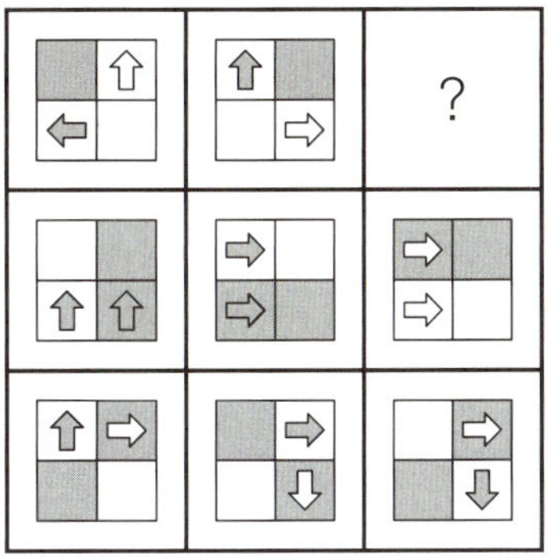

① 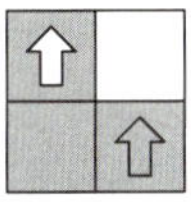

② 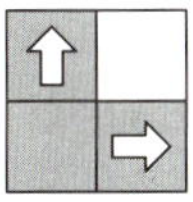

③ 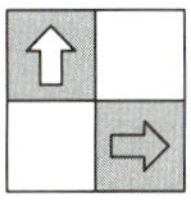

④ 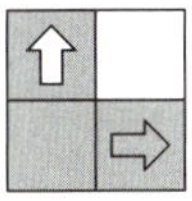

⑤ 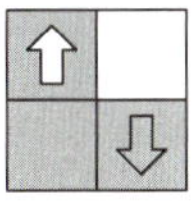

6회

[18~21] 기호들이 하나의 규칙을 가지고 아래와 같이 문자나 숫자를 변화시킨다고 한다. 이때 다음 (?)에 들어갈 알맞은 것을 고르시오. (단, 가로와 세로 중 한 방향으로만 이동하며, Z 다음은 A, 9 다음은 0이다.)

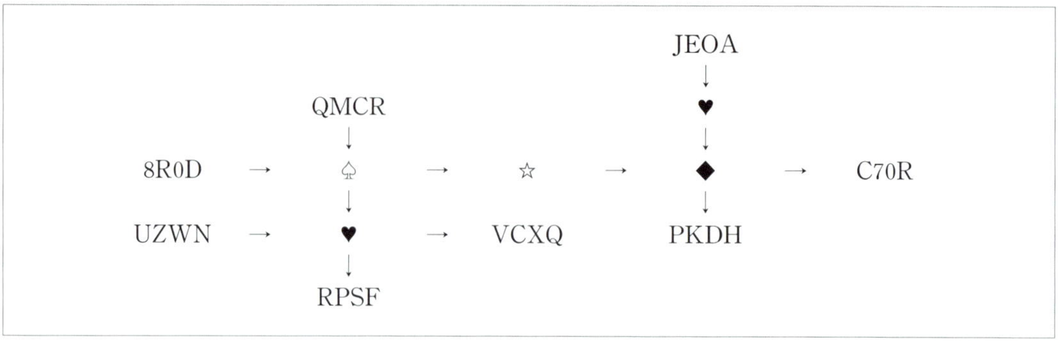

18

8367 → ♥ → ◆ → (?)

① 7054 ② 7906 ③ 9760 ④ 5740 ⑤ 7096

19

FPKQ → ☆ → ◆ → ♤ → (?)

① JEPQ ② JEQP ③ LGPQ ④ KFOP ⑤ LGQP

20

(?) → ◆ → ♤ → 0526

① 0562 ② 6520 ③ 5602 ④ 5206 ⑤ 0265

21

(?) → ♤ → ☆ → ♥ → S8G3

① Q50E ② S50G ③ U1I7 ④ S5G0 ⑤ U17I

22 **다음 문단을 논리적 순서대로 알맞게 배열한 것을 고르면?**

[가] 그가 회화와 음악을 결합하고자 한 이유는 음악은 회화에 비해 대상을 있는 그대로 묘사하지 않고도 대상의 본질을 직접적으로 나타낼 수 있다고 보았기 때문이다. 그는 예술의 진정한 미적 가치는 정신적 세계의 반영으로 부여되는 것이라고 보았으며, 정신적 세계가 내적 필연성에 근거해 있음을 보여주고자 했다.

[나] 칸딘스키는 회화와 음악이 서로 분리될 수 없는 긴밀한 관계에 있다고 생각하고, 두 예술이 독자적으로 갖고 있는 장점들을 바탕으로 두 예술을 결합시키고자 했다. 그는 회화의 음악성을 추구한 것이다.

[다] 이때 추상이란, 구체적인 그림의 형태가 아닐 것과 형태를 식별할 수 없어야 한다는 것을 의미한다. 그는 회화의 음악성을 추구하면서 회화가 나아가야 할 방향을 외적 자연 현상의 재현 또는 단순한 모방에서 순수 회화적 수단인 추상으로 전환시켰다.

[라] 내적 필연성이란 대상으로부터 느낀 내면적 감정을 있는 그대로 표현하는 것이다. 그는 이러한 내적 필연성이야말로 대상의 본질을 보여줄 수 있다고 믿었기 때문에 내적 필연성을 중요하게 생각했다. 그리고 내적 필연성은 추상적인 형태로 표현해야 한다고 주장했다.

① [나]－[가]－[라]－[다]
② [나]－[가]－[다]－[라]
③ [다]－[라]－[나]－[가]
④ [라]－[나]－[가]－[다]
⑤ [라]－[나]－[다]－[가]

23 다음 문단을 논리적 순서대로 알맞게 배열한 것을 고르면?

[가] 연주자와 떨어진 뒷자리에 앉으면 악기에서 나오는 직접음의 음량이 감소하기 때문에 소리의 크기도 감소한다. 하지만 좋은 콘서트홀에서는 무대에서 떨어진 뒷좌석이라고 할지라도 소리가 충분한 크기로 들리는데, 이는 직접음 이후에 도착하는 초기 반사음이 직접음을 강화시켜 주기 때문이다. 즉, 강도는 초기 반사음과 밀접한 관련이 있다.

[나] 그러나 홀이 좌·우로 넓은 경우는 다른 방법을 사용해야 한다. 캘리포니아 코스타메사의 세거스톰홀은 수용인원이 2,900석으로 큰 편임에도 불구하고 높은 강도를 가진 홀이다. 그 이유는 경사진 큰 반사판이 홀의 상부 측벽에 위치해 초기 반사음을 만들어내기 때문이다.

[다] 콘서트홀의 강도는 크게 3가지 요인에 의해 결정된다. 첫째는 초기 반사음을 만드는 벽면으로 측면 반사는 강도를 크게 한다. 둘째로 객석 표면적이 크고 공간 체적이 클수록 강도는 작아진다. 셋째로 카펫, 커튼, 쿠션이 있는 의자같이 소리를 흡음하는 재질이 있으면 강도가 줄어든다.

[라] 실제로 비엔나의 뮤직베라인 같이 좁은 직사각형 홀에서는 소리 감소를 줄여주는 초기 반사음이 자동으로 제공된다. 부채꼴이나 서라운드 형태의 홀이라면 천장 상부에 매달린 반사판이 청중을 위해 초기 반사음을 만들어 내 소리 감소를 줄여준다.

① [가]－[나]－[라]－[다]
② [가]－[라]－[다]－[나]
③ [다]－[가]－[라]－[나]
④ [다]－[나]－[가]－[라]
⑤ [라]－[가]－[다]－[나]

24 다음 글의 내용이 참일 경우, 반드시 참인 진술을 고르면?

> 가상 현실이란 컴퓨터 그래픽 기술을 활용해 가상 영상을 3차원 공간상에 실감나게 표현한 것이다. 가상 현실 기술에서 핵심적인 역할을 하는 장치로 HMD가 있다. HMD는 머리에 착용하는 휴대용 디스플레이 장치로 눈앞의 디스플레이 장치를 통해 가상 현실을 확대해서 볼 수 있도록 한 것이다. 그러나 소프트웨어의 처리 속도 등의 이유로 머리의 움직임을 반영할 때 현실의 움직임과 가상 현실 내의 움직임 사이에 시간 차이가 발생하게 된다. 이러한 시간 차이를 지연 시간이라고 하며 이는 가상 현실 사용자의 몰입을 방해한다. 더불어 HMD를 사용하는 가상 현실 체험자는 생리적 반응을 종종 호소하기도 하는데 가장 대표적인 예가 '멀미'이다. 멀미는 눈으로 들어오는 시각 정보와 귓속의 전정 기관으로 느껴지는 감각 정보가 불일치할 때 나타나는 현상이다. 결국 HMD를 시청하며 눈을 통해 움직인다는 정보가 들어왔는데 대체로 사용자들은 가만히 영상을 시청하는 경우가 많기에 귀에 있는 전정 기관은 아무것도 인지하지 못한다. 이 때문에 두뇌는 모순된 정보 사이에서 심각한 혼란을 겪으며 멀미나 두통을 호소하는 것이다.

① HMD를 사용하면 지연 시간을 줄일 수 있다.
② HMD를 사용하지 않고 가상 현실을 체험할 수 있다.
③ HMD를 통해 귓속 전정 기관에 정보를 제공할 수 있다.
④ HMD를 착용한 가상 현실 체험자는 두통을 느낄 수 있다.
⑤ HMD를 착용함으로써 사용자는 2차원 공간을 체험할 수 있다.

25 다음 글의 내용이 참일 경우, 반드시 거짓인 진술을 고르면?

이탈리아 리비에라 지역의 항구도시 놀리 앞바다에는 투명한 플라스틱으로 만든 커다란 구 형태의 농장 '네모 가든(Nemo's garden)'이 건설돼 있다. 총 9개로 구성된 네모 가든은 식물을 토양이 아닌 바닷속에서 키우는 대규모 실험 프로젝트다. 투명 플라스틱 돔의 습한 공기가 햇빛에 의해 데워지면 벽면에 결로 현상이 일어나는데, 이 물을 이용해 식물을 재배한다. 네모 가든에는 플라스틱 돔으로 된 수중 생태계에 수경재배장치와 공기 순환을 위한 팬을 설치하였다. 돔 내부의 식물은 토양과 마찬가지로 씨앗이 발아해 줄기와 잎이 자라고 꽃과 열매를 맺었으며 현재 다양한 허브가 자라고 있다. 네모 가든은 바닷속 온실의 실현 가능성을 검증할 수 있으며 반복 재배에 따른 황폐화가 불가피한 토양과 달리 식물의 영구 재배의 가능성을 보여 주는 프로젝트이다.

① '네모 가든'은 플라스틱으로 만든 네모난 모양의 농장이다.
② '네모 가든'은 토양이 아닌 곳에서 식물을 기르기 위한 일종의 실험이다.
③ '네모 가든'은 습한 공기로 인한 결로 현상을 이용하여 식물을 재배한다.
④ '네모 가든'은 현재 다양한 허브가 자라고 있으며 수경재배장치와 팬 등이 설치되어 있다.
⑤ '네모 가든'이 성공한다면 바닷속 온실을 만들 수 있고 식물의 영구 재배 가능성까지 확인할 수 있다.

26 다음 글의 내용이 참일 경우, 반드시 거짓인 진술을 고르면?

'990 EVO'는 전작 '970 EVO Plus' 대비 속도, 전력효율, 기술력 모두 향상됐다. 이 제품의 연속 읽기 · 쓰기 속도는 각각 최대 5,000MB/s, 4,200MB/s로 전작 대비 각각 43%, 30% 향상돼 대용량 파일에 빠르게 접근 가능하다. 또한 자체 개발한 5나노 신규 컨트롤러를 소비자용 SSD에 처음 탑재해 전력 효율을 최대 70%까지 개선했다. '990 EVO'는 제품 내부 D램 탑재 없이 PC의 D램과 직접 연결하는 호스트 메모리 버퍼 기술을 적용해 가격 경쟁력을 강화하고 제품 성능은 유지시켰다. 사용자의 PC 시스템이 지원하는 인터페이스에 따라 자동 전환돼 호환성과 안정성이 우수하며, PCIe 5.0 기반 초슬림형 노트북에도 성능 저하 없이 사용 가능하다. SSD 지원 소프트웨어 삼성 매지션(Samsung Magician) 8.0을 통해 데이터 마이그레이션, 펌웨어 업데이트, 데이터 보호 등의 기능도 제공한다. 또한 부착된 열 분산 라벨이 제품의 열을 효과적으로 배출시켜 드라이브 성능 저하 없이 최상의 상태를 유지한다.

① '990 EVO'는 읽기 속도가 쓰기 속도보다 더 빠르다.
② '990 EVO'는 성능과 범용성을 모두 갖춘 서버용 SSD이다.
③ 호스트 메모리 버퍼는 호스트 PC의 메모리를 디바이스가 사용할 수 있도록 할당하는 기능이다.
④ '990 EVO'는 전력효율을 갖추고 다양한 인터페이스에 최적화된 제품이다.
⑤ 제품 동작 중 내부 부품에서 발생하는 열을 배출하기 위해 라벨을 사용하기도 한다.

27 다음 글의 내용이 참일 경우, 반드시 참인 진술을 고르면?

> 유통기한이란 제품의 제조일로부터 소비자에게 판매가 허용되는 기한을 말한다. 일반적으로 유통기한은 제조사의 설정실험을 통해 결정된다. 설정실험은 보통 새로운 제품을 개발한 경우나 제품의 공정 또는 포장이 변경된 경우에 진행하며 이때 1보다 작은 안전 계수를 곱하여 실험을 통해 산출된 기간보다 짧게 유통기한을 정한다. 설정실험에는 실측실험과 가속실험이 있다. 실측실험은 제조사가 의도하는 유통기한의 약 1.3~2배 기간 동안 실제 보관 또는 유통 조건으로 저장하면서 품질 지표가 품질한계에 이를 때까지 진행한다. 이는 유통기한을 가장 정확하게 판정할 수 있는 방법이나 시간, 비용 등 경제적인 측면에서 3개월 이내의 비교적 유통기한이 짧고 유통 조건이 단순한 제품에 효율적이다. 가속실험은 실제 보관 또는 유통 조건보다 가혹한 조건에서 실험하여 단기간에 제품의 유통기한을 예측하는 것이다. 아레니우스 방정식을 사용하여 실제 보관 및 유통 온도로 예측하여 계산한 후 유통기한을 결정한다. 이 방법은 유통기한이 길고 유통 조건이 복잡한 경우 효율적인 측정이 가능하지만 계산 과정이 복잡하여 잘못 예측할 수 있다.

① 가속실험보다 실측실험을 통해 측정한 유통기한이 정확도가 더 높다.
② 실측실험은 가속실험보다 유통기한 측정에 드는 비용이 더 적게 든다.
③ 유통기한은 유통사가 유통 조건을 효율적으로 개선하기 위해 측정한다.
④ 유통기한은 설정실험을 통해 산출된 기간보다 대체적으로 길게 정한다.
⑤ 실측실험과 가속실험 모두 아레니우스 방정식을 활용해 유통기한을 측정한다.

6회

28 다음 글의 반론으로 적절하지 않은 것을 고르면?

> 문화 생성과 변화의 주체가 '인간'이라고 생각하는 자유 의지론자들은 인간 안에 들어 있는 반사회적 경향, 예컨대 타인과 끊임없이 경쟁하고 투쟁하려는 마음, 그리고 소유욕, 지배욕, 명예욕 등이 작용하지 않았더라면, 인간에게서 문화의 진보는 불가능했을 것이라고 생각한다. 그만큼 문화 과정에서 인간의 역할은 필수적인 것이라고 생각한다. 자유 의지론자들이 인간 안의 '반사회적 경향'을 통해서 문화 과정이나 문화의 진보를 설명한다고 했을 때, 인간의 문화는 속성상 '타락'과 '악'으로 설명될 수밖에 없지 않은가 하는 의문을 제기할 수 있다. 그러나 이 지점에서 칸트는 '문화의 도덕화'를 주장한다. 이 말에는 문화의 진로에 인간 스스로 개입하여 그 진로를 통제할 수 있다는 의미가 들어 있다.

① 문화는 스스로 만들어진다.
② 인간은 문화의 진로나 내용을 결정하는 데 아무 일도 할 수 없다.
③ 인간이 교육적 훈련을 지속적으로 받게 된다면 인간은 문화를 통제할 수 있다.
④ 문화는 과거에 의해서 결정되었고, 미래의 문화는 현재 진행되고 있는 경향의 연속이다.
⑤ 문화는 도구, 기구, 관습, 신앙의 거대한 흐름으로 끊임없이 서로 상호 작용하여 새로운 조합과 종합을 창조해 낸다.

29 다음 두 글을 읽고, 첫 번째 글의 글쓴이가 보일 수 있는 반응으로 적절한 것을 고르면?

시장 경제는 경쟁을 통해서 효율성을 높이고 성장을 달성한다. 경쟁의 동기는 사적인 이익을 추구하는 인간의 이기적 속성에 기인한다. 국민 각자는 모두가 함께 잘살기 위해서가 아니라 내가 잘살기 위해서 경쟁을 한다. 국가는 국민 모두가 함께 잘살기 위한 공동의 목적을 달성하기 위해 시장 경제를 선택한 것이지만 개개인은 이기적인 동기로 시장에 참여하는 것이다. 이와 같이 시장 경제는 개인의 공동의 목적이 서로 상반되는 모습을 갖는 것이 그 본질이다. 그래서 시장 경제가 제대로 운영되기 위해서는 국가의 소임이 중요하다. 시장 경제에서 국가가 할 일은 크게 세 가지로 나누어 볼 수 있다. 첫째는 경쟁을 유도하는 시장 체제를 만드는 것이고, 둘째는 공정한 경쟁이 이루어지도록 시장 질서를 세우는 것이며, 셋째는 경쟁의 결과로 얻어진 성과가 모두에게 공평하게 분배되도록 조정하는 것이다.

최근 발표된 한 보고서에 따르면 우리나라 전체 가구에서 빈곤층이 차지하는 비율은 지속적인 증가 추세를 보였다. 또한 경제 성장의 몫이 어떻게 분배되었나를 가구 총소득에서 보면 비(非)빈곤층의 몫이 105.96%, 빈곤층의 몫이 −5.96%이었다. 쉽게 말해 늘어난 가구 총소득을 100으로 했을 때, 비빈곤층은 105.96을 가져간 데 비해 빈곤층은 5.96을 잃었다는 것이다. 이러한 양극화를 초래한 원인 중 하나는 바로 불균형 성장 전략이다. 이를 잘 보여 주는 예가 바로 과학기술 정책이다. 제품 혁신이나 첨단 기술 개발 분야에 대한 집중 지원에서 알 수 있듯이 특정 연구자들과 대형 과제에 대해서만 지원이 치우침으로써 과학 기술계의 양극화가 점점 심화되어 온 것이다. 이에 따라 소수의 과학 기술자는 정치·경제계의 파워 엘리트가 되었지만 대다수 과학 기술 인력은 비정규직 노동자의 처지인 것이다.

① 기업에서 과학 기술 정책에 대한 투자를 대폭 확대해야 한다.
② 정부에서는 빈곤층 감소를 이루기 위해 성장 위주의 경제 정책을 펴야 한다.
③ 경쟁은 공정성을 보장하지 못하므로 과학계의 불균형 성장 역시 불가피한 현상이다.
④ 과학 기술은 경쟁이 그 분야의 생리이므로 경쟁의 결과에 대해서는 각자가 책임질 수밖에 없다.
⑤ 정부에서는 과학 기술 분야에서도 경쟁의 공정성이 보장될 수 있도록 적극적인 노력을 펼쳐야 한다.

30 다음 글과 [보기]를 읽고, 추론한 것 중 가장 적절한 것을 고르면?

> 엣지 컴퓨팅은 사용자 또는 데이터 소스의 물리적인 위치나 그 근처에서 컴퓨팅을 수행하는 것을 말한다. 사용자의 단말 장치와 가까운 위치에서 컴퓨팅 서비스를 처리하면 사용자는 더 빠르고 안정적인 서비스를 제공받게 되며 기업은 유연한 하이브리드 클라우드 컴퓨팅의 이점을 얻을 수 있다. 엣지 컴퓨팅은 기업이 여러 위치에서 공통의 리소스 풀을 사용하여 데이터 연산 및 처리를 분산시키는 방법 중 하나이다.

보기

> 클라우드 컴퓨팅이란 인터넷을 통해 서버, 저장소, 소프트웨어, 분석 등의 컴퓨팅 서비스를 제공하는 것이다. 클라우드 컴퓨팅이 탄생한 이후, 각광받으며 여러 기업들이 클라우드 환경으로 전환하였다. 그러나 최근 들어 이런 클라우드 컴퓨팅의 문제점들이 드러났다. 클라우드 서비스를 이용하는 사람들이 기하급수적으로 늘어나면서 서버 및 데이터 센터에서 처리할 수 있는 데이터의 양을 넘어서기 시작했고 수집한 데이터를 분석하고 송신하는 과정에서 발생하는 데이터 지연 현상이 발생했다. 또한 클라우드 컴퓨팅의 통신 과정에서 보안 문제도 발생했다.

① 엣지 컴퓨팅과 클라우드 컴퓨팅의 경쟁이 심화될 것이다.
② 클라우드 컴퓨팅의 처리 속도, 용량 및 보안 등의 문제를 해결하기 위해 탄생한 것이 엣지 컴퓨팅이다.
③ 엣지 컴퓨팅과 클라우드 컴퓨팅과 같은 기술 때문에 저작권 및 보안 문제에 대한 경각심이 커지고 있다.
④ 엣지 컴퓨팅의 처리 속도 및 보안 등의 문제를 해결하기 위해 클라우드 컴퓨팅의 기술 발전이 가속화되고 있다.
⑤ 엣지 컴퓨팅과 클라우드 컴퓨팅의 단점을 보완하고 더 나은 전략적 기업 경영을 위해 신기술 개발에 박차를 가하고 있다.

07 | 실전모의고사 7회 고난도

수리논리 | 20문항 30분

정답과 해설 P.85

01 어느 판매점에서는 제품 A와 B를 판매하는데 정가가 15만 원인 제품 A는 30% 할인하여 판매하였고, 제품 B는 20% 인상하여 판매하였다. 두 제품을 각각 10개씩 판매하여 총 249만 원의 매출을 올렸을 때, 인상 전 제품 B의 정가를 고르면?

① 104,000원　② 108,000원　③ 112,000원
④ 116,000원　⑤ 120,000원

02 이번 달 직원 40명의 승진 심사를 위해 인사고과 점수를 내림차순으로 정리하니 각각 2점씩 차이가 났다. 이 중 가장 높은 점수를 받은 직원은 96점이었고, 승진을 한 직원들의 평균 점수는 79점이었다. 이때, 승진을 한 직원들 중 인사고과 점수가 가장 낮은 직원의 점수를 고르면? (단, 인사고과 점수가 같은 직원은 없다.)

① 56점　② 58점　③ 60점
④ 62점　⑤ 64점

03 다음은 A, B, C국의 전년 대비 실질GDP 증가율과 2017년의 실질GDP를 조사한 자료이다. 주어진 자료에 대한 [보기]의 설명 중 옳은 것을 모두 고르면?

[그래프] A, B, C국의 전년 대비 실질GDP 증가율 (단위: %)

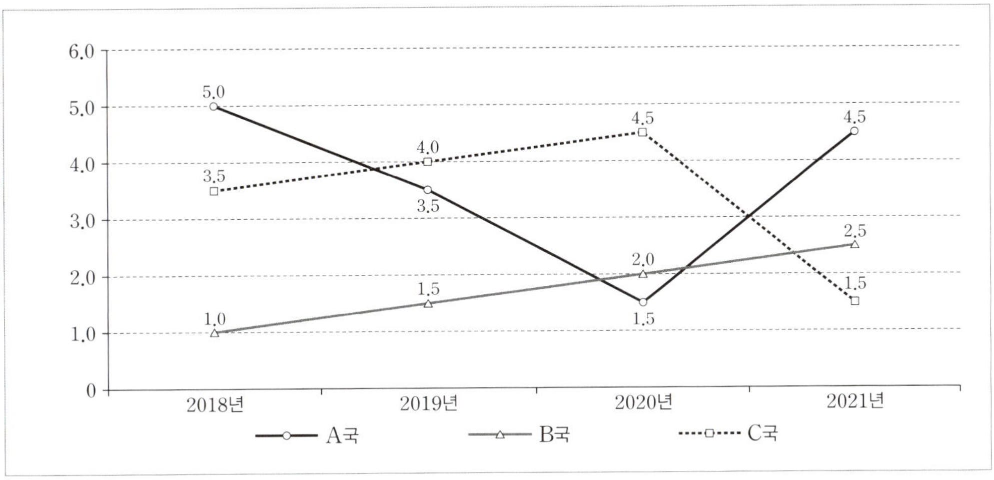

[표] 2017년 A, B, C국의 실질GDP (단위: 십억 달러)

구분	A국	B국	C국
실질GDP	1,500	1,000	1,000

보기

㉠ A국의 실질GDP는 매년 증가하였다.

㉡ 2019년 C국의 실질GDP는 1조 764억 달러이다.

㉢ A국의 실질GDP는 매년 B국의 실질GDP보다 높았다.

㉣ B국의 실질GDP는 2021년에 처음으로 C국의 실질GDP를 넘어섰다.

① ㉠, ㉢　② ㉡, ㉣　③ ㉢, ㉣
④ ㉠, ㉡, ㉢　⑤ ㉠, ㉡, ㉣

7회

04 다음은 연도별 로봇사업체 현황과 2020년 매출액별 로봇사업체 비중을 조사한 자료이다. 주어진 자료에 대한 설명 중 옳지 않은 것을 고르면?

[표] 연도별 로봇사업체 현황

(단위: 개사)

구분	2018년	2019년	2020년
제조업용 로봇	830	530	560
전문서비스용 로봇	370	240	330
개인서비스용 로봇	210	110	130
로봇부품 및 소프트웨어	1,110	1,360	1,410
로봇시스템	530	740	610
로봇임베디드	110	160	160
로봇서비스	450	1,180	1,140

※ 전체 로봇사업체는 제시된 7개의 분야로 구분함

[그래프] 2020년 매출액별 로봇사업체 비중

(단위: %)

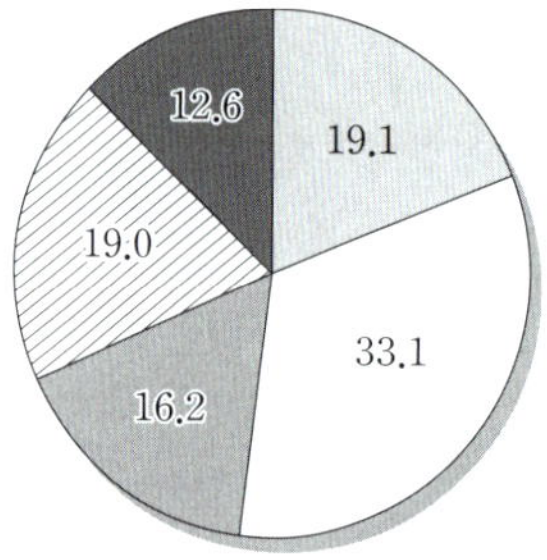

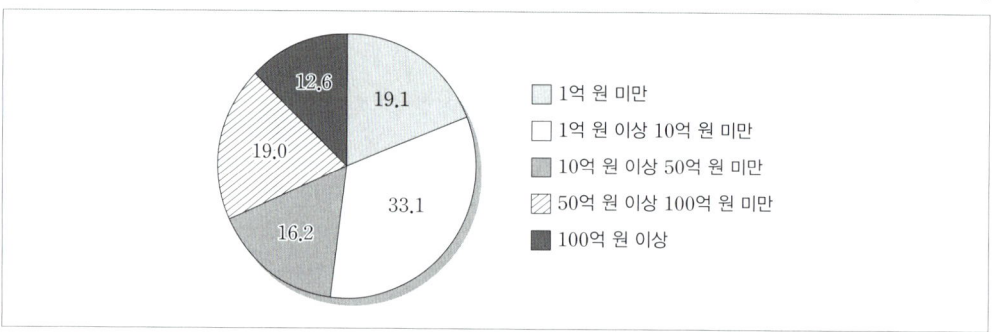

① 2019년 대비 2020년 로봇사업체 수가 감소한 분야는 2개이다.
② 2018년 로봇사업체 수는 제조업용 로봇이 로봇시스템의 1.5배 미만이다.
③ 2020년 매출액이 10억 원 미만인 로봇사업체는 전체 로봇사업체의 절반 이상이다.
④ 2019년 로봇사업체 수가 전년 대비 가장 많이 증가한 분야의 증가율은 150% 이상이다.
⑤ 2020년 10억 원 이상 50억 원 미만의 매출액을 보이는 로봇사업체는 700개사 이상이다.

05 다음은 2014년부터 2020년까지 2년 간격으로 성별 및 연령대별 근로자들의 일평균 여가 시간을 조사한 자료이다. 주어진 자료에 대한 [보기]의 설명 중 옳지 <u>않은</u> 것을 모두 고르면?

[표1] 성별 일평균 여가 시간

(단위: 시간)

구분	평일				주말 및 공휴일			
	2014년	2016년	2018년	2020년	2014년	2016년	2018년	2020년
남자	3.2	2.8	3.3	3.5	5.8	5.2	5.5	5.3
여자	3.8	3.5	3.3	3.2	4.8	5.2	5.3	5.0

[표2] 연령대별 일평균 여가 시간

(단위: 시간)

구분	평일				주말 및 공휴일			
	2014년	2016년	2018년	2020년	2014년	2016년	2018년	2020년
10대	3.1	3.4	3.0	2.8	5.0	4.5	4.9	4.8
20대	3.2	3.5	3.5	3.2	5.6	6.0	5.4	5.3
30대	3.5	3.0	3.4	3.0	6.8	5.9	6.2	5.5
40대	2.8	2.9	3.3	3.5	6.5	5.8	6.2	5.2
50대	3.8	4.0	3.5	3.7	6.8	6.5	6.1	5.7
60대	5.1	4.8	4.5	4.2	7.0	6.8	6.5	6.1
70대 이상	6.1	5.8	5.5	5.2	7.5	7.0	6.5	6.0

보기

㉠ 제시된 기간에 남자의 평일 일평균 여가 시간은 2년 주기로 감소했다.
㉡ 제시된 기간에 주말 및 공휴일 일평균 여가 시간의 평균은 남자가 여자보다 많다.
㉢ 2014년 대비 2016년 10대의 주말 및 공휴일 일평균 여가 시간은 10% 감소하였다.
㉣ 제시된 기간에 70대 이상은 다른 연령대보다 항상 많은 일평균 여가 시간을 갖는다.

① ㉠, ㉡　② ㉠, ㉣　③ ㉡, ㉢
④ ㉠, ㉡, ㉢　⑤ ㉡, ㉢, ㉣

7회

06 다음 [그래프]는 고령자 가구 정보 및 추정치에 대한 자료이다. 주어진 자료에 대한 설명 중 옳은 것을 고르면?

[그래프1] 고령자 가구 정보

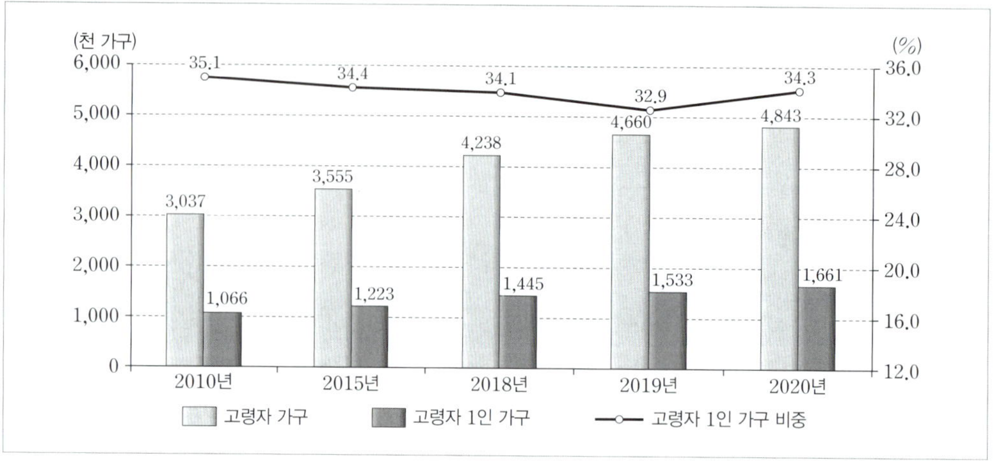

[그래프2] 2021년 이후 고령자 가구 정보 추정치

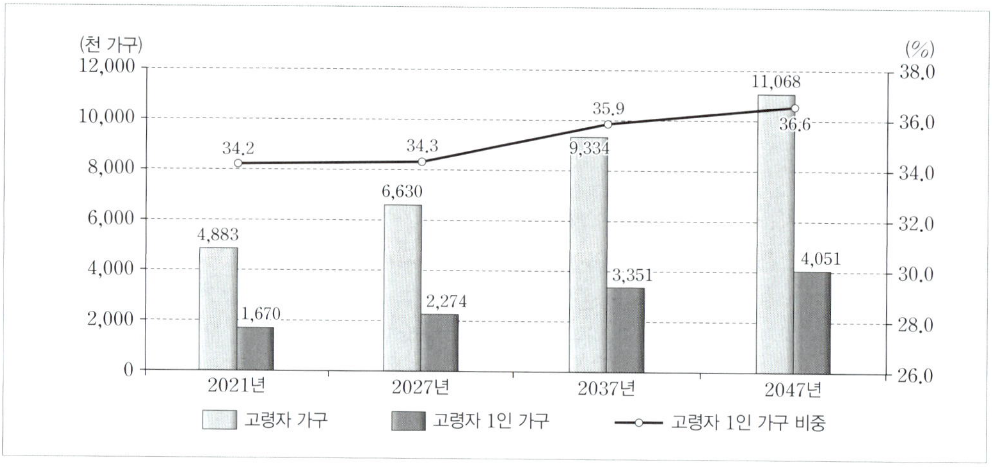

※ 고령자 1인 가구는 고령자 가구에 포함됨

① 제시된 기간 동안 2015년 이후 고령자 1인 가구 비중은 2020년까지 꾸준히 감소하였다.
② 2019년부터 2021년까지 고령자 1인 가구는 매년 1% 이상 증가할 것으로 보인다.
③ 2037년 고령자 1인 가구는 2021년의 2배 미만일 것이다.
④ 2020년 1인 가구가 아닌 고령자 가구는 3,082천 가구이다.
⑤ 2047년 고령자 1인 가구 비중은 2020년 대비 5% 이상 증가하였다.

07 다음은 2020년과 2021년 A기업 자동차 판매량에 대해 비교한 자료이다. 주어진 자료에 대한 설명 중 옳지 않은 것을 고르면?

[표1] 2021년 전년 동월 대비 A기업 자동차 판매량 증감률 추이 (단위: %)

구분	1월	2월	3월	4월	5월	6월	7월	8월	9월	10월	11월	12월
전년 동월 대비 증감률	−5	−10	−10	5	5	5	5	5	−10	5	10	5

[표2] 2020년 A기업 자동차 판매량 (단위: 만 대)

구분	판매량
1월	30
2월	32
3월	28
4월	26
5월	27
6월	28
7월	34
8월	35
9월	38
10월	42
11월	40
12월	38

① 2020년 A기업의 자동차 판매량이 가장 많은 달은 10월이다.
② 2021년 A기업의 자동차 판매량은 4월보다 6월에 더 많다.
③ 2020년 A기업의 자동차 전체 판매량은 390만 대 이상이다.
④ 2021년 A기업의 자동차 판매량이 가장 많은 달은 11월이다.
⑤ 2021년 A기업의 자동차 전체 판매량은 2020년보다 더 많다.

08 다음은 연도별 글로벌 VR시장 규모와 이용자 수를 조사한 자료이다. 주어진 자료에 대한 [보기]의 설명 중 옳은 것을 모두 고르면?

[표] 연도별 글로벌 VR시장 규모 (단위: 억 달러)

구분	2016년	2017년	2018년	2019년	2020년
하드웨어	65.0	124.5	174.9	222.7	230.0
콘텐츠	28.9	102.3	205.1	239.8	290.0

[그래프] 연도별 글로벌 VR시장 이용자 수 (단위: 만 명)

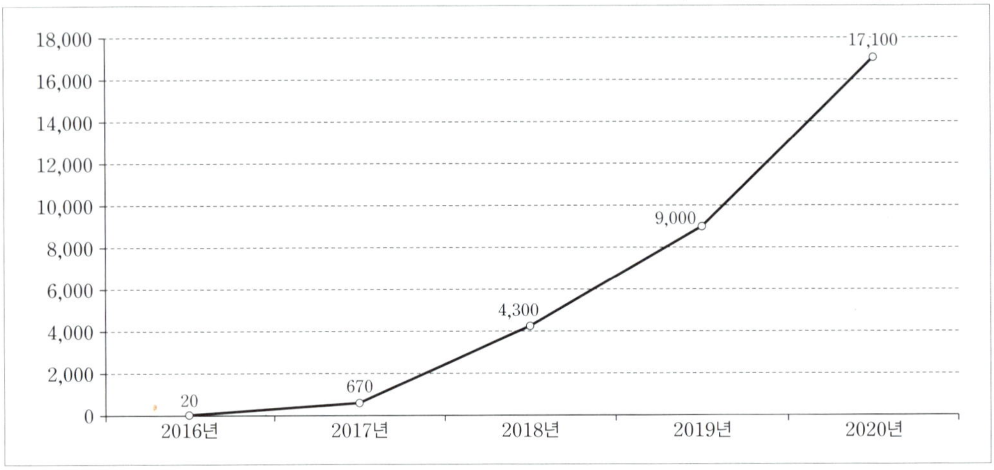

보기

㉠ 글로벌 VR시장 이용자 1명당 콘텐츠 규모는 2020년에 가장 작다.
㉡ 2016년 대비 2020년 글로벌 VR시장 콘텐츠 규모의 증가율은 1,000% 이상이다.
㉢ 글로벌 VR시장에서 하드웨어와 콘텐츠의 규모 차이가 가장 작은 해는 2017년이다.
㉣ 2017년 글로벌 VR시장 규모는 하드웨어와 콘텐츠를 합쳐 전년 대비 2배 이상으로 성장했다.

① ㉠, ㉡　② ㉠, ㉣　③ ㉡, ㉢
④ ㉠, ㉡, ㉣　⑤ ㉡, ㉢, ㉣

09 다음은 OECD 주요국의 GDP 대비 경상수지비율과 한국의 GDP를 조사한 자료이다. 주어진 자료에 대한 설명 중 옳지 <u>않은</u> 것을 고르면?

[표1] OECD 주요국의 GDP 대비 경상수지비율 (단위: %)

구분	2018년	2019년	2020년	2021년
미국	−2.1	−2.2	−2.3	−2.4
일본	0.9	1.1	3.1	3.7
영국	−5.5	−5.3	−5.2	−5.9
독일	6.7	7.4	8.5	8.4
한국	6.2	6.0	7.7	7.0

※ (GDP 대비 경상수지비율)(%)=$\frac{\text{(경상수지액)}}{\text{GDP}}\times 100$

[표2] 한국의 GDP (단위: 십억 달러)

구분	2018년	2019년	2020년	2021년
GDP	1,619	1,647	1,631	1,807

① 2021년 한국의 경상수지액은 1,250억 달러 이상이다.
② 미국은 매년 GDP 대비 경상수지비율이 높아지고 있다.
③ 독일은 5개국 중 GDP 대비 경상수지비율이 매년 가장 높다.
④ 일본의 경상수지액이 매년 일정했다면, 일본의 GDP는 매년 감소했다.
⑤ 제시된 기간 중 영국의 GDP 대비 경상수지비율이 최저인 해에 일본은 최대이다.

7회

[10~11] 다음은 A시의 연도별 온실가스 배출량 및 배출 비율에 관한 자료이다. 이를 바탕으로 이어지는 질문에 답하시오.

[그래프1] A시의 연도별 온실가스 배출량 (단위: 만 톤CO_2eq)

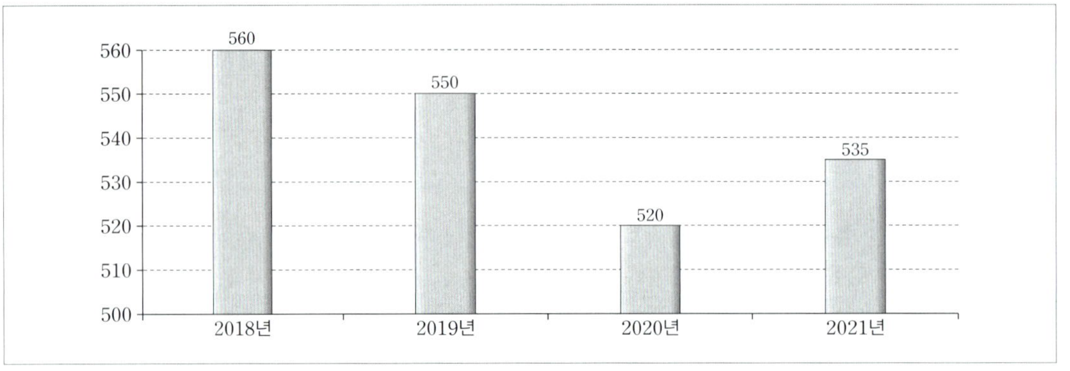

[그래프2] A시의 2021년 부문별 온실가스 배출 비율

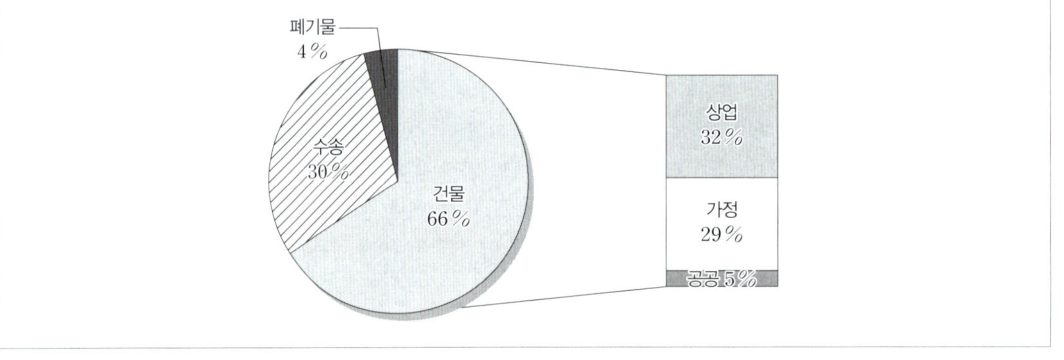

10 다음 설명 중 옳은 것을 고르면?

① A시의 온실가스 배출량은 매년 줄어들고 있다.
② 2021년 A시의 수송 온실가스 배출량은 170만 톤 이상이다.
③ 2020년 A시의 전년 대비 온실가스 배출량 증감률은 −5% 이하이다.
④ 2021년 A시의 폐기물 온실가스 배출량은 공공 건물 온실가스 배출량보다 더 많다.
⑤ 2021년 A시의 온실가스 배출량은 3년 전 대비 25만 톤 이상 증가했다.

11 주어진 자료에 대한 [보기]의 설명 중 옳지 않은 것을 모두 고르면?

보기

㉠ 2021년 A시의 상업 건물의 온실가스 배출량이 수송 배출량보다 10.7톤 더 많이 배출되었다.
㉡ 2020년 A시의 건물 온실가스 배출량이 2021년과 동일하다면 2020년 A시의 건물 온실가스 배출 비율은 66% 이상이다.
㉢ 2021년 A시의 건물 온실가스 배출량 중 가정 건물이 차지하는 비중은 45% 이하이다.
㉣ A시의 2019년과 2021년 부문별 온실가스 배출 비율이 동일하다면, 2019년 수송 온실가스 배출량은 2021년보다 3% 이상 많다.

① ㉠, ㉡ ② ㉠, ㉢ ③ ㉠, ㉣
④ ㉡, ㉢ ⑤ ㉡, ㉣

7회

[12~13] 다음은 성별 · 연령대별 대중매체 선호 비율과 대중매체별 일간 이용시간 비율을 조사한 자료이다. 주어진 자료를 바탕으로 이어지는 질문에 답하시오. (단, 중복으로 응답한 경우는 없다.)

[표1] 성별 · 연령대별 대중매체 선호 비율

(단위: %)

성별	대중매체	연령대		
		30대 이하	40~50대	60대 이상
여성	신문	15	25	45
	TV	25	40	45
	온라인	60	35	10
남성	신문	10	20	35
	TV	25	25	35
	온라인	65	55	30

[표2] 대중매체별 일간 이용시간 비율

(단위: %)

구분	30분 미만	30분 이상 1시간 미만	1시간 이상 2시간 미만	2시간 이상
신문	50	15	20	15
TV	20	25	30	25
온라인	15	20	35	30

12 다음 설명 중 옳지 않은 것을 고르면?

① 연령대가 낮을수록 온라인 매체를 선호하는 비율이 높아진다.
② 하루에 온라인을 1시간 이상 이용하는 비율은 65%이다.
③ 이용시간이 30분 미만인 비율은 신문이 TV보다 30%p 더 높다.
④ 40~50대의 대중매체 선호 비율 순위는 여성과 남성이 동일하다.
⑤ TV의 선호 비율은 여성과 남성 모두 60대 이상이 40~50대보다 높다.

13 주어진 자료에 대한 [보기]의 설명 중 옳은 것을 모두 고르면?

보기

㉠ 30대 이하의 TV 선호 비율은 여성이 남성보다 높다.
㉡ 대중매체별 응답자가 500명일 때, 일간 온라인 이용시간이 2시간 이상인 응답자는 150명이다.
㉢ 하루에 신문을 30분 이상 1시간 미만으로 이용한다고 응답한 사람과 2시간 이상 이용한다고 응답한 사람의 수는 동일하다.
㉣ 30대 이하 남성 중 TV를 선호한다고 응답한 사람이 75명이면, 30대 이하 남성 중 온라인을 선호한다고 응답한 사람은 195명이다.

① ㉠, ㉢ ② ㉡, ㉢ ③ ㉡, ㉣
④ ㉠, ㉢, ㉣ ⑤ ㉡, ㉢, ㉣

[14~15] 다음은 인공지능 서비스 이용률 및 인식에 대한 자료이다. 이를 바탕으로 이어지는 질문에 답하시오.

[그래프1] 연령 · 분야별 인공지능 서비스 이용률 (단위: %)

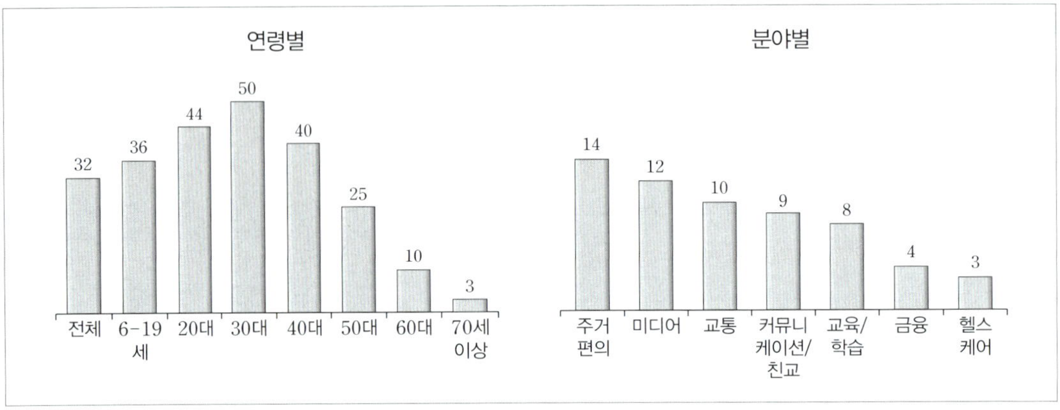

[그래프2] 인공지능 서비스에 대한 인식 (단위: %)

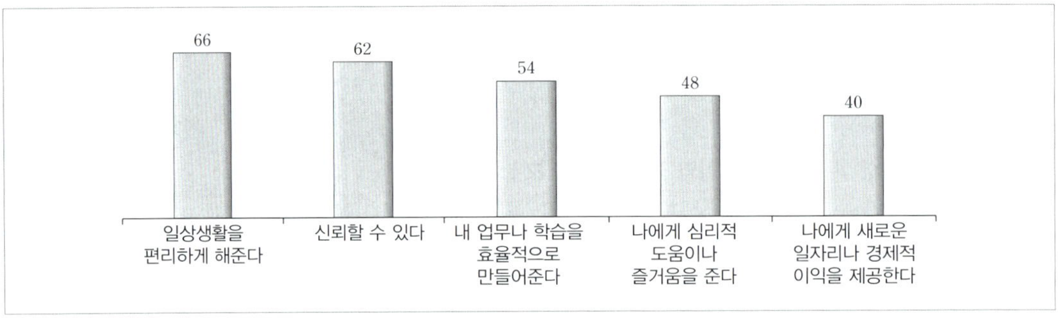

※ 인공지능 서비스 연령별, 분야별, 인식에 대한 조사 대상은 모두 동일함

14 다음 설명 중 옳지 않은 것을 고르면?

① 인공지능 서비스 전체 이용률보다 낮은 연령은 50대 이상이다.
② 인공지능 서비스에 대한 인식이 세 번째로 높은 항목에 응답한 인원은 조사 대상자의 절반 이상이다.
③ 인공지능 서비스 연령별 이용률 조사 대상 인원수는 50대 이상이 40대 이하보다 많다.
④ 인공지능 서비스 이용률이 가장 높은 연령대보다 연령대가 높아질수록 이용률은 낮아진다.
⑤ 인공지능 서비스 분야별 이용률이 가장 높은 항목은 가장 낮은 항목의 4배 이상이다.

15 주어진 자료에 대한 [보기]의 설명 중 옳은 것을 모두 고르면?

보기

㉠ 인공지능 서비스 분야별 이용률에 대한 조사 대상자가 총 700명이었다면, '신뢰할 수 있다'에 응답한 인원은 444명 이상이다.
㉡ 인공지능 서비스 이용률이 가장 낮은 연령대에 응답한 인원수보다 헬스케어 서비스 이용률에 응답한 인원수가 더 많다.
㉢ 인공지능 서비스 분야별 이용률의 각 항목에 응답한 사람이 모두 다르다면, 단 한 분야에도 응답하지 않은 비율은 40% 이상이다.
㉣ '일상생활을 편리하게 해준다'에 응답한 비율은 '나에게 심리적 도움이나 즐거움을 준다'에 응답한 비율보다 35% 이상 더 높다.

① ㉠　② ㉡, ㉢　③ ㉡, ㉣
④ ㉡, ㉢, ㉣　⑤ ㉠, ㉡, ㉢, ㉣

[16~17] 다음은 우리나라의 2017~2019년 지역별 반도체 수출액과 2019년 대비 2020년 지역별 반도체 수출액 증가율을 조사한 자료이다. 주어진 자료를 바탕으로 이어지는 질문에 답하시오.

[표] 2017~2019년 지역별 반도체 수출액 (단위: 백만 달러)

구분	전체	미국	대만	중국·홍콩	싱가포르	일본	EU
2017년	98,000	3,400	4,400	66,400	3,100	1,200	1,800
2018년	127,000	6,400	6,500	85,800	2,800	1,200	2,200
2019년	94,000	6,000	4,500	59,600	2,300	1,100	1,900

[그래프] 2019년 대비 2020년 지역별 반도체 수출액 증가율 (단위: %)

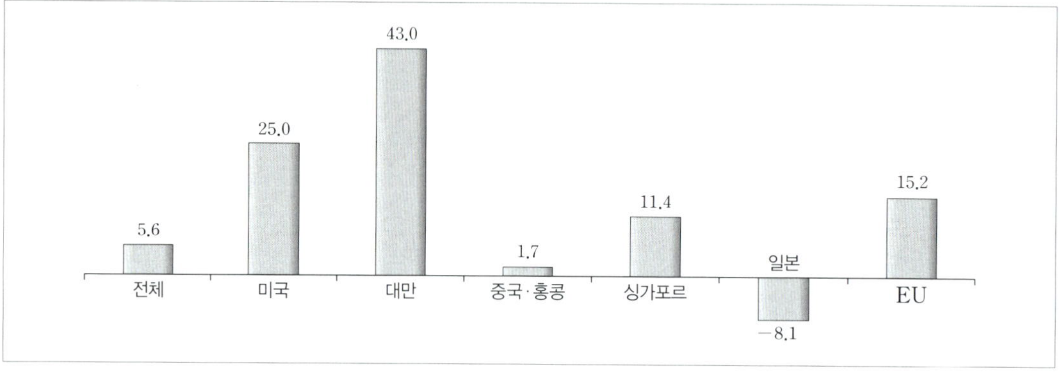

16 다음 설명 중 옳은 것을 고르면?

① 2020년 일본에 대한 반도체 수출액은 1,000백만 달러 미만이다.
② 2018년 EU에 대한 전년 대비 반도체 수출액 증가율은 2020년보다 낮다.
③ 2018년 전체 반도체 수출액에서 중국·홍콩이 차지하는 비중은 65% 이상이다.
④ 2017년부터 2019년까지 제시된 지역에 대한 반도체 수출액 순위는 매년 동일하다.
⑤ 2017~2019년 중 전체 반도체 수출액이 가장 큰 해에 제시된 모든 지역도 반도체 수출액이 각각 최대이다.

17 주어진 자료에 대한 [보기]의 설명 중 옳은 것을 모두 고르면?

보기

㉠ 2019년 대비 2020년 증가한 반도체 수출액은 미국이 대만보다 크다.
㉡ 미국에 대한 2017~2020년 연간 반도체 수출액의 평균은 5,500백만 달러 미만이다.
㉢ 2018년 전체 반도체 수출액에서 싱가포르와 EU가 차지하는 비중은 5% 미만이다.
㉣ 2017년부터 2020년까지 4년 동안의 반도체 수출액은 싱가포르가 일본의 2배 이상이다.

① ㉠, ㉡　② ㉠, ㉢　③ ㉠, ㉣
④ ㉡, ㉢　⑤ ㉢, ㉣

18 다음은 어느 지역의 여름철 일 평균 기온과 강수량 사이의 관계를 정리한 자료이다. 주어진 자료를 바탕으로 빈칸에 해당하는 값을 예측했을 때, 가장 적절한 값을 고르면?

[표] 일 평균 기온과 강수량 사이의 관계

구분	일 평균 기온(℃)	일 평균 강수량(mm)
5월	20	130
6월	(㉠)	138
7월	32	(㉡)
8월	40	150

※ 강수량(mm)=b−$\left(\frac{1}{\text{평균기온(℃)}}\times a\right)$

	㉠	㉡
①	24	145
②	24	146
③	25	145
④	25	146
⑤	28	148

7회

19 다음은 전체 에너지 발전량 중 원자력 발전 비중에 대한 자료이다. 주어진 자료를 바탕으로 전년 대비 증감률을 그래프로 나타내었을 때, 적절한 것을 고르면?

[표] 전체 에너지 발전량 중 원자력 발전 비중

(단위: %)

구분	2017년	2018년	2019년	2020년	2021년	2022년
비중	27	24	26	29	27	30

① 전체 에너지 발전량 중 원자력 발전 비중의 전년 대비 증감률 (단위: %)

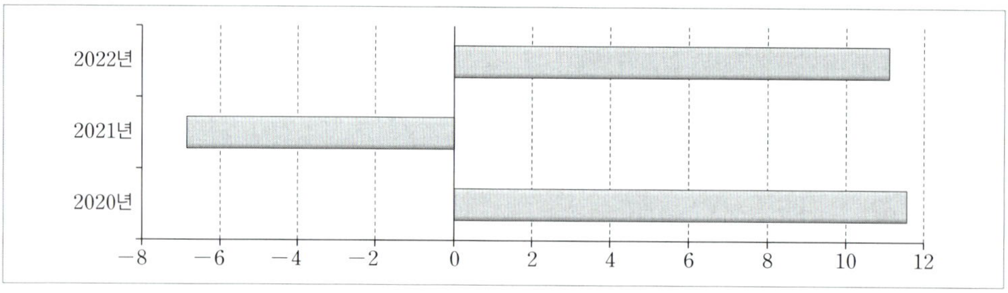

② 전체 에너지 발전량 중 원자력 발전 비중의 전년 대비 증감률 (단위: %)

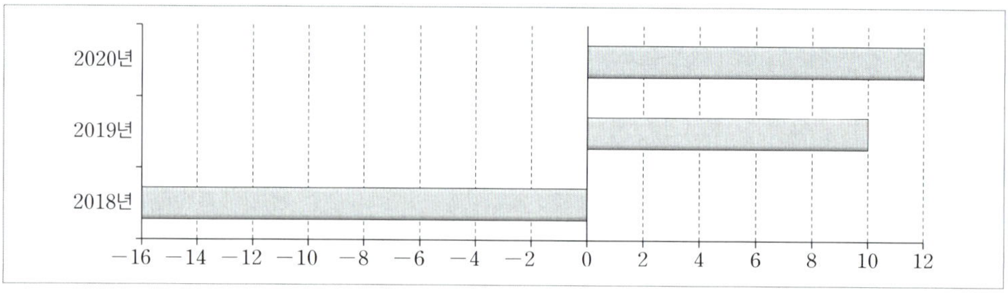

③ 전체 에너지 발전량 중 원자력 발전 비중의 전년 대비 증감률 (단위: %)

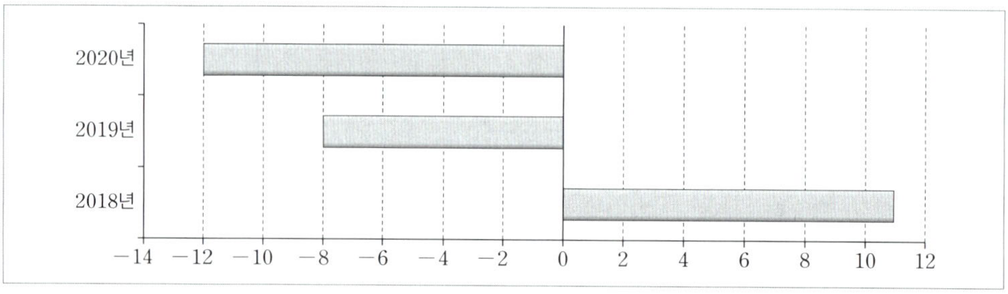

④ 전체 에너지 발전량 중 원자력 발전 비중의 전년 대비 증감률 (단위: %)

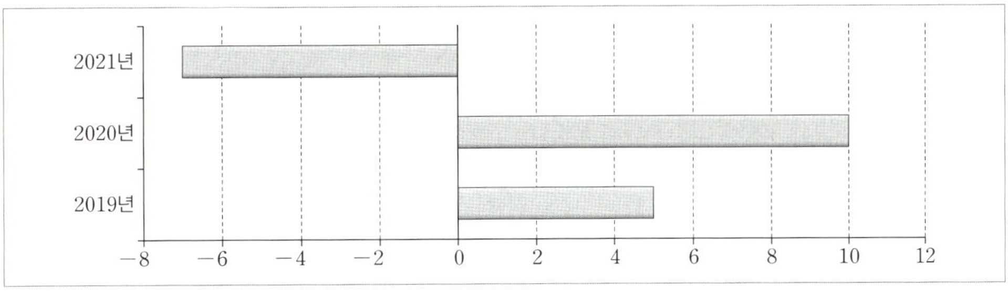

⑤ 전체 에너지 발전량 중 원자력 발전 비중의 전년 대비 증감률 (단위: %)

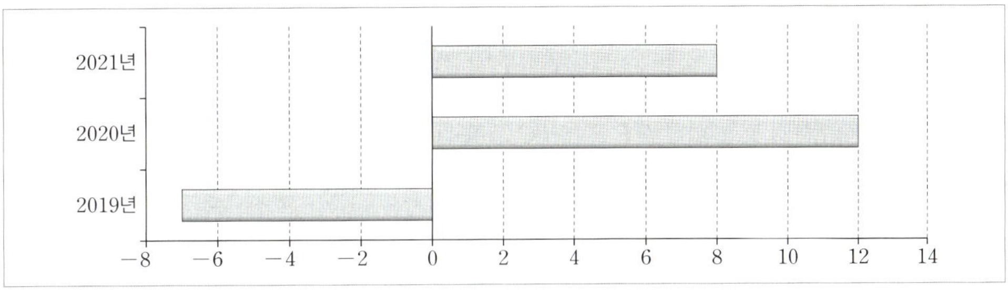

7회

20 **다음은 어느 지역의 월별 최고기온과 최저기온의 평균을 나타낸 자료이다. 월별 최고기온과 최저기온이 매월 일정하게 변할 때, 최고기온과 최저기온 평균의 차이가 처음으로 9℃이하가 되는 시기를 고르면?**

[표] 월별 최고기온과 최저기온의 평균 (단위: ℃)

구분	1월	2월	3월	4월	5월	6월	7월
최고기온	−2	4	2	8	4	10	5
최저기온	−25	−22	−19	−16	−13	−10	−7

① 8월 ② 9월 ③ 10월
④ 11월 ⑤ 12월

01 다음 전제를 보고 항상 참인 결론을 고르면?

전제1	모든 아기는 우유를 먹는다.
전제2	이유식을 먹는 모든 사람은 아기이다.
결론	

① 우유를 먹는 모든 사람은 이유식을 먹는다.
② 이유식을 먹는 모든 사람은 우유를 먹지 않는다.
③ 이유식을 먹지 않는 어떤 사람은 우유를 먹는다.
④ 우유를 먹는 어떤 사람은 이유식을 먹지 않는다.
⑤ 이유식을 먹지 않는 어떤 사람은 우유를 먹지 않는다.

02 다음 전제를 보고 항상 참인 결론을 고르면?

전제1	바람이 세게 불면 가뭄이 온다.
전제2	닭들이 폐사하지 않으면 가뭄이 오지 않는다.
결론	

① 닭들이 폐사하면 바람이 세게 분다.
② 닭들이 폐사하면 바람이 세게 불지 않는다.
③ 닭들이 폐사하지 않으면 바람이 세게 분다.
④ 바람이 세게 불지 않으면 닭들이 폐사하지 않는다.
⑤ 닭들이 폐사하지 않으면 바람이 세게 불지 않는다.

03 다음 결론이 반드시 참이 되게 하는 전제를 고르면?

전제1	태스크포스에 참여한 어떤 직원은 임원회의에도 참석한다.
전제2	
결론	태스크포스에 참여한 어떤 직원은 정례회의에도 참석한다.

① 정례회의에 참석하는 모든 직원은 임원회의에도 참석한다.
② 임원회의에 참석하는 어떤 직원은 정례회의에도 참석한다.
③ 임원회의에 참석하는 모든 직원은 정례회의에도 참석한다.
④ 임원회의에 참석하지 않는 어떤 직원은 정례회의에 참석한다.
⑤ 정례회의에 참석하지 않는 어떤 직원은 임원회의에 참석한다.

7회

04 5명의 학생 A~E가 달리기 시합을 해서 모두 결승선에 들어왔다. 주어진 [조건]을 바탕으로 항상 옳지 않은 것을 고르면?

조건
- 결승선에 동시에 들어온 학생은 없다.
- A가 E보다 먼저 들어왔다.
- B와 C 사이에 들어온 학생은 1명이다.
- B와 D 사이에 들어온 학생은 2명이다.
- D는 3등 안에 들었다.

① C는 3등이다.
② E는 5등이다.
③ A가 1등이면, E는 4등이다.
④ D가 1등이면, A는 2등이다.
⑤ 가능한 모든 경우의 수는 2가지이다.

05 A 부장, B 차장, C 과장, D 대리, E 주임, F 사원의 6명이 참말 또는 거짓말을 하였을 때, 주어진 [대화]를 바탕으로 이들 중 거짓말을 한 사람을 모두 고르면?

대화

- A 부장: B 차장과 F 사원은 참말을 하고 있습니다.
- B 차장: E 주임은 참말을 하였습니다.
- C 과장: 거짓말을 하는 사람은 A 부장님입니다.
- D 대리: 단 1명만이 거짓말을 하고 있습니다.
- E 주임: F 사원은 거짓말을 하였습니다.
- F 사원: C 과장님과 A 부장님은 모두 거짓말을 하고 계십니다.

① A 부장, B 차장 ② C 과장, D 대리 ③ A 부장, D 대리, F 사원
④ B 차장, E 주임, F 사원 ⑤ C 과장, E 주임, F 사원

06 민성, 종찬, 재훈이가 식당에서 주문한 음식을 받기 위해 한 줄로 서있을 때, 주어진 [조건]을 바탕으로 항상 옳지 않은 것을 고르면?

조건

- 각자 받은 음식은 서로 다르며, 음식의 종류는 한식, 중식, 일식이다.
- 본인보다 앞에 선 사람이 받은 음식은 모두 알 수 있으나, 본인보다 뒤에 선 사람이 받은 음식은 알 수 없다.
- 민성이는 종찬이가 일식을 받은 것을 안다.
- 재훈이는 마지막에 서지 않는다.
- 민성이가 받은 음식은 중식이 아니다.

① 가능한 경우의 수는 2개이다.
② 민성이보다 뒤에 선 사람은 없다.
③ 종찬이는 두 번째로 서서 일식을 받았다.
④ 재훈이는 첫 번째로 서서 중식을 받았다.
⑤ 민성이가 받은 음식을 알 수 있는 사람은 1명이다.

07 기획팀, 제작팀, 개발팀에서 각각 2명씩을 뽑아 TF를 구성하여 원탁회의 중이다. 주어진 [조건]을 바탕으로 항상 옳은 것을 고르면?

조건

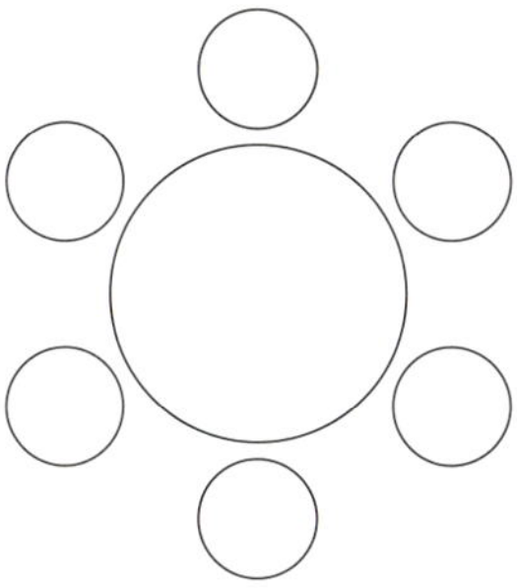

- 기획팀에서는 김 차장, 박 대리가 참여 중이고, 제작팀에서는 한 과장, 이 주임이 참여 중이며, 개발팀에서는 오 차장, 정 과장이 참여 중이다.
- 기획팀 두 명은 서로 마주 보고 앉아 있고, 개발팀 2명은 서로 옆에 붙어 앉아 있다.
- 기획팀의 박 대리의 왼쪽에 제작팀의 이 주임이 앉아 있다.

① 제작팀 2명은 서로 마주 보고 앉아 있다.
② 6명이 자리에 앉을 수 있는 경우의 수는 총 2가지이다.
③ 제작팀의 이 주임 왼쪽에 기획팀의 김 차장이 앉아 있다.
④ 기획팀의 박 대리 오른쪽에 앉은 사람의 직급은 과장이다.
⑤ 기획팀의 김 차장의 왼쪽에 개발팀의 오 차장이 앉아 있다면, 오른쪽에는 제작팀의 이 주임이 앉아 있다.

7회

08 **다음과 같이 칠판이 있는 스터디룸에 A~E 5명의 학생이 앉았을 때, 주어진 [조건]을 바탕으로 항상 옳은 것을 고르면?** (단, 옆에 나란히 앉은 두 사람의 칠판으로부터의 거리는 같다.)

조건

- 1열에 앉은 C는 E와 옆에 나란히 앉았다.
- B보다 칠판에 가깝게 앉은 사람은 1명이다.
- A와 같은 열에 앉은 사람은 2명이다.

① 가능한 경우의 수는 1가지이다.
② A보다 칠판에 가깝게 앉은 사람은 3명이다.
③ E와 같은 열에 앉은 사람은 2명이다.
④ B는 C와 같은 열에 앉았다.
⑤ D는 A와 다른 열에 앉았다.

09 **A~E가 8일 동안 당직을 선다. 당직을 서는 순서가 다음 [조건]을 따른다고 할 때, 항상 옳지 않은 것을 고르면?**

조건

- 당직은 하루에 한 명이 서고, 같은 사람이 연속해서 당직을 서지 않는다.
- A, B, C는 당직을 2번 서고, D, E는 당직을 1번 선다.
- 4일 차에는 C가 당직을 선다.
- D가 당직을 서는 날의 앞뒤로 B가 당직을 선다.
- 1일 차에는 A가 당직을 선다.

① 가능한 경우의 수는 5가지이다.
② 2일 차에 E가 당직을 선다면 D는 7일 차에 당직을 선다.
③ 5일 차에 A가 당직을 서면 8일 차에 B가 당직을 선다.
④ 6일 차에는 B 또는 D가 당직을 선다.
⑤ E가 C와 연속해서 당직을 서는 경우는 세 가지이다.

10 소희, 지혜, 성아, 윤정, 진영이는 각자 A, B, C 노트북 중 하나를 구매하였다. A 노트북은 180도 펼쳐지는 기능만 있고, B 노트북은 터치 기능만 있으며, C 노트북은 180도 펼쳐지는 기능과 터치 기능이 모두 있다. 주어진 [조건]에 따라 노트북을 구매했을 때, 항상 옳은 것을 고르면?

조건

- 윤정이는 180도 펼쳐지는 노트북을 구매했다.
- 소희는 터치가 되지 않는 노트북을 구매했다.
- 진영이는 성아와 다른 노트북을 구매했다.
- 성아는 터치가 되는 노트북을 구매했다.
- 지혜는 B 노트북을 구매했다.
- 각 노트북은 1명 이상이 구매했다.
- B 노트북은 2명이 구매했다.

① 가능한 경우의 수는 총 4가지이다.
② 소희와 진영이는 다른 노트북을 구매했다.
③ 진영이가 C 노트북을 구매했다면 성아는 B 노트북을 구매했다.
④ 성아가 C 노트북을 구매했다면 윤정이도 C 노트북을 구매했다.
⑤ 윤정이가 A 노트북을 구매했다면 진영이는 B 노트북을 구매했다.

7회

11 9명의 재무팀 직원 A~I가 워크숍을 진행하고 1명당 하나씩 방을 배정받았다. 방 배정이 다음 [조건]을 따른다고 할 때, 항상 옳은 것을 고르면?

조건

- 9명이 배정받은 방은 다음과 같다.

(3층)	301호	302호	303호
(2층)	201호	202호	203호
(1층)	101호	102호	103호

- A는 부장, B는 차장, C, D는 과장, E, F는 대리, G, H, I는 사원이다.
- 대리와 사원은 모두 1, 2층에 위치한다.
- 과장끼리는 서로 옆방에 위치한다.
- 대리는 모두 끝자리가 짝수인 방에 위치한다.
- H는 203호에 위치한다.
- I의 바로 윗방에는 C가 위치한다.

① A가 1층에 위치하는 경우는 없다.
② B가 1층에 위치하는 경우의 수는 2가지이다.
③ F가 202호에 위치하는 경우의 수는 2가지이다.
④ A가 303호에 위치하면, G는 101호에 위치한다.
⑤ B가 103호에 위치하면, A는 303호에 위치한다.

12 7명의 직원 A~G가 짝을 지어 각각 미국, 태국, 두바이로 출장을 가려고 한다. 주어진 [조건]에 따라 출장을 갈 때, 항상 옳은 것을 고르면?

조건

- A~C는 차장, D~G는 대리이다.
- A는 미국, B는 두바이, C는 태국으로 출장을 간다.
- A는 대리 2명, B와 C는 각각 대리 1명과 함께 출장을 간다.
- D와 G는 서로 다른 곳으로 출장을 간다.
- A와 E는 서로 다른 곳으로 출장을 간다.
- C와 F는 서로 다른 곳으로 출장을 간다.

① D는 두바이로 출장을 간다.
② F는 미국으로 출장을 간다.
③ E가 태국으로 출장을 가는 경우의 수는 3가지이다.
④ E가 두바이로 출장을 가는 경우의 수는 1가지이다.
⑤ G가 두바이로 출장을 가면, D는 태국으로 출장을 간다.

13 5명의 직원 A~E는 모두 다른 시간에 출근을 하였다. 1명만이 거짓을 말하고 나머지 4명은 모두 참을 말할 때, 주어진 [대화]를 바탕으로 네 번째로 출근한 직원을 고르면?

대화

- A: 내가 가장 늦게 출근했어.
- B: 나는 E보다는 늦게 출근했지만, C보다는 먼저 출근했어.
- C: 나는 D가 출근한 바로 다음에 출근했어.
- D: 나는 A보다 늦게 출근했고, C보다도 늦게 출근했어.
- E: 내가 가장 먼저 출근했어.

① A ② B ③ C ④ D ⑤ E

14 6명의 신입사원 A~F가 각자 리더십, 보안, 안전, 코딩 교육 중 2개씩 선택하여 교육을 신청할 때, 주어진 [조건]을 바탕으로 안전 교육을 신청한 사람을 모두 고르면?

조건

- 한 사람이 같은 교육 2개를 신청할 수 없다.
- 리더십 교육과 안전 교육은 함께 신청할 수 없다.
- A는 보안, 안전 교육을 신청하였다.
- B와 E는 리더십 교육, C와 F는 보안 교육을 신청하였다.
- D가 신청한 교육은 모두 E가 신청한 교육과 다르다.
- B와 D는 모두 코딩 교육을 신청하지 않았다.
- 코딩 교육은 3명이 신청하였다.

① A, B ② A, C ③ A, D ④ A, E ⑤ A, F

15 다음에 주어진 도형을 보고 적용된 규칙을 찾아 '?'에 해당하는 적절한 도형을 고르면?

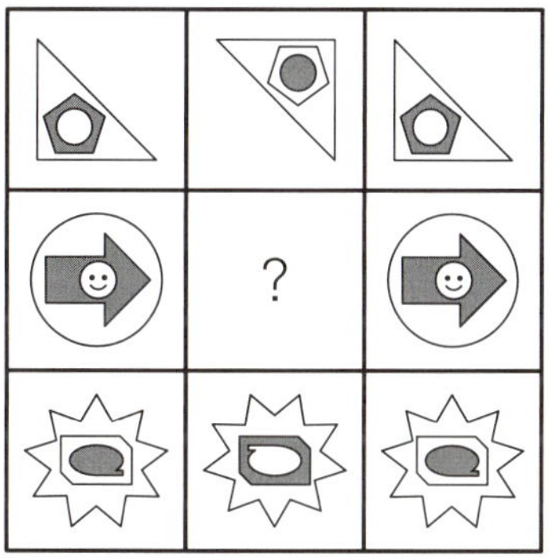

①

②
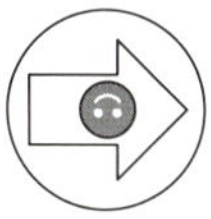

③
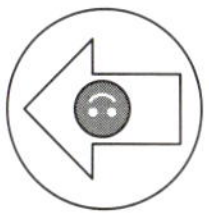

④

⑤
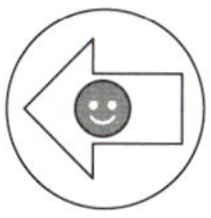

16 다음에 주어진 도형을 보고 적용된 규칙을 찾아 '?'에 해당하는 적절한 도형을 고르면?

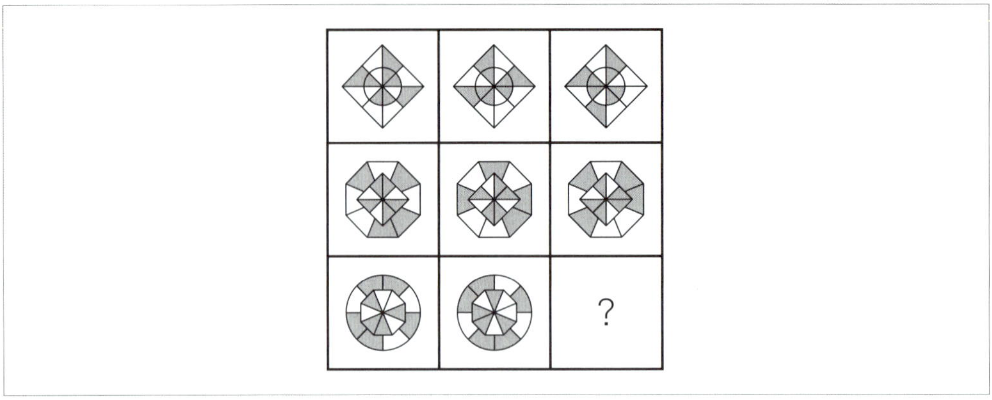

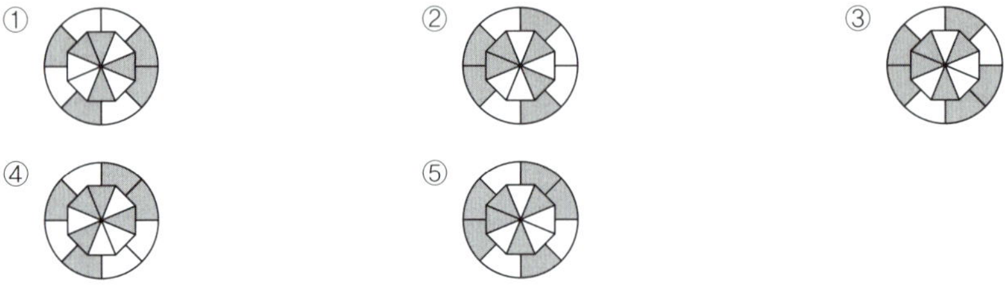

17 다음에 주어진 도형을 보고 적용된 규칙을 찾아 '?'에 해당하는 적절한 도형을 고르면?

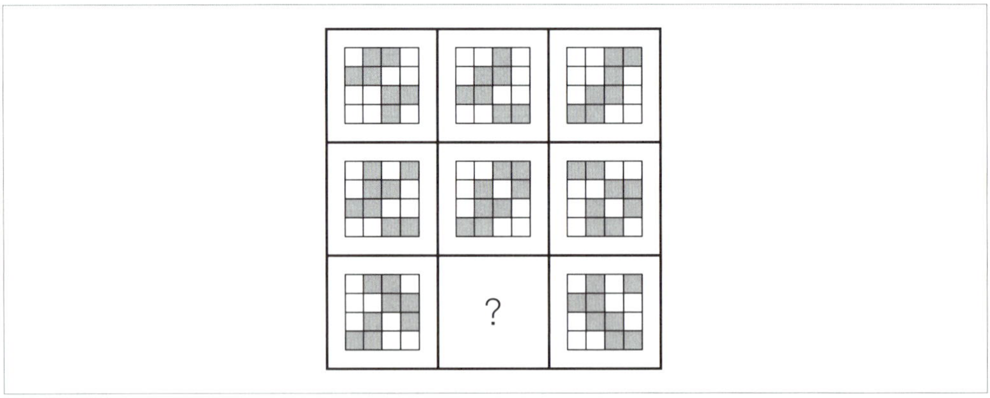

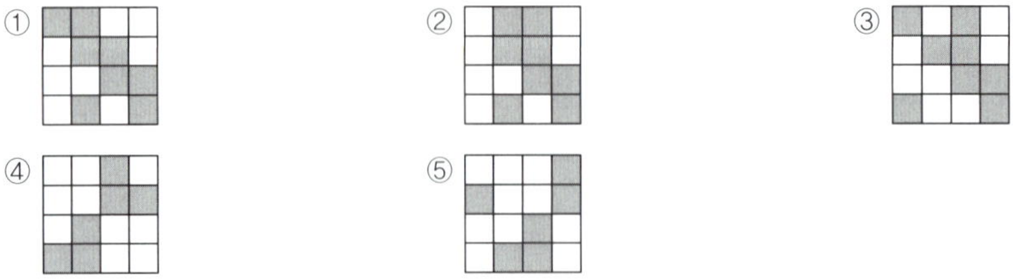

[18~21] 기호들이 하나의 규칙을 가지고 아래와 같이 문자나 숫자를 변화시킨다고 한다. 이때 다음 (?)에 들어갈 알맞은 것을 고르시오. (단, 가로와 세로 중 한 방향으로만 이동하며, Z 다음은 A, 9 다음은 0이다.)

		MLET		FTXP				
		↓		↓				
3TPG	→	△	→	□	→	2QOD		
		↓		↓				
		KJCR	→	◇	→	□	→	KBSJ
				↓				
				○				
				↓				
				SOGY				

18

CUPS → ○ → □ → (?)

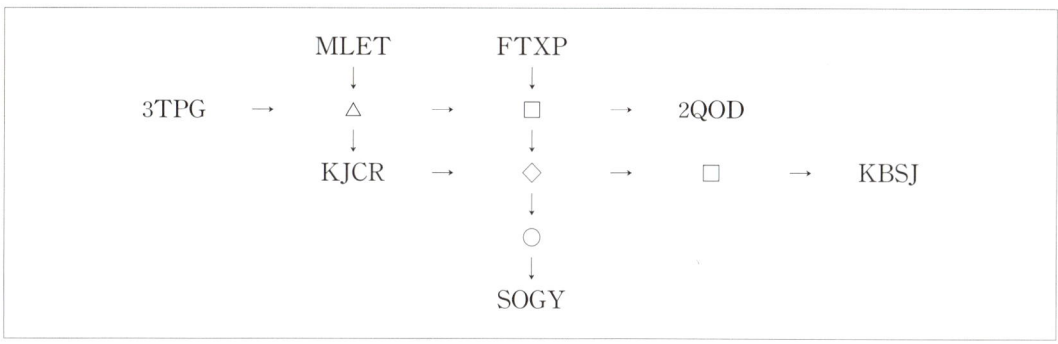

① QBVR ② OOTD ③ DOTT
④ TODT ⑤ BQRV

19

9735 → △ → ◇ → ○ → (?)

① 5184 ② 5137 ③ 5481
④ 5273 ⑤ 5371

20

(?) → △ → ○ → 2J4R

① 4TL6 ② 46TL ③ 02PH
④ 0PH2 ⑤ 35TL

21

(?) → ◇ → □ → △ → 3562

① 2592 ② 4857 ③ 4587
④ 2925 ⑤ 5487

22 다음 문단을 논리적 순서대로 알맞게 배열한 것을 고르면?

[가] 아폴리네르는 과학적 입체주의에서 찾을 수 없는 다채로운 색채를 부활시켜 화려하고 감각적으로 입체주의를 구현한 들로네의 미술 경향을 '오르피즘'이라고 이름 붙였다. '오르피즘'이란 그리스 신화에 나오는 음악가인 오르페우스의 이름에서 가져온 것으로, 들로네의 작품이 오르페우스의 음악을 떠올리게 할 정도로 색채를 역동적이고 리듬감 있게 구사하고 있다는 의미이다.

[나] 입체주의의 이러한 시도는 객관성보다 주관성을, 시각성보다 정신성을 추구하는 미술적 경향을 주도했다고 평가받는다. 입체주의의 대변인으로 불리는 프랑스의 시인이자 예술 이론가 아폴리네르는 새로운 예술을 찾아 끊임없이 노력하는 예술가의 창작 행위 자체가 예술의 본질이라 주장했다.

[다] 특히 아폴리네르는 로베르 들로네의 시도에 주목했다. 아폴리네르는 형태를 해체하고 재조립함으로써 대상을 표현하는 피카소의 '과학적 입체주의'와 들로네의 입체주의를 구별한다. 들로네는 형태의 해체는 물론이고 색채의 분할을 통해 입체주의를 구현했다는 점에서 피카소와 차별점을 가진다고 본 것이다.

[라] 입체주의는 여러 방향에서 본 대상의 모습을 한 화폭 안에 표현하려는 노력을 통해 2차원의 평면 위에 3차원으로 존재하는 대상을 담아내고자 하였다. 입체주의는 대상을 사실적으로 재현하려고 했던 기존의 미술적 경향을 밀어내고 대상을 주관적으로 묘사하고자 했다.

① [가]－[나]－[다]－[라]
② [가]－[라]－[다]－[나]
③ [나]－[라]－[다]－[가]
④ [라]－[나]－[다]－[가]
⑤ [라]－[다]－[나]－[가]

23 다음 문단을 논리적 순서대로 알맞게 배열한 것을 고르면?

[가] 단어의 의미는 시간이 지남에 따라 변화한다. 개화기 이전까지만 하더라도 '인정(人情)'이 '뇌물'을, '방송(放送)'이 '석방'을 의미했었다. 이처럼 어휘의 의미는 시간의 흐름에 따라 변화하는데, 의미 영역이 확장되기도 하고 반대로 축소되기도 하고, 전혀 다른 의미로 변화하기도 한다.

[나] 앞의 경우와는 반대로, 의미가 적용되는 영역이 원래보다 축소된 경우도 있다. 그 예로 '짐승'이라는 단어를 들 수 있다. 이 말은 한자어인 '중생'에서 온 말로, 원래 유정물 전체를 가리키는 불교 용어였지만, 지금은 인간을 제외한 동물만을 가리키도록 의미가 축소된 것이다. 이와 비슷한 예로는 '놈, 계집' 같은 말이 있다. 이들은 원래 일반적인 '남자, 여자'를 가리키는 말로 사용되던 것인데, 그 의미 영역이 축소되어 지금은 비속어로 사용된다.

[다] 의미가 적용되는 영역이 원래보다 확장된 예는 많이 있다. '다리'는 처음에는 사람이나 짐승의 다리만을 가리키던 것이었는데 책상이나 지게의 다리 같은 무생물에까지 적용된 것은 의미가 확장된 결과이다. '영감' 같은 말도 의미가 확장된 예이다. 이 말은 옛날에는 당상관에 해당하는 벼슬을 지낸 지체 높은 사람을 일컫는 말이었는데, 지금은 남자 노인을 두루 가리키게 되었다.

[라] 한편 의미의 확대나 축소로 보기 어려운 경우가 있다. 가령, '어리다'는 중세 국어에서 '어리석다'는 뜻이었는데, 지금은 '나이가 적다'라는 뜻으로 바뀌었다. 또 '싁싁ᄒᆞ다'는 원래 '엄하다'는 뜻이었는데, 지금은 '씩씩하다'는 뜻으로 바뀌었다. 또 다른 예로는 '어엿브다'라는 단어가 있다. 중세 국어에서 '어엿브다'는 현대 국어처럼 '아름답다'는 뜻이 아닌 '불쌍하다'는 뜻이었다.

① [가]－[다]－[나]－[라]
② [가]－[다]－[라]－[나]
③ [다]－[나]－[가]－[라]
④ [다]－[나]－[라]－[가]
⑤ [다]－[라]－[나]－[가]

7회

24 다음 글의 내용이 참일 경우, 반드시 거짓인 진술을 고르면?

종자은행은 식물자원의 연구, 보존과 이용에 근간이 되는 종자의 장기 저장을 위해 필수적인 시설이다. 이곳에는 종자의 장기 저장에 적합하도록 온도와 습도가 조절되는 첨단의 운영 체계를 갖추고 있다. 종자은행의 효율적인 운영을 위해 탐색, 수집, 분류, 보존 연구를 수행하는 연구실과 X-RAY 검사장치, 종자함수율 측정장치, 현미경 영상장치, 발아시험기 등을 갖춘 종자검사실 및 우량한 종자를 정선, 분리하기 위한 종자 정선기, 중력분리기, 훈증기, 건조기 등의 장치를 갖춘 종자처리실을 운영하고 있다. 종자은행은 국내 자생식물 및 해외 유용 식물 종자의 수집과 산림식물 종자의 장기 저장 기술 확립, 종자의 보존 센터 및 종자의 이용 산업 기반을 구축하고자 한다. 종자은행에서는 자생식물, 희귀·특산식물을 우선 수집하고, 분포 및 서식지 환경, 개화 및 결실 생태를 조사하며 종자와 확증 표본이 동시 채집된다. 이렇게 채집된 종자들은 분류되어 장기 보존된다.

① 종자은행은 연구실, 종자검사실, 종자처리실로 구성되어 있다.
② 종자은행에서 가장 먼저 수집하는 종자는 자생식물, 희귀·특산식물이다.
③ 종자은행은 종자를 장기 저장하여 식물자원의 연구, 보존을 목적으로 한 시설이다.
④ 종자은행은 종자의 장기 저장을 위해 시설 전체를 일정한 온도와 습도로 유지한다.
⑤ 종자은행은 종자를 수집하고, 장기 저장 기술을 확립하여 종자 이용 산업 기반을 구축하고자 한다.

25 다음 글의 내용이 참일 경우, 반드시 거짓인 진술을 고르면?

디스플레이에서 주사율은 1초에 얼마나 많은 장면을 화면에 표현하는지 나타내는 수치로, 단위는 Hz(헤르츠)를 사용한다. 예를 들어 120Hz의 주사율은 1초에 120번의 이미지를, 60Hz는 60번의 이미지를 화면에 불러오는 것이다. 주사율이 높을수록 1초에 더 많은 이미지가 보이는 만큼 영상을 좀 더 부드럽고 매끄럽게 감상할 수 있는 반면, 이미지를 더 많이 불러오는 만큼 전력 소모도 증가한다. 화면 전환이 빠른 게임이나 동영상의 경우 고주사율이 적용되면 보다 자연스럽고 부드러운 화면 변화를 감상할 수 있다. 그러나 상대적으로 화면의 변화가 적은 이미지나 텍스트 기반의 콘텐츠는 일반 주사율의 화면과 고주사율에서 볼 때의 이미지 변화가 거의 없기 때문에 고주사율이 적용되면 불필요한 전력 소모가 발생할 수 있다. 이런 문제점을 해결하기 위해 등장한 것이 바로 '가변주사율'이다. 빠른 화면 전환이 필요한 콘텐츠에서는 고주사율을 적용하고, 상대적으로 변화가 적은 콘텐츠를 소비할 때는 보다 낮은 주사율을 적용하는 것이다.

① 주사율을 나타낼 때는 헤르츠를 이용한다.
② 가변주사율 화면은 콘텐츠에 따라 다른 주사율을 적용한다.
③ 120Hz는 60Hz보다 더 부드럽고 매끄러운 영상을 제공한다.
④ 고주사율 화면은 일반 주사율 화면보다 전력 소모가 증가한다.
⑤ 어떠한 상황에서든 고주사율 화면이 일반 주사율 화면보다 좋다.

26 다음 글의 내용이 참일 경우, 반드시 거짓인 진술을 고르면?

> 삼성전자가 반도체 위탁생산 시장 판도를 바꿀 것으로 기대되는 차세대 공정기술 'GAA(Gate All Around)' 도입을 재확인했다. GAA는 반도체 칩의 기본 소자인 '트랜지스터'를 더 작고 빠르게, 적은 전력만 소모하도록 만드는 최신 기술이다. 지금까지 트랜지스터를 가장 작고 빠르게 만들 수 있는 기술은 물고기의 등지느러미(Fin) 모양을 닮은 '핀 트랜지스터'였다. 삼성의 경우 2012년 14나노 공정부터 핀 트랜지스터를 도입했다. 하지만 7나노, 5나노, 4나노 등 초미세 공정기술이 발전하면서 한계에 부딪혔다. 핀 트랜지스터 구조로는 4나노 이하 공정에서 '동작 전압(트랜지스터 등을 동작시키기 위해 필요한 전원 전압)'을 줄이는 게 불가능했다. 이를 해결하는 기술이 바로 GAA다. 삼성전자는 여기서 더 나아가 독자적인 GAA 기술인 'MBC펫(Multi Bridge Channel-Field Effect Transistor)'을 개발했다. 삼성전자 측은 "MBC펫 구조를 적용한 3나노 공정은 기존 핀펫 기반 5나노 공정 대비 성능은 30% 향상되고, 전력 소모와 면적은 각각 50%, 35% 감소할 것으로 예상한다"고 설명했다.

① 트랜지스터는 반도체 칩에서 반드시 필요하다.
② 핀 트랜지스터는 물고기 등지느러미 모양을 닮았다.
③ 트랜지스터는 작고 빠르고 적은 전력을 소모할수록 좋다.
④ GAA 기술로 4나노 이하 공정에서 동작 전압을 줄이는 것이 가능하다.
⑤ MBC 펫 구조를 적용하면 4나노 공정에서 30%의 성능을 향상시키고 전력소모와 면적도 감소시킬 수 있다.

27 다음 글의 내용이 참일 경우, 반드시 거짓인 진술을 고르면?

> 미국항공우주국(NASA)는 지난해부터 LCRD 시스템과 TBIRD 기술을 연달아 선보이면서 우주 레이저 광통신의 이용 가능성을 입증했다. 기존의 우주 통신은 무선 전파를 이용하는 방식으로 우주선이나 인공위성이 전파를 쏘고 이를 지상 기지국의 안테나가 송신한다. 전파는 향하는 거리의 제곱에 반비례해 그 밀도가 줄어든다. 거리가 멀어지면 멀어질수록 전파의 세기가 크게 감소하는 것이다. 더불어 최근 수많은 인공위성이 다양한 목적으로 발사되면서 빛 공해와 우주 쓰레기 문제를 발생시킨다. 여기에 남아있는 주파수 대역 소실로 통신 장애도 예상된다. 이에 비해 우주 레이저 광통신은 레이저로 지상과 우주선이나 인공위성 등 우주 물체 간에 데이터를 주고받는 초고속 통신이다. 기존 통신 방식보다 이론적으로 100배가 넘게 빠르다고 알려져 있다. 그러나 우주 레이저 광통신 실현을 위해서는 대기의 영향을 줄이는 방법이 더 연구되어야 한다. 레이저는 대기에 산란이 되기에 가령 구름이 있는 경우 레이저가 여기에 영향을 받아 데이터 오류가 발생할 수 있다.

① 무선 전파를 이용한 통신은 우주 쓰레기 문제를 발생시킨다.
② 무선 전파를 이용한 통신은 인공위성과 통신하므로 빛 공해를 유발한다.
③ 우주 레이저 광통신의 실현을 위해서는 주파수 대역의 통합이 우선되어야 한다.
④ 대기에 구름이 많은 경우 우주 레이저 광통신의 데이터 오류가 발생할 수 있다.
⑤ 우주 레이저 광통신은 무선 전파를 이용한 통신보다 먼 우주를 탐사할 때 유용하다.

28 다음 글에 대한 반론으로 가장 적절한 것을 고르면?

우크라이나, 러시아 전쟁으로 인해 러시아 제재를 시작할 때만 해도 러시아의 국가부도는 시간문제라는 견해가 많았다. 그러나 시간이 지날수록 이러한 견해는 틀린 것으로 보인다. 에너지 수입액 증가뿐만 아니라 러시아의 루블화 가치가 7년 만에 최고치를 기록했기 때문이다. 이러한 원인이 무엇일까? 우선 러시아에 심각한 타격을 주는 제재는 미국과 유럽에도 상당한 손실을 입힐 수 있어 적극적으로 실행하기 어려웠기 때문이다. 또 러시아의 에너지 수출에 제동이 걸렸지만, 오히려 가격이 올라 결과적으로 에너지 수출액이 증가했다. 에너지는 산업과 생활에 필수적이기 때문에 현 상황에서 최소한 단기적으로는 수요 곡선이 매우 가파를 것이고 수요 곡선이 가파르면 판매량이 감소해도 판매액은 증가할 수 있다. 마지막으로 중국과 인도 등 많은 비서방 국가들이 제재에 동참하지 않았다. 유럽은 당장 자신들의 안보와 관련이 있으므로 제재하려 했지만, 다른 국가들은 경제적 실익에 따라 움직였기 때문이다.

① 국민들이 푸틴을 강력하게 지지하여 서방의 제재에도 내적 균열이 발생할 가능성이 적다.
② 러시아를 국제결제망에서 퇴출시키면 탈달러화 움직임이 생길 수 있어 달러 위상의 약화를 초래할 수 있다.
③ 현재 루블화 강세는 에너지 가격 급등과 루블화 결제 유도로 인한 일시적 현상이므로 시간이 지나면 재정 압박이 커질 것이다.
④ 서방국가인 유럽 역시 러시아산 에너지를 당장 대체할 수입처를 찾기 어려워 러시아산 원유 거래를 완전히 막을 수 없다.
⑤ 러시아는 곡물과 원유 등 생활 필수품을 자체 조달할 수 있는 나라이므로 상대적으로 경제의 대외 의존도가 낮아 국민들이 경제 제재를 감내할 수 있을 것이다.

29 **다음 글과 [보기]를 읽고 한 추론 중 가장 적절한 것을 고르면?**

최근 인공지능 기술의 발전과 함께 비전 시스템은 이미지 인식, 객체 탐지 및 동작 분석과 같은 다양한 작업에서 AI를 활용해 핵심적인 역할을 수행하고 있다. 하지만 기존 비전 시스템은 이미지 센서에서 수신된 신호를 복잡한 알고리즘을 이용해 물체와 그 동작을 인식하는 것이 일반적이다. 이러한 방식은 상당한 양의 데이터 트래픽은 물론, 높은 전력 소모가 필요하기 때문에 모바일 또는 사물인터넷(IoT) 장치에 적용되기 어렵다.

보기

곤충은 기본 동작 감지기라는 시신경 회로를 통해 시각 정보를 효과적으로 처리해 물체를 탐지하고 그 동작을 인식하는 데 탁월한 능력을 보인다. 따라서 곤충의 시각지능을 모사하기 위한 여러 가지 시도가 있었으나 기존 실리콘 집적회로 기술에서는 복잡한 회로가 요구되기 때문에 실제 소자로 제작하기 어려운 한계가 있었다. K교수는 다양한 기능의 멤리스터 소자들을 집적해 곤충의 시신경에서의 시각지능을 모사하는, 고효율·초고속 동작 인식이 가능한 지능형 동작인식 소자를 개발했다.

① 멤리스터 소자는 이미지 센서를 고도화시킨 것이다.
② 데이터의 트래픽이 많으면 전력 소모 또한 높게 나타난다.
③ 곤충의 시신경계를 모방한 지능형 동작인식 소자는 사물인터넷 장치에 적용될 수 있다.
④ K교수는 누구도 관심 갖지 않던 곤충의 기본 동작 감지기를 모방하는 연구에 집중했다.
⑤ 비전 시스템은 간단한 시각 지능을 활용해 놀랍도록 민첩하게 물체의 동작을 인지할 수 있다.

30 다음 글과 [보기]를 읽고 한 추론 중 가장 적절한 것을 고르면?

> GOS는 모바일에서 유저가 게임을 최대한 잘 즐길 수 있도록 도와주는 기능을 위해 만들어졌다. 게임의 특성상 단순한 검색이나 짧은 영상을 보는 것보다 오랜 시간을 이용하는 경우가 많다. 계속되는 게임으로 인하여 모바일에서 열이 많이 발생할 수도 있으며 특히 게임일 경우 높은 사양의 그래픽을 요구하는 경우가 많기 때문에 더욱더 쉽게 발열이 발생한다. 또한 배터리도 그만큼 빠르게 소모된다. 이때 GOS는 이 게임에 대하여 작동이 되면서 발열과 배터리 소모를 줄이는 역할을 함으로써 안정성을 높일 수 있다.

보기

> 일부 스마트폰의 GOS가 게임을 하는 데 필요한 성능을 너무 떨어뜨리고 있어 소비자들로부터 많은 비판을 받고 있다. 여러 소비자가 확인한 결과, GOS를 켠 경우와 끈 경우를 비교한 결과 성능이 절반 이하로 떨어진 경우도 있었다. 심지어 발열이 어느 정도 올라가서 서서히 GOS가 작동하여 성능을 서서히 떨어뜨리는 방식이 아니라, 게임을 시작하기만 해도 GOS가 작동되는 경우도 있었다. 이 경우 게임 유저들은 정말 좋지 않은 그래픽 퀄리티로 게임을 할 수밖에 없다. 또한 게임에만 적용이 되어야 할 GOS가 게임 이름으로 변경한 일반 앱에서도 비슷한 결과를 보인 것도 문제가 되고 있다. 더 큰 문제는 소비자가 GOS를 끌 방법이 전혀 없다는 것이다.

① 오랜 시간 게임을 이용하면 GOS가 작동하여 게임 유저들에게 불편을 주고 있다.
② 게임으로 인해 모바일에서 발열이 쉽게 발생하기 때문에 GOS를 끌 수 없게 제작하였다.
③ 일부 스마트폰의 GOS 기능은 본래의 기능이 갖는 목적과 달리 게임의 성능을 떨어뜨리고 있다.
④ GOS 기능이 검색 등을 위해 작동하도록 제작된 경우에는 일반 앱에서 검색 기능을 높여줄 수 있다.
⑤ 게임에 요구되는 그래픽 사양이 높기 때문에 GOS가 작동하지 않으면 게임의 영상 퀄리티가 저하된다.

08 실전모의고사 8회 고난도

수리논리 | 20문항 30분

정답과 해설 P.99

01 다음 표는 어느 공장에서 두 제품 X, Y를 각각 1개씩 만드는 데 필요한 두 원료 A, B의 양과 제품 1개당 이익을 나타낸 것이다. 원료 A는 40kg, 원료 B는 22kg을 모두 사용하여 제품 X, Y를 만들었을 때, 두 제품의 총이익을 고르면?

구분	원료 A(kg)	원료 B(kg)	이익(만 원)
제품 X	4	2	6
제품 Y	5	3	7

① 50만 원 ② 52만 원 ③ 54만 원
④ 56만 원 ⑤ 58만 원

02 남자 5명, 여자 4명 중에서 4명의 위원을 선출할 때, 남자와 여자가 각각 적어도 1명씩 포함되는 경우의 수를 고르면?

① 48가지 ② 60가지 ③ 72가지
④ 96가지 ⑤ 120가지

03 다음은 에너지원별 발전 설비 용량과 발전원별 설비 비중에 대한 자료이다. 주어진 자료에 대한 [보기]의 설명으로 옳지 않은 것을 모두 고르면?

[표1] 에너지원별 발전 설비 용량 (단위: 만 GWh)

구분	원자력	석탄	LNG	신재생	우류	양수	기타
2019년	15	24	12	3.5	0.5	0.3	0.2
2020년	18	22	15	4	0.2	0.3	0.5

[표2] 발전원별 설비 비중 (단위: %)

구분	2019년	2020년	2030년
원자력	27	30	12
석탄	41	36.7	18
LNG	21.6	25	32
신재생	6.3	6.7	35
기타	1.8	1.7	3

※ 기타: 우류, 양수 등의 기타 에너지
※ 2030년은 전망치임

보기
㉠ 2020년 에너지원별 발전 설비 용량 상위 4개 항목 모두 전년 대비 증감률의 절댓값이 10% 이상이다.
㉡ 2020년 발전원별 설비 비중이 전년 대비 10% 이상 증가한 항목은 원자력과 LNG에너지뿐이다.
㉢ 2020년은 2019년보다 전체 에너지원별 발전 설비 용량이 더 크다.
㉣ 2030년 신재생에너지의 설비 용량은 10년 전보다 5배 이상 증가할 것으로 예상된다.

① ㉠, ㉢ ② ㉠, ㉣ ③ ㉠, ㉡, ㉢
④ ㉡, ㉢, ㉣ ⑤ ㉠, ㉡, ㉢, ㉣

8회

04 다음은 우리나라의 글로벌 반도체 산업 동향과 반도체 산업 글로벌 시장점유율 추이를 조사한 자료이다. 주어진 자료에 대한 설명 중 옳지 않은 것을 고르면?

[표1] 반도체 산업 동향

구분	2016년	2017년	2018년	2019년	2020년	2021년
반도체 생산액(조 원)	65	100	140	135	–	–
반도체 수출액(억 달러)	620	980	1,270	940	990	1,280
반도체 수입액(억 달러)	370	410	450	470	500	610
DRAM 가격(달러)	2.0	3.8	4.0	3.7	3.0	2.9

[표2] 반도체 산업 글로벌 시장점유율 추이 (단위: %)

구분	2013년	2014년	2015년	2016년	2017년	2018년	2019년	2020년
반도체 전체	15.5	16.2	17.0	16.5	21.4	23.6	18.4	18.4
메모리 반도체	48.7	53.0	57.7	57.4	60.7	61.7	58.4	56.9
시스템 반도체	5.5	3.9	3.6	3.1	3.0	3.0	3.2	2.9

① 2017년부터 2021년까지 반도체 수입액은 매년 증가했다.
② 2021년 반도체 수출액은 5년 전 대비 2배 이상으로 증가했다.
③ 2016년부터 2020년까지 반도체 전체의 글로벌 시장점유율은 연평균 20% 이상이다.
④ 2014년부터 2019년까지 글로벌 시장점유율에서 반도체 전체와 메모리 반도체의 증감 추이는 동일하다.
⑤ 2016년 이후 시스템 반도체의 글로벌 시장점유율이 전년 대비 가장 크게 감소한 해에 DRAM 가격은 2016~2021년 중 최저이다.

05 **다음은 어느 자영업자의 월별 매출액과 지출을 조사한 자료이다. 주어진 자료에 대한 [보기]의 설명 중 옳지 않은 것을 모두 고르면?** (단, 월 매출액은 해당 월 생활비로 100% 지출된다고 가정한다.)

[그래프1] 월별 매출액 (단위: 십만 원)

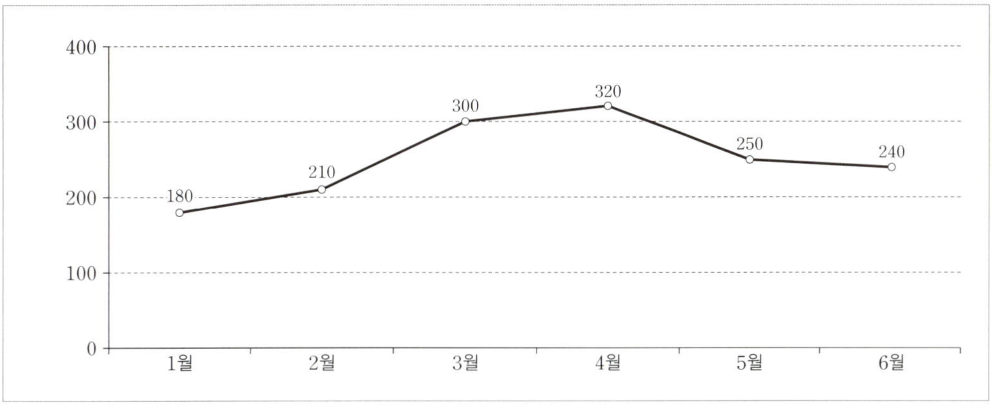

[그래프2] 1월 매출액 지출 비중 (단위: %)

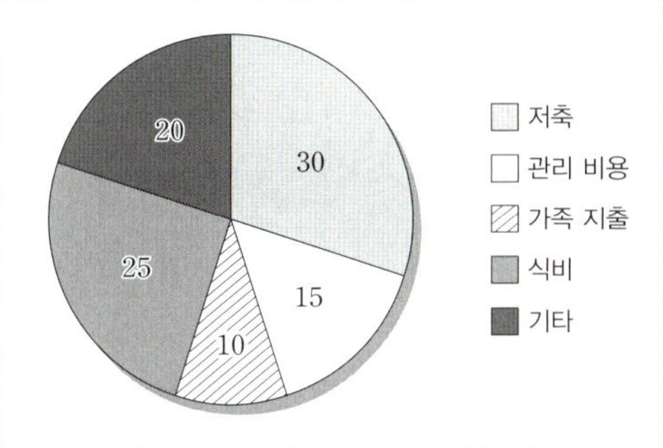

[그래프3] 5월 매출액 지출 비중 (단위: %)

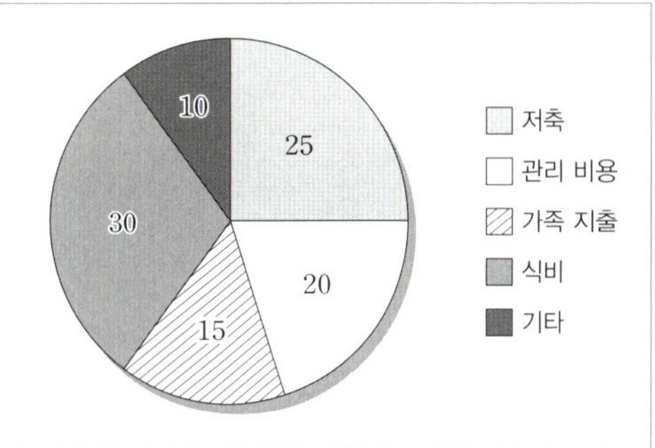

보기

㉠ 2월 대비 3월 매출액 성장률은 45% 이상이다.
㉡ 매출액에 대하여 1월 대비 3월의 증가율보다 4월 대비 6월의 감소율이 더 높다.
㉢ 기타에 해당하는 지출액은 1월이 5월보다 11십만 원 더 많다.
㉣ 1월 저축에 해당하는 지출액은 5월 관리 비용에 해당하는 지출액 대비 8% 더 많다.

① ㉠, ㉡ ② ㉠, ㉢ ③ ㉠, ㉣
④ ㉡, ㉢ ⑤ ㉡, ㉣

8회

06 다음은 국내 특송업체 수와 특송물품 통관실적을 조사한 자료이다. 주어진 자료에 대한 설명 중 옳지 않은 것을 고르면?

[그래프] 국내 특송업체 수 (단위: 개)

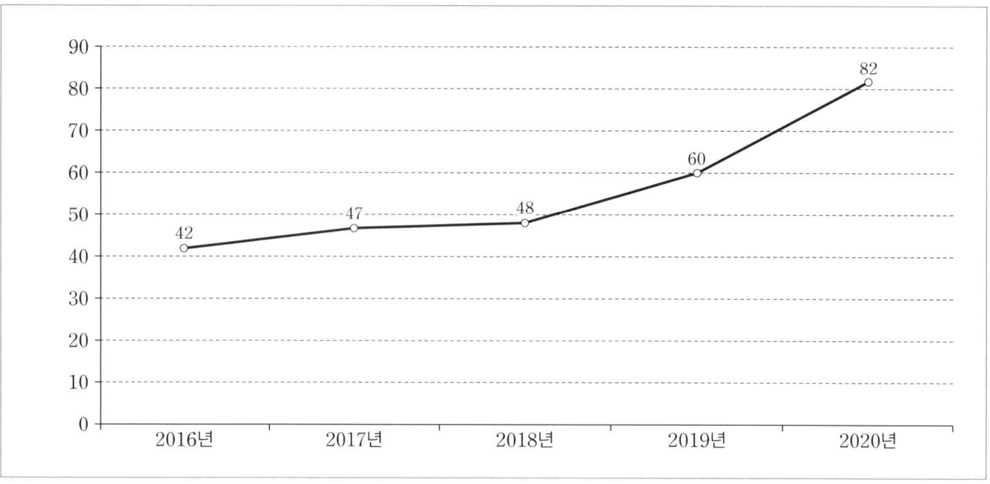

[표] 국내 특송물품 통관실적 (단위: 천 건, 백만 달러)

구분	목록통관		간이신고		일반신고		전체	
	건수	금액	건수	금액	건수	금액	건수	금액
2016년	4,749	129	799	409	3,692	5,538	9,240	6,076
2017년	5,726	182	734	403	5,045	10,921	11,505	11,506
2018년	6,912	306	644	347	6,585	13,554	14,141	14,207
2019년	8,190	443	596	347	8,435	14,343	17,221	15,133
2020년	8,200	706	521	330	8,499	16,998	17,220	18,034

※ 국내 특송물품 통관은 목록통관, 간이신고, 일반신고로만 구성됨

① 2020년 일반신고의 통관건수 대비 통관금액의 비율은 2016년보다 크다.
② 제시된 기간에 목록통관과 일반신고의 통관건수와 통관금액은 모두 매년 증가하였다.
③ 제시된 기간에 국내 특송업체 수와 전체 특송물품 통관금액은 모두 매년 증가하였다.
④ 2020년 국내 특송업체 1개당 전체 특송물품 통관건수는 2016년보다 많다.
⑤ 간이신고 통관금액이 전체 통관금액에서 차지하는 비율은 매년 낮아지고 있다.

07 다음은 연도별 일반 병해충 발생 면적과 일반 병해충별 전년 대비 발생 면적 증감률을 조사한 자료이다. 주어진 자료에 대한 [보기]의 설명 중 옳은 것을 모두 고르면?

[그래프] 연도별 일반 병해충 발생 면적 (단위: ha)

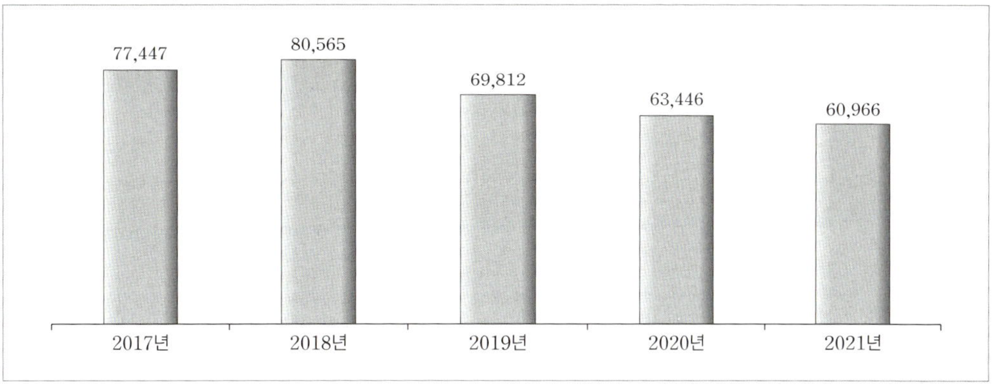

[표] 일반 병해충별 전년 대비 발생 면적 증감률 (단위: %)

구분	2017년	2018년	2019년	2020년	2021년
솔잎혹파리	−19.2	9.2	−16.5	−15.4	0.4
솔껍질깍지벌레	−17.6	90.9	−17.3	−21.3	−29.0
참나무시들음병	−16.7	−5.6	−3.7	−1.0	−20.5
기타 병해충	−0.7	−10.4	−9.0	0	−2.8

보기

㉠ 일반 병해충 발생 면적의 전년 대비 감소율은 2020년이 2021년보다 크다.

㉡ 전년 대비 일반 병해충 발생 면적이 감소한 해에 기타 병해충을 제외한 모든 일반 병해충의 발생 면적은 감소하였다.

㉢ 2018년 솔껍질깍지벌레의 발생 면적은 2016년 대비 70% 이상 증가하였다.

㉣ 2018년부터 2020년까지 참나무시들음병 발생 면적의 전년 대비 감소율은 매년 감소한다.

① ㉠, ㉡　② ㉠, ㉢　③ ㉠, ㉣
④ ㉡, ㉢　⑤ ㉡, ㉣

8회

08 다음은 2000년 A, B, C산업의 규모를 모두 100으로 보았을 때의 연도별 산업 규모 및 2020년 A, B, C산업의 규모를 다시 100으로 보았을 때의 연도별 예상 산업 규모를 조사한 자료이다. 주어진 자료에 대한 설명 중 옳은 것을 고르면?

[표1] 연도별 산업 규모(2000년=100)

구분	2005년	2010년	2015년	2020년
A산업	105	110	117	138
B산업	94	88	97	100
C산업	101	102	101	105

[표2] 연도별 예상 산업 규모(2020년=100)

구분	2021년	2022년	2023년	2024년
A산업	101	102	103	104
B산업	100	100	105	110
C산업	95	97	99	101

① 2010년 A산업의 규모는 5년 전 대비 5% 늘어났다.
② 2021년 C산업의 규모는 2000년과 동일할 것으로 예상된다.
③ 2024년 C산업의 규모는 2020년 대비 줄어들 것으로 예상된다.
④ 2024년 B산업의 규모는 2000년 대비 10% 늘어날 것으로 예상된다.
⑤ 2022년 A산업의 규모는 B산업의 규모 대비 2% 더 클 것으로 예상된다.

09 다음은 연구실별 연구원 수, 연구원 1인당 연구비와 기초연구비를 조사한 자료이다. 주어진 자료에 대한 [보기]의 설명 중 옳은 것을 모두 고르면?

[표1] 연구실별 연구원 수, 연구원 1인당 연구비 (단위: 명, 만 원)

구분	2021년		2020년	
	연구원 수	연구원 1인당 연구비	연구원 수	연구원 1인당 연구비
A연구실	5	12,500	6	11,000
B연구실	3	15,000	2	14,000
C연구실	4	20,000	4	18,000
D연구실	8	11,500	6	12,000

[표2] 연구실별 기초연구비 (단위: 만 원)

구분	A연구실	B연구실	C연구실	D연구실
기초연구비	7,500	25,000	23,000	10,000

※ 1) 기초연구비는 연구실별로 매년 일정함
2) (연구실별 총연구비)=(기초연구비)+(연구원 수)×(연구원 1인당 연구비)

보기

㉠ 2021년 총연구비가 가장 많은 연구실은 D연구실이다.
㉡ 2021년 총연구비가 전년보다 줄어든 연구실은 1곳이다.
㉢ 2021년 연구원 수가 전년보다 늘지 않은 연구실은 3곳이다.
㉣ 2021년 연구원 1인당 연구비의 전년 대비 증가율이 가장 높은 연구실은 A연구실이다.

① ㉠, ㉢ ② ㉠, ㉣ ③ ㉡, ㉣
④ ㉠, ㉡, ㉢ ⑤ ㉡, ㉢, ㉣

8회

[10~11] 다음은 2021년 AI이용에 대해 14~65세 일반 국민 4,000명 대상으로 조사한 결과이다. 이를 바탕으로 이어지는 질문에 답하시오.

[그래프1] 대국민 AI이용 인식조사 결과 (단위: %)

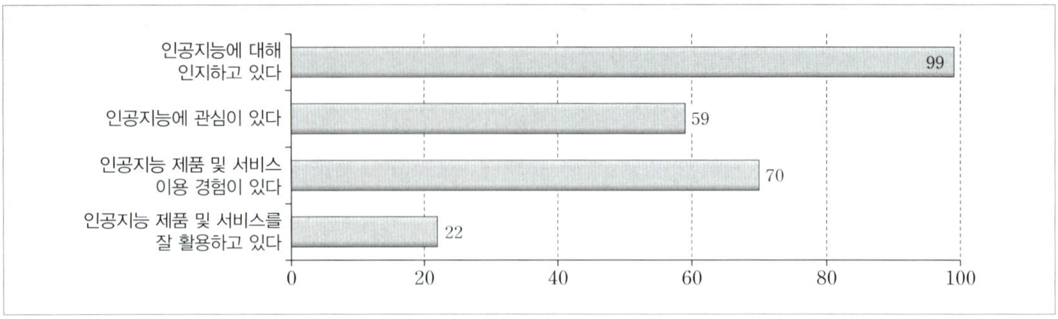

※ '인공지능 제품 및 서비스를 잘 활용하고 있다'에 응답한 비율은 '제품 및 서비스 이용 경험이 있다'에 응답한 인원 중에서의 비율을 의미함

[그래프2] AI제품 및 서비스 이용 경험 (단위: %)

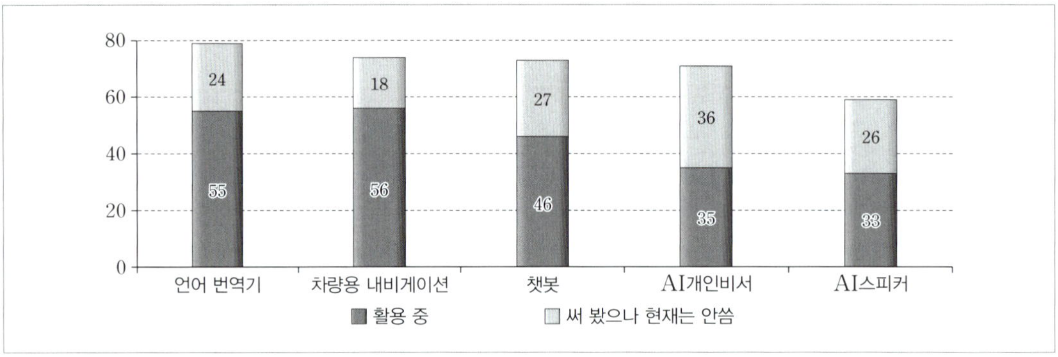

※ 위의 비율은 '인공지능 제품 및 이용 경험이 있다'에 응답한 인원 중 각 항목에 응답한 비율을 의미함

10 다음 설명 중 옳은 것을 고르면?

① AI이용 조사 결과 인공지능에 관심이 있는 인원은 2,460명을 넘는다.
② AI이용 조사 결과 AI개인비서를 활용 중인 인원은 1,400명이다.
③ AI이용 조사 결과 인공지능에 대해 인지하지 못한 인원은 400명이다.
④ AI이용 조사 결과 언어 번역기를 활용 중인 인원은 1,540명이다.
⑤ AI이용 조사 결과 인공지능 제품 및 서비스를 잘 활용하고 있는 인원은 880명이다.

11 주어진 자료에 대한 [보기]의 설명 중 옳은 것을 모두 고르면?

보기

㉠ 언어 번역기 활용 중에 응답한 인원은 차량용 내비게이션 활용 중에 응답한 인원보다 더 적다.
㉡ AI제품 및 서비스 이용 경험 5개 항목 모두 각각 써 봤으나 현재는 안 씀에 응답한 인원이 활용 중에 응답한 인원보다 더 적다.
㉢ 챗봇 이용 경험이 있다고 응답한 인원은 AI개인비서 이용경험이 있다고 응답한 인원보다 더 많다.
㉣ AI스피커 이용 경험이 있다고 응답한 인원수와 '인공지능에 관심이 있다'에 응답한 인원수는 같다.

① ㉠, ㉡
② ㉠, ㉢
③ ㉠, ㉣
④ ㉡, ㉢
⑤ ㉡, ㉣

8회

[12~13] 다음 [그래프]와 [표]는 연도별 및 부문별 부담금 규모에 대한 자료이다. 주어진 자료를 보고 질문에 답하시오.

[그래프] 연도별 총 부담금 규모 (단위: 조 원, %)

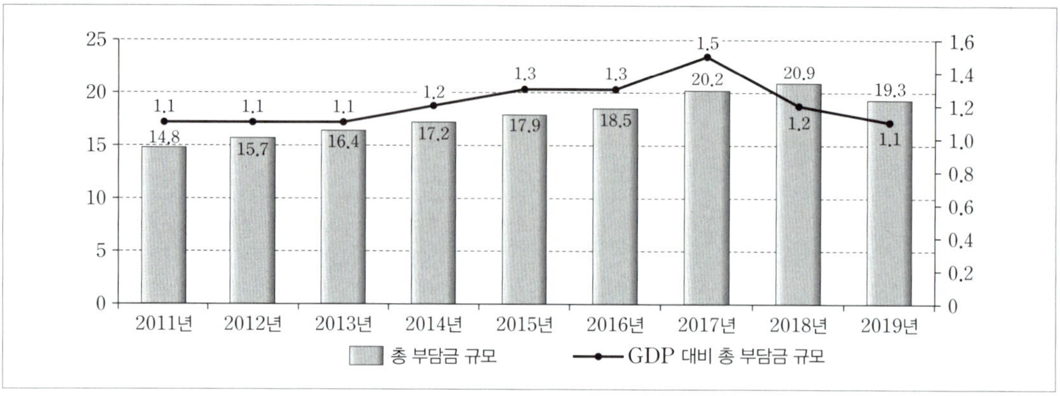

[표] 부문별 부담금 규모 (단위: 조 원)

구분	2011년	2012년	2013년	2014년	2015년	2016년	2017년	2018년	2019년
환경건설부문	3.2	3.4	3.6	4.3	3.6	3.7	4.1	4	4.1
산업정보부문	4	4.3	4.5	4.7	5.1	5	5	5.3	4.7
금융부문	3.1	3.4	3.7	3.8	3.8	3.8	4.1	4.3	4.5
농림수산부문	0.9	0.8	0.9	1.3	1.3	1.4	1.4	1.6	1.4
기타	3.6	3.8	3.7	3.1	4.1	4.6	5.6	5.7	4.6

12 **다음 설명 중 옳지 않은 것을 고르면?**

① 2017년 총 부담금 규모는 전년 대비 10% 미만으로 증가하였다.

② 2012년 이후 금융부문 부담금 규모가 전년 대비 증가한 해는 6개이다.

③ 2019년 부담금 규모는 환경건설부문이 농림수산부문보다 2.7조 원 더 크다.

④ 제시된 기간 중 GDP 대비 총 부담금 규모가 처음으로 1.2%를 초과하는 해에 기타 부담금 규모는 전년 대비 0.6조 원 감소하였다.

⑤ 2016~2019년 산업정보부문 부담금 규모는 연평균 5조 원이다.

8회

13 **2012년 이후 총 부담금 규모가 전년 대비 감소한 해에 총 부담금 규모에서 기타 부담금 규모가 차지하는 비중을 고르면?** (단, 소수점 첫째 자리에서 반올림하여 계산한다.)

① 20% ② 24% ③ 26% ④ 29% ⑤ 32%

[14~15] 다음은 간편결제 서비스 시장에서 카드사와 핀테크 기업의 결제 규모에 대해 정리한 자료이다. 이를 바탕으로 이어지는 질문에 답하시오.

[그래프1] 간편결제 서비스 시장에서 차지하는 카드사 · 핀테크기업 비중 (단위: %)

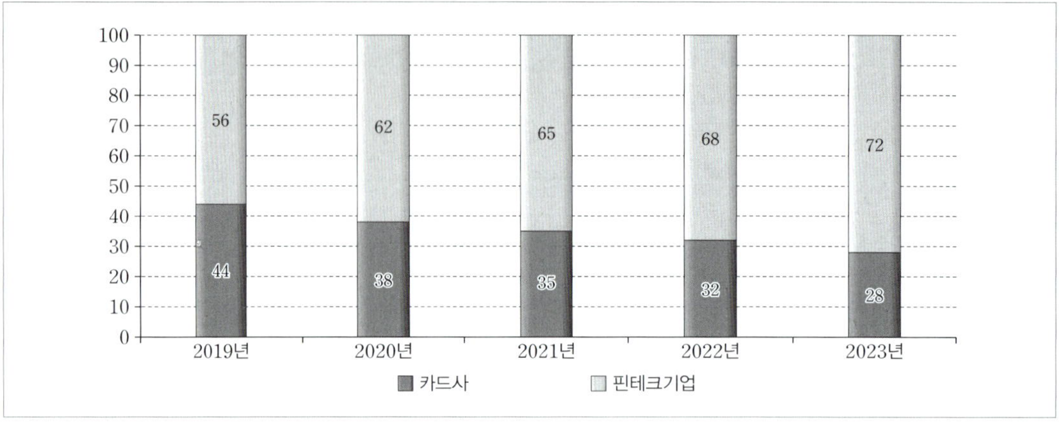

※ 개인 · 법인 신용 · 체크카드 국내가맹점 일평균 금액 기준

[그래프2] 간편결제 서비스 시장에서 핀테크기업 결제 규모 (단위: 억 원)

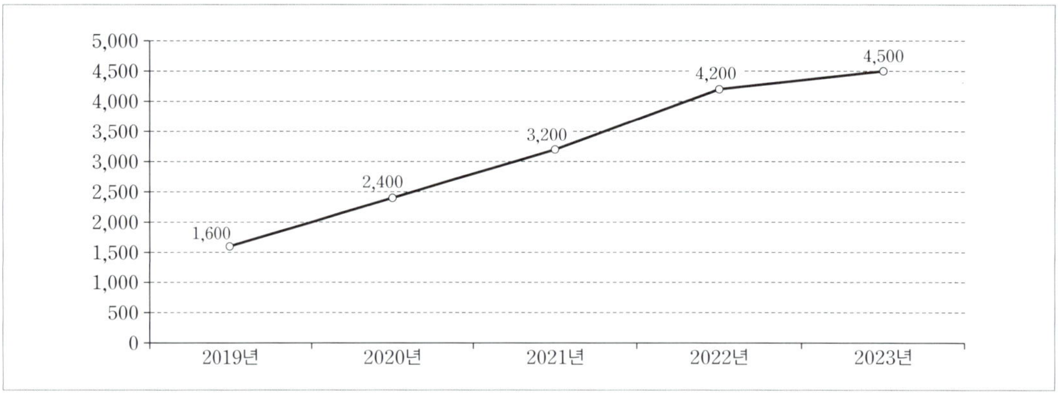

14 다음 설명 중 옳지 않은 것을 고르면?

① 2023년 간편결제 서비스 시장에서 카드사의 비중은 전년 대비 4%p 줄어들었다.
② 최근 5년 동안 간편결제 서비스 시장에서 카드사와 핀테크기업을 제외한 다른 결제 수단은 없다.
③ 주어진 기간 동안 간편결제 서비스 시장에서 핀테크기업 결제 규모는 지속적으로 증가하였다.
④ 2021년 핀테크기업과 카드사가 간편결제 서비스 시장에서 차지하는 비중의 전년 대비 증감률은 절댓값이 각각 동일하다.
⑤ 2019~2023년 동안 간편결제 서비스 시장에서 결제 규모는 핀테크기업이 카드사보다 매년 많았다.

15 주어진 자료에 대한 [보기]의 설명 중 옳은 것을 모두 고르면?

보기

㉠ 2020년과 2021년 핀테크기업 결제 규모의 전년 대비 증가율은 일정하다.
㉡ 2023년 간편결제 서비스 시장에서 카드사 결제 규모는 전년 대비 감소하였다.
㉢ 간편결제 서비스 시장에서 차지하는 핀테크기업 비중의 전년 대비 증가율은 2022년이 2021년보다 더 높다.
㉣ 간편결제 서비스 시장에서 핀테크기업 결제 규모의 전년 대비 증가율은 2023년이 2022년보다 더 낮다.

① ㉠, ㉢ ② ㉠, ㉣ ③ ㉡, ㉢
④ ㉡, ㉣ ⑤ ㉢, ㉣

8회

[16~17] 다음 [표]는 2018~2023년의 암 조기검진사업 수검자 수를 나타낸 자료이다. 이 자료를 바탕으로 이어지는 질문에 답하시오.

[표] 연도별 암 조기검진사업 수검자 수 (단위: 천 명)

구분	2018년	2019년	2020년	2021년	2022년	2023년
전체	6,500	6,400	6,840	7,000	6,850	6,400
위암	2,000	2,100	1,800	2,050	2,200	1,850
간암	150	200	240	300	320	360
대장암	1,000	900	1,200	1,150	1,200	1,000
유방암	1,300	1,200	1,500	1,200	1,050	1,200
자궁경부암	1,250	1,000	900	1,200	1,150	950
기타	800	1,000	1,200	1,100	930	1,040

16 다음 설명 중 옳지 않은 것을 고르면?

① 수검자 수가 꾸준히 증가하는 암은 1개이다.
② 2019년 자궁경부암 수검자 수의 전년 대비 감소율은 20%이다.
③ 위암 수검자 수는 항상 전체 수검자 수 중 가장 많은 비중을 차지한다.
④ 2023년 대장암 수검자 수는 4년 전 대비 10% 이상 증가하였다.
⑤ 전체 수검자 수가 전년 대비 가장 급격하게 변화한 해는 2020년이다.

17 다음 [보기] 중 옳은 것을 모두 고르면?

보기

㉠ 2021년 대장암 수검자 수가 전체 암 수검자 수에서 차지하는 비중은 15% 이상이다.
㉡ 2021년 위암 수검자 수가 전체 암 수검자 수에서 차지하는 비중은 2018년 대비 증가하였다.
㉢ 2023년 유방암 수검자 수가 전체 암 수검자 수에서 차지하는 비중은 2018년 대비 감소하였다.

① ㉡ ② ㉢ ③ ㉠, ㉡
④ ㉠, ㉢ ⑤ ㉠, ㉡, ㉢

18 다음은 각 재료비에 따른 판매율의 상관관계를 정리한 자료이다. 주어진 자료를 바탕으로 빈칸에 해당하는 값을 예측했을 때, 가장 적절한 값을 고르면?

[표] 재료비에 따른 판매율의 상관관계

구분	2015년	2017년	2019년	2021년
A재료비(원)	5,000,000	4,000,000	(㉡)	5,000,000
B재료비(원)	5,000,000	8,000,000	3,000,000	4,000,000
판매율(%)	(㉠)	100	68	75

※ 판매율(%)$=\frac{\text{A재료비}+\text{B재료비}}{\text{A재료비}\times a+\text{B재료비}\times b}\times 100$

	㉠	㉡
①	80	5,500,000
②	80	6,000,000
③	82	5,500,000
④	82	6,000,000
⑤	84	6,000,000

8회

19 다음은 어느 도시의 종사자 수 및 사업체 수를 나타낸 자료이다. 주어진 자료를 바탕으로 사업체당 종사자 수 그래프를 작성하였을 때, 적절한 것을 고르면?

[표] 연도별 종사자 수 및 사업체 수 (단위: 만 개, 만 명)

구분	2008년	2010년	2012년	2014년	2016년	2018년	2020년	2022년
종사자 수	20	24	25	27	32	33	30	41
사업체 수	4	4	4.2	5	5.5	6	5	8

① 사업체당 종사자 수 (단위: 명/개)

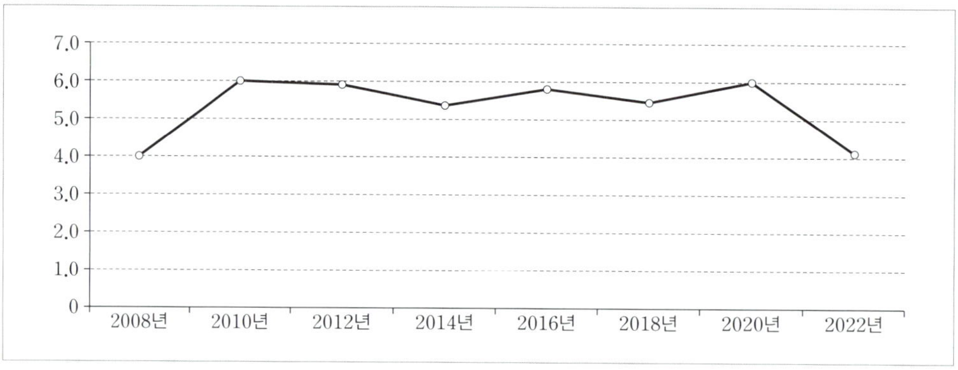

② 사업체당 종사자 수 (단위: 명/개)

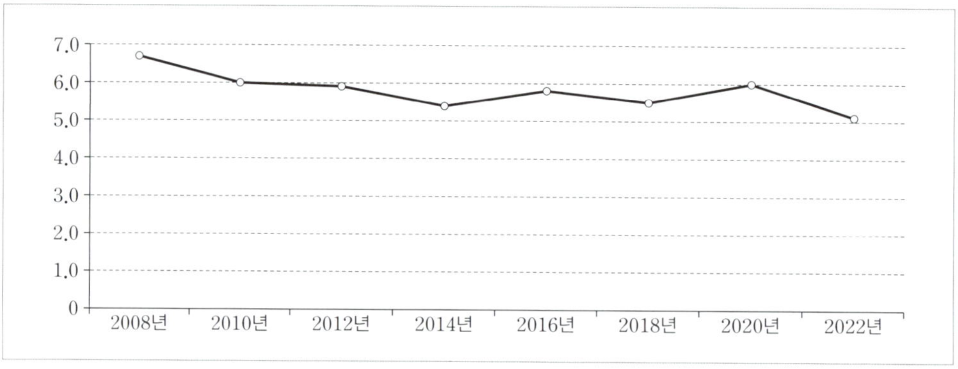

③ 사업체당 종사자 수 (단위: 명/개)

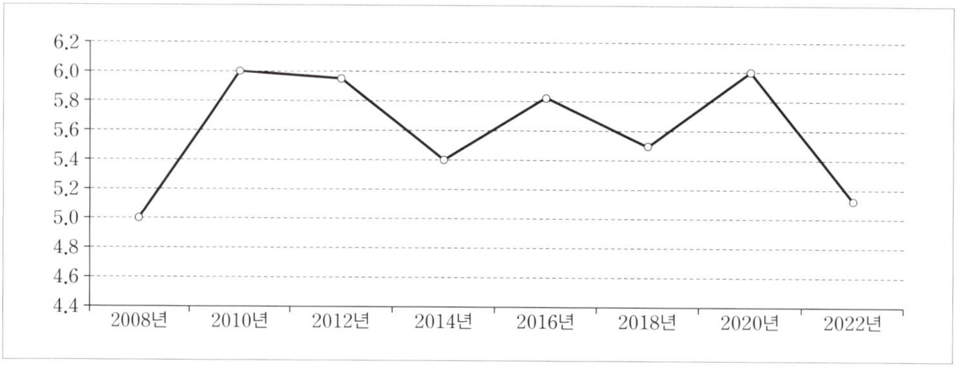

④ 사업체당 종사자 수 (단위: 명/개)

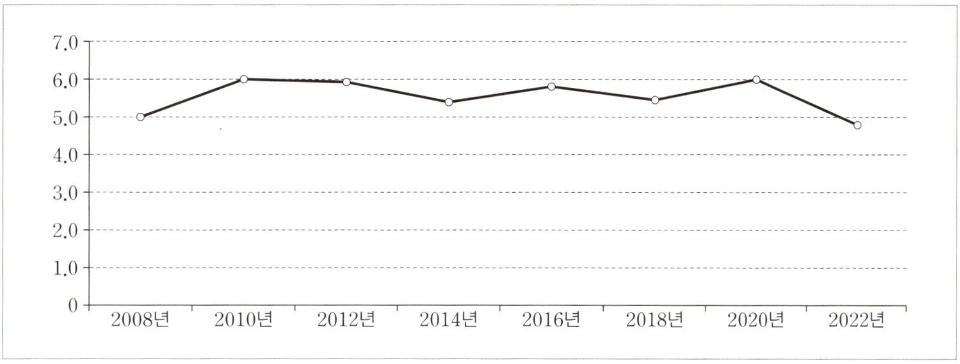

⑤ 사업체당 종사자 수 (단위: 명/개)

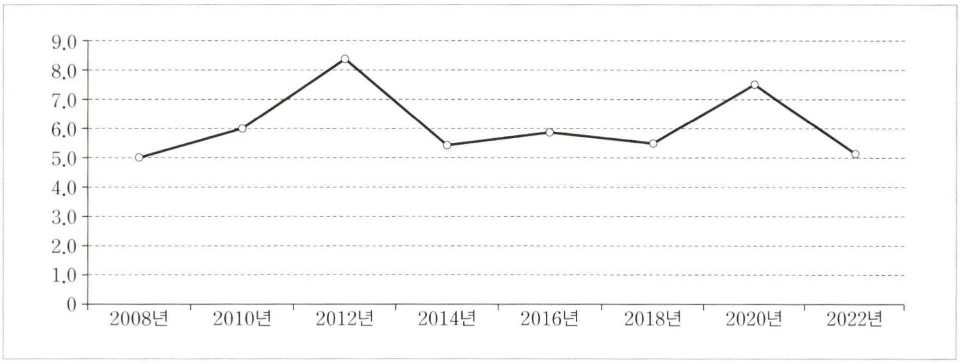

8회

20 재석과 호동은 1년 만기 자유적금 상품에 가입했다. 현재까지 저축한 누적 금액은 호동과 재석이 각각 100만 원이다. 230일차 부터는 다음 [표]와 같이 매일 일정한 규칙에 따라 저축을 한다고 할 때, 처음으로 재석이 저축한 누적액이 호동의 누적액의 2배 이상이 되는 시기를 고르면?

[표] 재석과 호동의 저축액 (단위: 만 원)

구분	호동	재석
230일 차	5	5
231일 차	10	10
232일 차	5	15
233일 차	10	20

① 240일 차　② 239일 차　③ 238일 차
④ 237일 차　⑤ 236일 차

01 다음 전제를 보고 항상 참인 결론을 고르면?

전제1	핸드크림을 바르는 사람은 손톱이 길다.
전제2	손이 건조한 사람은 손톱이 길지 않다.
결론	

① 손이 건조한 사람은 핸드크림을 바른다.
② 손이 건조하지 않은 사람은 핸드크림을 바른다.
③ 손이 건조하지 않은 사람은 핸드크림을 바르지 않는다.
④ 핸드크림을 바르는 사람은 손이 건조하다.
⑤ 핸드크림을 바르는 사람은 손이 건조하지 않다.

02 다음 결론이 반드시 참이 되게 하는 전제를 고르면?

전제1	음식을 골고루 먹는 모든 학생은 건강하다.
전제2	
결론	인스턴트 식품을 좋아하는 어떤 학생은 음식을 골고루 먹지 않는다.

① 인스턴트 식품을 좋아하는 어떤 학생은 건강하다.
② 인스턴트 식품을 좋아하는 모든 학생은 건강하다.
③ 건강하지 않은 모든 학생은 인스턴트 식품을 좋아한다.
④ 건강한 어떤 학생은 인스턴트 식품을 좋아하지 않는다.
⑤ 건강하지 않은 어떤 학생은 인스턴트 식품을 좋아하지 않는다.

03 다음 결론이 반드시 참이 되게 하는 전제를 고르면?

전제1	그림을 그리는 모든 사람은 예술성이 깊다.
전제2	
결론	음악을 좋아하는 모든 사람은 그림을 그리지 않는다.

① 음악을 좋아하는 어떤 사람은 예술성이 깊다.
② 예술성이 깊은 모든 사람은 음악을 좋아한다.
③ 예술성이 깊은 어떤 사람은 음악을 좋아한다.
④ 음악을 좋아하는 모든 사람은 예술성이 깊지 않다.
⑤ 그림을 그리지 않는 어떤 사람은 음악을 좋아한다.

04 6명의 직원 A~F가 원탁에 일정한 간격으로 둘러 앉아 회의를 하려고 한다. 다음 [조건]에 따라 앉을 때, 항상 옳은 것을 고르면?

조건
- A와 D는 서로 마주 보고 앉는다.
- B와 F는 서로 마주 보고 앉는다.
- C는 D의 바로 오른쪽 자리에 앉는다.

① B와 C 사이에는 D 혼자만 앉는다.
② 가능한 모든 경우의 수는 3가지이다.
③ D의 바로 왼쪽 자리에는 F가 앉는다.
④ A의 바로 오른쪽 자리에는 E가 앉는다.
⑤ B의 바로 오른쪽 자리에 A가 앉는다면, E의 바로 왼쪽 자리에는 F가 앉는다.

05 어느 기업의 행사에서 다음과 같이 6개의 부스를 설치하였다. 가 구역의 부스와 나 구역의 부스는 같은 번호의 부스끼리 서로 마주 보도록 설치되어 있다. 주어진 [조건]에 따라 A~F 부스를 설치했을 때, 항상 옳은 것을 고르면?

가 구역	나 구역
가-1	나-1
가-2	나-2
가-3	나-3

조건

- A와 D는 서로 마주 보도록 설치되어 있다.
- C는 B와 서로 마주 보지 않도록 설치되어 있다.
- F의 바로 오른쪽에는 B가 설치되어 있다.
- E는 가 구역에 설치되어 있다.

① C는 A와 이웃한다.
② A는 가 구역에 설치되어 있다.
③ 가능한 모든 경우의 수는 6가지이다.
④ C와 D가 이웃하면 E는 D와 이웃한다.
⑤ E는 B와 서로 마주 보도록 설치되어 있다.

06 7명의 신입사원 A~G가 순서대로 발표를 진행할 예정이다. 주어진 [조건]에 따라 발표를 진행할 때, 항상 옳지 않은 것을 고르면?

조건

- C는 다섯 번째로 발표한다.
- D와 G 사이에 발표하는 사람은 A 혼자이다.
- F는 C보다 먼저 발표한다.
- F는 가장 먼저 발표하지 않는다.

① F는 A보다 먼저 발표한다.
② C는 E보다 먼저 발표한다.
③ E는 가장 마지막에 발표한다.
④ B가 가장 마지막에 발표하는 경우의 수는 2가지이다.
⑤ D가 가장 먼저 발표하면, G 바로 다음에 발표하는 사람은 F이다.

07 **5명의 친구 A~E는 각자 축구, 야구, 농구, 배구, 탁구 중 서로 다른 한 가지 운동을 좋아한다. 주어진 [조건]에 따라 운동을 좋아할 때, 항상 옳은 것을 고르면?**

조건

- A는 배구를 좋아한다.
- B는 농구와 탁구를 좋아하지 않는다.
- C는 탁구를 좋아하지 않는다.
- D는 농구와 탁구를 좋아하지 않는다.
- E는 축구와 야구를 좋아하지 않는다.

① C는 축구를 좋아한다.
② E는 탁구를 좋아한다.
③ 가능한 모든 경우의 수는 3가지이다.
④ B가 축구를 좋아하면, C는 야구를 좋아한다.
⑤ D가 야구를 좋아하면, E는 농구를 좋아한다.

8회

08 **어제저녁 누군가 회사의 기밀을 유출하려던 정황이 포착되어 범인을 색출하고 있다. 조사 결과 S 과장, G 과장, A 대리, K 대리, J 대리가 용의자로 지목되었고, 이들 중 한 명이 거짓을 말하고 있을 때, 주어진 [대화]를 바탕으로 범인이 어제저녁에 만난 사람을 고르면?** (단, 거짓을 말하는 사람의 모든 말은 거짓이며, 범인은 1명이다.)

대화

- S 과장: 어제저녁 나와 함께 있었던 사람은 용의자 중 한 명이고, 이 사람은 범인이 아니다.
- G 과장: 나는 어제저녁 용의자 중 한 명을 단둘이 만났고, 우리 둘 중 하나가 범인이야.
- A 대리: 나는 어제저녁 K 대리와 함께 있지 않았고, S 과장님은 범인이 아니야.
- K 대리: 어제저녁 나와 만난 사람은 과장이고, A 대리가 범인이야.
- J 대리: 나는 어제저녁 A 대리와 함께 있었고, G 과장님이 범인이야.

① S 과장 ② G 과장 ③ A 대리
④ K 대리 ⑤ J 대리

09 홍보팀 정 과장은 이번 달에 2박 3일간의 연차 휴가를 사용하려고 한다. 주어진 [조건]을 바탕으로 정 과장의 연차 휴가에 속할 수 없는 요일을 고르면?

조건

- 이번 달은 1일이 수요일인 6월이다.
- 둘째 주에 거래처 2곳과의 중요한 회의가 있고, 넷째 주에는 홍보팀 워크숍이 계획되어 있어 휴가를 쓸 수가 없다.
- 15일은 기자 간담회가 예정되어 있으며, 27일은 2/4분기 실적 마감일이라 가장 바쁜 날이어서 휴가를 쓸 수 없다.

① 월요일 ② 화요일 ③ 수요일
④ 목요일 ⑤ 금요일

10 A~F의 키가 다음 [조건]을 따른다고 할 때, 항상 옳은 것을 고르면?

조건

- 서로의 키는 모두 다르다.
- B는 네 번째로 키가 크다.
- E보다 키가 큰 사람은 없다.
- C 다음으로 키가 큰 사람은 B이다.
- D와 F는 키가 큰 순서가 연속한다.

① F는 키가 가장 작지 않다.
② 키가 두 번째로 큰 사람은 C이다.
③ B와 D는 키가 큰 순서가 연속한다.
④ 6명의 키가 큰 순서로 가능한 경우의 수는 2가지이다.
⑤ 6명을 키가 큰 순서대로 나열하면 A와 F의 사이에는 2명이 있다.

11 어느 회사의 인사팀은 신입사원인 강 사원, 오 사원, 박 사원, 장 사원, 민 사원, 권 사원 6명을 영업팀, 기획팀, 홍보팀으로 배정하였다. 각 사원이 배정된 팀이 다음 [조건]을 따른다고 할 때, 항상 옳은 것을 고르면?

조건

- 한 팀에 2명씩 배정하였다.
- 오 사원은 홍보팀에 배정되지 않았다.
- 박 사원과 민 사원은 같은 팀에 배정되었다.
- 권 사원은 영업팀에 배정되었다.

① 오 사원은 영업팀에 배정되었다.
② 박 사원은 홍보팀에 배정되지 않았다.
③ 장 사원과 권 사원은 같은 팀에 배정되지 않았다.
④ 6명이 세 팀에 배정되는 경우의 수는 모두 4가지이다.
⑤ 강 사원과 권 사원이 같은 팀에 배정되지 않았다면, 장 사원은 기획팀 또는 홍보팀에 배정되었다.

12 K씨는 어느 온라인 사이트의 간편 결제를 위해 6자리의 비밀번호를 설정하였다. 주어진 [조건]을 바탕으로 할 때, 항상 옳은 것을 고르면?

조건

- 비밀번호는 0부터 9까지의 자연수로 구성되어 있다.
- 비밀번호는 4의 배수이다.
- 다섯 번째 숫자는 첫 번째 숫자의 2배이다.
- 세 번째 숫자는 네 번째 숫자보다 5만큼 작다.
- (두 번째 숫자)=(첫 번째 숫자)+(다섯 번째 숫자)=(세 번째 숫자)+(네 번째 숫자)

① 두 번째 숫자는 8이다.
② 여섯 번째 숫자는 0이다.
③ 가능한 경우의 수는 3가지이다.
④ 네 번째 숫자는 여섯 번째 숫자보다 크다.
⑤ 첫 번째 숫자는 세 번째 숫자보다 2만큼 크다.

13 어느 행사장에서 사은품으로 검은색, 빨간색, 파란색 펜 중 한 가지를 참가자에게 나누어 주고 있다. A~E가 다음 [조건]에 따라 펜을 받았다고 할 때, 항상 옳은 것을 고르면?

조건

- A가 검은색 펜을 받으면 C는 빨간색 펜을 받는다.
- 파란색 펜을 받은 사람은 1명이다.
- D는 빨간색 펜을 받았다.
- B는 검은색 펜을 받지 않았다.
- 검은색 펜을 받은 사람은 2명이다.

① E는 검은색 펜을 받는다.
② B는 파란색 펜을 받는다.
③ A가 검은색 펜을 받으면 E는 파란색 펜을 받는다.
④ C가 파란색 펜을 받는 경우는 1가지이다.
⑤ D가 B와 같은 색 펜을 받는 경우는 없다.

14 A~E의 5명은 놀이공원 할인권을 적어도 1개 이상씩 갖고 있다. 주어진 [조건]을 바탕으로 항상 옳은 것을 고르면?

조건

- 한 사람이 가진 할인권은 6개 이하이고, 5명의 할인권이 총 12개이다.
- B와 E가 가진 할인권 개수는 똑같다.
- 짝수 개의 할인권을 가진 사람은 3명이다.
- B의 할인권 개수는 A의 할인권 개수보다 많다.
- C의 할인권 개수는 D의 할인권 개수보다 1개 더 많다.

① A와 D의 할인권 개수는 똑같다.
② D는 홀수 개의 할인권을 갖고 있다.
③ A와 B의 할인권 개수의 차는 1개이다.
④ C의 할인권 개수는 B의 할인권 개수보다 많다.
⑤ 할인권을 가장 많이 가진 사람은 5개의 할인권을 갖고 있다.

15 다음에 주어진 도형을 보고 적용된 규칙을 찾아 '?'에 해당하는 적절한 도형을 고르면?

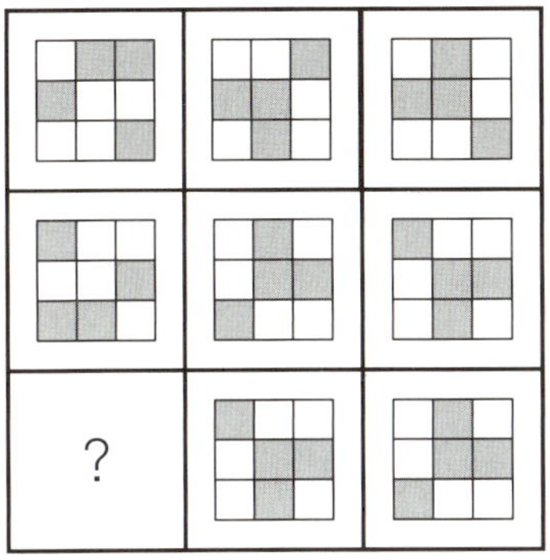

① 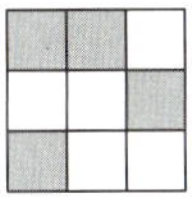
② 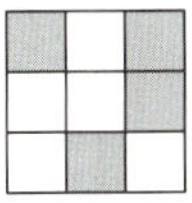
③ 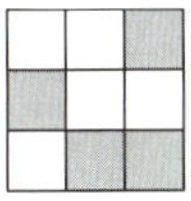
④ 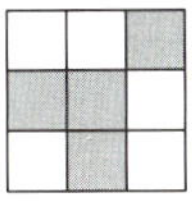
⑤ 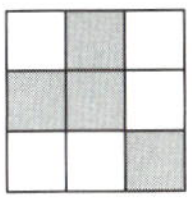

16 다음에 주어진 도형을 보고 적용된 규칙을 찾아 '?'에 해당하는 적절한 도형을 고르면?

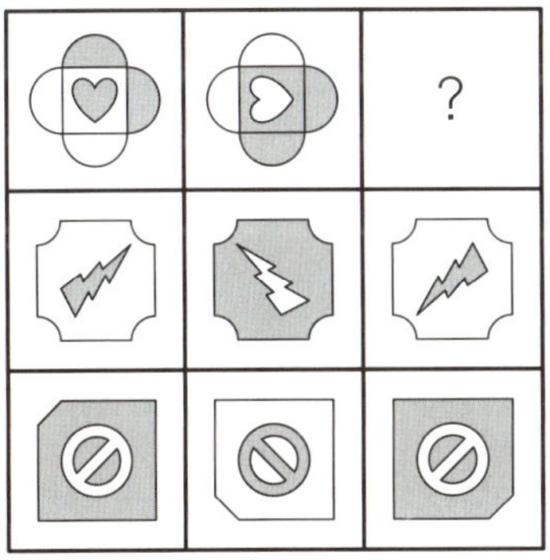

① 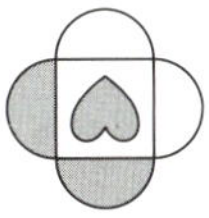
② 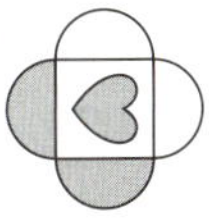
③ 
④ 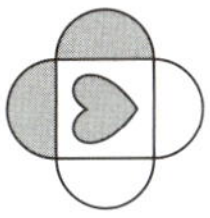
⑤ 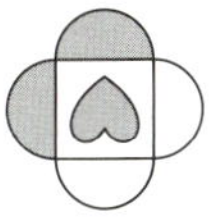

17 다음에 주어진 도형을 보고 적용된 규칙을 찾아 '?'에 해당하는 적절한 도형을 고르면?

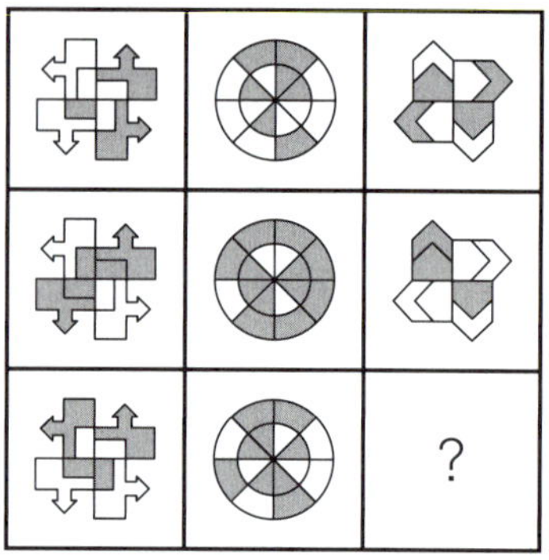

①

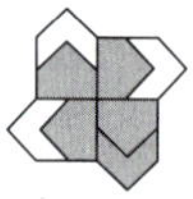

②

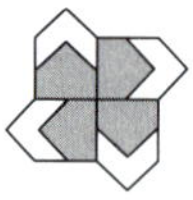

③

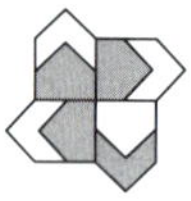

④

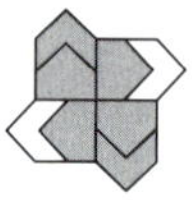

⑤

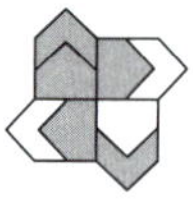

[18~21] 기호들이 각각 하나의 규칙을 가지고 아래와 같이 문자나 숫자를 변화시킨다고 한다. 이때 다음 (?)에 들어갈 알맞은 것을 고르시오. (단, 가로와 세로 중 한 방향으로만 이동하며, Z 다음은 A, 9 다음은 0이다.)

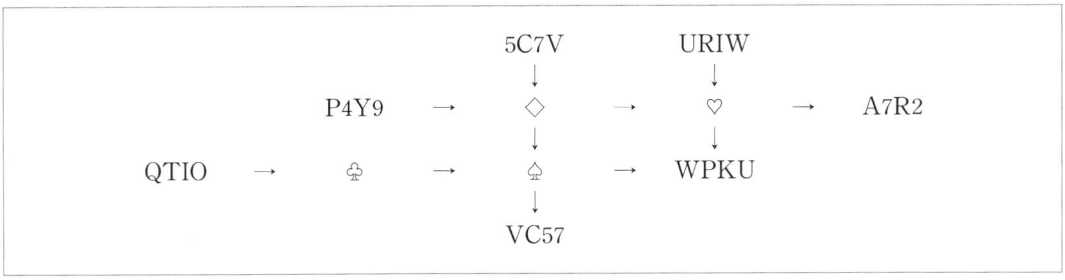

18

1023 → ♧ → ◇ → (?)

① 3545
② 3554
③ 4453
④ 4534
⑤ 3445

19

SLUE → ♡ → ◇ → ♤ → (?)

① CJUW
② UJWC
③ WCUJ
④ CUJW
⑤ CJWU

20

(?) → ♧ → ♤ → 0741

① 5368
② 3829
③ 1461
④ 7726
⑤ 8837

21

(?) → ♤ → ♡ → ♧ → R7AN

① KPA2
② OLW6
③ 2KAP
④ 6OWL
⑤ 8MEX

8회

22 다음 문단을 논리적 순서대로 알맞게 배열한 것을 고르면?

> 최근 텔레비전 요리 프로그램이 높은 시청률을 기록하며 인기를 끌고 있다.
> [가] 요리를 하고 음식을 먹는 것은 매일 반복되는 인간의 기본적 활동이기 때문에 시청자들은 요리 프로그램의 요리에 친숙함을 느낀다.
> [나] 이는 대중들의 텔레비전 요리 프로그램에 대한 관심이 높아졌음을 의미한다.
> [다] 또한 다른 성격의 방송 프로그램까지도 요리 프로그램화 되어 방송 프로그램의 다양성이 점차 줄어들고 있다.
> [라] 이렇듯 시청자의 높은 관심을 반영하여 방송가에서는 다양한 요리 프로그램을 선보이고 있다.
> [마] 그러나 불필요한 간접 광고의 노출이 많아지는 등 요리 프로그램이 점차 상업화되어 가고 있다.

① [가]-[나]-[마]-[라]-[다]
② [가]-[다]-[라]-[나]-[마]
③ [나]-[가]-[라]-[마]-[다]
④ [나]-[라]-[가]-[다]-[마]
⑤ [나]-[라]-[가]-[마]-[다]

23 다음 문단을 논리적 순서대로 알맞게 배열한 것을 고르면?

[가] 이 연구 팀은 여기서 한 걸음 더 나아가 은메달 수상자와 동메달 수상자의 인터뷰 내용도 분석했다. 분석 결과를 보면 동메달 수상자의 인터뷰에서는 만족감이 더 표출되었고, 은메달 수상자의 경우에는 아쉽다는 표현이 압도적으로 많았다.

[나] 왜 2위인 은메달 수상자가 3위인 동메달 수상자보다 더 만족스럽게 느끼지 못할까? 선수들 자신이 거둔 객관적인 성취를 가상의 성취와 비교함으로써 자신이 거둔 객관적인 성취를 주관적으로 재해석했기 때문이다. 은메달 수상자들에게 그 가상의 성취는 당연히 '금메달'이었다. 반면 동메달 수상자들이 비교한 가상의 성취는 '노메달'이었기 때문에, 동메달의 주관적 성취는 은메달의 행복 점수를 뛰어넘을 수밖에 없다.

[다] 미국 코넬 대학교 심리학과 연구 팀은 1992년 하계 올림픽 메달 수상자들이 경기 종료 순간에 어떤 표정을 짓는지 분석하였다. 연구 팀은 실험 관찰자들에게 분석이 가능했던 23명의 은메달 수상자와 19명의 동메달 수상자의 얼굴 표정을 보고 이들의 감정이 '비통'에 가까운지 '환희'에 가까운지 10점 만점으로 평점하게 했다. 또한 시상식에서의 감정을 평점하기 위해 은메달 수상자 20명과 동메달 수상자 15명의 시상식 장면을 분석하게 했다.

[라] 경기가 종료되고 메달 색깔이 결정되는 순간 동메달 수상자의 행복 점수는 10점 만점에 7.1점으로 나타났다. 비통보다는 환희에 더 가까운 점수였다. 그러나 은메달 수상자의 행복 점수는 고작 4.8점으로 나타났다. 환희와는 거리가 먼 감정 표현이었다. 시상식에서도 이들의 감정 표현은 역전되지 않았다.

① [나]－[가]－[다]－[라]
② [나]－[다]－[라]－[가]
③ [다]－[나]－[라]－[가]
④ [다]－[라]－[가]－[나]
⑤ [다]－[라]－[나]－[가]

8회

24 **다음 글의 내용이 참일 경우, 반드시 참인 진술을 고르면?**

심해저의 다양한 퇴적물 중에서 생물 유래의 유기물과 무기물로 생성된 것을 생물기원퇴적물이라 한다. 심해저의 가장 흔한 생물기원퇴적물은 연니이다. 연니는 주로 미세한 해양 생물의 유해나 남은 물질로 이루어져 있다. 대표적인 예로는 플랑크톤, 조류, 그리고 패각류의 껍질이 포함된다. 연니는 표층수에 사는 부유생물의 양이 많을수록, 해저에서 형성된 후의 용해 속도가 느릴수록 많이 퇴적된다. 칼슘 탄산염으로 구성된 조개나 산호의 껍질 등 석회질의 생물체 잔해가 30% 이상 포함된 퇴적물을 '칼슘탄산염연니'라 하고, 주로 규조류와 같은 실리카 성분의 생물체의 잔해를 30% 이상 포함한 퇴적물을 '실리카연니'라 한다. 칼슘탐산염연니는 비교적 따뜻하고 얕은 곳에 분포하며 이는 차가운 해수가 탄산염을 용해시키는 이산화탄소를 더 많이 포함하기에 수심이 깊은 곳에서는 탄산염 성분이 녹아버린다. 심해저 표면의 약 48%를 덮고 있는 실리카연니는 대서양 중앙 부분과 동태평양 등에 집중적으로 분포하고 있다. 연니는 해양 연구에서 중요한 요소로, 퇴적물을 연구하면 과거부터 현재까지 해양 생태계의 변화에 관한 다양한 정보를 얻을 수 있다.

① 수심이 얕은 해수에 이산화탄소가 더 많이 포함되어 있다.
② 수심이 깊은 곳에서는 얕은 곳에 비해 규조류가 더 쉽게 용해된다.
③ 해저에 형성된 후의 용해 속도가 빠를수록 연니의 퇴적량은 늘어난다.
④ 심해로 갈수록 칼슘탄산염연니보다 실리카연니를 더 많이 찾을 수 있다.
⑤ 연니는 표층수에 사는 플랑크톤의 양과 반비례한 정도로 해저에 퇴적된다.

25 다음 글의 내용이 참일 경우, 반드시 참인 진술을 고르면?

전기자동차의 전동기는 운전자가 제동 페달을 밟으면 역학적 에너지를 전기 에너지로 바꾸는 발전기로 기능이 전환된다. 운전자가 제동 페달을 밟는 순간부터 배터리에서 전동기로 공급되는 전류가 차단되어 회전자를 회전시키는 전자기력은 사라지지만 달리던 자동차의 관성으로 인해 바퀴는 일정 시간 굴러가므로 바퀴가 회전자를 돌리게 된다. 이때 바퀴가 회전자를 돌리며 전자기 유도 현상에 따라 전기 에너지가 만들어지므로 제동을 하면서 줄어든 운동 에너지가 전기 에너지의 형태로 회생되고, 이러한 전기 에너지가 전압 변환 장치를 거쳐 배터리에 저장되므로 이 기술을 회생제동이라고 명명한 것이다. 이러한 회생제동 장치가 설치된 다른 기계에는 승강기도 있다. 이때 승강기의 전동기와 전기자동차의 전동기는 구조가 동일하다. 승객이 타는 부분인 카를 올려 보내야 할 경우, 카의 무게가 평형추의 무게보다 가볍다면 평형추에 작용하는 중력에 의해 전동기에 연결된 회전축이 회전하게 되므로 전기가 생산된다. 반면, 카의 무게가 평형추보다 무겁다면 전동기는 전기를 소모하여 카를 움직이게 한다. 한편 카를 내려 보내야 할 경우, 카의 무게가 균형추보다 무겁다면 카에 작용하는 중력에 의해 전동기에 연결된 회전축이 회전하며 전기 에너지가 만들어진다. 반대로 카의 무게가 평형추보다 가볍다면 전동기는 전기 에너지를 사용한다.

① 카를 올려 보내야 할 경우, 전기자동차와 마찬가지로 승강기에 전기를 제공해 주는 장치가 필요하다.
② 카를 내려 보내야 할 경우, 전기자동차와는 다르게 승강기에 전기를 제공해 주는 장치가 필요하지 않다.
③ 평형추에 작용하는 중력은 승강기의 회전축을 돌린다는 점에서 달리던 전기자동차의 관성과 유사한 역할을 한다.
④ 카를 내려 보내야 할 경우, 카의 무게가 평형추의 무게보다 가볍다면 전기자동차에서 회생제동에 의해 전기 에너지가 발생하는 상태와 유사하다.
⑤ 카를 올려 보내야 할 경우, 카의 무게가 평형추의 무게보다 무겁다면 전기자동차에서 회생제동에 의해 전기 에너지가 발생하는 상태와 유사하다.

26 다음 글의 내용이 참일 경우, 반드시 거짓인 진술을 고르면?

스마트폰 카메라 성능이 경쟁 포인트로 부각되면서 손떨림을 방지하기 위한 방법이 연구되고 있다. 일반적으로는 이미지 센서의 크기를 키워 빛을 받아들이는 광량을 최대한 늘려서 선명한 사진을 찍을 수 있게 하거나 F값이 작은 밝은 렌즈를 사용하는 방법이 있다. 또 이를 보정하기 위한 방법으로 광학식 손떨림 보정과 전자식 손떨림 보정 기능도 사용된다.

전자식 손떨림 보정은 기본적으로 프레임 간 화상의 편차를 검출해 그 편차가 없도록 하는 디지털 보정 방식이다. 반면에 광학식 손떨림 보정 방식은 카메라 또는 스마트폰 본체에 설치된 자이로 센서를 통해 카메라 흔들림을 감지해 센서나 렌즈를 반대 방향으로 이동시켜 흔들림을 보정한다.

전자식과 광학식 모두 장단점이 뚜렷하다. 광학식 손떨림 방지 기능의 가장 큰 장점은 화질 저하 없이 손떨림을 보정한다는 점이다. 전자식 손떨림 보정은 카메라 내 디지털 보정 방법을 이용하기 때문에 사진 크기나 해상도가 낮아지는 경우가 종종 발생한다. 보정을 위해서는 최소 두 프레임 이상, 정밀한 보정을 위해서는 더 많은 프레임이 필요해 연사는 필수적으로 결과물이 실제 이미지 센서에서 표시할 수 있는 화소수보다 줄어들 수밖에 없다. 반면 광학식은 렌즈를 움직이기 위한 구동 칩을 탑재할 수 있는 면적이 필요해 기기 사이즈가 좀 더 커져야 한다는 단점이 있기는 하지만 화상 처리로 인한 화질 열화가 없는 것이 강점이다. 이 때문에 많은 제조사들이 프리미엄 스마트폰에 광학식 손떨림 보정 기술을 채택하는 사례가 늘고 있다.

① 스마트폰의 경쟁력을 높이기 위해서 손떨림을 보정하는 기술이 부각되고 있다.
② 전자식 손떨림 보정은 자이로 센서를 통해 카메라의 흔들림을 감지하는 기술이다.
③ 광학식 손떨림 보정은 기기 사이즈가 커야 하지만 화질 열화가 없어 채택 사례가 늘고 있다.
④ 전자식 손떨림 보정은 빛이 부족한 환경에서 멀리 있는 피사체를 선명하게 찍을 수 있는 방식이다.
⑤ 손떨림을 방지하기 위한 일반적인 방법으로는 이미지 센서의 크기를 키워 광량을 늘리는 방법이 있다.

27 다음 글의 내용이 참일 경우, 반드시 거짓인 진술을 고르면?

> 삼성SDS의 물류 플랫폼 첼로스퀘어가 삼성SDS의 핵심 물류 사업으로 부상했다. 지난해부터 중개하던 글로벌 문전 배송 서비스인 '특송'에 더해 '해상', '항공' 포워딩 서비스를 플랫폼에 추가하더니 이제는 삼성SDS의 모든 글로벌 물류를 몇 년 안에 첼로스퀘어를 기반으로 처리할 계획이라 발표했다. 이는 앞으로 삼성SDS 전사 물류의 디지털 전환과 플랫폼화를 첼로스퀘어를 통해 진행한다는 것을 뜻한다. 첼로스퀘어는 국제물류에 초점이 맞춰진 플랫폼이다. 2021년 시작한 첼로스퀘어 4.0을 기준으로 해상운송, 항공운송, 국제특송을 물류가 필요한 중소, 이커머스 화주사에게 중개했다. 화주사들은 첼로스퀘어를 통해 견적을 받고 선적을 예약하고, 운송통관 트래킹을 받는 것이 가능했다. 삼성SDS는 2021년까지의 첼로스퀘어를 디지털 포워딩 플랫폼을 위한 '워밍업 단계'였다고 평가한다. 그래서 첼로스퀘어의 서비스 지역도 '한국발'로, 물류 서비스 또한 해상과 항공 특송에 한정했다. 고객도 중소 B2B화주와 이커머스 화주로 제약을 두었다. 이 제약은 2022년을 기점으로 본격적으로 풀렸다.

① 첼로스퀘어는 삼성SDS의 물류사업이다.
② 삼성SDS는 첼로스퀘어를 글로벌 물류 사업으로 확장하려고 한다.
③ 2021년 첼로스퀘어는 서비스 지역 및 물류 서비스에 제한이 있었다.
④ 화주사들은 첼로스퀘어를 통해 견적을 받거나 선적을 예약하고 운송통관 트래킹을 받을 수 있다.
⑤ 첼로스퀘어는 2021년부터 물류가 필요한 대기업 화주사들에게 각종 운송 및 특송을 중개하는 역할을 했다.

8회

28 다음 글에 대한 반론으로 가장 적절한 것을 고르면?

> '최소량의 법칙(law of the minimum)'이란 말이 있다. 독일이 과학 강국으로 되는 데 기초를 닦은 학자로 유명하고, 유기화학의 아버지라 불리는 유스투스 리비히는 1840년 질소, 인산, 칼륨 등 식물 성장에 필요한 영양소 중 성장을 좌우하는 것은 넘치는 영양소가 아니라 가장 부족한 영양소에 의해 결정된다고 주장했다. 다른 영양소가 아무리 많이 있어도 어느 하나가 부족하면 식물은 제대로 자랄 수 없다는 법칙이다. 즉, 최대가 아니라 최소가 성장을 결정한다. 여러 개의 나무판을 잇대어 만든 나무 물통에 물을 붓는다면 물의 양은 길이가 제일 짧은 판자에 의해 결정된다는 비유에서 '나무 물통의 법칙'이라고도 한다. 인체의 영양학에서도 그러하다. 영양제를 통해 모자라지도 않는 영양소를 2배, 3배 더 많이 섭취한들 건강에 도움은 안 되고 초과된 영양소를 저장할 수도 없으니, 몸 밖으로 내보내려 분해하고 배설하느라 간과 신장이 고생을 하고, 장기간 지속되면 결국 간과 신장에 문제가 생긴다.

① 인간의 간과 신장은 섭취한 영양소를 저장하는 기능을 한다.
② 부족한 영양소의 양을 채우기 위해서 영양제를 먹는 것은 필요하다.
③ 다른 영양소가 많다면 부족한 영양소를 섭취하는 행위는 불필요하다.
④ 식물은 초과된 영양소를 저장하므로 충분한 양의 칼륨을 제공하는 것이 필요하다.
⑤ 식물 성장에 필요한 영양소 중 성장의 정도를 결정하는 것은 가장 많은 양의 영양소이다.

29 다음 글과 [보기]를 읽고 한 추론 중 가장 적절한 것을 고르면?

기존 우주과학계에서는 구(球) 모양의 천체들은 그 모양으로 인해 남극에는 햇빛이 비스듬하게 들어 365일 그늘만 존재하는 곳이 있다고 보았다. 그리고 달에도 이러한 곳이 존재할 것이라 생각하고 이곳을 소행성이 수십억 년 전 달의 표면을 강타하면서 남긴 충돌구라고 예상해 왔다. 특히 이곳은 햇빛이 들지 않기에 매우 추운 곳으로 물이 언 상태로 존재할 것이라고 분석했다.

보기

최근 과학계에서 달의 표면 전체에서 물을 구할 수 있다는 연구 결과를 내놓았다. 연구진은 달 표면 대부분에서 수소와 산소 원자 하나씩으로 만들어진 물 유사 물질 '하이드록실기'를 발견했다. 물이 태양에서 나오는 전기 성질 알갱이의 집합, 즉 태양풍에 공격당해 변형된 것이 하이드록실기다. 원래 햇빛에 노출된 물은 사라지는 것이 맞지만, 대기가 없어 태양풍이 바로 월면에 꽂히는 달에서는 물이 변형돼 하이드록실기가 생성된다. 이러한 물 성분의 유래에 관해서 연구진은 수십억 년 전 달로 돌진한 수많은 소행성으로 인해 월면 지하에 존재하던 물 함유량이 많은 암석 '사장암'이 월면 밖으로 모습을 드러낸 것이라고 설명했다.

① 달은 천체가 모두 사장암으로 이루어져 있다.
② 달은 태양풍의 강도가 세서 대기가 불안정하다.
③ 달의 표면 전체에서 물 유사 물질을 발견할 수 있다.
④ 달에는 햇빛이 들지 않기에 물이 쉽게 사라지지 않는다.
⑤ 달에 존재하는 물 성분은 모두 액체 상태로 존재하고 있다.

30 다음 글과 [보기]를 읽고 한 추론 중 적절하지 <u>않은</u> 것을 고르면?

> 외식 품목 39개 가운데 치킨이 올해 들어 가장 많이 오른 것으로 조사됐다. 올해 초 가격 대비 품목별 물가 상승률은 치킨이 6.6%, 짜장면 6.3%, 떡볶이 6.0%, 칼국수 5.8% 순이었다. 대부분의 뉴스에서 외식 품목들 중 치킨 가격이 가장 많이 오른 이유로 '닭고기, 식용유, 튀김가루 등 원재료 가격이 상승세를 보였기 때문'이라고 전하고 있다.

보기

> 우리는 원가가 오르면 자연스럽게도 가격도 오른다고 생각하지만 그것은 사실이 아니다. 원가가 오를 때 가격도 함께 오르는 경우도 있고 못 오르는 경우도 있다. 또 원가가 오르지 않아도 상품 가격이 오르기도 한다. 원가 상승과 가격 인상은 그 인과관계가 매우 희박하다. 특히 단기적으로는 더 그렇다. 공급자는 언제든지 가격을 올리고 싶어 하므로 현재의 가격이 공급자가 올릴 수 있는 최선의 가격이다. 하지만 가격을 마음대로 올렸다가는 고객들의 수요가 다른 대안으로 이동할 수 있으므로 이를 고려해야만 한다.

① 치킨 수요자들 입장에선 그간 치킨은 더 비싸게 받아도 괜찮았던 상품이었다.
② 치킨 공급자들의 매출이 줄어들지 않는 한 치킨의 가격은 지속적으로 인상될 여지가 있다.
③ 치킨의 가격 인상으로 인해 치킨의 매출이 줄었다 하더라도 가격 인상의 전략은 성공적이다.
④ 치킨 가격이 오른 채로 유지되는 이유는 가격이 올랐음에도 불구하고 지속적인 수요가 발생하기 때문이다.
⑤ 치킨 가격이 가장 많이 오른 이유는 치킨 소비자들이 치킨 말고 다른 외식 메뉴를 선택하지 않았기 때문일 것이다.

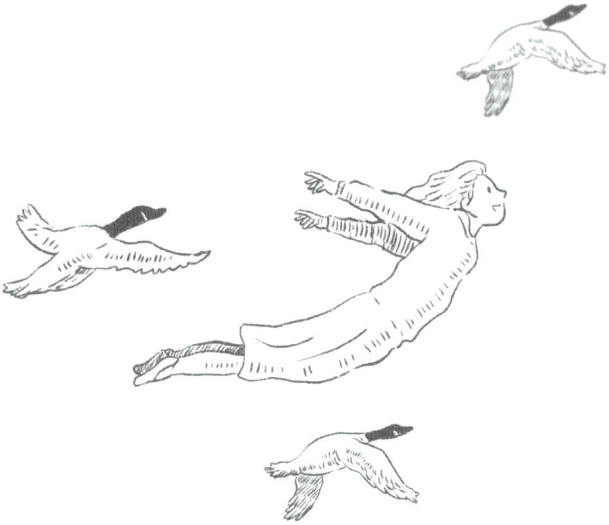

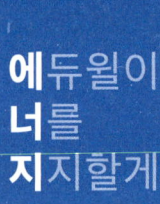

꿈을 계속 간직하고 있으면
반드시 실현할 때가 온다.

– 괴테(Johann Wolfgang von Goethe)

성명:

수험번호:

SAMSUNG

①

정답

②

정답

③

정답

④

정답

⑤

정답

성명:

수험번호:

⑥

정답

⑦

정답

⑧

정답

⑨

정답

⑩

정답

성명:

수험번호:

⑪

정답

⑫

정답

⑬

정답

⑭

정답

⑮

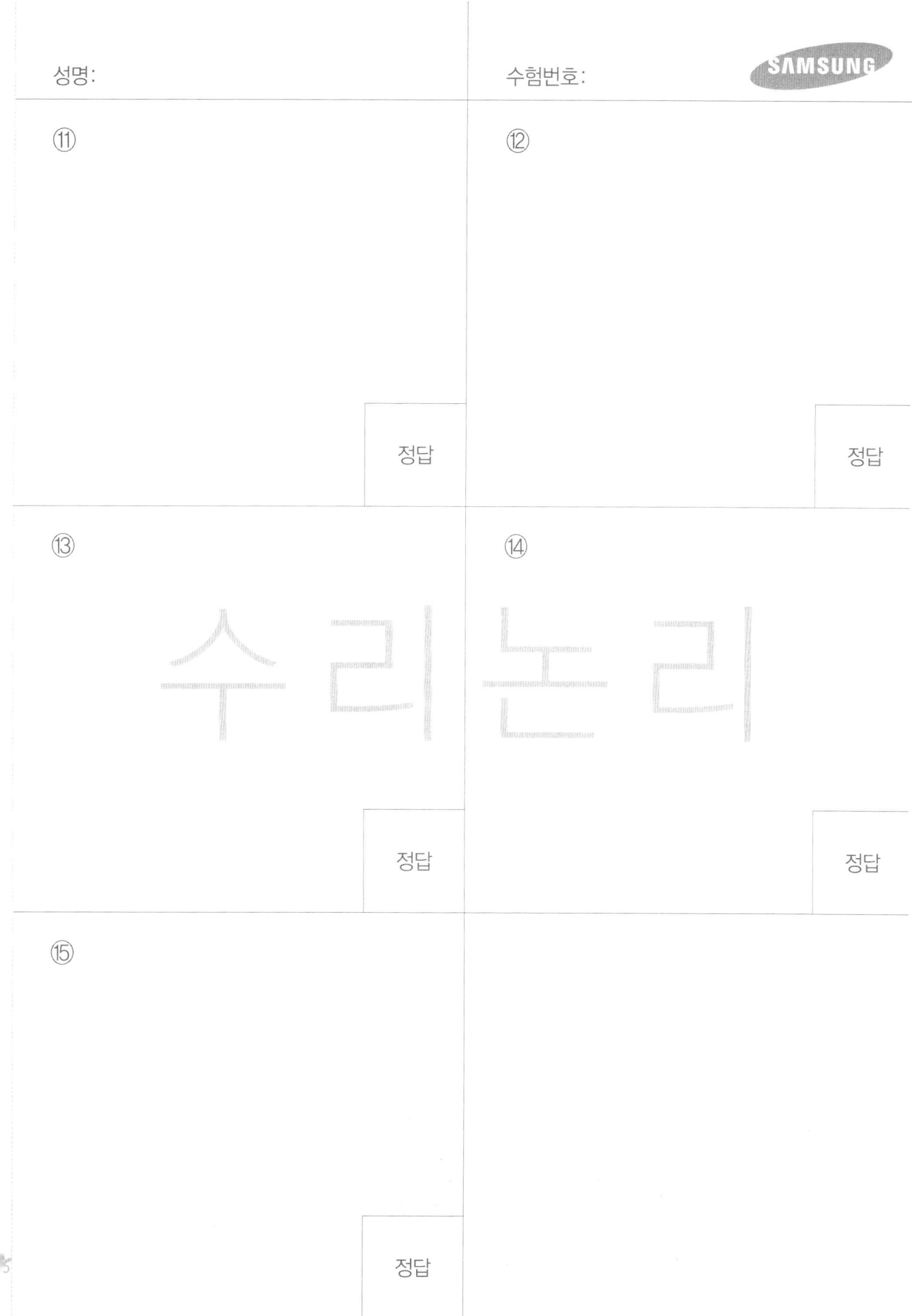

정답

성명:

수험번호:

SAMSUNG

⑯

정답

⑰

정답

⑱

⑲

정답

정답

⑳

정답

성명:

수험번호:

①

정답

②

정답

③

정답

④

정답

⑤

정답

⑥

정답

⑦

정답

⑧

정답

성명: 수험번호: SAMSUNG

⑨

정답

⑩

정답

⑪

정답

⑫

정답

⑬

정답

⑭

정답

⑮

정답

⑯

정답

성명:

수험번호:

⑰

정답

⑱

정답

⑲

정답

⑳

정답

㉑

정답

㉒

정답

㉓

정답

㉔

정답

성명:

수험번호:

㉕

정답

㉖

정답

㉗

정답

㉘

정답

㉙

정답

㉚

정답

성명:

수험번호:

①

정답

②

정답

③

정답

④

정답

⑤

정답

성명:

수험번호:

⑥

정답

⑦

정답

⑧

정답

⑨

정답

⑩

정답

성명:

수험번호:

⑪

정답

⑫

정답

⑬

정답

⑭

정답

⑮

정답

성명:

수험번호:

SAMSUNG

⑯

정답

⑰

정답

⑱

정답

⑲

정답

⑳

정답

성명:

수험번호:

①

정답

②

정답

③

정답

④

정답

⑤

정답

⑥

정답

⑦

정답

⑧

정답

성명:

수험번호:

⑨

정답

⑩

정답

⑪

정답

⑫

정답

⑬

정답

⑭

정답

⑮

정답

⑯

정답

성명:

수험번호:

⑰

정답

⑱

정답

⑲

정답

⑳

정답

㉑

정답

㉒

정답

㉓

정답

㉔

정답

성명:

수험번호:

㉕

정답

㉖

정답

㉗

정답

㉘

정답

추리

㉙

정답

㉚

정답

성명:

수험번호:

①

정답

②

정답

③

정답

④

정답

⑤

정답

성명:

수험번호:

SAMSUNG

⑥

정답

⑦

정답

⑧

정답

⑨

정답

⑩

정답

성명:

수험번호:

⑪

정답

⑫

정답

⑬

수리논리

정답

⑭

정답

⑮

정답

성명:

수험번호:

⑯

정답

⑰

정답

⑱

정답

⑲

정답

⑳

정답

성명:

수험번호:

①

정답

②

정답

③

정답

④

정답

추리

⑤

정답

⑥

정답

⑦

정답

⑧

정답

성명: 수험번호:

⑨

정답

⑩

정답

⑪

정답

⑫

정답

⑬

정답

⑭

정답

⑮

정답

⑯

정답

성명:

수험번호:

⑰

정답

⑱

정답

⑲

정답

⑳

정답

추리

㉑

정답

㉒

정답

㉓

정답

㉔

정답

성명:

수험번호:

㉕

정답

㉖

정답

㉗

정답

㉘

정답

㉙

정답

㉚

정답

성명:

수험번호:

①

정답

②

정답

③

정답

④

정답

⑤

정답

성명:

수험번호:

SAMSUNG

⑥

정답

⑦

정답

⑧

정답

⑨

정답

⑩

정답

성명:

수험번호:

⑪

정답

⑫

정답

⑬

정답

⑭

정답

⑮

정답

성명:

수험번호:

⑯

정답

⑰

정답

⑱

정답

⑲

수리논리

정답

⑳

정답

성명:

수험번호:

①

정답

②

정답

③

정답

④

정답

⑤

정답

⑥

정답

⑦

정답

⑧

정답

성명:

수험번호:

SAMSUNG

⑨

정답

⑩

정답

⑪

정답

⑫

정답

⑬

정답

⑭

정답

⑮

정답

⑯

정답

성명:

수험번호:

⑰

정답

⑱

정답

⑲

정답

⑳

정답

㉑

정답

㉒

정답

㉓

정답

㉔

정답

성명: 수험번호:

SAMSUNG

㉕

정답

㉖

정답

㉗

정답

㉘

정답

㉙

정답

㉚

정답

성명:

수험번호:

①

정답

②

정답

③

정답

④

정답

⑤

정답

성명:

수험번호:

⑥

정답

⑦

정답

⑧

정답

⑨

정답

⑩

정답

성명:

수험번호:

⑪

정답

⑫

정답

⑬

정답

⑭

정답

⑮

정답

성명:

수험번호:

⑯

정답

⑰

정답

⑱

정답

⑲

정답

⑳

정답

성명:

수험번호:

① 정답	② 정답
③ 정답	④ 정답
⑤ 정답	⑥ 정답
⑦ 정답	⑧ 정답

성명:

수험번호:

⑨

정답

⑩

정답

⑪

정답

⑫

정답

⑬

정답

⑭

정답

⑮

정답

⑯

정답

성명:

수험번호:

⑰

정답

⑱

정답

⑲

정답

⑳

정답

㉑

정답

㉒

정답

㉓

정답

㉔

정답

성명:

수험번호:

㉕

정답

㉖

정답

㉗

정답

㉘

정답

㉙

정답

㉚

정답

성명:

수험번호:

①

정답

②

정답

③

정답

④

정답

⑤

정답

성명:

수험번호:

⑥

정답

⑦

정답

⑧

⑨

정답

정답

⑩

정답

성명:

수험번호:

⑪

정답

⑫

정답

⑬

정답

⑭

정답

⑮

정답

성명:

수험번호:

SAMSUNG

⑯

정답

⑰

정답

⑱

정답

⑲

정답

⑳

정답

성명:

수험번호:

①

정답

②

정답

③

정답

④

정답

추리

⑤

정답

⑥

정답

⑦

정답

⑧

정답

성명:

수험번호:

⑨

정답

⑩

정답

⑪

정답

⑫

정답

⑬

정답

⑭

정답

⑮

정답

⑯

정답

성명:

수험번호:

⑰

정답

⑱

정답

⑲

정답

⑳

정답

㉑

정답

㉒

정답

㉓

정답

㉔

정답

성명:

수험번호:

㉕

정답

㉖

정답

㉗

정답

㉘

정답

㉙

정답

㉚

정답

성명:

수험번호:

SAMSUNG

①

정답

②

정답

③

정답

④

정답

⑤

정답

성명:

수험번호:

⑥

정답

⑦

정답

⑧

정답

⑨

정답

⑩

정답

성명:

수험번호:

⑪

정답

⑫

정답

⑬

정답

⑭

정답

⑮

정답

성명:

수험번호:

⑯

정답

⑰

정답

⑱

⑲

정답

정답

⑳

정답

성명:

수험번호:

①

정답

②

정답

③

정답

④

정답

⑤

정답

⑥

정답

⑦

정답

⑧

정답

성명:

수험번호:

⑨

정답

⑩

정답

⑪

정답

⑫

정답

⑬

정답

⑭

정답

⑮

정답

⑯

정답

성명:

수험번호:

⑰

정답

⑱

정답

⑲

정답

⑳

정답

㉑

정답

㉒

정답

㉓

정답

㉔

정답

성명:

수험번호:

㉕

정답

㉖

정답

㉗

정답

㉘

정답

㉙

정답

㉚

정답

성명:

수험번호:

①

정답

②

정답

③

정답

④

정답

⑤

정답

성명:

수험번호:

⑥

정답

⑦

정답

⑧

정답

⑨

정답

⑩

정답

성명:

수험번호:

⑪

정답

⑫

정답

⑬

정답

⑭

정답

⑮

정답

성명:

수험번호:

⑯

정답

⑰

정답

⑱

정답

⑲

정답

⑳

정답

성명:

수험번호:

①

정답

②

정답

③

정답

④

정답

추리

⑤

정답

⑥

정답

⑦

정답

⑧

정답

성명:

수험번호:

SAMSUNG

⑨

정답

⑩

정답

⑪

정답

⑫

정답

⑬

정답

⑭

정답

⑮

정답

⑯

정답

성명:

수험번호:

⑰

정답

⑱

정답

⑲

정답

⑳

정답

추리

㉑

정답

㉒

정답

㉓

정답

㉔

정답

성명:

수험번호:

㉕

정답

㉖

정답

㉗

정답

추리

㉘

정답

㉙

정답

㉚

정답

MEMO

MEMO

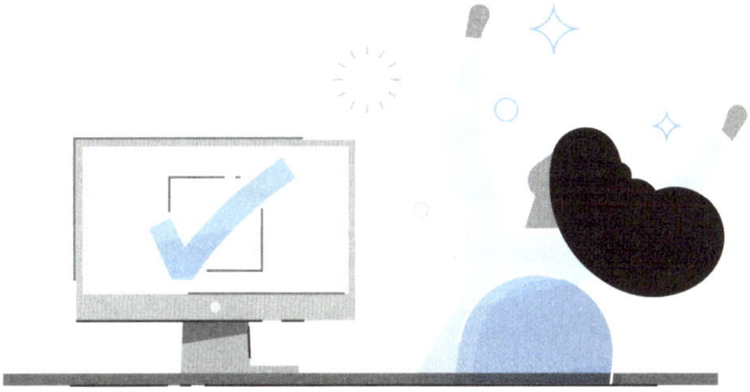

끝이 좋아야 시작이 빛난다.

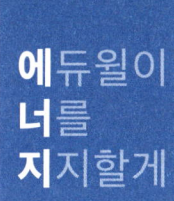

– 마리아노 리베라(Mariano Rivera)

여러분의 작은 소리
에듀윌은 크게 듣겠습니다.

본 교재에 대한 여러분의 목소리를 들려주세요.
공부하시면서 어려웠던 점, 궁금한 점,
칭찬하고 싶은 점, 개선할 점, 어떤 것이라도 좋습니다.

에듀윌은 여러분께서 나누어 주신 의견을
통해 끊임없이 발전하고 있습니다.

에듀윌 도서몰 book.eduwill.net
- 부가학습자료 및 정오표: 에듀윌 도서몰 → 도서자료실
- 교재 문의: 에듀윌 도서몰 → 문의하기 → 교재(내용, 출간) / 주문 및 배송

GSAT 삼성직무적성검사 실전모의고사

발 행 일	2025년 2월 10일 초판
편 저 자	에듀윌 취업연구소
펴 낸 이	양형남
개발책임	김기철, 윤은영
개 발	이정은
펴 낸 곳	(주)에듀윌
등록번호	제25100-2002-000052호
주 소	08378 서울특별시 구로구 디지털로34길 55 코오롱싸이언스밸리 2차 3층

www.eduwill.net
대표전화 1600-6700

2025 최신판

에듀윌 취업

GSAT 삼성직무적성검사

실전모의고사

정답과 해설

eduwill

2025 최신판

에듀윌 취업

GSAT 삼성직무적성검사

실전모의고사

최신판

에듀윌 취업 GSAT 삼성직무적성검사 실전모의고사

정답과 해설

eduwill

01 실전모의고사 1회

수리논리									P.54
01	⑤	02	④	03	①	04	③	05	①
06	③	07	②	08	③	09	④	10	②
11	③	12	②	13	⑤	14	③	15	②
16	③	17	①	18	②	19	④	20	③

01 응용수리 정답 ⑤

| 정답풀이 |

전년도와 올해의 판매량을 정리하면 다음과 같다.

구분	무선이어폰	유선이어폰	전체 판매량 (만 대)
전년도	A	B	0.8B×3
올해	1.1A	0.8B	5,850

전년도 A+B=2.4B이므로, A=1.4B이다.

올해 전체 판매량 1.1A+0.8B=5,850에 A=1.4B를 대입하면 1.54B+0.8B=5,850이다.

따라서 A=3,500, B=2,500이므로 올해 무선이어폰 판매량은 3,500×1.1=3,850(만 대)이다.

빠른 풀이 스킬

전년도 A=1.4B이므로 전년도 판매량 비(무선:유선:전체)는 1.4B:B:2.4B=7:5:12이다.

이때, 올해 무선이어폰 판매량은 전년 대비 10% 증가했으므로 7×1.1=7.7이 되어야 한다. 즉, 올해 무선이어폰 판매량은 7.7의 배수가 되어야 한다.

02 응용수리 정답 ④

| 정답풀이 |

가 그룹과 나 그룹에 직원 A와 직원 B가 배치될 수 있는 경우는 다음과 같다.

가 그룹		나 그룹		다 그룹		경우의 수(가지)
직원 A	직원 B					$_4C_2\times{}_2C_2=6$
직원 A		직원 B				$_4C_1\times{}_3C_1\times{}_2C_2=12$
직원 B		직원 A				$_4C_1\times{}_3C_1\times{}_2C_2=12$
		직원 A	직원 B			$_4C_2\times{}_2C_2=6$

따라서 경우의 수는 6+12+12+6=36(가지)이다.

빠른 풀이 스킬

직원 A와 B가 같은 그룹일 경우 나 그룹인 경우도 있으므로 6×2=12(가지)

가 그룹		나 그룹		다 그룹		경우의 수(가지)
직원 A	직원 B					$_4C_2\times{}_2C_2=6$

직원 A와 B가 다른 그룹일 경우도 있으므로 12×2=24(가지)

가 그룹		나 그룹		다 그룹		경우의 수(가지)
직원 A/B		직원 B/A				$_4C_1\times{}_3C_1\times{}_2C_2=12$

03 자료해석 정답 ①

| 정답풀이 |

2018년 ICT 산업 매출액은 $\frac{130}{0.52}$=250(조 원)이다.

| 오답풀이 |

② 2020년 반도체 산업 매출액은 2019년 대비 $\frac{154-140}{140}\times100$ =10(%) 증가하였다.

③ 2021년과 2022년 ICT 산업 매출액은 다음과 같다.

- 2021년: $\frac{180}{0.6}$=300(조 원)
- 2022년: $\frac{160}{0.5}$=320(조 원)

따라서 320−300=20(조 원) 증가하였다.

④ 반도체 산업 매출액은 2018년부터 2021년까지 130조 원, 140조 원, 154조 원, 180조 원으로 증가하였으나 2022년에 160조 원으로 2021년 대비 감소하였다.

⑤ 제시된 기간 중 반도체 산업 매출액이 가장 높은 해는 180조 원인 2021년이고, ICT 산업 매출액 중 반도체 산업 매출액의 비중이 가장 높은 해도 60%인 2021년으로 같다.

빠른 풀이 스킬

① 2018년 ICT 산업 매출액이 260조 원이라면 반도체 산업 매출액의 비중은 $\frac{130}{260}\times100$=50(%)이어야 하는데 52%이므로 2018년 ICT 산업 매출액은 260조 원 미만이다.

04 자료해석 정답 ③

| 정답풀이 |

㉡ 2022년 2분기 말 가계대출 잔액과 주택담보대출 잔액은 각각 3분기 증가액을 제외한 1,810−10=1,800(조 원), 1,270−10=1,260(조 원)이므로 주택담보대출 잔액이 차지하는 비중은 $\frac{1,260}{1,800}\times100=70$(%)이다.

㉢ 주택담보대출 잔액 증가액은 2021년 2분기부터 2022년 1분기까지 18조 원, 24조 원, 28조 원, 40조 원으로 계속해서 증가하였다.

| 오답풀이 |

㉠ 2022년 2분기 가계대출 잔액 '증가액'은 12조 원으로 전년 동기 24조 원의 50% 수준으로 감소하였으나 가계대출 잔액은 증가액이 그동안 누적되면서 지속적으로 증가하였다.

㉣ 2021년 3분기와 4분기 가계대출 잔액 증가액에서 기타대출 잔액 증가액이 차지하는 비중은 다음과 같다.

- 3분기: $\frac{6}{30}\times100=20$(%)
- 4분기: $\frac{12}{40}\times100=30$(%)

따라서 4분기의 비중은 같은 해 3분기보다 크다.

빠른 풀이 스킬

㉣ 2021년 4분기 가계대출 잔액 증가액은 같은 해 3분기 대비 약 33% 증가하였고, 기타대출 잔액 증가액은 2배로 증가하였으므로 가계대출 잔액 증가액에서 기타대출 잔액 증가액이 차지하는 비중은 4분기에 3분기 대비 증가하였음을 쉽게 알 수 있다.

05 자료해석 정답 ①

| 정답풀이 |

종업원 1명당 매출액은 다음과 같다.

- 2019년: $\frac{15,500}{500}=31$(억 원/명)
- 2020년: $\frac{20,670}{530}=39$(억 원/명)
- 2021년: $\frac{22,000}{550}=40$(억 원/명)
- 2022년: $\frac{21,000}{600}=35$(억 원/명)

따라서 2019년에 가장 낮다.

| 오답풀이 |

② 2022년 회사 A의 음향기기 매출액은 21,000×0.08=1,680(억 원)이다.

③ 전년 대비 종업원 수의 증가율은 2020년이 $\frac{530-500}{500}\times100=6$(%), 2021년이 $\frac{550-530}{530}\times100\fallingdotseq4$(%)이므로 2021년이 2020년보다 낮다.

④ 스마트폰의 매출액 구성비가 노트북의 2배이므로 매출액도 2배이다.

⑤ 제시된 기간 중 매출액이 전년 대비 줄어든 2022년에 종업원 수는 증가하였다.

빠른 풀이 스킬

③ 전년 대비 증가한 종업원 수는 2020년이 30명, 2021년이 20명으로 2020년이 더 많은데 증가율 계산 시 분모에 해당하는 전년 종업원 수는 2020년이 500명, 2021년이 530명으로 2020년이 더 적으므로 증가율은 2020년이 2021년보다 더 높음을 계산하지 않고도 쉽게 알 수 있다.

06 자료해석 정답 ③

| 정답풀이 |

B기업의 2021년 매출액(5,500−4,800=700)은 A기업의 2022년 매출액(7,400−6,700=700)과 같다.

| 오답풀이 |

① A기업의 2021년 매출액(6,700−6,200=500)은 B기업의 2022년 매출액(6,100−5,500=600)보다 더 작다.

② C기업의 2022년 매출액(8,300−7,900=400)은 A기업의 2023년 매출액(7,900−7,400=500)보다 더 작다.

④ A기업의 2022년 매출액(7,400−6,700=700)은 C기업의 2023년 매출액(8,800−8,300=500)보다 더 크다.

⑤ B기업의 2023년 매출액(6,500−6,100=400)은 C기업의 2021년 매출액(7,900−7,300=600)보다 더 작다.

07 자료해석 정답 ②

| 정답풀이 |

㉠ 자산=순자산+부채이므로 2021년 가구당 자산은 33,600+12,400=46,000(만 원)이다. 즉 4억 6천만 원이다.

㉣ 2020년 소득에서 처분가능소득이 차지하는 비율은 $\frac{5,000}{5,200}\times100\fallingdotseq96$(%)이다.

| 오답풀이 |

㉡ 2020년 가구당 자산 대비 부채의 비율은 $\frac{10,000}{40,000}\times100=25$(%)이다.

ⓒ 2021년 가구당 순자산은 2020년 대비 $\frac{33{,}600-30{,}000}{30{,}000}\times 100$ $=12(\%)$ 증가하였다.

빠른 풀이 스킬

ⓔ 계산 과정에서 나눗셈보다 곱셈을 이용하면 더 쉽게 계산할 수 있다. 2020년 소득에서 처분가능소득이 차지하는 비율이 90% 이상임을 확인해야 하는데 소득에 0.9를 곱하면 5,200×0.9=4,680(만 원)이고, 처분가능소득은 5,000만 원이므로 처분가능소득이 차지하는 비율은 90% 이상임을 쉽게 계산할 수 있다.

08 자료해석 정답 ③

| 정답풀이 |

③ 중학교 학생 수는 2022년이 560×0.25=140(만 명), 2023년이 550×0.28=154(만 명)이다. 2023년 중학교 학생 수의 전년 대비 증감률은 $\frac{154-140}{140}\times 100=10(\%)$이므로 11% 이상은 아니다.

| 오답풀이 |

① 초등학교 학생 수=초등학교 비중×학령 인구수이고 이를 구하면 다음과 같다.

(단위: 만 명)

구분	2020년	2021년	2022년
초등학교 학생 수	600×0.38=228	580×0.4=232	560×0.45=252

따라서 2020~2022년 동안 초등학교 학생 수는 지속적으로 증가하였다.

② 2020~2023년 동안 학령별 비중에 대한 순위는 초등학교>중학교>고등학교>유치원으로 동일하다.

④ 유치원생 수는 2020년이 600×0.08=48(만 명), 2021년이 580×0.1=58(만 명), 2022년이 560×0.1=56(만 명), 2023년이 550×0.08=44(만 명)이므로 2023년이 가장 적다.

⑤ 고등학교 학생 수는 2020년이 600×0.26=156(만 명), 2021년이 580×0.2=116(만 명), 2022년이 560×0.2=112(만 명), 2023년이 550×0.26=143(만 명)이므로 2022년이 가장 적다. 2022년에 유치원생(10%)과 초등학교 학생 수(45%)의 합은 560×0.55=308(만 명)으로 280만 명 이상이다.

빠른 풀이 스킬

① • 학령 인구 수: 2020년 → 2021년(600의 20 감소=약 3.3% 감소) → 2022년(580의 20 감소=약 4% 감소)
• 초등학교 학생 수 비중: 2020년 → 2021년(38의 2 증가=약 5% 증가) → 2022년(40의 5 증가=약 12% 증가)
따라서 2020~2022년 동안 초등학교 학생 수는 지속적으로 증가하였다.

09 자료해석 정답 ④

| 정답풀이 |

2021년 점유율을 100이라 두면, 2022년=100×1.1=110이고, 점유율의 전년 대비 증가량은 2022년 100×0.1=10, 2023년 110×0.15=16.5이다.
따라서 점유율의 전년 대비 증가량의 증가율은 $\frac{(16.5-10)}{10}\times 100=65(\%)$ 증가했으므로 50% 이상 증가했다.

| 오답풀이 |

① 증감률이 모두 0보다 크므로 증가율을 의미한다. 즉, 2019~2023년까지 지속적으로 증가했다.

② 증가율 자료이고 2023년까지 지속적으로 증가했으므로 2020년보다 2023년에 점유율이 더 높았던 것으로 보인다.

③ 2021년은 2019년 대비 20%p(15%+5%) 증가했고, 2019년 점유율을 100이라 두면 2020년 100×1.15=115, 2021년 115×1.05=120.75이므로 2019년(100) 대비 2021년(120.75)이 20% 이상 증가했다.

⑤ 2020년 S사의 점유율이 40%이면, 2021년 40%×1.05=42(%), 2022년 42%×1.1=46.2(%)이므로 48% 이상 차지한 것은 아니다.

10 자료해석 정답 ②

| 정답풀이 |

2020년 B마트 전체 점포의 매출액은 600×200=120,000(억 원)이다. 즉 12조 원이므로 옳지 않다.

| 오답풀이 |

① 제시된 기간에 C마트의 점포당 평균 매출액은 매년 200억 원 미만이지만 A, B마트는 매년 200억 원 이상이므로 C마트가 가장 낮다.

③ 2022년 B마트의 점포 수는 2019년 대비 $\frac{800-500}{500}\times 100$ $=60(\%)$ 증가하였다.

④ 2019년부터 2022년까지 A~C마트 모두 점포 수가 감소하거나 동일한 해는 없으므로 매년 증가하였다.

⑤ 2019년 A마트의 점포당 평균 매출액은 500억 원으로 C마트 100억 원의 5배였고, 2022년에는 450억 원으로 C마트 150억 원의 3배였다.

11 자료해석 정답 ③

| 정답풀이 |

㉢ A마트와 C마트의 2020년 대비 2021년 점포 수의 증가율은 다음과 같다.

- A마트: $\frac{180-150}{150}\times100=20(\%)$
- C마트: $\frac{1,320-1,100}{1,100}\times100=20(\%)$

따라서 증가율은 동일하다.

㉣ 2020년 점포당 평균 매출액이 전년 대비 증가한 마트는 C마트가 유일하므로 증가율도 가장 높다. 이때 2019년과 2020년 A~C마트의 전체 점포 매출액은 다음과 같다.

(단위: 억 원)

2구분	2019년	2020년	2019년 대비 2020년 증가율
A마트	60,000	60,000	0%
B마트	100,000	120,000	20%
C마트	100,000	121,000	21%

따라서 2020년 전체 점포 매출액의 전년 대비 증가율이 가장 높은 마트도 C마트이므로 옳다.

| 오답풀이 |

㉠ 연도별 A마트 전체 점포의 매출액은 다음과 같다.

- 2019년: 120×500=60,000(억 원)
- 2020년: 150×400=60,000(억 원)
- 2021년: 180×500=90,000(억 원)
- 2022년: 210×450=94,500(억 원)

따라서 2020년에는 전년 대비 증가하지 않았다.

㉡ 2019년과 2022년 B마트 전체 점포의 매출액은 다음과 같다.

- 2019년: 500×200=100,000(억 원)
- 2022년: 800×300=240,000(억 원)

따라서 3년 전 대비 $\frac{240,000-100,000}{100,000}\times100=140(\%)$ 증가하였다.

12 자료해석 정답 ②

| 정답풀이 |

2020년 A시의 관광 매출은 572억 원이고, 관광객 수는 200,000+20,000=220,000(명)이므로 관광객 1인당 관광 매출은 $\frac{572\times10^8}{220,000}=\frac{572\times10^4}{22}=26\times10^4$(원)이므로 26만 원이다.

| 오답풀이 |

① 2022년 관광객 수는 750,000+130,000=880,000(명)이다.

③ 2021년 외국인 관광객 수는 2020년 대비 $\frac{28,000-20,000}{20,000}\times100=40(\%)$ 증가하였다.

④ 2020년과 2021년 내국인 관광객 수의 합은 200,000+500,000=700,000(명)이고, 2022년 내국인 관광객 수는 750,000명이므로 2022년이 더 많다.

⑤ 관광 매출은 2020년에 572억 원으로 전년 대비 감소하였고, 2022년에는 2,640억 원으로 2019년 2,288억 원보다 높아졌다.

빠른 풀이 스킬

② 10^8(억)$=10^4$(만)$\times10^4$(만)임을 기억하면 $\frac{572}{22}$(억/만)$=\frac{572}{22}$(만)으로 단위를 쉽게 정리할 수 있다.

13 자료해석 정답 ⑤

| 정답풀이 |

㉡ 2020년 관광 매출은 2019년 대비 $\frac{2,288-572}{2,288}\times100=75(\%)$ 감소하였다.

㉢ 2021년 관광 매출은 2019년 대비 2,288−1,848=440(억 원) 감소하였다.

㉣ 2021년 외국인 관광 매출 총액은 160(만)×2.8(만)=448(억 원)이므로 내국인 관광 매출 총액은 1,848−448=1,400(억 원)이다. 따라서 내국인 관광객 1인당 관광 매출은 $\frac{1,400(\text{억 원})}{50(\text{만 명})}$=28(만 원/명)이다.

| 오답풀이 |

㉠ 2020년 관광객 수는 22만 명, 2021년 관광객 수는 52.8만 명이므로 2021년 관광객 수는 2020년 대비 $\frac{52.8-22}{22}\times100=140(\%)$ 증가하였다.

14 자료해석 정답 ③

| 정답풀이 |

2020년 대비 2021년 1인 가구 수는 30대와 40대 모두 100천 가구씩 증가하였으므로 기준이 되는 2020년 1인 가구 수가 더 적은 40대의 증가율이 30대보다 높다.

| 오답풀이 |

① 2022년 1인 가구 수는 모두 7,200천 가구이고, 2022년 가구 비율 중 1인 가구가 차지하는 비중은 36%이므로 2022년 전체 가구 수는 $\frac{7,200}{0.36}$=20,000(천 가구)이다. 즉 2천만 가구이다.

② 2022년 가구 비율은 3인이 4인 이상보다 21−13=8(%p) 더 높다.

④ 2020년과 2021년에 20대 1인 가구 수가 10%씩 증가했다면

가구 수는 각각 1,000×1.1=1,100(천 가구), 1,100×1.1=1,210(천 가구)인데 각각 2021년, 2022년 가구 수와 같으므로 매년 10%씩 증가하였다.

⑤ 2021년과 2022년 모두 20세 미만 1인 가구는 70천 가구이고 비율의 분모에 해당하는 합계는 2021년이 더 작으므로 비중은 2022년이 2021년보다 낮다.

15 자료해석 정답 ②

| 정답풀이 |

㉠ 제시된 기간에 매년 30대의 1인 가구 수가 각각 1,100가구, 1,200가구, 1,320가구로 60세 이상에 이어 두 번째로 많다.

㉣ 2022년 2인 가구의 비율은 30%, 3인 가구의 비율은 21%이다. 2인 가구에는 2명이 살고, 3인 가구에는 3명이 살고 있으며, 전체 가구 수는 2천만 가구이므로 2인 가구와 3인 가구에 사는 사람의 수는 다음과 같다.

- 2인 가구: $2,000 \times 0.3 \times 2 = 1,200$(만 명)
- 3인 가구: $2,000 \times 0.21 \times 3 = 1,260$(만 명)

따라서 3인 가구에 사는 사람의 수가 더 많다.

| 오답풀이 |

㉡ 50세 이상 1인 가구 수는 2021년에 1,100+2,100=3,200(천 가구), 2022년에 1,200+2,400=3,600(천 가구)이므로 2022년에 2021년 대비 $\frac{3,600-3,200}{3,200} \times 100 = 12.5$(%) 증가하였다.

㉢ 2021년 1인 가구 수는 20세 미만을 제외한 연령대에서는 10만 가구(=100천 가구)씩 증가하였지만 20세 미만은 1만 가구만 증가하였다.

빠른 풀이 스킬

㉣ 비율과 가구 수는 비례하므로 비율을 이용하면 (2인 가구 사람 수) : (3인 가구의 사람 수)=(30×2=60) : (21×3=63)이다. 따라서 3인 가구에 사는 사람의 수가 더 많다.

16 자료해석 정답 ③

| 정답풀이 |

2018년 두발미용업의 사업체 1개소당 종사자 수는 $\frac{140,000}{69,000} \fallingdotseq 2.03$(명)이므로 2명 이상이다.

| 오답풀이 |

① 두발미용업은 2018년부터 2021년까지 사업체 수와 종사자 수 모두 증가했다.

② 2021년 기타미용업 종사자 수는 2020년 대비 20,700−20,000=700(명) 증가했다.

④ 2021년 피부미용업의 사업체 수는 12,000개소이고, 2018년 5,400개소이므로 3년 전 대비 2배 이상으로 증가했다.

⑤ 제시된 뷰티서비스 산업 중 이용업을 제외한 산업은 사업체 또는 종사자 수가 증가하는 해가 존재하지만 이용업만 사업체 수와 종사자 수가 매년 감소했다.

빠른 풀이 스킬

③ 사업체 1개소당 종사자 수가 2명 이하이려면 종사자 수가 사업체 수의 2배 이하이어야 하는데 2018년 두발미용업의 종사자 수는 사업체 수의 2배를 초과하므로 사업체 1개소당 종사자 수가 2명 초과임을 쉽게 알 수 있다.

17 자료해석 정답 ①

| 정답풀이 |

㉠ 2020년 사업체 수가 가장 적은 산업인 이용업이 종사자 수도 가장 적다.

㉡ 제시된 기간에 기타미용업의 연평균 사업체 수는 $\frac{5,600+8,300+11,300+13,000}{4} = 9,550$(개소)이다.

| 오답풀이 |

㉢ 2021년 두발미용업 종사자 수는 2018년 대비 $\frac{160,000-140,000}{140,000} \times 100 \fallingdotseq 14.3$(%) 증가했으므로 15% 미만으로 증가했다.

㉣ 2019년 사업체 1개소당 종사자 수는 피부미용업이 $\frac{28,300}{7,300} \fallingdotseq 3.9$(명), 이용업이 $\frac{18,000}{5,500} \fallingdotseq 3.3$(명)이므로 피부미용업이 이용업보다 더 많다.

18 자료해석 정답 ②

| 정답풀이 |

2018년과 2020년의 신고율과 검거율을 이용하면 $18 = \frac{45}{a} + b$와 $19 = \frac{50}{a} + b$이므로 $a=5$, $b=9$이다.(신고율과 검거율 모두 백분율이므로, 백분율 그대로 계산해도 무방하다.)

- 2019년: $16 = \frac{㉠}{5} + 9$, ㉠$=35$(%)
- 2021년: ㉡$= \frac{65}{5} + 9$, ㉡$=22$(%)

따라서 ㉠은 35, ㉡은 22이다.

19 자료해석 정답 ④

| 정답풀이 |

주어진 [표]를 바탕으로 전년 대비 증감률을 계산하면 다음과 같다.

구분	2020년	2021년	2022년	2023년
매출액	8%	25%	12%	25%
영업이익	−60%	−25%	60%	25%

따라서 가장 적절한 그래프는 ④이다.

빠른 풀이 스킬

음수의 증감률을 구할 때에는 먼저 감소율인지 증가율인지를 판단한 후 계산한다.

- 2020년 영업이익의 전년 대비 증감률: $\frac{-150}{250}\times100=-60(\%)$
- 2021년 영업이익의 전년 대비 증감률: $\frac{-100}{400}\times100=-25(\%)$
- 2022년 영업이익의 전년 대비 증감률: $\frac{300}{500}\times100=60(\%)$
- 2023년 영업이익의 전년 대비 증감률: $\frac{50}{200}\times100=25(\%)$

20 자료해석 정답 ③

| 정답풀이 |

에어컨의 판매량은 2년마다 5, 10, 15, 20 … 씩 늘어나며 증가량의 차이들이 5씩 커진다.
선풍기의 판매량은 2년마다 40씩 늘어난다. 이를 바탕으로 2014년부터 2030년까지 에어컨과 선풍기의 판매량을 계산하면 다음과 같다.

구분	2014년	2016년	2018년	2020년	2022년
에어컨	105	110	120	135	155
증가량		5	10	15	20
선풍기	400	440	480	520	560
증가량		40	40	40	40

구분	2024년	2026년	2028년	2029년	2030년
에어컨	180	210	245	( )	285
증가량	25	30	35		40
선풍기	600	640	680	( )	720
증가량	40	40	40		40

주어진 자료가 일정하게 변하므로 2029년 에어컨과 선풍기의 판매량은 2028년과 2030년의 평균값이 된다.

- 2029년 에어컨 판매량=(245+285)÷2=265
- 2029년 선풍기 판매량=(680+720)÷2=700

따라서 2029년 총 판매량은 265+700=965(만 대)이다.

추리									P.70
01	①	02	③	03	②	04	④	05	①
06	①	07	②	08	④	09	①	10	②
11	⑤	12	②	13	⑤	14	①	15	②
16	④	17	①	18	①	19	②	20	⑤
21	④	22	⑤	23	④	24	④	25	⑤
26	②	27	②	28	④	29	③	30	①

01 명제 정답 ①

| 정답풀이 |

전제2의 대우명제와 전제1을 고려하면 다음과 같은 벤다이어그램을 그릴 수 있다.

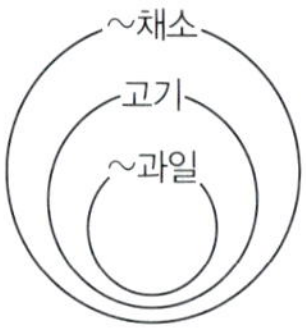

'~채소'가 '~과일'을 포함하고 있으므로 '~과일 → ~채소'가 항상 성립한다.
따라서 정답은 ①이다.

빠른 풀이 스킬

전제1과 전제2 모두 some 개념이 등장하지 않으므로 삼단논법을 사용하여 문제를 풀 수 있다. 과일을 좋아하는 사람을 '과', 고기를 좋아하는 사람을 '고', 채소를 좋아하는 사람을 '채'라고 표시하고 전제1과 전제2를 다시 써보면 다음과 같다.

- 전제1: ~과 → 고
- 전제2: 채 → ~고

전제1과 전제2에서 모두 '고'가 등장하므로 '고'가 전제1과 전제2를 연결하는 연결고리, 즉 매개념이다. 매개념을 이용하기 위해 전제2의 대우명제를 구해보면 '고 → ~채'이므로, 전제2의 대우명제와 전제1을 서로 연결하면 '~과 → ~채'라는 결론을 내릴 수 있다. 따라서 정답은 ①이다.

02 명제 정답 ③

| 정답풀이 |

전제2의 대우명제와 전제1을 고려하면 다음과 같은 벤다이어그램을 그릴 수 있다.

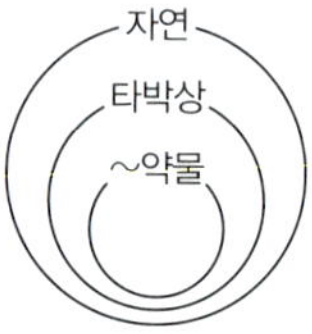

'자연'이 '~약물'을 포함하고 있으므로 '~약물 → 자연'이 항상 성립한다.
따라서 정답은 ③이다.

빠른 풀이 스킬

전제1과 전제2 모두 some 개념이 등장하지 않으므로 삼단논법을 사용하여 문제를 풀 수 있다. 타박상을 '타', 자연치유되는 것을 '자', 약물치료가 필요한 것을 '약'이라고 표시하고 전제1과 전제2를 다시 써보면 다음과 같다.

- 전제1: 타 → 자
- 전제2: ~타 → 약

전제1과 전제2에서 모두 '타'가 등장하므로 '타'가 전제1과 전제2를 연결하는 연결고리, 즉 매개념이다. 매개념을 이용하기 위해 전제2의 대우명제를 구해보면 '~약 → 타'이므로 전제1과 전제2를 서로 연결하면 '~약 → 자'라는 결론을 내릴 수 있다. 따라서 정답은 ③이다.

03 명제 정답 ②

| 정답풀이 |

전제1을 만족하는 가장 기본적인 벤다이어그램은 [그림1]과 같다.

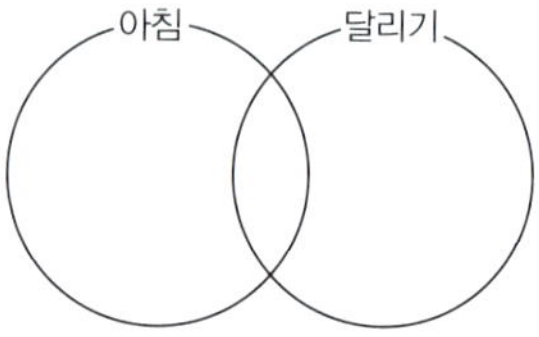

[그림1]

이 상태에서 '아침'과 '~저녁' 사이에 공통영역이 존재한다는 결론을 반드시 만족하기 위해선 [그림2]와 같이 '~저녁'이 '달리기'를 포함하고 있으면 된다.

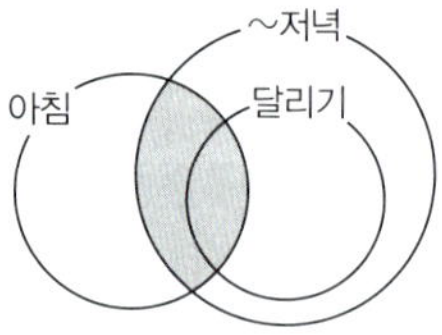

[그림2]

'~저녁'이 '달리기'를 포함하고 있으면 [그림2]의 색칠된 부분이 반드시 존재하게 되므로, '아침'과 '~저녁' 사이에 공통영역이 존재한다는 결론을 반드시 만족하게 된다. 따라서 정답은 '달리기 → ~저녁'의 대우명제인 ②이다.

빠른 풀이 스킬

전제1과 결론에 some 개념이 있으므로 벤다이어그램을 활용한다. 아침을 좋아하는 사람을 '아', 달리기를 좋아하는 사람을 '달', 저녁을 좋아하는 사람을 '저'라고 표시하자. 우선 전제1을 만족하는 가장 기본적인 벤다이어그램은 [그림3]과 같으며, 색칠된 부분이 반드시 존재해야 한다.

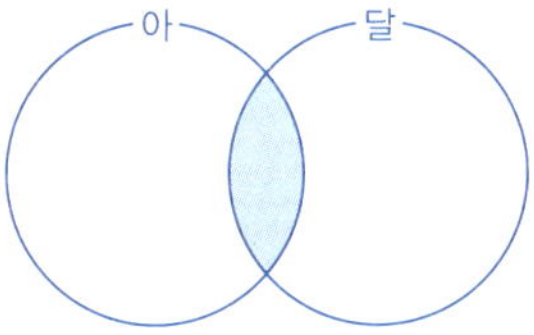

[그림3]

이 상태에서 ①을 만족하도록 '달'의 크기와 '아'의 크기를 변형해서 '저'의 벤다이어그램을 그려보도록 하자. ①을 만족하기 위해 '아'가 '달'에 포함되고, '저'가 '달'에 포함되면 [그림4]와 같은 벤다이어그램도 그릴 수 있다.

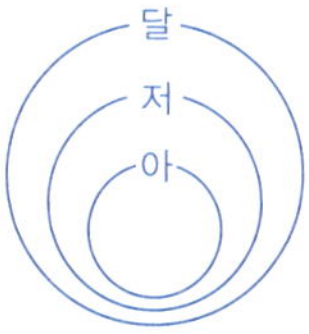

[그림4]

이 경우 전제1과 ①을 모두 만족하지만 결론을 만족하지 못한다. 즉, ①을 전제2로 세울 경우 항상 결론이 도출되는 것은 아니므로 ①은 전제2로 적절하지 않다.
이와 같은 방식으로 전제1과 ③~⑤를 만족하는 벤다이어그램을 각각 그렸을 때, 결론을 위배하는 반례가 하나라도 발생한다면 해당 선택지를 소거할 수 있다. ③~⑤는 [그림5]를 반례로 들 수 있다.

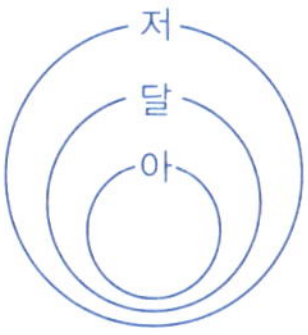

[그림5]

반면 ②는 전제2로 세웠을 때 항상 결론을 만족하므로 정답은 ②이다.

04 조건추리 정답 ④

| 정답풀이 |

토요일과 일요일에는 운동을 하지 않고 월요일에는 운동을 하므로 화요일부터 금요일 중 이틀 동안 운동을 한다.

i) 화요일에 운동을 하는 경우
화요일에 운동을 하면 수요일에 운동을 하지 않으므로 나머지 목요일 또는 금요일에 운동을 한다.

ii) 수요일에 운동을 하는 경우
수요일에 운동을 하면 화요일과 목요일에 운동을 하지 않으므로 금요일에 운동을 한다.

iii) 화요일과 수요일에 운동을 하지 않는 경우
목요일과 금요일에 운동을 하는 경우만 존재한다.

즉 가능한 경우는 다음과 같다.

월	화	수	목	금	토	일
O	O	X	O	X	X	X
	O	X	X	O		
	X	O	X	O		
	X	X	O	O		

따라서 이틀 연속으로 운동을 한 경우는 월/화/목 또는 월/화/금 또는 월/목/금에 운동을 한 경우이므로 수요일에는 운동을 하지 않았다.

| 오답풀이 |

① 가능한 경우의 수는 4가지이다.
② 월요일, 화요일, 목요일에 운동을 하면 수요일과 금요일에 운동을 하지 않는다.
③ 월요일, 목요일, 금요일에 운동을 하면 화요일과 수요일에 운동을 하지 않는다.
⑤ 금요일에 운동을 하지 않으면 수요일에도 운동을 하지 않는다.

05 조건추리 정답 ①

| 정답풀이 |

금요일에는 커피를 제공하고, 수요일에는 과일을 제공하지 않으며, 과일을 제공한 날의 다음 날에는 커피를 제공한다. 또한 같은 디저트 요리를 연속된 요일에 제공하지 않고, 모든 디저트 요리는 적어도 하루는 제공하므로 월요일에 제공하는 디저트 요리에 따라 가능한 경우는 다음과 같다.

i) 월요일에 과일을 제공하는 경우
월요일에 과일을 제공하면 화요일에는 커피를 제공한다. 따라서 수요일에는 아이스크림, 목요일에는 과일을 제공한다.

월	화	수	목	금
과일	커피	아이스크림	과일	커피

ii) 월요일에 아이스크림을 제공하는 경우

월요일에 아이스크림을 제공하면 화요일에는 과일 또는 커피를 제공한다. 만약 화요일에 과일을 제공하면 수요일에는 커피를 제공하고, 목요일에는 과일 또는 아이스크림을 제공한다. 만약 화요일에 커피를 제공하면 수요일에는 아이스크림을 제공하고 목요일에는 과일을 제공한다.

월	화	수	목	금
아이스크림	과일	커피	과일	커피
	과일	커피	아이스크림	
	커피	아이스크림	과일	

iii) 월요일에 커피를 제공하는 경우

월요일에 커피를 제공하면 화요일에는 과일 또는 아이스크림을 제공한다. 만약 화요일에 과일을 제공하면 수요일에는 커피, 목요일에는 아이스크림을 제공한다. 만약 화요일에 아이스크림을 제공하면 수요일에는 커피, 목요일에는 과일을 제공한다.

월	화	수	목	금
커피	과일	커피	아이스크림	커피
	아이스크림	커피	과일	

따라서 가능한 경우의 수는 6가지이다.

06 조건추리 정답 ①

| 정답풀이 |

A의 말이 참이면 B의 말이 거짓이고, B의 말이 참이면 A의 말이 거짓이다. 이때 거짓을 말하는 사람이 1명뿐이므로 A 또는 B의 말은 거짓이고, 나머지 C, D, E의 말은 모두 참이다. 이에 따라 D는 전근을 가지 않는다. 만약 C가 전근을 간다면 E가 거짓이 되어 모순이 발생하므로 C는 전근을 가지 않는다.
따라서 전근을 가는 영업사원은 A이다.

07 조건추리 정답 ②

| 정답풀이 |

이 대리는 김 대리 바로 다음에 출장을 가므로 '김－이'가 묶음으로 있어야 한다. 나머지 조건을 정리하면 '박>정', '박>김－이>최'이므로 가능한 경우는 다음과 같다.

박	(정)	김－이	(정)	최	(정)

따라서 정 대리는 두 번째, 네 번째, 다섯 번째로 출장을 갈 수 있으므로 정답은 ②이다.

| 오답풀이 |

① 박 대리는 항상 가장 먼저 출장을 간다.
③ 정 대리는 마지막으로 출장을 갈 수 있다.
④ 정 대리가 두 번째로 출장을 가지 않으면 이 대리는 네 번째로 출장을 가지 않게 된다.
⑤ 정 대리가 두 번째로 출장을 가지 않으면 김 대리는 박 대리 바로 다음에 출장을 가게 된다.

08 조건추리 정답 ④

| 정답풀이 |

A는 파랑 모자, B는 노랑 팔찌를 착용하고 있으며, D는 A가 착용한 모자와 같은 색깔의 팔찌를 착용하고 있으므로 파랑 팔찌를 착용했다. 이에 따라 C는 빨강 또는 검정 팔찌를 착용했고, D는 C가 착용한 팔찌와 같은 색깔의 모자를 착용했으므로 빨강 또는 검정 모자를 착용했다.

구분	A	B	C	D
모자	파랑			빨강 또는 검정
팔찌		노랑	빨강 또는 검정	파랑

한 사람이 같은 색깔의 모자와 팔찌를 착용하지 않았으므로 B는 노랑 모자를 착용할 수 없고 C가 노랑 모자를 착용했다. 마지막으로 B는 검정 또는 빨강 모자를 착용했고, A는 검정 또는 빨강 팔찌를 착용했다.

구분	A	B	C	D
모자	파랑	검정 또는 빨강	노랑	빨강 또는 검정
팔찌	검정 또는 빨강	노랑	빨강 또는 검정	파랑

따라서 A가 빨강 팔찌를 착용했으면 D는 검정 모자를 착용했다.

| 오답풀이 |

① C는 빨강 팔찌를 착용할 수도 있다.
② B가 검정 모자를 착용하는 경우의 수는 1가지이다.
③ C는 D가 착용한 모자와 같은 색깔의 팔찌를 착용했다.
⑤ D가 빨강 모자를 착용했으면 C는 빨강 팔찌를 착용했다.

09 조건추리 정답 ①

| 정답풀이 |

B과장은 201호에 혼자 배정되었고, 여자 대리 중 1명은 302호에 배정되었는데 대리는 모두 같은 층에 배정되었으므로 C대리, D대리, F대리, G대리는 모두 3층에 배정되었다. 302호의 여자 대리 외에 다른 여자 대리는 301호 또는 303호에 배정되었는데, 사원이 배정된 방의 바로 윗방에는 남자 직원이 배정되었으므로 여자 대리는 301호, H사원은 203호에 배정되었다. 이때 각 방에는 1명 또는 2명이 배정되므로 303호에는 남자인 F대리와 G대리가 함께 배정되었다.

301호	302호	303호
여 대리	여 대리	F대리, G대리
201호	202호	203호
B과장		H사원

여기서 A과장과 같은 방에 배정된 직원이 있으므로 A과장은 301호 또는 302호에 배정되었고, 아무도 배정되지 않은 방은 없으므로 E과장은 202호에 배정되었다.

301호	302호	303호
A과장, C대리	D대리	F대리, G대리
A과장, D대리	C대리	
C대리	A과장, D대리	
D대리	A과장, C대리	
201호	202호	203호
B과장	E과장	H사원

따라서 E과장의 옆방에는 대리가 아닌 과장과 사원만 배정된다.

| 오답풀이 |

② F의 옆방에 A과장이 배정될 수도 있다.
③ B의 바로 윗방인 301호에 A가 배정될 수도 있다.
④ C대리가 301호에 배정되는 경우의 수는 2가지이다.
⑤ D대리가 302호에 배정되면 바로 아랫방인 202호에는 E가 배정된다.

10 조건추리 정답 ②

| 정답풀이 |

A~F는 0부터 9까지의 수 중 하나이며, 모두 다른 수이다. F는 9이고 A+C는 4이므로 가능한 경우는 다음과 같다.

i) A가 1, C가 3인 경우
A가 1이면 C가 3이고, B−C는 5이므로 B는 8이다. 이때 E는 A~F 중 가장 작은 수이므로 E는 0이고, D+E는 6이므로 D는 6이다. 즉 비밀번호는 183609이다.

ii) A가 3, C가 1인 경우
A가 3이면 C가 1이고, B−C는 5이므로 B는 6이다. 이때 E는 A~F 중 가장 작은 수이므로 C보다 작은 0이고, D+E는 6이므로 D는 6이어야 하는데 이미 B가 6이므로 모순이다.

iii) A 또는 C가 4 또는 0인 경우
A와 C 중 하나라도 0이면 A~F 중 가장 작은 수인 E가 가장 작은 수가 될 수 없으므로 불가능하다.

따라서 비밀번호는 183609이다.

11 조건추리 정답 ⑤

| 정답풀이 |

A와 E 사이에 골인한 사람이 1명, A와 G 사이에 골인한 사람이 1명이므로 E−○−A−○−G 또는 G−○−A−○−E의 순으로 골인하였다. 이때 B는 다섯 번째로 골인하였으므로 A는 네 번째로 골인하였다.

1	2	3	4	5	6	7
	E 또는 G		A	B	G 또는 E	

D는 E보다 먼저 골인하였고, F는 C보다 먼저 골인하였으므로 D와 F가 일곱 번째로 골인했을 수는 없다. 이에 따라 일곱 번째로 골인한 사람은 C이며, 가능한 경우를 정리하면 다음과 같다.

1	2	3	4	5	6	7
D	E	F	A	B	G	C
D	G	F	A	B	E	C
F	G	D	A	B	E	C

따라서 D가 세 번째로 골인하였다면 E는 여섯 번째로 골인하였다.

| 오답풀이 |

① F는 첫 번째로 골인할 수도 있다.
② G는 F보다 늦게 골인할 수도 있다.
③ E가 두 번째로 골인하는 경우의 수는 1가지이다.
④ B가 E보다 먼저 골인하였어도 D가 세 번째로 골인할 수도 있다.

12 조건추리 정답 ②

| 정답풀이 |

B대리의 바로 오른쪽 자리에는 부장이 앉고, 과장의 양옆에는 대리가 앉으므로 그림으로 나타내면 다음과 같다.

1회

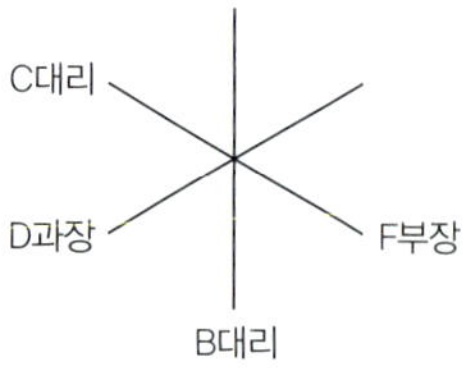

사원의 맞은편에는 대리가 앉지 않으므로 A사원은 D과장의 맞은편에 앉고, 마지막으로 E차장은 B대리의 맞은편에 앉는다.

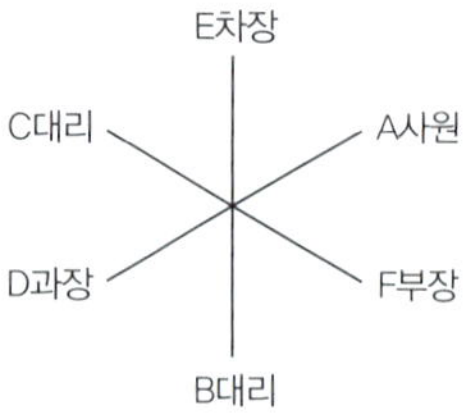

따라서 E차장의 맞은편에 앉은 사람은 B대리이다.

13 조건추리 정답 ⑤

| 정답풀이 |

3번 자리는 마케팅팀이고, 인사팀과 총무팀의 자리는 위아래로 마주 보고 있으므로 가능한 자리는 1번, 5번 또는 2번, 6번 또는 4번, 8번이다. 이에 따라 가능한 경우는 다음과 같다.

i) 인사팀, 총무팀의 자리가 1번, 5번인 경우
인사팀 자리의 왼쪽 자리에 영업팀이 존재해야 하므로 불가능하다.

ii) 인사팀, 총무팀의 자리가 2번, 6번인 경우
개발팀과 기획팀의 자리는 이웃하므로 7번, 8번에 배치할 수 있다. 이때 회계팀의 자리 양옆에 이웃한 팀이 존재해야 하므로 가능한 자리는 2번, 3번, 6번, 7번인데 이미 다른 팀이 배치되어 있으므로 불가능하다.

iii) 인사팀, 총무팀의 자리가 4번, 8번인 경우
인사팀 자리의 왼쪽 자리에 영업팀이 있으므로 8번이 인사팀, 4번이 총무팀 자리이다. 이때 회계팀이 가능한 자리는 2번 또는 6번이고, 개발팀과 기획팀의 자리는 이웃하므로 1번, 2번 또는 5번, 6번 자리가 가능하다.

1	2	3	4
기획팀 또는 개발팀	개발팀 또는 기획팀	마케팅팀	총무팀
교육팀	회계팀		

5	6	7	8
교육팀	회계팀	영업팀	인사팀
기획팀 또는 개발팀	개발팀 또는 기획팀		

따라서 총무팀 자리의 오른쪽 자리에 존재하는 팀은 없다.

| 오답풀이 |

① 가능한 경우의 수는 4가지이다.
② 교육팀과 회계팀의 자리는 1번, 2번 또는 5번, 6번이므로 이웃한다.
③ 3번 자리인 마케팅팀과 위아래로 마주 보고 있는 팀은 7번 자리인 영업팀이다.
④ 1번 자리가 기획팀이면 6번 자리는 회계팀이다.

14 조건추리 정답 ①

| 정답풀이 |

정규 출근 시각이 9시이므로 9시 10분과 9시 20분에 온 2명이 지각과 동시에 거짓을 말하는 사람이다. 이때 C와 E의 말이 상반되므로 둘 중 한 명은 거짓을 말하고 있다. 만약 C의 말이 참이라면 C는 지각을 한 E보다 10분 일찍 출근했으므로 9시에 출근했다. 이때 B는 C보다 늦게 출근했다고 말했는데 이 말이 참이라면 9시보다 늦게 출근한 것이라 모순이고, 거짓이라면 9시보다 일찍 출근한 것이라 모순이다. 이에 따라 C의 말은 거짓이고 E의 말은 참이다.

E의 말이 참이므로 E는 9시에 도착했고 B보다 빨리 출근했으므로 B의 말은 거짓이 되어 A와 D의 말은 참이 된다. 이에 따라 출근한 순서는 다음과 같다.

8시 40분	8시 50분	9시	9시 10분	9시 20분
D	A	E	B(거짓)	C(거짓)

따라서 두 번째로 출근한 사람은 A이다.

15 도형추리 정답 ②

| 정답풀이 |

1행과 2행의 음영을 겹친 것이 3행의 도형이다.

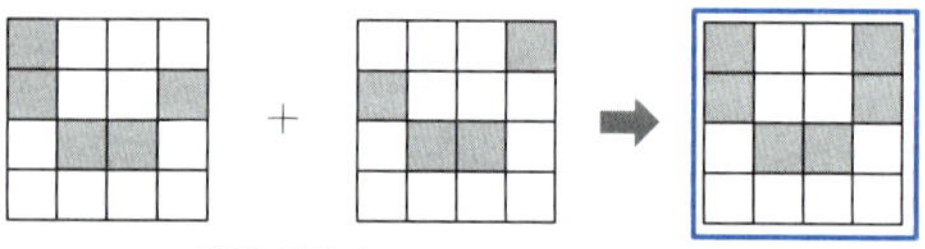

음영 겹치기

16 도형추리 정답 ④

| 정답풀이 |

3열의 도형은 1열 도형의 아랫부분과 2열 도형의 윗부분을 합친 것이다.

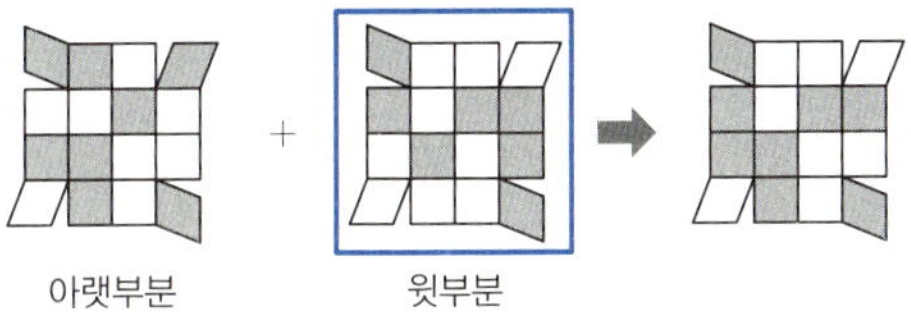

17 도형추리 정답 ①

| 정답풀이 |

1열에서 2열로 이동할 때, 내부 도형이 오른쪽으로 한 칸, 아래쪽으로 한 칸 이동한다. 2열에서 3열로 이동할 때, 내부 도형이 시계 방향으로 90° 회전한다.

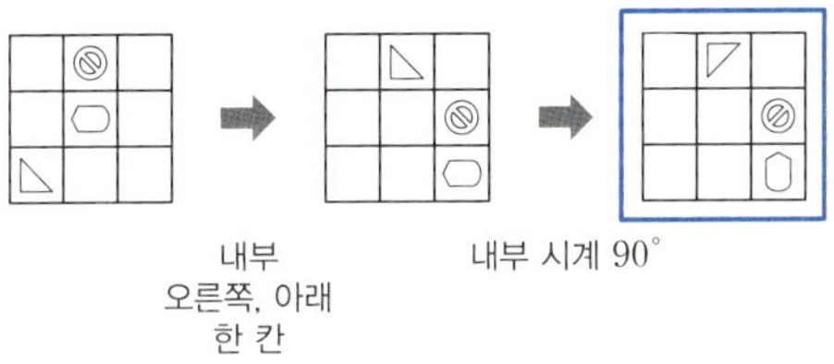

18 도식추리 정답 ①

| 정답풀이 |

주어진 기호의 규칙은 다음과 같다.

기호	규칙
☆	(+1, +2, +1, +2)
□	ABCD → CBAD
△	(+1, −1, +1, −1)
◇	ABCD → DACB

PJYI → ☆ → QLZK → ◇ → (**KQZL**)

빠른 풀이 스킬

다음과 같이 문자표를 일단 적어놓는다.

A	B	C	D	E	F	G	H	I	J	K	L	M
N	O	P	Q	R	S	T	U	V	W	X	Y	Z

주어진 도식을 보면 ☆ → □ → △ → ◇ 순으로 규칙을 파악해야 한다.

- ☆: WUCF → XWDH로 추론할 수 있다. 명백한 숫자연산 규칙으로, (+1, +2, +1, +2)이다.
- □: OCCS에 ☆을 역으로 적용하면 NABQ이다. 따라서 □는 BANQ → NABQ로 추론할 수 있다. 순서 바꾸기 또는 숫자연산 규칙 모두 가능하지만, 숫자연산 규칙이라면 너무 극단적인 덧셈뺄셈이 되어버린다. 따라서 순서 바꾸기 규칙이라고 가정하면, ABCD → CBAD이다.
- △: CTRL에 □를 적용하면 RTCL이다. 따라서 △는 RTCL → SSDK로 추론할 수 있다. 명백한 숫자연산 규칙으로, (+1, −1, +1, −1)이다.
- ◇: XWDH에 △를 역으로 적용하면 WXCI이다. 따라서 ◇는 XICW → WXCI로 추론할 수 있다. 순서 바꾸기 또는 숫자연산 규칙 모두 가능하지만, 숫자연산 규칙이라면 너무 극단적인 덧셈뺄셈이 되어버린다. 따라서 순서 바꾸기 규칙이라고 가정하면, ABCD → DACB이다.

따라서 PJYI → ☆ → QLZK → ◇ → KQZL이므로 정답은 ①이다.

19 도식추리 정답 ②

| 정답풀이 |

WDMC → □ → MDWC → ☆ → NFXE → △ → (**OEYD**)

20 도식추리 정답 ⑤

| 정답풀이 |

(**RFSC**) → △ → SETB → ◇ → BSTE

21 도식추리 정답 ④

| 정답풀이 |

(**INRH**) → ◇ → HIRN → □ → RIHN → ☆ → SKIP

22 문단배열 정답 ⑤

| 정답풀이 |

단락을 연결할 때는 접속어나 지시어를 고려하면서 글의 흐름을 파악해야 한다. [라]에서 연구의 결과를 제시하고 → [다]에서 연구 결과를 통한 주장을 제시한 후 → [가]에서 '하지만(역접)'을 시작으로 연구 결과에 대한 반대 주장을 언급하고 → [나]에서 연구 결과에 대한 반론으로 연결하는 것이 적절하다.

따라서 주어진 문단을 논리적 순서대로 알맞게 배열하면 [라]−[다]−[가]−[나]이다.

23 문단배열 정답 ④

| 정답풀이 |

주어진 글은 폐배터리 재활용 방법 중 건식 제련에 대해 설명하고 있다. 가장 먼저 배열되어야 하는 문장은 폐배터리 재활용의 개념을 설명한 [나]이다. 그리고 건식 제련의 과정을 설명한 [라]가 나오고 건식 제련의 장점을 설명한 [가]가 그 다음에 배열되어야 한다. 마지막으로 '하지만'으로 시작하는 건식 제련의 단점이 언급된 [다]가 배열되면 된다.

따라서 주어진 문단을 논리적 순서대로 알맞게 배열하면 [나]－[라]－[가]－[다]이다.

24 독해추론 정답 ④

| 정답풀이 |

표적치료는 표적이 되는 특정 유전자나 단백질을 가지고 있는 환자에게만 효과적이며, 정상세포에서의 예기치 못한 교차반응으로 인하여 부작용이 동반될 수 있다고 했다.

| 오답풀이 |

① 1문단에 인슐린은 인슐린 수용체를 가진 표적세포로 하여 이 세포에만 작용한다고 하였다.

② 2문단에 기존의 항암제는 세포독성 약물로서, 세포 내에 일반적으로 존재하는 DNA나 미세소관을 표적으로 하기 때문에 암세포에 대해서는 치료 효과를 나타내지만 정상세포에는 악영향을 끼치는 부작용을 초래한다고 하였다.

③ 2문단에 표적치료는 암이 발생하는 데 핵심적인 역할을 하는 것으로 알려진 특정 유전자나 단백질, 신호전달경로를 표적으로 하여 약물을 전달함으로써 암세포를 제거한다고 하였다.

⑤ 2문단에 표적치료를 한다 해도 선천적 혹은 후천적 약물 내성의 출현으로 인해 효과가 감소할 수 있다고 하였다.

25 독해추론 정답 ⑤

| 정답풀이 |

미국 텍사스의 천연가스 수출 터미널 화재로 인해 경유 가격이 상승한 것은 맞지만 이는 미국의 경유 수입이 증가했기 때문이 아니라 천연가스의 공급난이 일어났기 때문이다.

| 오답풀이 |

① 휘발유보다 경유가 비싼 현상이 계속되고 있다고 했다.

② 일반적으로 겨울의 난방유인 경유의 수요가 자동차 운전용인 휘발유보다 많아져 겨울이 되면 경유의 가격 상승세가 휘발유보다 더 가파르다고 했다.

③ 최근 경유 가격 상승세의 주된 원인을 전 세계 경유를 계속 수입하는 유럽에서 찾을 수 있다고 했다.

④ 프랑스의 가뭄으로 강물이 줄어들면서 원전의 뜨거워진 냉각수를 대량으로 배출하기 어려워진 탓에 원전 가동률이 떨어졌고, 아울러 내년부터 러시아산 석유 제품의 수입 금지가 시행될 예정이기에 유럽이 경유를 사들이고 있다고 했다.

26 독해추론 정답 ②

| 정답풀이 |

레그테크란 단순히 금융 법규 준수를 넘어 조직의 전반적인 거버넌스와 위험 관리 및 선제적 대응 체계 활동을 포함한다고 했다. 여기서 금융 법규 준수는 레그테크의 기본이 되는 것이므로 ②의 진술은 거짓이다.

| 오답풀이 |

① 주어진 글에 레그테크란 "빅데이터, AI 등 다양한 기술을 활용해 금융 관련 규제를 관리·준수하는 업무의 효율성을 높이는 서비스"라고 했다.

③ 주어진 글에 섭테크는 금융감독기관이 다양한 기술을 활용해 규제를 효율적으로 감독하는 기술이라고 했다.

④ 주어진 글에 컴프테크는 금융기관이 다양한 기술을 활용해 규제를 효율적으로 준수하는 기술이라고 했다.

⑤ 주어진 글에 레그테크는 넓게는 섭테크와 컴프테크를 모두 포함하는 상위개념으로도 쓰이기도 하지만, 좁게는 레그테크를 컴프테크에 한정 지어 표현하기도 한다고 했다.

27 독해추론 정답 ②

| 정답풀이 |

냉동 칠면조는 오븐이라면 문제가 없다고 했다. 해동이 필수인 상황은 냉동 칠면조를 튀길 때이다.

| 오답풀이 |

① 미국의 추수감사절을 상징하는 칠면조가 무시무시한 폭탄으로 변하는 일이 빈번하다고 했다.

③, ④ 냉동 칠면조는 거대한 얼음덩이와 같은데, 끓는점이 물보다 훨씬 높은 기름과 만나면 즉시 기화하면서 폭발한다고 했다. 그리고 이 상태에서 당황해 물을 뿌리면 슬롭 오버 현상이 일어난다고 했다.

⑤ 유류탱크에 화재가 났을 때 물을 뿌리면 급격히 액체가 기체로 변하면서 불붙은 기름과 함께 날아서 흩어지는 슬롭 오버 현상이 발생한다고 했다.

28 독해추론 정답 ④

| 정답풀이 |

5나노 공정에서 TSMC보다 삼성전자의 불량률이 높다는 것은 TSMC가 삼성전자보다 기술적으로 진보되어 있다는 것을 의미하므로 TSMC가 파운드리 시장의 주도권을 놓치지 않을 것이라는 글의 주장에 동의하는 내용이다. 따라서 ④는 적절하지 않은 반론이다.

| 오답풀이 |

① 차세대 트랜지스터 구조인 GAA 기술을 적용한 3나노 공정이 삼성전자가 유일하다는 것은 삼성전자가 TSMC보다 더 진보된 생산 라인을 통해 파운드리 시장에 강한 경쟁력을 확보했다는 것이므로 적절한 반론이다.

② TSMC가 3나노 반도체를 만들겠다고 발표하기 전부터 삼성전자가 3나노 반도체 생산에 들어갔다는 것은 삼성전자가 TSMC보다 유리한 위치를 차지할 수 있다는 것을 의미하므로 적절한 반론이다.

③, ⑤ TSMC가 대만 기업이라는 점에서 미국의 대중국 반도체 수출 규제, 중국-대만 간 갈등 이슈에서 자유로울 수 없으며 중국의 대만 침공에 대비해야 하는 리스크를 안고 있어 파운드리 시장의 주도권을 빼앗길 변수가 많다는 것이므로 적절한 반론이다.

29 독해추론 정답 ③

| 정답풀이 |

냉장고나 에어컨 같은 가전기기는 전원이 꺼졌다 켜져도 이전에 세팅해 놓은 세팅값이 날아가면 안 된다. 따라서 RAM이 아니라 ROM을 사용해야 한다.

| 오답풀이 |

① RAM은 사용자가 손쉽게 변경, 업그레이드 및 확장할 수 있다고 했다. 즉 RAM은 내용을 자유롭게 읽고, 쓰고 지울 수 있다.

② ROM은 정보가 칩에 영구 저장된다고 했다. 즉 변경해서는 안 되는 소프트웨어를 쓸 때 유용하다.

④ RAM의 정보는 전류가 없을 때 트랜지스터에 전기적으로 저장되므로 데이터는 사라진다고 했다. 즉 컴퓨터를 종료하고 다시 전원을 공급하면 RAM은 아무것도 없는 빈 상태가 된다.

⑤ ROM은 비휘발성 메모리로, 정보가 칩에 영구 저장된다고 했다. 따라서 한 번 저장한 데이터를 빠른 속도로 읽어낼 수 있다. 그러나 ROM은 사용자가 변경할 수 없다고 했다. 즉 사용자가 다시 기록할 수 없다.

30 독해추론 정답 ①

| 정답풀이 |

스마트 링에 NFC 기능을 통해 비접촉 결제를 지원할 수 있다고 했지 스마트 링이 비접촉식이라는 것은 아니다. 스마트 링도 손가락에 착용해야 한다.

| 오답풀이 |

② 스마트 링에 헬스케어 외에도 NFC 기능을 통해 비접촉 결제를 지원하는 등 다양한 기능을 탑재하고 있다.

③ 스마트 링에 결제 기능이 추가된다면 상품 대금을 결제하고, 지하철을 이용할 수 있게 될 것이다.

④ 스마트 링에 심박수 센서, 수면 추적, 혈압 측정, 여성 건강 모니터링 기능이 있으므로 만성적인 질병으로 인해 건강관리를 해야 하는 사람들에게 수요가 있을 것으로 추론할 수 있다.

⑤ 갤럭시 링에 수면 패턴 모니터링 기능을 탑재하였다고 했는데, 수면 패턴 모니터링은 수면 중 심박, 호흡, 뒤척임, 입면까지 소요되는 시간 등 4가지를 측정하는 것이다. 그리고 이 패턴의 탑재로 인해 갤럭시워치 등 기존 웨어러블 기기보다 고도화되었다고 할 수 있다고 했다. 이를 통해 기존의 갤럭시워치에는 수면 패턴 모니터링 기능은 없다고 추론할 수 있다.

02 실전모의고사 2회

수리논리									P.86
01	⑤	02	④	03	②	04	②	05	②
06	③	07	①	08	④	09	②	10	②
11	⑤	12	④	13	④	14	①	15	③
16	④	17	②	18	②	19	③	20	④

01 응용수리 정답 ⑤

| 정답풀이 |

전년도와 올해의 판매량을 정리하면 다음과 같다.

구분	A제품	B제품(만 대)	전체 판매량(만 대)
전년도	a	150	a+150
올해	3a	150×1.5=225	(a+150)×2.5

올해 판매량 $3a+225=(a+150)\times2.5$를 풀면 $a=300$이다.

따라서 올해 A제품의 판매량은 $3a=300\times3=900$(만 대)이다.

02 응용수리 정답 ④

| 정답풀이 |

새로운 팀 4명의 인원 중 B팀에서 뽑은 인원이 적어도 1명은 들어가야 하고, 이는 A팀과 C팀에서 뽑은 인원 합보다 더 적어야 하므로 B팀의 가능한 인원은 1명이다.

가능한 경우의 수는 다음과 같다.

B팀	A팀	C팀
1명($_5C_1=5$)	0명($_4C_0=1$)	3명($_4C_3=4$)
	1명($_4C_1=4$)	2명($_4C_2=6$)
	2명($_4C_2=6$)	1명($_4C_1=4$)
	3명($_4C_3=4$)	0명($_4C_0=1$)

따라서 팀을 구성하는 경우의 수는 $5\times(4+24+24+4)=280$(가지)이다.

03 자료해석 정답 ②

| 정답풀이 |

㉠ [표]에서 2019년부터 2022년까지 글로벌 에듀테크 전체 시장 규모는 매년 전년 대비 증가했다.

㉢ 2019년 이후 글로벌 에듀테크 전체 시장 규모의 전년 대비 증가액은 다음과 같다.

(단위: 억 달러)

2019년	2020년	2021년	2022년
1,830−1,400=430	2,270−1,830=440	2,680−2,270=410	2,950−2,680=270

따라서 증가액이 가장 큰 해는 2020년이다.

| 오답풀이 |

㉡ 2022년 글로벌 에듀테크 시장 규모는 2,950억 달러이고, 그중 중등교육의 점유율은 42%이므로 시장 규모는 $2,950\times0.42=1,239$(억 달러)이다.

㉣ 2022년 글로벌 에듀테크 분야 중 점유율이 가장 높은 분야는 42%의 중등교육이고, 가장 낮은 분야는 11%의 유아교육이므로 점유율은 중등교육이 유아교육의 4배 미만이다.

04 자료해석 정답 ②

| 정답풀이 |

㉠ 2017년 이후 E사를 제외한 기업은 적어도 1번은 스마트폰 점유율이 전년 대비 감소하였고, E사만 매년 스마트폰 점유율이 증가했다.

㉢ 제시된 기업 중 2019년 스마트폰 점유율 2위인 C사의 스마트폰 출하량은 $1,371\times0.175\fallingdotseq240$(백만 대)이므로 200백만 대 이상이다.

| 오답풀이 |

㉡ 전체 스마트폰 출하량의 전년 대비 감소 대수는 2017년부터 2020년까지 1,473−1,466=7(백만 대), 1,466−1,403=63(백만 대), 1,403−1,371=32(백만 대), 1,371−1,292=79(백만 대)이므로 2020년이 가장 크다.

㉣ 2016년에 스마트폰 점유율 하위 3개 회사의 합산 점유율은 9.5+6.0+3.6=19.1(%)이므로 A사의 스마트폰 점유율인 21.1%보다 낮다.

05 자료해석 정답 ②

| 정답풀이 |

㉢ 총 진료비=진료인원×1인당 진료비이고, 총 진료비는 다음과 같이 매년 증가하였다.

(단위: 천만 원)

구분	2020년	2021년	2022년	2023년
총 진료비	4,800×1,800 =8,640,000	5,100×2,000 =10,200,000	5,400×1,900 =10,260,000	5,200×2,100 =10,920,000

| 오답풀이 |

㉠ 진료인원이 많은 순은 2022년>2023년>2021년>2020년이고, 1인당 진료비가 적은 순은 2020년<2022년<2021년<2023년이므로 진료인원이 많을수록 1인당 진료비가 더 적은 것은 아니다.

㉡ 2022년 총 진료비가 200(만 원)=2,000(천 원)이면 총 진료비는 다음과 같다.

(단위: 건, 명)

구분	2015년	2016년	2022년	2023년
총 진료비	4,800× 1,800 =8,640,000	5,100× 2,000 =10,200,000	5,400× 2,000 =10,800,000	5,200× 2,100 =10,920,000

따라서 2022년 총 진료비가 200만 원이어도 총 진료비가 가장 큰 것은 아니다.

빠른 풀이 스킬

㉢ 총 진료비 2022년(5,400×1,900)과 2023년(5,200×2,100) 비교
- 5,400×1,900×x=5,200×y×2,100
- 2022년(5,400×1,900)<2023년(5,200×2,100)

(∵1,900×x=2,100, 5,200×y=5,400, x>y).

알아두면 좋은 TIP

%와 %p의 차이

%는 보통 증감률을 나타내는 단위이고, %p는 %의 증감량을 나타내는 단위이다. 예를 들어 x의 수치가 1%에서 2%로 증가했다면 증가율은 $\frac{2-1}{1}\times100=100(\%)$이고, 증가량은 2−1=1(%p)로 나타낸다.

06 자료해석 정답 ③

| 정답풀이 |

㉡ 전체 품목에 대한 물가상승률은 에너지와 관련된 품목의 물가상승률과 에너지를 제외한 물가상승률의 가중평균인데 2019년에는 물가상승률과 에너지를 제외한 물가상승률 모두 2.1%이므로 에너지와 관련된 품목의 물가상승률도 2.1%이다.

㉣ 에너지를 제외한 물가상승률이 4.3%이고, 물가상승률이 5.2%이므로 에너지와 관련된 품목의 물가상승률은 5.2% 이상이다.

| 오답풀이 |

㉠ 2020년 물가상승률은 전년보다 낮아졌지만, 물가상승률 자체는 양수이므로 물가는 전년보다 높아졌다.

㉢ 2021년 에너지를 제외한 물가상승률은 2020년 대비 $\frac{2.2-1.7}{1.7}\times100≒29.4(\%)$ 높아졌다.

07 자료해석 정답 ①

| 정답풀이 |

전체 응답자는 240+420+270+350+210+280+150+140+180+140+150+70=2,600(명)이고, 전체 응답자의 30%는 780명이다. 8점 이상의 점수에 응답한 여자 인원은 420+350=770(명)이므로 전체 응답자의 30% 이상을 차지하는 것은 아니다.

| 오답풀이 |

② 응답한 남자 인원은 240+270+210+150+180+150=1,200(명)이고 여자 인원은 420+350+280+140+140+70=1,400(명)으로 여자 인원이 남자 인원보다 많다.

③ 2점과 0점은 남자 응답자 인원이 여자 응답자 인원보다 많다.

④ 6점 이하 점수 총합은 남자(210×6+150×4+180×2=2,220(점))보다 여자(280×6+140×4+140×2=2,520(점))가 더 높다.

⑤ 많은 인원이 응답한 점수대는 10점(240+420=660(명))과 8점(270+350=620(명))으로 10점(660명)에 응답한 인원이 가장 많다.

08 자료해석 정답 ④

| 정답풀이 |

㉡ 국내 게임 시장점유율은 PC가 54%, 모바일이 27%, 콘솔이 12%이므로 PC, 모바일, 콘솔 순으로 높다.

㉣ 기타를 제외하고 콘텐츠 시장 규모가 두 번째로 큰 국가인 중국의 콘텐츠 시장 규모는 전체 콘텐츠 시장 규모의 $\frac{3,560}{22,530}\times100≒15.8(\%)$이므로 15% 이상이다.

| 오답풀이 |

㉠ 전체 게임 시장 규모는 콘텐츠 시장 규모의 $\frac{1,660}{22,530}\times100≒7.4(\%)$이므로 10% 미만이다.

㉢ 국내 게임 중 콘솔의 시장 규모는 110×0.12=13.2(억 달러)이므로 13억 달러 이상이다.

빠른 풀이 스킬

㉠ 콘텐츠 시장 규모의 10%에 해당하는 값은 22,530 ×0.1=2,253(억 달러)이고, 게임 시장 규모는 1,660억 달러이므로 게임 시장 규모는 콘텐츠 시장 규모의 10% 미만임을 쉽게 알 수 있다.

09 자료해석 정답 ②

| 정답풀이 |

㉠ DC형 퇴직적립금은 2016년에 140×0.23=32.2(조 원), 2017년에 160×0.21=33.6(조 원)이므로 2017년에 2016년 대비 증가했다.

㉣ 2020년 전체 퇴직적립금 규모는 2016년 대비 $\frac{250-140}{140}\times100≒78.6(\%)$ 증가했으므로 70% 이상 증가했다.

| 오답풀이 |

㉡ 2016년 DB형 퇴직적립금은 140×0.68=95.2(조 원)이므로 100조 원 미만이다.

㉢ 2017년 전체 퇴직적립금 규모는 전년 대비 20조 원만 증가했으므로 매년 30조 원씩 증가하지 않았다.

10 자료해석 정답 ②

| 정답풀이 |

필기 전형 합격률은 다음과 같다.

구분	A계열사	B계열사	C계열사	D계열사
필기 전형 합격률	$\frac{420}{3,500}\times100=12(\%)$	$\frac{720}{2,400}\times100=30(\%)$	$\frac{495}{3,300}\times100=15(\%)$	$\frac{540}{3,600}\times100=15(\%)$

따라서 B계열사가 가장 높고, 면접 전형 합격자 역시 B계열사가 240명으로 가장 많다.

| 오답풀이 |

① 모집 인원(면접 전형 합격자)은 B계열사가 가장 많고, 서류 전형 합격자는 D계열사가 가장 많다.

③ 서류 전형 합격자는 D계열사가 가장 많고, 필기 전형 합격자는 B계열사가 가장 많다.

④ 면접 전형 합격률은 모든 계열사가 동일하지만, 모집 인원은 모두 다르다.

구분	A계열사	B계열사	C계열사	D계열사
면접 전형 합격률	$\frac{140}{420}\times100$ ≒33.3(%)	$\frac{240}{720}\times100$ ≒33.3(%)	$\frac{165}{495}\times100$ ≒33.3(%)	$\frac{180}{540}\times100$ ≒33.3(%)

⑤ 모집 인원수는 B계열사>D계열사>C계열사>A계열사 순이지만, 지원자 수는 A계열사>B계열사>D계열사>C계열사 순이므로 모집 인원이 많을수록 지원자 수가 많은 것은 아니다.

11 자료해석 정답 ⑤

| 정답풀이 |

㉠ 불합격자=지원자 수−모집 인원이므로 불합격자가 가장 적은 곳은 C계열사이다.

(단위: 명)

구분	A계열사	B계열사	C계열사	D계열사
불합격자	5,900−140=4,860	4,800−240=4,560	4,400−165=4,235	4,500−180=4,320

㉢ 전체 지원자 수 대비 최종 불합격자 비율이 높다는 것은 전체 지원자 수 대비 모집 인원($\frac{\text{모집 인원}}{\text{전체 지원자 수}}$)이 낮다는 것을 의미한다.

(단위: %)

구분	A계열사	B계열사	C계열사	D계열사
모집 인원 / 전체 지원자 수	$\frac{140}{5,000}\times100=2.8$	$\frac{240}{4,800}\times100=5$	$\frac{165}{4,400}\times100=3.75$	$\frac{180}{4,600}\times100=4$

따라서 전체 지원자 수 대비 최종 불합격자 비율이 높은 곳은 A계열사이다.

| 오답풀이 |

㉡ 전체 경쟁률은 전체 지원자 수 : 모집 인원=$\frac{\text{전체 지원자 수}}{\text{모집 인원}}$이므로 경쟁률이 낮다는 것은 $\frac{\text{모집 인원}}{\text{전체 지원자 수}}$이 높은 것을 의미한다.

(단위: %)

구분	A계열사	B계열사	C계열사	D계열사
모집 인원 / 전체 지원자 수	$\frac{140}{5,000}\times100=2.8$	$\frac{240}{4,800}\times100=5$	$\frac{165}{4,400}\times100=3.75$	$\frac{180}{4,600}\times100=4$

따라서 전체 경쟁률이 가장 낮은 곳은 B계열사이다.

12 자료해석 정답 ④

| 정답풀이 |

2022년 약사의 수는 2018년 대비 $\frac{33,000-30,000}{30,000}\times100=10(\%)$ 증가하였다.

| 오답풀이 |

① 2021년 레지던트의 수는 90,000×0.2=18,000(명)이다.

② 치과의사는 2020년부터 증가하지 않았고, 약사는 2021년, 간호사는 2022년에 전년 대비 감소하였다.
③ 의료인력 전체 인원은 2018년부터 2022년까지 250,000명, 259,000명, 288,000명, 300,000명, 300,000명으로 2022년에는 전년 대비 증가하지 않았다.
⑤ 2021년 간호사가 전체 의료인력에서 차지하는 비중은 $\frac{159,000}{90,000+21,000+30,000+159,000}\times100=53(\%)$이다.

알아두면 좋은 TIP

주어진 자료의 뒷자리에 '0'이 많을 경우에는 0을 제외하고 계산한다.
자료를 보면 천의 자리까지 모두 '0'으로 구성되어 있으므로 이를 생략하면 자료의 수치를 모두 백의 자리 이하로 바꾸어 계산할 수 있다. 이처럼 단위를 줄여서 계산하면 풀이 시간을 단축할 수 있다.

13 자료해석 정답 ④

| 정답풀이 |

㉠ 2021년 의사 구성비에서 인턴의 비중은 5%, 전문의의 비중은 65%이므로 전문의 수가 인턴의 $\frac{65}{5}=13$(배)이다.
㉢ 2018년 의사가 전체 의료인력에서 차지하는 비중은 $\frac{80,000}{80,000+20,000+30,000+120,000}\times100=32(\%)$이다.
㉣ 2021년과 2022년 전체 의료인력은 30만 명으로 동일하지만 약사의 수는 3만 명에서 3만 3천 명으로 증가하였으므로 약사의 비중은 전년 대비 증가하였다.

| 오답풀이 |

㉡ 2021년과 2022년 일반의 수는 다음과 같다.
- 2021년: 90,000×0.1=9,000(명)
- 2022년: 100,000×0.14=14,000(명)

따라서 2022년에 전년 대비 14,000−9,000=5,000(명) 증가하였다.

14 자료해석 정답 ①

| 정답풀이 |

㉠ D사의 판매량 기준 점유율은 2021년에 $\frac{20}{500}\times100=4(\%)$, 2022년에 5%이므로 2022년에 2021년 대비 증가하였다.
㉡ 2022년 전체 전기차 판매량이 1,000만 대이고, E사의 점유율은 3%이므로 E사의 판매량은 $1,000\times0.03=30$(만 대)이다. 따라서 전년 대비 $\frac{30-10}{10}\times100=200(\%)$ 증가하였다.

| 오답풀이 |

㉢ 2021년에는 전체 전기차 판매량이 2020년 대비 $\frac{500}{200}=2.5$(배)로 성장하였다.
㉣ 2022년 판매량 1~2위 회사의 판매량 합계는 230+220=450(만 대)로, 나머지 모든 회사의 판매량 1,000−450=550(만 대)보다 적으므로 과반수를 차지하지 않는다.

빠른 풀이 스킬

㉣ 2022년 판매량 1~2위 회사의 점유율 합계는 23+22=45(%)이므로 전체 전기차 판매량의 과반수가 아님을 쉽게 알 수 있다.

15 자료해석 정답 ③

| 정답풀이 |

2022년 판매량 상위 5개사의 점유율은 23+22+6+5+3=59(%)이므로 상위 5개사를 제외한 회사들의 점유율은 100−59=41(%)이다. 따라서 상위 5개사를 제외한 회사들의 전기차 판매량은 1,000×0.41=410(만 대)이다.

| 오답풀이 |

① 2021년 B사의 판매량 기준 점유율은 $\frac{110}{500}\times100=22(\%)$이다.
② 제시된 5개사 중 2021년 판매량 2위 회사인 A사는 3위 회사인 C사보다 전기차를 100−40=60(만 대) 더 판매했다.
④ A~E사의 2021년 대비 2022년 전기차 판매량 증가율은 다음과 같다.
- A사: $\frac{230-100}{100}\times100=130(\%)$
- B사: $\frac{220-110}{110}\times100=100(\%)$
- C사: $\frac{60-40}{40}\times100=50(\%)$
- D사: $\frac{50-20}{20}\times100=150(\%)$
- E사: $\frac{30-10}{10}\times100=200(\%)$

따라서 C사의 증가율이 가장 낮다.
⑤ 2022년 판매량 1위 회사는 A사이며, A사가 2022년에 판매한 전기차는 230만 대로 2020년 글로벌 전체 전기차 판매량인 200만 대보다 많다.

16 자료해석 정답 ④

| 정답풀이 |

간편결제 하루 이용액 합은 2018년에 1,240+1,050=2,290(억 원), 2019년에 1,750+1,430=3,180(억 원)이므로 2019년에 2018년 대비 $\frac{3,180-2,290}{2,290}\times100 \fallingdotseq$ 38.9(%) 증가했다.

| 오답풀이 |

① 간편결제 하루 이용액은 온·오프라인과 모바일에서 모두 매년 증가했다.

② 간편결제 시장점유율은 A사가 온·오프라인 40%, 모바일 36%로 가장 높다.

③ 간편결제 하루 이용액의 합은 2016년부터 2020년까지 640억, 1,320억, 2,290억, 3,180억, 4,500억 원이므로 2018년부터 2,000억 원 이상이다.

⑤ 모바일 부문 간편결제 시장점유율 하위 3개 업체 C, D, E사의 시장점유율 합은 19+15+8=42(%)이므로 40% 이상이다.

빠른 풀이 스킬

④ 2018년 간편결제 하루 이용액 합이 40% 이상 증가했다면 2019년 간편결제 하루 이용액 합이 적어도 2,290×1.4=3,206(억 원) 이상이어야 하는데 3,180억 원이므로 40% 미만으로 증가했음을 쉽게 알 수 있다.

17 자료해석 정답 ②

| 정답풀이 |

㉠ 2020년 C사의 온·오프라인 간편결제 하루 이용액은 2,550×0.1=255(억 원), 모바일 간편결제 하루 이용액은 1,950×0.19=370.5(억 원)이므로 모바일이 온·오프라인보다 많다.

㉣ 간편결제 시장점유율에서 온·오프라인보다 모바일 시장점유율이 높은 회사는 C, D, E사 3개이다.

| 오답풀이 |

㉡ 2020년 간편결제 온·오프라인 간편결제 하루 이용액은 2,550억 원이고, B사의 온·오프라인 간편결제 시장점유율은 34%이므로 B사의 온·오프라인 간편결제 하루 이용액은 2,550×0.34=867(억 원)이다.

㉢ 2018년 모바일 간편결제 하루 이용액은 2016년 대비 1,050−180=870(억 원) 증가했으므로 900억 원 미만으로 증가했다.

18 자료해석 정답 ②

| 정답풀이 |

2017년과 2019년의 경제성장률, 장기경제성장률, 실업률을 이용하면

$6=(a\times3)-(b\times2)$와 $-4=(a\times2)-(b\times2)$이므로

$a=10$, $b=12$이다.

- 2018년: ㉠$=(10\times4)-(12\times3)=4(\%)$
- 2020년: $-2=(10\times1)-(12\times\{\ \})$, $\{\ \}=1$,
  ㉡$=15.2+1=16.2(\%)$

따라서 ㉠은 4, ㉡은 16.2이다.

19 자료해석 정답 ③

| 정답풀이 |

창업자 수와 폐업자 수 차이는 다음과 같다.

(단위: 만 명)

구분	2018년	2019년	2020년	2021년	2022년	2023년
창업자 수와 폐업자 수 차이	125−102=23	142−121=21	117−98=19	128−121=7	136−114=22	147−129=18

따라서 정답은 ④이다.

20 자료해석 정답 ④

| 정답풀이 |

월별 제품 생산량의 전월 대비 증가량을 구하면 규칙을 파악할 수 있다.

A공장의 경우, 월별 제품 생산량의 전월 대비 증가량이 3월부터 6월까지 매월 40개이므로 제품 생산량은 매월 40개씩 증가함을 알 수 있다.

B공장의 경우, 월별 제품 생산량의 전월 대비 증가량이 2월부터 6월까지 매월 10개이므로 제품 생산량은 매월 10개씩 증가함을 알 수 있다.

C공장의 경우, 월별 제품 생산량의 전월 대비 증가량이 4월부터 6월까지 매월 60개이므로 제품 생산량은 매월 60개씩 증가함을 알 수 있다.

이에 따라 A~C공장의 월 합산 제품 생산량은 7월부터 40+10+60=110개씩 증가하므로 7월 이후 A~C공장의 월 합산 제품 생산량은 다음과 같다.

(단위: 개)

구분	7월	8월	9월	10월	11월
월 합산 제품 생산량	630	740	850	960	1,070

따라서 A~C공장의 월 합산 제품 생산량이 처음으로 1,000개 이상이 되는 시기는 11월이다.

추리 P.102

01	③	02	②	03	⑤	04	⑤	05	①
06	⑤	07	②	08	④	09	②	10	①
11	②	12	⑤	13	②	14	⑤	15	④
16	③	17	④	18	②	19	③	20	④
21	①	22	②	23	①	24	④	25	①
26	⑤	27	③	28	④	29	④	30	②

01 명제 정답 ③

| 정답풀이 |

전제2의 대우명제와 전제1을 고려하면 다음과 같은 벤다이어그램을 그릴 수 있다.

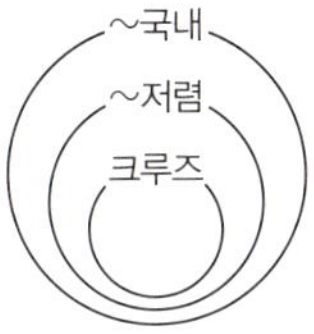

'~국내'가 '크루즈'를 포함하고 있으므로 '크루즈 → ~국내'가 항상 성립한다.
따라서 정답은 ③이다.

빠른 풀이 스킬

전제1과 전제2 모두 some 개념이 등장하지 않으므로 삼단논법을 사용하여 문제를 풀 수 있다. 크루즈 여행을 '크', 저렴한 것을 '저', 국내 여행을 '국'이라고 표시하고 전제1과 전제2를 다시 써보면 다음과 같다.

- 전제1 : 크 → ~저
- 전제2 : 국 → 저

전제1과 전제2에서 모두 '저'가 등장하므로 '저'가 전제1과 전제2를 연결하는 연결고리, 즉 매개념이다. 매개념을 이용하기 위해 전제2의 대우명제를 구해보면 '~저 → ~국'이므로 전제1과 전제2를 서로 연결하면 '크 → ~국'이라는 결론을 내릴 수 있다. 따라서 정답은 ③이다.

02 명제 정답 ②

| 정답풀이 |

전제2를 만족하는 벤다이어그램은 [그림1]과 같다.

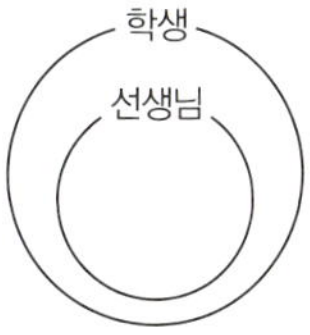

[그림1]

여기에 전제1을 덧붙인 기본적인 벤다이어그램은 [그림2]와 같이 나타낼 수 있으며, '선생님'과 '영어'의 공통영역에 해당하는 색칠된 부분이 반드시 존재해야 한다.

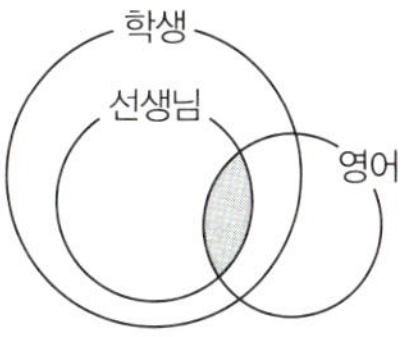

[그림2]

[그림2]에서 매개념 '선생님'을 제외한 '학생'과 '영어' 사이의 관계를 보면, 둘 사이에 뚜렷한 포함관계가 존재하진 않지만, 최소한 색칠된 부분만큼은 공통으로 포함하고 있다는 것을 알 수 있다. 즉, '학생'과 '영어' 사이엔 반드시 공통영역이 존재한다.
따라서 정답은 ②이다.

빠른 풀이 스킬

전제1에 "어떤 ~는 ~이다."라는 some 개념이 있으므로 벤다이어그램을 활용한다. 선생님을 '선', 영어를 가르치는 선생님을 '영', 학생들을 사랑하는 선생님을 '학'이라고 표시하자. some 개념이 없는 전제2부터 벤다이어그램으로 표현하면 [그림3]과 같다.

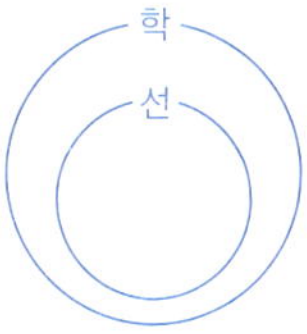

[그림3]

여기에 전제1을 덧붙인 기본적인 벤다이어그램은 [그림4]와 같이 나타낼 수 있으며, '선'과 '영'의 공통영역에 해당하는 색칠된 부분이 반드시 존재해야 한다.

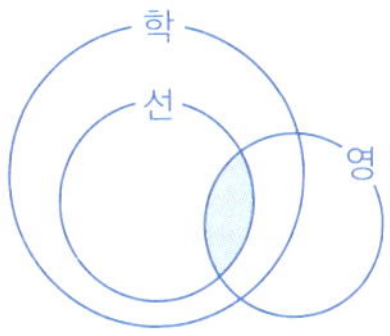

[그림4]

여기서 소거법을 사용하여 정답을 찾아보자. [그림4]를 보면 ①, ③, ⑤는 옳지 않다는 것을 알 수 있다. 한편 [그림4]의 색칠된 부분이 존재하기만 하면 '영'의 범위를 [그림5]와 같이 더 늘릴 수도 있다.

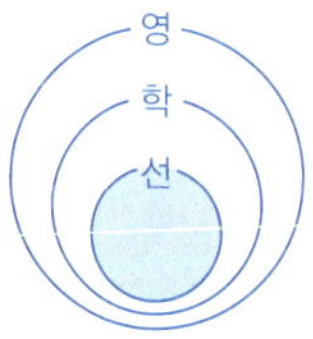

[그림5]

[그림5]의 경우 모든 선생님이 영어를 가르치는 것이 되었지만, some 개념은 all 개념을 포함하므로 전제1을 위배하는 것은 아니다. [그림5]의 경우 ④가 옳지 않다는 것을 알 수 있다. 어떠한 경우에도 항상 참인 결론을 골라야 하므로 ①, ③~⑤는 정답이 될 수 없고 소거법에 의해 ②가 정답이다.

03 명제 정답 ⑤

| 정답풀이 |

전제1과 결론의 벤다이어그램은 각각 [그림1], [그림2]와 같다.

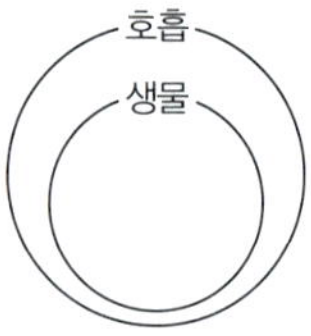

[그림1]

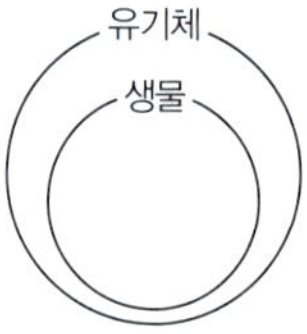

[그림2]

[그림1]의 상태에서 '유기체'가 '호흡'을 포함하고 있다면 자연스럽게 [그림2]처럼 '생물'이 '유기체' 안에 포함될 것임을 알 수 있다. 즉, 전제2는 '유기체'가 '호흡'을 포함하는 명제인 '호흡 → 유기체'가 되어야 하므로 대우명제인 '~유기체 → ~호흡'에 해당하는 ⑤가 정답이다.

빠른 풀이 스킬

전제1과 결론 모두 some 개념이 등장하지 않으므로 삼단논법을 사용하여 문제를 풀 수 있다. 생물을 '생', 호흡을 하는 것을 '호', 유기체를 '유'라고 표시하고 전제1과 결론을 다시 쓰면 다음과 같다.

- 전제1: 생 → 호
- 결론: 생 → 유

결론이 '생'으로 시작하여 '유'로 끝나고, 전제1이 '생'으로 시작하므로 전제2는 '유'로 끝나야 할 것이다. 즉, 전제2를 '호 → 유'로 두면 전제1과 결합하여 '생 → 유'라는 결론을 얻을 수 있다. 따라서 '호 → 유'의 대우명제인 '~유 → ~호'에 해당하는 ⑤가 정답이다.

04 조건추리 정답 ⑤

| 정답풀이 |

A는 검은색 양말을 샀고, D는 검은색 양말을 사지 않았으므로 흰색 또는 회색 양말을 샀다. D가 산 양말의 색깔에 따라 가능한 경우는 다음과 같다.

i) D가 흰색 양말을 산 경우

D가 흰색 양말을 샀다면 흰색 양말을 산 사람은 2명이므로 D를 제외한 1명만 흰색 양말을 샀다. B와 D는 같은 색 양말을 샀으므로 흰색 양말이 아닌 검은색 또는 회색 양말을 샀고, C가 흰색 양말을 샀으면 F는 회색 또는 검은색 양말을 샀으며, F가 흰색 양말을 샀으면 C가 회색 또는 검은색 양말을 샀다.

A	B	C	D	E	F
검은색	검은색	흰색	흰색	검은색	회색 또는 검은색
	회색	흰색	흰색	회색	회색 또는 검은색
	검은색	회색 또는 검은색	흰색	검은색	흰색
	회색	회색 또는 검은색	흰색	회색	흰색

ii) D가 회색 양말을 산 경우

D가 회색 양말을 샀다면 흰색 양말을 산 사람은 2명이므로 B와 D가 흰색 양말을 사거나 C와 F가 흰색 양말을 샀다. 이때 C와 F는 다른 색 양말을 샀으므로 가능한 경우는 B와 D가 흰색 양말을 사는 경우이다. 이에 따라 C와 F는 회색 또는 검은색 양말을 샀다.

A	B	C	D	E	F
검은색	흰색	회색	회색	흰색	검은색
	흰색	검은색	회색	흰색	회색

따라서 B가 흰색 양말을 샀다면 E와 F는 다른 색 양말을 샀다.

| 오답풀이 |

① 가능한 경우의 수는 10가지이다.
② D가 회색 양말을 샀다면 C는 회색 양말을 샀을 수도 있다.
③ E가 검은색 양말을 샀다면 F는 회색 또는 검은색 양말을 샀을 수도 있다.
④ F가 흰색 양말을 샀다면 C는 회색 양말을 샀을 수도 있다.

05 조건추리 정답 ①

| 정답풀이 |

손님 수가 가장 많은 상위 3개 요일은 모두 주말이고, 모든 요일 중 손님 수가 두 번째로 많은 요일은 금요일이므로 첫 번째, 세 번째로 많은 요일은 토요일 또는 일요일이다. 화요일은 수요일보다 손님 수가 적고, 목요일은 월요일보다 손님 수가 적으므로 월요일에 손님 수가 몇 번째로 많은지에 따라 가능한 경우는 다음과 같다.

i) 월요일 손님 수가 네 번째로 많은 경우

만약 목요일이 다섯 번째로 많으면 수요일이 여섯 번째, 화요일이 일곱 번째로 많다. 만약 목요일이 여섯 번째로 많으면 수요일이 다섯 번째, 화요일이 일곱 번째로 많다. 만약 목요일이 일곱 번째로 많으면 수요일이 다섯 번째, 화요일이 여섯 번째로 많다.

월	화	수	목	금	토	일
4	7	6	5	2	1 또는 3	3 또는 1
	7	5	6			
	6	5	7			

ii) 월요일 손님 수가 다섯 번째로 많은 경우

만약 목요일이 여섯 번째로 많으면 수요일이 네 번째, 화요일이 일곱 번째로 많다. 만약 목요일이 일곱 번째로 많으면 수요일이 네 번째, 화요일이 여섯 번째로 많다.

월	화	수	목	금	토	일
5	7	4	6	2	1 또는 3	3 또는 1
	6	4	7			

iii) 월요일 손님 수가 여섯 번째로 많은 경우

목요일은 일곱 번째로 많으므로 수요일은 네 번째, 화요일은 다섯 번째로 많다.

월	화	수	목	금	토	일
6	5	4	7	2	1 또는 3	3 또는 1

따라서 가능한 경우의 수는 12가지이다.

| 오답풀이 |

② 목요일 손님 수가 일곱 번째로 많은 경우의 수는 6가지이다.

③ 화요일에 손님 수가 여섯 번째로 많을 때, 수요일이 네 번째로 많은 경우가 존재한다.

④ 수요일에 손님 수가 네 번째로 많을 때, 월요일이 여섯 번째로 많은 경우가 존재한다.

⑤ 화요일의 손님 수가 목요일보다 많은 경우의 수는 6가지이다.

06 조건추리 정답 ⑤

| 정답풀이 |

5명의 진술을 살펴보면 D와 E의 진술이 상반되어 한 명이 참을 말했다면 다른 한 명은 거짓을 말했다.

만약 D의 진술이 참이라면 A, B, C, E의 진술은 모두 거짓이다. 이때 D의 진술에 따라 결근을 한 사람은 E인데 C의 진술에 따라 C도 결근을 했으므로 모순이다.

만약 D의 진술이 거짓이라면 A, B, C의 진술은 거짓이고 E의 진술은 참이다. 이때 A, B, D의 진술에 따라 결근을 한 사람은 B, D, E가 아니며, C의 진술에 따라 결근을 한 사람은 C이다.

따라서 참을 말한 사람은 E이고, 결근을 한 사람은 C이다.

07 조건추리 정답 ②

| 정답풀이 |

D는 본인이 두 번째로 방문했다고 말했고, E는 두 번째로 방문한 사람이 A라고 하였으므로 둘 중 한 명은 거짓을 말하고 있다. 이에 따라 A, B, C의 말은 모두 진실이다.

만약 D의 말이 진실이라면 두 번째로 방문한 사람은 D이고, E는 거짓을 말하였으므로 네 번째로 방문한 사람이다. 이때 C의 말에 따라 B는 A보다 늦게, C보다는 빠르게 방문하였으므로 A, D, B, E, C 순으로 방문했음을 알 수 있다.

첫 번째	두 번째	세 번째	네 번째	다섯 번째
A	D	B	E	C

만약 E의 말이 진실이라면 두 번째로 방문한 사람은 A이고, 네 번째로 방문한 사람은 D이다. 이때 B의 말에 따라 E는 짝수 번째로 방문해야 하는데 이미 두 번째, 네 번째로 방문한 사람이 정해졌으므로 모순이다.

따라서 세 번째로 방문한 사람은 B이다.

08 조건추리 정답 ④

| 정답풀이 |

A는 파워포인트 교육과 성희롱 예방 교육을 수강하였고, 두 번째 조건에 의해 C, E와 함께 수강하였음을 알 수 있다. 이때 E는 파워포인트 교육을 수강하지 않았으므로 A와 파워포인트 교육을 함께 수강한 사람은 C이고, 성희롱 예방 교육을 함께 수강한 사람은 E임을 알 수 있다. 여기에 확정적인 조건을 추가하여 정리하면 다

2회

음과 같다.

리더십	보안	엑셀	파워포인트	사내윤리	성희롱 예방
D	D	E	A	B	A
		F	C		E

여기서 F는 B와 함께 강의를 듣지 않았으므로 B와 사내윤리 교육을 수강한 사람은 C이고, 리더십 교육과 보안 교육을 들은 사람은 B 또는 F이다.

리더십	보안	엑셀	파워포인트	사내윤리	성희롱 예방
D	D	E	A	B	A
F 또는 B	B 또는 F	F	C	C	E

따라서 사내윤리 교육을 수강한 사람은 B와 C이다.

| 오답풀이 |

① 가능한 경우는 총 2가지이다.
② B는 보안 교육을 수강했을 수도 있다.
③ F는 리더십 교육을 수강했을 수도 있다.
⑤ 성희롱 예방 교육을 수강한 사람은 A와 E이다.

09 조건추리 정답 ②

| 정답풀이 |

B는 4층짜리 건물의 4층에서 사무실을 운영 중이며, C가 운영 중인 가게의 오른쪽에는 4층짜리 건물이 있으므로 B는 C의 오른쪽 건물에 있다. 또한 C가 있는 건물의 왼쪽에 3층짜리 건물이 있고, E가 있는 건물이 가장 오른쪽에 있으며, D가 있는 건물의 바로 옆에 2층짜리 건물이 있으므로 오른쪽에서 두 번째에 D가 있는 건물이 있다. 이를 바탕으로 조건을 정리하면 다음과 같다.

구분	왼쪽 ↔ 오른쪽				
자영업자	A	C	B	D	E
건물 층수	3	1	4	5	2
운영 층수	3	1	4	1	2
업종	치과	가게	사무실	휴대전화	식당

따라서 C는 1층짜리 건물에서 가게를 운영하므로 운영 중인 가게는 1층에 있다.

10 조건추리 정답 ①

| 정답풀이 |

주어진 조건 중 1개만 거짓이고 나머지 조건은 참이므로 어느 한 조건이 거짓이라고 가정하면 나머지 조건은 참이 된다. 이를 바탕으로 모순이 되는 경우가 있는지 확인하면 다음과 같다.

1) 첫 번째 조건이 거짓일 경우
나머지 조건은 참이므로 D는 불국사에 다녀왔다. D가 불국사에 다녀왔으므로 C는 남산타워에 다녀왔고, 이에 따라 B는 남산타워나 불국사에 다녀와야 하는데 C와 D가 다녀온 곳과 겹치므로 이는 모순이다.

2) 두 번째 조건이 거짓일 경우
나머지 조건은 참이므로 D는 불국사에 다녀왔다. D가 불국사에 다녀왔으므로 C는 남산타워에 다녀왔고, C가 남산타워를 다녀왔으므로 A는 월미도에 다녀왔으며, A가 월미도에 다녀왔으므로 B는 해운대에 다녀왔다.

A	B	C	D
월미도	해운대	남산타워	불국사

3) 세 번째 조건이 거짓일 경우
나머지 조건은 참이므로 D는 불국사에 다녀왔다. D가 불국사에 다녀왔으므로 B는 남산타워에 다녀왔고, B가 남산타워에 다녀왔으므로 A는 월미도에 다녀왔으며, A가 월미도에 다녀왔으므로 C는 해운대에 다녀왔다.

A	B	C	D
월미도	남산타워	해운대	불국사

4) 네 번째 조건이 거짓일 경우
가능한 경우를 정리하면 다음과 같다.

A	B	C	D
남산타워/월미도	남산타워/불국사	남산타워/불국사	남산타워/월미도/해운대

여기서 해운대에 다녀왔을 수 있는 사람은 D밖에 없으므로 D는 해운대에 다녀왔고, 이때 월미도에 다녀올 수 있는 사람은 A밖에 없으므로 A는 월미도에 다녀왔다.

A	B	C	D
월미도	남산타워/불국사	남산타워/불국사	해운대

따라서 가능한 모든 경우를 확인해 보면 A는 항상 월미도에 다녀왔으므로 정답은 ①이다.

| 오답풀이 |

② D는 해운대에 다녀왔을 수도 있다.
③ B는 해운대 또는 불국사에 다녀왔을 수도 있다.
④ C는 해운대 또는 불국사에 다녀왔을 수도 있다.
⑤ 가능한 경우는 4가지이다.

11 조건추리 정답 ②

| 정답풀이 |

모든 점수는 5의 배수이다. 점수가 높은 순서는 C, A, E, B, D 순이고, C의 점수는 B보다 15점 높으므로 A의 점수는 B보다 10점 높고, E의 점수는 B보다 5점 높다. 이때 E의 점수는 20의 배수이므로 E의 점수에 따라 가능한 경우는 다음과 같다.

i) E의 점수가 20점인 경우
B가 15점인데 D의 점수는 15의 배수이므로 모순이 발생하여 불가능하다.

ii) E의 점수가 40점 이상 80점 미만인 경우
C부터 B까지 5점 차이이고, D는 B보다 작은 15의 배수이므로 가능한 경우는 다음과 같다.

C	A	E	B	D
50점	45점	40점	35점	15점 또는 30점
70점	65점	60점	55점	15점 또는 30점 또는 45점
90점	85점	80점	75점	15점 또는 30점 또는 45점 또는 60점

한편 E의 점수가 100점이면 A와 C의 점수가 100점을 넘으므로 불가능한 경우이다.
따라서 B의 점수가 25의 배수일 확률은 B의 점수가 75점일 확률이므로 $\frac{4}{9}$이다.

| 오답풀이 |

① 가능한 경우의 수는 9가지이다.

③ A와 C의 점수의 합이 150점 미만일 확률은 $\frac{4}{9}$이다.

④ D의 점수가 30점일 확률은 $\frac{1}{3}$이다.

⑤ E의 점수가 30의 배수일 확률은 $\frac{1}{3}$이다.

12 조건추리 정답 ⑤

| 정답풀이 |

대화를 살펴보면 A와 D의 말이 엇갈리고, B와 C의 말이 엇갈리므로 A와 D 중 한 명이 참을 말했고, B와 C 중 한 명이 참을 말했다. 이에 따라 E와 F는 모두 거짓을 말했다.
따라서 E의 말에 의해 6등인 학생은 E이다.

알아두면 좋은 TIP

참/거짓 문제에서는 서로 엇갈리는 말을 먼저 찾는 것이 중요하다. 말이 엇갈린다는 것은 둘 중 한 명의 말은 참, 나머지 한 명의 말은 거짓이라는 뜻이다. 또한 문제 상황에서 거짓을 말한 사람이 1명이라고 가정하면 말이 엇갈리는 두 사람을 제외한 사람들의 말은 모두 참이라는 뜻이므로 이를 활용하면 참/거짓 문제를 쉽게 해결할 수 있다.

13 조건추리 정답 ②

| 정답풀이 |

9월에 탕비실을 관리하는 팀은 개발팀이고, 12월에 탕비실을 관리하는 팀은 인사팀 또는 총무팀이다. 이때 교육팀이 탕비실을 관리한 달의 다음 달에 개발팀이 관리하므로 교육팀은 11월에 관리하지 않는다. 같은 팀이 연속된 달에 탕비실을 관리하지 않으므로 10월에 탕비실을 관리하는 팀에 따라 가능한 경우는 다음과 같다.

i) 10월에 교육팀이 탕비실을 관리하는 경우
교육팀이 탕비실을 관리한 달의 다음 달에 개발팀이 관리하므로 11월에 개발팀이 관리하고 12월은 인사팀 또는 총무팀이 관리한다.

9월	10월	11월	12월
개발팀	교육팀	개발팀	인사팀 또는 총무팀

ii) 10월에 영업팀이 탕비실을 관리하는 경우
11월에 가능한 팀은 개발팀, 인사팀, 총무팀이다. 만약 개발팀이라면 12월은 인사팀 또는 총무팀이 가능하다. 만약 인사팀이라면 12월은 총무팀이 가능하다. 만약 총무팀이라면 12월은 인사팀이 가능하다.

9월	10월	11월	12월
개발팀	영업팀	개발팀	인사팀 또는 총무팀
		인사팀	총무팀
		총무팀	인사팀

iii) 10월에 인사팀이 탕비실을 관리하는 경우
11월에 가능한 팀은 개발팀, 총무팀이다. 만약 개발팀이라면 12월은 인사팀 또는 총무팀이 가능하다. 만약 총무팀이라면 12월은 인사팀이 가능하다.

9월	10월	11월	12월
개발팀	인사팀	개발팀	인사팀 또는 총무팀
		총무팀	인사팀

ⅳ) 10월에 총무팀이 탕비실을 관리하는 경우
11월에 가능한 팀은 개발팀, 인사팀이다. 만약 개발팀이라면 12월은 인사팀 또는 총무팀이 가능하다. 만약 총무팀이라면 12월은 총무팀이 가능하다.

9월	10월	11월	12월
개발팀	총무팀	개발팀	인사팀 또는 총무팀
		인사팀	총무팀

따라서 11월에 총무팀이 관리하는 경우의 수는 2가지이다.

| 오답풀이 |

① 가능한 경우의 수는 12가지이다.
③ 영업팀이 탕비실을 한 달이라도 관리하는 경우의 수는 4가지이다.
④ 교육팀이 탕비실을 한 달도 관리하지 않는 경우의 수는 10가지이다.
⑤ 개발팀이 탕비실을 관리한 달의 다음 달에 총무팀이 관리하는 경우는 5가지이다.

14 조건추리 정답 ⑤

| 정답풀이 |

문학도서, 자기계발서, 과학도서를 2권씩 갖고 있으며, 책장에 책이 꽂힌 순서는 문학도서, 자기계발서, 과학도서 순이다. 이때 A는 자기계발서이고 종류가 같은 책은 알파벳 순으로 꽂혀있으므로 A는 자기계발서 중 가장 앞에 꽂혀 있다.

1	2	3	4	5	6
문학도서		자기계발서		과학도서	
		A			

이때 B와 C 사이에 꽂힌 책은 2권이므로 B와 C는 첫 번째와 네 번째 또는 두 번째와 다섯 번째에 꽂혀 있다.
만약 첫 번째와 네 번째에 B 또는 C가 꽂혀 있으면 D는 문학도서이므로 두 번째에 꽂혀 있고, E와 F는 다섯 번째, 여섯 번째에 꽂혀 있다.

1	2	3	4	5	6
문학도서		자기계발서		과학도서	
B 또는 C	D	A	C 또는 B	E	F

만약 두 번째와 다섯 번째에 B 또는 C가 꽂혀 있으면 B와 C 중 하나는 문학도서이다. 이때 D는 문학도서이면서 알파벳상으로 B와 C보다 순서가 뒤이므로 두 번째에 꽂혀 있어야 하는데 가정에서 두 번째에 B 또는 C가 꽂혀 있다고 했으므로 모순이다.
따라서 책 F가 꽂힌 순서는 여섯 번째이다.

15 도형추리 정답 ④

| 정답풀이 |

1열 도형 → 2열 도형 → 3열 도형 이동 시 음영이 좌로 한 칸씩 이동 후 전체 도형색 반전(음영반전)
좌로 1칸 이동 후 색반전을 해보자.

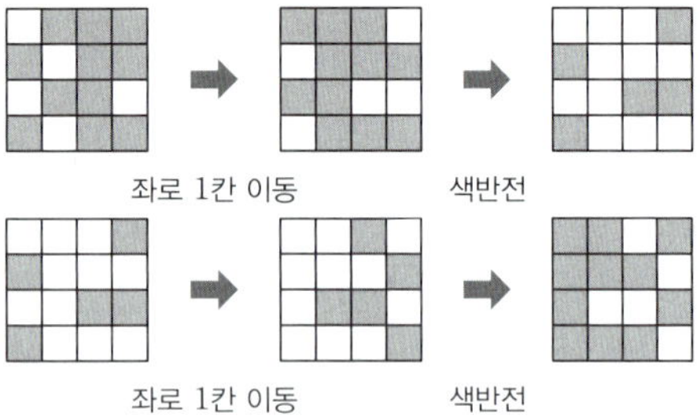

16 도형추리 정답 ③

| 정답풀이 |

1열에서 2열로 이동할 때는 도형 전체가 시계 방향으로 90° 회전하며, 2열에서 3열로 이동할 때는 도형 전체의 색이 반전된다.

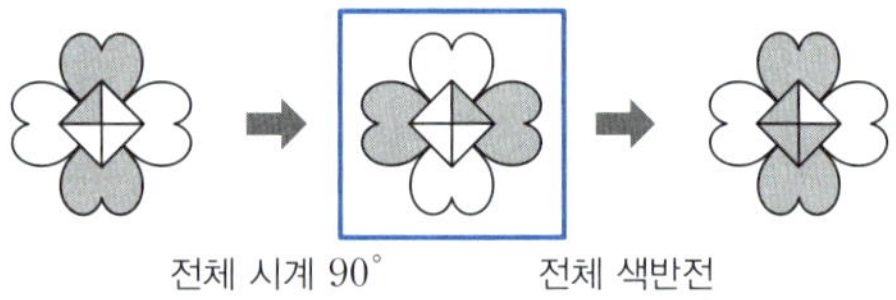

17 도형추리 정답 ④

| 정답풀이 |

• 내부 도형 가로축(x축)으로 대칭한다.

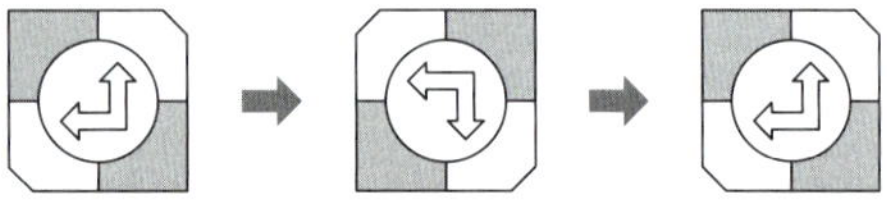

• 외부 도형 시계 방향으로 90° 회전한다.

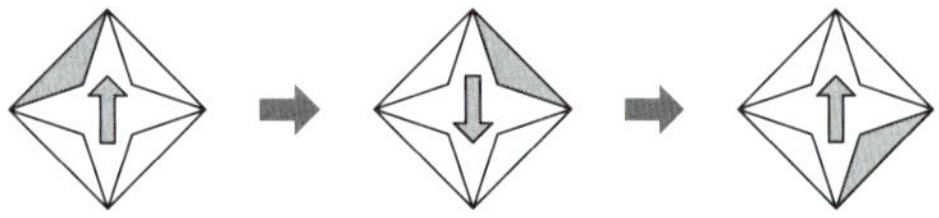

18 도식추리 정답 ②

| 정답풀이 |

기호	□	△(위치교환)	◆(역순나열)	●
규칙	(+2, +2, +2, +2)	(1, 2, 3, 4) → (3, 4, 1, 2)	(1, 2, 3, 4) → (4, 3, 2, 1)	(−1, +2, −3, +4)

규칙을 적용하면 다음과 같다.
KDCP → □ → MFER → ◆ → (REFM)

빠른 풀이 스킬

다음과 같이 문자표를 일단 적어놓는다.

A	B	C	D	E	F	G	H	I	J	K	L	M
N	O	P	Q	R	S	T	U	V	W	X	Y	Z

알파벳은 총 26개이고, 알파벳에 해당하는 숫자를 꼭 외워야 한다.(GSAT 특강에 쉽게 외우는 방법 참조)
문항에 주어지는 규칙은 변환규칙(가/감)이거나 배열규칙(위치이동, 위치교환)으로 출제된다.
또한 규칙이 눈에 띄지 않는 경우(변환규칙) 알파벳을 숫자로 바꾸어서 비교한다.
- JSMR(10 19 13 18) → ● → IUJV(9 21 10 22)이므로 변환규칙 ●: (−1, +2, −3, +4)
- TILN(20 9 12 14) → □ → VKNP(22 11 14 16)이므로 변환규칙 □: (+2, +2, +2, +2)
- KPHQ → □(MRJS) → △ → JSMR이므로 변환규칙 △: (1, 2, 3, 4) → (3, 4, 1, 2)
- MWJU → △(JUMW) → □(LWOY) → ◆ → YOWL이므로 변환규칙 ◆: (1, 2, 3, 4) → (4, 3, 2, 1)

19 도식추리 정답 ③

| 정답풀이 |

규칙을 적용하면 다음과 같다.
SAMG → △ → MGSA → ● → LIPE → ◆ → (EPIL)

20 도식추리 정답 ④

| 정답풀이 |

규칙을 역으로 적용하면 다음과 같다.(+/− → −/+, 위치이동은 반대로, 위치교환/역순나열은 동일하게 적용하면 됨.)
(IUQM) → ● → HWNQ → □ → JYPS

21 도식추리 정답 ①

| 정답풀이 |

규칙을 역으로 적용하면 다음과 같다.(+/− → −/+, 위치이동은 반대로, 위치교환/역순나열은 동일하게 적용하면 됨.)
(KQEW) → △ → EWKQ → □ → GYMS → ◆ → SMYG

22 문단배열 정답 ②

| 정답풀이 |

단백질 효소의 발견에 대해 설명하고 있다. 가장 먼저 와야 하는 문단은 19세기 발효에서 효소의 작용이 절대적이었음을 밝혔다는 내용의 [가] 문단이다. 다음에 이러한 발견에도 불구하고 효소에 대한 연구가 제대로 이루어지지 않았다는 내용인 [다] 문단이 와야 한다. 그러고 나서 결정적으로 섬너가 효소를 결정으로 만들었다는 내용인 [나] 문단이 오고, 섬너의 발견으로 효소가 단백질로 이루어졌다는 사실을 밝혔다는 내용인 [라] 문단이 와야 한다.
따라서 주어진 문단을 논리적 순서대로 알맞게 배열하면 [가]−[다]−[나]−[라]이다.

23 문단배열 정답 ①

| 정답풀이 |

[나] 문단에서 물고기들이 떼를 지어 행동한다는 화제를 제시하고 있으므로 글의 도입임을 알 수 있다. [가] 문단은 '물고기들이 떼는 짓는 이유([나])'를 설명하고 있고, [라] 문단은 [나] 문단의 이점을 설명하고 있으므로 [나] 문단 뒤에는 [가] 문단과 [라] 문단이 이어진다. [다] 문단은 물고기들이 떼를 짓지 않는 경우를 설명하고 있고, [마] 문단은 앞에서 설명한 물고기들이 떼를 짓는 경우와 떼를 짓지 않는 경우를 종합하여 결론을 내리고 있으므로 [다] 문단과 [마] 문단이 이어짐을 알 수 있다.
따라서 주어진 문단을 논리적 순서대로 알맞게 배열하면 [나]−[가]−[라]−[다]−[마]이다.

24 독해추론 정답 ④

| 정답풀이 |

고분자 유기발광소자는 고분자를 발광체로 활용해 전기에너지를 빛에너지로 변환하는 소자로 높은 생산성을 기대할 수 있지만 불안정성이 단점으로 지적되었음을 알 수 있다.

| 오답풀이 |

① 처리 온도에 따라 자발적으로 형성되는 물결 모양의 나노 구조 산화아연을 사용해 발광효율을 5%에서 17.8%로 3배 정도 높였음을 알 수 있다.
② 고분자 유기발광소자의 발광효율과 안정성을 높일 수 있는 공정이 개발되었음을 알 수 있다.
③ 유기태양전지 등을 실용화하려면 소자의 안정성을 한 단계 더 높일 필요가 있음을 알 수 있다.
⑤ 차세대 디스플레이 등의 광원으로 주목받는 고분자 유기발광소자는 형태·무게 등에 제약이 적음을 알 수 있다.

25 독해추론 정답 ①

| 정답풀이 |

주어진 글에 따르면 동적 랜덤 액세스 메모리(DRAM)는 중앙 처리 유닛(CPU)으로 전송하고 사용자에게 출력을 제공하기 위해 애플리케이션으로 돌아가는 정보를 일시적으로 저장하는 데 사용되는 일종의 기본 메모리라고 했다.

| 오답풀이 |

② DRAM은 정보를 일시적으로 저장한다고 했다.
③ DRAM의 유형과 속도는 컴퓨터의 성능을 결정한다고 했다.
④ DRAM은 정전 후 지속되지 않는 기본 스토리지라고 했다.
⑤ 드라이브와 DRAM의 차이점은 DRAM은 정전 후 지속되지 않는 기본 스토리지이고, 스토리지 드라이브는 전원이 꺼진 후에도 지속되는 보조 스토리지라고 했다. 즉 DRAM과 드라이브의 가장 큰 차이점은 속도가 아니고 정보 저장의 일시성 여부이다.

26 독해추론 정답 ⑤

| 정답풀이 |

염장에서 소금은 세균과 미생물이 이용할 수 있는 식품 내 수분을 외부로 빠져나오게 하며 삼투압에 의하여 원형질 분리가 일어나 미생물의 세포가 파괴되게 함으로써 저장성을 높인다.

| 오답풀이 |

① 1문단에서 수분의 증발, 온도변화, 광선, 산소의 접촉, 미생물의 번식, 충해 등의 영향으로 열화(劣化)와 변패(變敗)가 수반된다. 이들 요인을 제거하는 것이 식품의 보존법이라 했다.
② 2문단에서 건조의 장점은 유통과 보관에 유리하고 맛과 향의 보존, 특히 미생물의 번식을 억제하여 부패를 방지하는 데 있다고 했다.
③ 2문단에서 반드시 그런 것은 아니지만 식품을 건조하면 물성변화, 풍미, 소화율, 색깔 등 질적인 품위가 다소 떨어지는 경향이 있다고 했다.
④ 3문단에서 염장의 소금은 방부제의 역할을 하는 것이 아니라 삼투압 현상을 이용해 식품 내의 수분을 빠져나오게 하는 역할을 한다고 했다.

27 독해추론 정답 ③

| 정답풀이 |

반도체의 적층화 기술이 2023년에는 200단을 돌파하였으며, 앞으로 더욱 심화될 대용량화 요구에 대응하기 위해 향후 1,000단을 넘는 로드맵을 그리고 있다고 했다. 즉 한계치가 1,000단이라는 것은 거짓된 진술이다.

| 오답풀이 |

① NAND 플래시 메모리는 PC나 스마트폰 등의 데이터를 저장한다고 했다.
② NAND 플래시 메모리는 보다 대용량의 데이터를 처리할 수 있도록 데이터 기록 단위인 메모리 셀을 더 많이 쌓아 올리는 '적층화' 기술의 혁신이 진행되고 있다고 했다.
④ 반도체의 대용량화, 고속화, 고신뢰성뿐만 아니라 환경 부하 저감을 위한 저소비 전력화도 동시에 실현해 가야 한다고 했다.
⑤ AI, 데이터 센터, 양자 컴퓨터 등 사회 발전을 이루는 신기술 개발에는 반도체의 진화가 필수적이며 강력하고 유연하게 지속 가능한 사회를 실현하는 인프라로서 반도체에 대한 기대는 점점 더 커지고 있다고 했다.

28 독해추론 정답 ④

| 정답풀이 |

2문단에 따르면 건식 식각은 원하는 부분만 식각하기 수월해 미세 회로 구현에 유리하다고 했다. 즉 건식 식각은 원하는 패턴을 제대로 구현하기 어려운 것이 아니라 원하는 패턴을 제대로 구현할 수 있다.

| 오답풀이 |

①, ②, ③ 습식 식각의 장점이자 건식 식각의 단점이다.
⑤ 건식 식각에서 사용하는 플라즈마의 한계점이다.

29 독해추론 정답 ④

| 정답풀이 |

청각은 구매행동에 직접적인 영향을 미치는데, 음악의 템포나 음량을 조절함으로써 가능함을 알 수 있다.

| 오답풀이 |

① 음악은 소비자들의 청각을 자극함으로써 상품을 구매하도록 할 수 있음을 알 수 있다.
② 마음을 안정시키는 음악의 요소를 활용하면 사회적 행동에도 영향을 미칠 수 있음을 알 수 있다.
③ 공감각 중에서 청각을 이용한 음악 마케팅은 소비자들의 구매 심리를 불러일으킴을 알 수 있다.
⑤ 음악은 최근에 제품개발, 광고캠페인, 기업 이미지 제고 등에도 활용되고 있음을 알 수 있다.

30 독해추론 정답 ②

| 정답풀이 |

GAN은 경쟁을 통해 더 정교하고 현실적인 데이터를 생성하는 것이다. 즉 판별자가 생성자의 이미자의 진위 여부를 파악하였다면 생성자는 판별자를 속이기 위해 가짜 이미지를 더욱 정교하게 생성하도록 학습한다 했다. 즉 GAN의 균형 상태에 도달하면 생성자와 판별자는 서로를 쉽게 판단할 수 없게 된다.

| 오답풀이 |

① 주어진 글에서 GAN은 생성자와 판별자라는 적대적인 관계를 통해 두 모델이 동시에 발전하도록 자극하며, 결과적으로 더 정교하고 현실적인 데이터를 생성할 수 있게 만든다고 했다. 즉 생성자와 판별자는 서로의 전략을 끊임없이 개선하며 균형 상태를 찾는다.
③ [보기]에서 GAN의 작동 원리를 이해하기 위해 위조지폐와 경찰관의 비유를 사용할 수 있다고 했다. 여기서 가짜 이미지를 생성하는 것이 생성자이므로 생성자는 위조지폐를 만드는 위조지폐범이고, 판별자는 위조지폐를 가려내는 경찰관으로 볼 수 있다.
④ [보기]에서 GAN에서 생성자는 판별자를 속이기 위해 가짜 이미지를 더욱 정교하게 생성한다고 했다. 이를 위조지폐범과 경찰관에 대입하여 생각하면 생성자인 위조지폐범은 판별자인 경찰관을 속이기 위해 더 정교한 위조지폐를 만들고, 경찰관은 위조지폐를 더 잘 가려내기 위해 학습할 것이다.
⑤ 주어진 글에서 GAN에서 생성자는 판별자와의 경쟁을 통해 정교하고 현실적인 데이터를 생성할 수 있다고 했다. 즉 생성자가 만든 완벽히 속일 수 있는 데이터는 세상에 존재할 법한 정말 그럴듯한 데이터를 만들어 내었음을 의미한다.

03 실전모의고사 3회

수리논리 P.118

01	⑤	02	③	03	⑤	04	②	05	⑤
06	④	07	⑤	08	⑤	09	③	10	⑤
11	⑤	12	⑤	13	②	14	①	15	②
16	③	17	②	18	①	19	⑤	20	④

01 응용수리 정답 ⑤

| 정답풀이 |

작년 A 기업의 남직원 수를 x명, 여직원 수를 y명이라고 하면, 올해 남직원 수는 $0.92x$명, 여직원 수는 $1.2y$명이므로 다음과 같은 식을 세울 수 있다.

$$\begin{cases} x+y=600 & \cdots ㉠ \\ 0.92x+1.2y=622 & \cdots ㉡ \end{cases}$$

㉠$\times 120-$㉡$\times 100$을 계산하면 $x=350$이므로 $y=250$이다.

따라서 작년 A 기업의 남직원 수와 여직원 수의 차는 $350-250=100$(명)이다.

빠른 풀이 스킬

위 식의 ㉡을 증가율로 나타내어 문제를 해결할 수도 있다. 올해 남직원 수가 8% 감소하고, 여직원 수가 20% 증가하여 총직원 수가 22명 증가한 것이므로 ㉡을 $-0.08x+0.2y=22$로 세울 수 있다. 이를 계산하면 마찬가지로 남직원 수와 여직원 수의 차가 100명임을 알 수 있다. 증가율로 식을 세울 때는 증가율만을 계산하기에 부호에 유의해야 하며, 계산식의 수치가 작아 계산이 빠르다는 장점이 있다.

02 응용수리 정답 ③

| 정답풀이 |

세 문항 중 적어도 두 문항 이상을 맞추는 경우는 두 문항을 맞추거나 세 문항을 모두 맞추는 경우이다.

4지선다형 정답을 맞출 확률: $\frac{1}{4}$, 4지선다형 정답을 맞추지 못할 확률: $\frac{3}{4}$

5지선다형 정답을 맞출 확률: $\frac{1}{5}$, 5지선다형 정답을 맞추지 못할 확률: $\frac{4}{5}$

1) 두 문항을 맞추는 경우

A문항	B문항	C문항	확률
O$\left(\frac{1}{4}\right)$	O$\left(\frac{1}{4}\right)$	X$\left(\frac{4}{5}\right)$	$\frac{1}{4}\times\frac{1}{4}\times\frac{4}{5}=\frac{4}{80}$
O$\left(\frac{1}{4}\right)$	X$\left(\frac{3}{4}\right)$	O$\left(\frac{1}{5}\right)$	$\frac{1}{4}\times\frac{3}{4}\times\frac{1}{5}=\frac{3}{80}$
X$\left(\frac{3}{4}\right)$	O$\left(\frac{1}{4}\right)$	O$\left(\frac{1}{5}\right)$	$\frac{3}{4}\times\frac{1}{4}\times\frac{1}{5}=\frac{3}{80}$

2) 세 문항을 모두 맞추는 경우

$\frac{1}{4}\times\frac{1}{4}\times\frac{1}{5}=\frac{1}{80}$

따라서 적어도 두 문항 이상을 맞출 확률은

$\frac{4}{80}+\frac{3}{80}+\frac{3}{80}+\frac{1}{80}=\frac{11}{80}$이다.

03 자료해석 정답 ⑤

| 정답풀이 |

2017년 이후 서점 수의 전년 대비 변화량은 다음과 같다.

(단위: 개)

2017년	2018년	2019년	2020년	2021년
40	50	30	60	20

따라서 서점 수의 전년 대비 변화량이 가장 작은 해는 2021년이다.

| 오답풀이 |

① 2017년 서점 수는 200개이므로 절반으로 감소하려면 100개이어야 하는데 2020년 서점의 수는 120개이므로 절반으로 감소하지 않았다.

② 커피 전문점 매장 수는 2017년에 전년 대비 감소하였으므로 2017년 이후 매년 증가하지 않았다.

③ 2021년 커피 전문점 매장 수는 2019년 대비 $\frac{500-400}{400}\times 100=25(\%)$ 증가하였다.

④ 2017년에는 커피 전문점 매장 수와 서점 수가 모두 전년 대비 감소하였으므로 증감이 매년 반대로 나타나지 않았다.

알아두면 좋은 TIP

'이전'과 '이후'의 의미

'이전'과 '이후'는 기준이 되는 때를 포함하는 표현이다. 예를 들어 '2016년 이후'라고 하면 2016년을 포함하여 그 뒤의 시기를 뜻하는 것이고, '2016년 이전'이라고 하면 2016년을 포함하여 그 앞의 시기를 뜻하는 것이다. 헷갈릴 수 있는 표현이므로 미리 숙지하는 것을 권장한다.

04 자료해석 정답 ②

| 정답풀이 |

㉠ 전체 인공위성 수는 2,400+1,020+450+390+250+220+140+760=5,630(대)이므로 5,500대 이상이다.

㉢ 전체 인공위성 수에서 미국의 국가별 인공위성 점유율은 $\frac{2,400}{5,630}\times100≒42.6(\%)$이므로 40% 이상이다.

| 오답풀이 |

㉡ 전체 인공위성 중 정지궤도 위성은 5,630×0.24=1,351.2(대)이므로 1,300대 이상이다.

㉣ 기타를 제외하고 인공위성 수가 세 번째로 많은 국가인 영국의 인공위성 수는 450대이고, 다섯 번째로 많은 국가인 일본의 인공위성 수의 2배는 250×2=500(대)이므로 인공위성 수는 영국이 일본의 2배 미만이다.

빠른 풀이 스킬

㉢ 전체의 40%에 해당하는 인공위성 수는 5,630×0.4=2,252(대)이고, 미국의 인공위성 수는 2,400대이므로 미국의 점유율이 40% 이상임을 쉽게 알 수 있다.

05 자료해석 정답 ⑤

| 정답풀이 |

㉢ [그래프2]는 스마트 팜 보급 누계 실적으로 2020년 축산 호수는 5,750호까지 증가하였다.

㉣ 지능형농작업기 국내 시장 규모 전년 대비 증가량은 2016년(3,500), 2017년(1,500), 2018년(2,000), 2019년(1,000), 2020년(2,000)으로 2016년이 가장 많이 증가하였다.

2016년에 전년 대비 증가율은 $\frac{21,500-18,000}{18,000}\times100≒19.4(\%)$이므로 20% 이하이다.

| 오답풀이 |

㉠ 시설원예 면적 증가량은 2017년 1,912−769=1,143(ha), 2019년 4,510−4,010=500(ha)이므로 2017년이 2019년보다 더 많이 증가하였다.

㉡ 2015년 이후 생산시스템 국내 시장 규모의 전년 대비 증가량과 증가율은 다음과 같다.

구분	2016년	2017년	2018년	2019년	2020년
증가량 (억 원)	1,000	1,000	2,000	1,000	1,000
증가율	6.3%	5.9%	11.1%	5.0%	4.8%

2018년에 증가하였으므로 지속적으로 감소한 것은 아니다.

06 자료해석 정답 ④

| 정답풀이 |

전년 동반기 대비 생산 증감량은 절대적인 양을 의미한다.

2019년 상반기와 하반기를 모두 100이라 두고, 각각을 계산하면 다음과 같다.

구분	2020년		2021년		2022년		2023년	
	상반기	하반기	상반기	하반기	상반기	하반기	상반기	하반기
증감량	80		64		76.8		61.4	
		120		96		115.2		138.2

전년 동반기 대비 생산 증감량은 2023년 상반기(76.8−61.4=15.4)>2022년 상반기(76.8−64=12.8)이므로 2023년 상반기가 2022년 상반기보다 더 많다.

| 오답풀이 |

① 2022년 하반기(115.2−96=19.2)<2021년 하반기(120−96=24)

② 2023년 하반기(138.2−115.2=23)<2021년 하반기(120−96=24)

③ 2021년 상반기(80−64=16)<2020년 상반기(100−80=20)

⑤ 2022년 상반기(76.8−64=12.8)<2021년 상반기(80−64=16)

빠른 풀이 스킬

증감률은 상대적인 지표이므로 비교 시 필요한 연도에 100이라 두고 크기만 비교하면 된다.

① 2020년 하반기=100, 2021년 하반기=80, 2022년 하반기=96
→ 2021년 하반기(100×0.2)>2022년 하반기(80×0.2)

② 2020년 하반기=100, 2021년 하반기=80, 2022년 하반기=96, 2023년 하반기=96×1.2
→ 2021년 하반기(100×0.2)>2023년 하반기(96×0.2)

③ 2019년 상반기=100, 2020년 상반기=80, 2021년 상반기=64
→ 2020년 상반기(100×0.2)>2021년 상반기(80×0.2)

④ 2021년 상반기=100, 2022년 상반기=120, 2023년 상반기=96
→ 2022년 상반기(100×0.2)<2023년 상반기(120×0.2)
⑤ 2020년 상반기=100, 2021년 상반기=80, 2022년 상반기=96
→ 2021년 상반기(100×0.2)>2022년 상반기(80×0.2)

07 자료해석 정답 ⑤

| 정답풀이 |

2022년 1분기 소비지출의 전년 동기 대비 증가율이 가장 낮은 소득 분위는 1.7% 증가한 소득 5분위이지만, 소득의 전년 동기 대비 증가율이 가장 높은 소득 분위는 14.6% 증가한 소득 1분위이다.

| 오답풀이 |

① 2022년 1분기 소득 1분위의 소득은 1,000만 원, 소비지출은 1,100만 원으로 소득이 소비지출보다 적다.
② 2022년 1분기 소득 4분위의 전년 동기 대비 소득 증가율은 7.1%이므로 2021년 1분기 소득 4분위의 소득은 $\frac{5,800}{1.071}$≒5,415(만 원)으로 5,500만 원 미만이다.
③ 2022년 1분기 소득 5분위의 소득은 10,800만 원으로, 소득 1분위 소득의 10배인 1,000×10=10,000(만 원)보다 많으므로 10배 이상이다.
④ 2022년 1분기 소득과 소비 지출의 차이가 가장 큰 소득 분위는 유일하게 차이가 5,000만 원 이상인 소득 5분위이다.

08 자료해석 정답 ⑤

| 정답풀이 |

AI 반도체 시장 규모는 2018~2024년 동안 2년의 주기로 증가하였을 뿐 2019년, 2021년, 2023년은 제시되어 있지 않으므로 지속적으로 증가했다고 단정 지을 수 없다.

| 오답풀이 |

① AI 반도체 시장 규모 2022년에 330억 달러, 2020년에 180억 달러이므로 2년 전 대비 150억 달러 증가하였으므로 130억 달러 이상 증가하였다.
② [그래프2]의 시스템 반도체 시장에서 AI 반도체 비중이 2년마다 증가하고, [그래프1]의 AI 반도체 시장 규모가 2년마다 증가하고 있다. 따라서 시스템 반도체 시장 규모는 2030년까지는 증가할 것으로 예상된다.
③ 2020년 시스템 반도체 시장 규모×8%=AI 반도체 시장 규모(180억 달러)
2020년 시스템 반도체 시장 규모=180억 달러÷8%=2,250(억 달러)
④ 2018년 AI 반도체 시장 규모(70억 달러)×13.××<2028년 AI 반도체 시장 규모(950억 달러)이므로 13배 이상이다. 즉, 1,200% 이상 증가할 것으로 예측된다.

09 자료해석 정답 ③

| 정답풀이 |

아시아 여행객 수는 2017년에 500×0.45=225(만 명), 2020년에 900×0.2=180(만 명)이므로 2017년 대비 2020년에 225−180=45(만 명) 감소하였다.

| 오답풀이 |

① 2018년 여행객 수는 1,200+300=1,500(만 명)이고, 2019년 여행객 수는 800+400=1,200(만 명)이이므로 2019년에 2018년 대비 $\frac{1,500-1,200}{1,500}$×100=20(%) 감소하였다.
② 2020년 해외여행객 수는 900만 명임에 따라 북미 여행객 수는 900×0.3=270(만 명)이므로 국내외 여행객 전체의 $\frac{270}{1,500+900}$×100=11.25(%)이다. 즉, 15% 미만이다.
④ 2018년 여행객 수는 국내여행이 해외여행보다 1,200−300=900(만 명) 더 많다.
⑤ 2017년 해외여행지 비율은 유럽이 아시아보다 45−25=20(%p) 더 낮다.

빠른 풀이 스킬

② 2020년 북미의 해외여행지 비율은 30%이므로 북미 여행객 수가 국내외 여행객 전체의 15%가 되려면 국내 여행객 수와 해외 여행객 수가 같아야 한다. 국내 여행객 수가 해외 여행객 수보다 많으므로 북미 여행객 수는 국내외 여행객 전체의 15% 미만임을 쉽게 알 수 있다.

10 자료해석 정답 ⑤

| 정답풀이 |

세계 TV 시장에서 점유율이 높은 상위 5개 기업의 시장 규모는 기타(27%)를 제외한 규모이다. 즉, 500억 달러×(100%−27%)=365(억 달러)이다.

| 오답풀이 |

① 세계 TV 시장에서 점유율이 가장 높은 기업은 A기업, OLED TV 시장에서 점유율이 가장 높은 기업은 B기업이므로 세계 TV 시장에서 점유율이 가장 높다고 OLED TV 시장에서도 점유율이 가장 높은 것은 아니다.

② 세계 TV 시장 점유율 상위 3개 기업(A기업, B기업, C기업)의 점유율은 32+16+10=58(%)이므로 전체 시장의 60% 이상을 차지하지 않는다.

③ 세계 TV 시장에서 B기업(16%)의 시장 규모는 D기업(9%) 규모의 2배(18%) 이상은 아니다.

④ 세계 TV 시장과 OLED TV 시장에서 상위 2개 기업을 제외하면 점유율 순위는 다음과 같다.

- 세계 TV 시장: C기업>D기업>E기업>기타
- OLED TV 시장: E기업>C기업>D기업>기타

따라서 점유율 순위는 동일하지 않다.

11 자료해석 정답 ⑤

| 정답풀이 |

㉠ 세계 TV 시장에서 B기업의 시장 규모(500×0.16=80억 달러) 중 OLED TV(40×0.52=20.8억 달러)가 차지하는 비중은 $\frac{20.8}{80}\times100=26(\%)$이다.

㉡ OLED TV 시장(100%)에서 점유율 1순위(B기업) 업체가 차지하는 비중은 52%이다. 이때, OLED TV 시장에서 점유율 상위 5개 기업(98%) 중 1순위(52%) 업체가 차지하는 비중은 적어도 52% 이상이다.

㉢ 세계 TV 시장에서 A기업 규모(500×32%=160억 달러)는 전체 OLED TV 시장 규모(40억 달러)의 4배(160억 달러) 이상이다.

12 자료해석 정답 ⑤

| 정답풀이 |

제시된 국가 중 2019년 반도체 시장 매출액 비중이 두 번째로 낮은 국가는 8%인 미국이다.

| 오답풀이 |

① 글로벌 시장 반도체 매출액의 총합은 2020년부터 2022년까지 200+360+180+360+540+700+1,200+1,240=4,780(억 달러), 280+480+260+460+720+790+1,500+1,580=6,070(억 달러), 560+520+440+560+800+830+1,720+1,860=7,290(억 달러)로 매년 증가했다.

② 제시된 기간 중 주요 국가의 반도체 매출액 비중은 2019년에 4+8+11+17+13+17=70(%)로 가장 낮다.

③ 2020년부터 2022년까지 글로벌 반도체 시장 매출액 중 메모리가 매년 가장 많다.

④ 2018년 반도체 시장 매출액 비중은 한국이 중국보다 22−16=6(%p) 더 크다.

빠른 풀이 스킬

① 글로벌 반도체 시장 매출액을 항목별로 살펴보면 모든 항목이 2021년 이후 2022년까지 매년 증가하므로 총합도 매년 증가했음을 쉽게 알 수 있다.

13 자료해석 정답 ②

| 정답풀이 |

㉠ 2022년 글로벌 반도체 매출액은 마이크로가 2020년 대비 130억 달러 증가하여 모든 항목 중 가장 적게 증가했다.

㉢ 2022년 주요 국가 반도체 시장 매출액 비중의 순위는 한국, 중국, 대만, 일본, 독일, 미국 순이고, 이와 동일한 해는 2018년 1개이다.

| 오답풀이 |

㉡ 2022년 메모리 항목의 글로벌 반도체 시장 매출액은 2021년 대비 1,860−1,580=280(억 달러) 증가했으므로 300억 달러 미만으로 증가했다.

㉣ 제시된 기간 중 중국의 반도체 시장 매출액 비중이 21%로 가장 큰 해인 2020년에 네 번째로 시장 매출액이 많은 항목은 540억 달러의 아날로그이다.

14 자료해석 정답 ①

| 정답풀이 |

2017년 탄소배출권 1억 t당 거래대금은 $\frac{3,110}{1,470}\fallingdotseq2.1$(억 원/억 t)이므로 2억 원 이상이다.

| 오답풀이 |

② 2021년 탄소배출권 유형 중 수송의 거래대금은 3,100×0.08=248(억 원)이므로 200억 원 이상이다.

③ 제시된 기간 중 거래대금이 가장 많은 해는 2018년(4,000억 원), 거래량이 가장 많은 해도 2018년(1,780억 t)이다.

④ 2020년 탄소배출권 유형을 거래대금 비중이 높은 순서대로 나열하면 재생에너지, 토지이용, 화학공정, 에너지효율 순이므로 네 번째로 비중이 높은 유형은 에너지효율이다.

⑤ 2021년 탄소배출권 거래대금 비중이 2020년 대비 가장 많이 증가한 유형은 35−29=6(%p) 증가한 토지이용이다.

15 자료해석 정답 ②

| 정답풀이 |

㉠ 2020년 탄소배출권 유형 중 화학공정의 거래대금은 $3,720\times0.1=372$(억 원)이므로 350억 원 이상이다.

㉢ 2019년 탄소배출권 거래량은 2017년 대비 $1,470-900=570$(억 t) 감소하였으므로 600억 t 미만으로 감소하였다.

| 오답풀이 |

㉡ 탄소배출권 거래대금과 거래량의 전년 대비 증가율은 2018년에 각각 약 28.6%, 약 21.1%이고, 2020년에 각각 약 43.1%, 약 42.2%로, 모두 2020년에 가장 높다.

㉣ 2021년 탄소배출권 거래대금 비중이 두 번째로 높은 유형은 32%의 재생에너지이고, 세 번째로 높은 유형은 8%인 폐기물처리 또는 수송이므로 그 차이는 $32-8=24$(%p)이다.

빠른 풀이 스킬

㉡ 2018년 이후 거래대금과 거래량이 전년 대비 증가한 해는 2018년과 2020년뿐이므로 증가율은 2018년과 2020년만 비교하면 문제를 빠르게 해결할 수 있다.

16 자료해석 정답 ③

| 정답풀이 |

2017년 사이버 범죄 검거율은 $\frac{107,000}{131,100}\times100≒81.6$(%)이므로 80% 이상이다.

| 오답풀이 |

① 2018년부터 2020년까지 망 이용과 불법콘텐츠 사이버 범죄 발생 건수는 매년 전년 대비 증가했다.

② 2020년 사이버 범죄 발생 건수의 2017년 대비 증가율은 망 침해가 약 38.7%, 망 이용이 약 86.9%, 불법콘텐츠가 약 42.9%이므로 가장 높은 유형은 망 이용이다.

④ 2019년 사이버 범죄 발생 건수 중 검거하지 못한 건수는 $179,600-146,000=33,600$(건)이다.

⑤ 2020년 사이버 범죄 발생 건수에서 불법콘텐츠 사이버 범죄 발생 건수가 차지하는 비중은 $\frac{30,000}{234,300}\times100≒12.8$(%)이므로 10% 이상이다.

빠른 풀이 스킬

② 2020년 사이버 범죄 발생 건수의 2017년 대비 증가량을 보면 망 이용은 2배 가까이 증가했지만 망 침해와 불법콘텐츠는 대략적으로 계산하면 1.5배 미만으로 증가했으므로 망 이용의 증가율이 가장 높음을 쉽게 알 수 있다.

③ 2017년 발생 건수의 80%는 $131,100\times0.8=104,880$(건)이므로 107,000건인 검거 건수는 발생 건수의 80% 이상임을 쉽게 알 수 있고, 검거율은 발생 건수에서 검거 건수가 차지하는 비중이므로 검거율도 80% 이상임을 알 수 있다.

⑤ 2020년 사이버 범죄 발생 건수의 10%는 $234,300\times0.1=23,430$(건)이고, 불법콘텐츠 사이버 범죄 발생 건수는 30,000건이므로 사이버 범죄 발생 건수에서 불법콘텐츠가 차지하는 비중은 10% 이상임을 쉽게 알 수 있다.

17 자료해석 정답 ②

| 정답풀이 |

㉠ 사이버 범죄 검거율은 2019년에 약 81.3%, 2020년에 약 67.0(%)이므로 2020년에 2019년 대비 감소했다.

㉢ 2019년 사이버 범죄 발생 건수는 망 이용이 망 침해의 $\frac{151,000}{3,600}≒41.9$(배)이므로 50배 미만이다.

| 오답풀이 |

㉡ 2018년 사이버 범죄 검거 건수는 2017년 대비 $112,000-107,000=5,000$(건) 증가했다.

㉣ 제시된 기간 중 사이버 범죄 발생 건수가 가장 많은 해인 2020년에 망 이용 사이버 범죄 발생 건수가 차지하는 비중은 $\frac{200,000}{234,300}\times100≒85.4$(%)이므로 90% 미만이다.

빠른 풀이 스킬

㉠ 검거율의 분모에 해당하는 발생 건수는 2020년에 2019년 대비 20% 이상 증가했지만, 분자에 해당하는 검거 건수는 10% 미만 증가했으므로 검거율은 2020년에 2019년 대비 감소했음을 쉽게 알 수 있다.

18 자료해석 정답 ①

| 정답풀이 |

1분기와 2분기의 구매개수와 할인율을 이용하면

$1.1\times100=(a\times\frac{10,000}{100})^2+b$, $1.31\times100=(a\times\frac{11,000}{100})^2+b$이므로 $a=0.1$, $b=10$이다.

- 3분기: $1.54\times100=(0.1\times\frac{㉠\times100}{100})^2+10$, ㉠$=120$ (백 개)
- 4분기: ㉡$\times100=(0.1\times\frac{15,000}{100})^2+10$, ㉡$=2.35$(%)

19 자료해석 정답 ⑤

| 정답풀이 |

연도별 가구 수 합계는 다음과 같다.

(단위: 만 가구)

구분	1인 가구	2인 가구	3인 가구	4인 가구 이상	합계
2010년	520	480	400	600	2,000
2015년	720	600	420	660	2,400
2020년	900	600	480	520	2,500

연도별 비중은 다음과 같다.

구분	1인 가구	2인 가구	3인 가구	4인 가구 이상
2010년	26.0%	24.0%	20.0%	30.0%
2015년	30.0%	25.0%	17.5%	27.5%
2020년	36.0%	24.0%	19.2%	20.8%

따라서 정답은 ⑤번이다.

20 자료해석 정답 ④

| 정답풀이 |

시간이 지남에 따라 변화하는 남자, 여자, 총 인구수와 전년 대비 차이는 다음과 같다.

(단위: 만 가구)

구분	2010년	2011년	2012년	2013년	2014년
남자	250	234	218	202	186
전년 대비 차이	–	−16	−16	−16	−16
여자	114	115	118	123	130
전년 대비 차이	–	1	3	5	7
총 인구	364	349	336	325	316
전년 대비 차이	–	−15	−13	−11	−9

총 인구수의 전년 대비 차이는 매년 감소량이 2씩 줄어들고 있다. 이를 통해 연도별 총 인구수를 구하면 다음과 같다.

- 2015년: 316−7=309(만 명)
- 2016년: 309−5=304(만 명)
- 2017년: 304−3=301(만 명)
- 2018년: 301−1=300(만 명)

따라서 총 인구수가 300만 명이 되는 해는 2018년이다.

추리 P.136

01	①	02	④	03	②	04	④	05	⑤
06	②	07	④	08	④	09	④	10	⑤
11	⑤	12	④	13	③	14	③	15	②
16	①	17	②	18	③	19	②	20	④
21	③	22	③	23	①	24	②	25	②
26	③	27	③	28	②	29	②	30	④

3회

01 명제 정답 ①

| 정답풀이 |

전제1의 대우명제를 고려하면 [그림1]과 같은 벤다이어그램을 그릴 수 있다.

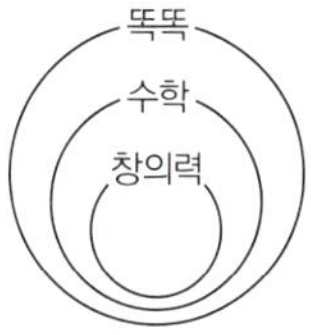

[그림1]

'똑똑'이 '창의력'을 포함하고 있으므로 '창의력 → 똑똑'이 항상 성립한다. 그런데 주어진 선택지에는 '창의력 → 똑똑'에 해당하는 문장이 없으므로 이를 활용하여 도출할 수 있는 문장이 선택지에 있는지 찾아봐야 한다. some 개념은 all 개념을 포함하므로 [그림1]을 통해 "창의력이 많은 어떤 학생은 똑똑하다."도 항상 참이라는 것을 알 수 있다. 따라서 정답은 ①이다.

빠른 풀이 스킬

전제1과 전제2 모두 some 개념이 등장하지 않으므로 일단 삼단논법을 사용하여 문제를 풀어보자. 수학을 좋아하는 사람을 '수', 창의력이 많은 학생을 '창', 똑똑한 학생을 '똑'이라고 표시하고 전제1과 전제2를 다시 써보면 다음과 같다.

- 전제1: ~수 → ~창
- 전제2: 수 → 똑

전제1과 전제2에서 모두 '수'가 등장하므로 '수'가 전제1과 전제2를 연결하는 연결고리, 즉 매개념이다. 매개념을 이용하기 위해 전제1의 대우명제를 구해보면 '창 → 수'이므로, 전제1과 전제2를 서로 연결하면 '창 → 똑'이라는 결론을 내릴 수 있다. 그런데 주어진 선택지에는 '창 → 똑'에 해당하는 문장이 없으므로 이를 활용하여 도출할 수 있는 문장이 선택지에 있는지 찾아봐야 한다. 'A → B'가 성립할 때에는 대우명제에 해당하는 '~B → ~A'도 성립하고, "A와 B 사이엔 공통 영역이 있다."도 항상 성립한다. 즉, ①이 정답이다.

위와 같은 풀이는 'A → B'가 성립할 때 참이 될 수 있는 모든 경우를 꿰고 있어야 사용할 수 있으므로, 조금 더 현실적인 소거법을 사용하여 정답을 찾아보자.
소거법을 사용하기 위해 '창 → 똑'를 벤다이어그램으로 표현하면 [그림2]와 같다.

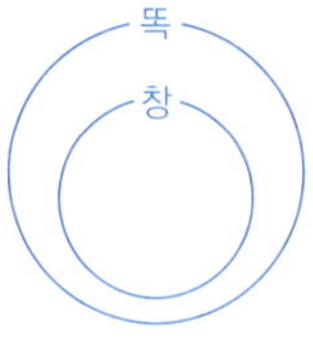

[그림2]

[그림2]를 보면 ②~④가 옳지 않다는 것을 알 수 있다. 한편 '창 → 똑'는 '창=똑'도 포함하므로 [그림3]과 같은 벤다이어그램도 가능하다.

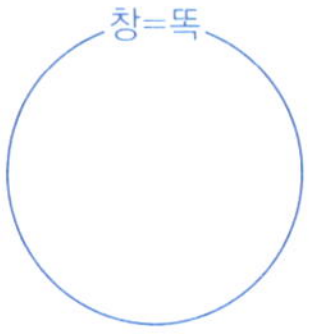

[그림3]

[그림3]을 통해 ⑤도 옳지 않다는 것을 알 수 있다. 따라서 ②~⑤는 정답이 될 수 없고 소거법에 의해 ①이 정답임을 알 수 있다.

02 명제

정답 ④

| 정답풀이 |

전제1을 만족하는 벤다이어그램은 [그림1]과 같다.

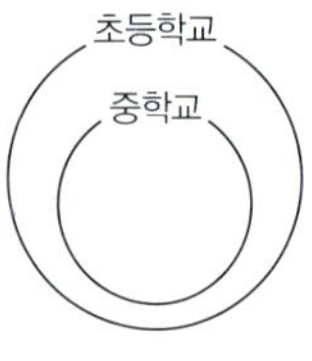

[그림1]

여기에 전제2를 덧붙인 기본적인 벤다이어그램은 [그림2]와 같이 나타낼 수 있으며, '숲'과 '여행'의 공통영역에 해당하는 색칠된 부분이 반드시 존재해야 한다.

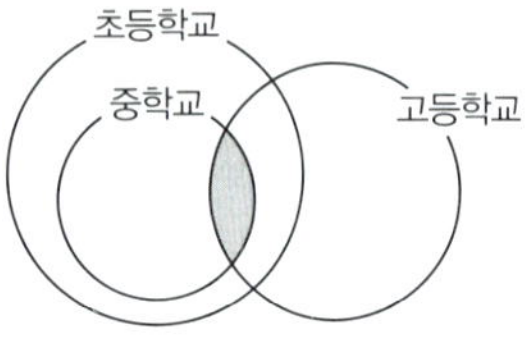

[그림2]

[그림2]에서 매개념 '중학교'를 제외한 '초등학교'와 '고등학교' 사이의 관계를 보면, 둘 사이에 뚜렷한 포함관계가 존재하진 않으나 최소한 색칠한 부분만큼은 공통으로 포함하고 있다는 것을 알 수 있다. 즉, '초등학교'와 '고등학교' 사이에는 반드시 공통영역이 존재한다.
따라서 정답은 ④이다.

빠른 풀이 스킬

전제2에 "~ 중에 ~인 ~가 있다."라는 some 개념이 있으므로 벤다이어그램을 활용한다. 초등학교를 졸업한 사람을 '초', 중학생을 '중', 고등학교를 가는 사람을 '고'라고 표시하자. some 개념이 없는 전제1부터 벤다이어그램으로 표현하면 [그림3]과 같다.

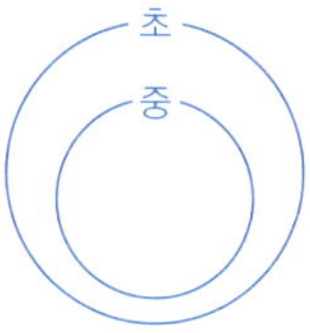

[그림3]

여기에 전제2를 덧붙인 기본적인 벤다이어그램은 [그림4]와 같이 나타낼 수 있으며, '초'와 '고'의 공통영역에 해당하는 색칠된 부분이 반드시 존재해야 한다.

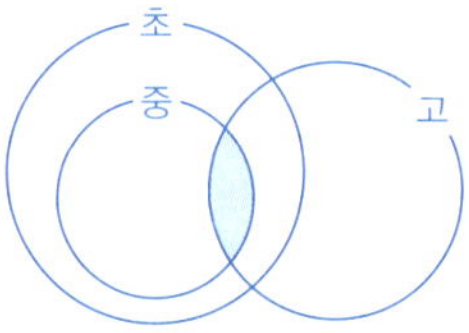

[그림4]

여기서 소거법을 사용하여 정답을 찾아보자. [그림4]를 보면 ①, ③은 옳지 않다는 것을 알 수 있다. 한편 [그림4]의 색칠된 부분이 존재하기만 하면 '고'의 범위를 [그림5]와 같이 더 늘릴 수도, [그림6]과 같이 더 줄일 수도 있다.

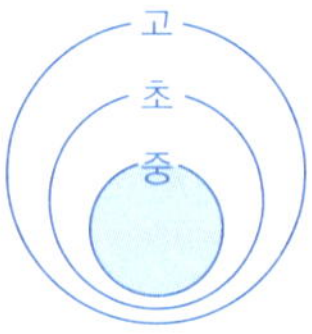

[그림5]

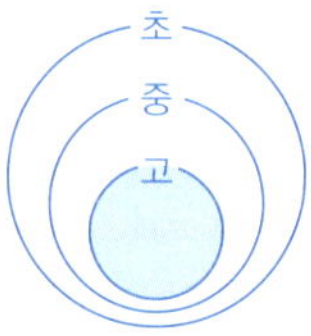

[그림6]

[그림5]의 경우 ②가 옳지 않다는 것을 알 수 있고, [그림6]의 경우 ⑤가 옳지 않다는 것을 알 수 있다. 어떠한 경우에도 항상 참인 결론을 골라야 하므로 소거법에 의해 ④가 정답임을 알 수 있다.

03 명제 정답 ②

| 정답풀이 |

전제1의 벤다이어그램과 결론의 대우명제 벤다이어그램은 각각 [그림1], [그림2]와 같다.

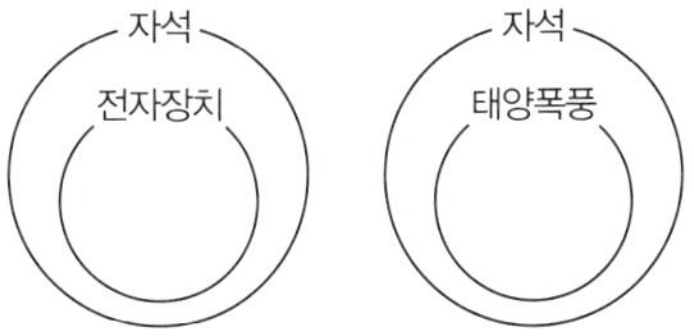

[그림1] [그림2]

[그림1]의 상태에서 '전자장치'가 '태양폭풍'을 포함하고 있다면 자연스럽게 [그림2]처럼 '태양폭풍'이 '자석' 안에 포함될 것임을 알 수 있다. 즉, 전제2는 '전자장치'가 '태양폭풍'을 포함하는 명제인 '태양폭풍 → 전자장치'가 되어야 하므로 ②가 정답이다.

빠른 풀이 스킬

전제1과 결론 모두 some 개념이 등장하지 않으므로 삼단논법을 사용하여 문제를 풀 수 있다. 전자장치를 '전', 자석에 취약한 것을 '자', 태양폭풍에 취약한 것을 '태'라고 표시하고 전제1과 결론을 다시 쓰면 다음과 같다.

- 전제1: 전 → 자
- 결론: ~자 → ~태

결론의 대우명제는 '태 → 자'인데, 이는 '태'로 시작하여 '자'로 끝나고, 전제1이 '자'로 끝나므로 전제2는 '태'로 시작해야 할 것이다. 즉, 전제2를 '태 → 전'으로 두면 전제1과 결합하여 '태 → 자'라는 결론의 대우명제를 얻을 수 있다. 따라서 '태 → 전'에 해당하는 ②가 정답이다.

04 조건추리 정답 ④

| 정답풀이 |

축구와 야구를 모두 하는 사람은 없고, B와 D가 하는 두 종류의 운동 중 한 종류는 야구이며, 다른 한 종류의 운동은 서로 다르므로 B와 D는 각자 서로 다른 운동인 농구 또는 수영을 한다.

구분	A	B	C	D
운동1		야구		야구
운동2		농구 또는 수영		수영 또는 농구

A는 축구를 하고 C는 축구를 하지 않는데, C는 농구와 야구 중 한 종류만 하고, 다른 한 종류는 하지 않으므로 A가 하는 운동은 축구와 농구 또는 수영이고, C가 하는 운동은 수영과 농구 또는 야구이다.

구분	A	B	C	D
운동1	축구	야구	수영	야구
운동2	농구 또는 수영	농구	농구 또는 야구	수영
		수영		농구

따라서 축구를 하는 사람은 A뿐이므로 1명이다.

05 조건추리 정답 ⑤

| 정답풀이 |

주어진 조건에 따라 표를 만들어 표시하면 다음과 같다.

구분	은영	정은	상현	민준	재현
에스프레소	×		×		
헤이즐넛 커피		×	×	×	×
아이스 라테	×	×			
레몬티		×	×		×
아이스 아메리카노	×				×

이때, 헤이즐넛 커피를 시킬 사람이 은영이밖에 없으므로 은영이는 헤이즐넛 커피를 시켰고, 표는 다음과 같이 채워진다.

구분	은영	정은	상현	민준	재현
에스프레소	×		×		
헤이즐넛 커피	○	×	×	×	×
아이스 라테	×	×			
레몬티	×	×	×		×
아이스 아메리카노	×				×

그러면 민준이는 레몬티를 시켰음을 알 수 있고, 다음과 같이 표를 채울 수 있다.

구분	은영	정은	상현	민준	재현
에스프레소	×		×	×	
헤이즐넛 커피	○	×	×	×	×
아이스 라테	×	×		×	
레몬티	×	×	×	○	×
아이스 아메리카노	×			×	×

이때, 상현이가 아이스 아메리카노를 시키면 다음과 같이 표가 채워지므로 정은이가 에스프레소를 시켰음을 알 수 있다.

구분	은영	정은	상현	민준	재현
에스프레소	×	○	×	×	×
헤이즐넛 커피	○	×	×	×	×
아이스 라테	×	×	×	×	○
레몬티	×	×	×	○	×
아이스 아메리카노	×	×	○	×	×

| 오답풀이 |

① 은영이는 헤이즐넛 커피를 시켰다.
② 재현이는 에스프레소 또는 아이스 라테를 시켰으므로 항상 옳은 것은 아니다.
③ 민준이는 레몬티를 시켰으므로 항상 옳지 않다.
④ 가능한 모든 경우의 수는 2가지이다.

06 조건추리 정답 ②

| 정답풀이 |

C는 D가 거짓을 말하고 있다고 말하므로 C가 참이면 D는 거짓이고, C가 거짓이면 D는 참이다.

1) C의 말이 참인 경우
D가 거짓이므로 F는 승진 시험을 통과하였다. 즉, F의 진술은 참이 되어 승진 시험을 통과하지 못한 사람은 D 1명이므로 D를 제외한 모두의 진술이 참이어야 하는데, E는 승진 시험을 통과한 사람이 총 4명이라고 했으므로 모순이 발생한다. 이에 따라 C의 말은 거짓이다.

2) C의 말이 거짓인 경우
D가 참이므로 F는 승진 시험을 통과하지 못했다. 즉, F의 진술은 거짓이다. 이때 B의 말이 거짓이라면 E의 말도 거짓인데 이 경우에는 거짓을 말하는 사람이 B, C, E, F가 되어 6명 중 3명 이상이 승진 시험을 통과하였다는 조건을 위배하게 된다. 이에 따라 B의 말은 참이고 E의 말도 참이다. 이때 E의 말에 따르면 승진 시험을 통과한 학생이 4명이므로 A도 승진 시험에 통과하였다.

따라서 승진 시험에 통과하지 못한 사람은 C와 F이다.

07 조건추리 정답 ④

| 정답풀이 |

A가 가게 되면 아직 결정하지 않은 E도 가기로 결정한 것이므로 A, E는 여행을 간다. B의 의견에 의하면 D가 간다고 하여 반드시 B가 간다고 말할 수는 없다. 따라서 이 경우 여행을 가는 사람은 길동, A, D, E 또는 길동, A, B, D, E로 구분해 볼 수 있다. 이때, 두 경우 모두 D가 포함되어 있으므로 C는 여행을 가지 않는다는 것을 알 수 있다. 따라서 A와 D가 모두 여행을 가면 여행 인원은 4명 또는 5명이다.

| 오답풀이 |

① D가 여행을 가면 D의 의견과 상관없는 A와 E는 가지 않을 수도 있다. 그리고 B 역시 갈 수도 있고, 가지 않을 수도 있다. 따라서 A, B, E가 가지 않을 경우, 여행을 가는 인원은 C, D, 길동 3명(이 경우 홀수이므로 C 역시 가지 않는 것이다.)이므로 최소 4명 이상인 것은 아니다.
② C가 여행을 가면 C의 의견과 상관없는 A와 E가 갈 수도 있고, 가지 않을 수도 있다. 이 경우 C가 길동이와 단둘이 여행을 간다고 단정할 수 없다.
③ B가 여행을 간다는 것은 D 또한 반드시 여행을 간다는 것이다. 그리고 이때 D의 의견에 따라 C가 여행을 가지 않는다는 것을 알 수 있다. 이 경우 길동이와 B, D는 반드시 여행을 가는 것이며, A와 E는 결정되지 않은 것이다. 따라서 전체 여행 인원이 짝수가 아닐 수 있다.
⑤ C가 여행을 갈 경우, B와 D는 여행을 가지 않는다. 이때 길동이와 A, C, E 4명이 여행을 갈 수도 있으므로 C와 E는 함께 여행을 갈 수도 있다.

08 조건추리 정답 ④

| 정답풀이 |

1행 4열 좌석에는 아무도 앉지 않고, E와 C는 3열에 앉으므로 가능한 경우는 다음과 같다.

1) C가 1행 3열, E가 2행 3열에 앉는 경우
C와 B는 같은 행에 이웃하여 앉으므로 B는 1행 2열에 앉고, A와 B는 같은 열에 앉으므로 A는 2행 2열에 앉는다. 이때 D는 E와 같은 행에 앉으므로 2행 1열 또는 2행 4열에 앉는다.

	1열	2열	3열	4열
1행	없음	B	C	없음
2행	D 또는 없음	A	E	없음 또는 D

2) C가 2행 3열, E가 1행 3열에 앉는 경우
C와 B는 같은 행에 이웃하여 앉으므로 B는 2행 2열에 앉고, A와 B는 같은 열에 앉으므로 A는 1행 2열에 앉는다. 이때 D는 E와 같은 행에 앉으므로 1행 1열에 앉는다.

	1열	2열	3열	4열
1행	D	A	E	없음
2행	없음	B	C	없음

따라서 4열에 앉는 사람이 있으면 C는 1행에 앉는다.

| 오답풀이 |

① D가 4열에 앉는 경우가 있다.
② 가능한 경우의 수는 3가지이다.
③ A가 1행 2열에 앉으면 같은 행에 D, E와 이웃하여 앉고, 2행 2열에 앉으면 같은 행에 D, E와 이웃하여 앉는 경우가 있다.
⑤ 1행 1열에 앉는 사람이 없으면 B는 1행에 앉는다.

09 조건추리 정답 ④

| 정답풀이 |

A와 D의 진술이 서로 엇갈리고, D와 E의 진술도 서로 엇갈린다. 이에 따라 D의 말이 참이라면 A, E의 말이 거짓이 되는데, 거짓을 말하는 사람은 1명이므로 모순이 발생한다.
따라서 거짓을 말한 사람은 D이고, A의 말은 참이므로 지각을 한 사람은 C이다.

10 조건추리 정답 ⑤

| 정답풀이 |

우선 확정적인 조건을 표로 나타내면 다음과 같다.

201호	202호	203호	204호
김 대리			
101호	102호	103호	104호
윤 주임	정 대리	박 주임	

과장의 아래층에 대리가 거주하고, 정 씨와 이 씨는 모두 혼자 거주하므로 202호에는 이 과장, 204호에는 정 과장이 각각 혼자 거주한다. 또한 라인별 성은 모두 달라야 하므로 104호에는 이 대리 또는 최 대리가 거주하는데, 만약 최 대리가 거주하면 이 대리가 203호에 거주해야 하므로 모순이 발생한다. 이에 따라 104호에는 이 대리가 혼자 거주한다.

201호	202호	203호	204호
김 대리	이 과장		정 과장
101호	102호	103호	104호
윤 주임	정 대리	박 주임	이 대리

층별로 6명이 거주하고, 같은 직급인 사람은 같은 방에 거주해야 한다. 또한 같은 라인에는 같은 성의 직원이 거주하지 않으므로 김 주임은 103호에 거주하고, 최 주임이 101호에 거주한다. 이에 따라 201호에는 박 대리, 203호에는 최 대리, 윤 대리가 거주한다.

201호	202호	203호	204호
김 대리, 박 대리	이 과장	윤 대리, 최 대리	정 과장
101호	102호	103호	104호
윤 주임, 최 주임	정 대리	박 주임, 김 주임	이 대리

따라서 203호에 거주하는 직원은 윤 대리와 최 대리이다.

11 조건추리 정답 ⑤

| 정답풀이 |

첫 번째와 두 번째 조건을 바탕으로 키를 순서대로 나열하면 다음과 같다.
‘성우>연희>규한>진호’
이때, 예빈이가 규한이보다 크고 성우보다 작으므로 다음과 같이 두 가지 경우를 생각할 수 있다.
‘성우>예빈>연희>규한>진호’ 또는 ‘성우>연희>예빈>규한>진호’
따라서 연희와 예빈이의 키 순서에 상관없이 규한이는 항상 네 번째로 크다.

| 오답풀이 |

① 진호는 키가 가장 작으므로 항상 옳다.
② 연희는 규한이보다 크므로 항상 옳다.
③ 예빈이는 연희보다 클 수 있으므로 항상 옳지 않은 것은 아니다.
④ 가능한 경우의 수는 2가지이다.

12 조건추리 정답 ④

| 정답풀이 |

먼저 5명이 배정된 팀에 관하여 생각해 보자.
C와 E는 같은 팀에 배정되었고, A와 D는 다른 팀에 배정되었다. 그런데 D가 총무팀에 배정되었으므로 A는 인사팀에 배정되었다. 또 A와 B는 다른 팀에 배정되었고, B와 E도 다른 팀에 배정되었다. 따라서 B는 총무팀에 배정되었고, E는 인사팀에 배정되었다. 이에 따라 C는 인사팀에 배정되었음을 알 수 있다. 이를 표로 나타내면 다음과 같다.

A	B	C	D	E
인사팀	총무팀	인사팀	총무팀	인사팀

그리고 이들 5명의 전공에 관한 내용을 표로 나타내면 다음과 같다.

구분	A	B	C	D	E
물리학	×		×		×
경영학	×	×			×
수학	○	×	×	×	×
화학공학	×			×	×
국문학	×	×	×	×	○

이때 C가 경영학을 전공했다면 다음과 같이 표를 채울 수 있다.

구분	A	B	C	D	E
물리학	×	×	×	○	×
경영학	×	×	○	×	×
수학	○	×	×	×	×
화학공학	×	○	×	×	×
국문학	×	×	×	×	○

따라서 가능한 경우의 수는 1가지이므로 항상 옳지 않다.

| 오답풀이 |

① B의 물리학 전공 여부와 무관하게 A는 인사팀에 배정되었으므로 항상 옳다.

② D가 경영학을 전공했다면 C는 화학공학을 전공하였으므로 항상 옳다.

③ B는 총무팀에 배정되었고, B가 배정된 팀과 무관하게 D가 물리학을 전공했을 수 있으므로 항상 옳지 않은 것은 아니다.

⑤ E는 인사팀에 배정되었고, E가 배정된 팀과 무관하게 가능한 경우의 수는 2가지이므로 항상 옳다.

13 조건추리 정답 ③

| 정답풀이 |

A~E의 점수를 차례대로 a점, b점, c점, d점, e점이라고 하면 A~D의 평균 점수는 8.25점이고 A~E의 평균 점수는 8.6점이라고 하였으므로 다음과 같이 식을 세울 수 있다.

- $a+b+c+d=8.25\times4=33$(점)
- $a+b+c+d+e=8.6\times5=43$(점)

아래의 식에서 위의 식을 변끼리 빼면 $e=10$이므로 E의 점수는 10점이다.

그리고 A와 B의 점수 합계가 C와 D의 점수 합계보다 1점 낮다고 하였는데, $a+b+c+d=33$이므로 $a+b=16$, $c+d=17$이다. 이때, C와 D 중에서 6점이 있다면 나머지 한 사람이 11점이어야 하는데, 최대 점수가 10점이므로 모순이다. 즉, A와 B 중 한 사람이 6점이고, 나머지 한 사람이 10점임을 알 수 있다. 또한 C와 D 중 한 사람이 7점이라면 나머지 한 사람이 10점이어야 하는데, 10점을 맞힌 사람이 2명이라고 하였으므로 C와 D 중 한 사람은 8점이고 나머지 한 사람이 9점임을 알 수 있다.

이를 표로 나타내면 다음과 같다.

A	B	C	D	E
10 / 6	6 / 10	8 / 9	9 / 8	10

이때, A, B, C의 점수 합계는 $6+10+8=24$(점) 또는 $6+10+9=25$(점)이므로 항상 옳지 않다.

| 오답풀이 |

① A의 점수는 6점 또는 10점이므로 항상 옳지 않은 것은 아니다.

② B의 점수는 6점 또는 10점이므로 항상 옳지 않은 것은 아니다.

④ C의 점수가 8점일 때, A의 점수가 10점일 수 있으므로 항상 옳지 않은 것은 아니다.

⑤ C, D, E의 점수 합계가 $8+9+10=27$(점)이므로 평균 점수는 $27\div3=9$(점)이다. 따라서 항상 옳다.

14 조건추리 정답 ③

| 정답풀이 |

택배 A는 택배 B보다 3층 높은 층에 전달되었으므로 택배 A가 전달된 층과 택배 B가 전달된 층 사이에는 2개의 층이 존재한다. 이때 택배 D는 택배 E 바로 아래층에 전달되었으므로 택배 A와 택배 B가 전달된 층 사이에 택배 D와 택배 E가 전달된 층이 있다. 또한 택배 C는 택배 A보다 낮은 층에 전달되었으므로 택배 C가 1층에 전달되었고, 5층부터 1층까지 전달된 택배는 A, E, D, B, C 순이다.

직급이 가장 높은 사람의 택배는 가장 높은 층에 전달되었으므로 5층에 근무하는 직원은 강 부장이다. 또한 과장들끼리는 바로 위아래 층에 근무하는데, 택배 B는 조 과장에게 전달되었고, 택배 D와 택배 E의 주인은 직급이 서로 같으므로 택배 C는 심 과장에게 전달되었고, 택배 D와 택배 E는 김 대리 또는 오 대리에게 각각 전달되었다.

구분	택배	직원
5층	A	강 부장
4층	E	김 대리 또는 오 대리
3층	D	오 대리 또는 김 대리
2층	B	조 과장
1층	C	심 과장

따라서 심 과장은 1층, 조 과장은 2층에 근무하므로 심 과장은 조 과장보다 아래층에 근무한다.

| 오답풀이 |

① 김 대리는 택배 D를 전달받았을 수도 있다.

② 오 대리는 택배 E를 전달받았을 수도 있다.

④ 가능한 경우의 수는 2가지이다.

⑤ 택배 A는 5층에 있는 강 부장에게 전달되었다.

15 도형추리 정답 ②

| 정답풀이 |

• 내부 도형 음영만 시계 방향으로 90° 회전한다.
• 외부 도형 음영만 반시계 방향으로 90° 회전한다.

16 도형추리 정답 ①

| 정답풀이 |

1열 도형 → 2열 도형 → 3열 도형: 우측으로 1칸씩 색(음영) 이동한다.

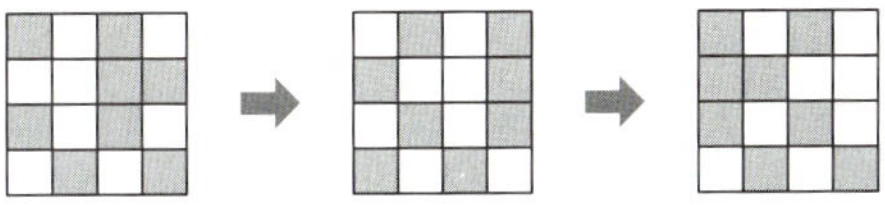

17 도형추리 정답 ②

| 정답풀이 |

1열에서 2열, 2열에서 3열로 이동할 때, 외부 도형은 시계 방향으로 90°, 내부 도형은 반시계 방향으로 90° 회전한다.

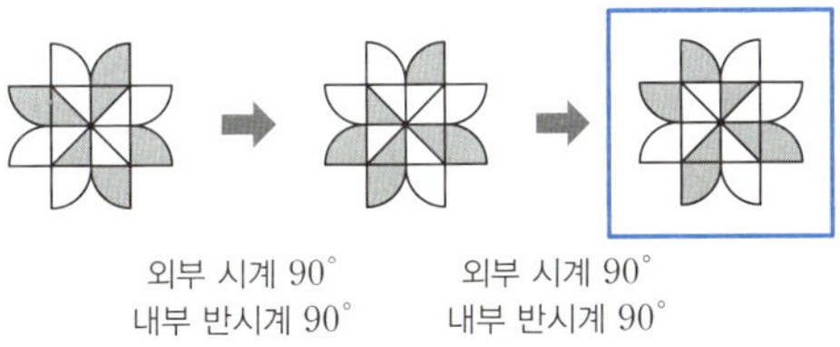

18 도식추리 정답 ③

| 정답풀이 |

주어진 기호의 규칙은 다음과 같다.

기호	규칙
♥	ABCD → BADC
◆	(−1, −1, −1, −1)
■	ABCD → DABC
♣	(+2, +0, +2, +0)

YONJ → ♣ → AOPJ → ■ → **(JAOP)**

빠른 풀이 스킬

다음과 같이 문자표를 일단 적어놓는다.

A	B	C	D	E	F	G	H	I	J	K	L	M
N	O	P	Q	R	S	T	U	V	W	X	Y	Z

주어진 도식을 보면 ♥ → ◆ → ■ → ♣ 순으로 규칙을 파악해야 한다.

• ♥: YTXK → TYKX로 추론할 수 있다. 순서 바꾸기 또는 숫자연산 규칙 모두 가능하지만, 숫자연산 규칙이라면 너무 극단적인 덧셈뺄셈이 되어버린다. 따라서 순서 바꾸기 규칙이라고 가정하면 ABCD → BADC이다.
• ◆: PMES에 ♥를 적용하면 MPSE이다. 따라서 ◆는 MPSE → LORD로 추론할 수 있다. 명백한 숫자연산 규칙으로 (−1, −1, −1, −1)이다.
• ■: VAOL에 ◆를 적용하면 UZNK이다. 따라서 ■는 UZNK → KUZN으로 추론할 수 있다. 순서 바꾸기 또는 숫자연산 규칙 모두 가능하지만, 숫자연산 규칙이라면 너무 극단적인 덧셈뺄셈이 되어버린다. 따라서 순서 바꾸기 규칙이라고 가정하면 ABCD → DABC이다.
• ♣: TYKX에 ■를 적용하면 XTYK이다. 따라서 ♣는 XTYK → ZTAK로 추론할 수 있다. 명백한 숫자연산 규칙으로, (+2, +0, +2, +0)이다.

따라서 YONJ → ♣ → AOPJ → ■ → JAOP이므로 정답은 ③이다.

19 도식추리 정답 ②

| 정답풀이 |

KOCU → ◆ → JNBT → ♥ → NJTB → ♣ → **(PJVB)**

20 도식추리 정답 ④

| 정답풀이 |

(KMHA) → ♥ → MKAH → ■ → HMKA

21 도식추리 정답 ③

| 정답풀이 |

(QTVM) → ■ → MQTV → ◆ → LPSU → ♥ → PLUS

22 문단배열 정답 ③

| 정답풀이 |

주어진 글은 실크스크린 기법과 그 과정에 대해 설명하는 글이다. 가장 첫 문단이 될 수 있는 것은 실크 스크린에 대해 소개하는 [다]이며 [가]에서는 경화된 스크린에 대해 이야기하므로 그 앞에 경화의 과정이 나오는 [라]가 배치되어야 한다. [가]는 인쇄의 과정이며 [나]는 인쇄 이후의 건조 과정이므로 논리적 순서에 맞게 배열하면 [다]-[라]-[가]-[나]가 된다.

23 문단배열 정답 ①

| 정답풀이 |

각 문단의 내용을 요약하면 다음과 같다.

[가] 이민자를 선별하지 않고 받으면 여러 문제가 발생함을 말하고 있다.

[나] "~해야 한다."라는 서술어를 쓰며, 앞으로의 해결 방법에 대해 논하고 있다.

[다] 좋은 인력을 선별해서 입국하도록 하는 것, 사회 통합에 주력해야 하는 것을 제시하고 있다.

[라] 새로 들어올 이민자 선별도 중요하지만, '이미 들어온 이민자'에 대한 지원도 이루어져야 함을 말하고 있다.

이때 [나] 문단은 대책에 해당하므로 글의 맨 뒤에 와야 한다. 따라서 정답은 ①이다.

알아두면 좋은 TIP

글의 순서를 바로잡는 문단배열 유형의 문제를 풀기 위해서는 각 문단의 내용과 형식을 살펴봐야 한다. 우선 전체 글이 '문제+해결책, 주장+근거(사례, 상술, 부연), 전제+주장'인지를 살펴봐야 하고 다음으로는 각 문단의 형식인 접속어나 지시어를 살펴봐야 한다. 제시문의 길이가 길어 시간이 허비될 수 있는데, 위의 방법으로 문제를 풀면 시간을 절약할 수 있다.

24 독해추론 정답 ②

| 정답풀이 |

수출의 20%를 차지하는 버팀목 반도체의 불황이 있다고 하였으므로 버팀목 반도체는 수출의 20%를 차지한다.

| 오답풀이 |

① S전자의 디스플레이 부문이 호조를 보이고 있으므로 디스플레이 부문은 선방했음을 알 수 있다.

③ S전자는 반도체 수출이 지난 8~9월 두 달 연속 줄면서 무역수지는 6개월째 적자가 이어지고 있으므로 적자가 된 지 6개월이 지났음을 알 수 있다.

④ 2022년 3분기 매출액은 76조 원으로 2021년 3분기 대비 2.7% 늘었으므로 전년 동기 대비 늘었음을 알 수 있다.

⑤ 글로벌 경기 침체에 따른 정보기술(IT) 제품 수요 위축과 재고 급증으로 D램 값이 급락한 것이 S전자에게 직격탄이 됐으므로 글로벌 경기 침체로 인해 영업이익이 급감하였음을 알 수 있다.

25 독해추론 정답 ②

| 정답풀이 |

Fiber 레이저는 작동 비용이 상대적으로 낮고, 유지 보수가 적으며, CO2 레이저에 비해 더 작은 힘으로도 더 두꺼운 금속을 절단할 수 있는 능력을 갖추고 있다는 내용을 볼 때, CO2 레이저도 금속을 절단할 수는 있음을 알 수 있다.

| 오답풀이 |

① Fiber 레이저 커팅은 높은 에너지 효율과 빠른 절단 속도를 제공한다는 내용을 통해 레이저 커팅은 생산 효율을 향상시키는 데 기여함을 알 수 있다.

③ 'Fiber 레이저 커팅은 높은 에너지 효율과 빠른 절단 속도를 제공한다. 이 기술은 특히 알루미늄, 스테인리스 스틸, 갈바 스틸, 철판 등 다양한 종류의 금속을 정밀하게 절단할 수 있다.'는 내용을 통해 알 수 있다.

④ 주어진 글에서 Fiber 레이저 커팅은 금속에, CO2 레이저는 비금속에 사용한다고 언급하였으므로 레이저 커팅은 각기 다른 소재의 특성에 맞추어 최적화된 기술을 사용하고 있음을 알 수 있다.

⑤ CO2 레이저 커팅은 M.D.F, 원목, 종이, 아크릴, 실리콘패드 등 다양한 소재를 절단할 수 있는 능력을 지니고 있다는 내용을 통해 알 수 있다.

26 독해추론 정답 ③

| 정답풀이 |

S전기는 2002년에 FC-BGA를 처음으로 양산했고, 이듬해에 세계에서 가장 얇은 130㎛ 두께의 FC-BGA를 개발하였다고 언급되어 있다. 따라서 S전기가 세계에서 가장 얇은 FC-BGA를 개발한 것은 2003년이다.

| 오답풀이 |

① 반도체 칩의 단자 사이 간격은 A4 용지 두께 수준인 100㎛이다.

② 반도체 칩의 단자 사이 간격은 100㎛이고 메인 기판의 간격은 350㎛라고 하였다. 그리고 메인 기판의 회로는 반도체만큼 미세하게 만들기 힘들다고 하였으므로 메인 기판은 반도체 칩만큼 미세하지 못하다는 것을 알 수 있다.

④ 1문단에서 '반도체 칩을 두뇌에 비유한다면 반도체 패키지 기판은 뇌를 보호하는 뼈와 뇌에서 전달하는 정보를 각 기관에 연결하는 신경이라고 할 수 있다.'라고 하였으므로 옳다.

⑤ 2문단에서 'S전기는 30년 반도체 패키지 양산 경험을 앞세워 플래그십(최상위 제품) 스마트폰에 들어가는 모바일 애플리케이션 프로세서(AP)용 FC-CSP에서 세계 1위 점유율을 기록 중이다.'라고 하였으므로 옳다.

27 독해추론 정답 ③

| 정답풀이 |

두 번째 문단을 보면, 인공 신경망은 다수의 퍼셉트론을 여러 계층으로 배열하여 한 계층에서 출력된 신호가 다음 계층에 있는 모든 퍼셉트론의 입력 단자에 입력값으로 입력되는 구조로 이루어진다.

| 오답풀이 |

① 인공 신경망에서 가장 처음에 입력값을 받아들이는 퍼셉트론들을 입력층, 가장 마지막에 있는 퍼셉트론들을 출력층이라고 함을 알 수 있다.
② 인간 신경 조직의 기본 단위는 뉴런인데, 인공 신경망에서는 뉴런의 기능을 수학적으로 모델링한 퍼셉트론을 기본 단위로 사용한다.
④, ⑤ 퍼셉트론은 여러 개의 입력값을 받아도, 가중치를 입력값에 곱한 값들을 모두 합한 가중합이 고정된 임계치보다 작으면 0, 크거나 같으면 1과 같은 방식으로 출력값을 내보낸다. 즉, 그 입력값들을 두 가지로만 구분하여 판정한다.

28 독해추론 정답 ②

| 정답풀이 |

주어진 글은 스타 토플로지가 네트워크 토플로지 중 최고의 네트워크 구성이라고 언급하고 있다. 그 이유에 대해 스타 토폴로지는 네트워크 안의 모든 노드가 동축 케이블이나 연선 또는 광케이블을 통해 직접 하나의 중앙 허브에 연결되어 있으므로 구조가 단순하고 관리가 쉽다는 특성을 들었다. 네트워크를 확장하거나 줄여나갈 때 설정과 관리가 간단하다는 것 또한 그 근거이다. 반대로 중앙 허브에 장애가 생기면 나머지 네트워크는 모두 멈출 수밖에 없다. 그래서 스타 토플로지는 최적의 네트워크 구성이 아니며 중앙 허브를 적절히 관리하여 안정성을 유지하는 것이 중요한 네트워크 토플로지이다.

| 오답풀이 |

① 스타 토플로지는 중앙 허브에서 전체 네트워크를 편리하게 관리할 수 있다는 점에서 좋은 네트워크 토플로지이다.
③ 구조가 복잡하지 않고 디자인이 단순하기 때문에 네트워크를 확장하거나 줄여나갈 때 설정과 관리가 간단하므로 설치비용이 상대적으로 적게 든다고 추론할 수 있다. 따라서 반론으로 적절하지 않다.
④ 주어진 글의 '네트워크 안의 각각의 노드에서 보낸 정보가 목적지에 닿기 위해서는 반드시 중앙 노드를 지나야 한다.'는 내용을 볼 때, 스타 토폴로지는 각각의 노드가 중앙 허브와 독립적으로 연결되어 있어서 안정적인 배치라는 것은 스타 토플로지가 좋은 네트워크 토플로지라는 근거가 되므로 반론으로 적절하지 않다.
⑤ 노드 하나에서 장애가 발생하더라도 나머지 네트워크는 영향을 받지 않고 기능하는 것 또한 스타 토플로지가 좋은 네트워크 토플로지라는 근거가 되므로 반론으로 적절하지 않다.

29 독해추론 정답 ②

| 정답풀이 |

[보기]는 딥페이크 영상으로 인한 문제점이 드러나 있고, 주어진 글은 딥페이크 기술을 활용한 의료영상을 유용하게 활용한 사례이다. 그러므로 단순히 영상에 딥페이크 기술을 활용하는 것을 금지해야 한다는 것은 적절하지 않다. 딥페이크 기술도 쓰이는 방향과 목적에 따라 명과 암을 가지므로 나쁘게 쓰이는 것을 방지하고 대책을 마련할 수 있는 논의가 필요하다고 정리하는 것이 적절한 추론이다.

| 오답풀이 |

① 딥페이크 기술의 긍정적인 활용과 부정적인 활용을 모두 언급하고 있으므로 기술은 하나의 도구일 뿐 기술 자체는 윤리가 없다는 내용은 추론할 수 있는 내용이다. 기술을 쓰는 사람의 윤리를 강조하는 결론이기 때문이다.
③ 가짜 뉴스, 실존인물을 그려내는 것 등 딥페이크 기술 확산으로 진실과 거짓의 구분이 어려워지고 있음을 추론할 수 있다.
④ 의료계에서는 [보기]의 사례에서 볼 수 있듯이 비판받는 딥페이크 기술을 바탕으로 연구를 진행하고 있다.
⑤ 뉴스의 사례에서도 볼 수 있듯이 영상 제작 업계에서는 딥페이크 기술로 특수효과를 만들어 내고 있다.

30 독해추론 정답 ④

| 정답풀이 |

주어진 글에서 물은 대표적으로 표면 장력이 큰 액체라고 설명하고 있으며 [보기]에서 연잎은 돌기에 의해 연잎 표면과 물방울의 접촉 면적을 최소화하면서 강한 소수성을 띤다고 하였으므로 연잎의 돌기와 물 사이에는 분자끼리 결합하지 않으려는 힘이 작용한다고 추론할 수 있다.

| 오답풀이 |

① 물보다 표면 장력이 더 작은 액체는 물보다 둥근 형태를 더 잘 유지하지 못한다.
② 연잎의 돌기는 대상과 접촉하는 면적을 좁히면서 연잎 위의 물방울을 퍼지지 않게 한다.
③ 연잎과 달리 돌기가 없는 식물의 잎은 친수성으로 인해 물방울이 잘 흘러내리지 않는다.
⑤ 분자 간 인력이 작은 액체는 표면 장력이 작으므로 약한 소수성을 띤다.

04 실전모의고사 4회

수리논리									P.154
01	③	02	④	03	⑤	04	①	05	①
06	⑤	07	③	08	⑤	09	③	10	①
11	②	12	②	13	③	14	③	15	④
16	④	17	⑤	18	④	19	④	20	⑤

01 응용수리 정답 ③

| 정답풀이 |

A 수도꼭지는 $\frac{200\text{L}}{30\text{분}}=\frac{20\text{L}}{3\text{분}}$

B 수도꼭지는 $\frac{80\text{L}}{10\text{분}}=8\text{L/분}$

x분 후에 B 수도꼭지가 A 수도꼭지보다 23L를 더 많이 채운다고 하면

$x\text{분}\times(8\text{L/분}-\frac{20\text{L}}{3\text{분}})=23(\text{L})$, $x=\frac{69}{4}\text{분}=17\frac{1}{4}(\text{분})$이다. 따라서 B 수도꼭지가 A 수도꼭지보다 물을 23L만큼 더 채우는 시간은 17분 15초이다.

02 응용수리 정답 ④

| 정답풀이 |

총 6개의 제비 중 2개의 제비를 뽑으므로 전체 경우의 수는 ${}_6C_2=15$(가지)이다. 여기서 전자제품 1개, 상품권 1개가 당첨되는 경우의 수는 ${}_2C_1\times{}_4C_1=8$(가지)이다.

따라서 전자제품 1개와 상품권 1개가 당첨될 확률은 $\frac{8}{15}$이다.

03 자료해석 정답 ⑤

| 정답풀이 |

㉢ 2022년 제조업용 로봇을 제외한 분야의 합은 100−51=49(%)이고, 개인서비스용 로봇 매출은 8%이므로, $\frac{8}{49}\times100=16.3(\%)$이다. 따라서 20% 이상을 차지하지 못한다.

㉣ 2021년 분야별 로봇 매출의 전년 대비 증가량과 증가율은 다음과 같다.

구분	제조업용 로봇	전문서비스용 로봇	개인서비스용 로봇	로봇부품 및 소프트웨어
증가량 (억 원)	1,000	400	100	1,000
증가율	3.6%	8.7%	2.5%	5.9%

따라서 증가율이 가장 큰 분야는 전문서비스용 로봇이다.

| 오답풀이 |

㉠ 2020년 제조업용 로봇 매출은 28,000억 원으로 전문서비스용 로봇(4,600)+개인서비스용 로봇(4,000)+로봇부품 및 소프트웨어(17,000)=25,600(억 원)보다 크므로 전체 매출의 50% 이상을 차지한다.

㉡ • 제조업용 로봇: 2020년(28,000)<2021년(29,000)<2022년(30,000)
- 전문서비스용 로봇: 2020년(4,600)<2021년(5,000)<2022년(5,400)
- 개인서비스용 로봇: 2020년(4,000)<2021년(4,100)<2022년(4,400)
- 로봇부품 및 소프트웨어: 2020년(17,000)<2021년(18,000)<2022년(19,000)

알아두면 좋은 TIP

㉣ 증가량만 봤을 땐 제조업용 로봇과 로봇부품 및 소프트웨어가 가장 크지만, 증가율은 2020년 대비인데, 2020년 제조업용 로봇(28,000억 원)보다 2020년 로봇부품 및 소프트웨어(17,000억 원)가 더 적으므로 증가율이 더 크다는 것을 알 수 있다. 즉, 증가율이 가장 큰 분야는 제조업용 로봇이 아니라는 것을 빠르게 알아 낼 수 있다.

04 자료해석 정답 ①

| 정답풀이 |

통행거리가 5km 미만인 승차인원 백만 명당 평균 통행거리는 $\frac{1,071}{389}\fallingdotseq2.8(\text{km})$이다.

| 오답풀이 |

② 제시된 통행거리 중 5~10km 미만의 승차인원이 436백만 명으로 가장 많다.

③ 제시된 통행거리 중 연인거리가 가장 긴 통행거리는 연인거리

가 4,585km인 10~15km 미만이다.
④ 통행거리가 20~50km 미만인 승차인원은 170+49+15=234(백만 명)이다.
⑤ 전체 승차인원 백만 명당 평균 통행거리는 $\frac{19,797}{1,665}$≒11.9(km)이다.

05 자료해석 정답 ①

| 정답풀이 |

긍정적 평가 비율은 C 기업이 D 기업보다 70−55=15(%p) 더 높다.

| 오답풀이 |

② 긍정적 평가보다 부정적 평가를 더 많이 받은 기업은 A 기업과 B 기업 2개이다.
③ 부정적 평가를 한 사람 수는 A 기업이 1,200×0.65=780(명), B 기업이 800×0.55=440(명)이므로 A 기업이 B 기업보다 780−440=340(명) 더 많다.
④ 부정적 평가 비율이 가장 낮은 기업인 C 기업에 긍정적 평가를 한 사람 수는 500×0.7=350(명)이다.
⑤ D 기업에 대해 긍정적 평가를 한 사람 수는 1,000×0.55=550(명)이고, 부정적 평가를 한 사람 수는 1,000×0.45=450(명)이므로 긍정적 평가를 한 사람이 부정적 평가를 한 사람보다 550−450=100(명) 더 많다.

빠른 풀이 스킬

⑤ 비율의 차를 이용하면 D 기업에 대해 긍정적 평가를 한 사람의 비율이 부정적 평가를 한 사람의 비율보다 55−45=10(%p) 더 높으므로 사람 수는 1,000×0.1=100(명) 더 많음을 쉽게 알 수 있다.

06 자료해석 정답 ⑤

| 정답풀이 |

근무 기간이 1년 6개월 이상인 직원 21+22+14+5=62(명)이 모두 문과 계열 졸업생이라면 나머지 84−62=22(명)의 문과 계열 졸업생만 근무 기간이 1년 6개월 미만이므로 근무 기간이 1년 6개월 미만인 직원 중 적어도 22명 이상이 문과 계열 졸업생이다.

| 오답풀이 |

① 계열사 직원 중 근무 기간이 1년 미만인 직원은 2+8+19+50=79(명)이며, 전체 직원의 50%는 $\frac{171}{2}$=85.5(명)이므로 비율은 50% 이하이다.
② 근무 기간이 6개월 미만인 직원은 2+8+19=29(명)인데, 이들 모두가 문과 계열 졸업생이라고 가정하면 6개월 이상의 문과 계열 졸업생은 최소 84−29=55(명)이므로 근무 기간이 6개월 이상인 직원 중에는 문과 계열 졸업생이 가장 많다.
③ 기타 계열 졸업자는 전체의 $\frac{37}{171}$×100≒21.6(%)이므로 20%를 초과한다.
④ 직원 중 기타 계열 졸업자 37명이 모두 3년 이상의 19명에 해당하더라도 37−19=18(명)은 포함되지 않으므로 근무 기간이 3년 미만인 직원 중에 기타 계열을 졸업한 직원은 반드시 있다.

07 자료해석 정답 ③

| 정답풀이 |

ⓒ 2017년 이후 연도별 증권시장 상장회사 수는 다음과 같다.

(단위: 개)

2017년	2018년	2019년	2020년	2021년
1,785	1,830	1,920	1,990	2,040

따라서 증권시장 상장회사 수는 2018년 이후부터 전년 대비 꾸준히 증가했다.

ⓒ 2016년 유가증권 상장회사 수는 2015년 대비 $\frac{1,005-1,000}{1,000}\times100=0.5(\%)$ 증가했다.

| 오답풀이 |

㉠ 코스닥 상장회사 수의 전년 대비 증감 여부를 확인하면, 2019년에는 전년과 같고, 2020년에는 전년 대비 증가했다.
㉣ 2020년 증권시장 상장회사 수는 1,210+780=1,990(개)이고, 5년 전인 2015년에는 1,000+800=1,800(개)이다. 따라서 1,990−1,800=190(개) 증가했으므로 200개 미만으로 증가했다.

08 자료해석 정답 ⑤

| 정답풀이 |

연간 수출액이 전년 대비 감소한 해는 2022년이고, 그 해의 감소율은 $\frac{68,000-66,000}{68,000}\times100≒2.94(\%)$이므로 3% 이하이다.

| 오답풀이 |

① 수출액의 전년 대비 증가량은 2019년이 5,500만 달러(58,000−52,500)이고, 2020년이 4,000만 달러(62,000−58,000)이므로 2019년이 2020년보다 더 많다.
② 태국 대비 러시아 연간 수출액은 $\frac{4,050만}{4,600만}$×100≒88(%)이므로 10% 이상 적다.
③ 2018~2021년 동안 국내산 김 연간 수출액은(52,500 → 58,000 → 62,000 → 68,000) 매년 증가했다.

④ 미국(14,800)+중국(9,600)>일본(11,600)+태국(4,400)+러시아(4,050)이므로 상위 5개국 내에서 절반 이상을 차지한다.

빠른 풀이 스킬

② 태국 연간 수출액의 10%는 460만이고, '4,050만<4,600만−460만'이므로 러시아 연간 수출액이 10% 이상 적다.

09 자료해석 정답 ③

| 정답풀이 |

㉠ 2022년 김 연간 수출액 상위 5개국 합은 14,800+11,600+9,600+4,600+4,050=44,650(만 달러)이고, 미국이 차지하는 비중은 $\frac{14,800}{44,650}\times100≒33(\%)$이므로 30% 이상이다.

㉣ 2022년 김 연간 수출액 상위 5개국 합은 44,650만 달러이고, 2021년 상위 5개국을 제외한 연간 수출액은 68,000−44,650=23,350(만 달러)이다.

| 오답풀이 |

㉡ 2022년 김 연간 수출액 상위 5개국 합은 14,800+11,600+9,600+4,600+4,050=44,650(만 달러)이므로, 45,650만 달러가 아니다.

㉢ 태국의 김 연간 수출액 비중(7%)이 2020년과 2022년 동일하다면, 2020년 태국의 김 연간 수출액은 62,000×7%=4,340(만 달러)이므로, 4,440만 달러가 아니다.

10 자료해석 정답 ①

| 정답풀이 |

[그래프1]은 가계대출 금액 증가율 추이를 보여 주는데, 모두 양의 값(증가)을 나타내고 있으므로 주택담보대출 금액, 가계대출 금액, 신용대출 금액 모두 증가했다. 따라서 증감 추이는 같다.

| 오답풀이 |

② [그래프2]는 분기별 비중을 나타낸 것으로 2022년 3분기와 4분기에 4~6등급의 비중은 동일하다. 하지만 2022년 3분기보다 4분기에 신용대출 금액이 더 많으므로 4~6등급이 받은 신용대출 금액은 다르다.

③ [그래프1]은 증가율 추이이므로, 2022년 1분기와 2분기 증가율이 8%로 동일하다는 뜻은 모두 8%인 증가율로 증가하고 있다는 것을 의미한다.

④ [그래프1]은 증가율 추이를 보여 주는데 가계대출 금액은 2022년 2분기까지 계속 증가(양수)했으므로 주어진 기간 동안 가계대출 금액이 가장 큰 시기는 2022년 2분기이다.

⑤ 2021년 3분기 이후에도 주택담보대출 금액 증가율은 양수이므로 주택담보대출 금액은 지속적으로 증가했다.

11 자료해석 정답 ②

| 정답풀이 |

㉠ 분기마다 신용대출 금액 비중에서 신용 1~3등급이 가장 큰 비중을 차지하고 있다.

㉢ 2022년 2분기까지 신용대출 금액은 지속적으로 증가했고, 신용 1~3등급의 비중 역시 분기별로 증가하고 있다. 그러므로 신용 1~3등급이 받은 신용대출 금액 역시 계속 증가했다.

| 오답풀이 |

㉡ 2022년 2분기에 4~10등급의 신용대출 금액은 전체 신용대출 금액의 28+8=36(%)이다.

㉣ 2021년 2분기 신용대출 금액은 1분기 대비 10% 증가했다. (2분기 신용대출 금액=1분기 신용대출 금액×1.1)

신용 1~3등급 비중의 증가율은 $\frac{55-52}{52}\times100≒6(\%)$이다.

구분	2021년 1분기	2분기
신용 1~3등급 신용대출 금액	1분기 신용대출 금액×52%	2분기 신용대출 금액×55% =1분기 신용대출 금액×1.1×52%×1.06 =1분기 신용대출 금액×52%×1.1×1.06

따라서 2022년 2분기는 1분기보다 1.1×1.06=1.166(배)만큼 신용대출 금액이 더 크므로 증가율은 대략 16%이다.

12 자료해석 정답 ②

| 정답풀이 |

2018년 고속도로 교통사고 차량은 2017년 대비 $\frac{960-930}{960}\times100≒3.1(\%)$ 감소했으므로 5% 미만으로 감소했다.

| 오답풀이 |

① 일반 도로 교통사고 건수는 2020년 860건에서 2021년 850건으로 감소했다.

③ 2020년 일반 도로 교통사고 건수당 인명피해는 $\frac{5,800}{860}≒6.7$(명/건)이므로 8명/건 미만이다.

④ 2018년 이후 교통사고 인명피해의 전년 대비 증감 추이는 일반도로가 감소, 증가, 감소, 증가이고, 고속도로가 감소, 증가, 증가, 증가이므로 서로 다르다.

⑤ 제시된 기간 중 고속도로 교통사고 차량이 가장 적었던 해는 2019년이지만 고속도로 교통사고 재산피해가 가장 적었던 해는 2018년이므로 서로 다르다.

빠른 풀이 스킬

③ 일반 도로 교통사고 건수의 8배를 계산하면 860×8=6,880(건)이고, 일반 도로 교통사고 인명피해는 5,800명이므로 교통사고 건수당 인명피해는 8명/건 미만임을 쉽게 알 수 있다.

13 자료해석 정답 ③

| 정답풀이 |

㉡ 제시된 기간 중 일반 도로 교통사고 인명피해가 가장 많았던 해는 2019년이고, 일반 도로 사고 차량이 가장 많았던 해는 2021년이므로 서로 다르다.

㉢ 2021년 일반 도로 교통사고 차량 1대당 재산피해는 $\frac{10,800}{1,200}$=9(천만 원/대)이므로 1억 원 미만이다.

| 오답풀이 |

㉠ 2017년 교통사고 재산피해는 고속도로가 일반 도로보다 11,520−9,990=1,530(천만 원) 더 많으므로 153억 원 더 많다.

㉣ 제시된 기간 중 일반 도로 교통사고 건수가 전년 대비 감소한 해는 2018년, 2019년, 2021년이고, 이 해에 고속도로 교통사고 건수도 전년 대비 감소하였다.

14 자료해석 정답 ③

| 정답풀이 |

2017~2019년 동안 청소년 조사 인원은 동일하고, 스마트폰 과의존 위험군 비율은 2017년에 3.5+26.7=30.3(%), 2018년에 3.6+25.7=29.3(%), 2019년에 3.8+26.4=30.2(%)이다. 따라서 2017년에 가장 많다.

| 오답풀이 |

① 2017~2019년 동안 성인 조사 인원은 동일하고, 스마트폰 과의존 잠재적 위험군 비율은 2017년(14.6%), 2018년(15.4%), 2019년(16.0%)이다. 따라서 2019년에 가장 많다.

② 2017~2019년 동안 연령대별 조사 인원은 동일하므로 [그래프2]의 2017년 3+16=19(%), 2018년 3.2+16.4=19.5(%), 2019년 3.3+17=20.3(%)으로 매년 증가하는 추이를 보인다.

④ 2017~2019년 동안 유아동 조사 인원은 동일하다. 전년 대비 2019년에 유아동 고위험군 증가량은 2.3%−2.0%=0.3(%p), 잠재적 위험군 증가량은 20.6%−18.7%=1.9(%p)이므로 잠재적 위험군의 증가 인원이 더 많다.

⑤ 3개년도 모두 모든 연령대의 잠재적 위험군 비율이 고위험군 비율보다 높으므로 인원 역시 더 많다.

15 자료해석 정답 ④

| 정답풀이 |

㉡ 2017~2019년 동안 연령대별 조사 인원은 동일하므로 연도별 전체 인원 역시 동일하다. 즉, [그래프2]의 비율 현황으로 증가율을 계산해도 무방하다.

구분	2018년	2019년
전년 대비 증가량	16.4%−16.0% =0.4(%p)	17.0%−16.4% =0.6(%p)
전년 대비 증가율	$\frac{0.4}{16}$×100=2.5(%)	$\frac{0.6}{16.4}$×100=3.7(%)

따라서 2019년의 전년 대비 증가율이 2018년보다 더 높다.

㉣ 2017~2019년 동안 60대 조사 인원은 동일하고, 60대 스마트폰 과의존 고위험군 비율이 2017년 2.1%, 2018년 2.4%, 2019년 2.5%이므로 고위험군 인원수는 지속적으로 증가했다.

| 오답풀이 |

㉠ 서로 다른 연령대는 조사 인원이 동일하지 않으므로 비율이 더 높다고 해서 인원수가 더 많다고 할 수는 없다.

㉢ 2017년 스마트폰 과의존 고위험군 비율은 유아동(1.2%) → 청소년(3.6%) → 성인(2.8%) → 60대(2.1%)로 청소년기에 증가 후 나이가 들수록 점차적으로 감소한다. 하지만 인원수는 정확하게 알 수 없다.

알아두면 좋은 TIP

㉡ 2018년($\frac{0.4}{16}$) vs 2019년($\frac{0.6}{16.4}$)의 경우

- 분자: 2019년 0.2 증가(2018년 대비 $\frac{0.2}{0.4}$는 0.4의 50% 증가)
- 분모: 2019년 0.4 증가(2018년 대비 $\frac{0.4}{16}$는 16의 10%(1.6)보다 적게 증가)

정확하게 계산하지 않아도 분자 증가율이 높으므로 2019년의 증가율이 더 크다는 것을 쉽게 알 수 있다.

16 자료해석 정답 ④

| 정답풀이 |

㉡ 2019년과 2020년 국가 A의 GDP를 구하면 다음과 같다.

- 2019년: 90,000÷0.15=600,000(십억 원)
- 2020년: 105,000÷0.15=700,000(십억 원)

따라서 국가 A의 2020년 GDP는 전년 대비

$\frac{700,000-600,000}{600,000}\times 100 \fallingdotseq 16.7(\%)$ 증가하였다.

㉣ 국가 A의 공공복지 예산액은 2021년에 전년 대비 감소하였으며, 나머지 세 국가에서 공공복지 예산을 줄였는지는 예산 비율만으로 알 수 없다.

| 오답풀이 |

㉠ 2018년 국가 A의 GDP 대비 공공복지 예산 비율은 10%이고, 같은 해 공공복지 예산은 80,000십억 원(=80조 원)이므로 GDP는 $\frac{80}{0.1}$=800(조 원)이다.

㉢ 국가 D의 공공복지 예산 비율은 매년 국가 A, B, C보다 높다.

17 자료해석 정답 ⑤

| 정답풀이 |

분야별 공공복지 예산 비율이 높은 순서대로 분야를 나열하면 2022년에는 노인>기타>보건=가족=실업 순이고, 2020년에는 기타>노인>보건>가족>실업 순이므로 서로 다르다.

| 오답풀이 |

① 2019년 기타 분야 공공복지 예산은 90,000×0.25=22,500(십억 원)이므로 25조 원 미만이다.

② 2022년 가족 분야의 공공복지 예산 비율이 전년 대비 감소하였으므로 두 해를 확인하면 가족 분야의 공공복지 예산은 2021년에 100,000×0.2=20,000(십억 원), 2022년에 125,000×0.15=18,750(십억 원)이므로 2022년에는 전년 대비 감소했다.

③ 2020년 국가 A의 GDP는 $\frac{105,000}{0.15}$=700,000(십억 원)이고, 노인과 가족 분야 공공복지 예산은 105,000×(0.25+0.15)=42,000(십억 원)이므로 GDP의 $\frac{42,000}{700,000}\times100$=6(%)에 해당한다.

④ 실업 분야 공공복지 예산은 2018년에 80,000×0.15=12,000(십억 원), 2021년에 100,000×0.2=20,000(십억 원)이므로 2021년에 2018년 대비 20,000−12,000=8,000(십억 원) 증가하였다. 즉, 8조 원 증가하였다.

18 자료해석 정답 ④

| 정답풀이 |

먼저 2018년과 2020년의 수치를 이용하여, a, b를 구하면 다음과 같다.

35=(28+8×a)÷b, 41=(38+9×a)÷b이므로 a=14, b=4이다.

- 2019년: 32.5=(32+㉠×14)÷4, ㉠=7(%)
- 2021년: ㉢=(36+6×14)÷4, ㉢=30(%)
- 2022년: 45=(㉡+10×14)÷4, ㉡=40(%)

19 자료해석 정답 ④

| 정답풀이 |

전분기 대비 변화량(%p)은 다음과 같다.

구분	22년 2분기	22년 3분기	22년 4분기	23년 1분기	23년 2분기
미국	1.5%p	1.5%p	1.25%p	0.5%p	0.25%p
한국	0.5%p	0.75%p	0.75%p	0.25%p	0%p

전분기 대비 변화율(%)은 다음과 같다.

구분	22년 2분기	22년 3분기	22년 4분기	23년 1분기	23년 2분기
미국	600%	약 86%	약 38%	약 11%	5%
한국	40%	약 43%	30%	약 8%	0%

따라서 정답은 ④번이다.

알아두면 좋은 TIP

변화량(%p)과 변화율(%)에 대해 구분만 해도 선택지 몇 개는 소거시킬 수 있다.
변화량(절대적인 증감량)의 단위는 %−%=%p이고, 변화율(상대적인 증감률)의 단위는 $\frac{\%p}{\%}$×100=%이다.
②는 변화율(%)에 대한 것이고, ⑤는 변화량(%p)에 대한 것이다.

20 자료해석 정답 ⑤

| 정답풀이 |

A사와 B사 매출액의 전 분기 대비 변화량은 다음과 같다.

(단위: 억 원)

구분	2019년 1분기	2분기	3분기	4분기	2020년 1분기	2분기
A사	−	100	200	300	400	500
B사	−	100	0	100	0	100
합계	−	200	200	400	400	600

이때, 매출액 평균=(A사+B사)÷2=1(조 원)은 (A사+B사)=2(조 원)을 의미한다.

A사와 B사의 분기별 매출액 합과 변화량은 다음과 같으므로, 총 매출액 2조 원(평균 매출액 1조 원) 이상이 되는 것은 2021년 3분기이다.

(단위: 억 원)

구분	2019년 1분기	2분기	3분기	4분기	2020년 1분기	2분기	…	2021년 2분기	3분기
매출액 합계	14,000	14,200	14,400	14,800	15,200	15,800	…	19,000	20,000
전분기 대비 변화량	−	200	200	400	400	600	…	1,000	1,000

추리									P.172
01	①	02	④	03	③	04	④	05	⑤
06	④	07	②	08	②	09	①	10	⑤
11	③	12	②	13	③	14	②	15	④
16	③	17	③	18	⑤	19	④	20	②
21	③	22	①	23	③	24	③	25	⑤
26	③	27	⑤	28	③	29	⑤	30	④

01 명제 정답 ①

| 정답풀이 |

전제1을 만족하는 벤다이어그램은 [그림1]과 같다.

[그림1]

여기에 전제2를 덧붙인 기본적인 벤다이어그램은 [그림2]와 같이 나타낼 수 있으며, '운동선수'와 '폭식'의 공통영역에 해당하는 색칠된 부분이 반드시 존재해야 한다.

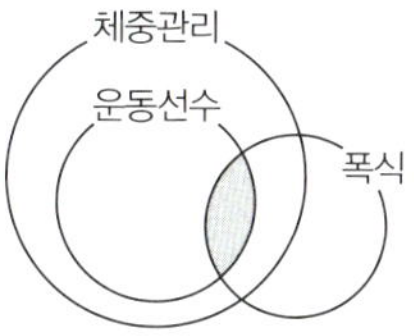

[그림2]

[그림2]에서 '운동선수'를 제외한 '체중관리'와 '폭식' 사이의 관계를 보면, 둘 사이에 뚜렷한 포함관계가 존재하진 않으나 최소한 색칠된 부분만큼은 공통으로 포함하고 있다는 것을 알 수 있다. 즉, '체중관리'와 '폭식' 사이엔 반드시 공통영역이 존재한다.
따라서 정답은 ①이다.

빠른 풀이 스킬

전제2에 "어떤 ~는 ~이다."라는 some 개념이 있으므로 벤다이어그램을 활용한다. 운동선수를 '운', 체중관리를 하는 사람을 '체', 폭식을 하는 사람을 '폭'이라고 표시하자. some 개념이 없는 전제1부터 벤다이어그램으로 표현하면 [그림3]과 같다.

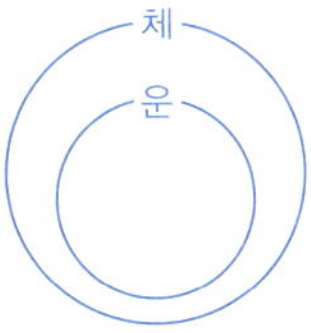

[그림3]

여기에 전제2를 덧붙인 기본적인 벤다이어그램은 [그림4]와 같이 나타낼 수 있으며, '운'과 '폭'의 공통영역에 해당하는 색칠된 부분이 반드시 존재해야 한다.

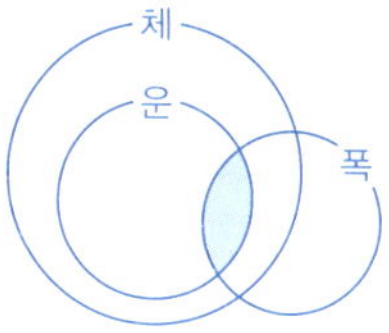

[그림4]

여기서 소거법을 사용하여 정답을 찾아보자. [그림4]를 보면 ②, ③은 옳지 않다는 것을 알 수 있다. 한편 [그림4]의 색칠된 부분이 존재하기만 하면 '폭'의 범위를 [그림5]와 같이 더 늘리거나 [그림6]과 같이 더 줄일 수도 있다.

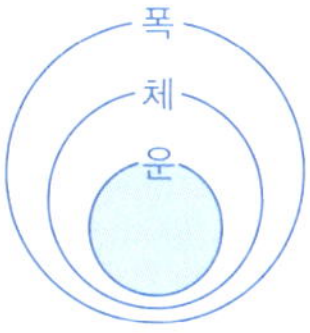

[그림5]

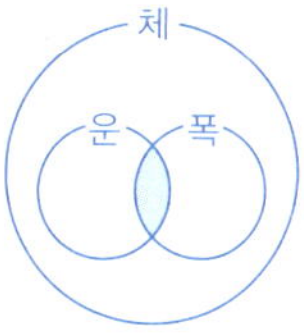

[그림6]

④의 경우 [그림5]를, ⑤의 경우 [그림6]을 반례로 내세울 수 있다. 반면 ①의 경우 '폭'의 범위를 아무리 변형해도 항상 참이므로 정답은 ①이다.

02 명제 정답 ④

| 정답풀이 |

전제2의 대우명제와 전제1을 고려하면 다음과 같은 벤다이어그램을 그릴 수 있다.

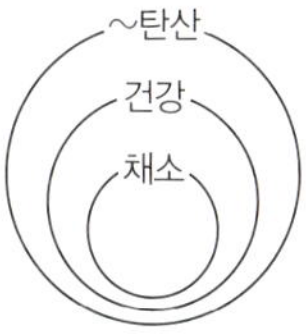

'~탄산'이 '채소'를 포함하고 있으므로 '채소 → ~탄산'이 항상 성립한다.
따라서 정답은 ④이다.

빠른 풀이 스킬

전제1과 전제2 모두 some 개념이 등장하지 않으므로 삼단논법을 사용하여 문제를 풀 수 있다. 채소를 먹는 사람을 '채', 건강이 좋은 사람을 '건', 탄산음료를 먹는 사람을 '탄'이라고 표시하고 전제1과 전제2를 다시 써보면 다음과 같다.

• 전제1 : 채 → 건

• 전제2: 탄 → ~건

전제1과 전제2에서 모두 '건'이 등장하므로 '건'이 전제1과 전제2를 연결하는 연결고리, 즉 매개념이다. 매개념을 이용하기 위해 전제2의 대우명제를 구해보면 '건 → ~탄'이므로 전제1과 전제2를 서로 연결하면 '채 → ~탄'이라는 결론을 내릴 수 있다. 따라서 정답은 ④이다.

03 명제 정답 ③

| 정답풀이 |

전제1을 만족하는 가장 기본적인 벤다이어그램은 [그림1]과 같다.

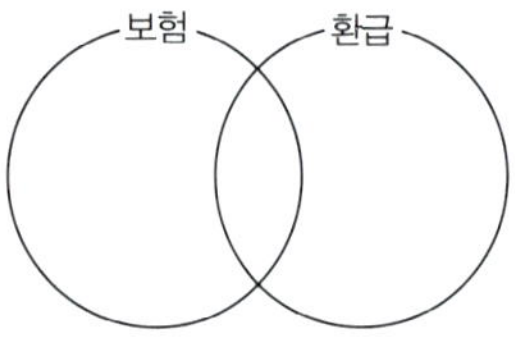

[그림1]

이 상태에서 '보험'과 '혈액암' 사이에 공통영역이 존재한다는 결론을 반드시 만족하기 위해선 [그림2]와 같이 '혈액암'이 '환급'을 포함하고 있으면 된다.

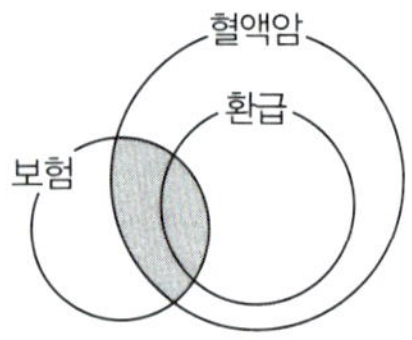

[그림2]

'혈액암'이 '환급'을 포함하고 있으면 [그림2]의 색칠된 부분이 반드시 존재하게 되므로, '보험'과 '혈액암' 사이에 공통영역이 존재한다는 결론을 반드시 만족하게 된다. 따라서 '환급 → 혈액암'에 해당하는 ③이 정답이다.

빠른 풀이 스킬

전제1과 결론에 some 개념이 있으므로 벤다이어그램을 활용한다. 보험을 '보', 환급을 받을 수 있는 것을 '환', 혈액암을 보장하는 것을 '혈'이라고 표시하자. 우선 전제1을 만족하는 가장 기본적인 벤다이어그램은 [그림3]과 같으며, 색칠된 부분이 반드시 존재해야 한다.

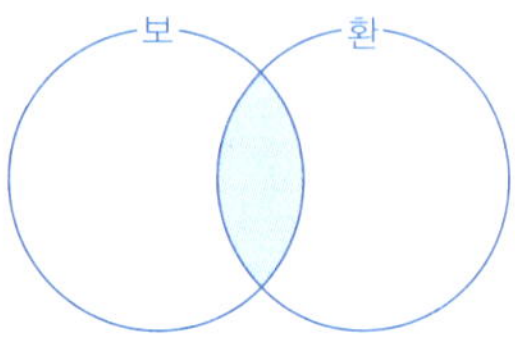

[그림3]

이 상태에서 ①을 만족하도록 '혈'의 벤다이어그램을 그려보도록 하자. ①을 만족하기 위해선 '혈'이 '환' 안에 포함되기만 하면 되므로 [그림4]와 같은 벤다이어그램도 그릴 수 있다.

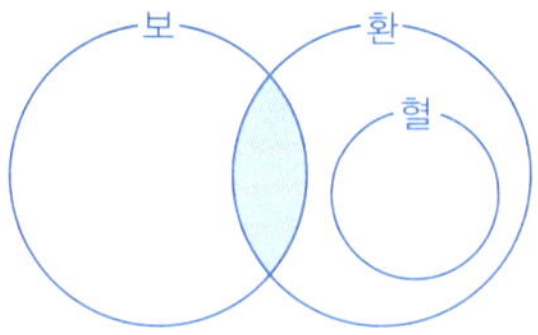

[그림4]

이 경우 전제1과 ①을 모두 만족하지만 결론을 만족하지 못한다. 즉, ①을 전제2로 세울 경우 항상 결론이 도출되는 것은 아니므로 ①은 전제2로 적절하지 않다.

이와 같은 방식으로 전제1과 ②, ④, ⑤를 만족하는 벤다이어그램을 각각 그렸을 때, 결론을 위배하는 반례가 하나라도 발생한다면 해당 선택지를 소거할 수 있다. ②, ④, ⑤는 모두 [그림5]를 반례로 들 수 있으므로 정답이 될 수 없다.

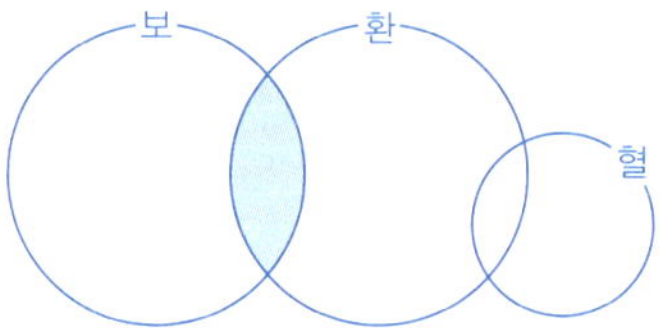

[그림5]

반면 ③은 전제2로 세웠을 때 항상 결론을 만족하므로 정답은 ③이다.

04 조건추리 정답 ④

| 정답풀이 |

C, F, G와 I, A, E가 각각 제시된 순서대로 같은 층에 연달아 거주하고, C의 바로 아래층 호수는 비어 있으며, 그 바로 아래층 호수에는 A가 거주하므로 C, F, G는 3층, I, A, E는 1층에 제시된 순서대로 거주하고 있다. 이때 C와 A는 같은 라인에 거주하므로 C, F, G가 2~4호 라인, I, A, E가 1~3호 라인에 거주하는 경우만 가능하다.

301호	302호	303호	304호
없음	C	F	G
201호	202호	203호	204호
	없음		
101호	102호	103호	104호
I	A	E	없음

D는 I와 같은 라인에 거주하고 있으므로 D는 201호에 거주하고 있으며, H의 바로 위층과 바로 아래층 중 한

곳에만 거주자가 있으므로 H는 204호에 거주하고 있다. 마지막으로 B는 203호에 거주하고 있다.

301호	302호	303호	304호
없음	C	F	G
201호	202호	203호	204호
D	없음	B	H
101호	102호	103호	104호
I	A	E	없음

따라서 D와 H는 연이은 호수에 거주하지 않는다.

| 오답풀이 |

① B와 E는 같은 3호 라인에 거주하고 있다.
② D의 바로 위층 호수에는 거주자가 없다.
③ 가능한 전체 경우의 수는 1가지이다.
⑤ F는 3호 라인, A는 2호 라인에 거주하고 있다.

05 조건추리 정답 ⑤

| 정답풀이 |

인턴 중 3명은 상경 계열, 1명은 자연 계열 대학을 졸업했고, 기획 1팀에 배치된 사람은 자연 계열 대학을 졸업했으므로 나머지 기획 2~4팀에 배치된 사람은 상경 계열 대학을 졸업했다. 기획 2팀에 배치되는 인턴은 여자인데 C는 여자이면서 기획 4팀에 배치되었고, D는 남자이면서 기획 3팀에 배치되지 않았으므로 D는 기획 1팀에 배치되었고, A와 B는 기획 2팀 또는 기획 3팀에 배치되었다. 이때 기획 3팀에 배치된 사람의 성별은 알 수 없다.

팀	1팀	2팀	3팀	4팀
인턴	D	A 또는 B	B 또는 A	C
성별	남자	여자	남자 또는 여자	여자
대학	자연	상경	상경	상경

따라서 기획 3팀에 배치된 인턴이 여자이면 C의 성별과 같은 여자 인턴이 3명이다.

| 오답풀이 |

① 가능한 경우의 수는 4가지이다.
② 기획 3팀에 배치된 인턴이 여자인 것과 관계없이 기획 2팀에 배치된 인턴이 B인지는 알 수 없다.
③ 기획 1팀에 배치된 인턴은 남자이다.
④ A는 남자인지 여자인지 알 수 없다.

06 조건추리 정답 ④

| 정답풀이 |

4명 중 한 명이 거짓말을 하였는데, 누구인지 확정할 수가 없다. 게다가 4명의 진술 관계 또한 명확해 보이지 않으므로 선택지에서 제시한 것을 바탕으로 이들 4명의 진술이 참인지 거짓인지 판단해 보자.

구분	A	B	C	D	거짓말한 사람 수
①	T	F	F	F	3명
②	T	T	F	F	2명
③	T	F	T	F	2명
④	F	T	T	T	1명
⑤	T	F	T	F	2명

따라서 거짓말한 사람이 1명인 ④가 정답이다.

07 조건추리 정답 ②

| 정답풀이 |

둥근 원형 테이블이므로 조건에 가장 많이 언급된 B의 자리를 고정하여 조건을 그림으로 나타내면 다음과 같다.

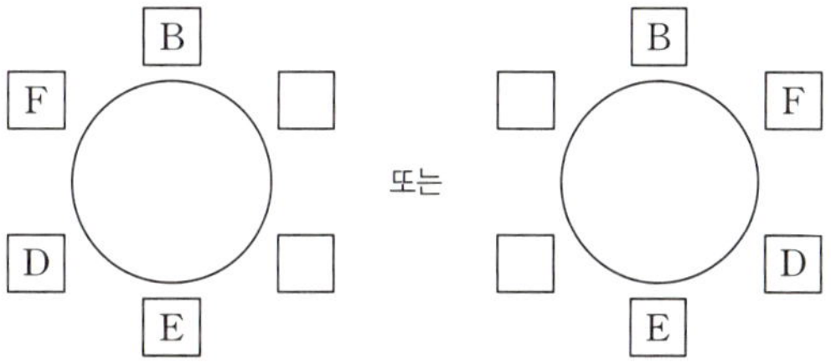

여기서 비어 있는 두 자리에는 A 또는 C가 앉을 수 있다. 따라서 A의 한쪽 옆에는 C가 앉아 있다.

| 오답풀이 |

① C의 맞은편에는 F가 앉아 있을 수 있다.
③ C가 E의 옆자리에 앉아 있다면, B와 C는 연이은 옆자리에 앉아 있지 않을 수 있다.
④ D와 E는 연이은 옆자리에 앉아 있다.
⑤ A가 E의 옆자리에 앉아 있다면, 한 칸 건넌 자리에는 F가 앉아 있지 않을 수 있다.

08 조건추리 정답 ②

| 정답풀이 |

A는 사과, 배, 수박을 좋아하지 않고, D는 복숭아를 좋아하므로 A는 참외를 좋아한다. 이에 따라 나머지 B, C, E가 좋아하는 과일로 가능한 경우는 다음과 같다.

구분	A	B	C	D	E
사과	×	×	×/○	×	○/×
배	×	○/×	×	×	×/○
복숭아	×	×	×	○	×
수박	×	×/○	○/×	×	×
참외	○	×	×	×	×

따라서 B가 수박을 좋아하면 E는 배를 좋아한다.

| 오답풀이 |

① E가 사과를 좋아하면 C는 수박을 좋아한다.
③ C가 수박을 좋아하면 B는 배를 좋아한다.
④ B가 수박을 좋아하면 E는 배를 좋아한다.
⑤ B가 배를 좋아하면 C가 좋아하는 과일은 수박 1가지이다.

09 조건추리 정답 ①

| 정답풀이 |

D는 오른쪽에서 세 번째 자리에 앉았고, F는 왼쪽에서 두 번째 자리에 앉았으므로 이를 그림으로 나타내면 다음과 같다.

	F			D		

여기서 B의 오른쪽에는 3명 이상이 앉았고, B는 가장 왼쪽에 앉지 않았으므로 F와 D 사이에 앉았다. 이때 A는 C 바로 옆자리에 앉았으므로 D의 오른쪽에 앉은 2명은 A와 C이고, E는 양쪽 끝자리에 앉지 않았으므로 F와 D 사이에 앉은 2명은 B와 E이다. 이에 따라 나머지 왼쪽 끝자리에 앉은 직원은 G이다.

G	F	E	B	D	A 또는 C	C 또는 A
		B	E			

따라서 가장 오른쪽에 앉아서 영화를 본 직원은 A 또는 C이다.

10 조건추리 정답 ⑤

| 정답풀이 |

주어진 3개의 조건이 각각 거짓일 경우에 해당하는 조건은 순서대로 다음과 같다.

- 영희는 사과와 호빵 모두를 좋아하지 않는다.
- 영희는 호빵과 코코넛 모두를 좋아하지 않는다.
- 영희는 사과와 코코넛 모두를 좋아한다.

만약 첫 번째 조건이 거짓이라면, 영희는 사과와 호빵을 모두 좋아하지 않으며, 두 번째 조건에 의해 코코넛을 좋아한다. 이는 세 번째 조건과 모순을 일으키지 않으므로 영희는 사과와 호빵을 좋아하지 않고 코코넛을 좋아한다.
만약 두 번째 조건이 거짓이라면, 영희는 호빵과 코코넛을 모두 좋아하지 않으며, 첫 번째 조건에 의해 사과를 좋아한다. 이 역시 모순을 일으키지 않으므로 영희는 사과를 좋아하고, 호빵과 코코넛을 좋아하지 않는다.
만약 세 번째 조건이 거짓이라면, 영희는 사과와 코코넛을 모두 좋아하며, 두 번째 조건에 의해 호빵을 좋아할 수도, 좋아하지 않을 수도 있다. 이는 첫 번째 조건과 모순을 일으키지 않으므로 영희는 사과와 코코넛을 좋아하고, 호빵은 좋아할 수도, 좋아하지 않을 수도 있다.

거짓인 조건	선호 여부		
	사과	호빵	코코넛
첫 번째	×	×	○
두 번째	○	×	×
세 번째	○	○ 또는 ×	○

따라서 영희가 코코넛을 좋아하지 않으면 호빵을 좋아하지 않는다.

| 오답풀이 |

① 두 번째 조건 또는 세 번째 조건이 거짓이라면 영희는 사과를 좋아할 수 있다.
② 세 번째 조건이 거짓이라면 영희는 호빵을 좋아할 수 있다.
③ 첫 번째 조건 또는 세 번째 조건이 거짓이라면 영희는 코코넛을 좋아할 수 있다.
④ 두 번째 조건이 거짓이라면 영희가 사과를 좋아했을 때 코코넛을 좋아하지 않을 수 있다.

11 조건추리 정답 ③

| 정답풀이 |

주어진 조건에 따르면 부장끼리는 같은 팀이 될 수 없고, A 부장과 D 과장은 같은 팀이 아니므로 A 부장과 C 차장, B 부장과 D 과장이 각각 한 팀이다. 이때 각 팀은 한 층씩 담당하여 면접에 들어가고, C 차장은 201호에서 지원자 4명의 면접을 보게 되므로 A 부장과 C 차장은 2층, B 부장과 D 과장은 1층의 면접에 들어가게 된다. 또한 지원자는 총 18명이고 모든 조의 지원자 수는 최소 3명부터 최대 7명으로 서로 다르므로 네 개의 조는 각각 3명, 4명, 5명, 6명의 지원자로 이루어져 있음을 알 수 있다. 이때 201호에서 면접을 보는 지원자 수는 4명이고 1층과 2층 모두 1호에서 면접을 보는 지원자 수는 2호에서 면접을 보는 지원자 수보다 많으므로 202호의 지원자 수는 3명, 101호는 6명, 102호는 5명이다.
따라서 면접은 1호, 2호 순으로 진행되므로 1층의 면접에 들어가는 D 과장이 두 번째로 면접을 보게 될 조의 지원자 수는 5명이다.

12 조건추리 정답 ②

| 정답풀이 |

첫 번째와 두 번째 조건을 정리하면 다음 표와 같다.

구분	A	B	C	D	E
첫째					
둘째	×				
셋째		×			
넷째	×				
다섯째	×	×			

여기서 D는 B의 바로 앞 주에 참여하고, D와 E는 연이은 주에 각각 참여하므로 E – D – B 순으로 참여함을 알 수 있다. 이에 따라 B는 넷째 주에 참여가 가능하므로 E, D, B는 순서대로 둘째~넷째 주에 참여하고, 나머지 A는 첫째 주, C는 다섯째 주에 참여한다.
따라서 행사 참여 순서는 A – E – D – B – C이다.

13 조건추리 정답 ③

| 정답풀이 |

4명의 말이 각각 거짓이라고 가정했을 때, 살고 있는 층으로 가능한 경우를 표로 정리하면 다음과 같다.

구분	A	B	C	D
A가 거짓	2층	1층, 2층, 4층	2층, 4층	1층, 3층
B가 거짓	1층, 3층, 4층	3층	2층, 4층	1층, 3층
C가 거짓	1층, 3층, 4층	1층, 2층, 4층	1층, 3층	1층, 3층
D가 거짓	1층, 3층, 4층	1층, 2층, 4층	2층, 4층	2층, 4층

A의 말이 거짓일 경우, 3층에 살 수 있는 사람은 D밖에 없으므로 D가 3층에 살고, A가 2층에 살고 있으므로 C는 4층, 나머지 B가 1층에 살고 있다.
B의 말이 거짓일 경우, B가 3층에 살고 있으므로 D는 1층에 살고, 1층과 3층을 제외한 나머지 4층에 A가 살고 있으며, 마지막으로 C는 2층에 살고 있다.
C의 말이 거짓일 경우, 1층과 3층에 각각 C 또는 D가 살고, 나머지 2층과 4층에 각각 B와 A가 살게 된다.
D의 말이 거짓일 경우, C와 D는 2층 또는 4층에 살고 있으므로 A와 B는 1층 또는 3층에 살게 된다. 이때 3층에 살 수 있는 사람은 A뿐이므로 B는 1층에 살게 된다.
따라서 D의 말이 거짓일 경우 A와 B 2명이 사는 층만 알 수 있다.

| 오답풀이 |

① B의 말이 거짓일 경우, 4명이 사는 층을 모두 알 수 있다.
② A의 말이 거짓일 경우, 4명이 사는 층을 모두 알 수 있다.
④ C의 말이 거짓일 경우, A와 B가 사는 층만 알 수 있다.
⑤ B의 말이 거짓일 경우, D가 사는 층으로 가능한 경우의 수는 1층 1가지이다.

14 조건추리 정답 ②

| 정답풀이 |

장신구는 시계, 팔찌, 목걸이 총 3가지이고, 신발은 구두, 운동화 총 2가지이다. 모든 종류의 장신구와 신발은 한 가지 이상 구매되었는데 을은 목걸이를 구매하였고, 팔찌를 구매한 사람만 운동화를 구매하였으므로 을은 구두를 구매하였다. 이때 시계를 구매한 2명 중 1명이 정이므로 정은 구두를 구매하였다. 마지막으로 갑 또는 병이 팔찌를 구매하였으므로 가능한 경우는 다음과 같다.

구분	갑	을	병	정
장신구	시계 또는 팔찌	목걸이	팔찌 또는 시계	시계
신발	구두 또는 운동화	구두	운동화 또는 구두	구두

따라서 병이 팔찌를 구매하였으면 갑은 운동화를 구매하였다.

| 오답풀이 |

① 가능한 경우의 수는 2가지이다.
③ 을이 구매한 신발과 정이 구매한 신발은 구두로 같다.
④ 병이 구매한 장신구와 갑이 구매한 장신구는 시계 또는 팔찌이므로 서로 다르다.
⑤ 정이 구매한 장신구와 병이 구매한 장신구가 시계로 같은 경우가 있다.

15 도형추리 정답 ④

| 정답풀이 |

내부 도형 각각 반시계 방향으로 90° 회전 후 색을 반전한다.

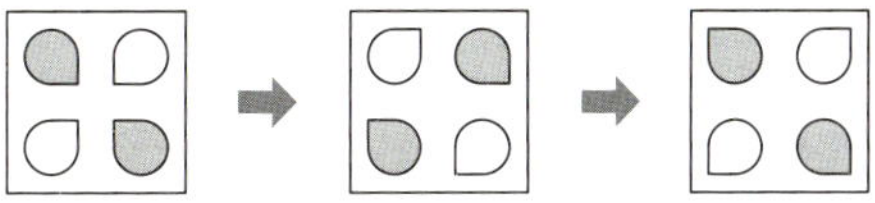

16 도형추리 정답 ③

| 정답풀이 |

오른쪽 열로 이동할 때마다 도형은 반시계 방향으로 90° 회전한다.

반시계 90°　　반시계 90°

17 도형추리 정답 ③

| 정답풀이 |

1열 도형 음영(색)이 없는 칸+2열 도형 음영(색)이 없는 칸

→ 3열 도형: 1열과 2열 도형의 음영(색)이 모두 없는 칸에 음영(색)을 추가한다.

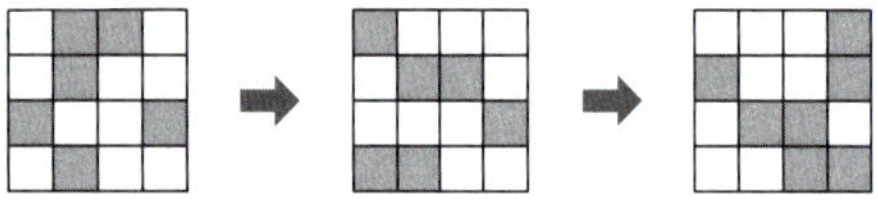

빠른 풀이 스킬

동일한 모양(정사각형, 원 등)으로 3×3, 4×4와 같은 동일한 형태의 모양에서 출제되는 규칙은 행이나 열의 음영(색) 이동, 음영(색)의 합, 음영(색)의 공통된 부분 음영(색) 제거 또는 추가 등이 자주 출제된다는 것을 기억해야 한다.

18 도식추리 정답 ⑤

| 정답풀이 |

기호	■(위치교환)	★	◇	○(위치교환)
규칙	(1, 2, 3, 4) → (4, 2, 3, 1)	(−1, −1, +2, +2)	(+2, +2, −1, −1)	(1, 2, 3, 4) → (1, 3, 2, 4)

규칙을 적용하면 다음과 같다.

QETU → ★ → PDVW → ■ → (**WDVP**)

빠른 풀이 스킬

A	B	C	D	E	F	G	H	I	J	K	L	M
(1)	(2)	(3)	(4)	(5)	(6)	(7)	(8)	(9)	(10)	(11)	(12)	(13)
N	O	P	Q	R	S	T	U	V	W	X	Y	Z
(14)	(15)	(16)	(17)	(18)	(19)	(20)	(21)	(22)	(23)	(24)	(25)	(26)

알파벳은 총 26개이고, 알파벳에 해당하는 숫자를 꼭 외워야 한다.(GSAT 특강에 쉽게 외우는 방법 참조)

문항에 주어지는 규칙은 변환규칙(가/감)이거나 배열규칙(위치이동, 위치교환)으로 출제된다.

또한, 규칙이 눈에 띄지 않는 경우(변환규칙) 알파벳을 숫자로 바꾸어서 비교한다.

- 86YW(8 6 25 23) → ◇ → 08XV(0 8 24 22)이므로 변환규칙 ◇: (+2, +2, −1, −1)
- X4Z6 → ■ → ◇(64ZX) → 86YW이므로 배열규칙 ■: (1, 2, 3, 4) → (4, 2, 3, 1)
- 7N1P → ■(PN17=16 14 1 7) → ★ → OM39(15 13 3 9)이므로 변환규칙 ★: (−1, −1, +2, +2)
- QE32 → ◇(SG21) → ○ → S2G1이므로 배열규칙 ○: (1, 2, 3, 4) → (1, 3, 2, 4)

19 도식추리 정답 ④

| 정답풀이 |

규칙을 적용하면 다음과 같다.

B1A4 → ★ → A0C6 → ○ → AC06 → ◇ → (**CE95**)

20 도식추리 정답 ②

| 정답풀이 |

규칙을 역으로 적용하면 다음과 같다.(+/− → −/+, 위치이동은 반대로, 위치교환/역순나열은 동일하게 적용하면 됨.)

(**5824**) → ◇ → 7013 → ★ → 6935

21 도식추리 정답 ③

| 정답풀이 |

규칙을 역으로 적용하면 다음과 같다.(+/− → −/+, 위치이동은 반대로, 위치교환/역순나열은 동일하게 적용하면 됨.)

(**3SR1**) → ■ → 1SR3 → ○ → 1RS3 → ◇ → 3TR2

22 문단배열 정답 ①

| 정답풀이 |

[나]에서 '골목 경제를 살리는 것이 필요한가'에 대한 일부 시민들의 의견으로 화제를 제시하고, 이어서 [라]의 '그럼에도 불구하고'로 연결하여 우리가 골목 경제를 활성화해야 하는 이유가 '골목 경제가 지닌 가치' 때문이라

고 주장한다. [가]와 [다]는 [라]의 주장에 대한 근거로, 둘 중 [가]가 '우선'으로 시작하므로 먼저 오고 [다]는 [가]의 '다음으로' 이어진다. 마지막 [마]에서 '특색 있는 그 골목만의 문화'를 만들어 낼 수 있다고 결론을 내리는 것이 가장 자연스럽다. 따라서 글의 전개 순서로 가장 자연스러운 것은 [나]-[라]-[가]-[다]-[마]이다.

23 문단배열 정답 ③

| 정답풀이 |

주어진 글은 17세기 네덜란드의 정치, 종교, 경제 부문에 대해 언급하며 세속화가 유행하게 된 배경을 소개한다. 세속화 중에서도 풍속화에 대해서 소개하고, 이어서 풍속화의 대가인 베르메르의 작품에 대해서 설명하는 글이다.

그러므로 가장 먼저 배경이 되는 17세기 네덜란드에 대해서 소개한 [나]가 나오는 것이 적절하다. 이어서 경제적인 부흥기를 맞은 네덜란드가 어떻게 시민사회를 발전시켰는지를 설명하는 [라]가 이어지는 것이 적절하다. [라]의 마지막 부분에 세속적 미술의 발전이라는 내용이 있으므로 [다]에서 '이들 세속화'가 관련이 깊은 것임을 알 수 있다. [다]에는 드디어 베르메르가 등장하는데 그의 작품에 나타난 중산층의 모습과 취향을 구체적으로 언급하는 [가]가 가장 마지막에 오는 것이 적절하다. 따라서 글의 전개 순서로 가장 자연스러운 것은 [나]-[라]-[다]-[가]이다.

24 독해추론 정답 ③

| 정답풀이 |

주어진 글에서 산화막에 갇힌 전자를 빼내기 위해 기판 쪽에서 높은 (+)전압을 걸어주면 전자가 빠져나온다고 언급하였으므로 '기판 쪽에서 높은 전압을 걸어주면 산화막(플로팅게이트) 안에 있는 전자를 이동시킬 수 있다.'라고 해야 적절하다.

| 오답풀이 |

① D램은 커패시터가 있지만 플래시메모리는 없으므로 그 구조가 다르다.

② 전원을 끊어도 데이터가 삭제되지 않는 비휘발성 특성을 가지고 있다.

④ 주어진 글에서 '이 플로팅게이트에 전하가 차 있으면 1, 전하가 없으면 0으로 기록하게 된다. 플로팅게이트는 절연체인 산화막으로 둘러싸여 있어 기본적으로 닫힌 상태다. 그러나 컨트롤게이트에서 높은 (+)전압을 걸어주면 (-)전자가 산화막을 통과해 플로팅게이트로 들어간다. 이것이 바로 낸드플래시 메모리의 '쓰기' 작업이다.'라고 언급하고 있으므로 낸드플래시의 셀은 플로팅게이트에 전자를 채우고 비우는 방식으로 0과 1을 인식한다는 내용은 참이다.

⑤ 주어진 글에서 낸드플래시는 덮어쓰기가 안 되므로 해당 영역에 데이터를 새로 쓰려면 지우기 과정을 반드시 거쳐야 한다는 내용을 통해 데이터가 저장된 플래시메모리에 데이터를 새로 쓰기위해서는 터널 릴리즈 작업이 선행되어야 함을 알 수 있다.

25 독해추론 정답 ⑤

| 정답풀이 |

연료 전지는 이산화탄소 발생량이 적고, 질소 화합물이나 황산화물 등을 전혀 배출하지 않으나 물이 생성되므로 발생하는 것이 전혀 없는 것은 아니다.

| 오답풀이 |

① 첫 번째 문단에서 '물이 수소와 산소로 전기 분해되는 원리'라고 하였으므로 물을 전기 분해하면 수소와 산소로 분리됨을 알 수 있다.

② 두 번째 문단에서 연료 전지를 이용하여 전기 에너지를 생산하면 화석 연료에 비해 이산화탄소 발생량이 적다고 하였다.

③ 두 번째 문단과 세 번째 문단에서 연료 전지는 에너지 효율이 높다고 하였다. 그리고 자동차의 동력원 외에도 큰 빌딩의 에너지원이나 가정용으로도 이용될 전망이라고 하였으므로 여러 분야에서 유용하게 쓰일 수 있음을 알 수 있다.

④ 세 번째 문단에서 가솔린 자동차는 연소 과정을 통해 배기가스 등의 오염 물질을 배출한다고 하였다.

26 독해추론 정답 ③

| 정답풀이 |

웨이퍼의 구조를 구별하기 위해 플랫존으로 구성할 수 있는데, 노치로 대신하면 더 많은 다이를 만들 수 있어 효율이 높다는 것을 알 수 있다.

| 오답풀이 |

① 다이와 다이가 일정한 간격을 두고 서로 떨어져 있을 수 있도록 한 것이 스크라이브 라인임을 알 수 있다.

② 단결정 기둥을 적당한 두께로 얇게 썬 원판을 의미하는 웨이퍼는 대부분 실리콘으로 만듦을 알 수 있다.

④ 웨이퍼라는 얇은 기판 위에 다수의 동일 회로를 만들어 반도체 집적회로를 만들 수 있음을 알 수 있다.

⑤ 반도체 집적회로는 다양한 기능을 처리하고 저장하기 위해 많은 소자를 하나의 칩 안에 집적한 전자부품임을 알 수 있다.

27 독해추론 정답 ⑤

| 정답풀이 |

K사는 반도체 나노구조의 변형에 따른 압전 현상을 이용하여 자가구동 모션센서 기술을 개발했다.

| 오답풀이 |

① 주어진 글에서 '가상현실 및 증강현실의 개념이 공존하는 4차 산업혁명시대'라는 표현을 통해 4차 산업혁명시대에는 가상현실 및 증강현실의 개념이 공존함을 알 수 있다.
② 모션센서는 관절의 가동범위를 분석함으로써 운동선수의 운동능력을 향상시키거나 사람의 걸음걸이를 분석하여 각종 질병 예방 및 재활치료에 응용이 가능할 것이라고 언급하였으므로 자가구동 모션센서는 의료 분야에서도 활용할 수 있는 핵심기술임을 알 수 있다.
③ 기존 모션센서들은 주로 기계적인 변형에 따른 저항이나 전기용량 변화를 감지하는 방식으로 감도가 낮고 소자 구조가 복잡하며, 외부 전원공급 장치를 필요로해 소형화에 한계가 있었다는 내용을 통해서 기존의 모션센서들은 감도가 낮고 소형화를 할 수 없다는 문제점이 있었음을 알 수 있다.
④ 압전 현상에 대한 내용을 통해 반도체 나노구조에서 기계적 압력을 가하면 전압이 발생하는 현상이 나타났음을 알 수 있다.

28 독해추론 정답 ③

| 정답풀이 |

원본 작품은 시간이 지날수록 손상될 가능성이 있어 미술품 NFT의 가치가 높아진다는 것은 글의 주장과 마찬가지로 미술품 NFT의 가치가 높아진다는 것이므로 반론으로 적절하지 않다.

| 오답풀이 |

①, ⑤ 아우라는 예술작품의 특징인 유일함에서 나오는 신비감, 경외감을 의미한다. 따라서 대량 생산이 이뤄지며 복제품과 같은 미술품 NFT에 대해서 예술품의 본질을 지니지 않았다고 보고, 미술시장에서는 그 가치를 인정하지 않을 수 있다는 반론은 적절하다.
② 미술관에서 내놓는 미술품 NFT는 수백 개씩 발행된다. 따라서 이 세상에 하나밖에 없는 실제 예술작품의 가치보다 낮다는 반론은 적절하다.
④ 암호화폐 시장과 탈중앙화에 대한 낙관이 있을 때에 미술품 NFT에 대한 관심이 늘어났지만 최근 암호화폐 시장이 점점 사그라들면서 더 이상 주목받지 못한다는 반론은 적절하다.

29 독해추론 정답 ⑤

| 정답풀이 |

디지털 노마드는 조금 더 스스로 재미있는 삶을 살기 위해 스스로의 계획에 따라 거주지를 바꾸면서 살아간다고 했으므로 계획성 없이 즉흥적으로 자신이 원할 때 원하는 방식으로 일하는 개개인이라는 추론은 적절하지 않다.

| 오답풀이 |

① 디지털 노마드는 때로는 리모트 워커와 프리랜서의 삶을 병행할 때도 있고, 스스로의 계획에 따라 거주지를 바꾸면서 살아가므로 리모트 워커나 프리랜서는 디지털 노마드의 종류 중 하나로 볼 수 있다.
② 주어진 글과 [보기]를 보면 디지털 노마드는 업무 공간을 자신의 집이나 다른 나라, 커피숍, 도서관, 코워킹 스페이스, 레크레이션용 차량 등에서 원격으로 수행하므로 서로 생활 방식에 따라 라이프 스타일이 다름을 알 수 있다.
③, ④ 주어진 글을 보면 디지털 노마드란 한 곳에 정착하지 않고 여행을 다니면서 온라인에서 업무를 보는 사람들을 뜻함을 알 수 있다. 따라서 이들은 주어진 상황에 얽매이지 않고 원하는 장소에서 일을 수행함을 알 수 있다.

30 독해추론 정답 ④

| 정답풀이 |

에어컨과 냉각식 제습기는 모두 냉매를 이용한 방법으로 공기를 빨아들여 온도를 낮춰 주지만 이 과정에서 열을 방출한다. 에어컨의 경우 실외기가 있어 뜨거운 열을 실외로 방출하지만 제습기는 실내에 열을 방출한다. 즉 에어컨을 가동하면 실내가 시원해지지만 냉각식 제습기는 실내가 더워진다.

| 오답풀이 |

① 에어컨은 상온에서 기체인 냉매를 응축기로 이동시켜 액체로 응축함을 알 수 있다.
② 에어컨은 실내를 시원하게 만들기 위한 기계이므로 이 열을 밖으로 방출해 주는 실외기가 필요할 것으로 추론할 수 있다.
③ 냉각식 제습기는 공기 중의 수증기가 물로 변해 냉각관에 맺혀 물통에 떨어져 모이므로 냉각관에 맺힌 물을 비워야 할 것으로 추론할 수 있다.
⑤ 냉각식 제습기는 습한 공기를 팬을 이용해 빨아들인 뒤 냉매를 이용한 냉각장치로 통과시키고, 냉각장치를 통과하면 공기의 온도가 낮아짐을 알 수 있다.

05 실전모의고사 5회

수리논리									P.188
01	④	02	④	03	②	04	④	05	②
06	①	07	③	08	②	09	③	10	⑤
11	①	12	⑤	13	⑤	14	⑤	15	④
16	③	17	④	18	④	19	①	20	③

01 응용수리 정답 ④

| 정답풀이 |

전년도 B부품의 생산량을 x(만 개)라 두자.

전년 대비 올해 A부품 생산 증가량$=440\times10\%=44$(만 개)

전년 대비 올해 B부품 생산 감소량$=x\times0.05=0.05x$(만 개)

전년 대비 올해 총 부품의 생산 증가량$=(440+x)\times0.07=30.8+0.07x$(만 개)

$44-0.05x=30.8+0.07x\rightarrow x=110$(만 개)

따라서 올해 B부품의 생산량은 $110\times95\%=104.5$(만 개)이다.

02 응용수리 정답 ④

| 정답풀이 |

총 10명 중 3명을 뽑는 경우의 수는 ${}_{10}C_3=\frac{10\times9\times8}{3\times2\times1}=120$(가지)이고, 제조팀 6명 중 2명을 뽑는 경우의 수는 ${}_{6}C_2=\frac{6\times5}{2\times1}=15$(가지)이며, 영업팀 4명 중 1명을 뽑는 경우의 수는 ${}_{4}C_1=4$(가지)이다.

따라서 10명 중 3명을 뽑을 때 제조팀 2명과 영업팀 1명을 뽑을 확률은 $\frac{15\times4}{120}=\frac{1}{2}$이다.

03 자료해석 정답 ②

| 정답풀이 |

2023년 1분기에 매출액이 전분기 대비 감소(280 → 220)했으므로 감소한 적이 있다.

| 오답풀이 |

① 2020~2023년 동안 국내 로봇청소기 전체 시장 규모는 지속적으로 증가했으므로 감소하지 않았다.

③ 2020~2023년 동안 국내 로봇청소기 A사의 시장 규모는 지속적으로 증가하였으므로 증가하지 않은 적은 없다. [A사의 시장 규모=(전체 시장 규모)×A사의 점유율]

구분	2020년	2021년	2022년	2023년
A사	450억 원	735억 원	1,080억 원	1,920억 원

④ 국내 로봇청소기 A사의 2023년 4분기 매출액은 1,920−220−470−560=670(억 원)으로 680억 원에 미치지 못한다.

⑤ 2022년 4분기 영업이익은 280억 원×7%=19.6(억 원)이고, 2023년 1분기 영업이익은 220억 원×15%=33(억 원)이므로 2023년 1분기가 더 크다.

04 자료해석 정답 ④

| 정답풀이 |

2월 15세 이상의 남자 인구는 $16,200\div0.75=21,600$(명)이므로 21,000명 이상이다.

| 오답풀이 |

① 3월 경제활동인구는 16,300+12,400=28,700(명)이다.

② 15세 이상 여자 인구는 1월에 12,000÷0.5= 24,000(명), 5월에 12,600÷0.54≒23,333(명)으로 감소하였다.

③ 1월 대비 4월 여자의 경제활동참가율은 $\frac{55-50}{50}\times100=10(\%)$ 증가하였다.

⑤ 2월부터 5월까지 남자와 여자 모두 전월 대비 경제활동인구는 증가, 증가, 증가, 감소하였으므로 증감 추이가 서로 같다.

05 자료해석 정답 ②

| 정답풀이 |

㉠ 2022년과 2023년 전 세계 스마트폰 점유율 순위는 '기타>삼성전자>애플>샤오미>오포>트랜션'로 동일하다.

㉣ 2023년 전 세계 스마트폰 시장 규모를 100이라 두면, 삼성전자의 시장 규모는 22(100×22%)이고, 아프리카 스마트폰 시장 규모는 30이므로, 삼성전자의 시장 규모는 8.1(30×27%)이다. 이때 아프리카에서 판매되는 삼성전자 스마트폰 비율은 $\frac{8.1}{22}\times100=36.8(\%)$이므로 35% 이상이다.

5회

| 오답풀이 |

㉡ 기타를 제외하고 2022년 아프리카와 전 세계 스마트폰 점유율 순위에 제시되어 있는 회사가 동일하지 않으므로 점유율 순위가 동일할 순 없다.

㉢ 2022년 전 세계 스마트폰 시장 규모를 100이라 두면 애플의 시장 규모는 19이다. 이때 2023년의 전 세계 스마트폰 시장 규모는 2022년 대비 10% 감소한 90이고, 애플의 시장 규모는 18.9(90×21%)이므로, 전년 대비 감소하였다.

알아두면 좋은 TIP

㉣ 22의 35%는 7.7로 8.1보다 작으므로 35% 이상인 것을 알 수 있다.

06 자료해석 정답 ①

| 정답풀이 |

2017년부터 2021년까지 매출액을 확인해 보면 다음과 같다.

- 2017년: 10,000×1.1=11,000(백만 원)
- 2018년: 11,000×0.8=8,800(백만 원)
- 2019년: 8,800×1.15=10,120(백만 원)
- 2020년: 10,120×1.2=12,144(백만 원)
- 2021년: 12,144×0.9=10,929.6(백만 원)

따라서 2021년 매출액은 2016년 대비 증가했다.

| 오답풀이 |

② 2017년 매출액은 11,000백만 원이고, 2012년 매출액은 5,000백만 원이므로 2017년 매출액은 2012년 대비 100% 이상 증가하였다.

③ 제시된 기간 중 매출액이 가장 많은 해는 매출액이 12,144백만 원인 2020년이다.

④ 2013년부터 2016년까지 매출액이 전년 대비 감소한 해는 2015년 1개이다.

⑤ 2018년 이후 매출액의 전년 대비 증가율이 전년 대비 증가한 해는 2019년과 2020년 2개이다.

빠른 풀이 스킬

① 증가율만 곱하면 증감 여부를 쉽게 파악할 수 있다. 2016년의 매출액을 10이라고 가정하고, 2017년부터 2021년까지의 증가율을 곱하면 10×1.1×0.8×1.15×1.2×0.9를 계산해야 하는데 10×1.1×0.8×1.15=10.12이고, 1.2×0.9=1.08이므로 10.12×1.08>10임을 계산하지 않고도 알 수 있다. 따라서 2021년 매출액은 2016년 대비 증가했다.

② 매출액을 살펴보면 [표]에서는 2016년이 가장 많고, 2017년은 전년 대비 증가했으므로 2017년부터 2021년 중 매출액이 가장 높은 해가 존재한다. 이때 2018년과 2021년은 전년 대비 감소했고 2020년은 2019년 대비 증가했으므로 가장 높은 해는 2017년과 2020년 중 하나이다. 여기서 계산을 통해 2017년은 2019년보다 매출액이 적음을 확인하면 매출액이 가장 많은 해는 2020년임을 쉽게 알 수 있다.

07 자료해석 정답 ③

| 정답풀이 |

제품 C의 가격은 2020년에 $\frac{250}{5}\times100=5{,}000$(만 원), 2021년에 $\frac{160}{4}\times100=4{,}000$(만 원)이므로 2020년 대비 2021년 제품 C의 가격은 $\frac{5{,}000-4{,}000}{5{,}000}\times100=20(\%)$ 감소하였다.

| 오답풀이 |

① 제품 B의 가격 대비 연간 유지비 비율은 2019년과 2021년에 동일한데 연간 유지비는 2019년이 2021년보다 더 크므로 제품 B의 가격은 2021년에 가장 높을 수 없다.

② 2021년 제품별 가격은 제품 A가 $\frac{300}{5}\times100=7{,}000$(만 원), 제품 B가 $\frac{400}{5}\times100=8{,}000$(만 원), 제품 C가 $\frac{160}{4}\times100=4{,}000$(만 원), 제품 D가 $\frac{420}{7}\times100=6{,}000$(만 원)이므로 가격이 가장 높은 제품은 B이다.

④ 제품 A의 가격은 2019년에 $\frac{300}{6}\times100=5{,}000$ (만 원), 2020년에 $\frac{320}{5}\times100=6{,}400$(만 원), 2021년에 $\frac{350}{5}\times100=7{,}000$(만 원)으로 꾸준히 상승하였다.

⑤ 2019년 가격 대비 연간 유지비 비율이 가장 높은 제품은 C이지만, 연간 유지비가 가장 높은 제품은 B이다.

08 자료해석 정답 ②

| 정답풀이 |

글로벌 스포츠웨어 시장 규모는 2019년에 60+70=130(십억 달러), 2020년에 55+75=130(십억 달러), 2021년에 60+100=160(십억 달러), 2022년에 75+115=190(십억 달러), 2023년에 80+120=200(십억 달러)다. 따라서 2020년에는 증가하지 않았으므로 지속적으로 증가한 것은 아니다.

| 오답풀이 |

① 국내 패션 시장 규모는 스포츠웨어 시장 규모의 6배 이상을 유지했다.

(단위: 조 원)

구분	2019년	2020년	2021년	2022년	2023년
패션	42	40	44	46	50
스포츠웨어의 6배	36	30	33	43.2	48

③ 국내 패션 시장과 스포츠웨어 시장 규모의 증감 추이는 동일하다.

(단위: 조 원)

구분	2019년	2020년	2021년	2022년	2023년
패션	42	40(감소)	44(증가)	46(증가)	50(증가)
스포츠웨어	6	5(감소)	5.5(증가)	7.2(증가)	8(증가)

④ 2020년 이후 국내 스포츠웨어 시장 규모는 매년 10% 이상 증가했다.

(단위: 조 원)

구분	2020년	2021년	2022년	2023년
스포츠웨어	5	5+0.5 =5.5	5.5+0.55 <7.2	7.2+0.72 <8

⑤ 글로벌 스포츠웨어 시장에서 옷 시장 규모가 전년 대비 가장 많이 증가한 해는 2022년이다.

(단위: 조 원)

구분	2020년	2021년	2022년	2023년
옷	55−60 =−5	60−55 =5	75−60 =15	80−75 =5

09 자료해석 정답 ③

| 정답풀이 |

㉠ 글로벌 스포츠웨어 시장 규모는 2022년이 190십억 달러이고 2023년이 200십억 달러이므로 2022년이 2023년보다 10십억 달러 더 적었다.

㉡ 국내 패션 시장 규모의 전년 대비 증감량은 2020년 −2조 원, 2022년 2조 원이므로 동일하지 않다.

㉢ 2023년 국내 스포츠웨어 시장 규모는 8조 원, 글로벌 스포츠웨어 시장 규모는 200십억 달러이므로 단위가 통일되지 않아 단순히 계산할 수 없으므로 4%라고 말할 수 없다. (환율이 제시되어 있지 않음)

| 오답풀이 |

㉣ 2020~2023년 동안 글로벌 스포츠웨어 시장 중 신발 시장의 전년 대비 증가율이 가장 높은 해는 2021년이다.

구분	2020년	2021년	2022년	2023년
전년 대비 증가율	$\frac{75-70}{70}\times100≒7(\%)$	$\frac{100-75}{75}\times100≒33(\%)$	$\frac{115-100}{100}\times100=15(\%)$	$\frac{120-115}{115}\times100≒4(\%)$

10 자료해석 정답 ⑤

| 정답풀이 |

인앱 구매가 차지하는 비중은 12%이고, 교육은 18%이므로 교육이 인앱 구매보다 6%p 더 높고, $\frac{6}{12}\times100=50(\%)$ 더 높다.

| 오답풀이 |

① 상위 세 항목의 비율 합은 58%=영상(24%)+교육(18%)+게임(16%)이므로 절반 이상을 차지한다.

② 청약철회제한 유형은 90건이고, 품질/AS미흡 유형은 32건이므로 청약철회제한 유형이 품질/AS 미흡유형보다 58건 더 많다.

③ 디지털 콘텐츠 종류 중 게임의 비율은 16%이고, 인터넷의 비율은 8%이므로 보다 2배 더 많다.

④ 불만 · 피해 접수된 유형별 건수의 총합은 220+90+70+60+35+32+28+5+60=600(건)이다.

11 자료해석 정답 ①

| 정답풀이 |

㉠ 음악/오디오의 콘텐츠 수가 총 300개(4%)이면 전체 디지털 콘텐츠 수는 300÷4%=7,500(개)이다.

㉡ 계약해제, 해지 · 위약금 관련 유형은 전체 불만 · 피해 접수 건수(600건)의 $\frac{220}{600}\times100≒36.7(\%)$이므로 36% 이상이다.

| 오답풀이 |

㉢ 인터넷(8%)과 게임(16%) 디지털 콘텐츠 수의 차이가 8%일 때, 480개이므로 전체 디지털 콘텐츠 수는 480÷8%=6,000(개)이다. 이때, 인앱 구매(12%)는 6,000×12%=720(개)이므로 750개 이상은 아니다.

㉣ 가격 · 요금/이자 · 수수료 유형의 불만 · 피해 접수 건수(35건)은 무능력자계약 유형의 불만 · 피해 접수 건수(5건)의 7배이다. 그러므로 $\frac{35-5}{5}\times100=600(\%)$이다.

알아두면 좋은 TIP

㉡ 전체 접수 건수 600건의 36%는 216건이다. 계약해제, 해지 · 위약금 관련 유형은 220건이므로 36% 이상이다.

12 자료해석 정답 ⑤

| 정답풀이 |

2019년 국내 골프연습장 수의 전년 대비 증감률이 3%이므로, 2018년(전년도) 국내 골프연습장 수는 10,500개÷1.03≒10,194(개)로 10,000개 이상이다.

| 오답풀이 |

① 국내 골프연습장 수는 증감률이 양수인 2022년부터 증가하기 시작했다.

② 2023년 창업 매장 수는 2022년보다 감소했으므로 지속적으로 증가한 것은 아니다.

③ 폐업 매장 수가 창업 매장 수보다 많았던 해는 2020년, 2021년으로 2번이다.

④ 2020년 폐업 매장 수와 2023년 폐업 매장 수는 전년보다 증가했으므로 매년 감소한 것은 아니다.

알아두면 좋은 TIP

⑤ 2018년 국내 골프연습장 수를 10,000개라 두면, 2019년은 10,300개(10,000×1.03)가 되어야 한다. 하지만 2019년은 10,500개이므로 2018년은 적어도 10,000개 이상이다.
또는 골프연습장 수=전년도 골프연습장 수+(창업 매장 수−폐업 매장 수)이고, 2019년 10,500개=2018년 골프연습장 수+(800−500)이므로 2018년은 10,200개이다.

13 자료해석 정답 ⑤

| 정답풀이 |

ⓛ 골프연습장 수=전년도 골프연습장 수+(창업 매장 수−폐업 매장 수)이다.
2021년 창업과 폐업 매장 수가 동일했다면, 2021년 골프연습장 수는 9,500개(2020년)이었을 것이고, 2022년 전년 대비 증감률은 $\frac{9,600-9,500}{9,500}\times100$≒1.1(%)이므로 2%가 되지 않는다.

ⓔ 2024년 국내 골프연습장 수는 10,000(2023년)+(950−250)=10,700(개)이므로 2019년(10,500개)보다 더 많다.

14 자료해석 정답 ⑤

| 정답풀이 |

합계출산율이 가장 높았던 해는 1995년이고, 30대의 여성 천 명당 출산율이 가장 높았던 해는 116.7+48.3=165(명)인 2015년이다.

| 오답풀이 |

① 2020년 합계출산율은 0.84명으로 전년 대비 0.92−0.84=0.08(명) 감소하였다.

② 2020년 연령대별 여성 천 명당 출산율은 30~34세 79.0명, 35~39세 42.3명, 25~29세 30.6명 순으로 높게 나타났다.

③ 2010년 이후 20~39세의 연령대에서 여성 천 명당 출산율은 20~24세가 가장 저조하다.

④ 2015년 이후 20~39세의 연령대에서 여성 천 명당 출산율은 30~34세가 가장 높게 나타났다.

15 자료해석 정답 ④

| 정답풀이 |

2016년 이후 합계출산율이 전년 대비 가장 많이 감소한 해는 1.17−1.05=0.12(명) 감소한 2017년이고, 같은 해 20~39세 중 출산율이 전년 대비 가장 많이 감소한 연령대는 약 10명 이상 감소한 30~34세이다.
따라서 2017년 30~34세의 전년 대비 감소한 출산율은 110.1−97.7=12.4(명)이다.

16 자료해석 정답 ③

| 정답풀이 |

ⓖ 2022년 1분기 이후 법인세비용은 1,000천만 원에서 1,500천만 원, 2,000천만 원, 2,500천만 원으로 매분기 증가했다.

ⓔ 2022년 3분기 매출액은 2021년 3분기 대비 12,000−8,000=4,000(천만 원) 감소했다.

| 오답풀이 |

ⓛ 2021년 4분기 매출원가는 3,500천만 원이고, 판매관리비의 3배는 1,500×3=4,500(천만 원)이므로 매출원가는 판매관리비의 3배 미만이다.

ⓒ 제시된 기간 중 금융손익이 최대인 기간은 3,000천만 원의 2022년 2분기이다.

17 자료해석 정답 ④

| 정답풀이 |

2021년 4분기 이후 금융손익의 전년 대비 증감 추이는 증가, 감소, 증가, 감소이며, 이와 동일한 증감 추이를 보이는 항목은 매출원가 1개이다.

| 오답풀이 |

① 제시된 기간 중 영업외손익이 적자인 시기는 2021년 4분기,

2022년 1분기 총 2개이다.

② 2021년 3분기 금융손익과 영업외손익의 합은 −5,000+500 =−4,500(천만 원)이므로 −450억 원이다.

③ 2022년 2분기 법인세비용은 2022년 1분기 대비 $\frac{2,000-1,500}{1,500}$ ×100≒33(%) 증가했으므로 30% 이상 증가했다.

⑤ 제시된 기간 중 매출액과 매출원가의 차이가 가장 큰 시기는 18,000−2,000=16,000(천만 원)의 2022년 1분기이며, 이때 판매관리비는 5,000천만 원으로 최대이다.

18 자료해석 정답 ④

| 정답풀이 |

2022년 하반기와 2023년 하반기를 이용하면,

$201=(\frac{110}{a}+b)^2-\frac{110}{2}$, $291=(\frac{140}{a}+b)^2-\frac{140}{2}$이므로 a=10, b=5이다.

- 2022년 상반기: $151=(\frac{㉠}{10}+5)^2-\frac{㉠}{2}$, ㉠=90(km/h)
- 2023년 상반기: $㉡=(\frac{120}{10}+5)^2-\frac{120}{2}$, ㉡=229(건)

19 자료해석 정답 ①

| 오답풀이 |

② 2016년 대비 2017년 증가량이 20 이상이고 2017년(120보다 큼) 증가율이 22%가 되려면 2016년은 적어도 100은 되어야 한다.

③ 2019년 대비 2020년 증가량이 5 이상이고, 증가율이 3%(4)가 되려면 2020년은 140을 넘으면 안 된다.

④ 2018년 대비 2019년 감소량이 20이고, 감소율이 10%(14)가 되려면, 2019년은 126은 되어야 한다.

⑤ 2019년 대비 2020년 증가량이 5 이상이고, 증가율이 3%(3)가 되려면, 2020년은 103을 넘으면 안 된다.

20 자료해석 정답 ③

| 정답풀이 |

주어진 자료는 1일 후, 3일 후, 4일 후, 5일 후로 제시되어 있다. 즉, 2일 후는 제시되어 있지 않지만, 시간에 차이에 따라 추론해 나가면 다음과 같다.

(단위: 개)

구분	첫날	1일 후	(2일 후)	3일 후 (1일 후 대비)	4일 후	5일 후
세포 A	982	991	1,000	1,009	1,018	1,027
변화량	−	+9		+18	+9	+9
세포 B	1	2	4	8	16	32
변화량	−	×2		×4	×2	×2

즉, 2일 후 세포 A는 1,000개, 세포 B는 4개로 추론해 낼 수 있다.

각 세포 배양에 따라 세포 A는 1일 후마다 9개씩 늘어나고, 세포 B는 1일 후마다 2배(×2)로 늘어나므로 이를 적용하여 6일 후, 7일 후, 8일 후의 세포 수를 구하면 다음과 같다.

(단위: 개)

구분	6일 후	7일 후	8일 후
세포 A	1,036	1,045	1,054
세포 B	64	128	256
합계	1,100	1,173	1,310

따라서 총 세포 수가 1,300개 이상이 되는 것은 8일 후이다.

5회

추리 P.206

01	②	02	⑤	03	⑤	04	①	05	①
06	④	07	①	08	④	09	③	10	③
11	①	12	④	13	⑤	14	⑤	15	⑤
16	⑤	17	②	18	①	19	③	20	②
21	⑤	22	④	23	②	24	④	25	③
26	①	27	③	28	②	29	④	30	⑤

01 명제 정답 ②

| 정답풀이 |

전제2를 만족하는 벤다이어그램은 [그림1]과 같다.

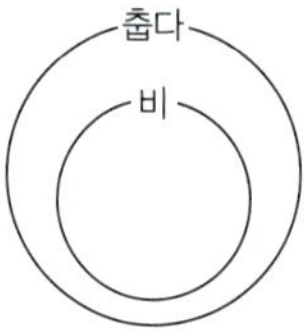

[그림1]

여기에 전제1을 덧붙인 기본적인 벤다이어그램은 [그림2]와 같이 나타낼 수 있으며, '춥다'와 '무릎'의 공통영역에 해당하는 색칠된 부분이 반드시 존재해야 한다.

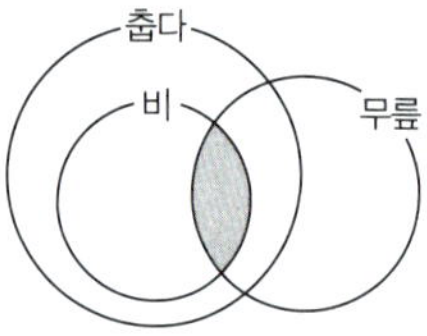

[그림2]

[그림2]에서 매개념 '비'를 제외한 '춥다'와 '무릎' 사이의 관계를 보면, 둘 사이에 뚜렷한 포함관계가 존재하진 않으나 최소한 색칠한 부분만큼은 공통으로 포함하고 있다는 것을 알 수 있다. 즉, '춥다'와 '무릎' 사이엔 반드시 공통영역이 존재한다. 따라서 정답은 ②이다.

빠른 풀이 스킬

전제1에 "어떤"이라는 some 개념이 있으므로 벤다이어그램을 활용한다. 비가 내리는 날을 '비', 무릎이 아픈 날을 '무', 추운 날을 '춥'이라고 표시하자. some 개념이 없는 전제2부터 벤다이어그램으로 표현하면 [그림3]과 같다.

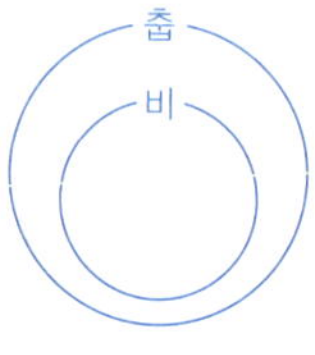

[그림3]

여기에 전제1을 덧붙인 기본적인 벤다이어그램은 [그림4]와 같이 나타낼 수 있으며, '춥'과 '무'의 공통영역에 해당하는 색칠된 부분이 반드시 존재해야 한다.

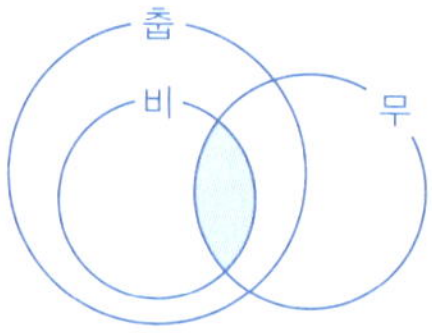

[그림4]

여기서 소거법을 사용하여 정답을 찾아보자. [그림4]를 보면 ①, ③, ⑤는 옳지 않다는 것을 알 수 있다. 한편 [그림4]의 색칠된 부분이 존재하기만 하면 '무'의 범위를 [그림5]와 같이 더 줄일 수도 있다.

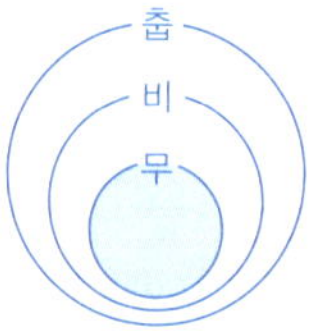

[그림5]

[그림5]의 경우 ④가 옳지 않다는 것을 알 수 있다. 어떠한 경우에도 항상 참인 결론을 골라야 하므로 소거법에 의해 ②가 정답임을 알 수 있다.

02 명제 정답 ⑤

| 정답풀이 |

전제1을 만족하는 벤다이어그램은 [그림1]과 같다.

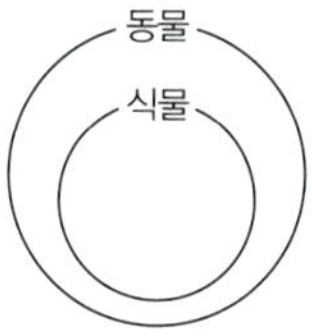

[그림1]

여기에 전제2를 덧붙인 기본적인 벤다이어그램은 [그림2]와 같이 나타낼 수 있으며, '식물'과 '쓰레기'의 공통영역에 해당하는 색칠된 부분이 반드시 존재해야 한다.

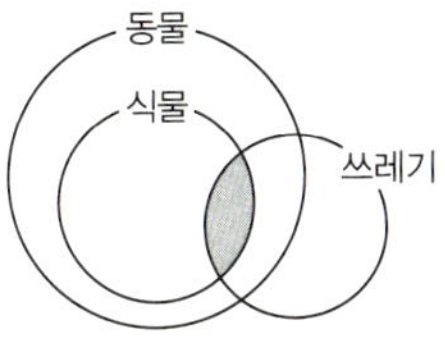

[그림2]

[그림2]에서 매개념 '식물'을 제외한 '동물'과 '쓰레기' 사이의 관계를 보면, 둘 사이에 뚜렷한 포함관계가 존재하진 않으나 최소한 색칠한 부분만큼은 공통으로 포함하고 있다는 것을 알 수 있다. 즉, '동물'과 '쓰레기' 사이엔 반드시 공통영역이 존재한다. 따라서 정답은 ⑤이다.

빠른 풀이 스킬

전제2에 "어떤 ~는 ~이다."라는 some 개념이 있으므로 벤다이어그램을 활용한다. 식물을 소중히 하는 사람을 '식', 동물을 소중히 하는 사람을 '동', 쓰레기를 함부로 버리는 사람을 '쓰'라고 표시하자. some 개념이 없는 전제1부터 벤다이어그램으로 표현하면 [그림3]과 같다.

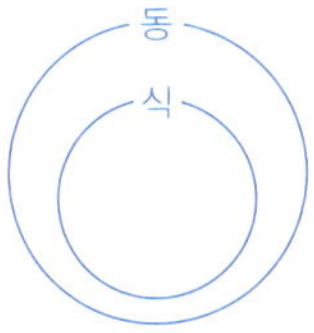

[그림3]

여기에 전제1을 덧붙인 기본적인 벤다이어그램은 [그림4]와 같이 나타낼 수 있으며, '식'과 '쓰'의 공통영역에 해당하는 색칠된 부분이 반드시 존재해야 한다.

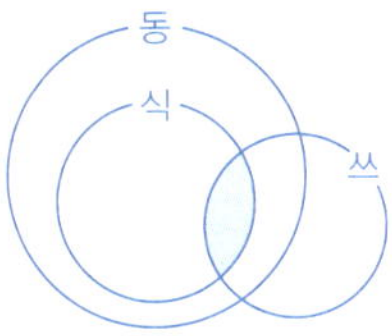

[그림4]

여기서 소거법을 사용하여 정답을 찾아보자. [그림4]를 보면 ①, ③은 옳지 않다는 것을 알 수 있다. 한편 [그림4]의 색칠된 부분이 존재하기만 하면 '쓰'의 범위를 [그림5]와 같이 더 늘릴 수도, [그림6]과 같이 더 줄일 수도 있다.

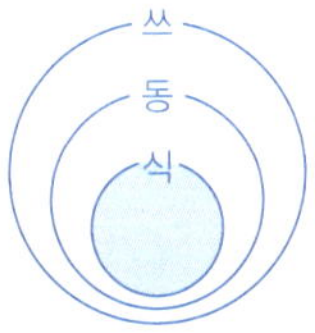

[그림5]

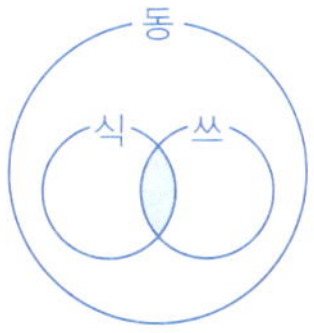

[그림6]

[그림5]의 경우 ④가 옳지 않다는 것을 알 수 있고 [그림6]의 경우 ②가 옳지 않다는 것을 알 수 있다. 어떠한 경우에도 항상 참인 결론을 골라야 하므로 ①~④는 정답이 될 수 없고 소거법에 의해 ⑤가 정답임을 알 수 있다.

03 명제 정답 ⑤

| 정답풀이 |

전제1의 대우명제와 결론의 벤다이어그램은 [그림1], [그림2]와 같다.

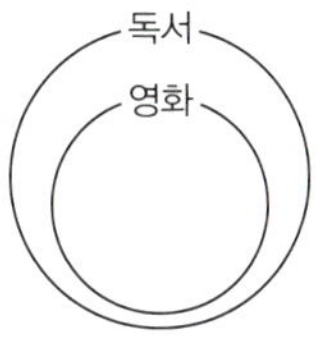

[그림1]

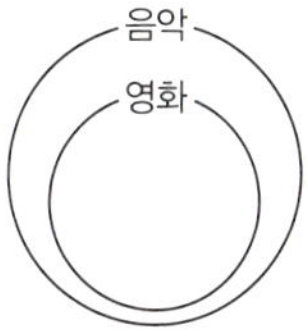

[그림2]

[그림1]의 상태에서 '음악'이 '독서'를 포함하고 있다면 자연스럽게 [그림2]처럼 '영화'가 '음악' 안에 포함될 것임을 알 수 있다. 즉, 전제2는 '음악'이 '독서'를 포함하는 명제인 '독서 → 음악'이 되어야 하므로 ⑤가 정답이다.

빠른 풀이 스킬

전제1과 결론 모두 some 개념이 등장하지 않으므로 삼단논법을 사용하여 문제를 풀 수 있다. 독서를 좋아하는 사람을 '독', 영화를 좋아하는 사람을 '영', 음악을 좋아하는 사람을 '음'이라고 표시하고 전제1과 결론을 다시 써보면 다음과 같다.

- 전제1: ~독 → ~영
- 결론: 영 → 음

결론이 '영'으로 시작하여 '음'으로 끝나고, 전제1의 대우명제가 '영'으로 시작하므로 전제2는 '음'으로 끝나야 할 것이다. 즉, 전제2를 '독 → 음'으로 두면 전제1과 결합하여 '영 → 음'이라는 결론을 얻을 수 있다. 따라서 '독 → 음'에 해당하는 ⑤가 정답이다.

04 조건추리 정답 ①

| 정답풀이 |

아래의 확정적인 조건을 바탕으로 다음과 같은 표를 만들 수 있다.

- 당직 근무는 하루에 1명이 한다.
- 화요일은 당직 근무가 없는 날이다.
- C의 당직 근무일은 월요일이다.

월	화	수	목	금	토	일
C	없음					

이때 A와 E의 당직 근무일 사이에는 이틀이 있다고 하였으므로 두 사람의 당직 근무일은 수요일과 토요일 또는 목요일과 일요일이고, B와 D의 당직 근무일은 연속하므로 목요일과 금요일 또는 금요일과 토요일에 당직 근무를 실시하게 된다.

<table>
<tr><th>월</th><th>화</th><th>수</th><th>목</th><th>금</th><th>토</th><th>일</th></tr>
<tr><td rowspan="4">C</td><td rowspan="4">없음</td><td>A</td><td rowspan="2">B 또는 D</td><td rowspan="2">D 또는 B</td><td>E</td><td rowspan="2">없음</td></tr>
<tr><td>E</td><td>A</td></tr>
<tr><td rowspan="2">없음</td><td>A</td><td rowspan="2">B 또는 D</td><td rowspan="2">D 또는 B</td><td>E</td></tr>
<tr><td>E</td><td>A</td></tr>
</table>

따라서 D의 당직 근무일은 목요일 또는 금요일 또는 토요일이다.

| 오답풀이 |

② 일요일에 당직 근무가 없을 수도 있다.
③ A의 당직 근무일이 수요일 또는 목요일이면 B보다 먼저 당직 근무를 실시한다.
④ A의 당직 근무일이 목요일이면 B의 당직 근무일은 토요일일 수 있다.
⑤ 수요일에 당직 근무자가 있는 경우는 수요일부터 토요일까지 순서대로 (A, B, D, E) 또는 (E, B, D, A) 또는 (A, D, B, E) 또는 (E, D, B, A)로 총 4가지이다.

05 조건추리 정답 ①

| 정답풀이 |

영업팀은 5층에 위치하고 법무팀은 홍보팀보다 위층에 위치한다. 영업팀과 자재팀의 층수 차이는 자재팀과 인사팀의 층수 차이와 같으므로 차이가 1층인 경우와 2층인 경우를 모두 고려하면 다음과 같다.

구분	경우1	경우2
5층	영업팀	영업팀
4층	자재팀	법무팀
3층	인사팀	자재팀
2층	법무팀	홍보팀
1층	홍보팀	인사팀

따라서 법무팀은 2층 또는 4층에 위치한다.

| 오답풀이 |

② 가능한 모든 경우의 수는 2가지이다.
③ 자재팀이 4층이면, 법무팀은 2층이다.
④ 인사팀이 1층이면, 홍보팀은 2층이다.
⑤ 자재팀은 3층 또는 4층에 위치하고, 홍보팀은 1층 또는 2층에 위치하므로 항상 위층에 위치한다.

06 조건추리 정답 ④

| 정답풀이 |

좌측부터 우측까지 순서대로 1~7번 자리라고 하면 아래의 확정적인 조건을 바탕으로 다음과 같은 표를 만들 수 있다.

- D는 7명 중 직급이 가장 낮다.
- 7명 중 G보다 직급이 낮은 직원은 2명이다.
- C와 G의 사이에는 3명이 앉아 있다.

1번	2번	3번	4번	5번	6번	7번
C				G		D

이때 E와 F의 사이에는 3명이 앉아 있으므로 E와 F는 2번 또는 6번 자리에 앉고, A와 B는 나머지 3번 또는 4번 자리에 앉아 있다.

1번	2번	3번	4번	5번	6번	7번
C	E 또는 F	A 또는 B	B 또는 A	G	F 또는 E	D

따라서 A와 B는 모두 C와 이웃하지 않도록 앉아 있다.

| 오답풀이 |

① B가 4번 자리에 앉으면 G와 이웃하여 앉아 있을 수 있다.
② B는 3번 또는 4번 자리에 앉아 있으므로 B보다 직급이 낮은 직원은 3명 또는 4명이다.
③ A의 옆자리에 앉을 수 있는 직원은 B, E, F, G로 총 4명이다.
⑤ A와 E가 이웃하여 앉아 있는 경우는 각각 2번과 3번 자리에 앉는 경우이며, 이때 F는 6번 자리에 앉으므로 5번 자리에 앉은 G가 F보다 직급이 높다.

07 조건추리 정답 ①

| 정답풀이 |

A는 운동화를 신었으며, B는 노란색 옷을 입고 구두를 신지 않았으므로 샌들 또는 장화를 신었다. 이때 C는 빨간색 옷과 초록색 옷을 입지 않았으므로 파란색 옷을 입었고, 초록색 옷을 입은 사람은 장화를 신었으므로 D가 초록색 옷을 입고 장화를 신었다. 이에 따라 B는 샌들을 신었고, A는 빨간색 옷을 입었으며, C는 구두를 신었다.

구분	A	B	C	D
옷의 색	빨간색	노란색	파란색	초록색
신발	운동화	샌들	구두	장화

따라서 C는 구두를 신었다.

| 오답풀이 |

② A는 빨간색 옷을 입었다.
③ 장화를 신은 사람은 D이다.
④ 빨간색 옷을 입은 사람은 A이다.
⑤ 4명이 색깔이 다른 옷과 다른 종류의 신발을 착용할 수 있는 경우의 수는 1가지이다.

08 조건추리 정답 ④

| 정답풀이 |

홀수 번째로 줄을 선 사람은 진실, 짝수 번째로 줄을 선 사람은 거짓을 말하므로 진실을 말하는 사람은 3명, 거짓을 말하는 사람은 2명이다. 병은 자신이 네 번째로 줄을 섰다고 했는데 이 말이 진실이라면 짝수 번째로 서면서 진실을 말한 것이므로 모순이다. 즉 병은 거짓을 말했으므로 네 번째가 아닌 두 번째로 줄을 섰다.
이때 을은 정이 거짓을 말한다고 했고, 거짓을 말하는 사람은 병을 제외한 1명이 존재하므로 을 또는 정 중 1명이 거짓을 말했고, 나머지 갑과 무는 진실을 말했다. 진실을 말한 무는 을보다 뒤에 선 사람이 없다고 했으므로 을이 다섯 번째로 줄을 섰고, 이에 따라 을은 진실, 정은 거짓을 말했다.

첫 번째	두 번째	세 번째	네 번째	다섯 번째
무 (진실)	병 (거짓)	갑 (진실)	정 (거짓)	을 (진실)

따라서 네 번째로 줄을 선 사람은 정이다.

09 조건추리 정답 ③

| 정답풀이 |

12~14시에는 점심시간으로, 대회의실을 예약한 팀이 없으므로 5개 팀은 해당 시간을 제외한 시간에 대회의실을 예약했다.
D팀은 2시간을 연속하여 예약했는데 점심시간 이전에 예약했으므로 9~11시 또는 10~12시에 예약했다. 이때 D팀과 마찬가지로 2시간을 연속으로 예약한 E팀은 D팀 때문에 점심시간 이전에 예약하는 것이 불가능하므로 점심시간 이후에 예약했다. 또한 C팀 바로 다음으로 예약한 팀이 B팀이므로 두 팀은 연속으로 회의실을 예약하게 되어 E팀과 마찬가지로 B팀과 C팀도 점심시간 이후에 예약했다. 이에 따라 A, D팀은 점심시간 이전에 B, C, E팀은 점심시간 이후에 예약하였다.

<table>
<tr><th>구분</th><th>경우1</th><th>경우2</th><th>경우3</th><th>경우4</th></tr>
<tr><td>9~10시</td><td colspan="2">A팀</td><td colspan="2" rowspan="2">D팀</td></tr>
<tr><td>10~11시</td><td colspan="2" rowspan="2">D팀</td></tr>
<tr><td>11~12시</td><td colspan="2">A팀</td></tr>
<tr><td>12~13시</td><td colspan="4" rowspan="2">점심시간</td></tr>
<tr><td>13~14시</td></tr>
<tr><td>14~15시</td><td rowspan="2">E팀</td><td>C팀</td><td rowspan="2">E팀</td><td>C팀</td></tr>
<tr><td>15~16시</td><td>B팀</td><td>B팀</td></tr>
<tr><td>16~17시</td><td>C팀</td><td rowspan="2">E팀</td><td>C팀</td><td rowspan="2">E팀</td></tr>
<tr><td>17~18시</td><td>B팀</td><td>B팀</td></tr>
</table>

따라서 C팀이 E팀보다 나중에 예약하는 경우의 수는 2가지이다.

| 오답풀이 |

① 모든 경우에서 10~11시에는 D팀이 예약했다.
② 모든 경우에서 A팀은 C팀보다 먼저 예약했다.
④ A팀이 D팀보다 먼저 예약하는 경우의 수는 A팀이 9~10시에 예약하는 경우인 2가지이다.
⑤ B팀이 E팀보다 먼저 예약했다면, 가장 마지막에 예약한 팀은 항상 E팀이다.

10 조건추리 정답 ③

| 정답풀이 |

B팀은 2를 뽑아서 우승하였고 A팀은 한 번만 승리하고 결승에 올랐으므로 5 또는 6을 뽑았다. C팀은 D팀에게 패배했는데, C팀이나 D팀이 3, 4를 제외한 번호를 뽑았다면 C팀과 D팀이 맞붙을 수 없으므로 C팀과 D팀은 3 또는 4를 뽑았다.

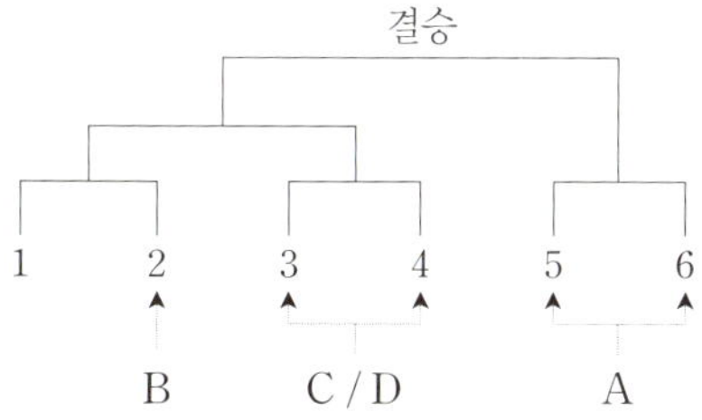

F팀은 홀수가 적힌 제비를 뽑았으므로 1 또는 5를 뽑았다. 만약 F팀이 1을 뽑았다면, 남은 E팀은 5 또는 6이 가능하고, F팀이 5를 뽑았다면 E팀은 1을 뽑았다.
따라서 F팀이 1을 뽑는 경우의 수는 E팀이 5 또는 6을 뽑는 경우의 수 2가지, C와 D가 3 또는 4를 뽑는 경우의 수 2가지를 곱하면 총 $2 \times 2 = 4$(가지)이다.

| 오답풀이 |

① F팀이 1을 뽑으면 E팀은 A팀과 대결하고, F팀이 5를 뽑으면 E팀은 B팀과 대결하는데 A팀과 B팀 모두 결승까지 올랐으므로 E팀은 승리할 수 없다.
② C팀을 이기고 올라온 D팀은 B팀을 만나 패배한다.
④ A팀이 뽑을 수 있는 홀수가 적힌 제비는 5이고, 5를 뽑았다면 F팀은 1을 뽑고 B팀에게 패배한다.
⑤ E팀이 뽑을 수 있는 짝수가 적힌 제비는 6이고, 6을 뽑았다면 A팀은 홀수가 적힌 제비인 5를 뽑는다.

11 조건추리 정답 ①

| 정답풀이 |

희준이보다 키가 큰 사람은 2명이므로 희준이는 세 번째로 크다. 이때 희준이보다 키가 작은 사람은 175cm 미만이고, 현석이와 도영이 중 한 명만 키가 180cm 이상이므로 둘 중 한 명은 반드시 희준이보다 키가 크다. 여기서 경민이는 도영이보다 크고 재우보다 작으므로 만약 도영이의 키가 희준이보다 크다면 희준이보다 키가 큰 사람이 3명이 되어 모순이 발생한다. 즉 키가 180cm 이상인 사람은 현석이고, 키가 가장 작은 사람은 도영이다. 현석이는 첫 번째 또는 두 번째로 키가 크고, 경민이는 도영이보다 크지만 재우보다 작으므로 희준이보다 작고 도영이보다 크다.

첫 번째	두 번째	세 번째	네 번째	다섯 번째
현석 또는 재우	재우 또는 현석	희준	경민	도영

따라서 키가 네 번째로 큰 사람은 경민이다.

12 조건추리 정답 ④

| 정답풀이 |

E의 자리가 4G이고, D가 E의 바로 뒷자리라고 하였으므로 다음과 같다.

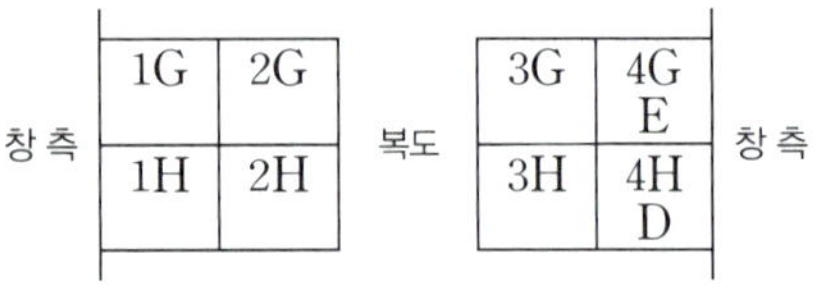

이때 B가 창 측의 H행에 앉아 있다고 하였으므로 B의 자리는 1H이고, 다음과 같다.

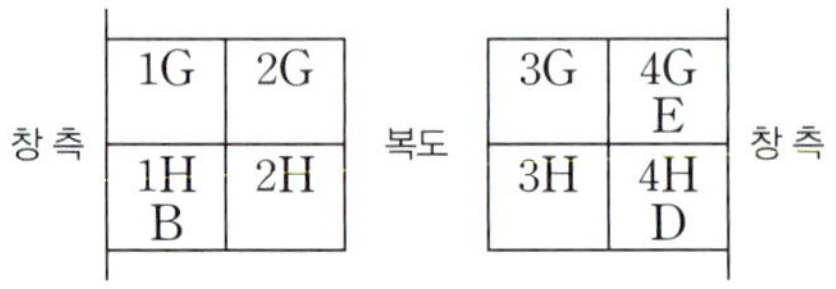

그리고 A는 복도 쪽의 G행에 앉아 있으므로 자리가 2G 또는 3G인데, C가 복도 쪽에 앉아 있고, F의 바로 앞자리라고 하였으므로 C 또한 2G 또는 3G에 앉아 있음을 알 수 있다. 즉, 두 가지를 모두 나타내면 다음과 같다.

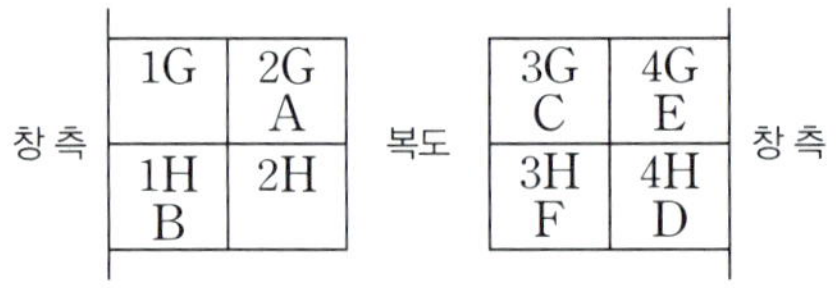

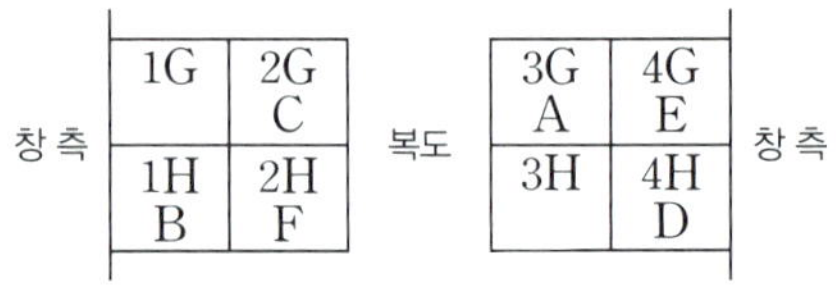

따라서 F가 3H에 앉으면 A는 2G에 앉게 되므로 항상 옳지 않다.

| 오답풀이 |

① A의 자리는 2G일 수 있으므로 항상 옳지 않은 것은 아니다.
② 가능한 경우의 수는 2가지이므로 항상 옳다.
③ 6명은 G행과 H행에 각각 3명씩 앉아 있으므로 항상 옳다.
⑤ 6명 중 2H에는 아무도 앉지 않는 경우가 있으므로 항상 옳지 않은 것은 아니다.

13 조건추리 정답 ⑤

| 정답풀이 |

C보다 먼저 태어난 반려동물은 2마리이므로 C는 세 번째로 태어났고, D보다 늦게 태어난 반려동물은 없으므로 D가 마지막에 태어났으며, E보다 먼저 태어난 반려동물은 늦게 태어난 반려동물보다 2마리 더 많으므로 E는 5번째로 태어났다.

1	2	3	4	5	6	7
		C		E		D

이때 B와 A가 태어난 연도 사이에 1마리가 태어났으므로 A와 B는 2번째와 4번째 또는 4번째와 6번째로 태어났는데 G는 B보다 늦게 태어났으므로 A와 B는 2번째 또는 4번째로 태어났고 G는 6번째, F는 1번째로 태어났다. 마지막으로 A는 C보다 늦게 태어났으므로 B가 2번째, A가 4번째로 태어났다.

1	2	3	4	5	6	7
F	B	C	A	E	G	D

따라서 태어난 순서는 F – B – C – A – E – G – D이다.

14 조건추리 정답 ⑤

| 정답풀이 |

갑의 배낭은 빨간색이고, 무의 배낭과 색이 다르므로 무의 배낭은 노란색, 초록색, 파란색 중 하나이다. 이때 무의 배낭은 파란색과 노란색이 아니므로 초록색이고, 을과 병의 배낭은 빨간색이 아니고, 배낭이 빨간색인 사람은 2명이므로 갑과 정의 배낭이 빨간색이다. 갑과 정을 제외한 3명의 배낭은 모두 다른 색이고, 을과 병의 배낭은 각각 노란색 또는 파란색인데 병의 배낭은 파란색이 아니므로 노란색이고 을의 배낭이 파란색이다.

갑	을	병	정	무
빨간색	파란색	노란색	빨간색	초록색

따라서 을의 배낭은 파란색이므로 노란색과 초록색이 아니다.

| 오답풀이 |

① 병의 배낭은 노란색이다.
② 무의 배낭은 초록색이다.
③ 갑과 병의 배낭은 각각 빨간색, 노란색이므로 서로 다르다.
④ 정과 무의 배낭은 각각 빨간색, 초록색이다.

15 도형추리 정답 ⑤

| 정답풀이 |

- 외부 도형은 시계 방향으로 90° 회전한다.
- 내부 도형은 반시계 방향으로 90° 회전한다.

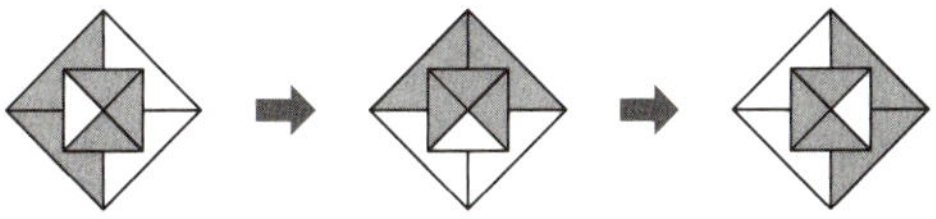

16 도형추리 정답 ⑤

| 정답풀이 |

1열과 2열의 도형에서 한 번만 색칠된 부분에 색을 칠한 것이 3열의 도형이다.

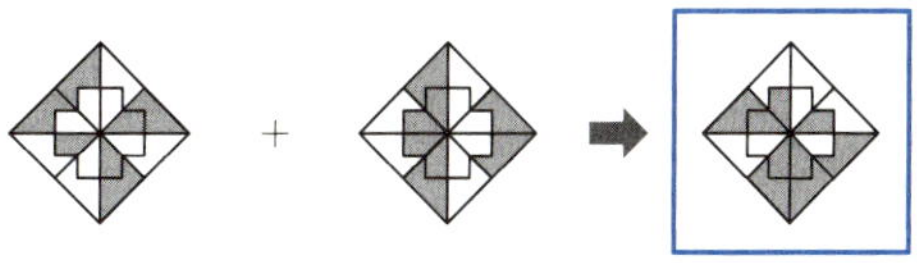

음영 한 번만 겹친 부분
색칠하기

17 도형추리 정답 ②

| 정답풀이 |

- 1열에서 2열로 갈 때, 전체 도형은 시계 방향으로 90° 회전한다.
- 2열에서 3열로 갈 때, 전체 도형은 상하 대칭한다.

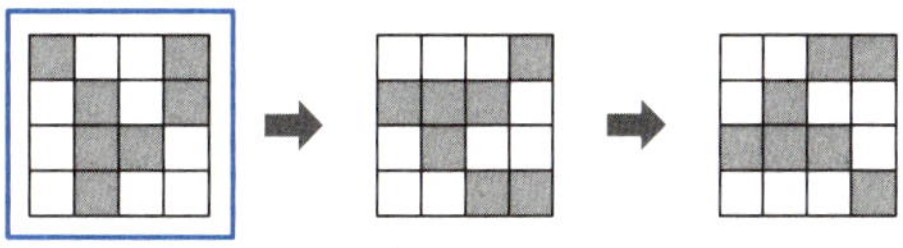

18 도식추리 정답 ①

| 정답풀이 |

기호	■	☆(위치이동)	◆	○(위치교환)
규칙	(+4, +3, +2, +1)	(1, 2, 3, 4) → (4, 1, 2, 3)	(−2, −2, −2, −2)	(1, 2, 3, 4) → (1, 4, 3, 2)

규칙을 적용하면 다음과 같다.

1368 → ◆ → 9146 → ○ → **(9641)**

빠른 풀이 스킬

A	B	C	D	E	F	G	H	I	J	K	L	M
(1)	(2)	(3)	(4)	(5)	(6)	(7)	(8)	(9)	(10)	(11)	(12)	(13)
N	O	P	Q	R	S	T	U	V	W	X	Y	Z
(14)	(15)	(16)	(17)	(18)	(19)	(20)	(21)	(22)	(23)	(24)	(25)	(26)

알파벳은 총 26개이고, 알파벳에 해당하는 숫자를 꼭 외워야 한다.(GSAT 특강에 쉽게 외우는 방법 참조)
문항에 주어지는 규칙은 변환규칙(가/감)이거나 배열규칙(위치이동, 위치교환)으로 출제된다.
또한, 규칙이 눈에 띄지 않는 경우(변환규칙) 알파벳을 숫자로 바꾸어서 비교한다.

- A7K3(1 7 11 3) → ■ → E0M4(5 0 13 4)이므로 변환규칙 ■ : (+4, +3, +2, +1)
- RGUE → ■(VJWF) → ○ → ■(VFWJ) → ZIYK이므로 배열규칙 ○ : (1, 2, 3, 4) → (1, 4, 3, 2)
- 1H4M → ■(5K6N) → ☆ → N5K6이므로 배열규칙 ☆ : (1, 2, 3, 4) → (4, 1, 2, 3)

5회

• 3C3R → ○(3R3C=3 18 3 3) → ◆ → 1P1A(1 16 1 1)이므로 변환규칙 ◆: (−2, −2, −2, −2)

19 도식추리 정답 ③

| 정답풀이 |

규칙을 적용하면 다음과 같다.

G3W1 → ☆ → 1G3W → ■ → 5J5X → ○ → (**5X5J**)

20 도식추리 정답 ②

| 정답풀이 |

규칙을 역으로 적용하면 다음과 같다.(+/− → −/+, 위치이동은 반대로, 위치교환/역순나열은 동일하게 적용하면 됨.)

(**QNUQ**) → ■ → UQWR → ◆ → SOUP

21 도식추리 정답 ⑤

| 정답풀이 |

규칙을 역으로 적용하면 다음과 같다.(+/− → −/+, 위치이동은 반대로, 위치교환/역순나열은 동일하게 적용하면 됨.)

(**T9J7**) → ☆ → 7T9J → ◆ → 5R7H → ○ → 5H7R

22 문단배열 정답 ④

| 정답풀이 |

[가]는 '그뿐 아니라'로 시작하면서 무엇을 하기 위한 조건을 덧붙이고 있다. 그러므로 [가] 앞에는 '무엇을 하기 위한 조건'이 나와야 하는데 '은혜와 원수를 되갚는 것'과 대등한 자격을 가진 내용이 나와야 한다.

[나]에서 '협'이란 '사생취의, 살신성명'의 자세임을 이야기하고 있는데, '무공이 아무리 높다고 해서 협객으로 인정되지 않는 이유'를 '이런 원칙'에 어긋난다고 하므로 [나] 바로 앞에는 '이런 원칙'에 대한 언급이 있어야 한다.

[다]에서 '협'으로 인정받기 위한 조건으로 '절개와 의리, 개인의 존엄 중시, 신의'를 제시하고 있다. 이것으로 보면 [다] 다음에 [가]가 와야 한다. 물론 이 둘 사이에 다른 문단이 들어갈 수 있다.

[라]는 '협'의 개념을 소개하고 있으므로 가장 먼저 와야 한다. 그리고 [나]의 위치가 중요한데, [나]의 '이런 원칙'은 '사생취의, 살신성명'과 관련된 것이다. 이것과 관련된 것은 [다]가 아니라 [가]이다. 즉, [나] 앞에는 [가]가 와야 한다.

따라서 논리적 순서대로 알맞게 배열하면 [라]−[다]−[가]−[나]이다.

23 문단배열 정답 ②

| 정답풀이 |

[보기]에 제시된 내용을 바탕으로 첫 번째 문단을 골라야 한다. '학생이 욕을 하는 이유는 어른 세계에 대한 반항이자 거기서 벗어나고 싶다는 표현'이 [다]의 '학생들이~같은 이유에서였다'와 연결된다는 것을 알 수 있다. 그다음 문단의 후보는 [가]와 [나]인데, [가]는 주체를 '그들'이라 칭하며 '학생'들이 폭언하는 것에 관한 내용을 드러내고, [나]는 역접의 접속사를 통해 욕이 특수 용어가 아님을 드러내면서 새로운 관점에서 바라보고 있다. 그러므로 연결 고리를 찾으면 학생들이 욕을 하는 이유에 관한 내용이 이어지는 [가]가 와야 한다. 그 후로도 연결 단어들을 찾으면 되는데, [가]의 '독자성을 가진 집단'은 [라]의 '어떤 집단'으로 이어지고, [라]의 '특수용어'가 [나]로 이어짐을 알 수 있다.

따라서 논리적 순서대로 알맞게 배열하면 [다]-[가]-[라]-[나]이다.

24 독해추론 정답 ④

| 정답풀이 |

주어진 글을 보면, 지난 세기에는 철강이 산업의 쌀이었다면 현대 산업에서는 반도체가 그 자리를 차지하고 있다고 나와 있다. 즉 지난 세기에는 반도체보다 철강 산업이 더 중요했다.

| 오답풀이 |

① 1983년에 삼성반도체가 64K DRAM을 국산화했음을 알 수 있다.

②, ③ 오늘날 반도체는 우리 정부에 관련 산업 전담 부서가 있을 정도로 국가 경제에 지대한 영향을 미치는 첨단산업을 대표하는 말이기도 함을 알 수 있다.

⑤ 한반도의 전쟁으로 반도체 공장들이 파괴되면 글로벌 공급망으로 촘촘히 연결된 전 세계의 정보통신 산업이 멈춘다는 서술을 통해 우리나라의 반도체는 전 세계 정보통신 산업의 주춧돌이 되고 있음을 알 수 있다.

25 독해추론 정답 ③

| 정답풀이 |

탄소의 s궤도 함수는 최외각 전자에 있는 것이 아니라 전자 껍질의 안쪽에 있다.

| 오답풀이 |

① 탄소는 옛날 생물들의 유해인 석유와 석탄의 주된 성분임을 알 수 있다.
② 탄소는 우리 몸을 구성하는 중요한 원소 중의 하나이고, 식물이 광합성으로 태양 에너지를 저장하여 우리에게 전달하는 과정에서도 아주 중요한 성분임을 알 수 있다.
④ 탄소는 최외각 전자 4개를 가지고 주위의 다른 원자 1개 또는 2개 또는 3개 또는 4개와 화학 결합을 할 수 있어서 무수히 많은 구조의 분자와 고체를 만들 수 있음을 알 수 있다.
⑤ 탄소는 산소와 결합하면 이산화탄소가 되고 이는 지구 온난화의 주범으로 지목되어 퇴출 대상임을 알 수 있다.

26 독해추론 정답 ①

| 정답풀이 |

주어진 글에 따르면 환경 문제에 대해 MZ세대가 사회에 요구하는 건 지원이나 격려가 아니라 기존 세대의 책임 있는 반성과 대책이다.

| 오답풀이 |

② 엠제코는 기존 세대의 치열한 자기반성이 없다면, 일자리나 부동산처럼 환경 문제 역시 세대갈등으로 비화될 공산이 크다고 했다. 왜냐하면 엠제코 세대가 사회에 요구하는 건 지원이나 격려가 아니라 환경 문제의 주범인 기존 세대의 책임 있는 반성과 대책이기 때문이다. 즉, MZ세대는 기후위기나 환경 문제가 기존 세대의 책임이라고 생각함을 알 수 있다.
③ '엠제코(MZ+Eco)'란 기후위기와 환경을 삶의 주요한 가치관으로 삼는 MZ세대를 일컬으며, 이들은 플로깅, 용기(容器) 내 챌린지, 제로웨이스트 등 각종 환경 캠페인을 주도하며, 기업과 정부에 대책을 요구하고 집회나 청원 등의 행동도 마다하지 않음을 알 수 있다.
④ 미국심리학회는 지난 2017년에 기후위기로 만성적 두려움을 느끼는 증상을 '기후 우울증'으로 진단했음을 알 수 있다.
⑤ MZ세대는 어린 시절부터 빙하 유실, 기후변화, 온난화, 생태계 파괴, 미세먼지, 코로나 사태까지 거대한 기후위기를 삶의 위기로 직접 체감하였기 때문에 기후위기로 만성적 두려움을 느끼는 증상인 기후 우울증이 특히 MZ세대에게 집중되고 있음을 알 수 있다.

27 독해추론 정답 ③

| 정답풀이 |

COP(Chip On Plastic)는 디스플레이 기판으로 사용되는 유연한 PI(폴리이미드)에 드라이버 IC를 직접 부착하는 방식임을 알 수 있다.

| 오답풀이 |

① COF(Chip On Film)는 드라이버 IC가 실장된 박막인쇄회로가 형성된 필름을 말하는 것으로, 얇은 필름 타입 위에 부착하기 때문에 필름을 말거나 접을 수 있어 패널이 탑재되는 제품의 두께나 크기를 줄이는 유연한 설계가 가능하므로 얇은 제품을 제작할 때 사용이 가능함을 알 수 있다.
② COG(Chip On Glass)는 디스플레이 유리 기판 위에 직접 드라이버 IC를 탑재하는 방식임을 알 수 있다.
④ 디스플레이 패널이 작동되려면 DDI라는 작은 반도체 칩이 사용되며, DDI는 TFT에 신호를 전달해 픽셀을 제어하는 역할을 하면서 스마트폰과 같은 제품의 AP와 패널 사이의 신호 통로 역할을 한다. 즉, DDI는 디스플레이 패널이 사용되는 전자기기의 필수품이라 할 수 있다.
⑤ COG, COF, COP는 DDI를 디스플레이 또는 인쇄회로 기판에 연결하는 형태나 방식을 말하며, 기판의 종류나 부착 방법에 따라 다르게 적용되는 기술임을 알 수 있다.

28 독해추론 정답 ②

| 정답풀이 |

디지털 치매는 기기에 너무 의존해서 생긴 일시적인 현상이라고 하면, 디지털 치매의 심각성을 절하하는 것이다. 따라서 주어진 글에 반박하는 의견이 아니라 부합하는 의견이다.

| 오답풀이 |

① 주어진 글은 지나치게 기술 낙관주의를 견지하고 있다. 따라서 적절한 반론이다.
③ 주어진 글에서 디지털 치매를 인간의 진화 과정의 한 부분으로 보았다. 그러나 디지털 치매가 비판적 사고 같은 인간의 핵심 기능 상실을 유발한다면 이는 진화 과정의 한 부분으로 보기 어렵다. 따라서 적절한 반론이다.
④ 주어진 글에 따르면 디지털 치매로 인해 상실하는 능력이 있으면 동시에 얻게 되는 능력도 있다고 하였다. 그러나 어디까지가 잃어도 되는 능력이고, 어디까지가 얻을 수 있는 새로운 능력인지 분명하지 않으므로 적절한 반론이다.
⑤ 디지털 치매를 심각하게 고려하지 않는다면 인공 지능과 인간형 로봇 기술이 발전하고 있는 현실에서 인간이 설 자리를 잃게 될 것이다. 따라서 적절한 반론이다.

29 독해추론 정답 ④

| 정답풀이 |

제시된 글과 [보기]는 재래시장 활성화 방안 및 대책에 관한 글이다. 주어진 두 글에서 재래시장은 장년층과 노년층이 주 고객이고, 아직 젊은 사람들에게 맞추어야 하는 점이 있음이 제시되었다. 따라서 재래시장의 활성화를 위해 상품권 사업 및 시설 현대화 사업 등을 진행해야 젊은 고객들이 유입된다는 것을 알 수 있으므로 젊은 사람들에게 인기가 높다는 내용은 적절하지 않다.

| 오답풀이 |

① 재래시장의 내부적인 변화뿐만 아니라 행정적 · 재정적인 대외적 지원이 필요한 상황이다.
② [보기]에서 '재래시장의 가치를 높이기 위해서는 젊은이들이 찾는 시장이어야 하며, 그러기 위해서는 대형 유통 업체와의 차별화가 중요하다.'라고 언급하였다.
③ 재래시장 활성화를 위해 상품권 사업이 정착되어야 한다고 하였으므로 적절한 추론이다.
⑤ 주어진 글의 첫 번째 문장에 언급된 내용이다.

30 독해추론 정답 ⑤

| 정답풀이 |

나무의 나이테 너비 변화에 영향을 주는 환경 요소들 중 더 큰 영향을 받는 요소에 관한 내용은 언급하지 않으므로 물보다 이산화탄소에 더 큰 영향을 받는지는 추론할 수 없다.

| 오답풀이 |

① 주어진 글에서 나이테는 위치에 따라 크게 심재, 변재로 구분된다고 하였다.
② 주어진 글에서 나무의 나이는 심재와 변재의 나이테의 수를 합하여 센다고 설명하였다.
③ 주어진 글에서 심재는 생장이 끝난 부분이고 변재는 생장 세포가 활성화되어 있는 바깥 부분이기에 나이테의 너비 변화는 심재보다 변재에 더 크게 나타날 것이라고 추론할 수 있다.
④ [보기]에서 나무의 나이테의 너비 변화에 모든 환경 요소가 영향을 주는 것은 아니라고 하였다.

06 실전모의고사 6회

수리논리									P.224
01	②	02	①	03	③	04	⑤	05	②
06	③	07	④	08	④	09	⑤	10	①
11	②	12	②	13	①	14	②	15	①
16	⑤	17	⑤	18	②	19	②	20	③

01 응용수리 정답 ②

| 정답풀이 |

A학교의 남학생이 전체의 80%이므로 여학생은 전체의 20%이다.

- 운동을 좋아하는 남학생 비율: (전체의 80%)×80%=전체의 64%
- 운동을 좋아하는 여학생 비율: (전체의 80%)−(전체의 64%)=전체의 16%
- 운동을 좋아하지 않는 여학생 비율: (전체의 20%)−(전체의 16%)=전체의 4%

따라서 전체 여학생 중 운동을 좋아하지 않을 확률은 $\frac{\text{전체의 4\%}}{\text{전체의 20\%}}\times100=20(\%)$이다.

02 응용수리 정답 ①

| 정답풀이 |

신입사원 중 2명을 영업부에 배치하는 경우의 수는 ${}_{10}C_2=\frac{10\times9}{2\times1}=45$(가지)이다. 이때 여직원의 수를 x명이라고 하면 여직원 중 2명을 영업부에 배치하는 경우의 수는 ${}_xC_2$가지인데 적어도 한 명은 남직원이 배치되는 경우의 수가 30가지이므로 ${}_{10}C_2-{}_xC_2=30$이 성립한다.

$45-{}_xC_2=30 \rightarrow {}_xC_2=15$

$\rightarrow \frac{x(x-1)}{2}=15$

$\rightarrow x(x-1)=30$

$\rightarrow x=6$

따라서 신입사원 중 남직원의 수는 10−6=4(명)이다.

03 자료해석 정답 ③

| 정답풀이 |

2019년 주택 1건 소유자의 92.3+2.9=95.2(%)는 2020년 주택 1건 이상 소유자이다.

| 오답풀이 |

① 2019년 무주택자의 2.7%가 2020년 유주택자가 됐다.
② 2020년 유주택자는 2019년 유주택자의 95.8%이다.
④ 2019년 주택 1건 소유자의 4.8%가 2020년 주택 0건 소유자가 됐으나 기준 연도가 2020년일 때의 주택 0건 소유자에 대한 자료는 주어지지 않았다.
⑤ 2019년 주택 2건 이상 소유자의 85.3+13.6=98.9(%)가 2020년 주택 1건 이상 소유자이다.

04 자료해석 정답 ⑤

| 정답풀이 |

㉡ 2021년 국내 밀 수입량은 전년 대비 $\frac{2,650-2,500}{2,500}\times100=6(\%)$ 증가하였다.
㉢ 2021년 호주에서 수입한 밀 수입액은 300×0.4=120(백만 달러)이므로 1억 2천만 달러이다.
㉣ 2021년 캔자스 주에서 수입한 밀 수입액은 전체 수입액의 45×0.3=13.5(%)이므로 비중이 10%인 캐나다보다 많다.

| 오답풀이 |

㉠ 국내의 연도별 kt당 밀 수입액의 대략적인 값은 다음과 같다.

2017년	2018년	2019년	2020년	2021년
0.10	0.11	0.11	0.11	0.11

따라서 국내의 kt당 밀 수입액이 가장 적은 해는 2017년이다.

05 자료해석 정답 ②

| 정답풀이 |

㉠ 2020년 분만 항목의 진료 건당 진료비는 $\frac{2,900}{450}\fallingdotseq6.4$(십만 원)이므로 60만 원 이상이다.
㉣ 2019년 전체 진료 건수에서 검사 항목이 차지하는 비중은 $\frac{3,800}{5,500}\times100\fallingdotseq69(\%)$이고, 전체 진료비에서 분

6회

만 항목이 차지하는 비중은 $\frac{2,700}{4,200} \times 100 ≒ 64(\%)$이므로 전체 진료 건수에서 검사 항목이 차지하는 비중이 더 크다.

| 오답풀이 |

㉡ 2019년과 2020년에 전체 진료비에서 두 번째로 큰 비중을 차지한 항목은 검사이다.

㉢ 2016년 대비 2020년에 진료 건수의 증가율은 검사 항목이 $\frac{4,000-2,500}{2,500} \times 100 = 60(\%)$, 불임 항목이 $\frac{470-250}{250} \times 100 = 88(\%)$로 불임 항목의 증가율이 가장 높다.

빠른 풀이 스킬

㉢ 2016년 대비 2020년 진료 건수가 증가한 항목은 검사, 불임, 기타인데 기타 항목의 진료 건수는 다른 항목에 비해 증가량이 작으므로 검사, 불임 항목만 계산하면 가장 높은 증가율을 보인 항목을 구할 수 있다. 같은 이유로 진료비도 검사, 불임 항목만 계산하면 빠르게 해결할 수 있다.

06 자료해석 정답 ③

| 정답풀이 |

㉠ 2019년 20세의 생존자가 80세까지 생존할 확률은 여자가 남자보다 81.4−62.1=19.3(%p) 더 높다.

㉡ 40세의 남자가 80살까지 생존할 확률은 2019년 62.9%로 1970년의 $\frac{62.9}{13.8} ≒ 4.6$(배)로 증가하였다.

㉣ 성별과 상관없이 1970년 대비 2019년 0세, 20세, 40세, 65세 모두 80세까지 생존할 확률이 높아졌다.

| 오답풀이 |

㉢ 1999년 0세의 여자가 80세까지 생존할 확률은 40세의 여자가 생존할 확률보다 59.0−57.6=1.4(%p) 더 낮다.

07 자료해석 정답 ④

| 정답풀이 |

2019년 국내건설 계약액은 2020년 국내건설 계약액보다 258−239=19(조 원) 더 적다.

| 오답풀이 |

① 2020년 건설업체 수는 전년 대비 82,567−78,849=3,718(개) 증가했다.

② 2020년 건설 공사액은 전년 대비 294−289=5(조 원) 감소했다.

③ 2018년 해외건설 공사액은 2019년 해외건설 공사액보다 34−29=5(조 원) 더 많다.

⑤ 2020년 국내건설 공사액은 국내건설 계약액보다 265−258=7(조 원) 더 많다.

08 자료해석 정답 ④

| 정답풀이 |

[그래프1]의 2020년 코로나19 이전과 이후 예측의 차이(0.9=6.3−5.4)는 2021년 차이(1.0=6.5−5.5)보다 적으므로 차이가 점점 줄어드는 것은 아니다.

| 오답풀이 |

① 2020~2022년 동안 전 세계 에듀테크 지출은 코로나19 이전 예측과 이후 예측의 차이가 점점 늘어난다.

구분	2020년	2021년	2022년
차이	227−203=24(십억 달러)	268−223=45(십억 달러)	295−247=48(십억 달러)

② 2020년부터 전 세계 교육훈련 지출은 코로나19 이전 예측이 코로나19 이후 예측보다 더 위쪽에 위치하므로 매년 더 크다.

③ 전 세계 에듀테크 지출은 코로나19 이전과 이후 예측 모두 우상향을 하고 있으므로 매년 지속적으로 증가한다.

⑤ 2020년부터 전 세계 에듀테크 지출은 코로나19 이전 예측이 이후 예측보다 아래에 있으므로 매년 더 적다.

09 자료해석 정답 ⑤

| 정답풀이 |

㉢ 코로나19 이전과 이후 예측 차이가 가장 큰 해는 교육훈련 지출은 6.5−5.5=1.0(조 달러)인 2021년이고, 에듀테크 지출은 404−341=63(십억 달러)인 2025년이므로 각각 다르다.

㉣ 2023~2025년 동안 코로나19 이후 예측의 전 세계 교육훈련 지출은 전년 대비 5% 이상 증가했다.

구분	2023년	2024년	2025년
증가율	$\frac{6.4-6.0}{6.0} \times 100 ≒ 6.7(\%)$	$\frac{6.8-6.4}{6.4} \times 100 ≒ 6.2(\%)$	$\frac{7.3-6.8}{6.8} \times 100 ≒ 7.4(\%)$

| 오답풀이 |

㉠ 전 세계 교육훈련 지출이 코로나19 이전과 이후 예측 차이가 가장 적은 해(2025년)의 평균은 (7.8+7.3)/2=7.55(조 달러)=7,550(십억 달러)이다.

㉡ 2019년 전 세계 에듀테크 지출(163십억 달러)은 전 세계 교육훈련 지출(5.9조 달러=5,900십억 달러)의 $\frac{163}{5,900} \times 100 ≒ 2.8(\%)$이므로 3%를 넘지 않는다.

알아두면 좋은 TIP

㉣ 5%씩 더한 값으로 비교하면 정확하지 않아도 참인지 거짓인지 빠르게 구분할 수 있다.
- 2022년(6.0)+5%(0.3)<2023년(6.4)
- 2023년(6.4)+5%(0.32)<2024년(6.8)
- 2024년(6.8)+5%(0.34)<2025년(7.3)

10 자료해석 정답 ①

| 정답풀이 |

색조 화장품은 2021년과 2022년의 시장 규모가 18억 원으로 동일하지만, 자외선차단제의 시장 규모는 2021년 24억 원에서 2022년 26억 원으로 증가했으므로 증감 추이가 같지 않다.

| 오답풀이 |

② 2022년 남성 기초 화장품 중 20대와 30대의 구매금액 구성비가 가장 낮은 것은 팩이므로 구매금액이 가장 낮은 화장품은 동일하다.

③ 남성 기초 화장품 시장 규모는 220 → 225 → 245 → 260 → 300 → 330으로 지속적으로 증가했다.

④ 2022년 남성 기초 화장품 중 50대가 가장 많이 구매한 화장품은 세안(30%)이다.

⑤ 남성 화장품 전체 시장 규모는 자외선차단제+색조 화장품+기초 화장품이므로 매년 증가하였다.

(단위: 억 원)

2017년	2018년	2019년	2020년	2021년	2022년
20+5 +220 =245	24+10 +225 =259	21+15 +245 =281	19+12 +260 =291	24+18 +300 =342	18+26 +330 =374

11 자료해석 정답 ②

| 정답풀이 |

㉠ 50대 남성의 구매금액 구성비는 세안이 30%이고, 크림이20%이므로 구매금액의 절반(50%) 이상을 차지한다.

㉢ 10대 남성의 구매금액 구성비는 토너(28%)가 크림(20%)보다 $\frac{28-20}{20}\times100=40(\%)$ 더 크므로 구매금액 역시 40% 더 크다.

| 오답풀이 |

㉡과 ㉣ 모두 연령대별 구매금액이 제시되어 있지 않으므로 연령대별 비교는 불가하다.

12 자료해석 정답 ②

| 정답풀이 |

㉡ 2021년 텅스텐의 수입금액은 전년 대비 $\frac{120-90}{120}\times100=25(\%)$ 감소하였다.

㉢ 백금과 코발트의 수입량은 전년 대비 2020년에 증가, 2021년에 증가하여 제시된 기간에 증감 추이가 동일하다.

| 오답풀이 |

㉠ 2021년 t당 수입금액은 다음과 같다.
- 백금: $\frac{250}{8}=31.25$(백만 달러/t)
- 니켈: $\frac{730}{39,900}\fallingdotseq0.018$(백만 달러/t)
- 코발트: $\frac{80}{6,800}\fallingdotseq0.012$(백만 달러/t)
- 텅스텐: $\frac{90}{1,200}=0.075$(백만 달러/t)

따라서 t당 수입금액이 가장 낮은 금속은 코발트이다.

㉣ 제시된 기간에 전체 수입금액 중 차지하는 비중이 가장 높은 금속은 매년 50% 이상인 니켈이며, 2022년 예상 수입금액 증가율은 니켈이 −40%, 백금이 50%이므로 2022년 수입금액을 구하면 다음과 같다.
- 백금: 250×1.5=375(백만 달러)
- 니켈: 730×0.6=438(백만 달러)

따라서 2022년 전체 수입금액 중 차지하는 비중이 가장 높은 금속은 백금이 아니다.

빠른 풀이 스킬

㉠ 백금은 분자가 분모보다 크므로 제외하고, 텅스텐은 코발트와 비교했을 때 분자는 비슷하지만 분모가 매우 작으므로 제외한다. 이에 따라 니켈 $\frac{730}{39,900}$과 코발트 $\frac{80}{6,800}$의 대소만 비교하면 되는데, 코발트의 분자와 분모에 각각 10을 곱한 후 비교해 보면 분자는 비슷하지만 분모는 코발트가 월등히 크므로 코발트의 분수가 더 작다는 것을 쉽게 알 수 있다.

13 자료해석 정답 ①

| 정답풀이 |

2022년 백금의 예상 수입량의 전년 대비 증가율이 150%이므로 예상 수입량은 8×(1+1.5)=20(t)이다.

| 오답풀이 |

② 2022년 니켈의 예상 수입량의 전년 대비 증가율이 1%임에 따라

예상 수입량은 39,900×(1+0.01)=40,299(t)이므로 40,000t 이상이다.

③ 2022년 코발트의 예상 수입금액의 전년 대비 증가율이 25%임에 따라 예상 수입금액은 80×1.25=100(백만 달러)=1(억 달러)이므로 1억 달러 이하이다.

④ 2022년 텅스텐의 예상 수입금액은 전년 대비 증가하였지만 수입량은 변화하지 않았으므로 t당 수입가격은 전년 대비 증가하였다.

⑤ 2022년 4개 금속의 예상 수입금액 합계는 (250×1.5)+(730×0.6)+(80×1.25)+(90×1.05)=1,007.5(백만 달러)로 2021년의 1,150백만 달러 대비 감소하였다.

14 자료해석 정답 ②

| 정답풀이 |

2020년 글로벌 이미지센서 시장 점유율 상위 5개 기업의 점유율 합은 45+20+12+4.5+4=85.5(%)로 85% 이상을 차지한다.

| 오답풀이 |

① 2015년 스마트폰 시장 규모는 150억 달러×70%=105(억 달러)로 2020년 210억 달러×48%=100.8(억 달러)보다 크므로 5년 전 대비 감소했다.

③ 의료·과학 시장 규모는 2020년에 210억 달러×6%=12.6(억 달러)이고, 2015년에 150억 달러×2%=3(억 달러)이므로 2020년에 2015년 대비 3배 이상 증가했다.

④ 2020년 글로벌 이미지센서 시장 점유율은 소니(일본)가 45%를 차지하고 있지만 상위 7개 기업을 제외한 나머지 비중의 제조사는 제시되어 있지 않으므로 절반 이상을 차지하는지는 알 수 없다.

⑤ PC카메라 시장 규모는 2020년에는 210억 달러×6%=12.6(억 달러), 2015년에는 150억 달러×7%=10.5(억 달러)이므로 2020년이 2015년보다 더 많았다.

알아두면 좋은 TIP

③ 2020년(6%) 시장 규모 비율이 2015년(2%)의 3배지만, 2020년은 210억 달러, 2015년은 150억 달러로 전체 시장 규모가 다르므로 3배가 아닌 3배 이상이라는 것을 계산해 보지 않아도 바로 알아낼 수 있다.

15 자료해석 정답 ①

| 정답풀이 |

㉠ 2020년 글로벌 이미지센서 시장 규모는 210억 달러이고, 7순위 내 한국 기업(삼성전자, SK하이닉스)의 점유율은 23%(20+3)이므로 210억 달러×23%=48.3(억 달러)이다. 따라서 48억 달러 이상이다.

㉡ 기타를 제외하고 5년 전 대비 차지하는 비율이 증가한 항목은 산업용, 자동차, 의료·과학, 보안, 장난감·게임으로 5개이다.

| 오답풀이 |

㉢ 8순위 기업은 7순위 기업인 SK하이닉스의 시장 규모 210억 달러×3%=6.3(억 달러)보다 작아야 하므로 6.3억 달러를 넘을 수 없다. 즉, 6억 달러는 넘을 수 있다.

㉣ 글로벌 이미지센서 시장에서 자동차 시장 규모는 2020년에 210억 달러×14%=29.4(억 달러)이고, 2015년에 150억 달러×3%=4.5(억 달러)이다. 4.5억 달러×7=31.5(억 달러)이므로 7배 이상은 될 수 없다.

알아두면 좋은 TIP

㉣ 7배(1.4배×5배)보다 적다는 것은 다음과 같이 직관적으로 알아야 한다.

구분	2015년	2020년
글로벌 이미지센서 시장규모	150억 달러	210억 달러
	2020년이 2015년 대비 40% 증가이므로 1.4배	
시장에서 차지하는 비율	3%	14%
	2020년이 2015년 대비 대략 4.6배	
자동차 시장 규모	2020년이 2015년보다 1.4배×4.6배<7배(1.4배×5배)	

16 자료해석 정답 ⑤

| 정답풀이 |

2018년 노인요양시설이 노인요양공동생활가정보다 3,300−1,900=1,400(개) 더 많다.

| 오답풀이 |

① 양로시설은 2017년부터 2020년까지 매년 감소했다.

② 제시된 지역 중 서울에 노인주거시설은 180개, 노인의료시설은 510개로 가장 많다.

③ 2019년 노인복지주택은 전년 대비 $\frac{50-40}{40}\times100=25(\%)$ 증가했다.

④ 노인주거시설과 노인의료시설 수의 합은 대전이 80+140=220(개), 울산이 20+50=70(개)이므로 대전이 울산의 2배 이상이다.

17 자료해석 정답 ⑤

| 정답풀이 |

㉢ 노인주거시설 중 양로시설이 차지하는 비중은 2016년부터 2020년까지 약 59.1%, 약 61.0%, 약 59.0%, 약 59.5%, 약 55.6%로 매년 50% 이상이다.

㉣ 제시된 지역 중 노인주거시설 수가 네 번째로 많은 지역은 부산이고, 노인의료시설 수가 네 번째로 많은 지역은 대전이므로 서로 다르다.

| 오답풀이 |

㉠ 노인의료시설 중 노인요양공동생활가정은 2017년, 2018년, 2020년에 전년 대비 감소하므로 매년 증가하는 것은 아니다.

㉡ 대구의 노인주거시설 수는 노인의료시설 수보다 260−40=220(개) 더 적다.

빠른 풀이 스킬

㉢ 노인주거시설은 양로시설, 노인공동생활가정, 노인복지주택 3가지로 구성되는데 여기서 양로시설이 차지하는 비중이 50% 이상이라면 노인공동생활가정과 노인복지주택이 차지하는 비중이 50% 미만이라는 것과 같고, 이는 노인공동생활가정과 노인복지주택의 합이 양로시설보다 작다는 것과 같다. 이에 따라 양로시설과 노인공동생활가정+노인복지주택을 비교하면 매년 양로시설이 더 많으므로 비중이 50% 이상임을 쉽게 알 수 있다.

18 자료해석 정답 ②

| 정답풀이 |

2020과 2021년을 이용하면,

$1=\frac{(203,000\div1,000)+b}{82\times a}\times100$,

$1=\frac{(228,000\div1,000)+b}{92\times a}\times100$이므로, $a=250$, $b=2$

이다.

- 2018년: $1=\frac{(223,000\div1,000)+2}{㉡\times250}\times100$, ㉡=90(%)
- 2019년: $1=\frac{(㉠\div1,000)+2}{86\times250}\times100$, ㉠=213(천 개)

19 자료해석 정답 ②

| 정답풀이 |

주어진 자료의 단위는 억 원이지만, 보기는 조 원으로 되어 있으므로 단위를 수정하면 다음과 같다.

(단위: 조 원)

구분	2019년	2020년	2021년	2022년
매출액	5.5	5.9	6.8	7.2
영업이익	−0.2	−0.4	−1.0	−0.2

| 오답풀이 |

① 매출액이 모두 6조 원 이상이므로 적절하지 않다.

④ 영업이익이 모두 −1조 원 이하이므로 적절하지 않다.

③, ⑤ 매출액이 지속적으로 증가하고 있으므로 적절하지 않다.

20 자료해석 정답 ③

| 정답풀이 |

A지역과 B지역의 가로등 설치 대수 차이는 다음과 같다.

(단위: 대)

구분	2월	3월	4월	5월	6월
A지역−B지역	13	11	9	7	5
차	−	−2	−2	−2	−2

A지역과 B지역의 가로등 설치 대수 차가 매월 2씩 감소함을 알 수 있다. 또한 B지역 가로등 설치 대수가 A지역보다 5대 많은 것은 A지역−B지역=−5를 의미하므로 A지역과 B지역의 가로등 설치 대수 차이를 구하면 다음과 같다.

(단위: 대)

구분	7월	8월	9월	10월	11월
A지역−B지역	3	1	−1	−3	−5
차	−2	−2	−2	−2	−2

따라서 B지역 가로등 설치 대수가 A지역보다 5대 이상 많아지는 시기는 2021년 11월이다.

추리 P.243

01	②	02	⑤	03	③	04	②	05	②
06	③	07	④	08	①	09	①	10	③
11	④	12	⑤	13	⑤	14	②	15	⑤
16	③	17	④	18	②	19	①	20	④
21	②	22	①	23	③	24	④	25	①
26	②	27	①	28	③	29	⑤	30	②

01 명제

정답 ②

| 정답풀이 |

전제2를 만족하는 벤다이어그램은 [그림1]과 같다.

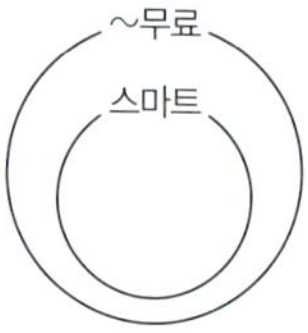

[그림1]

여기에 전제1을 덧붙인 기본적인 벤다이어그램은 [그림2]와 같이 나타낼 수 있으며, '스마트'와 '접힘'의 공통영역에 해당하는 색칠된 부분이 반드시 존재해야 한다.

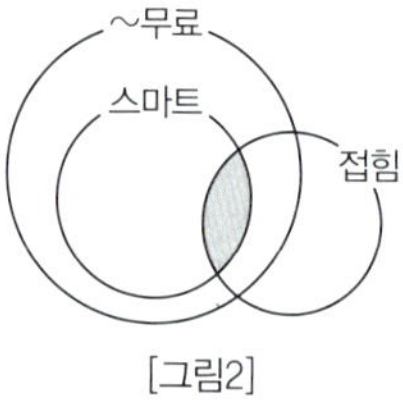

[그림2]

[그림2]에서 매개념 '스마트'를 제외한 '~무료'와 '접힘' 사이의 관계를 보면, 둘 사이에 뚜렷한 포함관계가 존재하진 않으나 최소한 색칠된 부분만큼은 공통으로 포함하고 있다는 것을 알 수 있다. 즉, '~무료'와 '접힘' 사이엔 반드시 공통영역이 존재한다.

따라서 정답은 ②이다.

빠른 풀이 스킬

전제1에 "어떤 ~는 ~이다."라는 some 개념이 있으므로 벤다이어그램을 활용한다. 스마트폰을 '스', 접히는 것을 '접', 무료로 이용할 수 있는 것을 '무'라고 표시하자. some 개념이 없는 전제2부터 벤다이어그램으로 표현하면 [그림3]과 같다.

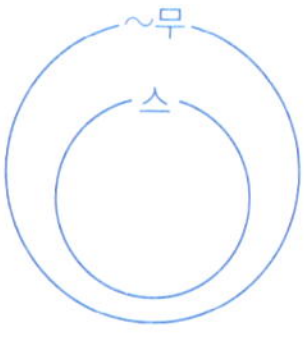

[그림3]

여기에 전제1을 덧붙인 기본적인 벤다이어그램은 [그림4]와 같이 나타낼 수 있으며, '스'와 '접'의 공통영역에 해당하는 색칠된 부분이 반드시 존재해야 한다.

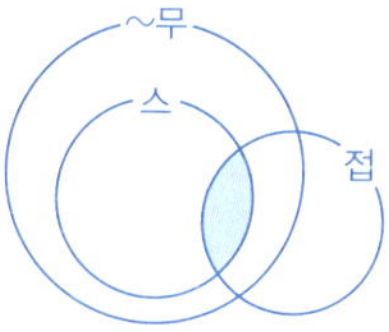

[그림4]

여기서 소거법을 사용하여 정답을 찾아보자. [그림4]를 보면 ③, ⑤는 옳지 않다는 것을 알 수 있다. 한편 [그림4]의 색칠된 부분이 존재하기만 하면 '접'의 범위를 [그림5]와 같이 더 줄이거나 [그림6]과 같이 더 늘릴 수도 있다.

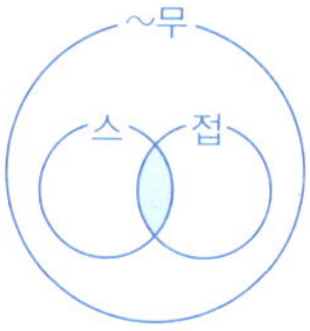

[그림5]

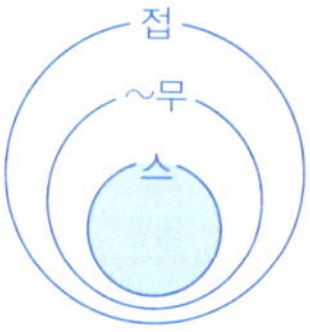

[그림6]

①의 경우 [그림5]를, ④의 경우 [그림6]을 반례로 내세울 수 있다. 반면 ②의 경우 '접'의 범위를 아무리 변형해도 항상 참이므로 정답은 ②이다.

02 명제

정답 ⑤

| 정답풀이 |

전제2의 대우명제와 전제1을 고려하면 다음과 같은 벤다이어그램을 그릴 수 있다.

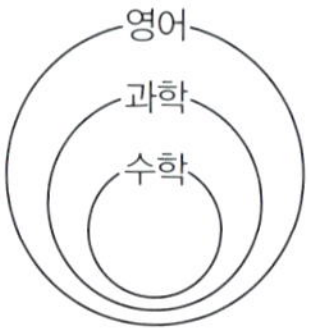

'영어'가 '수학'을 포함하고 있으므로 '수학 → 영어'가 항상 성립한다.

따라서 정답은 ⑤이다.

빠른 풀이 스킬

전제1과 전제2 모두 some 개념이 등장하지 않으므로 삼단논법을 사용하여 문제를 풀 수 있다. 수학을 잘하는 사람을 '수', 과학을 잘하는 사람을 '과', 영어를 잘하는 사람을 '영'이라고 표시하고 전제1과 전제2를 다시 써보면 다음과 같다.

- 전제1 : 수 → 과

• 전제2: ~영 → ~과
전제1과 전제2에서 모두 '과'가 등장하므로 '과'가 전제1과 전제2를 연결하는 연결고리, 즉 매개념이다. 매개념을 이용하기 위해 전제2의 대우명제를 구해보면 '과 → 영'이므로, 전제1의 대우명제와 전제2를 서로 연결하면 '수 → 영'이라는 결론을 내릴 수 있다. 따라서 정답은 ⑤이다.

03 명제 정답 ③

| 정답풀이 |
전제1을 만족하는 가장 기본적인 벤다이어그램은 [그림1]과 같다.

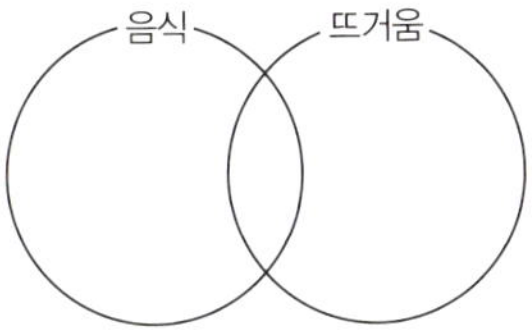

[그림1]

이 상태에서 '음식'과 '매움' 사이에 공통영역이 존재한다는 결론을 반드시 만족하기 위해선 [그림2]와 같이 '매움'이 '뜨거움'을 포함하고 있으면 된다.

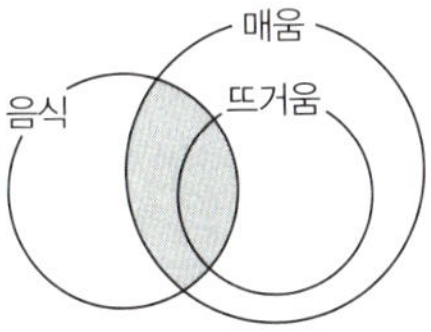

[그림2]

'매움'이 '뜨거움'을 포함하고 있으면 [그림2]의 색칠된 부분이 반드시 존재하게 되므로, '음식'과 '매움' 사이에 공통영역이 존재한다는 결론을 반드시 만족하게 된다. 따라서 정답은 '뜨거움 → 매움'을 문장으로 바꾼 ③이다.

빠른 풀이 스킬

전제1과 결론에 some 개념이 있으므로 벤다이어그램을 활용한다. 음식을 '음', 뜨거운 것을 '뜨', 매운 것을 '매'라고 표시하자. 우선 전제1을 만족하는 가장 기본적인 벤다이어그램은 [그림3]과 같으며, 색칠된 부분이 반드시 존재해야 한다.

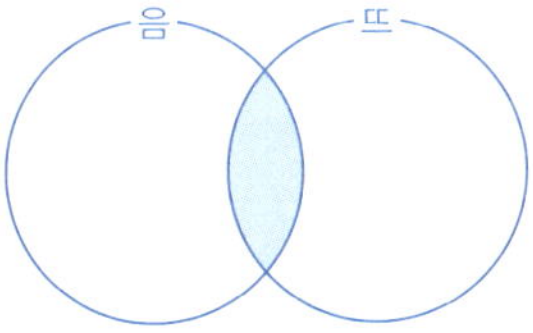

[그림3]

이 상태에서 ①을 만족하도록 '매'의 벤다이어그램을 그려보도록 하자. ①을 만족하기 위해 '매'가 '뜨' 안에 포함되기만 하면 되므로 [그림4]와 같은 벤다이어그램도 그릴 수 있다.

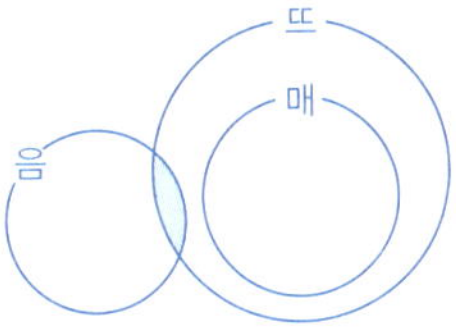

[그림4]

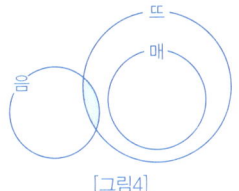

이 경우 전제1과 ①을 모두 만족하지만 결론을 만족하지 못한다. 즉, ①을 전제2로 세울 경우 항상 결론이 도출되는 것은 아니므로 ①은 전제2로 적절하지 않다.
이와 같은 방식으로 전제1과 ②~⑤를 만족하는 벤다이어그램을 각각 그렸을 때, 결론을 위배하는 반례가 하나라도 발생한다면 해당 선택지를 소거할 수 있다. ④는 [그림4]를 반례로 들 수 있고, ②, ⑤는 [그림5]를 반례로 들 수 있다.

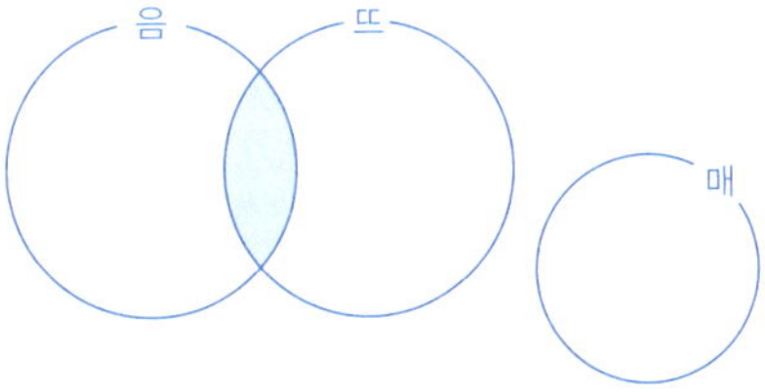

[그림5]

반면 ③은 전제2로 세웠을 때 항상 결론을 만족하므로 정답은 ③이다.

04 조건추리 정답 ②

| 정답풀이 |
만약 A가 영업팀 직원이라고 하면 D와 E는 영업팀 직원이다. 따라서 A, D, E가 영업팀 직원이고 B, C가 기획팀 직원이다. 그런데 E의 발언이 거짓이므로 A는 기획팀 직원이어야 한다.
A가 기획팀 직원이므로 A의 발언은 거짓이다. 즉, D 또는 E는 기획팀 직원이어야 하는데, A가 기획팀 직원이므로 둘 중 한 명만 기획팀 직원이다. 따라서 B와 C는 영업팀 직원임을 알 수 있고, 그들의 발언은 참이다. B의 발언에 의해 C와 E는 영업팀 직원이므로 기획팀 직원은 A, D이고 B, C, E가 영업팀 직원이다.

빠른 풀이 스킬

B, C, E의 발언을 살펴볼 때, 이들의 진술은 동일 관계

6회

에 속한다는 것을 알 수 있다. 따라서 세 사람의 발언에 대한 참/거짓 여부는 항상 똑같아야 한다.

05 조건추리 정답 ②

| 정답풀이 |

설악산은 가장 먼저 등산하지 않고, 무등산, 북한산보다 빨리 등산하므로 두 번째 또는 세 번째로 등산한다.
관악산을 가장 먼저 등산하고, 설악산을 다음으로 등산하면 북한산은 세 번째 또는 네 번째로 등산한다. 북한산을 네 번째로 등산하는 경우 도봉산과 연달아 등산하게 되므로 옳지 않다. 이에 따라 북한산을 세 번째, 도봉산을 다섯 번째, 무등산을 네 번째로 등산한다.
관악산을 가장 먼저, 설악산을 세 번째로 등산하면 북한산은 네 번째, 무등산은 다섯 번째로 등산하고, 도봉산을 두 번째로 등산한다.
도봉산을 가장 먼저, 설악산을 다음으로 등산하면 북한산과 관악산은 세 번째 또는 네 번째로 등산해야 하므로 무등산은 다섯 번째로 등산한다. 설악산을 세 번째로 등산하면 북한산과 무등산은 설악산보다 늦게 등산하고, 북한산은 마지막으로 등산하지도 않으므로 북한산을 네 번째, 무등산을 다섯 번째, 관악산을 두 번째로 등산한다.
이에 따라 가능한 경우는 다음과 같다.

첫 번째	두 번째	세 번째	네 번째	다섯 번째
관악산	설악산	북한산	무등산	도봉산
관악산	도봉산	설악산	북한산	무등산
도봉산	설악산	관악산	북한산	무등산
도봉산	설악산	북한산	관악산	무등산
도봉산	관악산	설악산	북한산	무등산

따라서 모든 경우에 북한산은 무등산보다 먼저 등산한다.

| 오답풀이 |

① 설악산을 두 번째, 관악산을 세 번째로 등산할 수 있다.
③ 도봉산을 다섯 번째, 북한산을 세 번째로 등산할 수 있다.
④ 도봉산을 첫 번째, 설악산을 세 번째로 등산할 수 있다.
⑤ 무등산을 다섯 번째, 관악산을 네 번째로 등산할 수 있다.

06 조건추리 정답 ③

| 정답풀이 |

A는 목요일에 당직을 서는데 이틀 후에 C가 당직을 서므로 C는 토요일에 당직을 선다.

월요일	화요일	수요일	목요일	금요일	토요일	일요일
			A		C	

한편 F가 당직을 서고 3일 후에 G가 당직을 서며, E가 당직을 서고 바로 다음 날 G가 당직을 서므로 F－( )－E－G 순으로 당직을 선다. 이에 따라 F는 금요일 또는 일요일에 당직을 선다. 만약 F가 금요일에 당직을 서면 당직 순서는 다음과 같다.

월요일	화요일	수요일	목요일	금요일	토요일	일요일
G			A	F	C	E

이때 B가 당직을 서고 바로 다음 날 D가 당직을 서므로 최종적인 당직 순서는 다음과 같으며 모순이 없다.

월요일	화요일	수요일	목요일	금요일	토요일	일요일
G	B	D	A	F	C	E

만약 F가 일요일에 당직을 선다면 G가 수요일에 당직을 서고 화요일에 E가 당식을 서게 되어 B가 당직을 선 바로 다음 날 D가 당직을 설 수 없으므로 모순이다.
따라서 D가 당직을 서는 요일은 수요일이다.

07 조건추리 정답 ④

| 정답풀이 |

A는 경기를 총 세 번 하였고, E는 2조이며, A와 경기를 하였으므로 A가 1조 또는 2조인 경우로 나누어 생각할 수 있다.
A가 1조인 경우, C는 결승까지 올라가지 못했으므로 부전승이 아닌 1조 또는 2조이다. C가 1조라면 A와 E가 경기를 하였으므로 E와 경기하는 B 또는 D는 E에게 패배하고 나머지 한 명은 부전승으로 결승전에서 A와 대결한다. C가 2조라면 마찬가지로 E에게 패배하고, B 또는 D가 부전승으로 결승전에서 A와 대결한다.
A가 2조인 경우, B는 C와 경기를 하지 않았고 C는 결승까지 올라가지 못했으므로 B가 부전승이고 C와 D가 1조에서 대결한다. D는 경기를 한 번 하였으므로 C는 D와의 대결에서 승리하고, A는 C와의 대결에서 승리하여 결승전에서 B와 대결한다.
이에 따라 가능한 경우는 다음과 같다.

경우	1조		2조		부전승
1	A	C	B	E	D
2	A	C	D	E	B
3	A	B	C	E	D
4	A	D	C	E	B
5	C	D	A	E	B

경우 1~4는 A와 E가 예선에서 승리하고, A와 E의 대결에서는 A가 승리하며, 결승전 결과는 알 수 없다.
경우 5는 A와 C가 예선에서 승리하고, A와 C의 대결에서는 A가 승리하며, 결승전 결과는 알 수 없다.
따라서 B는 경기를 한 번만 하였으므로 항상 옳지 않다.

| 오답풀이 |

① 대진표로 가능한 경우의 수는 총 5가지이다.
② A는 1조 또는 2조이다.
③ D는 1조 또는 2조 또는 부전승이다.
⑤ C는 1승 또는 1패를 하였다.

08 조건추리 정답 ①

| 정답풀이 |

회의 준비는 회의 자료 복사 이후에 해야 하고, 탕비실 정리 전에 해야 하므로 '회의 자료 복사 → 회의 준비 → 탕비실 정리' 순으로 해야 한다. 그리고 제작팀에 발주서 전달은 탕비실 정리 전에 해야 하고 거래처에 메일을 발송한 다음에 해야 한다고 하였으므로 '거래처에 메일 발송 → 제작팀에 발주서 전달 → 탕비실 정리' 순으로 해야 한다.
이때 업무 순서를 종합하여 나타내면 다음과 같다.

회의 자료 복사 → 회의 준비 → 탕비실 정리
거래처에 메일 발송 → 제작팀에 발주서 전달 → 탕비실 정리

그런데 탕비실 정리 업무를 제외하면 나머지 네 업무의 순서는 명확히 결정되지 않으므로 업무 순서가 명확히 결정되는 것은 탕비실 정리 1개뿐이다.

09 조건추리 정답 ①

| 정답풀이 |

아무도 선택하지 않은 교통수단은 없으므로 모든 교통수단은 적어도 1명이 선택하였다. 목적지에 도착하는 순서는 비행기, 기차, 버스 순이고, C는 비행기를 선택하였다.

비행기	기차	버스
C		

이때 A는 E보다 목적지에 늦게 도착하였고, E와 D는 같은 교통수단을 선택하였으므로 A는 D보다도 목적지에 늦게 도착하였다. B와 D는 다른 교통수단을 선택하였으므로 가능한 경우는 다음과 같다.

1) A와 B가 같은 교통수단을 선택한 경우
A와 B가 같은 교통수단을 선택했다면 둘은 D와 E보다 목적지에 늦게 도착하므로 D, E가 기차, A, B가 버스를 선택하였다.

비행기	기차	버스
C	D, E	A, B

2) A와 B가 다른 교통수단을 선택한 경우
D, E가 비행기를 선택했다면 A, B는 기차 또는 버스를 각자 다르게 선택하였다.

비행기	기차	버스
C, D, E	A 또는 B	B 또는 A

D, E가 기차를 선택했다면 B는 비행기 A는 버스를 선택하였다.

비행기	기차	버스
C, B	D, E	A

따라서 가능한 경우의 수는 4가지이다.

| 오답풀이 |

② C와 B가 서로 다른 교통수단을 선택하는 경우가 있다.
③ A가 기차를 선택하면 B보다 목적지에 먼저 도착한다.
④ E가 기차를 선택하면 목적지에 동시에 도착한 사람은 E를 포함하여 2명이다.
⑤ D가 비행기를 선택하는 경우가 있다.

10 조건추리 정답 ③

| 정답풀이 |

A(팔) 바로 다음으로 E(다리)를 수행하고, 같은 부위의 스트레칭은 연속적으로 수행하므로 A 전에 B를 수행한다. F를 일곱 번째로 수행하고 목은 가장 먼저 수행하지 않으므로 팔을 가장 먼저 하고, 다리를 다음으로 한다. 즉, B－A－E－다리1－다리2 순이므로 C, D는 네 번째 또는 다섯 번째이다. 만약 허리 스트레칭을 목 스트레칭보다 먼저 수행한다면 F를 일곱 번째로 수행하므로 G를 여섯 번째, H를 여덟 번째로 수행한다. 만약 목 스트레칭을 먼저 수행한다면 G를 여덟 번째, H를 여섯 번째로 수행한다.
이에 따라 가능한 모든 경우를 정리하면 다음과 같다.

1	2	3	4	5	6	7	8
B	A	E	C	D	G	F	H
B	A	E	D	C	G	F	H
B	A	E	C	D	H	F	G
B	A	E	D	C	H	F	G

따라서 모든 경우에 B를 가장 먼저 수행한다.

11 조건추리 정답 ④

| 정답풀이 |

세 번째 자리 숫자는 3이고, 비밀번호의 각 자리 숫자는 8 이하의 자연수이며, 서로 같은 숫자는 없으므로 세 번째 자리를 제외한 나머지 자리에 가능한 숫자는 1, 2, 4, 5, 6, 7, 8이다. 이때 두 번째 자리 숫자와 다섯 번째 자리 숫자의 곱은 첫 번째 자리 숫자인데, 가능한 숫자 중 서로 다른 두 수의 곱으로 만들 수 있는 숫자는 $2\times4=8$ 뿐이다. 이에 따라 두 번째 자리 숫자와 다섯 번째 자리 숫자는 각각 2 또는 4이고, 첫 번째 자리 숫자는 8이다. 마지막으로 네 번째 자리 숫자로 가능한 숫자는 1, 5, 6, 7인데 네 번째 자리 숫자는 짝수이므로 6이다.

첫 번째	두 번째	세 번째	네 번째	다섯 번째
8	2 또는 4	3	6	4 또는 2

따라서 두 번째 자리 숫자가 세 번째 자리 숫자보다 큰 4이면, 다섯 번째 자리 숫자는 2이므로 세 번째 자리 숫자보다 작다.

| 오답풀이 |

① 첫 번째 자리 숫자는 8이므로 짝수이다.
② 각 자리 숫자 중 첫 번째 자리 숫자가 8로 가장 크다.
③ 다섯 번째 자리 숫자가 4이면 세 번째 자리 숫자보다 크다.
⑤ 네 번째 자리 숫자가 4이면 다섯 번째 자리 숫자와의 합이 10 이상이고, 이에 따라 두 번째 자리 숫자는 2, 첫 번째 자리 숫자는 8이므로 두 수의 합도 10 이상이다.

12 조건추리 정답 ⑤

| 정답풀이 |

D는 6위이고, G는 1위 또는 2위이다.
만약 G가 1위라면 G－2－3－4－5－D－7인데 A는 C보다 순위가 1위 높고, B는 C보다 영업실적이 높으므로 A와 C는 3위, 4위 또는 4위, 5위가 된다. A와 C가 3위, 4위라면 B는 2위가 된다. E는 영업실적이 F보다 낮으므로 F가 5위, E가 7위이다. 이에 따라 G－B－A－C－F－D－E가 가능하다. 마찬가지로 A와 C가 4위, 5위라면 B는 2위 또는 3위이고, E는 7위이며, F가 2위 또는 3위이다. 이에 따라 G－B－F－A－C－D－E 또는 G－F－B－A－C－D－E가 가능하다.
만약 G가 2위라면 1－G－3－4－5－D－7이다. 마찬가지로 A와 C는 3위, 4위 또는 4위, 5위가 된다. A와 C가 3위, 4위라면 B가 1위이고, F가 5위, E가 7위이다. 이에 따라 B－G－A－C－F－D－E가 가능하다. 또한 A와 C가 4위, 5위라면 B와 F가 1위 또는 3위가 되고, E가 7위이다. 이에 따라 B－G－F－A－C－D－E 또는 F－G－B－A－C－D－E가 가능하다.
가능한 모든 경우는 다음과 같다.

1	2	3	4	5	6	7
G	B	A	C	F	D	E
G	B	F	A	C	D	E
G	F	B	A	C	D	E
B	G	A	C	F	D	E
B	G	F	A	C	D	E
F	G	B	A	C	D	E

따라서 E는 모든 경우에 영업실적 순위가 가장 낮다.

| 오답풀이 |

① B가 3위인 경우가 있으므로 항상 옳다고 할 수 없다.
② F가 1위 또는 2위인 경우가 있으므로 항상 옳다고 할 수 없다.
③ A는 영업실적 순위가 항상 B보다 낮다.
④ G가 1위인 경우가 있으므로 항상 옳다고 할 수 없다.

13 조건추리 정답 ⑤

| 정답풀이 |

A와 B의 발언은 모순 관계이고, B와 E의 발언은 동일 관계이다. 그러나 이 두 가지만으로 5명의 발언에 대하여 참/거짓 여부를 확인하기는 어렵다. 따라서 선택지의 내용을 바탕으로 5명 각각이 승진했을 경우에 대하여 발언의 참/거짓 여부를 확인해 보자.

구분	A	B	C	D	E	거짓말한 사람
A가 승진	F	T	F	T	T	2명
B가 승진	F	T	T	F	T	2명
C가 승진	F	T	F	F	T	3명
D가 승진	F	T	F	F	T	3명
E가 승진	T	F	T	F	F	3명

따라서 C, D, E가 승진하는 경우에 거짓말을 하는 사람 수가 3명이 된다. 그리고 E가 거짓말을 하는 유일한 경우에 E가 승진하였으므로 항상 옳다.

| 오답풀이 |

① A가 거짓말을 할 때 C 또는 D가 승진하였으므로 항상 옳은 것은 아니다.
② B가 거짓말을 할 때 E가 승진하였으므로 항상 옳지 않다.
③ C가 거짓말을 할 때 C 또는 D가 승진하였으므로 항상 옳은 것은 아니다.
④ D가 거짓말을 할 때 B가 승진하였다면 거짓말을 한 사람 수가 2명이므로 항상 옳지 않다.

14 조건추리 정답 ②

| 정답풀이 |

E는 3표를 받았는데 C는 E에게 투표하지 않았고, D도 E에게 투표하지 않았으며 자기 자신에게는 투표할 수 없으므로 E에게 투표한 사람은 A, B, F이다.
이때 E를 투표한 A, B, F는 각자 1표씩 받았는데 D는 A에게 투표하지 않았고, A가 투표한 E는 A에게 투표하지 않았으므로 A에게 투표한 사람은 C이다. 이에 따라 가능한 경우는 다음과 같다.

구분	A	B	C	D	E	F
투표한 사람	E	E	A	B 또는 F	F 또는 B	E
득표수(장)	1	1	0	0	3	1

따라서 E가 투표한 F 또는 B는 E를 투표했다.

| 오답풀이 |

① D가 투표한 사람은 F일 수도 있다.
③ 가능한 경우의 수는 2가지이다.
④ 1표를 받은 사람은 A, B, F이다.
⑤ C가 투표한 사람은 A이고, A는 E를 투표했다.

15 도형추리 정답 ⑤

| 정답풀이 |

1열 도형 → 2열 도형 → 3열 도형: 시계 방향으로 90° 회전한다.

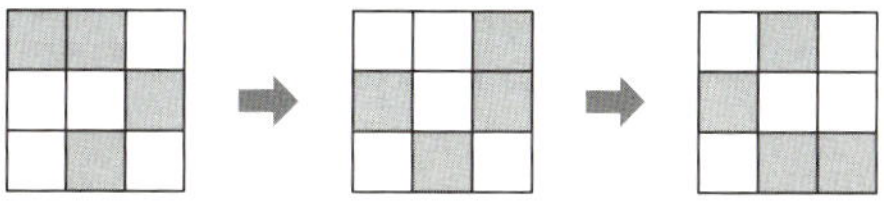

16 도형추리 정답 ③

| 정답풀이 |

오른쪽으로 한 칸씩 갈 때마다 내부도형은 시계 방향으로 90°, 외부도형은 반시계 방향으로 90° 회전한다.

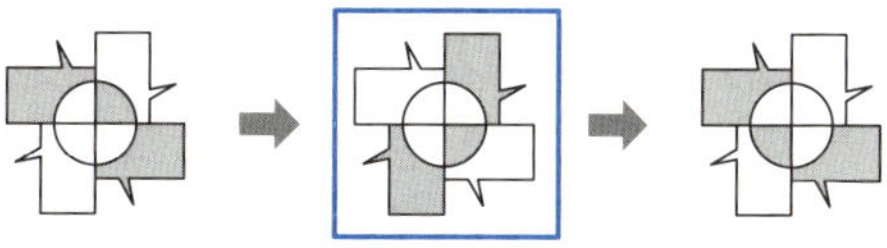

내부: 시계 90°
외부: 반시계 90°

17 도형추리 정답 ④

| 정답풀이 |

1열에서 2열로 이동할 때 전체 도형은 시계 방향으로 90° 회전하며, 2열에서 3열로 이동할 때는 전체 도형의 색이 반전된다.

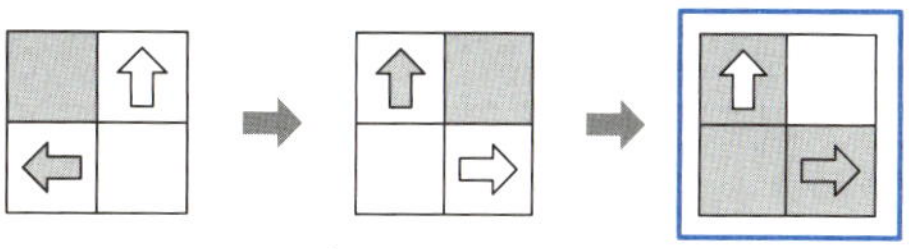

시계 90° 색반전

18 도식추리 정답 ②

| 정답풀이 |

주어진 기호의 규칙은 다음과 같다.

기호	규칙
♥	(+1, +3, +1, +3)
♤	ABCD → ABDC
◆	ABCD → CADB
☆	(−1, 0, −1, 0)

8367 → ♥ → 9670 → ◆ → **(7906)**

빠른 풀이 스킬

다음과 같이 문자표를 일단 적어놓는다.

A	B	C	D	E	F	G	H	I	J	K	L	M
N	O	P	Q	R	S	T	U	V	W	X	Y	Z

주어진 도식을 보면 ♥ → ♤ → ◆ → ☆ 순으로 규칙을 파악해야 한다.

- ♥: UZWN → VCXQ로 추론할 수 있다. 명백한 숫자연산 규칙으로, (+1, +3, +1, +3)이다.
- ♤: RPSF에 ♥를 역으로 적용하면 QMRC이다. 따라서 ♤은 QMCR → QMRC로 추론할 수 있다. 순서 바꾸기 또는 숫자연산 규칙 모두 가능하지만, 숫자연산 규칙이라면 너무 극단적인 덧셈뺄셈이 되어버린다. 따라서 순서 바꾸기 규칙이라고 가정하면 ABCD → ABDC이다.
- ◆: JEOA에 ♥를 적용하면 KHPD이다. 따라서 ◆는 KHPD → PKDH로 추론할 수 있다. 순서 바꾸기 또는 숫자연산 규칙 모두 가능하지만, 숫자연산 규칙이라면 너무 극단적인 덧셈뺄셈이 되어버린다. 따라서 순서 바꾸기 규칙이라고 가정하면, ABCD → CADB이다.
- ☆: 8R0D에 ♤를 적용하면 8RD0이며, C70R에 ◆를 역으로 적용하면 7RC0이다. 따라서 ☆은 8RD0

→ 7RC0으로 추론할 수 있다. 명백한 숫자연산 규칙으로, (−1, 0, −1, 0)이다.
따라서 8367 → ♥ → 9670 → ◆ → 7906이므로 정답은 ②이다.

19 도식추리 정답 ①

| 정답풀이 |

FPKQ → ☆ → EPJQ → ◆ → JEQP → ♤ → (**JEPQ**)

20 도식추리 정답 ④

| 정답풀이 |

(**5206**) → ◆ → 0562 → ♤ → 0526

21 도식추리 정답 ②

| 정답풀이 |

(**S50G**) → ♤ → S5G0 → ☆ → R5F0 → ♥ → S8G3

22 문단배열 정답 ①

| 정답풀이 |

가장 첫 문단으로 올 수 있는 것은 화제를 제시하고 있는 [나] 또는 [라]이며, [가]는 '그'를 지시하고 있기에 그 전에 지시하는 대상이 나와야 한다. [다]는 '이때'라는 접속어로 시작하므로 가장 첫 문단이 되기에 논리적으로 적절하지 않다.
[라]에서 설명하는 내적 필연성이 [가]에서 소개되고 있으며 [라]에서 내적 필연성은 추상적인 형태로 표현해야 한다고 주장했다는 내용 뒤로 [다]의 추상에 대한 부연 설명이 이어지고 있으므로 논리적 순서에 맞게 배열하면 [나]-[가]-[라]-[다]가 된다.

23 문단배열 정답 ③

| 정답풀이 |

주어진 글은 콘서트홀의 강도를 결정하는 요인을 소개하고 좋은 콘서트홀에서 초기 반사음을 어떻게 활용하는지에 대해서 설명하고 있다. 그러므로 콘서트홀의 강도를 결정하는 요인에 대해 소개하는 [다]가 가장 먼저 나오는 것이 적절하다. 이어서 좋은 콘서트홀의 특징에 대해 언급하기 위해서 [가]로 내용을 전개한다. 여기에 좋은 콘서트홀은 초기 반사음을 잘 활용한다는 내용이 있으므로 이 내용에 대한 실제 사례인 [라]가 연결된다. 그런데 여기에 언급된 사례는 좁은 직사각형 홀이었다. [나]의 경우, 앞에 언급된 내용과 반대되는 내용을 담은 '그러나'로 문두를 시작하고 있으므로 이번에는 좁은 사각형이 아닌 '좌우로 넓은 홀'의 사례가 이어짐을 알 수 있다. 따라서 문단 순서는 [다]-[가]-[라]-[나]가 적절하다.

24 독해추론 정답 ④

| 정답풀이 |

HMD를 착용한 가상 현실 체험자는 눈을 통해 움직인다는 정보를 받았지만 귓속 전정 기관은 움직임을 인지하지 못했기 때문에 멀미나 두통을 느낄 수 있다.

| 오답풀이 |

① HMD를 사용하면 지연 시간을 느낄 수 있다.
② HMD를 사용하여 가상 현실을 체험할 수 있다.
③ HMD는 눈앞의 디스플레이를 의미하므로 눈에 정보를 제공할 수 있다.
⑤ HMD는 사용자에게 3차원의 가상 공간을 경험할 수 있게 하는 장치이다.

25 독해추론 정답 ①

| 정답풀이 |

'네모 가든'은 이름이 Nemo인 것이지 이것이 square를 뜻하는 것은 아니다. 주어진 글을 보면 '네모 가든'은 구 형태이며 돔 모양임을 알 수 있다.

| 오답풀이 |

② 네모 가든은 식물을 토양이 아닌 바닷속에서 키우는 대규모 실험 프로젝트라고 했다.
③ 네모 가든은 투명 플라스틱 돔의 습한 공기가 햇빛에 의해 데워지면 벽면에 결로 현상이 일어나는데, 이 물을 이용해 식물을 재배한다고 했다.
④ 네모 가든에는 플라스틱 돔으로 된 수중 생태계에 수경재배장치와 공기 순환을 위한 팬을 설치하였으며 현재 다양한 허브가 자라고 있다고 했다.
⑤ 네모 가든은 바닷속 온실의 실현 가능성을 검증할 수 있으며 반복 재배에 따른 황폐화가 불가피한 토양과 달리 식물의 영구 재배의 가능성을 보여 주는 프로젝트라고 했다.

26 독해추론 정답 ②

| 정답풀이 |

'990 EVO'는 성능과 범용성을 모두 갖춘 소비자용 SSD이다.

| 오답풀이 |

① 주어진 글의 '이 제품의 연속 읽기·쓰기 속도는 각각 최대 5,000MB/s, 4,200MB/s로 전작 대비 각각 43%, 30% 향상돼'라는 내용을 통해 '990 EVO'는 읽기 속도가 쓰기 속도보다 더 빠름을 알 수 있다.

③ 주어진 글의 "990 EVO'는 제품 내부 D램 탑재 없이 PC의 D램과 직접 연결하는 호스트 메모리 버퍼 기술을 적용해 가격 경쟁력을 강화'라는 내용을 통해 알 수 있다.

④ 주어진 글의 '또한 자체 개발한 5나노 신규 컨트롤러를 소비자용 SSD에 처음 탑재해 전력 효율을 최대 70%까지 개선했다.'와 '사용자의 PC 시스템이 지원하는 인터페이스에 따라 자동 전환돼 호환성과 안정성이 우수하며, PCIe 5.0 기반 초슬림형 노트북에도 성능 저하 없이 사용 가능하다.'는 내용을 통해 알 수 있다.

⑤ 주어진 글의 '또한 부착된 열 분산 라벨이 제품의 열을 효과적으로 배출시켜 드라이브 성능 저하 없이 최상의 상태를 유지한다.'는 내용을 통해 알 수 있다.

27 독해추론 정답 ①

| 정답풀이 |

글에서 실측실험은 실제 보관 또는 유통 조건으로 저장하면서 진행하는 실험으로 유통기한을 가장 정확하게 판정할 수 있는 방법이라고 설명하고 있다.

| 오답풀이 |

② 글에서 실측실험은 3개월 이내의 비교적 유통기한이 짧고 유통 조건이 단순한 제품의 판정에 효율적이라고 밝히고 있으므로 실측실험과 가속실험을 비교하여 비용이 더 적게 드는 것을 비교할 수 없다.

③ 글에서 유통기한은 유통사가 아닌 제조사가 판정하는 것으로 설명하고 있다.

④ 글에서 유통기한은 설정실험을 통해 산출된 기간보다 대체적으로 짧게 판정한다고 설명하고 있다.

⑤ 글에서 아레니우스 방정식을 활용해 유통기한을 측정하는 것은 가속실험이라고 설명하고 있다.

28 독해추론 정답 ③

| 정답풀이 |

주어진 글에 반론하기 위해서는 '인간이 교육적 훈련을 받는 것과 상관 없이 인간은 문화를 통제할 수 없다'라는 결론이 도출되어야 한다.

| 오답풀이 |

①, ② 주어진 글의 주장은 문화 생성과 변화의 주체가 '인간'이라고 생각하고 인간이 문화를 통제할 수 있다는 것이다. 따라서 문화는 스스로 만들어지며 인간이 문화를 결정할 수 없다는 ①, ②는 적절한 반론이다.

④ 문화는 과거에 의해서 결정되었다는 것과 미래의 문화는 현재 진행되고 있는 경향과 이어진다는 것은 문화를 결정하는 데 인간의 힘이 닿지 않는 것이므로 적절한 반론이다.

⑤ 문화는 도구, 기구, 관습, 신앙의 거대한 흐름으로 끊임없이 서로 상호 작용하여 새로운 조합과 종합을 창조해 낸다는 것은 문화는 인간의 의지가 아니라 거시적인 관점에서 정해진다는 내용이므로 적절한 반론이다.

29 독해추론 정답 ⑤

| 정답풀이 |

첫 번째 글의 글쓴이는 경쟁의 공정성과 분배의 공평성을 강조하고 있다. 그런데 두 번째 글의 내용은 빈부의 양극화 사례로 '특정 분야에 대한 정부의 집중 지원으로 인한 과학 기술계의 양극화'를 들고 있다. 따라서 경쟁의 공정성을 바라는 첫 번째 글의 입장에서는 정부가 공정한 경쟁을 보장하는 정책을 펴도록 요구할 수 있다.

| 오답풀이 |

① 첫 번째 글의 글쓴이는 기업이 아니라 국가의 역할에 대해서 언급하고 있다.

② 두 번째 글에서는 불균형 성장 전략의 한계를 지적하고 있으므로 '성장 위주의 경제 정책'에 대한 주장은 적절하지 않다.

③, ④ 첫 번째 글의 글쓴이는 경쟁의 공정성과 분배의 공평성을 위해 국가가 나서야 함을 주장하고 있다.

6회

30 독해추론 정답 ②

| 정답풀이 |

주어진 글에는 엣지 컴퓨팅의 개념과 장점이, [보기]에는 클라우드 컴퓨팅의 개념과 문제점이 나와 있다. 이를 종합하여 보면, 클라우드 컴퓨팅이 가지고 있는 문제점을 보완하기 위해 엣지 컴퓨팅이 사용되고 있음을 추론할 수 있다.

| 오답풀이 |

① 엣지 컴퓨팅이 클라우드 컴퓨팅을 보완하기 위해 등장한 것이므로 경쟁이 심화될 것이라는 추론은 적절하지 않다.
③ 엣지 컴퓨팅과 클라우드 컴퓨팅과 같은 기술로 보안 문제에 대한 경각심은 커질 수 있어도 저작권에 대한 경각심과는 관계가 없다.
④ 엣지 컴퓨팅의 처리 속도 및 보안 등의 문제를 해결하기 위해 클라우드 컴퓨팅의 기술 발전이 가속화되는 것이 아니라 클라우드 컴퓨팅의 문제점을 해결하기 위해 엣지 컴퓨팅의 기술 발전이 가속화된다.
⑤ 엣지 컴퓨팅과 클라우드 컴퓨팅의 단점 보완과 전략적 기업 경영과는 별개의 문제이다. 또 이를 보완하고 더 나은 전략적 기업 경영을 위해 신기술 개발에 박차를 가한다는 추론은 어색한 면이 있다.

07 실전모의고사 7회 고난도

수리논리									P.260
01	⑤	02	④	03	④	04	②	05	②
06	⑤	07	④	08	②	09	②	10	③
11	③	12	④	13	⑤	14	③	15	④
16	③	17	⑤	18	③	19	①	20	②

01 응용수리 정답 ⑤

| 정답풀이 |

정가가 15만 원인 제품 A를 30% 할인하여 10개를 판매하였으므로 제품 A의 매출은 150,000×(1−0.3)×10=1,050,000(원)이다. 이에 따라 제품 B를 10개 판매해서 올린 매출은 2,490,000−1,050,000=1,440,000(원)이고, 1개당 판매가는 1,440,000÷10=144,000(원)이다. 따라서 제품 B의 정가를 20% 인상한 가격이 144,000원이므로 인상 전 정가는 144,000÷(1+0.2)=120,000(원)이다.

02 응용수리 정답 ④

| 정답풀이 |

인사고과 점수가 가장 높은 직원은 96점이고, 승진을 한 직원들 중 인사고과 점수가 가장 낮은 직원의 점수를 x점이라 두자.

평균이 79점이므로 $\frac{96+x}{2}=79 \rightarrow x=62$(점)

따라서 승진을 한 직원들 중 인사고과 점수가 가장 낮은 직원의 점수는 62점이다.

03 자료해석 정답 ④

| 정답풀이 |

㉠ A국의 실질GDP 증가율은 매년 양수이므로 실질GDP는 매년 증가하였다.

㉡ 2019년 C국의 실질GDP는 1,000×1.035×1.04=1,076.4(십억 달러)이므로 1조 764억 달러이다.

㉢ A국과 B국의 실질GDP를 소수점 첫째 자리에서 반올림하여 구하면 다음과 같다.

(단위: 십억 달러)

구분	A국	B국
2017년	1,500	1,000
2018년	1,575	1,010
2019년	1,630	1,025
2020년	1,654	1,046
2021년	1,728	1,072

따라서 실질GDP는 A국이 매년 B국보다 높다.

| 오답풀이 |

㉣ B국과 C국의 실질GDP를 소수점 첫째 자리에서 반올림하여 구하면 다음과 같다.

(단위: 십억 달러)

구분	B국	C국
2017년	1,000	1,000
2018년	1,010	1,035
2019년	1,025	1,076
2020년	1,046	1,124
2021년	1,072	1,141

따라서 B국의 실질GDP가 C국을 넘어선 적은 없다.

빠른 풀이 스킬

㉢ A국과 B국 모두 실질GDP가 매년 증가한다. 이때 B국의 2021년 실질GDP를 대략적으로 계산하면 1,100십억 달러 이하인데 이는 A국의 2017년 실질GDP인 1,500십억 달러에 한참 못 미치므로 A국의 실질GDP는 매년 B국의 실질GDP보다 높음을 쉽게 알 수 있다.

㉣ 2020년까지 C국의 실질GDP 증가율이 B국보다 높으므로 2020년까지 C국의 실질GDP가 B국보다 높음을 알 수 있다. 이때 2021년에만 B국의 증가율이 더 높은데, 그동안 2020년까지 누적된 증가율 격차가 매우 크므로 2021년에 B국이 역전하지 못한다는 것을 쉽게 알 수 있다.

04 자료해석 정답 ②

| 정답풀이 |

2018년 로봇사업체 수는 제조업용 로봇이 로봇시스템의

$\frac{830}{530}$≒1.57(배)이므로 1.5배 이상이다.

| 오답풀이 |

① 2019년 대비 2020년 로봇사업체 수가 감소한 분야는 로봇시스템, 로봇서비스 2개이다.

③ 2020년 매출액이 10억 원 미만인 로봇사업체는 전체 로봇사업체의 19.1+33.1=52.2(%)이므로 절반 이상이다.

④ 2019년 로봇사업체 수가 전년 대비 가장 많이 증가한 분야는 1,180−450=730(개사) 증가한 로봇서비스이고, 증가율은 $\frac{1,180-450}{450}$×100≒162(%)이므로 150% 이상이다.

⑤ 2020년 전체 로봇사업체 수는 560+330+130+1,410+610+160+1,140=4,340(개사)이고, 2020년 10억 원 이상 50억 원 미만의 매출액을 보이는 로봇사업체의 비중은 16.2%임에 따라 4,340×0.162=703.08이므로 700개사 이상이다.

05 자료해석 정답 ②

| 정답풀이 |

㉠ 제시된 기간에 남자의 평일 일평균 여가 시간은 2018년과 2020년에 2년 전 대비 증가했다.

㉣ 2018년 주말 및 공휴일 일평균 여가시간은 60대와 70대 이상이 모두 6.5시간으로 같고, 2020년 주말 및 공휴일 일평균 여가 시간은 60대가 6.1시간으로, 70대 이상의 6.0시간보다 많다.

| 오답풀이 |

㉡ 제시된 기간에 남자의 주말 및 공휴일 일평균 여가 시간의 평균은 $\frac{5.8+5.2+5.5+5.3}{4}$=5.45(시간), 여자의 주말 및 공휴일 일평균 여가 시간의 평균은 $\frac{4.8+5.2+5.3+5.0}{4}$=5.075(시간)이므로 남자가 여자보다 많다.

㉢ 2014년 대비 2016년 10대의 주말 및 공휴일 일평균 여가 시간은 $\frac{5.0-4.5}{5.0}$×100=10(%) 감소하였다.

빠른 풀이 스킬

㉡ 연도별로 남자와 여자의 주말 및 공휴일 일평균 여가 시간을 비교하면 매년 남자가 여자보다 많거나 같으므로 평균도 남자가 여자보다 많음을 쉽게 알 수 있다.

06 자료해석 정답 ⑤

| 정답풀이 |

2047년 고령자 1인 가구 비중은 2020년 대비 $\frac{36.6-34.3}{34.3}$≒7(%) 증가하였다.

| 오답풀이 |

① 2020년 고령자 1인 가구 비중은 전년 대비 증가하였다.

② 2020년 고령자 1인 가구가 1% 증가하면 1,661+16.61=1,677.61(천 가구)인데, 2021년 고령자 1인 가구는 1,670천 가구이므로 1% 미만으로 증가할 것이다.

③ 2037년 고령자 1인 가구는 2021년의 2배인 1,670×2=3,340(천 가구) 이상인 3,351천 가구일 것이다.

④ 2020년 1인 가구가 아닌 고령자 가구는 4,843−1,661=3,182(천 가구)이다.

07 자료해석 정답 ④

| 정답풀이 |

2020년 자동차 판매량이 많은 달은 10월(42만 대), 11월(40만 대)이다. 2021년 10월과 11월에 자동차 판매량이 전년 동월 대비 각각 5%, 10% 증가했으므로 2021년 10월에 42+2.1=44.1(만 대), 11월에 40+4=44(만 대) 판매하였다. 따라서 2021년 10월이 11월보다 더 크므로 판매량이 가장 많은 달은 11월은 아니다.

| 오답풀이 |

① 2020년 자동차 판매량이 가장 많은 달은 10월(42만 대)이다.

② 2020년 자동차 판매량은 4월(26만 대)보다 6월(28만 대)이 더 많고, 2021년 4월(5%)과 6월(5%)의 전년 동월 대비 증가율이 동일하므로, 2021년 4월보다 6월에 자동차 판매량이 더 많다.

③ 2020년 자동차 전체 판매량은 30+32+28+26+27+28+34+35+38+42+40+38=398(만 대)로 390만 대 이상이다.

⑤ 2021년 자동차 판매량은 402.2만 대로 2020년(398만 대)보다 더 많다.

(단위: 만 대)

1월	2월	3월	4월	5월	6월	7월
28.5	28.8	25.2	27.3	28.35	29.4	35.7

8월	9월	10월	11월	12월	합계
36.75	34.2	44.1	44	39.9	402.2

알아두면 좋은 TIP

⑤ 감소량과 증가량의 차이만 비교하자.
2021년의 전년 동월 대비 증감률이 감소한 달은 1월(−5%), 2월(−10%), 3월(−10%), 9월(−10%)이다.
2020년 2월(32)과 3월(28)의 평균은 30이고, 1월(30)이므로 감소량은 30×(10%+10%+5%)
2020년 9월(38)은 38×10%이다. 즉, 감소량은 30×25%+38×10%이다.
2021년 4~8월 모두 증가율 5%이고, 2020년 4~8

월 자동차 판매량 평균은(26+27+28+34+35)÷5=30이므로 증가량은 30×(5%+5%+5%+5%+5%)이다.
2021년 10월(42)과 12월(38)의 자동차 판매량 평균은 40이고, 11월의 자동차 판매량은 40이므로 증가량은 40×(5%+10%+5%)이다.
즉, 증가량은 30×25%+40×20%이다.
따라서 증가량이 감소량보다 많으므로 2020년 대비 2021년의 전체 판매량은 더 많다.

08 자료해석 정답 ②

| 정답풀이 |

㉠ 글로벌 VR시장 이용자 1명당 콘텐츠 규모는 다음과 같다.

(단위: 만 달러/명)

2016년	2017년	2018년	2019년	2020년
1.45	0.15	0.05	0.03	0.02

따라서 2020년에 가장 작다.

㉣ 하드웨어와 콘텐츠를 합한 글로벌 VR시장 규모는 2016년에 65.0+28.9=93.9(억 달러), 2017년에 124.5+102.3=226.8(억 달러)이므로 2배 이상으로 성장했다.

| 오답풀이 |

㉡ 2016년 대비 2020년 글로벌 VR시장 콘텐츠 규모의 증가율은 $\frac{290.0-28.9}{28.9}\times100≒903.5(\%)$이므로 1,000% 미만이다.

㉢ 글로벌 VR시장에서 하드웨어와 콘텐츠의 규모 차이는 다음과 같다.

(단위: 억 달러)

2016년	2017년	2018년	2019년	2020년
36.1	22.2	30.2	17.1	60.0

따라서 2019년에 가장 작다.

09 자료해석 정답 ②

| 정답풀이 |

제시된 기간에 미국은 매년 GDP 대비 경상수지비율이 낮아지고 있다.

| 오답풀이 |

① 2021년 한국의 경상수지액은 1,807×0.07=126.49(십억 달러)=1,264.9(억 달러)이므로 1,250억 달러 이상이다.

③ 제시된 기간에 독일은 5개국 중 GDP 대비 경상수지비율이 매년 가장 높다.

④ $\text{GDP}=\frac{(\text{경상수지액})}{(\text{GDP 대비 경상수지비율})}\times100$이므로 일본의 경상수지액이 매년 일정했다면 일본의 GDP 대비 경상수지비율은 매년 증가했으므로 GDP는 매년 감소했다.

⑤ 제시된 기간 중 영국의 GDP 대비 경상수지비율이 −5.9%로 최저인 2021년에 일본은 3.7%로 최대이다.

10 자료해석 정답 ③

| 정답풀이 |

2020년 A시의 온실가스 배출량 전년 대비 증감률은 $\frac{(520-550)}{550}\times100=-5.45(\%)$이므로 −5% 이하이다.

| 오답풀이 |

① 2021년에는 A시의 온실가스 배출량이 증가했다.

② 2021년 A시의 수송 온실가스 배출량은 535×0.3=160.5(만 톤)이므로 170만 톤 미만이다.

④ 2021년 A시의 경우 공공 건물(5%) 온실가스 배출량이 폐기물(4%)보다 더 많다.

⑤ A시의 온실가스 배출량은 2021년에 535만 톤이고, 2018년에 560만 톤이므로 25만 톤 이상 감소했다.

11 자료해석 정답 ③

| 정답풀이 |

㉠ 2021년 A시의 상업건물 온실가스 배출 비율(32%)−수송 온실가스 배출 비율(30%)=2(%)이므로 535×0.02=10.7(만 톤) 더 많이 배출되었다.

㉣ 2019년과 2021년 부문별 온실가스 배출 비율이 동일할 때, 온실가스 배출량은 2021년(535만 톤)보다 2019년(550만 톤)이 $\frac{550-535}{550}\times100≒2.7(\%)$ 높으므로 2019년 부문별 온실가스 배출량은 각각 2021년보다 2.7%씩 더 많다. 따라서 3% 이상 많은 것은 아니다.

| 오답풀이 |

㉡ 2020년과 2021년 건물 온실가스 배출량(535만 톤×66%)이 동일할 때, A시의 온실가스 배출량은 2020년(520만 톤)이 2021년(535만 톤)보다 적으므로 배출 비율은 더 높아진다. 그러므로 66% 이상이다.

㉢ 2021년 A시의 건물 온실가스 배출량 중 가정 건물(29%)이 차지하는 비중은 $\frac{29}{66}\times100≒43.9(\%)$이므로 45% 이하이다.

7회

알아두면 좋은 TIP

ⓡ 2021년(535만 톤)의 3%는 약 16만 톤이고, 535만 톤+16만 톤(3%)=551(만 톤)으로 2019년(550만 톤)보다 크므로 2019년 배출량은 2021년 배출량보다 3% 이상 많을 수는 없다.

12 자료해석 정답 ④

| 정답풀이 |

40~50대의 대중매체 선호 비율은 여성이 TV, 온라인, 신문 순이고, 남성이 온라인, TV, 신문 순이므로 서로 다르다.

| 오답풀이 |

① 여성과 남성 모두 연령대가 낮을수록 온라인 매체를 선호하는 비율이 높아진다.

② 하루에 온라인을 1시간 이상 2시간 미만 이용하는 비율은 35%, 2시간 이상 이용하는 비율은 30%이므로 1시간 이상 이용하는 비율은 35+30=65(%)이다.

③ 이용시간이 30분 미만인 비율은 신문이 TV보다 50−20=30(%p) 더 높다.

⑤ TV의 선호 비율은 여성에서 60대 이상이 45%, 40~50대가 40%로 60대 이상이 더 높고, 남성도 마찬가지로 60대 이상이 35%, 40~50대가 25%로 60대 이상이 더 높다.

13 자료해석 정답 ⑤

| 정답풀이 |

ⓛ 대중매체별 응답자가 500명이면, 일간 온라인 이용시간이 2시간 이상이라고 응답한 비율은 30%이므로 응답자는 $500\times0.3=150$(명)이다.

ⓒ 하루에 신문을 30분 이상 1시간 미만으로 이용하는 사람과 2시간 이상 이용하는 사람의 비율은 15%로 동일하므로 응답자 수도 동일하다.

ⓡ 30대 이하 남성 중 TV를 선호한다고 응답한 사람이 75명이면, 30대 이하 남성 중 온라인을 선호한다고 응답한 사람은 $75\times\frac{65}{25}=195$(명)이다.

| 오답풀이 |

ⓖ 30대 이하의 TV 선호 비율은 여성과 남성 모두 25%로 동일하다.

14 자료해석 정답 ③

| 정답풀이 |

인공지능 서비스 연령별 이용률에 대한 평균을 구하면 $(36+44+50+40+25+10+3)\div7=29.7$(%)인데 전체 인공지능 서비스 이용률은 그래프에 32%로 제시되어 있다. 즉, 평균보다 전체가 높은 것은 평균보다 높은 연령대의 인원이 더 많기 때문이다.

따라서 전체보다 이용률이 높은 연령대인 40대 이하는 전체보다 이용률이 낮은 연령대인 50대 이상보다 조사 대상 인원수가 더 많은 것으로 예상할 수 있다.

| 오답풀이 |

① 전체 이용률 32%보다 낮은 연령대는 50대, 60대이므로 50대 이상이다.

② 인공지능 서비스에 대한 인식이 세 번째로 높은 항목(내 업무나 학습을 효율적으로 만들어준다)에 응답한 비율이 54%이므로 응답한 인원은 조사 대상자의 절반 이상이다.

④ 인공지능 서비스 이용률이 가장 높은 연령대(30대)보다 40대, 50대, 60대, 70세 이상으로 갈수록 이용률이 낮아진다.

⑤ 분야별 이용률이 가장 높은 항목(주거편의 14%)은 가장 낮은 항목(헬스케어 3%)의 4배 이상이다.(3%×4=12(%)<14%)

15 자료해석 정답 ④

| 정답풀이 |

ⓛ 인공지능 서비스 이용률이 가장 낮은 연령대의 이용률은 3%이고, 헬스케어 서비스 이용률은 3%이지만, 연령대는 70세 이상 중 응답한 비율이 3%를 의미하고, 헬스케어 서비스 이용률은 전체 인원 중 응답한 비율이 3%를 의미한다. 그러므로 헬스케어 서비스 이용률에 응답한 인원수가 더 많다.

ⓒ 인공지능 서비스 분야별 이용률의 각 항목에 응답한 사람이 모두 다르므로, 비율을 모두 더하면 $14+12+10+9+8+4+3=60$(%)이다. 이때 단 한 분야에도 응답하지 않은 비율은 $100-60=40$(%)이므로 40% 이상이다.

ⓡ '일상 생활을 편리하게 해준다'에 응답한 비율(66%)은 '나에게 심리적 도움이나 즐거움을 준다'에 응답한 비율(48%)보다 $\frac{(66-48)}{48}\times100=37.5$(%) 높으므로 35% 이상 더 높다.

| 오답풀이 |

ⓖ 인공지능 서비스 연령별, 분야별, 인식에 대한 조사 대상은 모두 동일하므로, 인공지능 서비스에 대한 인식 조사에 응답한 인원은 총 700명이다. 이 중 '신뢰할 수 있다'에 응답한 비율은 62%이므로 응답한 인원수는 700×0.62=434(명)이다. 따라서 444명 이상은 아니다.

16 자료해석 정답 ③

| 정답풀이 |

2018년 전체 반도체 수출액에서 중국·홍콩이 차지하는 비중은 $\frac{85,800}{127,000} \times 100 \fallingdotseq 67.6(\%)$이므로 65% 이상이다.

| 오답풀이 |

① 2020년 일본에 대한 반도체 수출액은 $1,100 \times (1-0.081) = 1,010.9$(백만 달러)이므로 1,000백만 달러 이상이다.

② EU에 대한 전년 대비 반도체 수출액 증가율은 2018년이 $\frac{2,200-1,800}{1,800} \times 100 \fallingdotseq 22.2(\%)$이고, 2020년이 15.2%이므로 2018년이 2020년보다 높다.

④ 반도체 수출액을 비교하면 2017년과 2018년에는 대만이 미국보다 크지만 2019년에는 미국이 대만보다 크므로 순위는 매년 동일하지 않다.

⑤ 2017~2019년 중 전체 반도체 수출액이 가장 큰 해는 2018년이지만 싱가포르에 대한 반도체 수출액이 최대인 해는 2017년이다.

17 자료해석 정답 ⑤

| 정답풀이 |

㉢ 2018년 전체 반도체 수출액의 5%에 해당하는 값은 $127,000 \times 0.05 = 6,350$(백만 달러)이고, 싱가포르와 EU에 대한 반도체 수출액은 $2,800+2,200=5,000$(백만 달러)이므로 전체에서 차지하는 비중은 5% 미만이다.

㉣ 2017년부터 2019년까지 반도체 수출액은 매년 싱가포르가 일본의 2배 이상이며, 2020년 반도체 수출액은 싱가포르가 전년 대비 증가, 일본이 전년 대비 감소하였으므로 2020년도 싱가포르가 일본의 2배 이상이 되어 4년 동안의 반도체 수출액은 싱가포르가 일본의 2배 이상이다.

| 오답풀이 |

㉠ 2019년 대비 2020년 증가한 반도체 수출액은 미국이 $6,000 \times 0.25 = 1,500$(백만 달러), 대만이 $4,500 \times 0.43 = 1,935$(백만 달러)이므로 미국이 대만보다 작다.

㉡ 미국에 대한 2020년 반도체 수출액은 $6,000 \times 1.25 = 7,500$(백만 달러)임에 따라 2017~2020년 연간 반도체 수출액의 평균은 $\frac{3,400+6,400+6,000+7,500}{4} = 5,825$(백만 달러)이므로 5,500백만 달러 이상이다.

18 자료해석 정답 ③

| 정답풀이 |

5월과 8월을 이용하면,

$130 = b - (\frac{1}{20} \times a)$, $150 = b - (\frac{1}{40} \times a)$이므로 $a = 800$, $b = 170$이다.

• 6월: $138 = 170 - (\frac{1}{㉠} \times 800)$, ㉠=25(℃)

• 7월: ㉡$= 170 - (\frac{1}{32} \times 800)$, ㉡=145(mm)

19 자료해석 정답 ①

| 정답풀이 |

전년 대비 증감률을 계산하면 아래와 같다.

구분	2018년	2019년	2020년	2021년	2022년
전년 대비 증감률	−11%	8%	12%	−7%	11%

주어진 그래프에 수치가 정확하게 기입되어 있지 않은 경우에는 정확한 계산보다는 주어진 자료와 그래프를 비교하여 옳지 않은 그래프를 지워내는 소거법을 이용하자.

② 2018년의 전년 대비 감소율은 11%이지만, 그래프에는 감소율이 16%이므로 적절하지 않다.

③, ⑤ 증가율과 감소율이 반대로 되어 있으므로 적절하지 않다.(증가율 ↔ 감소율)

④ 2020년의 전년 대비 증가율 12%이지만, 그래프에는 증가율이 10%이므로 적절하지 않다.

따라서 정답은 ①번이다.

20 자료해석 정답 ②

| 정답풀이 |

최고기온과 최저기온의 변화량은 다음과 같다.

(단위: ℃)

구분	1월	2월	3월	4월	5월
최고기온	−2	4	2	8	4
변화량	−	+6	$\frac{1}{2}$	+6	$\frac{1}{2}$
최저기온	−25	−22	−19	−16	−13
변화량	−	+3	+3	+3	+3

최고기온은 +6, $\frac{1}{2}$를 반복하는 규칙이고, 최저기온은 +3을 반복하는 규칙이다. 이를 이용하여 6월 이후의 최고기온과 최저기온을 구하면 다음과 같다.

7회

(단위: ℃)

구분	6월	7월	8월	9월
최고기온	10	5	11	5.5
최저기온	−10	−7	−4	−1
최고기온 − 최저기온	20	12	15	6.5

따라서 최고기온과 최저기온 평균의 차이가 처음으로 9℃ 이하가 되는 시기는 9월이다.

추리 P.278

01	⑤	02	⑤	03	③	04	④	05	③
06	⑤	07	②	08	⑤	09	②	10	③
11	⑤	12	②	13	③	14	③	15	③
16	③	17	①	18	③	19	⑤	20	①
21	⑤	22	④	23	①	24	④	25	⑤
26	⑤	27	③	28	③	29	③	30	③

01 명제 정답 ⑤

| 정답풀이 |

[전제2]에서 이유식을 먹는 모든 사람이 아기라고 하였고, [전제1]에서 모든 아기가 우유를 먹는다고 하였으므로 삼단논법에 의해 이유식을 먹는 모든 사람이 우유를 먹게 된다. 따라서 항상 참인 결론은 '이유식을 먹지 않는 어떤 사람은 우유를 먹지 않는다.'이다.

| 오답풀이 |

① 우유를 먹는 어떤 사람은 이유식을 먹지 않을 수 있으므로 항상 참인 결론이 아니다.

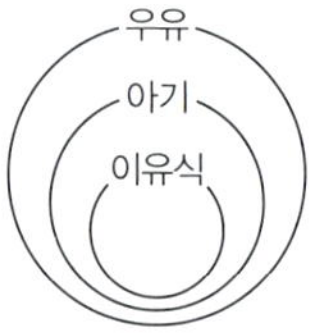

② 이유식을 먹는 모든 사람은 우유를 먹으므로 항상 거짓인 결론이다.

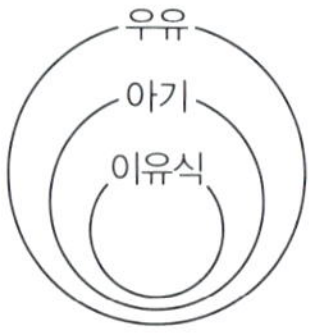

③, ④ 우유를 먹는 모든 사람은 이유식을 먹거나 이유식을 먹지 않는 모든 사람은 우유를 먹지 않을 수도 있으므로 항상 참인 결론이 아니다.

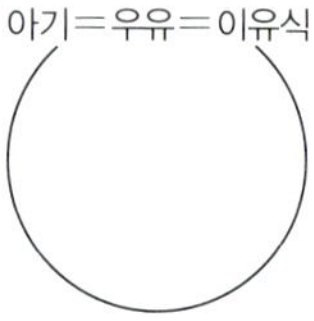

02 명제 정답 ⑤

| 정답풀이 |

전제2의 대우명제와 전제1을 고려하면 다음과 같은 벤다이어그램을 그릴 수 있다.

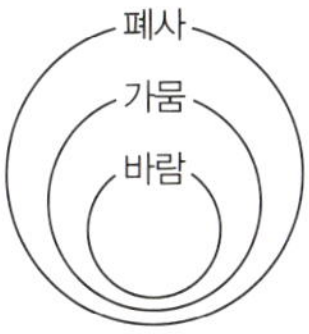

'폐사'가 '바람'을 포함하고 있으므로 '바람 → 폐사'가 항상 성립한다.
따라서 정답은 '바람 → 폐사'의 대우명제인 ⑤이다.

빠른 풀이 스킬

전제1과 전제2 모두 some 개념이 등장하지 않으므로 삼단논법을 사용하여 문제를 해결할 수 있다. 바람이 세게 부는 것을 '바', 가뭄이 오는 것을 '가', 닭들이 폐사하는 것을 '폐'라고 표시하고 전제1과 전제2를 다시 써보면 다음과 같다.

- 전제1: 바 → 가
- 전제2: ~폐 → ~가

전제1과 전제2에서 모두 '가'가 등장하므로 '가'가 전제1과 전제2를 연결하는 연결고리, 즉 매개념이다. 매개념을 이용하기 위해 전제2의 대우명제를 구해보면 '가 → 폐'이므로 전제1과 전제2를 서로 연결하면 '바 → 폐'라는 결론을 내릴 수 있다. 따라서 정답은 '바 → 폐'의 대우명제인 ⑤이다.

03 명제 정답 ③

| 정답풀이 |

전제1을 만족하는 가장 기본적인 벤다이어그램은 [그림1]과 같다.

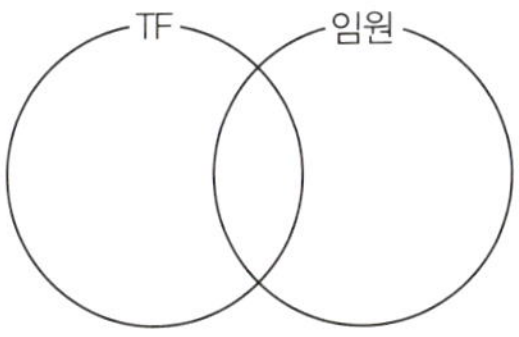

[그림1]

이 상태에서 'TF'와 '정례' 사이에 공통영역이 존재한다는 결론을 반드시 만족하기 위해선 [그림2]와 같이 '정례'가 '임원'을 포함하고 있으면 된다.

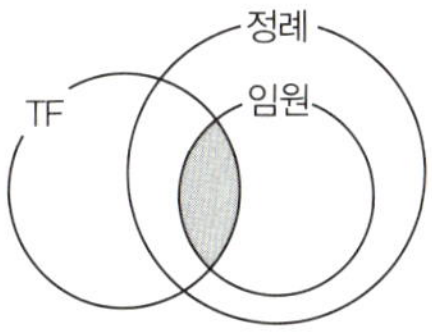

[그림2]

'정례'가 '임원'을 포함하고 있으면 [그림2]의 색칠된 부분이 반드시 존재하게 되므로, 'TF'와 '정례' 사이에 공통영역이 존재한다는 결론을 반드시 만족하게 된다.
따라서 '임원 → 정례'에 해당하는 ③이 정답이다.

빠른 풀이 스킬

전제1과 결론에 some 개념이 있으므로 벤다이어그램을 활용한다. 태스크포스에 참여한 직원을 'TF', 임원회의에 참석하는 직원을 '임', 정례회의에 참석하는 직원을 '정'이라고 표시하자. 우선 전제1을 만족하는 가장 기본적인 벤다이어그램은 [그림3]과 같으며, 색칠된 부분이 반드시 존재해야 한다.

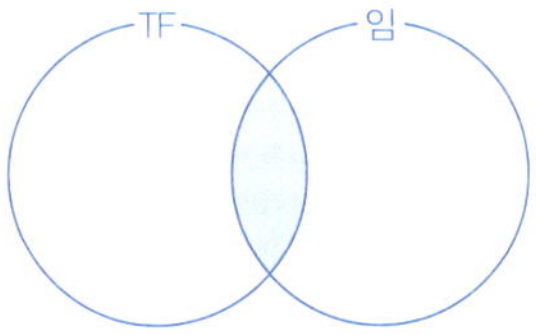

[그림3]

이 상태에서 ①을 만족하도록 '정'의 벤다이어그램을 그려보도록 하자. ①을 만족하기 위해선 '정'이 '임' 안에 포함되기만 하면 되므로 [그림4]와 같은 벤다이어그램도 그릴 수 있다.

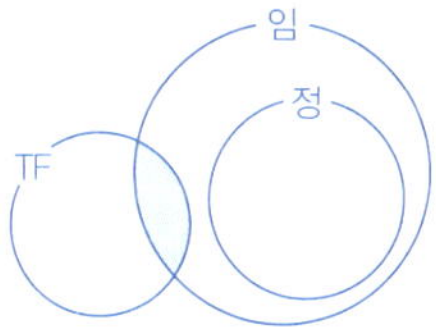

[그림4]

이 경우 전제1과 ①을 모두 만족하지만 결론을 만족하지 못한다. 즉, ①을 전제2로 세울 경우 항상 결론이 도출되는 것은 아니므로 ①은 전제2로 적절하지 않다.
이와 같은 방식으로 전제1과 ②, ④, ⑤를 만족하는 벤다이어그램을 각각 그렸을 때, 결론을 위배하는 반례가 하나라도 발생한다면 해당 선택지를 소거할 수 있다. ②, ④, ⑤는 모두 [그림5]를 반례로 들 수 있으므로 정답이 될 수 없다.

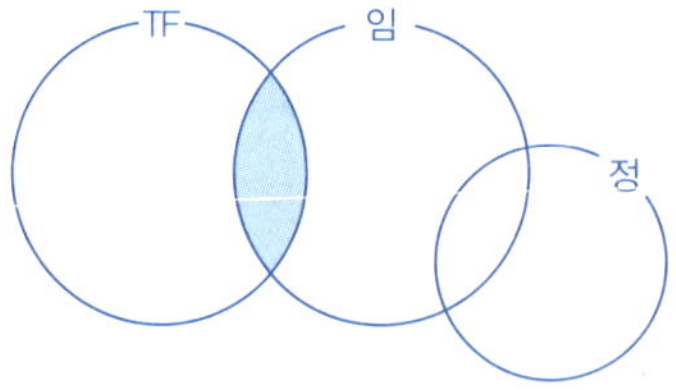

[그림5]

반면 ③은 전제2로 세웠을 때 항상 결론을 만족하므로 정답은 ③이다.

04 조건추리 정답 ④

| 정답풀이 |

B와 D 사이에 들어온 학생이 2명인데, D는 3등 안에 들었으므로 가능한 경우는 다음과 같다.

1등	2등	3등	4등	5등
D			B	
	D			B

이때 B와 C 사이에 들어온 학생이 1명이고, A가 E보다 먼저 들어왔으므로 가능한 모든 경우는 다음과 같다.

1등	2등	3등	4등	5등
D	C	A	B	E
A	D	C	E	B

따라서 D가 1등이면, A는 3등이다.

| 오답풀이 |

① C가 3등인 경우가 있다.
② E가 5등인 경우가 있다.
③ A가 1등이면, E는 4등이다.
⑤ 가능한 모든 경우의 수는 2가지이다.

05 조건추리 정답 ③

| 정답풀이 |

주어진 대화 따르면 A 부장이 거짓말을 하고 있다는 C 과장의 말이 거짓말이면, A 부장의 말은 참말이 된다. 그러나 C 과장의 말이 참말이면, A 부장의 말은 거짓말이므로 C 과장과 A 부장 중 한 사람은 거짓말을 하고 있는 것이다. 이때, C 과장과 A 부장이 모두 거짓말을 하고 있다는 F 사원의 말은 거짓말임을 알 수 있고, F 사원이 거짓말을 하고 있다는 E 주임의 말은 참말이 된다. 또한 E 주임의 말이 참말이라는 B 차장의 말이 참말이므로 B 차장과 F 사원이 모두 참말을 하고 있다는 A 부장이 거짓말을 한 것이다. 즉, C 과장의 말은 참말이다. 그리고 단 1명만이 거짓말을 하고 있다고 말한 D 대리도 거짓말을 하고 있으므로 거짓말을 한 사람은 A 부장, D 대리, F 사원이다.

06 조건추리 정답 ⑤

| 정답풀이 |

민성이는 종찬이가 일식을 받은 것을 안다. 그러므로 민성이는 종찬이보다 뒤에 섰고, 민성이가 받은 음식은 중식이 아니므로 민성이가 받은 음식은 한식이다. 이에 따라 재훈이가 받은 음식은 중식이고, 재훈이는 마지막에 서지 않으므로 첫 번째 또는 두 번째로 줄을 섰다.

첫 번째	두 번째	세 번째
재훈(중식)	종찬(일식)	민성(한식)
종찬(일식)	재훈(중식)	민성(한식)

따라서 민성이가 받은 음식을 알 수 있는 사람은 없다.

07 조건추리 정답 ②

| 정답풀이 |

먼저 기획팀 2명을 서로 마주 보게 앉히고, 기획팀 박 대리의 왼쪽에 제작팀의 이 주임을 앉히면 다음과 같다.

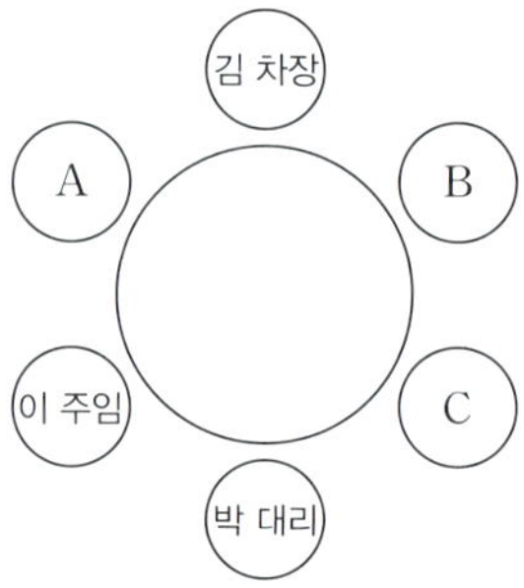

이때 개발팀 2명이 서로 옆에 붙어 앉아 있다고 하였으므로 개발팀은 B, C에 앉고, 제작팀의 한 과장이 A에 앉게 된다. 이를 나타내면 다음과 같다.

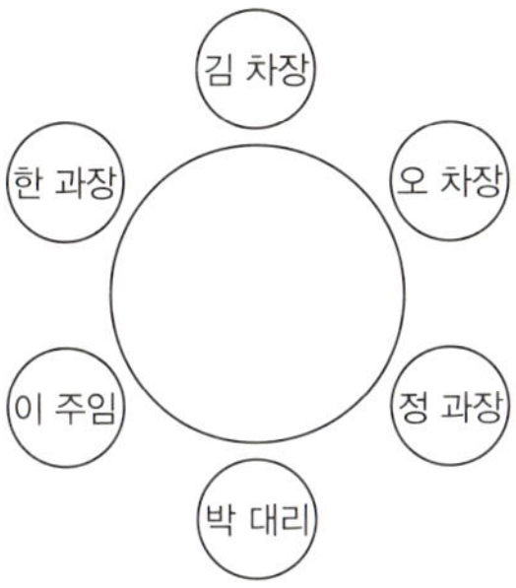

또는

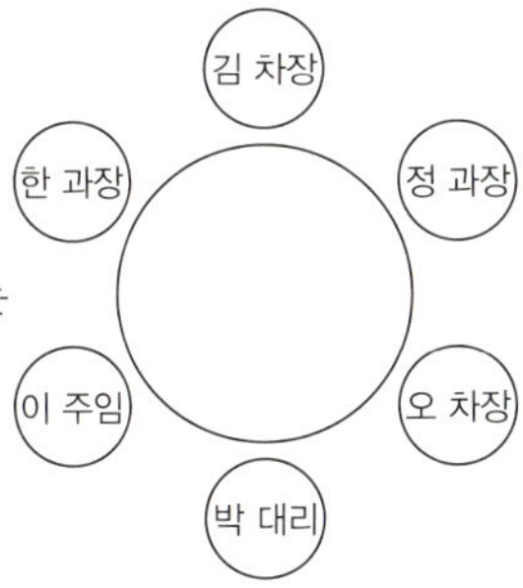

따라서 6명이 자리에 앉을 수 있는 경우의 수는 총 2가지이다.

| 오답풀이 |

① 제작팀 2명은 서로 옆에 붙어 앉아 있으므로 항상 옳지 않다.
③ 제작팀의 이 주임 왼쪽에는 같은 팀 한 과장이 앉아 있으므로 항상 옳지 않다.
④ 기획팀의 박 대리 오른쪽에 앉은 사람의 직급이 차장일 수 있으므로 항상 옳은 것은 아니다.
⑤ 기획팀의 김 차장의 왼쪽에 개발팀의 오 차장이 앉아 있다면, 오른쪽에는 제작팀의 한 과장이 앉아 있으므로 항상 옳지 않다.

08 조건추리 정답 ⑤

| 정답풀이 |

앉을 수 있는 자리는 총 6자리이고, B보다 칠판에 가깝게 앉은 사람은 1명이므로 B는 앞에서 두 번째 자리에 앉았다. 이때 1열에 앉은 C는 E와 나란히 옆에 앉았으므로 C는 1열 세 번째 자리, E는 2열 세 번째 자리에 앉았다. 여기서 A와 같은 열에 앉은 사람은 2명이므로 A는 B와 나란히 앉았고, D는 A와 다른 열의 맨 앞자리에 앉았다.

칠판

1열	2열
D	
B	A
C	E

또

칠판

1열	2열
	D
A	B
C	E

따라서 D는 A와 다른 열에 앉았다.

| 오답풀이 |

① 가능한 경우의 수는 2가지이다.
② A보다 칠판에 가깝게 앉은 사람은 A뿐이므로 1명이다.
③ E와 같은 열에 앉은 사람은 3명인 경우가 있다.
④ B는 C와 다른 열에 앉는 경우가 있다.

09 조건추리 정답 ②

| 정답풀이 |

4일 차에 C가 당직을 서므로 3일 차, 5일 차에는 C가 당직을 서지 않는다. A는 1일 차에 당직을 서므로 2일 차에는 A가 당직을 서지 않는다. D가 당직을 서는 날의 앞뒤로 B가 당직을 서므로 B–D–B 순으로 서고, 가능한 날은 5일 차, 6일 차, 7일 차 또는 6일 차, 7일 차, 8일 차이다.

1) B–D–B 순으로 5~7일 차에 당직을 서는 경우
만약 E가 2일 차에 당직을 서면 3일 차에는 A, 8일 차에는 C가 당직을 선다. 만약 E가 3일 차에 당직을 서면 2일 차에는 C, 8일 차에는 A가 당직을 선다. 만약 E가 8일 차에 당직을 서면 2일 차에는 C, 3일 차에는 A가 당직을 선다.

2) B–D–B 순으로 6~8일 차에 당직을 서는 경우
C는 반드시 2일 차에 당직을 서고, A 또는 E가 3일 차 또는 5일 차에 당직을 선다.

<table>
<tr><th>1일 차</th><th>2일 차</th><th>3일 차</th><th>4일 차</th><th>5일 차</th><th>6일 차</th><th>7일 차</th><th>8일 차</th></tr>
<tr><td rowspan="5">A</td><td>E</td><td>A</td><td rowspan="5">C</td><td rowspan="3">B</td><td rowspan="3">D</td><td rowspan="3">B</td><td>C</td></tr>
<tr><td>C</td><td>E</td><td>A</td></tr>
<tr><td>C</td><td>A</td><td>E</td></tr>
<tr><td>C</td><td>A</td><td>E</td><td rowspan="2">B</td><td rowspan="2">D</td><td rowspan="2">B</td></tr>
<tr><td>C</td><td>E</td><td>A</td></tr>
</table>

따라서 2일 차에 E가 당직을 서면 D는 6일 차에 당직을 선다.

빠른 풀이 스킬

A와 C가 당직을 서는 날이 이미 [조건]에 주어져 있으므로 먼저 1일 차, 4일 차에 A와 C를 적는다. B–D–B

순으로 연속해서 당직을 서려면 가능한 경우는 5일 차, 6일 차, 7일 차 또는 6일 차, 7일 차, 8일 차 밖에 없으므로 B－D－B를 기준으로 1차로 경우를 나눈 뒤 A 또는 C 또는 E를 기준으로 다시 나누어서 생각하면 쉽게 해결할 수 있다.

10 조건추리

정답 ③

| 정답풀이 |

소희는 터치가 되지 않는 노트북을 구매했으므로 A 노트북을 구매했고, 지혜는 B 노트북을 구매했다. 윤정이는 180도 펼쳐지는 노트북을 구매했으므로 A 또는 C 노트북을 구매했고, 성아는 터치가 되는 노트북을 구매했으므로 B 또는 C 노트북을 구매했다.

윤정이가 A 노트북을 구매했을 때, 성아가 B 노트북을 구매했다면 각 노트북은 1명 이상이 구매했으므로 진영이는 C 노트북을 구매했고, 성아가 C 노트북을 구매했다면 B 노트북은 2명이 구매했으므로 진영이는 B 노트북을 구매했다.

윤정이가 C 노트북을 구매했을 때, 성아가 B 노트북을 구매했다면 진영이는 성아와 다른 노트북을 구매했으므로 A 또는 C 노트북을 구매했다. 또한 성아가 C 노트북을 구매했다면 B 노트북은 2명이 구매했으므로 진영이는 B 노트북을 구매했다.

A 노트북	B 노트북	C 노트북
소희, 윤정	지혜, 성아	진영
소희, 윤정	지혜, 진영	성아
소희, 진영	지혜, 성아	윤정
소희	지혜, 성아	윤정, 진영
소희	지혜, 진영	성아, 윤정

따라서 진영이가 C 노트북을 구매했다면 성아는 B 노트북을 구매했다.

| 오답풀이 |

① 가능한 경우의 수는 총 5가지이다.
② 소희와 진영이 둘 다 A 노트북을 구매하는 경우가 있다.
④ 성아가 C 노트북을 구매했을 때, 윤정이는 A 노트북을 구매했을 수 있다.
⑤ 윤정이가 A 노트북을 구매했을 때, 진영이는 C 노트북을 구매했을 수 있다.

11 조건추리

정답 ⑤

| 정답풀이 |

사원 H는 203호에 위치한다. 이때 대리와 사원 5명이 모두 1, 2층에 위치하고 과장끼리는 서로 옆방에 위치하므로 과장인 C, D는 모두 3층에 위치해야 한다. 한편 대리 E, F는 끝자리가 짝수인 102호와 202호에 위치하며, 사원 I는 과장인 C가 바로 윗방에 위치하므로 201호에 위치하고, 301호에 C, 302호에 D가 위치한다.

C	D	
I	E 또는 F	H
	F 또는 E	

마지막 사원 G는 101호 또는 103호에 위치할 수 있으며, A와 B는 남은 방에 위치한다. 이에 따라 가능한 경우는 다음과 같다.

C	D	A 또는 B
I	E 또는 F	H
G	F 또는 E	B 또는 A

C	D	A 또는 B
I	E 또는 F	H
B 또는 A	F 또는 E	G

따라서 B가 103호에 위치하면, A는 303호에 위치한다.

| 오답풀이 |

① A는 101호 또는 103호에 위치할 수 있다.
② B가 1층에 위치하는 경우는 101호와 103호에 위치할 때이며, 각 경우에 E와 F가 위치를 바꿀 수 있으므로 가능한 경우의 수는 2×2=4(가지)이다.
③ F가 202호에 위치하면 E는 102호에 위치하며, 이때 가능한 경우의 수는 G가 101호일 때의 2가지와 G가 103호일 때의 2가지, 총 2×2=4(가지)이다.
④ A가 303호에 위치하면, G는 103호에 위치할 수도 있다.

12 조건추리

정답 ②

| 정답풀이 |

A는 미국, B는 두바이, C는 태국으로 출장을 가며, A가 출장을 가는 곳만 인원이 3명이다.

미국(3명)	태국(2명)	두바이(2명)
A	C	B

A와 E는 서로 다른 곳으로 출장을 가므로 E는 태국 또는 두바이로 출장을 가고, C와 F도 서로 다른 곳으로 출장을 가므로 F는 미국 또는 두바이로 출장을 간다. 만약

E가 두바이로 출장을 가면 F는 미국으로 출장을 간다. D와 G는 서로 다른 곳으로 출장을 가므로 각자 미국 또는 태국으로 출장을 간다.

미국(3명)	태국(2명)	두바이(2명)
A, D, F	C, G	B, E
A, F, G	C, D	B, E

만약 E가 태국으로 출장을 가면 F는 미국 또는 두바이로 출장을 가는데, 만약 F가 두바이로 출장을 가면 남은 D, G는 모두 미국으로 출장을 가야 한다. 그런데 D와 G는 서로 다른 곳으로 출장을 가야 하므로 F는 두바이로 출장을 갈 수 없고, 미국으로 출장을 간다. D와 G는 서로 다른 곳으로 출장을 가므로 각자 미국 또는 두바이로 출장을 간다.

미국(3명)	태국(2명)	두바이(2명)
A, D, F	C, E	B, G
A, F, G	C, E	B, D

따라서 F는 항상 미국으로 출장을 간다.

| 오답풀이 |

① D는 미국 또는 태국으로도 출장을 갈 수 있다.
③ E가 태국으로 출장을 가는 경우의 수는 2가지이다.
④ E가 두바이로 출장을 가는 경우의 수는 2가지이다.
⑤ G가 두바이로 출장을 가면, D는 미국으로 출장을 간다.

13 조건추리 정답 ③

| 정답풀이 |

A와 D의 진술이 서로 엇갈리고, C와 D의 진술도 서로 엇갈린다. 이에 따라 D의 말이 참이라면 A, C의 말이 거짓이 되는데, 거짓을 말하는 직원은 1명이므로 모순이 발생한다. 그러므로 D의 말이 거짓이고, A, B, C, E의 말이 참이 된다. 이를 정리하면 A는 가장 늦게 출근했고, E는 가장 먼저 출근했으며 C는 D가 출근한 바로 다음에 출근했는데 B는 E보다 늦게 출근했고 C보다는 먼저 출근했으므로 E－B－D－C－A의 순서대로 출근했다.
따라서 네 번째로 출근한 직원은 C이다.

14 조건추리 정답 ③

| 정답풀이 |

A는 보안, 안전 교육을 신청했고, B와 E는 리더십 교육, C와 F는 보안 교육을 신청했다.

리더십	보안	안전	코딩
B, E	A, C, F	A	

이때 코딩 교육을 들을 수 있는 사람은 A를 제외한 B, C, D, E, F인데 B와 D는 모두 코딩 교육을 신청하지 않았고, 코딩 교육은 3명이 신청했으므로 코딩 교육을 신청한 3명은 C, E, F이다. 또한 D가 신청한 교육은 모두 E가 신청한 교육과 다르므로 D는 보안 교육과 안전 교육을 신청했고, B가 신청한 나머지 1개 교육은 보안 교육 또는 안전 교육인데 리더십 교육과 안전 교육은 함께 신청할 수 없으므로 보안 교육을 신청했다.

리더십	보안	안전	코딩
B, E	A, B, C, D, F	A, D	C, E, F

따라서 안전 교육을 신청한 사람은 A, D이다.

15 도형추리 정답 ③

| 정답풀이 |

전체 도형 원점 대칭(시계 또는 반시계 방향으로 180° 회전) 후 내부도형 색을 반전한다.

16 도형추리 정답 ③

| 정답풀이 |

오른쪽으로 한 칸씩 갈 때마다 내부도형 음영은 시계 방향으로, 외부도형 음영은 반시계 방향으로 한 칸씩 이동한다.

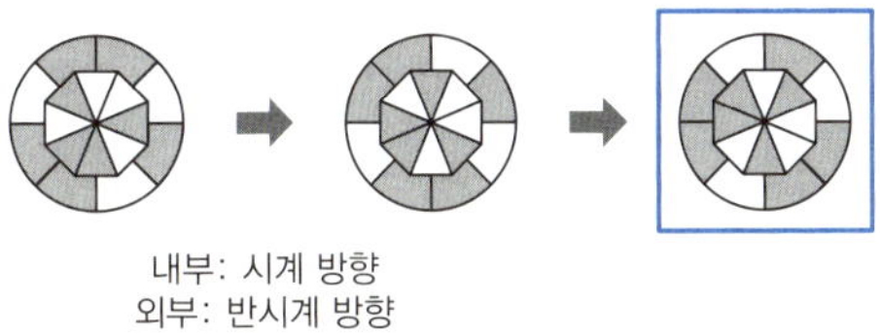

17 도형추리 정답 ①

| 정답풀이 |

오른쪽으로 1열씩 이동할 때마다 도형에 색이 칠해진 부분이 아래로 한 칸씩 이동한다.

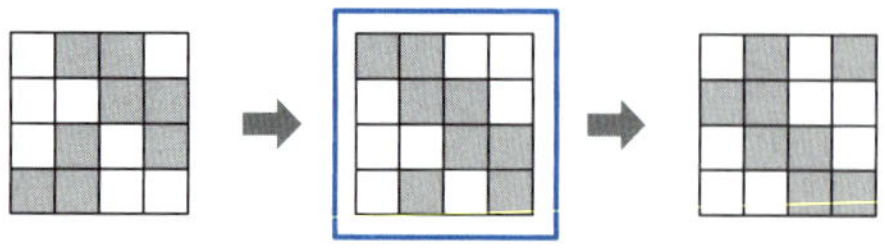

18 도식추리 정답 ③

| 정답풀이 |

주어진 기호의 규칙은 다음과 같다.

기호	규칙
△	(−2, −2, −2, −2)
□	(+1, −1, +1, −1)
◇	ABCD → BCDA
○	ABCD → ACDB

CUPS → ○ → CPSU → □ → **(DOTT)**

빠른 풀이 스킬

다음과 같이 문자표를 일단 적어놓는다.

A	B	C	D	E	F	G	H	I	J	K	L	M
N	O	P	Q	R	S	T	U	V	W	X	Y	Z

주어진 도식을 보면 △ → □ → ◇ → ○ 순으로 규칙을 파악해야 한다.

- △: MLET → KJCR로 추론할 수 있다. 명백한 숫자 연산 규칙으로, (−2, −2, −2, −2)이다.
- □: 3TPG에 △을 적용하면 1RNE이다. 따라서 □는 1RNE → 2QOD로 추론할 수 있다. 명백한 숫자연산 규칙으로, (+1, −1, +1, −1)이다.
- ◇: KBSJ에 □를 역으로 적용하면 JCRK이다. 따라서 ◇는 KJCR → JCRK로 추론할 수 있다. 명백한 순서 바꾸기 규칙으로, ABCD → BCDA이다.
- ○: FTXP에 □를 적용하면 GSYO, GSYO에 ◇를 적용하면 SYOG이다. 따라서 ○은 SYOG → SOGY로 추론할 수 있다. 순서 바꾸기 또는 숫자연산 규칙 모두 가능하지만, 숫자연산 규칙이라면 너무 극단적인 덧셈뺄셈이 되어버린다. 따라서 순서 바꾸기 규칙이라고 가정하면, ABCD → ACDB이다.

따라서 CUPS → ○ → CPSU → □ → DOTT이므로 정답은 ③이다.

19 도식추리 정답 ⑤

| 정답풀이 |

9735 → △ → 7513 → ◇ → 5137 → ○ → **(5371)**

20 도식추리 정답 ①

| 정답풀이 |

(4TL6) → △ → 2RJ4 → ○ → 2J4R

21 도식추리 정답 ⑤

| 정답풀이 |

(5487) → ◇ → 4875 → □ → 5784 → △ → 3562

22 문단배열 정답 ④

| 정답풀이 |

가장 첫 문단으로 올 수 있는 것은 화제를 제시하고 있는 [가] 또는 [라]이며, [나]는 '이러한' 시도라고 이전에 언급한 내용을 말하고 있기에 가장 첫 문단이 될 수 없다. [다] 역시 '특히'라며 내용을 강조하고 있기에 첫 문단이 되기에 논리적으로 적절하지 않다. 이후 [라]에서 마지막에 입체주의가 대상을 주관적으로 묘사하고자 한 시도의 내용을 [나]에서 이어 설명하며 이러한 시도에 대해 입체주의가 받은 평가 내용을 제시하고 있어서 [라] 다음으로는 [나]가 적절하다. 이후 [나]에서 아폴리네르를 소개하고 이 내용이 [다]에 이어진다. 이후 [가]에서는 [다]에서 소개한 '과학적 입체주의'를 보충 설명하고 있다. 따라서 논리적 순서대로 알맞게 배열한 것은 [라]–[나]–[다]–[가]이다.

23 문단배열 정답 ①

| 정답풀이 |

[가]에서 단어의 의미 변화 유형에 대해 전체적으로 개괄하고 있으므로 가장 먼저 와야 한다. 그다음 [다]에서 의미의 영역이 확장된 예를 설명하고, [나]에서 의미의 영역이 축소된 예를 설명한다. 이때 [나]의 첫 번째 문장에서 '앞의 경우와는 반대로'라고 하였으므로 [다] 다음에 [나]가 와야 한다. 그리고 마지막으로 [라]에서 의미의 영역이 옮겨진 경우에 대해서 개별적으로 자세히 설명하고 있다.

따라서 논리적 순서대로 알맞게 배열한 것은 [가]–[다]–[나]–[라]이다.

24 독해추론 정답 ④

| 정답풀이 |

종자은행은 종자의 장기 저장에 적합하도록 온도와 습도가 조절되는 첨단의 운영 체계를 갖추고 있다고 했으므로 시설 전체를 일정한 온도와 습도로 유지하지 않음을 알 수 있다.

| 오답풀이 |

① 종자은행의 효율적인 운영을 위해 탐색, 수집, 분류, 보존 연구를 수행하는 '연구실'과 X-RAY 검사장치, 종자함수율 측정장치, 현미경 영상장치, 발아시험기 등을 갖춘 '종자검사실' 및 우량한 종자를 정선, 분리하기 위한 종자 정선기, 중력분리기, 훈증기, 건조기 등의 장치를 갖춘 '종자처리실'을 운영하여 3가지 파트로 구성됨을 알 수 있다.

② 종자은행에서는 자생식물, 희귀·특산식물을 우선 수집함을 알 수 있다.

③ 종자은행은 식물자원의 연구, 보존과 이용에 근간이 되는 종자의 장기 저장을 위해 필수적인 시설임을 알 수 있다.

⑤ 종자은행은 국내 자생식물 및 해외 유용 식물 종자의 수집과 산림식물 종자의 장기 저장 기술 확립, 종자의 보존 센터 및 종자의 이용 산업 기반을 구축하고자 함을 알 수 있다.

25 독해추론 정답 ⑤

| 정답풀이 |

화면 전환이 빠른 게임이나 동영상의 경우 고주사율이 적용되면 보다 자연스럽고 부드러운 화면 변화를 감상할 수 있지만 상대적으로 화면의 변화가 적은 이미지나 텍스트 기반의 콘텐츠는 일반 주사율의 화면과 고주사율에서 볼 때의 이미지 변화가 거의 없기 때문에 고주사율이 적용되면 불필요한 전력 소모가 발생할 수 있다고 했다. 즉 어떠한 상황에서든 고주사율 화면이 일반 주사율 화면보다 좋은 것은 아니다.

| 오답풀이 |

① 디스플레이에서 주사율은 1초에 얼마나 많은 장면을 화면에 표현하는지 나타내는 수치로, 단위는 Hz(헤르츠)를 사용한다.

② 가변주사율 화면은 빠른 화면 전환이 필요한 콘텐츠에서는 고주사율을 적용하고, 상대적으로 변화가 적은 콘텐츠를 소비할 때는 보다 낮은 주사율을 적용하는 것이다.

③ 120Hz의 주사율은 1초에 120번의 이미지를, 60Hz는 60번의 이미지를 화면에 불러오는 것인데 주사율이 높을수록 1초에 더 많은 이미지가 보이는 만큼 영상을 좀 더 부드럽고 매끄럽게 감상할 수 있다. 즉 120Hz는 60Hz보다 더 부드럽고 매끄러운 영상을 제공한다.

④ 주사율이 높을수록 1초에 더 많은 이미지가 보이는 만큼 영상을 좀 더 부드럽고 매끄럽게 감상할 수 있는 반면, 이미지를 더 많이 불러오는 만큼 전력 소모도 증가한다.

26 독해추론 정답 ⑤

| 정답풀이 |

MBC 펫 구조를 적용하면 4나노 공정에서 성능을 향상시키고 전력소모와 면적을 감소시키는 것이 아니라 3나노 공정에서 5나노 공정 대비 성능을 향상시키고 전력소모와 면적을 감소시킬 수 있다.

| 오답풀이 |

① 트랜지스터는 반도체 칩의 기본 소자이다.

② 지금까지 트랜지스터를 가장 작고 빠르게 만들 수 있는 기술은 물고기의 등지느러미(Fin) 모양을 닮은 '핀 트랜지스터'였음을 알 수 있다.

③ GAA는 반도체 칩의 기본 소자인 '트랜지스터'를 더 작고 빠르게, 적은 전력만 소모하도록 만드는 최신 기술이라는 서술을 통해 트랜지스터는 더 작고 빠르고 적은 전력을 소모할수록 더 좋음을 알 수 있다.

④ 핀 트랜지스터 구조로는 4나노 이하 공정에서 '동작 전압'을 줄이는 게 불가능했으나 이를 해결하는 기술이 바로 GAA임을 알 수 있다.

27 독해추론 정답 ③

| 정답풀이 |

우주 레이저 광통신은 레이저를 통해 통신하므로 주파수 대역과는 연관이 없다.

| 오답풀이 |

① 무선 전파를 이용한 통신은 인공위성에 의존하므로 우주 쓰레기 문제를 발생시킨다.

② 무선 전파를 이용한 통신은 인공위성과 통신하므로 빛 공해가 생긴다.

④ 대기에 구름이 많은 경우 레이저는 대기에서 산란하므로 데이터 오류가 발생할 수 있다.

⑤ 우주 레이저 광통신은 무선 전파를 이용한 통신보다 100배 더 빠르므로 먼 우주를 탐사할 때 더 유용하다.

28 독해추론 정답 ③

| 정답풀이 |

주어진 글은 서방의 러시아 제재가 효과가 없다는 것을 주장하고 있으며 이에 대해 현재 루블화의 강세는 일시적인 버블 현상이라는 반론은 적절하다.

| 오답풀이 |

① 국민들이 푸틴을 강력하게 지지하여 서방의 제재에도 내적 균열이 발생할 가능성이 적다는 것은 주어진 글의 주장을 옹호하는 것으로 볼 수 있다.

② 러시아를 국제결제망에서 퇴출시키면 탈달러화 움직임이 생길 수 있어 달러 위상의 약화를 초래할 수 있다는 것은 주어진 글의 주장을 옹호하는 것으로 볼 수 있다.

④ 서방국가인 유럽 역시 러시아산 에너지를 당장 대체할 수입처를 찾기 어려워 러시아산 원유 거래를 완전히 막을 수 없다는 것은 서방의 러시아 제재가 효과를 보지 못한다는 것을 옹호하는 것으로 볼 수 있다.

⑤ 러시아는 곡물과 원유 등 생활 필수품을 자체 조달할 수 있는 나라이므로 상대적으로 경제의 대외 의존도가 낮아 국민들이 경제 제재를 감내할 수 있다는 것은 서방의 러시아 제재가 효과를 보지 못한다는 것을 옹호하는 것으로 볼 수 있다.

29 독해추론 정답 ③

| 정답풀이 |

동작을 인식하는 기존의 비전시스템은 복잡한 알고리즘으로 인해 데이터 트래픽이 많고 전력소모 또한 높은 한계가 있어서 사물인터넷 장치에 적용되기 어려웠다. 반면 K교수가 개발한 지능형 동작인식 소자는 고효율, 초고속이라는 특징을 가지고 있으므로 사물인터넷 장치에 적용될 수 있음을 알 수 있다.

| 오답풀이 |

① 멤리스터 소자에 대한 내용은 자세하게 언급되어 있지 않으나 곤충의 시신경을 모사했다는 점에서 기존의 이미지 센서와는 다른 방식의 접근으로 개발된 것임을 알 수 있다.

② 기존 이미지 센서가 복잡한 알고리즘을 이용해 물체와 그 동작을 인식해서 데이터의 트래픽이 많고, 전력 소모 또한 높게 나타났다고 언급되어 있다. 따라서 트래픽과 전력소모 간의 관계를 추론할 수는 없다.

④ 곤충의 시각지능을 모사하기 위한 여러 시도가 있었다는 내용을 통해, 해당 분야에 대해 누구도 관심 갖지 않았다는 내용은 적절하지 않음을 알 수 있다.

⑤ 비전 시스템은 복잡한 알고리즘을 통해 물체와 그 동작을 인식하는 방식이다.

30 독해추론 정답 ③

| 정답풀이 |

GOS 기능은 유저가 모바일에서 게임을 최대한 잘 즐기도록 도와주는 기능이지만, 일부 스마트폰은 GOS가 오히려 게임 유저들에게 불편을 주고 있음을 알 수 있다.

| 오답풀이 |

① GOS가 게임을 하는 데 필요한 성능을 떨어뜨리는 등 게임 유저들에게 불편을 주고 있지만, 오랜 시간 게임을 이용하면 GOS가 작동하기 때문으로 볼 수 없다.

② GOS를 끌 수 있는 방법이 전혀 없다는 것이 문제임은 알 수 있지만, 발열이 쉽게 발생하기 때문에 끄지 못하도록 한 것은 아니다.

④ GOS 기능이 검색 등을 위해 작동되도록 제작된 경우는 찾아볼 수 없고, 일반 앱에서 검색 기능을 높여준다고 볼 수도 없다.

⑤ 게임에 요구되는 그래픽 사양이 높으면 GOS가 작동하여 게임의 영상 퀄리티가 저하될 수 있음을 알 수 있다.

08 실전모의고사 8회 고난도

수리논리 P.296

01	⑤	02	⑤	03	②	04	③	05	①
06	④	07	③	08	④	09	③	10	④
11	②	12	④	13	②	14	④	15	④
16	⑤	17	④	18	①	19	③	20	②

01 응용수리 정답 ⑤

| 정답풀이 |

원료 A는 40kg, 원료 B는 22kg을 모두 사용하여 제품 X, Y를 만들 때 두 제품 X, Y의 개수를 각각 x개, y개라고 하면 다음과 같은 연립방정식을 세울 수 있다.

$$\begin{cases} 4x+5y=40 & \cdots ㉠ \\ 2x+3y=22 & \cdots ㉡ \end{cases}$$

$2\times$㉡$-$㉠을 계산하면 $y=4$이므로 $x=5$이다.

따라서 제품 X는 5개, 제품 Y는 4개를 만들므로 두 제품의 총이익은 $6\times5+7\times4=58$(만 원)이다.

02 응용수리 정답 ⑤

| 정답풀이 |

남자 5명, 여자 4명 중 4명을 뽑을 때, 남자와 여자가 각각 적어도 1명씩 포함되는 경우를 구해야 하므로 전체 경우에서 남자만 4명 또는 여자만 4명을 뽑는 경우를 제외하면 된다. 전체 9명 중에서 4명을 뽑는 경우의 수는 ${}_9C_4=\frac{9\times8\times7\times6}{4\times3\times2\times1}=126$(가지)이고, 남자만 4명을 뽑는 경우의 수는 ${}_5C_4=5$(가지), 여자만 4명을 뽑는 경우의 수는 ${}_4C_4=1$(가지)이다.

따라서 남자와 여자가 각각 적어도 1명씩 포함되는 경우의 수는 $126-(5+1)=120$(가지)이다.

03 자료해석 정답 ②

| 정답풀이 |

㉠ 2020년 에너지원별 발전 설비 용량 상위 4개 항목은 원자력, 석탄, LNG, 신재생이다. 이 중 석탄은 전년 대비 감소하였으나, 감소율이 10%에 미치지 못하므로 모두 전년 대비 증감률의 절댓값이 10% 이상이 되는 것은 아니다.

(단위: 만 GWh)

구분	원자력	석탄	LNG	신재생
2019년	15	24	12	3.5
2019년의 10%	1.5 (증가량)	2.4 (감소량)	1.2 (증가량)	0.35 (증가량)
10% 증감률	15+1.5 =16.5	24−2.4 =21.6	12+1.2 =13.2	3.5+0.35 =3.85
2020년	18	22	15	4
비교	16.5<18	21.6<22	13.2<15	3.85<4

㉣ 신재생 에너지 설비 비중은 2030년(35%)이 2020년(6.7%)보다 5배 이상이나, 비중이 5배 이상이라고 해서 설비용량이 5배 이상이라고 할 수는 없다.

| 오답풀이 |

㉡ 2020년 발전원별 설비 비중이 전년 대비 10% 이상 증가한 항목은 원자력(27+2.7=29.7%<30%), LNG(21.6+2.16=23.76%<25%)뿐이다.

㉢ 2020년은 2019년보다 전체 에너지원별 발전 설비 용량이 더 크다.

(단위: 만 GWh)

구분	원자력	석탄	LNG	신재생	우류	양수	기타	합계
2019년	15	24	12	3.5	0.5	0.3	0.2	55.5
2020년	18	22	15	4	0.2	0.3	0.5	60

04 자료해석 정답 ③

| 정답풀이 |

2016년부터 2020년까지 반도체 전체 글로벌 시장점유율의 평균은 $\frac{16.5+21.4+23.6+18.4+18.4}{5}=19.66(\%)$이므로 20% 미만이다.

| 오답풀이 |

① 2017년부터 2021년까지 반도체 수입액은 전년 대비 매년 증가했다.

② 2021년 반도체 수출액은 1,280억 달러로, 2016년 반도체 수출액의 2배인 620×2=1,240(억 달러)보다 많으므로 2배 이상으로 증가했다.

④ 2014년부터 2019년까지 글로벌 시장점유율은 반도체 전체와

메모리 반도체의 증감 추이는 증가, 증가, 감소, 증가, 증가, 감소로 동일하다.

⑤ 2016년 이후 시스템 반도체의 글로벌 시장점유율이 전년 대비 가장 크게 감소한 해는 0.5%p 감소한 2016년이고, 2016년의 DRAM 가격은 2.0달러로 2016~2021년 중 최저이다.

빠른 풀이 스킬

③ 2016년부터 2020년까지 5개년도의 평균이 20 이상이려면 합이 100 이상이어야 하는데 5개년도의 반도체 전체 글로벌 시장점유율을 모두 더하면 그 수치는 98.3이므로 평균은 20 미만임을 쉽게 알 수 있다.

05 자료해석 정답 ①

| 정답풀이 |

㉠ 2월 대비 3월 매출액 성장률은 $\frac{300-210}{210}\times100≒42.9(\%)$이므로 45% 미만이다.

㉡ 매출액에 대하여 1월 대비 3월의 증가율은 $\frac{300-180}{180}\times100≒66.7(\%)$이고, 4월 대비 6월의 감소율은 $\frac{320-240}{320}\times100=25(\%)$이므로 1월 대비 3월의 증가율이 4월 대비 6월의 감소율보다 더 높다.

| 오답풀이 |

㉢ 1월 매출액 중 기타에 해당하는 지출액은 180×0.2=36(십만 원)이고, 5월 매출액 중 기타에 해당하는 지출액은 250×0.1=25(십만 원)이므로 1월이 5월보다 36−25=11(십만 원) 더 많다.

㉣ 1월 저축에 해당하는 지출액은 180×0.3=54(십만 원)이고, 5월 관리 비용에 해당하는 지출액은 250×0.2=50(십만 원)이므로 1월 저축에 해당하는 지출액이 5월 관리 비용에 해당하는 지출액 대비 $\frac{54-50}{50}\times100=8(\%)$ 더 많다.

06 자료해석 정답 ④

| 정답풀이 |

2016년과 2020년 국내 특송업체 1개당 전체 특송물품 통관건수는 다음과 같다.

• 2016년: $\frac{9,240}{42}=220$(천 건/개)

• 2020년: $\frac{17,220}{82}=210$(천 건/개)

따라서 2020년이 2016년보다 적다.

| 오답풀이 |

① 2016년과 2020년 일반신고의 건수 대비 금액의 비율은 각각 다음과 같다.

• 2016년: $\frac{5,538}{3,692}=1.5$

• 2020년: $\frac{16,998}{8,499}=2$

따라서 2020년이 2016년보다 크다.

② 제시된 기간에 목록통관의 건수 및 금액과 일반신고의 건수 및 금액 모두 매년 증가하였다.

③ 제시된 기간에 국내 특송업체 수는 42개부터 82개까지 매년 증가하였고, 전체 특송물품 통관금액은 6,076백만 달러에서 18,034백만 달러까지 매년 증가하였다.

⑤ 간이신고 통관금액은 매년 일정하거나 감소하는데, 전체 통관금액은 매년 증가하므로 간이신고 통관금액이 전체 통관금액에서 차지하는 비율은 매년 낮아지고 있다.

07 자료해석 정답 ③

| 정답풀이 |

㉠ 2019년 대비 2020년 일반 병해충 발생 면적의 감소량은 약 6,400ha이고, 2020년 대비 2021년 일반 병해충 발생 면적의 감소량은 약 2,500ha이다. 이에 따라 2019년 대비 2020년에는 10% 가까이 감소하였으나 2020년 대비 2021년에는 5% 미만으로 감소하였으므로 일반 병해충 발생 면적의 전년 대비 감소율은 2020년이 2021년보다 크다.

㉣ 2018년부터 2020년까지 참나무시들음병 발생 면적의 전년 대비 증감률은 매년 음수이고, 절댓값은 계속 작아지므로 감소율은 매년 감소한다.

| 오답풀이 |

㉡ 2021년에는 전년 대비 일반 병해충 발생 면적이 감소하였으나 솔잎혹파리의 발생 면적 증감률이 양수이므로 솔잎혹파리의 발생 면적은 2020년 대비 2021년에 증가하였다.

㉢ 2016년 솔껍질깍지벌레의 발생 면적을 $x$ha라고 하면 2017년 발생 면적은 $(1-0.176)\times x=0.824x$(ha)이고, 2018년 발생 면적은 $(1+0.909)\times0.824x≒1.57x$(ha)이므로 약 57% 증가하였다.

08 자료해석 정답 ④

| 정답풀이 |

B산업의 규모는 2020년에 2000년 대비 100이고, 2024년에는 2020년 대비 110이므로 2024년 산업 규모는 2000년 대비 $\frac{110-100}{100}\times100=10(\%)$ 늘어날 것으로 예상된다.

| 오답풀이 |

① 2010년 A산업의 규모는 5년 전 대비 $\frac{110-105}{105}\times100≒$ 4.8(%) 늘어났다.
② C산업의 규모는 2020년에 2000년 대비 105이고, 2021년에는 2020년 대비 5% 줄어들 것으로 예상되므로 2021년 산업 규모는 2000년 대비 105×0.95=99.75임에 따라 0.25% 줄어들 것으로 예상된다.
③ 2024년 C산업의 예상 규모는 2020년 대비 101이므로 1% 늘어날 것으로 예상된다.
⑤ 주어진 자료의 숫자들은 기준이 되는 연도 대비 산업별 규모가 얼마나 변화하였는지만을 나타내므로 산업 간 규모 비교는 불가능하다.

09 자료해석 정답 ③

| 정답풀이 |

㉡ 기초연구비는 매년 일정하므로 연구원 수와 연구원 1인당 연구비의 곱만 비교하면 다음과 같다.

(단위: 만 원)

구분	2021년	2020년
A연구실	62,500	66,000
B연구실	45,000	28,000
C연구실	80,000	72,000
D연구실	92,000	72,000

따라서 총연구비가 전년보다 줄어든 연구실은 A연구실 1곳이다.

㉣ 2021년 연구원 1인당 연구비의 전년 대비 증가율은 다음과 같다.

- A연구실: $\frac{12,500-11,000}{11,000}\times100≒13.6(\%)$
- B연구실: $\frac{15,000-14,000}{14,000}\times100≒7.1(\%)$
- C연구실: $\frac{20,000-18,000}{18,000}\times100≒11.1(\%)$
- D연구실: $\frac{11,500-12,000}{12,000}\times100≒-4.2(\%)$

따라서 증가율이 가장 높은 연구실은 A연구실이다.

| 오답풀이 |

㉠ 2021년 연구실별 총연구비는 다음과 같다.

- A연구실: 7,500+5×12,500=70,000(만 원)
- B연구실: 25,000+3×15,000=70,000(만 원)
- C연구실: 23,000+4×20,000=103,000(만 원)
- D연구실: 10,000+8×11,500=102,000(만 원)

따라서 총연구비가 가장 많은 연구실은 C연구실이다.

㉢ 2021년 연구원 수가 전년보다 늘지 않은 연구실은 6명에서 5명으로 감소한 A연구실과 4명으로 유지된 C연구실 2곳이다.

10 자료해석 정답 ④

| 정답풀이 |

[그래프2]의 AI제품 및 서비스 이용 경험에 응답한 비율은 인공지능 제품 및 서비스 이용 경험이 있는 인원(4,000×70%) 중의 비율을 의미한다. 따라서 언어 번역기를 활용 중인 인원은 4,000명×70%×55%=1,540(명)이다.

| 오답풀이 |

① 인공지능에 관심이 있는 인원은 4,000×59%=2,360(명)이다.
② AI개인비서를 활용 중이라고 응답한 인원은 4,000×70%×35%=980(명)이다.
③ 인공지능에 대해 인지하지 못한 인원은 4,000명×(100%−99%)=40(명)이다.
⑤ '인공지능 제품 및 서비스를 잘 활용하고 있다'에 응답한 비율은 '제품 및 서비스 이용 경험이 있다'에 응답한 인원(4,000×70%) 중에서의 비율을 의미한다. 따라서 인공지능 제품 및 서비스를 잘 활용하고 있는 인원은 4,000명×70%×22%=616(명)이다.

11 자료해석 정답 ②

| 정답풀이 |

㉠ 언어 번역기 활용 중(55%)인 인원은 차량용 내비게이션 활용 중(56%)인 인원보다 더 적다.
㉢ 챗봇 이용 경험이 있다고 응답한 인원(27+46=73(%))은 AI개인비서 이용 경험이 있다고 응답한 인원(36+35=71(%))보다 더 많다.

| 오답풀이 |

㉡ [그래프2]의 5개 항목 중 AI개인비서 항목은 활용 중(35%)보다 써 봤으나 현재는 안 씀(36%)이 더 많은 비율을 차지하고 있다. 따라서 5개 항목 모두는 아니다.
㉣ AI스피커 이용 경험이 있다고 응답한 인원수(4,000×70%×59%)와 '인공지능에 관심이 있다'에 응답한 인원수(4,000×59%)는 다르다.

12 자료해석 정답 ④

| 정답풀이 |

제시된 기간 중 GDP 대비 총 부담금 규모가 처음으로 1.2%를 초과하는 해인 2015년에 기타 부담금 규모는 전년 대비 4.1−3.1=1.0(조 원) 증가하였다.

8회

| 오답풀이 |

① 2017년 총 부담금 규모는 2016년 대비 $\frac{20.2-18.5}{18.5}\times100≒$ 9.2(%) 증가하였다.
② 2012년 이후 금융부문 부담금 규모가 전년 대비 증가한 해는 2012년~2014년, 2017~2019년 총 6개이다.
③ 2019년 부담금 규모는 환경건설부문이 농림수산부문보다 4.1−1.4=2.7(조 원) 더 크다.
⑤ 2016~2019년 산업정보부문 부담금 규모는 연평균 $\frac{5+5+5.3+4.7}{4}=5$(조 원)이다.

13 자료해석 정답 ②

| 정답풀이 |

2012년 이후 총 부담금 규모가 전년 대비 감소한 해는 2019년이다. 따라서 2019년 총 부담금 규모에서 기타 부담금 규모가 차지하는 비중은 $\frac{4.6}{19.3}\times100≒24(\%)$이다.

14 자료해석 정답 ④

| 정답풀이 |

2021년 전년 대비 증감량은 카드사(−3%p), 핀테크기업(+3%p)이고, 전년 대비 증감률은 카드사가 $-\frac{3}{38}\times100≒-8(\%)$, 핀테크기업이 $\frac{3}{62}\times100≒5(\%)$이다. 따라서 증감률의 절댓값은 다르다.

| 오답풀이 |

① 2023년 카드사의 전년 대비 비중 증감량은 28−32=−4(%p)이므로 4%p 줄어들었다.
② [그래프1]의 카드사와 핀테크기업의 비중의 합은 모두 100%이므로 간편결제 서비스 시장에서 둘을 제외한 다른 결제수단은 없다.
③ [그래프2]에서 핀테크기업의 결제 규모는 주어진 기간 동안 우상향하였으므로 지속적으로 증가하였다.
⑤ [그래프1]에서 2019~2023년 핀테크기업의 비중이 카드사의 비중보다 크므로 결제 규모 역시 매년 많았다.

15 자료해석 정답 ④

| 정답풀이 |

㉡ 간편결제 서비스 전체 규모×핀테크기업 비중=핀테크기업 결제 규모이므로 간편결제 서비스 전체 규모와 카드사 결제 규모를 구하면 다음과 같다.

(단위: 억 원)

구분	2022년	2023년
간편결제 서비스 전체 규모	4,200÷68%=6,176	4,500÷72%=6,250
카드사 결제 규모	6,176×32%=1,976	6,250×28%=1,750

따라서 2023년 카드사 결제 규모는 전년 대비 감소하였다.

㉣ 핀테크 기업 결제 규모의 전년 대비 증가율은 2023년이 2022년보다 더 낮다.

(단위: 억 원)

구분	2022년	2023년
증가량	4,200−3,200=1,000	4,500−4,200=300
증가율	$\frac{1,000}{3,200}\times100=31(\%)$	$\frac{300}{4,200}\times100=7(\%)$

| 오답풀이 |

㉠ [그래프2]에서 2019~2021년 동안 기울기가 일정하므로 증가량은 일정하다. 하지만 증가율의 분모에는 전년도 값이 들어가야 하므로 증가율은 전년도 값이 작은 2020년이 2021년보다 더 높다.
㉢ 2020~2022년 동안 핀테크기업 비중의 전년 대비 증가량은 일정하다(3%p). 하지만 증가율의 분모에는 전년도 값이 들어가야 하므로 증가율은 전년도 값이 작은 2021년이 2022년보다 더 높다.

알아두면 좋은 TIP

4200, 72 , 32 < 4500, 68, 28
㉡에서 식을 줄이면
- 2022년 4,200÷68%×32% vs 2023년 4,500÷72%×28%
- 2022년 $\frac{4,200\times32\%}{68\%}$ vs 2023년 $\frac{4,500\times28\%}{72\%}$
- 4,200과 4,500 비교 시 300은 4,200의 10%(420)보다 낮고, 32%와 28% 비교 시 4%는 28%의 10%(2.8%)보다 높다. 또한 분모는 2022년이 더 작으므로 정확히 계산해 보지 않아도 2022년이 2023년보다 클 것으로 예상된다.

16 자료해석 정답 ⑤

| 정답풀이 |

전년 대비 수검자 수 변화량은 2020년에 6,840−6,400=440(천 명)인데, 2023년에 6,850−6,400=450(천 명)이므로 옳지 않다.

| 오답풀이 |

① 수검자 수가 꾸준히 증가하는 암은 간암이 유일하다.

② 2019년 자궁경부암 수검자 수의 전년 대비 감소율은 $\frac{1,250-1,000}{1,250}\times100=20(\%)$이다.

③ 주어진 [표]를 통해 쉽게 확인할 수 있다.

④ 2023년 대장암 수검자 수는 4년 전인 2019년 대비 $\frac{1,000-900}{900}\times100\fallingdotseq11(\%)$ 증가하였으므로 10% 이상 증가하였다.

빠른 풀이 스킬

④ 2023년 대장암 수검자 수는 1,000명이고 4년 전인 2019년에는 900명이다. 증가율을 구할 때, $\frac{1,000-900}{900}=\frac{1}{9}$을 계산해야 하는데, $\frac{1}{10}=0.1$이라는 것을 이용하면 $\frac{1}{9}>\frac{1}{10}$이므로 증가율은 10% 이상임을 쉽게 알 수 있다.

17 자료해석 정답 ④

| 정답풀이 |

㉠ 2021년 대장암 수검자 수가 전체 암 수검자 수에서 차지하는 비중은 $\frac{1,150}{7,000}\times100\fallingdotseq16.4(\%)$이므로 15% 이상이다.

㉢ 유방암 수검자 수가 전체 암 수검자 수에서 차지하는 비중은 2018년에 $\frac{1,300}{6,500}\times100=20(\%)$이고 2023년에 $\frac{1,200}{6,400}\times100=18.75(\%)$이므로 감소하였다.

| 오답풀이 |

㉡ 위암 수검자 수가 전체 암 수검자 수에서 차지하는 비중은 2018년에 $\frac{2,000}{6,500}\times100\fallingdotseq30.8(\%)$이고 2021년에 $\frac{2,050}{7,000}\times100\fallingdotseq29.3(\%)$이므로 감소하였다.

빠른 풀이 스킬

[보기]의 ㉢에서 2018년 비중을 구할 때, 1,300×5=6,500이므로 $\frac{1,300}{6,500}=\frac{1}{5}$에서 20%임을 쉽게 알 수 있고, 1,200×5=6,000<6,400이므로 $\frac{1,200}{6,400}<\frac{1,200}{6,000}=\frac{1}{5}$에서 20% 미만임을 알 수 있다. 또한 이와 유사하게 ㉡에 적용하여도 비중이 감소하였음을 어렵지 않게 확인할 수 있다.

18 자료해석 정답 ①

| 정답풀이 |

2017년과 2021년을 이용하면,

$100=\frac{4+8}{4\times a+8\times b}\times100$, $75=\frac{5+4}{5\times a+4\times b}\times100$이므로 a=2, b=0.5이다.

(재료비는 백만 원 단위이지만, 분자 분모 모두 백만 원 단위이므로 백만 원 단위를 제외한 숫자를 써도 무방하다.)

- 2015년: $㉠=\frac{5+5}{5\times2+5\times0.5}\times100$, ㉠=80(%)
- 2019년: $68=\frac{㉡+3}{㉡\times2+3\times0.5}\times100$, ㉡=5.5(백만 원)이므로 ㉡=5,500,000(원)

19 자료해석 정답 ③

| 정답풀이 |

사업체당 종사자 수는 다음과 같다.

(단위: 명/개)

구분	2008년	2010년	2012년	2014년	2016년	2018년	2020년	2022년
사업체당 종사자 수	5	6	5.95	5.4	5.82	5.5	6	5.13

따라서 정답은 ③이다.

알아두면 좋은 TIP

추이를 나타내는 그래프는 특징적인 부분(최댓값, 최솟값, 같은 값, 크고 낮음 등)만을 비교하며 소거법을 이용하자.

먼저, 사업체당 종사자 수의 2008년(처음)과 2022년(마지막)을 비교해 보면 2008년(5), 2022년(5보다 약간 위)이므로 이 부분만 비교해보면 ①, ②, ④는 적절하지 않다.

선택지가 2~3개 정도 남은 경우에는 선택지(③과 ⑤) 비교를 통해 서로 다른 곳을 찾으면 ⑤는 2012년에 8 이상으로 올라가 있다. 하지만 2012년(25÷4.2)<8이므로 ⑤는 적절하지 않다.

8회

20 자료해석 정답 ②

| 정답풀이 |

호동의 저축액은 5만 원과 10만 원이 반복되고, 재석의 저축액은 매일 5만 원씩 늘어난다. 호동과 재석의 저축 누적액은 다음과 같다.

(단위: 만 원)

구분	호동	재석	호동×2
230일 차	105	105	210
231일 차	115	115	230
232일 차	120	130	240
233일 차	130	150	260
⋮	⋮	⋮	⋮
237일 차	160	280	320
238일 차	165	325	330
239일 차	175	375	350

따라서 처음으로 재석이 저축한 누적액이 호동의 누적금액의 2배 이상이 되는 것은 239일차이다.

알아두면 좋은 TIP

재석은 5, 10, 15, …씩 누적되므로, 5×(1+2+3+…)으로 생각할 수 있고, 호동은 2일마다 5+10=15(만 원)씩 누적된다.
선택지를 확인해 보면 최대가 240일 차인데, 이때 재석 의 저축액은 5×(1+2+3+…+11)=330이다. 저축 누적액은 재석이 100+330=430(만 원)이고 호동이 100+(15×5+5)=180(만 원)이다. 즉, 240일 차 저축 누적액은 재석(430만 원), 호동(180만 원)으로 재석은 호동의 2배 이상이다.
239일 차는 재석 430−55=375(만 원), 호동 180−5=175(만 원)으로 재석은 호동의 2배 이상이다.
238일 차는 재석 375−50=325(만 원), 호동 175−10=165(만 원)으로 재석은 호동의 2배 이상이 아니다.
따라서 처음으로 재석이 저축한 누적액이 호동의 누적액의 2배 이상이 되는 시기는 239일 차이다.

추리 P.314

01	⑤	02	③	03	④	04	④	05	⑤
06	①	07	②	08	②	09	①	10	④
11	④	12	③	13	①	14	②	15	①
16	①	17	①	18	③	19	①	20	④
21	②	22	⑤	23	④	24	④	25	③
26	②	27	⑤	28	②	29	③	30	③

01 명제 정답 ⑤

| 정답풀이 |

전제2의 대우명제를 고려하면 다음과 같은 벤다이어그램을 그릴 수 있다.

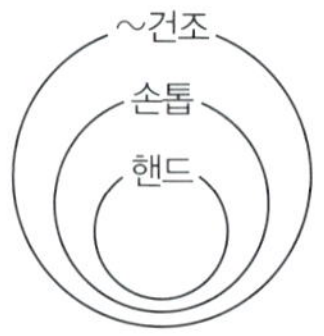

'~건조'가 '핸드'를 포함하고 있으므로 '핸드 → ~건조'가 항상 성립한다. 따라서 정답은 ⑤이다.

빠른 풀이 스킬

전제1과 전제2 모두 some 개념이 등장하지 않으므로 삼단논법을 사용하여 문제를 풀 수 있다. 핸드크림을 바르는 사람을 '핸', 손톱이 긴 사람을 '손', 손이 건조한 사람을 '건'이라고 표시하고 전제1과 전제2를 다시 써보면 다음과 같다.

- 전제1: 핸 → 손
- 전제2: 건 → ~손

전제1과 전제2에서 모두 '손'이 등장하므로 '손'이 전제1과 전제2를 연결하는 연결고리, 즉 매개념이다. 매개념을 이용하기 위해 전제2의 대우명제를 구해보면 '손 → ~건'이므로, 전제1과 전제2를 서로 연결하면 '핸 → ~건'이라는 결론을 내릴 수 있다. 따라서 정답은 ⑤이다.

02 명제 정답 ③

| 정답풀이 |

전제1의 대우 명제는 '건강하지 않은 모든 학생은 음식을 골고루 먹지 않는다.'이므로 건강하지 않은 모든 학생이 인스턴트 식품을 좋아하면 인스턴트 식품을 좋아하면서 음식을 골고루 먹지 않는 학생이 반드시 존재하

게 된다. 따라서 결론이 반드시 참이 되게 하는 [전제2]는 '건강하지 않은 모든 학생은 인스턴트 식품을 좋아한다.'이다.

| 오답풀이 |

음식을 골고루 먹는 학생을 A, 건강한 학생을 B, 인스턴트 식품을 좋아하는 학생을 C라고 하면

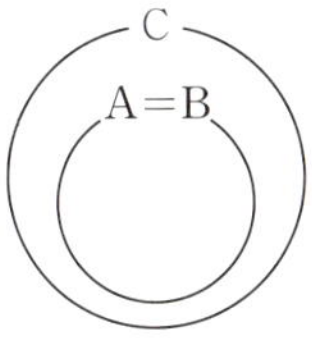

①, ② 음식을 골고루 먹는 모든 학생은 건강하고, 인스턴트 식품을 좋아하는 모든 학생이 건강하면 인스턴트 식품을 좋아하는 모든 학생이 음식을 골고루 먹을 수도 있으므로 결론이 반드시 참이 되게 하는 전제가 아니다.

④ 음식을 골고루 먹는 모든 학생이 건강하고, 건강한 어떤 학생이 인스턴트 식품을 좋아하지 않으면 인스턴트 식품을 좋아하는 모든 학생은 음식을 골고루 먹을 수도 있으므로 결론이 반드시 참이 되게 하는 전제가 아니다.

⑤ 음식을 골고루 먹는 모든 학생은 건강하고, 건강하지 않은 어떤 학생이 인스턴트 식품을 좋아하지 않으면 인스턴트 식품을 좋아하는 모든 학생은 음식을 골고루 먹을 수도 있으므로 결론이 반드시 참이 되게 하는 전제가 아니다.

03 명제 정답 ④

| 정답풀이 |

그림을 그리는 모든 사람이 예술성이 깊고, 예술성이 깊은 모든 사람이 음악을 좋아하지 않는다면 삼단논법에 의해 그림을 그리는 모든 사람이 음악을 좋아하지 않는다. 즉, 음악을 좋아하는 모든 사람은 그림을 그리지 않게 된다.

따라서 예술성이 깊은 모든 사람이 음악을 좋아하지 않는다는 의미의 '음악을 좋아하는 모든 사람은 예술성이 깊지 않다.'가 결론이 항상 참이 되게 하는 전제이다.

| 오답풀이 |

그림을 그리는 사람을 A, 예술성이 깊은 사람을 B, 음악을 좋아하는 사람을 C라고 하면

①, ③ 그림을 그리는 모든 사람이 예술성이 깊고, 예술성이 깊은 어떤 사람이 음악을 좋아하거나 음악을 좋아하는 어떤 사람이 예술성이 깊으면 음악을 좋아하면서 그림을 그리는 사람이 존재할 수도 있으므로 결론이 반드시 참이 되게 하는 전제가 아니다.

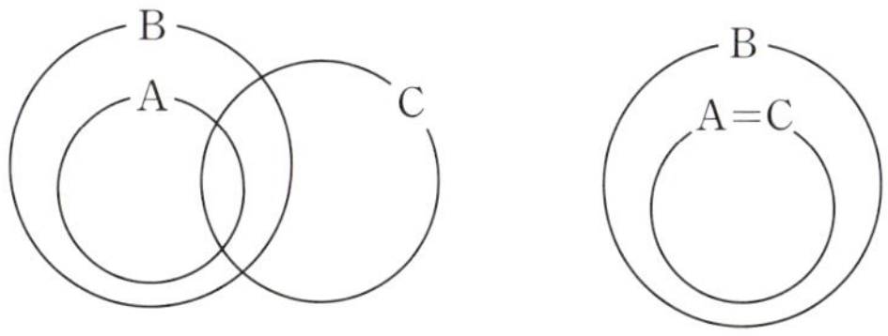

② 그림을 그리는 모든 사람이 예술성이 깊고, 예술성이 깊은 모든 사람이 음악을 좋아하면 그림을 그리는 모든 사람이 음악을 들으므로, 음악을 들으면서 그림을 그리는 사람이 존재하므로 결론이 반드시 참이 되게 하는 전제가 아니다.

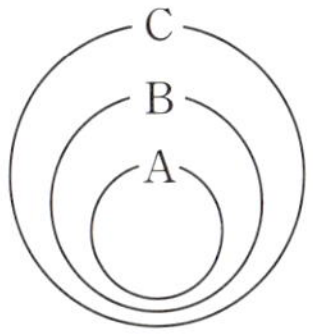

⑤ 그림을 그리지 않는 어떤 사람이 음악을 좋아하면 음악을 좋아하면서 그림을 그리는 사람이 존재할 수도 있으므로 결론이 반드시 참이 되게 하는 전제가 아니다.

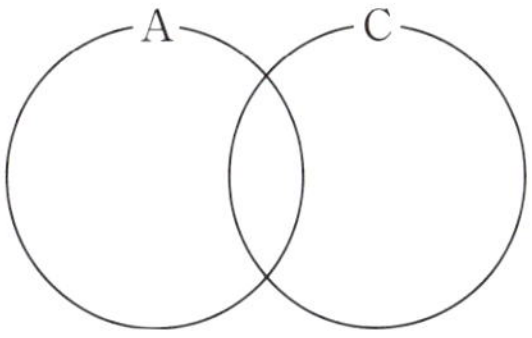

04 조건추리 정답 ④

| 정답풀이 |

A와 D는 서로 마주 보고 앉고, C는 D의 바로 오른쪽 자리에 앉으므로 이를 그림으로 나타내면 다음과 같다.

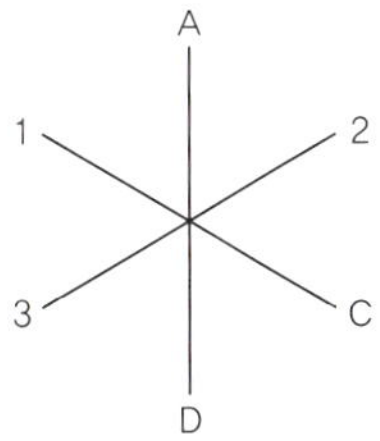

이때 B와 F는 서로 마주 보고 앉으므로 B와 F는 2 또는 3에 앉는다. 마지막으로 남은 E는 1에 앉는다.

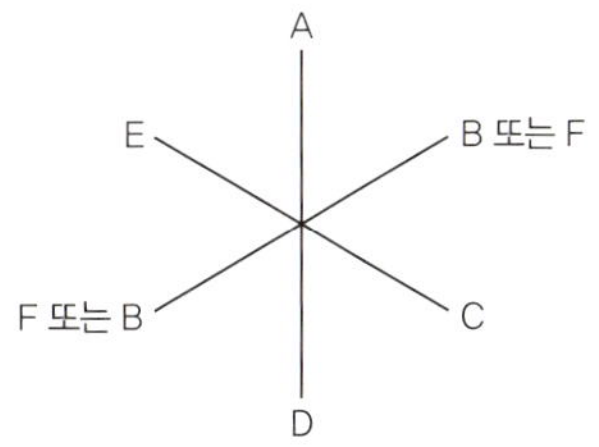

따라서 A의 바로 오른쪽 자리에는 E가 앉는다.

| 오답풀이 |

① B와 C 사이에 아무도 앉지 않는 경우가 있다.
② 가능한 모든 경우의 수는 2가지이다.
③ D의 바로 왼쪽 자리에는 B가 앉을 수도 있다.
⑤ E의 바로 왼쪽 자리에는 항상 A가 앉는다.

05 조건추리 정답 ⑤

| 정답풀이 |

F의 바로 오른쪽에 B가 설치되어 있으므로 B와 F는 서로 같은 구역에 설치되어 있다. A와 D는 서로 마주 보므로 서로 다른 구역에 설치되어 있다. 만약 B, F가 가 구역에 설치되어 있다면 가 구역에 B, E, F가 설치되어 A, D가 나 구역에 함께 설치되므로 모순이다. 이에 따라 B, F는 나 구역에 설치되어 있다.
만약 B, F가 나－1, 나－2에 설치되어 있으면 A 또는 D가 가－3 또는 나－3에 설치되어 있다. C는 B와 서로 마주 보지 않으므로 가－2에 설치되어 있다. 이에 따라 E는 가－1에 설치되어 있다.
만약 B, F가 나－2, 나－3에 설치되어 있으면 A 또는 D가 가－1 또는 나－1에 설치되어 있고, C는 가－3, E가 가－2에 설치되어 있다.
이에 따라 가능한 모든 경우는 다음과 같다.

E	B
C	F
A 또는 D	D 또는 A
가	나

A 또는 D	D 또는 A
E	B
C	F
가	나

따라서 E는 B와 서로 마주 보도록 설치되어 있다.

| 오답풀이 |

① C는 A와 이웃하지 않을 수 있다.
② A는 가 또는 나 구역에 설치되어 있다.
③ 가능한 모든 경우의 수는 4가지이다.
④ C와 D가 이웃하면 E와 D 사이에 C가 설치되므로 E는 D와 이웃하지 않는다.

06 조건추리 정답 ①

| 정답풀이 |

C는 다섯 번째로 발표하므로 다음과 같이 나타낼 수 있다.

1	2	3	4	5	6	7
				C		

이때 D와 G 사이에 발표하는 사람은 A 혼자이므로 D－A－G 또는 G－A－D 순으로 연속하여 발표하며, 이들은 1~3번째 또는 2~4번째에만 위치할 수 있다. 그런데 F는 C보다 먼저 발표하고 가장 먼저 발표하지는 않으므로 4번째로 발표한다. 이에 따라 남은 B, E는 여섯 번째 또는 일곱 번째로 발표한다.

구분	1	2	3	4	5	6	7
경우1	D	A	G	F	C	B 또는 E	E 또는 B
경우2	G	A	D	F	C	B 또는 E	E 또는 B

따라서 F는 항상 A보다 늦게 발표한다.

| 오답풀이 |

② C는 항상 E보다 먼저 발표한다.
③ E가 일곱 번째로 발표할 수 있다.
④ B가 가장 마지막에 발표하는 경우는 D 또는 G가 첫 번째 또는 세 번째로 발표하는 경우 2가지이다.
⑤ D가 가장 먼저 발표하면, G가 세 번째로 발표하므로 G 바로 다음에 발표하는 사람은 네 번째로 발표하는 F이다.

07 조건추리 정답 ②

| 정답풀이 |

A는 배구를 좋아하므로 나머지 B~E는 배구를 좋아하지 않는다. B는 농구와 탁구를, C는 탁구를, D는 농구와 탁구를, E는 축구와 야구를 좋아하지 않으므로 각자 좋아할 수 있는 운동을 표로 나타내면 다음과 같다.

A	B	C	D	E
배구	축구 야구	축구 야구 농구	축구 야구	농구 탁구

이때 탁구를 좋아할 가능성이 있는 사람은 E뿐이므로 E는 탁구를 좋아한다. 남은 B, C, D 중에서 농구를 좋아할 가능성이 있는 사람은 C뿐이므로 C는 농구를 좋아한다. 남은 B, D는 축구 또는 야구를 좋아한다.

A	B	C	D	E
배구	축구/야구	농구	야구/축구	탁구

따라서 E는 탁구를 좋아한다.

| 오답풀이 |

① C는 농구를 좋아한다.
③ 가능한 모든 경우의 수는 2가지이다.
④ C는 항상 농구를 좋아한다.
⑤ E는 항상 탁구를 좋아한다.

08 조건추리 정답 ②

| 정답풀이 |

K 대리와 J 대리가 서로 다른 사람을 범인으로 지목하고 있으므로 둘 중 한 명이 거짓말을 하고 있으며, S 과장, G 과장, A 대리의 말은 모두 참이다.

1) K 대리의 말이 거짓인 경우

나머지 사람들의 말은 모두 참이므로 J 대리의 말에 따라 G 과장이 범인이며, J 대리는 A 대리와 함께 있었다. S 과장과 G 과장은 누군가를 단둘이 만났는데, 만약 S 과장과 G 과장이 서로 만났다고 가정하면 S 과장의 말이 거짓이 되므로 S 과장과 G 과장은 서로 만나지 않고 각자 다른 사람을 만난 것이 된다. 그런데 J 대리는 A 대리와 함께 있었고, S 과장과 G 과장이 서로 다른 사람을 만났다면 용의자가 총 6명이 되므로 모순이다.

2) J 대리의 말이 거짓인 경우

K 대리의 말은 참이므로 A 대리가 범인이다. 이때 G 과장과 G 과장이 만난 사람 둘 중 한 명이 범인인데 A 대리가 범인이므로 G 과장은 어제 A 대리를 만났다. 이에 따라 K 대리가 어제 만난 과장은 S 과장이고, J 대리는 아무도 만나지 않았다.

따라서 A 대리가 범인이고, 범인이 어제저녁에 만난 사람은 G 과장이다.

09 조건추리 정답 ①

| 정답풀이 |

주어진 조건에 따라 6월의 달력을 표시해 보면 다음과 같다.

일	월	화	수	목	금	토
			1	2	3	4
5	6	7	8	9	10	11
12	13	14	15	16	17	18
19	20	21	22	23	24	25
26	27	28	29	30		

이때 정 과장이 연차를 사용할 수 있는 시기는 1~3일과 28~30일이다. 따라서 정 과장의 연차 휴가에 속할 수 있는 요일은 화, 수, 목, 금요일이므로 정답은 월요일이 된다.

10 조건추리 정답 ④

| 정답풀이 |

좌측부터 키가 큰 순서대로 나열하면 아래의 확정적인 조건을 바탕으로 다음과 같은 표를 만들 수 있다.

- B는 네 번째로 키가 크다.
- E보다 키가 큰 사람은 없다.
- C 다음으로 키가 큰 사람은 B이다.

1위	2위	3위	4위	5위	6위
E		C	B		

이때 D와 F는 키가 큰 순서가 연속하므로 각각 5위 또는 6위이며, 나머지 A는 2위이다.

1위	2위	3위	4위	5위	6위
E	A	C	B	D 또는 F	F 또는 D

따라서 6명의 키가 큰 순서로 가능한 경우의 수는 2가지이다.

| 오답풀이 |

① F는 키가 가장 작을 수도 있다.
② 키가 두 번째로 큰 사람은 A이다.
③ B가 4위, D가 6위인 경우에는 키가 큰 순서가 연속하지 않는다.
⑤ 6명을 키가 큰 순서대로 나열하면 A와 F의 사이에는 3명이 있을 수 있다.

8회

11 조건추리 정답 ④

| 정답풀이 |

한 팀에 2명씩 배정하였고, 권 사원은 영업팀에 배정되었으므로 다음과 같은 표를 만들 수 있다.

영업팀		기획팀		홍보팀	
권 사원					

이때 오 사원은 홍보팀에 배정되지 않았으므로 경우를 영업팀 또는 기획팀 2가지로 나누어 생각할 수 있다.

1) 오 사원이 영업팀인 경우

박 사원과 민 사원은 같은 팀에 배정되었으므로 두 사원은 함께 기획팀 또는 홍보팀에 배정되었고, 나머지 강 사원과 장 사원은 홍보팀 또는 기획팀에 배정되었다.

영업팀		기획팀		홍보팀	
권 사원	오 사원	박 사원	민 사원	강 사원	장 사원
		강 사원	장 사원	박 사원	민 사원

2) 오 사원이 기획팀인 경우

박 사원과 민 사원은 같은 팀에 배정되었으므로 홍보팀에 배정되었고, 강 사원과 장 사원은 각각 영업팀 또는 기획팀에 배정되었다.

영업팀		기획팀	홍보팀	
권 사원	강 사원	오 사원	장 사원	박 사원	민 사원
	장 사원		강 사원	박 사원	민 사원

따라서 6명이 세 팀에 배정되는 경우의 수는 모두 4가지이다.

| 오답풀이 |

① 오 사원은 기획팀에 배정되었을 수도 있다.
② 박 사원은 홍보팀에 배정되었을 수도 있다.
③ 장 사원과 권 사원은 함께 영업팀에 배정되었을 수도 있다.
⑤ 강 사원과 권 사원이 같은 팀에 배정되지 않았을 때, 장 사원은 영업팀에 배정되었을 수도 있다.

12 조건추리 정답 ③

| 정답풀이 |

다섯 번째 숫자는 맨 앞의 숫자의 2배이고, 세 번째 숫자는 네 번째 숫자보다 5만큼 작다고 하였으므로 다음과 같이 나타낼 수 있다.

첫 번째	두 번째	세 번째	네 번째	다섯 번째	여섯 번째
a		b	b+5	2a	

이때 (두 번째 숫자)=(첫 번째 숫자)+(다섯 번째 숫자)이므로 두 번째 숫자를 c라고 하면 $c=3a$이므로 c로 가능한 숫자는 3, 6, 9 중 하나이다. 그런데 (두 번째 숫자)=(세 번째 숫자)+(네 번째 숫자)이므로 $c=2b+5$에서 $c\geq5$이면서 3의 배수이려면 $c=9$이어야 한다.
$c=9$이므로 $a=3$, $b=2$이다. 이에 따라 비밀번호를 써 보면 다음과 같다.

첫 번째	두 번째	세 번째	네 번째	다섯 번째	여섯 번째
3	9	2	7	6	?

비밀번호가 4의 배수라고 하였으므로 여섯 번째 숫자는 0, 4, 8 중 하나이다. 따라서 가능한 경우의 수는 3가지이다.

| 오답풀이 |

① 두 번째 숫자는 9이므로 항상 옳지 않다.
② 여섯 번째 숫자는 0, 4, 8 중 하나이므로 항상 옳은 것은 아니다.
④ 여섯 번째 숫자가 8일 때는 네 번째 숫자가 여섯 번째 숫자보다 작으므로 항상 옳은 것은 아니다.
⑤ 첫 번째 숫자는 세 번째 숫자보다 1만큼 크므로 항상 옳지 않다.

13 조건추리 정답 ①

| 정답풀이 |

파란색 펜을 받은 사람이 1명, 검은색 펜을 받은 사람이 2명이므로 빨간색 펜을 받은 사람은 2명이고, 이 중 한 명은 D이다.
만약 A가 검은색 펜을 받으면 C는 빨간색 펜을 받는다. B는 검은색 펜을 받지 않았으므로 파란색 펜을 받고, E는 검은색 펜을 받는다.
만약 A가 빨간색 펜을 받으면 A와 D가 빨간색 펜을 받고, B는 검은색 펜을 받지 않았으므로 파란색 펜을 받는다. C와 E는 검은색 펜을 받는다.
만약 A가 파란색 펜을 받으면 B는 검은색 펜을 받지 않으므로 빨간색 펜을 받고, C와 E는 검은색 펜을 받는다.

검은색	빨간색	파란색
A, E	C, D	B
C, E	A, D	B
C, E	B, D	A

따라서 E는 검은색 펜을 받는다.

| 오답풀이 |

② B는 빨간색 펜을 받을 수도 있다.
③ A가 검은색 펜을 받으면 E도 검은색 펜을 받는다.
④ C가 파란색 펜을 받는 경우는 없다.
⑤ D가 B와 같은 색 펜을 받는 경우는 빨간색 펜을 받는 경우는 1가지이다.

14 조건추리 정답 ②

| 정답풀이 |

C의 할인권 개수가 D의 할인권 개수보다 1개 더 많은데, 5명이 적어도 할인권을 1개 이상씩 갖고 있으므로 C는 많아야 할인권 5개를 갖고 있다. 이때 B와 E가 가진 할인권 개수는 똑같다고 하였고, 짝수 개의 할인권을 가진 사람이 3명이라고 하였으므로 C, B, E가 짝수 개의 할인권을 갖고 있거나 D, B, E가 짝수 개의 할인권을 갖고 있다. 이에 따라 C는 4개 이하의 할인권을 갖고 있고, B의 할인권 개수가 A의 할인권 개수보다 많으므로 가능한 경우는 다음과 같다.

A	B	C	D	E
1개	2개	4개	3개	2개
1개	4개	2개	1개	4개

따라서 D는 항상 홀수 개의 할인권을 갖고 있다.

| 오답풀이 |

① A와 D가 서로 다른 개수의 할인권을 가질 수 있으므로 항상 옳은 것은 아니다.

③ A와 B의 할인권 개수의 차가 3개일 수 있으므로 항상 옳은 것은 아니다.

④ C의 할인권 개수가 B의 할인권 개수보다 적을 수 있으므로 항상 옳은 것은 아니다.

⑤ 할인권을 가장 많이 가진 사람은 4개를 갖고 있으므로 항상 옳지 않다.

15 도형추리 정답 ①

| 정답풀이 |

- 1행에서 2행으로 갈 때, 도형은 시계 방향으로 180° 회전한다.
- 2행에서 3행으로 갈 때, 도형은 상하 대칭한다.

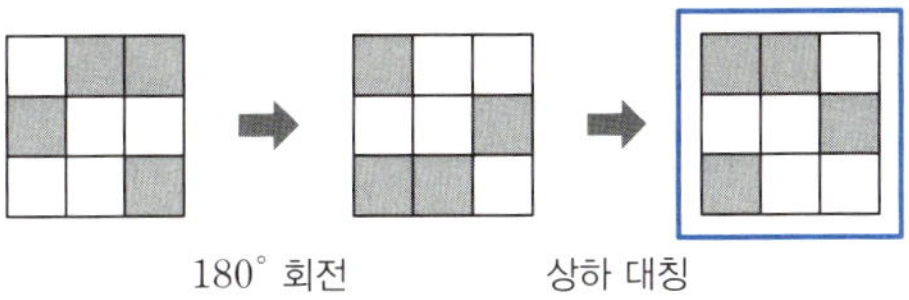

16 도형추리 정답 ①

| 정답풀이 |

전체 도형 반시계 방향으로 90° 회전 후 색 반전한다.

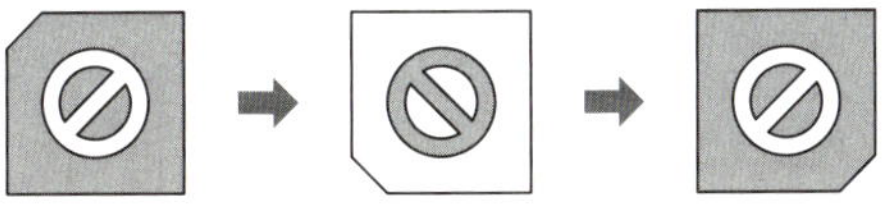

17 도형추리 정답 ①

| 정답풀이 |

1행의 도형과 3행의 도형에서 둘 다 음영이 없거나, 둘 다 음영이 있는 부분만 색칠한 것이 2행의 도형이다.

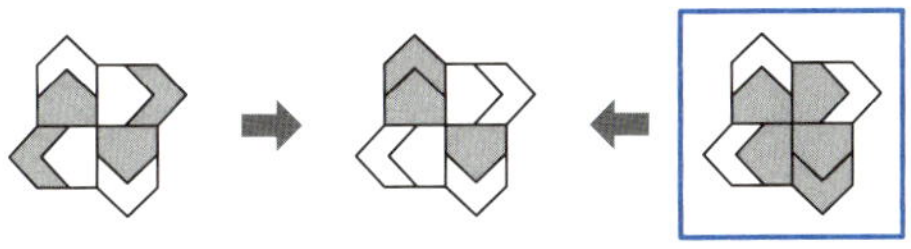

18 도식추리 정답 ③

| 정답풀이 |

주어진 기호의 규칙은 다음과 같다.

기호	♡	◇	♤	♧
규칙	(+2, −2, +2, −2)	ABCD → CDAB	ABCD → BDCA	(+4, +3, +2, +1)

1023 → ♧ → 5344 → ◇ → **(4453)**

빠른 풀이 스킬

다음과 같이 문자표를 일단 적어놓는다.

A	B	C	D	E	F	G	H	I	J	K	L	M
N	O	P	Q	R	S	T	U	V	W	X	Y	Z

주어진 도식을 보면 ♡ → ◇ → ♤ → ♧ 순으로 규칙을 파악해야 한다.

- ♡: URIW → WPKU로 추론할 수 있다. 명백한 숫자연산 규칙으로 (+2, −2, +2, −2)이다.
- ◇: A7R2에 ♡를 역으로 적용하면 Y9P4이다. 따라서 ◇은 P4Y9 → Y9P4로 추론할 수 있다. 순서 바꾸기 또는 숫자연산 규칙 모두 가능하지만, 숫자연산 규칙이라면 너무 극단적인 덧셈뺄셈이 되어버린다. 따라서 순서 바꾸기 규칙이라고 가정하면 ABCD → CDAB이다.
- ♤: 5C7V에 ◇를 적용하면 7V5C이다. 따라서 ♤는 7V5C → VC57로 추론할 수 있다. 명백한 순서 바꾸기 규칙으로 ABCD → BDCA이다.
- ♧: WPKU에 ♤를 역으로 적용하면 UWKP이다. 따라서 ♧는 QTIO → UWKP로 추론할 수 있다. 명백한 숫자연산 규칙으로 (+4, +3, +2, +1)이다.

따라서 1023 → ♧ → 5344 → ◇ → 4453이므로 정답은 ③이다.

19 도식추리 정답 ①

| 정답풀이 |

SLUE → ♡ → UJWC → ◇ → WCUJ → ♤ → **(CJUW)**

20 도식추리 정답 ④

| 정답풀이 |

(7726) → ♧ → 1047 → ♤ → 0741

21 도식추리 정답 ②

| 정답풀이 |

(OLW6) → ♤ → L6WO → ♡ → N4YM → ♧ → R7AN

22 문단배열 정답 ⑤

| 정답풀이 |

[가], [나], [라]는 텔레비전 요리 프로그램이 인기를 끄는 이유에 해당하고, [다]와 [마]는 그에 따라 발생하는 부정적 영향에 대한 설명이다.

제시된 첫 문장에서 요리 프로그램이 인기를 끌고 있다고 하였고, 이어서 [나]의 지시어 '이는(요리 프로그램이 인기를 끄는 이유)'으로 연결된다. 그리고 [라]의 '이렇듯 높은 관심(텔레비전 요리 프로그램에 대한 관심)을 반영'으로 이어지고, [가]에서 '시청자들은 요리 프로그램의 요리에 친숙함을 느낀다'와 같이 이유를 언급하는 것이 자연스럽다. [마]의 '그러나'는 역접 접속어로, 요리 프로그램의 부정적 영향을 제시하고, [다]의 접속어 '또한'으로 부정적 영향을 추가하여 진술하는 것이 자연스럽다.

따라서 논리적 순서에 알맞게 배열한 것은 [나]－[라]－[가]－[마]－[다]이다.

23 문단배열 정답 ④

| 정답풀이 |

흔히 실험을 바탕으로 하는 글은 그 실험의 목적이나 배경, 방식 등을 앞부분에 제시할 가능성이 높다. 그래서 실험의 방식에 해당하는 [다]가 첫 번째 문단임을 알 수 있다.

[다]에서 수상자의 표정을 보고 감정을 10점 만점으로 평가하도록 했는데, [라]에서 그에 대한 구체적 내용이 나오고 있다. 두 문단이 아주 긴밀하게 연결되었기 때문에 [라]가 두 번째 문단임을 알 수 있다. 그리고 [가]에서는 한 걸음 더 나아가 인터뷰까지 분석했고, 이를 통해 은메달 수상자가 '아쉽다는 표현'이 많았음을 보여 준다. 이 부분이 [나]에서 '왜 2위인 은메달 수상자가 3위인 동메달 수상자보다 더 만족스럽게 느끼지 못할까?'를 설명하는 결과로 자연스레 연결된다.

따라서 논리적 순서에 알맞게 배열한 것은 [다]－[라]－[가]－[나]이다.

24 독해추론 정답 ④

| 정답풀이 |

심해로 갈수록 탄산염을 용해시키는 성분이 많이 있기에 실리카연니를 더 많이 찾을 수 있다.

| 오답풀이 |

① 수심이 깊은 해수에 이산화탄소가 더 많이 포함되어 있다.
② 수심이 깊은 곳은 얕은 곳에 비해 탄산염을 더 쉽게 용해한다.
③ 해저에 형성된 후 용해 속도가 느릴수록 연니의 퇴적량은 늘어난다.
⑤ 연니는 표층수에 사는 플랑크톤의 양과 비례한 정도로 해저에 퇴적된다.

25 독해추론 정답 ③

| 정답풀이 |

평형추에 작용하는 중력은 승강기의 회전축을 돌려 전기 에너지를 만들어내므로 달리던 자동차의 관성으로 인해 바퀴가 일정 시간 굴러가며 회전자를 돌리게 되는 것과 유사한 역할을 한다. 이때 바퀴가 회전자를 돌리며 전자기 유도 현상에 따라 전기 에너지가 만들어지게 되는 것 역시 유사하다.

| 오답풀이 |

① 주어진 글에 따르면 카를 올려 보내야 할 경우 카와 평형추의 무게 차이에 따라 전기 에너지가 필요할 수도, 필요하지 않을 수도 있다고 설명하고 있다.
② 주어진 글에 따르면 카를 내려 보내야 할 경우 카와 평형추의 무게 차이에 따라 전기 에너지가 필요할 수도, 필요하지 않을 수도 있다고 설명하고 있다.
④ 카를 내려 보내야 할 경우, 카의 무게가 평형추의 무게보다 가볍다면 중력에 의해 카가 내려갈 수 없으므로 전기 에너지를 소모해야 한다. 따라서 이 경우는 전기자동차에서 회생제동에 의해 전기 에너지가 발생하는 상태와 유사하지 않다.
⑤ 카를 올려 보내야 할 경우, 카의 무게가 평형추의 무게보다 무겁다면 중력에 의해 카가 올라갈 수 없으므로 전기 에너지가 필요하다. 따라서 이 경우는 전기자동차에서 회생제동에 의해 전기 에너지가 발생하는 상태와 유사하지 않다.

26 독해추론 정답 ②

| 정답풀이 |

자이로 센서를 통해 카메라의 흔들림을 감지하는 기술은 광학식 손떨림 보정 방식이다.

| 오답풀이 |

① 스마트폰 카메라 성능이 경쟁 포인트로 부각되면서 손떨림을 방지하기 위한 방법과 기술이 요구되고 있음을 알 수 있다.
③ 광학식 손떨림 보정은 기기 사이즈가 좀 더 커져야 한다는 단점이 있지만 화상 처리로 인한 화질 열화가 없는 것이 강점이고, 이 때문에 많은 제조사들이 채택하는 사례가 늘고 있다.
④ 전자식 손떨림 보정이 화상의 편차를 검출하는 방식임은 알 수 있지만 빛이 부족한 환경에서 피사체를 선명하게 찍을 수 있는 방식인지는 알 수 없다.
⑤ 손떨림을 방지하기 위한 일반적인 방법은 이미지 센서의 크기를 키워 빛을 받아들이는 광량을 최대한 늘리는 방법임을 알 수 있다.

27 독해추론 정답 ⑤

| 정답풀이 |

첼로스퀘어는 2021년부터 물류가 필요한 대기업 화주사가 아니라 중소, 이커머스 화주사들에게 해상 · 항공 운송, 국제특송을 중개하였다.

| 오답풀이 |

① 삼성SDS의 물류 플랫폼 첼로스퀘어가 삼성SDS의 핵심 물류 사업으로 부상했다.
② 삼성SDS는 첼로스퀘어를 글로벌 물류 사업으로 확장하려고 한다.
③ 2021년 첼로스퀘어는 서비스 지역 및 물류 서비스에 제한이 있었다.
④ 화주사들은 첼로스퀘어를 통해 견적을 받거나 선적을 예약하고 운송통관 트래킹을 받을 수 있다.

28 독해추론 정답 ②

| 정답풀이 |

주어진 글에서는 영양제를 섭취하는 것을 부정적으로 인식하고 있으며 성장을 좌우하는 것은 가장 부족한 영양소에 의해 결정된다고 주장하고 있다. 따라서 부족한 영양소를 영양제로 섭취하는 것은 성장에 필요한 행위라고 반론할 수 있다.

| 오답풀이 |

① 인간의 간과 신장은 섭취한 영양소를 저장하지 못하므로 적절하지 않은 반론이다.
③ 다른 영양소가 많아도 인체는 부족한 영양소에 의해 성장이 결정되므로 적절하지 않은 반론이다.
④ 식물은 초과된 영양소를 저장하지 못하므로 적절하지 않은 반론이다.
⑤ 식물 성장에 필요한 영양소 중 성장의 정도를 결정하는 것은 가장 적은 양의 영양소이므로 적절하지 않은 반론이다.

29 독해추론 정답 ③

| 정답풀이 |

[보기]에 따르면 달 표면 대부분에서 물 유사 물질인 '하이드록실기'를 발견했다고 설명하고 있다.

| 오답풀이 |

① 달은 월면 지하에 사장암이 존재하는 것으로 천체가 모두 사장암으로 이루어져 있는지 알 수 없다.
② 달에는 대기가 없어 태양풍이 바로 표면에 꽂힌다고 설명하고 있다.
④ 달에는 햇빛이 드는 부분이 있음을 추론할 수 있으며 이때 물이 태양풍에 공격당해 변형된 것이라고 설명하고 있다.
⑤ 달에 존재하는 물 성분 중 남극의 물은 꽁꽁 언 상태로 존재하고 있다고 분석하고 있다.

30 독해추론 정답 ③

| 정답풀이 |

치킨의 가격 인상으로 인해 치킨의 매출이 줄었다면 실패한 가격인상이다. 이러한 이유 때문에 원가가 올라도 공급자들이 함부로 가격을 올리지 못하는 것이다.

| 오답풀이 |

①, ② 치킨 가격이 6.6%나 올라도 괜찮았던 것은 고객들의 수요가 다른 대안으로 이동하지 않음으로써 치킨 공급자들의 매출이 줄어들지 않았기 때문임을 알 수 있다.
④ 가격을 마음대로 올렸다가는 고객들의 수요가 다른 대안으로 움직일 수 있어 인상에 대해 유의해야 하지만 치킨 가격이 오른 채로 유지된다는 것은 수요가 지속적으로 발생하기 때문임을 알 수 있다.
⑤ 치킨 가격이 가장 많이 오른 이유는 치킨 말고 다른 외식 메뉴라는 대안이 없었기 때문임을 추론할 수 있다.

정답과 해설

2025 최신판

에듀윌 취업 GSAT 삼성직무적성검사 실전모의고사

고객의 꿈, 직원의 꿈, 지역사회의 꿈을 실현한다

에듀윌 도서몰 book.eduwill.net	• 부가학습자료 및 정오표: 에듀윌 도서몰 > 도서자료실 • 교재 문의: 에듀윌 도서몰 > 문의하기 > 교재(내용, 출간) / 주문 및 배송